I0188780

Tusculum-Bücherei

Herausgeber: Karl Bayer, Hans Färber und Max Faltner

LUCANUS

Bellum civile

Der Bürgerkrieg

Herausgegeben und übersetzt von Wilhelm Ehlers

HEIMERAN VERLAG MÜNCHEN

Denar des Münzmeisters M. Mettius mit einem Porträt Caesars,
geprägt in Rom 44 v. Chr. Staatliche Münzsammlung München
Nachzeichnung von Peter Schimmel

2. Auflage 1978

© Heimeran Verlag 1973
Alle Rechte vorbehalten, einschließlich die der
fotomechanischen Wiedergabe.

Archiv 498 · ISBN 3 7765 2170 8

Druck: fotokop, Darmstadt. Bindung: Heinrich Koch, Tübingen
Printed in Germany

INHALT

Lesbos. — (*6. Buch:*) Pompejus wird bei Dyrrhachium von
Caesar eingeschlossen und verschanzt sich; Pest in seinem,
Hungersnot im gegnerischen Lager; sein Ausfall stößt
zunächst auf Scaevas Widerstand; ungenützte Erfolge gegen
Caesar, dem er nach Thessalien folgt. Thessalien und seine
Zauberkünste. Sextus Pompejus will die Zukunft erkunden
und sucht die Hexe Erichtho auf; Nekromantie. — (*7. Buch:*)
Pompejus' Traum vor der Schlacht von Pharsalus; von
seinem Heer durch Cicero gedrängt, gibt er das Signal zum
Angriff; Prodigien; Schlachtordnung, Ansprachen beider
Feldherrn. Eingangskämpfe; Caesar wirft die feindliche
Kavallerie und richtet unter den Patriziern ein Blutbad an;
Brutus bleibt erhalten, Domitius fällt. Pompejus flieht.
Caesar läßt die Gefallenen unbestattet liegen und rückt ab.
— (*8. Buch:*) Pompejus nimmt auf Lesbos Cornelia, auf der
Weiterfahrt Sextus zu sich; Botschaft an den Partherhof; ein
Kriegsrat in Kilikien zieht Flucht nach Ägypten vor. Auf
Pothinus' Rat wird Pompejus bei der Landung ermordet;
seinen Kopf händigt Achillas an Ptolemaios aus; heimliche
Verbrennung des Rumpfes durch Cordus. — (*9. Buch:*)
Pompejus' Apotheose. Von Korfu aus erreicht Cato das
Gebiet von Kyrene; Cornelia und Sextus bringen Nachricht
aus Ägypten; Totenehrung. Cato schlägt eine Meuterei
nieder, wird bei dem Versuch, auf dem Seeweg zu Juba
zu stoßen, in den Syrten zum Tritonsee verschlagen und
beschließt einen Wüstenmarsch (Exkurs über Libyen); Sand-
sturm und Durst; Ammonstempel; Schlangenplage (Medusa-
sage als Aition), Hilfe der Psyller; Ankunft in Leptis. Caesar
besichtigt auf der Verfolgungsfahrt Troja; vor Ägypten wird
ihm Pompejus' Kopf überreicht. — (*10. Buch:*) Caesar
betritt Alexandria und besucht Alexanders Grab. Kleopatra;
Bankett mit Gespräch über den Nil. Pothinus und Achillas
versuchen ein Attentat; Belagerung im Palast, Feuer;
Caesar besetzt Pharos und läßt Pothinus hinrichten. Neue
Bedrängnis durch Arsinoë und Ganymedes.

ANHANG

CONSPECTUS SIGLORUM

G   codex Bruxellensis bibl. Burgund. 5330, olim Gembla-
       censis (s. X/XI)

M   codex Montepessulanus bibl. schol. medic. HN 113
       (s. IX/X)

P   codex Parisinus bibl. publ. Lat. 7502 (s. X)

U   codex Leidensis Vossianus Lat. XIX f. 63 (s. X)

V   codex Leidensis Vossianus Lat. XIX q. 51 (s. X)

Z   codex Parisinus bibl. publ. Lat. 10314 (s. IX)

Ω   codices GMPUVZ

ω   Ω praeter codices separatim nominatos

N   fragmenta librorum 5 et 6 in codicibus Neapolitano
       IV A 8 et Vindobonensi 16 (s. IV/V)

π   fragmenta librorum 6 et 7 in codice Palatino inter
       Vaticanos 24 (s. IV/V)

x   codices deteriores vel singuli vel complures

a   Adnotationes super Lucanum ed. I. Endt 1909

c   Commenta Bernensia ed. H. Usener 1869

Arn.   Arnulfi Aurelianensis Glosule super Lucanum ed.
       B.M. Marti 1958

[1] primam manum, [2] correctorem, [v] variam lectionem
significat; lacunae librorum fere non indicantur; siglis
omissis intellegantur Ω vel ω, quibus hic illic alii testes
accedunt

uncis ⟨ ⟩ indicantur lacunae vel supplementa, [ ] inter-
polationes, { } versus, qui genuini quidem, sed a contextu
alieni vel duplices videntur

comm. significat commentariolum p. 507 sqq. impressum

LIBER PRIMUS

Bella per Emathios plus quam civilia campos
iusque datum sceleri canimus populumque potentem
in sua victrici conversum viscera dextra
cognatasque acies et rupto foedere regni
certatum totis concussi viribus orbis   5
in commune nefas infestisque obvia signis
signa, pares aquilas et pila minantia pilis.
    quis furor, o cives, quae tanta licentia ferri?
gentibus invisis Latium praebere cruorem
cumque superba foret Babylon spolianda tropaeis   10
Ausoniis umbraque erraret Crassus inulta,
bella geri placuit nullos habitura triumphos?
heu quantum terrae potuit pelagique parari
hoc quem civiles hauserunt sanguine dextrae,
unde venit Titan et nox ubi sidera condit   15
quaque dies medius flagrantibus aestuat auris
et qua bruma rigens ac nescia vere remitti
astringit Scythico glacialem frigore pontum!
sub iuga iam Seres, iam barbarus isset Araxes
et gens si qua iacet nascenti conscia Nilo.   20
tum, si tantus amor belli tibi, Roma, nefandi,
totum sub Latias leges cum miseris orbem,
in te verte manus: nondum tibi defuit hostis.
at nunc semirutis pendent quod moenia tectis
urbibus Italiae lapsisque ingentia muris   25
saxa iacent nulloque domus custode tenentur
rarus et antiquis habitator in urbibus errat,

---

16   auris *Oudendorp*: horis (*recte* 414)
18   Scythico glacialem *vel* -um -i
26   tenentur *vel* -etur

ERSTES BUCH

Dem Bürgerkrieg im Gefilde von Emathia, der mehr war als nur Bürgerkrieg, gilt mein Gedicht. Es schildert, wie man dem Verbrechen freien Lauf gab, wie ein Herrenvolk seine siegreiche Hand gegen das eigene Herz kehrte, wie Verwandte miteinander fochten, wie man nach dem Bruch des Despotenbundes mit allen Streitkräften einer erschütterten Welt im Wettkampf stand, um gemeinsame Schuld zu schaffen, wie unter gleichen Legionsadlern Heerbann feindselig auf Heerbann stieß und Römerspeer sich drohend gegen Römerspeer erhob.

Warum der Wahnwitz, meine Landsleute, wozu der gewaltige Schwertertanz? Verhaßten Fremden wolltet ihr Latinerblut zu schauen geben? Statt Ausoniens Standarten dem frechen Babylon zu entreißen, wo Crassus keine Ruhe fand, solange sein Schatten ungerächt blieb, wolltet ihr Kämpfe führen, denen kein Triumph beschieden sein würde? Ach, welche Strecken an Land und Meer hätten mit dem Blut gewonnen werden können, das Bürgerhände dort vergossen, wo Helios emporsteigt, wo die Gestirne in Nacht versinken, wo der Süden unter sengenden Lüften glüht und wo ein Winter, dessen Kälte selbst zur Frühlingszeit nicht nachlassen will, in skythischem Frost das Meer zu Eis erstarren läßt! Jetzt hätten Serer, jetzt Barbaren am Araxes ihren Nacken beugen sollen, jetzt Menschen, die vielleicht am jungen Nil ansässig sind und sein Geheimnis kennen. Hast du, mein Rom, solch heftiges Verlangen nach unerhörtem Krieg, so wende dann erst, wenn du den ganzen Erdkreis unter Latiums Satzungen gestellt hast, deine Hände gegen dich, warst ja bisher um Feinde nicht verlegen! Daß dagegen jetzt die Häuser in Italiens Städten unter halbzerbrochenen Dächern einzustürzen drohen, riesige Steine verfallener Mauern am Boden liegen, kein Schützer die Heime bewohnt und sich in ehrwürdigen Städten spärliche Einwohner verlieren, daß Hesperien

horrida quod dumis multosque inarata per annos
Hesperia est desuntque manus poscentibus arvis,
non tu, Pyrrhe ferox, nec tantis cladibus auctor   30
Poenus erit, nulli penitus descendere ferro
contigit: alta sedent civilis volnera dextrae.
   quod si non aliam venturo fata Neroni
invenere viam magnoque aeterna parantur
regna deis caelumque suo servire Tonanti   35
non nisi saevorum potuit post bella gigantum,
iam nihil, o superi, querimur: scelera ipsa nefasque
hac mercede placent. diros Pharsalia campos
impleat et Poeni saturentur sanguine manes,
ultima funesta concurrant proelia Munda,   40
his, Caesar, Perusina fames Mutinaeque labores
accedant fatis et quas premit aspera classes
Leucas et ardenti servilia bella sub Aetna:
multum Roma tamen debet civilibus armis,
quod tibi res acta est. te, cum statione peracta   45
astra petes serus, praelati regia caeli
excipiet gaudente polo; seu sceptra tenere
seu te flammigeros Phoebi conscendere currus
telluremque nihil mutato sole timentem
igne vago lustrare iuvet, tibi numine ab omni   50
cedetur iurisque tui natura relinquet,
quis deus esse velis, ubi regnum ponere mundi.
sed neque in Arctoo sedem tibi legeris orbe
nec polus aversi calidus qua vergitur austri,
unde tuam videas obliquo sidere Romam: 55
aetheris immensi partem si presseris unam,
sentiet axis onus. librati pondera caeli
orbe tene medio; pars aetheris illa sereni
tota vacet nullaeque obstent a Caesare nubes.
tum genus humanum positis sibi consulat armis   60
inque vicem gens omnis amet, pax missa per orbem

37 ista *MP*
50 iuvet *vel* -at
54 aversi *vel* adv-

von Gestrüpp starrt und seit vielen Jahren nicht mehr bestellt ist, daß die Hände fehlen, nach denen die Felder rufen — all dies schwere Unglück läßt sich nicht dem ungestümen Pyrrhus oder Hannibal zur Last legen, so tief vermochte kein Feindesschwert hinunterzudringen: im Herzen sitzt die Wunde erst durch Bürgerhand.

Fand jedoch das Schicksal für Neros Kommen keinen anderen Weg, müssen Götter ewige Herrschaft teuer erkaufen und konnte sich der Himmel seinem Donnerer erst nach furchtbaren Gigantenkämpfen fügen, dann hört ihr Unsterblichen uns nicht mehr klagen: um solchen Lohn sind uns selbst unerhörte Freveltaten recht. Mag auch die Schlacht von Pharsalus das Gefilde gräßlich mit Leichen füllen, mögen sich Karthagerschatten an Blut sättigen dürfen, mögen zum Schluß an Mundas Todesstätte Kämpfer aufeinanderstoßen, mögen zu diesen Verhängnissen, mein Kaiser, die Hungersnot von Perusia und das Ringen bei Mutina hinzukommen, der Untergang von Schiffen vor Actiums Klippe und der Sklavenkrieg zu Füßen des feuerspeienden Ätna: dennoch hat Rom dem Waffengang zwischen Bürgern viel zu verdanken, wenn alles für dich geschah. Fährst du nach Erfüllung deiner Wächterpflicht in ferner Zukunft den Sternen entgegen, um lieber den Himmel zu wählen, so werden dich die Götter froh in ihrer Burg willkommen heißen; ob du nun das Zepter zu führen geneigt bist oder Phoebus' Flammenwagen zu besteigen und die Erde mit wanderndem Licht zu mustern, ohne daß sie dieser Sonnenwechsel schreckt: dir werden alle Überirdischen den Vortritt lassen, und das All wird es dir anheimstellen, welcher Gott du sein, wo du deinen Weltenthron errichten willst. Aber nicht in arktischer Sphäre und nicht gegenüber, wo ein heißer Südhimmel abfällt, such deinen Platz, um von dort als Stern mit schrägem Strahl auf dein Rom zu schauen: wenn du ein Ende des Luftraums besetzt hältst, so wird die Erdachse der Last nachgeben. Halt von der Mitte der Himmelswölbung aus das Firmament im Gleichgewicht; dein Luftbezirk soll völlig frei und heiter sein, keine Wolken sollen uns die Sicht auf den Kaiser nehmen! Möge dann das Menschengeschlecht die Waffen niederlegen und an sein Wohl denken, alle Welt sich verbrüdern, Frieden über die Erde

ferrea belligeri compescat limina Iani.
sed mihi iam numen nec, si te pectore vates
accipio, Cirrhaea velim secreta moventem
sollicitare deum Bacchumque avertere Nysa: 65
tu satis ad vires Romana in carmina dandas.
    fert animus causas tantarum expromere rerum
immensumque aperitur opus, quid in arma furentem
impulerit populum, quid pacem excusserit orbi:
invida fatorum series summisque negatum   70
stare diu nimioque graves sub pondere lapsus
nec se Roma ferens. sic, cum compage soluta
saecula tot mundi suprema coegerit hora
antiquum repetens iterum chaos, [omnia mixtis
sidera sideribus concurrent] ignea pontum   75
astra petent, tellus extendere litora nolet
excutietque fretum, fratri contraria Phoebe
ibit et obliquum bigas agitare per orbem
indignata diem poscet sibi totaque discors
machina divolsi turbabit foedera mundi.   80
in se magna ruunt: laetis hunc numina rebus
crescendi posuere modum. nec gentibus ullis
commodat in populum terrae pelagique potentem
invidiam Fortuna suam: tu causa malorum
facta tribus dominis communis, Roma, nec umquam   85
in turbam missi feralia foedera regni.
o male concordes nimiaque cupidine caeci,
quid miscere iuvat vires orbemque tenere
in medio? dum terra fretum terramque levabit
aer et longi volvent Titana labores   90
noxque diem caelo totidem per signa sequetur,
nulla fides regni sociis omnisque potestas
impatiens consortis erit. nec gentibus ullis
credite nec longe fatorum exempla petantur:
fraterno primi maduerunt sanguine muri.   95

64 accipio *vel* -am
74/5 omnia ... concurrent *del. Bentley*
89 medio *vel* -um

ziehen und das Eisentor des Kriegstempels sich schließen!
Aber für mich bist du schon jetzt eine überirdische Macht,
und wenn ich mit dir im Herzen Seher werde, möchte ich
Delphis Offenbarungsgott nicht bemühen und Dionysos
nicht aus Nysa abrufen: du gibst genügend Kräfte für ein
Gedicht von Rom.

Es drängt mich, die Ursachen dieser gewaltigen Ereignisse darzulegen, und die ungeheure Aufgabe taucht vor
mir auf, zu fragen, was die Menschen zu wahnwitzigem
Waffengang trieb, was den Frieden vom Erdkreis verjagte:
es war eine aus Fortunas Neid entstandene Kette von
Verhängnissen, es geschah, weil dem Hohen langer Bestand
versagt ist, übermächtiges Gewicht zu schweren Stürzen
führt und Rom seine eigene Größe nicht mehr tragen
konnte. So wird es kommen, wenn im Weltuntergang die
letzte Stunde all die Jahrhunderte zum Stillstand bringt
und das Urchaos erneuern will: da werden Sternleuchten
ins Meer stürzen, wird die Erde nicht mehr Strandflächen
hinbreiten wollen, sondern den Ozean abschütteln, wird
Selene ihrem Bruder Widerpart bieten, Fahrten im
Zweigespann am Nachthimmel ablehnen und den Tag
für sich beanspruchen, ja, Zwietracht im ganzen Gefüge
der Welt wird ihre Harmonie verwirren, bis sie auseinan-
derbirst. Großes stürzt in sich selbst zusammen: diese
Schranke haben die Überirdischen dem Glücksaufstieg
gesetzt. Dabei schickte Fortuna als Werkzeug ihres Neides
nicht irgendwelche Fremden gegen unser Volk, das Herr
war über Land und Meer: was das Unglück auslöste, war
Roms Teilung unter drei Machthaber und die verhäng-
nisvolle Einigung auf nie dagewesene Vielherrschaft. Ach,
zu schlimmem Ende fandet ihr zusammen, maßlose Gier
hat euch verblendet: warum wolltet ihr eure Macht ver-
mengen und die Welt gemeinsam besitzen? Solange unsere
Erde den Ozean und der Luftraum unsere Erde trägt,
Helios in rastlosem Schaffen kreist, Nacht dem Tag durch
eine gleiche Zahl von Tierkreiszeichen am Himmel folgt,
gibt es keinen Verlaß auf Mitregenten, duldet keine
Gewalt einen Teilhaber. Man braucht das nicht von
irgendwelchen Fremden zu lernen, muß nicht von weither
Beispiele für diese ewige Regel holen: unsere Gründungs-
mauer wurde von Bruderblut bespritzt. Dabei winkten

nec pretium tanti tellus pontusque furoris
tunc erat: exiguum dominos commisit asylum.
   temporis angusti mansit concordia discors
paxque fuit non sponte ducum; nam sola futuri
Crassus erat belli medius mora. qualiter undas   100
qui secat et geminum gracilis mare separat Isthmos
nec patitur conferre fretum, si terra recedat,
Ionium Aegaeo frangat mare, sic, ubi saeva
arma ducum dirimens miserando funere Crassus
Assyrias Latio maculavit sanguine Carrhas,   105
Parthica Romanos solverunt damna furores.
plus illa vobis acie quam creditis actum est,
Arsacidae: bellum victis civile dedistis.
dividitur ferro regnum populique potentis,
quae mare, quae terras, quae totum possidet orbem,   110
non cepit fortuna duos. nam pignora iuncti
sanguinis et diro ferales omine taedas
abstulit ad manes Parcarum Iulia saeva
intercepta manu. quod si tibi fata dedissent
maiores in luce moras, tu sola furentem   115
inde virum poteras atque hinc retinere parentem
armatasque manus excusso iungere ferro,
ut generos soceris mediae iunxere Sabinae.
morte tua discussa fides bellumque movere
permissum ducibus. stimulos dedit aemula virtus: 120
tu, nova ne veteres obscurent acta triumphos
et victis cedat piratica laurea Gallis,
Magne, times; te iam series ususque laborum
erigit impatiensque loci fortuna secundi
nec quemquam iam ferre potest Caesarve priorem   125
Pompeiusve parem. quis iustius induit arma,
scire nefas: magno se iudice quisque tuetur;
victrix causa deis placuit, sed victa Catoni.
nec coiere pares. alter vergentibus annis

---

101   medium *P et in ras. M², ceterum post* gracilis *Schol. Stat. Theb.*
      I,120
103   frangat *vel* -et

damals solchem Wahnwitz nicht Kontinent und See als
Preis: was die Machthaber entzweite, war ein winziges Asyl.

Knappe Zeit nur dauerte die zwieträchtige Eintracht,
und wenn zunächst Friede herrschte, so lag dies nicht am
Willen der Rivalen; denn das allein, daß Crassus zwischen
ihnen stand, hielt den unausbleiblichen Krieg noch auf.
Wie der schmale Isthmos Wasserfluten teilt, zwei Meere
trennt und am Zusammenströmen hindert, aber bei einem
Dammbruch Adria und Ägäis aufeinanderprallen ließe, so
hielt Crassus die grimmigen Schwerter der Rivalen auseinander, bis er in jammervollem Untergang die Assyrerburg
Carrhae mit Latinerblut verfärbte und die Partherkata-
strophe Wahnwitz in Rom entfesselte. Mehr Erfolg hattet
ihr Arsakidentruppen mit jener Schlacht als ihr glaubt:
zur Niederlage gabt ihr Bürgerkrieg. Mit dem Schwert
wurde jetzt das Reich geteilt; ja, mochte unser Volk auch
stark genug sein, Meer und Länder und den ganzen Erdkreis zu beherrschen, so war es ihm doch nicht vergönnt,
zwei Männern Raum zu bieten. Denn das Unterpfand
ihrer Verschwägerung durch eine Hochzeit, deren Fackel
unheilvoll auf ein Totenfeuer deutete, sank mit Julia ins
Grab, als die Parzen sie grausam hinwegnahmen. Wäre
dir dagegen längerer Verbleib unter der Sonne beschieden
gewesen, so hättest du allein es vermocht, das Rasen deines
Mannes hier und deines Vaters dort zu zügeln, ihnen die
Schwerter zu entwinden und ihre gewappneten Hände
ineinanderzulegen, so wie sich einst die Sabinerinnen
zwischen die Widersacher warfen, um sie als Schwiegerväter
und Schwiegersöhne zu vereinen. Dein Tod sprengte den
Bund und gab den Rivalen freie Hand zum Kriegsbeginn.
Aufstachelnd wirkte männlicher Ehrgeiz: du großer Feldherr
fürchtetest, die neuen Taten könnten deine alten Erfolge
überschatten, dein Triumph im Seeräuberkrieg möchte
gegen den Sieg über Gallien verblassen; dich anderen aber
steifte jetzt deine pausenlose Kampferfahrung und ein
Glück, dem der zweite Platz zu wenig war — Caesar
duldete keinen mehr über sich, Pompejus keinen neben
sich. Wer mit größerem Recht Waffen anlegte, sollen wir
nicht wissen: jeder kann sich auf hohe Richter berufen —
der Sieger hatte die Götter auf seiner Seite, doch der Verlierer einen Cato. Dabei waren es ungleiche Gegner: der

in senium longoque togae tranquillior usu   130
dedidicit iam pace ducem famaeque petitor
multa dare in volgus, totus popularibus auris
impelli plausuque sui gaudere theatri
nec reparare novas vires multumque priori
credere fortunae. stat magni nominis umbra,   135
qualis frugifero quercus sublimis in agro
exuvias veteris populi sacrataque gestans
dona ducum nec iam validis radicibus haerens
pondere fixa suo est nudosque per aera ramos
effundens trunco, non frondibus, efficit umbram   140
et, quamvis primo nutet casura sub euro,
tot circum silvae firmo se robore tollant,
sola tamen colitur. sed non in Caesare tantum
nomen erat nec fama ducis, sed nescia virtus
stare loco solusque pudor non vincere bello;   145
acer et indomitus, quo spes quoque ira vocasset,
ferre manum et numquam temerando parcere ferro,
successus urguere suos, instare favori
numinis, impellens, quidquid sibi summa petenti
obstaret, gaudensque viam fecisse ruina,   150
qualiter expressum ventis per nubila fulmen
aetheris impulsi sonitu mundique fragore
emicuit rupitque diem populosque paventes
terruit obliqua praestringens lumina flamma:
in sua templa furit nullaque exire vetante   155
materia magnamque cadens magnamque revertens
dat stragem late sparsosque recolligit ignes.
    hae ducibus causae. suberant sed publica belli
semina, quae populos semper mersere potentes:
namque ut opes nimias mundo fortuna subacto   160
intulit et rebus mores cessere secundis
praedaque et hostiles luxum suasere rapinae,
non auro tectisve modus mensasque priores

141 et *vel* sed
154 praestringens *vel* per-

eine, schon alternd und der Hinfälligkeit nahe, war in
langer Gewöhnung an bürgerliches Leben bedächtiger
geworden und hatte in friedlichen Zeiten allmählich
Heerführung verlernt, warf aus Geltungssucht viel für den
Pöbel aus, ließ sich ganz von wetterwendischer Volksgunst
treiben, genoß den Beifall im eigenen Theater und vertraute,
statt seine Kräfte aufzufrischen und zu erneuern, allzusehr
seinem früheren Glück. Nur mehr als Schatten seines
großen Namens stand er da — als ob eine ragende Eiche
im Kornfeld Trophäen der Vorzeit und Weihgeschenke von
Kriegshelden trägt, aber ohne festen Wurzelhalt allein kraft
ihrer Schwere haftet, leere Zweige in die Luft streckt und
nur mit ihrem Stamm, nicht mehr mit Laubwerk, Schatten
spendet; da wankt sie und muß im ersten Frühlingssturm
fallen, da erheben sich ringsum lauter Bäume in fester
Kraft, und doch genießt nur sie Verehrung. Aber Caesar
hatte zwar keinen Namen und Ruf als Heerführer wie der
'Große', jedoch eine Tatkraft, die nicht auf der Stelle
stehen bleiben wollte, und Skrupel einzig bei kampflosem
Sieg: heftig und von unbändigem Verlangen, dort zuzu-
packen, wohin ihn bald Erwartung, bald Entrüstung rief,
niemals auf Schändung seines Schwertes zu verzichten,
seine Erfolge weiterzutreiben, die Gunst des Himmels
auszunützen, voller Stoßkraft, wenn seinem Drang nach
oben etwas im Wege stand, und voll Lust, sich mit Trümmern Bahn zu schaffen — als ob ein Blitz unter Sturmgewalt
durch die Wolken daherzuckt, die Luft unter seinem
Anprall knattern und das Firmament erdröhnen läßt, den
Himmel aufreißt und die Menschen bange zittern macht,
wenn er mit feurigem Zickzack ihre Augen blendet; da
tobt er gegen die Tempel seines eigenen Herrn, und weil
kein fester Stoff sein Treiben hindert, schafft er mit Macht
beim Fall und mit Macht bei der Rückkehr überall Ver-
wüstung und sammelt seine verstreuten Funken zu neuem
Strahl.

Dies waren die Ursachen für die Rivalen. Aber aller
Leben war mit Kriegszunder geladen, wie er schon immer
Herrenvölkern Untergang brachte: denn als die Weltbe-
zwingung übermäßigen Reichtum bescherte, Gesittung dem
Wohlstand Vortritt ließ, Raub und Diebstahl in Feindesland
zum Luxus verführten, gab es Goldverschleiß an Häuser-

aspernata fames; cultus gestare decoros
vix nuribus rapuere mares; fecunda virorum   165
paupertas fugitur totoque accersitur orbe,
quo gens quaeque perit; tum longos iungere fines
agrorum et quondam duro sulcata Camilli
vomere et antiquos Curiorum passa ligones
longa sub ignotis extendere rura colonis.   170
non erat is populus, quem pax tranquilla iuvaret,
quem sua libertas immotis pasceret armis.
inde irae faciles et, quod suasisset egestas,
vile nefas magnumque decus ferroque petendum
plus patria potuisse sua mensuraque iuris   175
vis erat; hinc leges et plebis scita coactae
et cum consulibus turbantes iura tribuni;
hinc rapti fasces pretio sectorque favoris
ipse sui populus letalisque ambitus urbi
annua venali referens certamina Campo;   180
hinc usura vorax avidumque in tempora fenus
et concussa fides et multis utile bellum.
    iam gelidas Caesar cursu superaverat Alpes
ingentesque animo motus bellumque futurum
ceperat. ut ventum est parvi Rubiconis ad undas,   185
ingens visa duci patriae trepidantis imago
clara per obscuram voltu maestissima noctem
turrigero canos effundens vertice crines
caesarie lacera nudisque astare lacertis
et gemitu permixta loqui: 'quo tenditis ultra?   190
quo fertis mea signa, viri? si iure venitis,
si cives, huc usque licet.' tum perculit horror
membra ducis, riguere comae gressumque coercens
languor in extrema tenuit vestigia ripa.
mox ait: 'o magnae qui moenia prospicis urbis   195
Tarpeia de rupe, Tonans, Phrygiique penates

türmen, sah die Eßgier auf den Tisch von ehedem gering-
schätzig herab; Männer haschten nach Kleidern, die kaum
eine Frau mit Anstand tragen konnte; man floh vor Armut,
die doch Helden schafft, und heimste auf der ganzen
Welt die Dinge ein, die jeweils einer Nation zum Verhängnis werden; da wurden Landgebiete zum Großgrundbe-
sitz vereinigt, wurden die Fluren, die einst Camillus in
harter Pflugarbeit gefurcht und ein Curius mit Urväter-
hacke gerodet hatte, unter fremden Bewirtschaftern in die
Weite ausgedehnt. Dies war kein Volk mehr, das Frieden
und Ruhe genossen hätte, das an seiner Freiheit ohne
Schwerterrasseln gediehen wäre. Jetzt brausten Leiden-
schaften auf, galten Verbrechen aus bloßer Bedürftigkeit
für verächtlich; höchst rühmlich dünkte es und einen
Waffengang wert, sein Vaterland zu übertrumpfen, und
Recht bemaß sich nach Gewalt; nun wurden Gesetze
ebenso erzwungen wie Beschlüsse des Mobs, rüttelten
Konsuln gemeinsam mit Tribunen am Recht; nun sah
man Amtserschleichung um Geld, die Masse beim Verstei-
gern ihrer Gunst, als Todesgift für unsere Stadt Bestechung,
die Jahr für Jahr zu neuem Wettstreit beim Hökern auf
dem Marsfeld führte; nun gab es gefräßigen Wucher,
fristgierigen Zins, erschüttertes Vertrauen und für viele
Menschen Profit durch Krieg.

Schon hatte Caesar in Eilmärschen die verschneiten
Alpen überstiegen und den Plan gefaßt, ungeheure Kriegs-
wirren auszulösen. Sowie das Flüßchen Rubicon erreicht
war, erschien dem Feldherrn, deutlich zu sehen in finsterer
Nacht, als riesenhaftes Phantom die geängstigte Vaterstadt;
tiefe Trauer lag in ihren Zügen, ihre grauen Haare waren
unter der Mauerkrone aufgelöst, die Strähnen zerrauft und
die Arme bloß. So stand sie vor ihm da und rief, während
sich Seufzer in ihre Worte mischten: ,,Wohin wollt ihr
noch? Wohin tragt ihr meine Standarten, Soldaten? Wenn
ihr rechtens, wenn ihr als gute Bürger kommt, so darf es
nur bis hierher sein!'' Da lief dem Feldherrn ein Schauer
über die Glieder, die Haare standen ihm zu Berge, bleierne
Schwere lähmte seinen Schritt und brachte die Füße am
Uferrand zum Stehen. Jetzt sprach er: ,,Vernimm mich,
Donnerer, der die Dächer der weiten Stadt vom Tarpe-
jafelsen überblickt! Troische Hausgötter des Julierge-

gentis Iuleae et rapti secreta Quirini
et residens celsa Latiaris Iuppiter Alba
Vestalesque foci summique o numinis instar
Roma, fave coeptis. non te furialibus armis   200
persequor. en adsum victor terraque marique
Caesar, ubique tuus (liceat modo, nunc quoque) miles.
ille erit, ille nocens, qui me tibi fecerit hostem.'
    inde moras solvit belli tumidumque per amnem
signa tulit propere sicut squalentibus arvis   205
aestiferae Libyes viso leo comminus hoste
subsedit dubius, totam dum colligit iram:
mox ubi se saevae stimulavit verbere caudae
erexitque iubam et vasto grave murmur hiatu
infremuit, tum torta levis si lancea Mauri   210
haereat aut latum subeant venabula pectus,
per ferrum tanti securus volneris exit.
fonte cadit modico parvisque impellitur undis
puniceus Rubicon, cum fervida canduit aestas,
perque imas serpit valles et Gallica certus   215
limes ab Ausoniis disterminat arva colonis.
tum vires praebebat hiemps atque auxerat undas
tertia iam gravido pluvialis Cynthia cornu
et madidis euri resolutae flatibus Alpes.
primus in obliquum sonipes opponitur amnem   220
excepturus aquas; molli tum cetera rumpit
turba vado faciles iam fracti fluminis undas.
    Caesar ut adversam superato gurgite ripam
attigit Hesperiae vetitis et constitit arvis,
'hic,' ait 'hic pacem temerataque iura relinquo;   225
te, Fortuna, sequor. procul hinc iam foedera sunto.
credidimus fatis, utendum est iudice bello.'
sic fatus noctis tenebris rapit agmina ductor
impiger; it torto Balearis verbere fundae
ocior et missa Parthi post terga sagitta   230
vicinumque minax invadit Ariminum et ignes
solis lucifero fugiebant astra relicto.

---

209   iubam et vasto grave *vel* iubas et vasto (grave P^1)
229   it *vel* et

schlechts, geheimnisvoll entrückter Romulus, Bündnergott
Jupiter auf der Thronkuppe von Alba, Herdfeuer der Vesta!
Vernimm mich, Roma, die mir als höchste Gottheit gilt:
sieh gnädig auf mein Beginnen! Nicht treibt mich Wahnwitz,
dich zu bekriegen. Da stehe ich: Caesar, Sieger zu Land
und Meer, überall für dich in Waffen — auch jetzt noch,
dürfte es nur sein! Den, ja, den wird man verdammen,
der mich gegen dich auf die Walstatt ruft."

Dann ließ er dem Krieg seinen Lauf und zog rasch mit
seinen Standarten durch den angestiegenen Strom. Es war,
als ob in Libyens glühender Steppe ein Löwe die Jäger vor
sich sieht, unschlüssig geduckt seinen ganzen Grimm staut,
sich jetzt mit fürchterlich peitschendem Schweif ermuntert,
die Mähne sträubt und aus weitem Rachen gewaltigen
Donner hinausbrüllt: wenn dann vielleicht die Schleuder-
lanze eines behenden Berbers sitzt oder Spieße in seine
breite Brust dringen, stürmt er im Schußfeld vor und
spottet aller schweren Wunden. — Aus unscheinbarer
Quelle entspringend, zieht der rotsandige Rubicon, wenn
heißer Sommer glüht, mit wenig Wasser dahin und schlängelt sich tief im Grunde durch die Täler, sichtbare Grenz-
scheide zwischen gallischem Gebiet und Ausoniens Bauern.
Jetzt verlieh ihm der Winter Stärke: sein Wasser war
angeschwollen, als schon drei Nächte lang Selenes Sichel
in schweren Regenwolken stand und unter stürmischem
Tauwind der Alpenschnee schmolz. Man stellte zunächst
Pferde im Strom quer, um die Wassermassen abzufangen;
dann bezwang das Gros in bequemer Furt mit Leichtigkeit
den jetzt gebrochenen Wellenschlag des Flusses.

Als Caesar die Tiefe überwunden, das Gegenufer erreicht
und trotz Verbot in Hesperiens Gefilden Fuß gefaßt hatte,
sprach er: „Hier sage ich mich vom Frieden, hier von
geschändetem Recht los. Dir folge ich nach, Fortuna.
Hinweg jetzt mit Verträgen! Ich habe dem Schicksalsruf
vertraut, nun muß der Krieg als Richter dienen." Nach
diesen Worten zog er ohne Säumen im Nachtdunkel die
Truppen mit sich voran; schneller als die wirbelnde Schnur
einer Balearenschleuder und ein rückwärts abgeschossener
Partherpfeil marschierte er dahin und drang bedrohlich im
nahen Ariminum ein, als eben die Gestirne vor den Sonnenstrahlen wichen und nur noch Luzifer am Himmel

iamque dies primos belli visura tumultus
exoritur: seu sponte deum seu turbidus auster
impulerat, maestam tenuerunt nubila lucem.   235
constitit ut capto iussus deponere miles
signa foro, stridor lituum clangorque tubarum
non pia concinuit cum rauco classica cornu.
rupta quies populi stratisque excita iuventus
deripuit sacris affixa penatibus arma,   240
quae pax longa dabat: nuda iam crate fluentes
invadunt clipeos curvataque cuspide pila
et scabros nigrae morsu robiginis enses.
ut notae fulsere aquilae Romanaque signa
et celsus medio conspectus in agmine Caesar,   245
deriguere metu, gelidos pavor occupat artus
et tacito mutos volvunt in pectore questus:
'o male vicinis haec moenia condita Gallis,
o tristi damnata loco! pax alta per omnes
et tranquilla quies populos: nos praeda furentum   250
primaque castra sumus. melius, Fortuna, dedisses
orbe sub Eoo sedem gelidaque sub Arcto
errantesque domos Latii quam claustra tueri.
nos primi Senonum motus Cimbrumque ruentem
vidimus et Martem Libyes cursumque furoris   255
Teutonici: quotiens Romam Fortuna lacessit,
hac iter est bellis.' gemitu sic quisque latenti,
non ausus timuisse palam: vox nulla dolori
credita, sed quantum, volucres cum bruma coercet,
rura silent mediusque tacet sine murmure pontus,   260
tanta quies.
                    noctis gelidas lux solverat umbras,
ecce faces belli dubiaeque in proelia menti
urguentes addunt stimulos cunctasque pudoris
rumpunt fata moras: iustos Fortuna laborat
esse ducis motus et causas invenit armis.   265
expulit ancipiti discordes urbe tribunos
victo iure minax iactatis curia Gracchis.

234   sed sponte *Housman*
246   gelidos $M^1 a^v$: -us
247   tacito (-i *Z*) mutos *vel* tacitos muto
254   ruentem *G*: furentem (*cf.* 250)
260   tacet *vel* iacet

stand. Und nun brach ein Tag an, der die ersten Kriegs-
unruhen sehen sollte: mochten es die Götter so wollen,
mochte wirbliger Treibwind von Süden aufgekommen sein —
Wolken lagen über trübgestimmtem Tageslicht. Als die
Soldaten den Marktplatz besetzt, auf Kommando halt-
gemacht und ihre Standarten abgestellt hatten, einten sich
schrille Zinkentöne und Trompetengeschmetter mit heiseren
Hörnern zu ruchlosem Kriegskonzert. Die Leute fuhren
aus dem Schlaf, die Mannen sprangen vom Lager und
rissen von den Wänden der Hauskapellen, was sich nach
langem Frieden noch an Waffen fand, griffen zerfallende,
schon überzuglose Schilde, Speere mit verbogener Spitze
und Schwerter, die dunkler Rost angefressen und aufgerauht
hatte. Als sie vertraute Legionsadler mit römischen Standarten blitzen und mitten in der Truppe Caesar zu Pferde
sitzen sahen, erstarrten sie vor Schrecken, Angst legte sich
wie Frost auf ihre Glieder, und still zogen stumme Klagen
durch ihre Brust: ,,Ach, ein Verhängnis war die Gründung
unserer Stadt in Galliens Nähe, ach, ein Todesurteil ist
der schlimme Platz! Tiefer Friede und sanfte Ruhe in allen
Landen: wir als erste sind Beute und Heerlager tollwütiger
Soldaten. Besser wäre uns das Los zuteil geworden, unter
dem Orienthimmel oder dem eisigen Nordpol zu wohnen
oder auch als Nomaden zu leben, statt die Pforte Latiums
hüten zu müssen. Wir zuerst mußten Senonenwirren und
Kimberneinfall erleben, den Karthagerkrieg und den Sturm
toller Teutonen; immer, wenn Fortuna Rom herausfordert,
nimmt der Krieg über uns seinen Weg." So sprach jedermann heimlich seufzend und ohne Mut zu offener Furcht:
keine Stimme lieh man dem Schmerz, nein, wie die Gefilde
schweigen, wenn Winterkälte die Vögel lähmt, wie die
Hochsee still und stumm bleibt, so herrschte tiefe Ruhe.
    Jetzt waren die kühlen Schatten der Nacht im Tages-
licht zerronnen, da peitschte die Fügung, um den Kriegs-
brand zu entfachen, Unentschlossenheit zur Kampflust auf
und sprengte alle hemmenden Bedenken: Fortuna mühte
sich, Caesars Wirren zu rechtfertigen, und fand Gründe für
seinen Waffengang. Im Meinungsstreit der Hauptstadt
vertrieb der Senat unter Rechtsbruch mit prahlerisch
drohendem Hinweis auf die Gracchen die andersgesinnten
Tribunen. Auf ihrem Weg zu Caesars Truppen, die schon

hos iam mota ducis vicinaque signa petentes
audax venali comitatur Curio lingua,
vox quondam populi libertatemque tueri   270
ausus et armatos plebi miscere potentes.
utque ducem varias volventem pectore curas
conspexit, 'dum voce tuae potuere iuvari,
Caesar,' ait 'partes, quamvis nolente senatu
traximus imperium, tum cum mihi rostra tenere   275
ius erat et dubios in te transferre Quirites.
at postquam leges bello siluere coactae,
pellimur e patriis laribus patimurque volentes
exilium: tua nos faciet victoria cives.
dum trepidant nullo firmatae robore partes,   280
tolle moras: semper nocuit differre paratis.
par labor atque metus pretio maiore petuntur:
bellantem geminis tenuit te Gallia lustris,
pars quota terrarum; facili si proelia pauca
gesseris eventu, tibi Roma subegerit orbem.   285
nunc neque te longi remeantem pompa triumphi
excipit aut sacras poscunt Capitolia laurus:
livor edax tibi cuncta negat gentesque subactas
vix impune feres. socerum depellere regno
decretum genero est: partiri non potes orbem,   290
solus habere potes.' sic postquam fatus, et ipsi
in bellum prono tantum tamen addidit irae
accenditque ducem, quantum clamore iuvatur
Eleus sonipes, quamvis iam carcere clauso
immineat foribus pronusque repagula laxet.   295
    convocat armatos extemplo ad signa maniplos
utque satis trepidum turba coeunte tumultum
composuit voltu dextraque silentia iussit,
'bellorum o socii, qui mille pericula Martis
mecum' ait 'experti decimo iam vincitis anno,   300
hoc cruor Arctois meruit diffusus in arvis
volneraque et mortes hiemesque sub Alpibus actae?

282 *del. Guietus*

in Marsch gesetzt und nahe waren, begleitete sie Curio, ein
Mann von kecker Zunge, wenn man ihn bezahlte, einst
Sprecher des Volks, der kühn die Sache der Freiheit vertrat
und bewaffnete Machthaber in Bürgerstand versetzen wollte.
Als er merkte, daß dem Feldherrn allerlei Sorgen durch den
Kopf gingen, sprach er: „Solange deine Sache, Caesar,
mit Reden gefördert werden konnte, habe ich dem Senat
zum Trotz dein Kommando verlängern lassen, als es mir
seinerzeit noch zustand, auf der Markttribüne zu sprechen
und unentschlossene Städter auf deine Seite zu ziehen.
Aber seit die Gesetze unter Kriegsgewalt zum Schweigen
kamen, sind wir aus der Heimatstadt vertrieben, tragen
freilich willig das Los der Verbannung, wird uns doch
dein Sieg zu neuem Bürgerrecht verhelfen. Mach dich ans
Werk, solange die Gegner ohne Truppenverstärkung sind
und Verlegenheit zeigen: steht man bereit, war Aufschub
noch immer vom Übel. Mühe und Gefahr vor dir sind
unverändert, aber lohnender: hat dich zwei Jahrfünfte
hindurch der Krieg in Gallien festgehalten, einem bloßem
Fleckchen auf der Karte, so mußt du diesmal nur ein
paar Gefechte spielend gewinnen, und es geschah für dich,
daß Rom die Welt unterwarf. Jetzt erwartet dich bei der
Heimkehr kein langer Triumphzug, heischt das Kapitol
nicht deine Lorbeerspende: gieriger Neid versagt dir alles,
und daß du Völker unterworfen hast, wird man dir kaum
ungestraft hingehen lassen. Der Eidam hat beschlossen, den
Schwiegervater vom Thron zu stoßen: an der Welt teilhaben
kannst du nicht, doch kannst du sie allein besitzen." Als
er dies sagte, steigerte er die Leidenschaft des Feldherrn,
der auch von selbst nach Krieg verlangte, dennoch ebenso
zur Glut, wie ein olympisches Rennpferd durch Beifall
angestachelt wird, mag es auch schon bei geschlossener
Schranke zum Ausgang drängen und voll Verlangen den
Riegel zu lockern suchen.
    Unverzüglich rief er die Abteilungen in Waffen zu ihren
Standarten, endete das emsig wimmelnde Gewühl der
antretenden Schar mit einem Blick, gebot mit der Rechten
Ruhe und sprach: „Kameraden! Tausend Kriegsgefahren
habt ihr mit mir bestanden, habt bereits zehn Jahre lang
gesiegt: ist dies der Lohn dafür, daß ihr im Nordland
euer Blut verspritztet, Wunden und Tod in euren Reihen

non secus ingenti bellorum Roma tumultu
concutitur quam si Poenus transcenderit Alpes
Hannibal: implentur validae tirone cohortes,   305
in classem cadit omne nemus, terraque marique
iussus Caesar agi. quid, si mihi signa iacerent
Marte sub adverso ruerentque in terga feroces
Gallorum populi? nunc, cum fortuna secundis
mecum rebus agat superique ad summa vocantes,   310
temptamur. veniat longa dux pace solutus
milite cum subito partesque in bella togatae
Marcellusque loquax et nomina vana Catones.
scilicet extremi Pompeium emptique clientes
continuo per tot satiabunt tempora regno?   315
ille reget currus nondum patientibus annis,
ille semel raptos numquam dimittet honores?
quid iam rura querar totum suppressa per orbem
ac iussam servire famem? quis castra timenti
nescit mixta foro, gladii cum triste micantes   320
iudicium insolita trepidum cinxere corona
atque auso medias perrumpere milite leges
Pompeiana reum clauserunt signa Milonem?
nunc quoque, ne lassum teneat privata senectus,
bella nefanda parat suetus civilibus armis   325
et docilis Sullam scelerum vicisse magistrum
utque ferae tigres numquam posuere furorem,
quas nemore Hyrcano, matrum dum lustra secuntur,
altus caesorum pavit cruor armentorum,
sic et Sullanum solito tibi lambere ferrum   330
durat, Magne, sitis: nullus semel ore receptus
pollutas patitur sanguis mansuescere fauces.
quem tamen inveniet tam longa potentia finem?
quis scelerum modus est? ex hoc iam te, improbe, regno

304 transcenderit *vel* -ret
305 validae *vel* -o
313 Catones *vel* -is *vel* -um
320 micantes *vel* min-

saht und Winterjahre jenseits der Alpen verbrachtet?
Nicht anders erzittert Rom in ungeheurer Kriegserregung,
als hätte von Karthago her Hannibal die Alpen überstiegen:
man füllt die Kohorten zur Verstärkung mit Rekruten auf,
fällt alle Wälder zum Flottenbau, und Jagd auf Caesar
ist die Parole zu Land und Meer. Wie erst, wenn das
Schlachtenglück mir abhold wäre, meine Standarten im
Staube lägen und wilde Gallierscharen hinter mir einbrä-
chen? Nun aber, da Fortuna es gut mit mir meint und
die Götter mich an die Spitze rufen, werde ich herausgefordert. Man soll nur kommen: der in langem Frieden
entnervte Feldherr mit seinen aufgelesenen Soldaten, die
Partei marschierender Zivilisten, der Schwätzer Marcellus
und Cato, ein Name und nichts weiter. Soll denn also ein
Abschaum gedungener Trabanten Pompejus mit dauerndem
Regime für alle Zeiten den Rachen stopfen? Soll es dahin
kommen, daß er in noch unzulässigem Alter den Triumph-
wagen lenkte und daß derselbe Mann das einmal ergatterte
Amt in Ewigkeit festhält? Wozu soll ich noch darüber
Klage führen, daß er Ländereien auf der ganzen Welt
ausbeutete und Hungerleider zu seinen Kreaturen machte?
Wer weiß nicht, wie sich Truppen in die Marktversammlung
mengten und Entsetzen herrschte, als böse blitzende
Schwerter einen Kreis wie nie um das Gericht bildeten,
um es einzuschüchtern, als freche Soldaten mitten durch
Gesetzeshüter stürmten und Pompejus' Garde den ange-
klagten Milo umstellte? Jetzt ist es nicht anders: um nur
ja nicht einen tatenlosen Ruhestand als alter Mann zu
führen, rüstet er zu unerhörtem Krieg, ist ja Bürgerkämpfe
gewohnt und versteht es wohl, seinen Lehrer Sulla im
Verbrecherhandwerk zu übertrumpfen. Ja, wie wilde Tiger
noch nie von ihrer Raubgier ließen, wenn sie in Hyrkaniens
Wäldern ihrer Mutter von Lager zu Lager gefolgt sind
und mit Blutströmen geschlagener Herden aufgezogen
wurden, so dürstest auch du, Pompejus, ohne Unterlaß,
seit du an Sullas Schwert zu schlecken pflegtest: ist einmal
Blut über die Lippen gekommen, so kann der Schlund sich
nicht mehr von Beschmierung entwöhnen. Wann wird
diese lange Herrschaft schließlich doch ein Ende nehmen?
Welche Grenze ist den Verbrechen gesetzt? Nimmersatt,
jetzt einmal von deinem Thron herabzusteigen, sollte dich

ille tuus saltem doceat descendere Sulla.   335
post Cilicasne vagos et lassi Pontica regis
proelia barbarico vix consummata veneno
ultima Pompeio dabitur provincia Caesar,
quod non victrices aquilas deponere iussus
paruerim? mihi si merces erepta laborum est,   340
his saltem longi non cum duce praemia belli
reddantur: miles sub quolibet iste triumphet.
conferet exsanguis quo se post bella senectus?
quae sedes erit emeritis, quae rura dabuntur
quae noster veteranus aret, quae moenia fessis?   345
an melius fient piratae, Magne, coloni?
tollite iam pridem victricia, tollite, signa.
viribus utendum est, quas fecimus: arma tenenti
omnia dat, qui iusta negat. nec numina derunt;
nam neque praeda meis neque regnum quaeritur armis:
detrahimus dominos urbi servire paratae'.   351
    dixerat. at dubium non claro murmure volgus
secum incerta fremit: pietas patriique penates
quamquam caede feras mentes animosque tumentes
frangunt, sed diro ferri revocantur amore   355
ductorisque metu. summi tum munera pili
Laelius emeritique gerens insignia doni,
servati civis referentem praemia quercum,
'si licet,' exclamat 'Romani maxime rector
nominis, et ius est veras expromere voces: 360
quod tam lenta tuas tenuit patientia vires,
conquerimur. deratne tibi fiducia nostri?
dum movet haec calidus spirantia corpora sanguis
et dum pila valent fortes torquere lacerti,
degenerem patiere togam regnumque senatus?   365
usque adeo miserum est civili vincere bello?
duc age per Scythiae populos, per inhospita Syrtis
litora, per calidas Libyae sitientis harenas:
haec manus, ut victum post terga relinqueret orbem,

immerhin dein großer Meister Sulla lehren! Nachdem man
Pompejus räubernde Kilikier sammeln und mit dem müden
König von Pontus Kämpfe führen hieß, die zuguterletzt
durch exotisches Gift erledigt wurden, soll ein Caesar sein
letzter Auftrag sein, weil ich dem Befehl, die siegreichen
Legionsadler abzustellen, nicht gehorchte? Bin ich selber um
den Ertrag meiner Mühen gebracht, so müssen wenigstens
diese Männer hier auch ohne Feldherrn ihren Lohn für
langen Krieg erhalten: meine Soldaten müssen ihren
Triumph feiern, gleich, unter wem! Wo können nach den
Feldzügen die erschöpften alten Männer bleiben, wo
werden sie als Ausgediente wohnen, wo werden meine
Veteranen Ackerland erhalten, wo eine Stadt als Ruhesitz?
Sag, Pompejus: sollen lieber Piraten Bauern werden?
Nehmt die schon immer sieggewohnten Standarten auf, ja,
nehmt sie auf! Die Kräfte heißt es nutzen, die wir uns
selber schufen: wer einem Mann in Waffen sein Recht
abspricht, der gibt ihm alles. Auch wird Himmelsgunst
nicht fehlen, ist doch mein Kampfziel weder Beute noch
Tyrannis: ich zerre Despoten aus einem Rom, das willig
Knechtsdienst leistet.''

Soweit seine Rede. Aber die Mannschaft war sich nicht
schlüssig und murmelte undeutlich verworrene Laute vor
sich hin: der Hang zu Haus und Heimat machte die wenngleich durch Blutvergießen verrohten und geblähten Herzen
sanft, doch gräßliche Lust am Waffenhandwerk und Angst
vor Caesar hielten sie zurück. Da schrie Laelius, Führer
des allerersten Zugs und Träger des Eichenkranzes, der als
wohlverdientes Ehrenzeichen den Preis für Rettung eines
Bürgerlebens bildete: ,,Vielleicht gestattest und erlaubst du
Oberherr von allen, die sich Römer nennen, wahre Worte
auszusprechen: daß du so gemächlich und geduldig deine
Kräfte bändigtest, das ist es, was uns Kummer macht.
Fehlte es dir etwa an Verlaß auf uns? Wenn doch noch
warmes Lebensblut durch unsere Adern rollt, wenn uns
doch noch Muskelkraft zum Lanzenwurf befähigt, willst du
Abstieg in den Bürgerstand und Despotie von Senatoren
dulden? Ist es gar so schlimm, im Bürgerkrieg zu siegen?
Führ uns doch durch Skythenvölker, durch die unwirtliche
Syrtenküste, durch Wüstensand im lechzenden Libyen: hat
unsere Faust, damit die Welt besiegt in unserem Rücken

Oceani tumidas remo compescuit undas　　　　　　　370
fregit et Arctoo spumantem vertice Rhenum;
iussa sequi tam posse mihi quam velle necesse est.
nec civis meus est, in quem tua classica, Caesar,
audiero. per signa decem felicia castris
perque tuos iuro quocumque ex hoste triumphos:　375
pectore si fratris gladium iuguloque parentis
condere me iubeas plenaeque in viscera partu
coniugis, invita peragam tamen omnia dextra;
si spoliare deos ignemque immittere templis,
numina miscebit castrensis flamma monetae;　　　380
castra super Tusci si ponere Thybridis undas,
Hesperios audax veniam metator in agros.
tu quoscumque voles in planum effundere muros,
his aries actus disperget saxa lacertis,
illa licet, penitus tolli quam iusseris urbem,　　　385
Roma sit.' his cunctae simul assensere cohortes
elatasque alte, quaecumque ad bella vocaret,
promisere manus. it tantus ad aethera clamor
quantus, piniferae boreas cum Thracius Ossae
rupibus incubuit, curvato robore pressae　　　　　390
fit sonus aut rursus redeuntis in aethera silvae.

　　Caesar ut acceptum tam prono milite bellum
fataque ferre videt, ne quo languore moretur
Fortunam, sparsas per Gallica rura cohortes
evocat et Romam motis petit undique signis.　　　395
deseruere cavo tentoria fixa Lemanno
castraque quae Vosegi curvam super ardua ripam
pugnaces pictis cohibebant Lingonas armis.
hi vada liquerunt Isarae, qui gurgite ductus
per tam multa suo, famae maioris in amnem　　　400
lapsus ad aequoreas nomen non pertulit undas.
solvuntur flavi longa statione Ruteni.
mitis Atax Latias gaudet non ferre carinas

389 piniferae *vel* nubif-
397 rupem *x*
398 Lingonas M^2P^1a: -es

bleibe, den Schwall von Ozeanwogen mit Rudern gezügelt
und hoch im Norden schäumende Rheinstrudel überbrückt,
so müssen wir ebenso fähig wie willig sein, Befehle auszu-
führen. Auch gilt der uns nicht als Landsmann, gegen den
wir dein Signal ertönen hören, Caesar. Bei den Erfolgen
deiner Standarten in zehn Kriegsjahren, bei deinen Triumphen über alle erdenklichen Feinde schwören wir: gibst du
Befehl, das Schwert einem Bruder durch die Brust, einem
Vater durch die Kehle, einer schwangeren Gattin in den
Leib zu stoßen, so werden wir, mag unsere Rechte sich
auch sträuben, dennoch alles vollbringen; sollen wir Götter
plündern und in Tempeln Feuer legen, so wird man Statuen
von Himmelsmächten im Tiegel für Soldatengeld einschmel-
zen; sollen wir auf der Böschung des etruskischen Tiber ein
Lager aufschlagen, so werden wir unbedenklich mit dem
Meßstab auf Hesperiens Felder ziehen. Gleich, welche
Mauern du einebnen willst, unsere Arme werden den
Sturmbock steuern und die Steine auseinandersprengen, und
wäre Rom die Stadt, die vom Boden zu vertilgen du Befehl
gibst." Diesen Worten zollten alle Kohorten gemeinsam
Beifall, hoben ihre Hände hoch empor und gelobten, sie
ihm in allen Kämpfen zu reichen, zu denen er sie rufen
würde. Mit gleicher Macht stieg Lärm zum Himmel, wie
ein Brausen anhebt, wenn sich thrakischer Nordsturm auf
die Pinienhänge des Ossagebirges wirft und der Wald mit
gebogenen Stämmen niedergeht oder wieder himmelwärts
zurückschnellt.

Als Caesar sah, daß seine Soldaten den Krieg so willig
guthießen und daß das Schicksal lenkte, wollte er Fortuna
keinen Augenblick mit Unentschlossenheit im Wege sein
und rief daher die über gallische Lande verstreuten Kohorten
ab, um im Aufmarsch von allen Seiten gegen Rom zu
ziehen. Man räumte die Zeltplätze in der Senke des Le-
mannus und die Vogesenlager droben über den Windungen
des Rheins, Bollwerke gegen die Lingonen, die mit bebil-
derten Schilden kämpfen. Andere verließen die Sandbänke
der Isara, die über immer neue Strecken im eigenen Bett
dahinrauscht, aber dann in einen Strom von größerer
Berühmtheit mündet und unter fremdem Namen Meeresfluten erreicht. Die blonden Rutener wurden von langer
Besatzung erlöst. Der sanfte Atax freute sich der Freiheit

32   LIBER PRIMUS

finis et Hesperiae promoto limite Varus
quaque sub Herculeo sacratus nomine portus   405
urguet rupe cava pelagus (non corus in illum
ius habet aut zephyrus: solus sua litora turbat
circius et tuta prohibet statione Monoeci)
quaque iacet litus dubium, quod terra fretumque
vindicat alternis vicibus, cum funditur ingens   410
Oceanus vel cum refugis se fluctibus aufert.
ventus ab extremo pelagus sic axe volutet
destituatque ferens an sidere mota secundo
Tethyos unda vagae lunaribus aestuet horis
flammiger an Titan, ut alentes hauriat undas,   415
erigat Oceanum fluctusque ad sidera ducat,
quaerite, quos agitat mundi labor: at mihi semper
tu, quaecumque moves tam crebros causa meatus,
ut superi voluere, late. tum rura Nemetis
qui tenet et ripas Aturi, qua litore curvo   420
molliter admissum claudit Tarbellicus aequor,
signa movet gaudetque amoto Santonus hoste
et Biturix longisque leves Suessones in armis,
optimus excusso Leucus Remusque lacerto,
optima gens flexis in gyrum Sequana frenis   425
et docilis rector monstrati Belga covinni
Arvernique ausi Latio se fingere fratres
sanguine ab Iliaco populi nimiumque rebellis
Nervius et caesi pollutus foedere Cottae
et qui te laxis imitantur, Sarmata, bracis,   430
Vangiones Batavique truces, quos aere recurvo
stridentes acuere tubae, qua Cinga pererrat
gurgite, qua Rhodanus raptum velocibus undis
in mare fert Ararim, qua montibus ardua summis
gens habitat cana pendentes rupe Cebennas.   435
tu quoque laetatus converti proelia, Trevir,   441
et nunc tonse Ligur, quondam per colla decore

416   ducat *vel* tollat
419   late *vel* -es
427   Latio(s) *vel* -iis, *cf. Sidon. epist. 7,7,2* audebant se ... fratres
      Latio dicere et sanguine ab Iliaco populos computare
429   foedere *vel* sanguine
post 435 *quattuor versus vix ante a. 1100 in Mx inseruerunt falsarii,
quintum Accursius a. 1521 ad Auson. Mos. 468*

von Römerkielen, ebenso der Var, an dem Hesperien jetzt
nach Vorverlegung seiner Grenze endet; Freude herrschte
an jenem Hafen, der unter Herakles' Namen Weihe empfing
und seinen Felsen drohend in die See vorwölbt (nicht Nord
oder West haben Macht über ihn, nein, der Mistral treibt
als alleiniger Herr die Brandung an das ihm überlassene
Gestade und hindert sicheres Ankern vor Monaco), Freude
dort, wo die Wattküste sich hinzieht, wechselweise zum
Land oder Meer gehörig, wenn der Ozean bald mächtig
einströmt und bald rückwärtsflutend abebbt. Ob ein
Treibwind vom Rand des Himmels die See so wallen und
wieder sinken läßt, ob die Meeresflut vom Nachtgestirn
erregt wird, also nach Mondzeiten steigt und wandert,
oder ob der flammende Helios, um als Nahrung Wassermassen aufzusaugen, den Ozean schwellt und seine Wogen
himmelwärts zieht, danach frage, wen das Wirken des Alls
beschäftigt: mir jedoch soll immer, wie es die Götter droben
wünschten, ein Geheimnis bleiben, welcher Grund dies
beständige Hin und Her bewirkt. — Die Besatzungen des
Nemetergebiets und der Aturusufer, wo der Ozean im
Küstenbogen der Tarbeller sanft einströmt und Seen bildet,
setzten sich jetzt in Marsch; mit Freuden sahen Santoner
den Feind abziehen, Bituriger und Suessonen, die mit langen
Waffen behende umzugehen wissen; Leuker und Remer,
Meister im Schleudern von Geschossen, sowie der Sequaner-
stamm, Meister der Kunst, Pferde im Kreis zu tummeln;
Belgier, gelehrige Schüler im Streitwagenlenken, und
Arverner, die sich für Latiums Brüder auszugeben wagen,
als wären sie ein Volk trojanischen Gebüts; Nervier, un-
entwegte Rebellen und vertragsbrüchige Mörder Cottas,
Vangionen mit ihren weiten Hosen nach Sarmatenart und
trutzige Bataver, die das Geschmetter eherner Posaunen-
hörner schon oft befeuert hat; Freude herrschte, wo der
Cinga sich sprudelnd dahinschlängelt, wo die Rhone den
Arar aufnimmt und in rascher Strömung zum Meer bringt,
wo ein Volksstamm droben auf Bergeshöhen in den schnee-
igen Felshängen der Cevennen haust. Auch die Trevirer
sahen froh den Kriegsschauplatz wechseln, dazu die Ligurer,
jetzt kurzgeschoren, einst mit herrlicher Haarflut im Nacken
all den langgelockten Galliern drüben überlegen; froh war,
wer mit gräßlicher Schlachtung bei dem Unhold Teutates

crinibus effusis toti praelate Comatae,
et quibus immitis placatur sanguine diro
Teutates horrensque feris altaribus Esus   445
et Taranis Scythicae non mitior ara Dianae.
vos quoque, qui fortes animas belloque peremptas
laudibus in longum vates dimittitis aevum,
plurima securi fudistis carmina, bardi,
et vos barbaricos ritus moremque sinistrum   450
sacrorum, druidae, positis repetistis ab armis.
solis nosse deos et caeli numina vobis
aut solis nescire datum. nemora alta remotis
incolitis lucis. vobis auctoribus umbrae
non tacitas Erebi sedes Ditisque profundi   455
pallida regna petunt: regit idem spiritus artus
orbe alio. longae, canitis si cognita, vitae
mors media est; certe populi, quos despicit Arctos,
felices errore suo, quos ille timorum
maximus haud urguet leti metus. inde ruendi   460
in ferrum mens prona viris animaeque capaces
mortis et ignavum rediturae parcere vitae.
et vos crinigeros bellis arcere Caycos
oppositi petitis Romam Rhenique feroces
deseritis ripas et apertum gentibus orbem.   465
    Caesar, ut immensae collecto robore vires
audendi maiora fidem fecere, per omnem
spargitur Italiam vicinaque moenia complet.
vana quoque ad veros accessit fama timores
irrupitque animos populi clademque futuram   470
intulit et velox properantis nuntia belli
innumeras solvit falsa in praeconia linguas.
est qui, tauriferis ubi se Mevania campis
explicat, audaces ruere in certamina turmas
afferat et, qua Nar Tiberino illabitur amni,   475
barbaricas saevi discurrere Caesaris alas;
ipsum omnes aquilas collataque signa ferentem
agmine non uno densisque incedere castris.
nec qualem meminere vident: maiorque ferusque
mentibus occurrit victoque immanior hoste.   480

Gnade sucht, bei Esus mit seinem entsetzlichen Barbaren-
altar und an der Opferstätte des Taranis, die nicht barm-
herziger ist als die der skythischen Diana. Auch stimmten
die Barden, die gefallenen Helden mit Sängerlob ein langes
Nachleben sichern, erleichtert Lied um Lied an, und die
Druiden nahmen rohe Riten und fremdartigen Opferbrauch
nach der Kampfeinstellung wieder auf. Ihnen ist bestimmt,
Götter und Himmelsmächte als einzige zu kennen oder als
einzige zu verkennen. Unter hohen Bäumen wohnen sie in
einsamen Hainen. Nach ihrer Lehre suchen die Totenseelen
nicht das stille Land der Finsternis, das Geisterreich des
Höllenfürsten drunten auf, sondern atmet und lebt der
Körper unverändert in einer anderen Sphäre weiter. Künden
sie Wahrheit, so steht der Tod nur in der Mitte eines langen
Lebens; jedenfalls sind die Völker, auf die der Große Bär
herniederschaut, glücklich in ihrem Wahn, weil sie der
größte aller Schrecken nicht bedrängt, die Todesfurcht.
Daher stürzen die Männer mit Begeisterung einem Schwert
entgegen, hat der Tod in ihren Herzen Raum und scheint
es ihnen feige, ein Leben zu schonen, das doch wiederkommen soll. — Auch die Schutztruppen, die die Kriegslust
langhaariger Chauken zügeln sollten, zogen gegen Rom,
verließen das trutzige Rheinufer und machten für Barbaren
Reichsland frei.
Durch die Ansammlung einer unübersehbaren Streitmacht zu größerem Wagnis ermutigt, breitete sich Caesar
über ganz Italien aus und besetzte die nächstgelegenen
Städte. Phantastisches Gerücht trat zu den wirklichen
Schrecknissen noch hinzu; es überrumpelte die Hirne der
Bevölkerung, stellte ihr eine kommende Katastrophe vor
Augen und machte mit rascher Meldung von der Windeseile
des Kriegs zahllose Zungen flink in falschen Behauptungen.
Mancher wußte zu berichten, dort, wo sich Mevania
zwischen Rinderweiden ausdehnt, stürmten dreist Schwadronen zu Gefechten, und wo der Nar in den Tiber mündet,
lasse Caesar rücksichtslos barbarische Brigaden schwärmen;
er selber rücke mit sämtlichen Legionsadlern und vereinten
Standarten in mehr als einer Kolonne über dichte Stütz-
punkte heran. Auch sah man ihn anders als erinnerlich:
größer und wie ein Wilder erschien er in der Vorstellung,
ungeschlachter als der Feind, den er bezwungen hatte. Die

hunc inter Rhenum populos Albimque iacentes
finibus Arctois patriaque a sede revolsos
pone sequi iussamque feris a gentibus urbem
Romano spectante rapi. sic quisque pavendo
dat vires famae nulloque auctore malorum,   485
quae finxere, timent. nec solum volgus inani
percussum terrore pavet, sed curia et ipsi
sedibus exsiluere patres invisaque belli
consulibus fugiens mandat decreta senatus.
tum quae tuta petant et quae metuenda relinquant   490
incerti, quo quemque fugae tulit impetus, urguent
praecipitem populum serieque haerentia longa
agmina prorumpunt. credas aut tecta nefandas
corripuisse faces aut iam quatiente ruina
nutantes pendere domos: sic turba per urbem   495
praecipiti lymphata gradu, velut unica rebus
spes foret afflictis patrios excedere muros,
inconsulta ruit. qualis, cum turbidus auster
reppulit a Libycis immensum Syrtibus aequor
fractaque veliferi sonuerunt pondera mali,   500
desilit in fluctus deserta puppe magister
navitaque et nondum sparsa compage carinae
naufragium sibi quisque facit, sic urbe relicta
in bellum fugitur. nullum iam languidus aevo
evaluit revocare parens coniunxve maritum   505
fletibus aut patrii, dubiae dum vota salutis
conciperent, tenuere lares nec limine quisquam
haesit et extremo tunc forsitan urbis amatae
plenus abit visu: ruit irrevocabile volgus.
o faciles dare summa deos eademque tueri   510
difficiles! urbem populis victisque frequentem
gentibus et generis, coeat si turba, capacem
humani facilem venturo Caesare praedam
ignavae liquere manus. cum pressus ab hoste
clauditur externis miles Romanus in oris,   515
effugit exiguo nocturna pericula vallo
et subitus rapti munimine caespitis agger

481   hunc *vel* nunc *vel* tunc   Albim *van Iever*: Alpem (-es *Z²c*)
491   urguent *x*: -et
505   -ve *vel* -que

zwischen Rhein und Elbe ansässigen Stämme seien vom
Heimatboden in nordischen Gefilden losgerissen und folgten
ihm auf den Fersen, ja, es sei Befehl gegeben, wilde Horden
sollten die Hauptstadt vor Römeraugen plündern. So nährte
jeder das Gerücht durch Angst, und wo Unglückszeugen
fehlten, fürchtete man Hirngespinste. Nicht einmal allein
die Masse bangte unter nichtigem Schreckensschlag, nein,
sogar die Ratsväter selber sprangen von ihren Sitzen, und
als der Senat für die Konsuln voll Abscheu Kriegsvoll-
machten beschloß, brach er bereits zur Flucht auf. Mit
ihrer Unentschiedenheit, welchen Port sie suchen und
welche Klippen sie meiden sollten, trieben sie dann überall,
wohin sie Fluchtdrang führte, die Bevölkerung zur Panik,
und ohne Pause stürmte in langer Reihe Zug um Zug davon.
Man konnte glauben, entweder hätten Brandfackeln von
Verbrechern die Giebel erfaßt oder die Häuser wankten
unter Erbebenstößen und drohten im nächsten Augenblick
einzufallen: so überstürzt und kopflos hasteten irre Haufen
durch die Stadt, gleich als wäre es die einzige Abhilfe in
der Not, die Heimatmauern hinter sich zu lassen. Wie
dann, wenn ein Wirbelsturm aus Süden ungeheure Wogen
von Libyens Syrten zurücktreibt und der mächtige Mast
eines Seglers krachend gebrochen ist, der Steuermann sein
Heck im Stich läßt, mit den Seeleuten in die Fluten springt
und jeder, ohne daß der Kiel schon aus den Fugen bärste,
sich selber Schiffbruch schafft, so räumte man die Stadt
und führte Krieg durch Flucht herbei. Keinen Sohn
vermochte ein schon altersschwacher Vater, keinen Gatten
eine Frau mit ihren Tränen aufzuhalten, keine Hausgötter
luden zum Bleiben, damit man in Lebensgefahr zuerst
Gebete spreche, und niemand verweilte auf der Schwelle,
um sich vor dem Weggang jetzt vielleicht zum letzten Mal
am Anblick der geliebten Stadt zu weiden: unaufhaltsam
hastete alles fort. Ach, daß die Götter so gern höchstes
Glück verleihen und es zugleich so ungern schützen! Voll
von Bürgern und besiegten Fremden, groß genug, um alle
Menschheit zu vereinigen, blieb Rom bei Caesars Nahen
als leichte Beute zurück, weil keine Hand sich rührte.
Werden an fremden Küsten römische Soldaten ringsum
vom Feind bedrängt, so entziehen sie sich nächtlichen
Gefahren durch einen wenn auch nur bescheidenen Wall,

praebet securos intra tentoria somnos:
tu tantum audito bellorum nomine, Roma,
desereris, nox una tuis non credita muris.   520
danda tamen venia est tantorum, danda, pavorum:
Pompeio fugiente timent.
                     tum ne qua futuri
spes saltem trepidas mentes levet, addita fati
peioris manifesta fides superique minaces
prodigiis terras implerunt, aethera, pontum.   525
ignota obscurae viderunt sidera noctes
ardentemque polum flammis caeloque volantes
obliquas per inane faces crinemque timendi
sideris et terris mutantem regna cometen.
fulgura fallaci micuerunt crebra sereno   530
et varias ignis denso dedit aere formas
nunc iaculum longo, nunc sparso lumine lampas.
emicuit caelo tacitum sine nubibus ullis
fulmen et Arctois rapiens de partibus ignem
percussit Latiare caput stellaeque minores   535
per vacuum solitae noctis decurrere tempus
in medium venere diem cornuque coacto
iam Phoebe toto fratrem cum redderet orbe,
terrarum subita percussa expalluit umbra.
ipse caput medio Titan cum ferret Olympo,   540
condidit ardentes atra caligine currus
involvitque orbem tenebris gentesque coegit
desperare diem, qualem fugiente per ortus
sole Thyesteae noctem duxere Mycenae.
ora ferox Siculae laxavit Mulciber Aetnae   545
nec tulit in caelum flammas, sed vertice prono
ignis in Hesperium cecidit latus. atra Charybdis
sanguineum fundo torsit mare, flebile saevi
latravere canes. Vestali raptus ab ara
ignis et ostendens confectas flamma Latinas   550
scinditur in partes geminoque cacumine surgit
Thebanos imitata rogos. tum cardine tellus
subsedit veteremque iugis nutantibus Alpes
discussere nivem. Tethys maioribus undis

531 denso *vel* tenso
534 de *MZ*[1]: e

so gewährt ihnen schon ein rascher Damm aus aufgegriffenen
Rasenstücken Schutz und sorglosen Schlaf im Zeltbereich:
dich, mein Rom, ließ man beim bloßen Hören des Wortes
'Krieg' im Stich und traute deinen Mauern nicht einmal
für eine Nacht. Dennoch ist all diese Angst verzeihlich, ja,
verzeihlich: man war in Furcht, als ein Pompejus floh.
      Damit nicht wenigstens etwelche Zukunftshoffnung die
zagen Herzen erleichtern könne, kam jetzt ein untrüglicher
Beweis für widrige Wendung hinzu: drohend häuften die
Götter Vorzeichen in Ländern, Luft und Meer. Finstere
Nächte sahen Sterne wie noch nie: das Firmament erglühte
unter Flammen, als Meteore droben quer den Raum
durchflogen, und ein Komet verhieß mit schrecklichem
Sternschweif Herrenwechsel auf Erden. Am scheinbar heite-
ren Himmel zuckte Blitz um Blitz, und in der prallen
Luft nahm ihr Feuerschein verschiedene Gestalten an, war
bald mit heller Linie eine Lanze, bald mit heller Fläche
eine Fackel. Still und ohne eine einzige Wolke fuhr, in
nördlichem Bereich entzündet, ein Wetterstrahl vom
Himmel und schlug auf dem Bündnerberg von Alba ein;
die kleineren, sonst zur sonnenlosen Nachtzeit kreisenden
Gestirne erschienen mitten am Tag, und als Selene ihre
Sichel geschlossen hatte und nun mit voller Scheibe das
Geschwisterlicht zurückwarf, wurde sie im Schlagschatten
der Erde plötzlich fahl. Helios selber barg, als er sein
Haupt schon im Zenit erhob, den Flammenwagen in schwarzem Dunkel, hüllte seine Scheibe in Finsternis und zwang
die Menschheit zum Verzicht auf Tageslicht, so wie die
Sonne beim Thyestesmahl am Morgenhimmel floh und
Mykene sich mit Nacht bezog. In Sizilien tat Vulcan voll
Ungestüm den Ätnaschlund auf, ließ jedoch die Flammen
nicht gen Himmel lodern, nein, die Feuersäule neigte sich
und fiel auf Hesperiens Küste. An der düsteren Charybdis
wirbelte See voll Blut herauf, vom schaurigen Hundefels
klang heulendes Gebell. Auf Vestas Altar verschwand das
Feuer; die Opferflamme, die das Ende des Latinerfestes
anzeigt, zerteilte sich und züngelte zwiefach empor wie auf
dem Scheiterhaufen der thebanischen Brüder. Jetzt gab die
Erde in ihren Polen nach, sodaß die Alpengipfel bebten
und ihren ewigen Schnee abschüttelten. Mit getürmten
Wogen überschwemmte der Ozean den Westen von Gibral-

Hesperiam Calpen summumque implevit Atlanta.   555
indigetes flevisse deos urbisque laborem
testatos sudore lares delapsaque templis
dona suis dirasque diem foedasse volucres
accipimus silvisque feras sub nocte relictis
audaces media posuisse cubilia Roma.   560
tum pecudum faciles humana ad murmura linguae
monstrosique hominum partus numeroque modoque
membrorum matremque suus conterruit infans
diraque per populum Cumanae carmina vatis
volgantur. tum, quos sectis Bellona lacertis   565
saeva movet, cecinere deos crinemque rotantes
sanguineum populis ulularunt tristia Galli;
compositis plenae gemuerunt ossibus urnae.
tum fragor armorum magnaeque per avia voces
auditae nemorum et venientes comminus umbrae.   570
quique colunt iunctos extremis moenibus agros,
diffugiunt: ingens urbem cingebat Erinys
excutiens pronam flagranti vertice pinum
stridentesque comas, Thebanam qualis Agauen
impulit aut saevi contorsit tela Lycurgi   575
Eumenis aut qualem iussu Iunonis iniquae
horruit Alcides viso iam Dite Megaeram.
insonuere tubae et quanto clamore cohortes
miscentur, tantum nox atra silentibus auris
edidit. e medio visi consurgere Campo   580
tristia Sullani cecinere oracula manes
tollentemque caput gelidas Anienis ad undas
agricolae fracto Marium fugere sepulchro.
    haec propter placuit Tuscos de more vetusto
acciri vates. quorum qui maximus aevo   585
Arruns incoluit desertae moenia Lucae,
fulminis edoctus motus venasque calentes
fibrarum et monitus errantis in aere pinnae,
monstra iubet primum, quae nullo semine discors
protulerat natura, rapi sterilique nefandos   590
ex utero fetus infaustis urere flammis.

567   sanguineum *vel* -i
569   magnae *vel* variae
578   insonuere *vel* inton-
579   auris *vel* umbris

tar und den Atlasrand. Es heißt, Statuen der Landesgötter
hätten geweint und Laren zum Zeichen für die Drangsal
der Stadt geschwitzt, Weihgaben seien in ihren Tempeln
zu Boden gefallen, üble Vögel hätten den Tag verdüstert,
wilde Tiere bei einbrechender Nacht die Wälder verlassen
und sich dreist ihr Lager mitten in Rom bereitet. Jetzt
wurden Viehzungen zu Menschenlauten fähig, brachten
Frauen Kinder mit Gliedmaßen von ungeheuerlicher Menge
und Bildung zur Welt, sodaß sich die Mutter vor dem
eigenen Säugling entsetzte; auch liefen Unheilssprüche der
Seherin von Cumae durch das Land. Jetzt brachten Bellonas
Jünger, die in gräßlicher Verzückung ihre Arme zerfleischen,
Götterwillen zu Gehör, und mit kreisendem Kopf, das
Haar voll Blut, kündeten Kybelepriester unter Wehgeheul
den Menschen Schlimmes an; Stöhnen drang aus Urnen
mit beigesetztem Gebein. Jetzt hörte man Waffengerassel
und laute Stimmen in Waldeinsamkeit, kamen Gespenster
zudringlich heran. Ja, wer seinen Acker am Rand des
Häusermeers bestellte, stob in die Weite: eine riesige
Erinye umkreiste die Stadt, schüttelte ihre gefällte Fackel
mit der brennenden Spitze und ihr von Schlangengezisch
erfülltes Haar, jenen Furien gleich, die die Thebanerin
Agaue aufhetzten oder Lykurgs Mordwaffe lenkten, jener
Megäre gleich, vor der, weil Hera es in ihrem Haß so
wollte, Herakles erbebte, wenngleich er schon den Höllen-
gott gesehen hatte. Trompeten schmetterten, und als prallten
Kohorten aufeinander, klang mächtiges Getöse in finsterer
Nacht aus stillen Lüften. Mitten vom Marsfeld sah man
Sullas Geist aufsteigen und schlimme Prophezeiungen
verkünden, am kühlen Wasser des Anio sprengte Marius
sein Grab und hob sein Haupt empor, sodaß die Bauern
flohen.

Dieser Geschehnisse wegen beschloß man, nach altem
Brauch etruskische Gottesmänner zu Rate zu ziehen. Der
Betagteste unter ihnen, Arruns aus dem damals geräumten
Lucca, wohlvertraut mit dem Verlauf von Blitzen, mit dem
Geäder lebenswarmer Innereien und den Zeichen gefie-
derter Segler der Lüfte, hieß zunächst die Mißgeburten,
die die Natur entgegen ihrer Regel ohne Samen hervorge-
bracht hatte, rasch zur Stelle schaffen und die scheußlichen
Geschöpfe aus unbefruchtetem Leib auf Scheiterhaufen für

mox iubet et totam pavidis a civibus urbem
ambiri et festo purgantes moenia lustro
longa per extremos pomeria cingere fines
pontifices, sacri quibus est permissa potestas.   595
turba minor ritu sequitur succincta Gabino
Vestalemque chorum ducit vittata sacerdos,
Troianam soli cui fas vidisse Minervam.
tum qui fata deum secretaque carmina servant
et lotam parvo revocant Almone Cybeben   600
et doctus volucres augur servare sinistras
septemvirque epulis festus Titiique sodales
et Salius laeto portans ancilia collo
et tollens apicem generoso vertice flamen.
dumque illi effusam longis anfractibus urbem   605
circumeunt, Arruns dispersos fulminis ignes
colligit et terrae maesto cum murmure condit
datque locis numen. sacris tunc admovet aris
electa cervice marem. iam fundere Bacchum
coeperat obliquoque molas inducere cultro   610
impatiensque diu non grati victima sacri,
cornua succincti premerent cum torva ministri,
deposito victum praebebat poplite collum:
nec cruor emicuit solitus, sed volnere laxo
diffusum rutilo dirum pro sanguine virus.   615
palluit attonitus sacris feralibus Arruns
atque iram superum raptis quaesivit in extis.
terruit ipse color vatem; nam pallida taetris
viscera tincta notis gelidoque infecta cruore
plurimus asperso variabat sanguine livor.   620
cernit tabe iecur madidum venasque minaces
hostili de parte videt. pulmonis anheli
fibra latet parvusque secat vitalia limes.
cor iacet et saniem per hiantes viscera rimas
emittunt produntque suas omenta latebras.   625
quodque nefas nullis impune apparuit extis,

614 largo *MZArn.* (*ad* 615)
615 dirum *vel* nigrum

die Unterirdischen verbrennen. Dann hieß er die verängstigten Bürger in Prozession die ganze Stadt umziehen und, um mit feierlichem Sühnopfer das Häusermeer zu feien, entlang der heiligen Linie am Ende der Gemarkung die Oberpriester einen Rundgang machen, denen die Leitung des Gottesdienstes übertragen ist. Mit geraffter Toga nach Gabinerart folgte die Masse der Geringeren, und der Vestalinnenschar schritt unter ihrer Bänderhaube die Oberin vorauf, die als einzige das trojanische Palladium schauen darf. Dann kamen die Männer, die die Geheimbücher mit Götterweisungen verwahren oder Kybeles Bild vom Bad im Flüßchen Almo heimgeleiten, die in Beobachtung von günstigem Vogelflug erfahrenen Auguren, die sieben Bereiter festlicher Göttermähler, die Titiergilde, tanzfrohe Salier mit umgehängten Schilden und erlauchte Flamines mit hoher Tiara auf dem Kopf. Während diese nun den weitgespannten Kreis der Stadt unwanderten, sammelte Arruns hier und dort Blitzfunken ein, bestattete sie unter dem Gemurmel von Grabgebeten zur Erde und weihte die Stellen. Dann wählte er einen Stier mit prächtigem Nacken aus und führte ihn zum Opferaltar. Jetzt hatte er begonnen, Wein zu sprengen und mit schräggehaltenem Messer Speltmehl aufzustreuen, jetzt war das Tier nach langem Sträuben gegen eine Schlachtung, die dem Himmel nicht willkommen schien, von hochgeschürzten Opferdienern an seinen trutzigen Hörnern zu Boden gedrückt, sank in die Knie und bot bezwungen seinen Hals dar: da sprang nicht Blut wie sonst hervor, nein, aus gespreizter Wunde quoll überall statt des roten Saftes scheußliche Jauche. Bleich vor Entsetzen über ein Opfer, das auf Unglück deutete, riß Arruns die Eingeweide heraus, um darin den Zorn der Überirdischen zu ergründen. Schon die Farbe ließ den Gottesmann erschrecken; denn fahles Gedärm war von eklen Fleckenmalen geronnenen Gallerts gezeichnet, über und über von Blutspritzern wie mit Tinte gescheckt. Er sah die Leber von Eiter triefen und nahm auf ihrer bösen Seite ein bedrohliches Pulsieren wahr. Die Lunge mit ihren Atmungslappen war versteckt, und eine feine Scheidelinie durchschnitt die Lebensstränge. Das Herz war eingesunken; auch sonderten die Därme durch klaffende Risse Fäulnis ab, und ihr Netz gewährte Einblick in

ecce videt capiti fibrarum increscere molem
alterius capitis; pars aegra et marcida pendet,
pars micat et celeri venas movet improba pulsu.
his ubi concepit magnorum fata malorum,   630
exclamat: 'vix fas, superi, quaecumque movetis,
prodere me populis; nec enim tibi, summe, litavi,
Iuppiter, hoc sacrum caesique in pectora tauri
inferni venere dei. non fanda timemus,
sed venient maiora metu. di visa secundent   635
et fibris sit nulla fides, sed conditor artis
finxerit ista Tages.' flexa sic omina Tuscus
involvens multaque tegens ambage canebat.
    at Figulus, cui cura deos secretaque caeli
nosse fuit, quem non stellarum Aegyptia Memphis   640
aequaret visu numerisque sequentibus astra,
'aut hic errat' ait 'nulla sine lege per aevum
mundus et incerto discurrunt sidera motu
aut, si fata movent, urbi generique paratur
humano matura lues. terraene dehiscent   645
subsidentque urbes an tollet fervidus aer
temperiem? segetes tellus infida negabit,
omnis an infusis miscebitur unda venenis?
quod cladis genus, o superi, qua peste paratis
saevitiam? extremi multorum tempus in unum   650
convenere dies. summo si frigida caelo
stella nocens nigros Saturni accenderet ignes,
Deucalioneos fudisset Aquarius imbres
totaque diffuso latuisset in aequore tellus.
si saevum radiis Nemeaeum, Phoebe, Leonem   655
nunc premeres, toto fluerent incendia mundo
succensusque tuis flagrasset curribus aether.

---

633   viscera *GacArn.*
641   sequentibus *Bentley coll. Stat. Theb. 4,411*: movent- (*def.
          Fraenkel 279*)
642   sine ωcArn. *Prisc. gramm. III 337,14 (cf. Löfstedt, Synt. II
          211,1*): cum *MVZ*[1]
648   effusis *MZ*

sein Inneres. Und da war nun der Graus, der noch bei
keinem Eingeweide ohne böse Folgen zum Vorschein kam:
er sah den Leberkopf vom Klumpen eines zweiten Kopfes
überwuchert, sah, wie eine Hälfte krank und schlaff herun-
terhing, die andere pochte und mit raschen Schlägen
unnachgiebig das Geäder in Bewegung hielt. Als er daraus
entnahm, daß schwere Übel kommen sollten, rief er aus:
,,Kaum darf ich den Menschen kundtun, was ihr Überirdischen alles auslöst; denn du Himmelskönig Jupiter nahmst
mein Opfer hier nicht an, nein, in die Brust des Stiers,
den ich geschlachtet habe, sind Höllengötter eingezogen.
Ich bange vor Unsäglichem, doch kommen wird noch
Schlimmeres als befürchtet. Möchten die Götter das
Geschaute zum Guten wenden, und möchte auf Innereien
kein Verlaß sein, sondern unser Zunftgründer Tages derlei
nur erfunden haben!" So ließ der Etrusker einen Seher-
spruch vernehmen, der in ein Rätsellabyrinth gehüllt und
davon ganz verdunkelt war.

Doch Figulus, der sorgsam Götterwillen und Geheimnisse des Firmaments erkundete, mit dem sich nicht einmal
Ägyptens Astrologen in Sternbeobachtung und Berechnung
nach Himmelskörpern hätten messen können, sprach:
,,Treibt unsere Welt nicht regellos durch die Ewigkeit und
fahren die Gestirne nicht ohne Plan bald hier, bald dort
umher, bewegt vielmehr Bestimmung alles, so rückt für
unsere Stadt und für die Menschheit vor der Zeit Zusammenbruch heran. Werden Erdklüfte sich auftun und
Städte hinuntersinken, wird etwa Glutluft das Lebensklima
zerstören? Wird das Erdreich uns enttäuschen und Wachs-
tum verweigern, wird sich etwa alles Wasser mit einge-
strömtem Gift vermischen? Ach ihr Götter droben, was für
Unheil haltet ihr bereit, mit welcher Geißel wollt ihr
Schreckensgericht halten? Die letzte Stunde ist im gleichen
Augenblick für viele Menschen da. Wenn im Zenit der
kalte Unglücksstern Saturns sein schwarzes Feuer entfachen
würde, dann hätte der Wassermann Sintfluten regnen
lassen und läge alles Erdreich unter Überschwemmungs-
seen begraben. Wenn Phoebus jetzt im Löwen von Nemea
stünde und ihn mit seinen Strahlen rasend machte, dann
wogten Feuersbrünste auf der ganzen Welt und wäre, vom
Sonnenwagen angezündet, der Äther aufgelodert. Diese

hi cessant ignes. tu, qui flagrante minacem
Scorpion incendis cauda chelasque peruris,
quid tantum, Gradive, paras? nam mitis in alto   660
Iuppiter occasu premitur Venerisque salubre
sidus hebet motuque celer Cyllenius haeret
et caelum Mars solus habet. cur signa meatus
deseruere suos mundoque obscura feruntur,
ensiferi nimium fulget latus Orionis?   665
imminet armorum rabies ferrique potestas
confundet ius omne manu scelerique nefando
nomen erit virtus multosque exibit in annos
hic furor. et superos quid prodest poscere finem?
cum domino pax ista venit. duc, Roma, malorum   670
continuam seriem clademque in tempora multa
extrahe civili tantum iam libera bello.'
     terruerant satis haec pavidam praesagia plebem,
sed maiora premunt. nam qualis vertice Pindi
Edonis Ogygio decurrit plena Lyaeo,   675
talis et attonitam rapitur matrona per urbem
vocibus his prodens urguentem pectora Phoebum:
'quo feror, o Paean? qua me super aethera raptam
constituis terra? video Pangaea nivosis
cana iugis latosque Haemi sub rupe Philippos.   680
quis furor hic, o Phoebe, doce, quo tela manusque
Romanae miscent acies bellumque sine hoste est.
quo diversa feror? primos me ducis in ortus,
qua mare Lagei mutatur gurgite Nili:
hunc ego, fluminea deformis truncus harena   685
qui iacet, agnosco. dubiam super aequora Syrtim
arentemque feror Libyen, quo tristis Enyo
transtulit Emathias acies. nunc desuper Alpis
nubiferae colles atque aeriam Pyrenen
abripimur. patriae sedes remeamus in urbis   690
impiaque in medio peraguntur bella senatu.
consurgunt partes iterum totumque per orbem

681 quo (quod *G²*) *P¹G*: qu(a)e (quid *x*)
687 Enyo *vel* Erynis

Himmelsfeuer sind nicht tätig. Aber was hat der Planet,
der den Schwanz des Skorpions zu bedrohlicher Lohe
entfacht und seine Scheren zum Glühen bringt, was hat
Mars Furchtbares vor? Denn der freundliche Jupiter liegt
tief im Westen drunten, das Glücksgestirn der Venus
glänzt nur matt, der schnelle Merkur verhält seinen Lauf,
und am Himmel herrscht der Schlachtengott allein. Warum
sind die übrigen Sterne auf vertrauten Bahnen verschwunden
und durchwandern unsichtbar das Firmament, blitzt jedoch
Orions Seite mit dem Schwert verdächtig hell? Kriegswahn
droht, Waffenwillkür wird alles Recht mit Gewalt zuschanden machen, unerhörtes Verbrechen Heldentum heißen und
solcher Irrsinn viele Jahre dauern. Was nützt es auch, den
Göttern droben ein Ende abzufordern? Kommt nach
diesem Ringen Friede, kommt auch ein Despot. Füge Leid
an Leid zur Kette, Rom, und zieh dein Elend über weite
Zeiten hin, bist ja frei nur mehr bei Bürgerkrieg!"
   Diese Prophezeiungen hätten genügt, die Menge in
Zittern und Zagen zu setzen; aber noch schlimmere machten
ihr Beschwer. Denn wie auf dem Pindosgrat eine Mänade
dahinrast, wenn sie von Thebens Gott Dionysos besessen
ist, so jagte auch durch Rom bestürzend eine Frau und
verriet, daß Phoebus ihre Brust beherrschte, als sie rief:
,,Ach, wohin treibt es mich, Apollo? In welches Land
entführst du mich durch die Lüfte? Ich sehe weißbeschneite
Pangaionkämme und zu Füßen der Balkanfelsen die Ebene
von Philippi. Ach Phoebus, laß mich wissen, was dieser
Wahnwitz bedeutet, daß es zu Waffengang und Handgemenge zwischen Römerheeren, daß es ohne Landesfeind
zum Krieg kommt! Wohin treibt es mich in anderer Richtung? Ins Land der ersten Morgensonne bringst du mich,
wo im Ptolemäerland das Meer dem Nilstrom Platz macht:
den Mann hier, der als ungestalter Rumpf im Flußsand
liegt, erkenne ich. Es treibt mich übers Meer zur zwitterhaften Syrte und zu Libyens Wüste, wohin die fürchterliche
Furie des Kriegs die Kämpfer aus Emathia übersetzte.
Jetzt reißt es mich über wolkenverhangene Alpenberge und
schwindelnd hohe Pyrenäen hinweg. Ich kehre heim zur
Stätte meiner Vaterstadt, und mitten im Senat vollendet
sich der Bruderkrieg. Zum zweiten Mal erheben sich
Parteien, und durch das ganze Reich führt wiederum

rursus eo. nova da mihi cernere litora ponti
telluremque novam; vidi iam, Phoebe, Philippos.'
haec ait et lasso iacuit deserta furore.   695

mein Weg. Phoebus, laß mich eine andere Meeresküste
schauen und ein anderes Land: Philippi sah ich schon!"
So redete die Frau; jetzt ließ der Anfall nach, entwich,
und sie lag da.

LIBER SECVNDVS

Iamque irae patuere deum manifestaque belli
signa dedit mundus legesque et foedera rerum
praescia monstrifero vertit natura tumultu
indixitque nefas. cur hanc tibi, rector Olympi,
sollicitis visum mortalibus addere curam,   5
noscant venturas ut dira per omina clades?
sive parens rerum, cum primum informia regna
materiamque rudem flamma cedente recepit,
fixit in aeternum causas, qua cuncta coercet,
se quoque lege tenens et saecula iussa ferentem   10
fatorum immoto divisit limite mundum,
sive nihil positum est, sed fors incerta vagatur
fertque refertque vices et habet mortalia casus:
sit subitum quodcumque paras, sit caeca futuri
mens hominum fati, liceat sperare timenti.   15
ergo ubi concipiunt, quantis sit cladibus orbi
constatura fides superum, ferale per urbem
iustitium: latuit plebeio tectus amictu
omnis honos, nullos comitata est purpura fasces.
tum questus tenuere suos magnusque per omnes   20
erravit sine voce dolor. sic funere primo
attonitae tacuere domus, cum corpora nondum
conclamata iacent nec mater crine soluto
exigit ad saevos famularum bracchia planctus,
sed cum membra premit fugiente rigentia vita   25
voltusque exanimes oculosque in morte minaces:
necdum est ille dolor nec iam metus, incubat amens
miraturque malum. cultus matrona priores

27 nec *M¹Z¹ et c in interpretatione*: sed (*etiam c in lemmate*)

ZWEITES BUCH

So trat jetzt Götterzorn zutage, gab das Universum deutliche Kriegssignale, setzte die Natur ahnungsvoll mit einem Wirrwarr ungeheuerlicher Erscheinungen gültige Weltregeln außer Kraft und kündete entsetzliches Geschehen an. Warum gefällt es dir, Herrscher des Himmels, den Menschenkindern zu aller Unruhe die Pein zu bereiten, daß sie von kommenden Schlägen durch schlimme Vorzeichen erfahren? Ob nun der Weltschöpfer, sobald die Lohe ihm Vortritt ließ und er die rohe Materie als ungestaltes Reich übernahm, für ewig die Zusammenhänge festlegte, auch sich selber den Gesetzen unterwarf, an die er das All bindet, die Welt Perioden auf sich nehmen hieß und nach unverrückbar vorbestimmten Grenzen in Teile schied, oder ob nichts feststeht, vielmehr planlos freies Belieben hin und her Wechsel schafft und Zufall das Erdenleben regiert: laß alles unversehens kommen, was du im Sinn hast, laß das Menschenhirn im Dunkel über künftiges Verhängnis, gewähre Hoffnung in der Angst!

Als man daher begriff, welch ungeheure Schläge es den Erdkreis kosten würde, wenn die Götter Wahrheit verkündeten, trat trauerhalber in der ganzen Stadt Geschäftsruhe ein: alle Beamten blieben in unauffälliger Bürgerkleidung daheim, nirgends folgte eine Purpurtoga Rutenbündeln. Da behielt man seine Klagen für sich, und in allen wühlte großes Leid ohne Laut. So schwieg bei Einkehr des Todes schon manches Haus in Erschütterung, wenn die Leiche noch unbeklagt daliegt und die Hausfrau noch nicht mit aufgelöstem Haar ihre Dienerinnen zu unbarmherzigem Gepeitsch der Arme antreibt, sondern sich über den Leib wirft, der vom Leben verlassen ist und nun erkaltet, über das entseelte Antlitz und die im Tode dräuenden Augen: das ist noch kein Schmerz und nicht mehr Angst, mit leerem Kopf brütet sie und kann das Furchtbare nicht fassen. — Die Frauen legten ihre bisherige Kleidung ab,

deposuit maestaeque tenent delubra catervae.
hae lacrimis sparsere deos, hae pectora duro   30
afflixere solo lacerasque in limine sacro
attonitae fudere comas votisque vocari
assuetas crebris feriunt ululatibus aures.
nec cunctae summi templo iacuere Tonantis:
divisere deos et nullis defuit aris   35
invidiam factura parens. quarum una madentes
scissa genas, planctu liventes atra lacertos
'nunc', ait, 'o miserae, contundite pectora, matres,
nunc laniate comas neve hunc differte dolorem
et summis servate malis. nunc flere potestas,   40
dum pendet fortuna ducum: cum vicerit alter,
gaudendum est.' his se stimulis dolor ipse lacessit.
    nec non bella viri diversaque castra petentes
effundunt iustas in numina saeva querellas:
'o miserae sortis, quod non in Punica nati   45
tempora Cannarum fuimus Trebiaeque iuventus.
non pacem petimus, superi. date gentibus iras,
nunc urbes excite feras; coniuret in arma
mundus, Achaemeniis decurrant Medica Susis
agmina, Massageten Scythicus non alliget Hister,   50
fundat ab extremo flavos aquilone Suebos
Albis et indomitum Rheni caput; omnibus hostes
reddite nos populis: civile avertite bellum.
hinc Dacus, premat inde Getes; occurrat Hiberis
alter, ad Eoas hic vertat signa pharetras: 55
nulla vacet tibi, Roma, manus. vel perdere nomen
si placet Hesperium, superi, collatus in ignes
plurimus ad terram per fulmina decidat aether.
saeve parens, utrasque simul partesque ducesque,
dum nondum meruere, feri. tantone novorum   60
proventu scelerum quaerunt, uter imperet urbi?

31   afflixere P^1U: adfixere
57   conlatus *vel* collapsus
61   urbi *a Gloss.* V 255,10: orbi (*def. Fraenkel 285*)

und düster gewandete Scharen faßten in den Heiligtümern
Fuß. Die einen benetzten Götterbilder mit ihren Tränen,
andere schlugen ihre Brust auf den harten Boden, breiteten
in Erschütterung ihre zerrauften Haare auf heiliger Schwelle
hin und peinigten Ohren, die man sonst mit Gebeten
anrief, mit wiederholtem Wehgeheul. Dabei lagen nicht
alle im Tempel des hohen Donnerers: sie teilten sich die
Götter, und keinem Altar fehlte eine Hausmutter mit ihrem
Vorwurf. Eine davon, die feuchten Wangen zerkratzt, die
Arme vom Klagewerk schwarz gefleckt, rief aus: „Jetzt
zerschlagt eure Brüste, ihr armen Frauen, jetzt zerzaust eure
Haare und verschiebt diese Trauer nicht, um sie für die
schwersten Leiden aufzusparen! Jetzt dürfen wir noch
weinen, solange der Ausgang zwischen den Rivalen in
der Schwebe bleibt: hat einer gesiegt, so müssen wir heiter
sein." So gaben sie in ihrer Trauer sich selber Stachel und
Sporn.
Ebenso überhäuften die Männer auf dem Weg ins Feld
zum Lager hüben oder drüben die grausamen Himmelswesen mit gerechten Klagen: „Ach bitteres Los, daß wir
nicht in die Zeiten Hannibals hineingeboren wurden und
uns nicht bei Cannae oder an der Trebia schlugen! Wir
betteln euch Götter droben nicht um Frieden an. Setzt
Fremdvölker in Empörung, rührt jetzt Barbarenstädte auf;
mag die ganze Welt sich zum Waffengang verschwören,
mögen persische Heerscharen aus der Achämenidenburg
Susa daherstürmen, Massageten nicht mehr an der Donau
im Skythenland sitzen bleiben, Elbe und unbezwungener
Niederrhein vom fernen Norden blonde Germanen heran-
fluten lassen; macht uns zum erklärten Feind aller Völker
— aber wehrt einem Bürgerkrieg! Lieber sollen uns Daker
hier und Geten dort bedrängen, lieber soll der eine Rivale
Spaniern entgegentreten, der andere seine Standarten gegen
Partherschützen kehren, damit keine Römerhand verfügbar
ist. Und wollt ihr Götter droben gar den Namen Hesperien
auslöschen, so mag der ganze Äther zu Feuer werden und
in Blitzen zur Erde fallen. Grausamer Vater im Himmel,
triff beide Parteien und Führer zugleich mit deinem Strahl,
solange sie es noch nicht verdienen! Müssen sie ein solches
Maß von unerhörten Freveln zeugen, um herauszufinden,
wer von ihnen über unsere Stadt gebieten soll? Einen

vix tanti fuerat civilia bella movere,
ut neuter.' tales pietas peritura querellas
egerit.
     at miseros angit sua cura parentes
oderuntque gravis vivacia fata senectae   65
servatosque iterum bellis civilibus annos.
atque aliquis magno quaerens exempla timori
'non alios' inquit 'motus tunc fata parabant,
cum post Teutonicos victor Libycosque triumphos
exul limosa Marius caput abdidit ulva;   70
stagna avidi texere soli laxaeque paludes
depositum, Fortuna, tuum. mox vincula ferri
exedere senem longusque in carcere paedor
consul et eversa felix moriturus in urbe
poenas ante dabat scelerum. mors ipsa refugit   75
saepe virum frustraque hosti concessa potestas
sanguinis invisi, primo qui caedis in actu
deriguit ferrumque manu torpente remisit:
viderat immensam tenebroso in carcere lucem
terribilesque deos scelerum Mariumque futurum   80
audieratque pavens "fas haec contingere non est
colla tibi; debet multas hic legibus aevi
ante suam mortes: vanum depone furorem.
si libet ulcisci deletae funera gentis,
hunc, Cimbri, servate senem. non ille favore   85
numinis, ingenti superum protectus ab ira,
vir ferus et Romam cupienti perdere fato
sufficiens." idem pelago delatus iniquo
hostilem in terram vacuisque mapalibus actus
nuda triumphati iacuit per regna Iugurthae   90
et Poenos pressit cineres. solacia fati
Carthago Mariusque tulit pariterque iacentes
ignovere deis. Libycas ibi colligit iras:
ut primum fortuna redit, servilia solvit
agmina, conflato saevas ergastula ferro   95

Bürgerkrieg in Gang zu setzen, hätte sich kaum für das Ziel
gelohnt, daß keiner von beiden geböte." So strömten die
Klagen von Männern, deren Bruderliebe zuschanden werden
sollte.

Aber auch die Betagten quälten sich in erbärmlicher
Sorge, und sie fluchten dem zähen Alter, das ihnen zur
Last beschieden war, fluchten den für einen zweiten
Bürgerkrieg bewahrten Jahren. Da suchte einer Muster
für die große Bangigkeit und sprach: „Dieselben Wirren
hielt das Verhängnis damals bereit, als Marius nach seinen
Triumphen über Teutonen und Libyer, ein verfemter Sieger,
im Sumpfröhricht untertauchte, als tückisches Gelände mit
Weihern und schwanken Mooren das ihm von Fortuna
anvertraute Gut versteckte. Dann zehrten Eisenfesseln an
dem alten Mann und der Unrat langer Kerkerhaft; weil
er als Konsul und Gewinner auf Roms Trümmern sterben
sollte, büßte er seine Untaten im voraus. Der Tod selbst
war vor dem Recken oft zurückgewichen, und umsonst
wurde jetzt einem Landesfeind Gewalt über sein verhaß-
tes Leben gegeben. Als dieser zum Streich ausholte,
stand er starr, und seiner gelähmten Hand entfiel das
Schwert: einen gewaltigen Lichtschein hatte er in Kerker-
finsternis erblickt, hatte die schaurigen Dämonen frevler
Taten und den Marius künftiger Tage geschaut und mit
Grausen die Worte vernommen: 'Den Hals hier darfst du
nicht berühren; weil der Mann hier nach ewigen Gesetzen
viele Menschen töten muß, bevor er selber stirbt, so leg
unnütze Mordlust ab! Wollt ihr Kimbern Tod und Vernichtung eures Volkes rächen, dann erhaltet dies graue Haupt!
Nicht die Gunst eines Gottes, nein, mächtiger Himmelszorn
schützt diesen wilden Krieger, der dem Schicksal genügt,
wenn es Rom vernichten möchte.' Zudem von schnöder
See in Feindesland verschlagen, floh er von einem leeren
Kral zum anderen und verlag sich im öden Reich des einst
im Triumphzug gezeigten Jugurtha, bis er die eingeäscherte
Punierstadt betrat. Karthago und Marius trösteten einander im Unglück, und weil sie gemeinsam am Boden
lagen, vergaben sie den Göttern. Dort staute sich in ihm
der Haß eines Hannibal: kaum daß sein Stern wieder
leuchtete, so setzte er Scharen von Sklaven auf freien Fuß,
so gossen sich Zuchthäusler Mordwerkzeug und streckten

exseruere manus. nulli gestanda dabantur
signa ducis nisi qui scelerum iam fecerat usum
attuleratque in castra nefas. pro fata, quis ille,
quis fuit ille dies, Marius quo moenia victor
corripuit, quantoque gradu mors saeva cucurrit!   100
nobilitas cum plebe perit lateque vagatus
ensis et a nullo revocatum pectore ferrum.
stat cruor in templis multaque rubentia caede
lubrica saxa madent. nulli sua profuit aetas:
non senis extremum piguit vergentibus annis   105
praecepisse diem nec primo in limine vitae
infantis miseri nascentia rumpere fata.
crimine quo parvi caedem potuere mereri?
sed satis est iam posse mori. trahit ipse furoris
impetus et visum lenti quaesisse nocentem.   110
in numerum pars magna perit rapuitque cruentus
victor ab ignota voltus cervice recisos,
dum vacua pudet ire manu. spes una salutis
oscula pollutae fixisse trementia dextrae:
mille licet gladii mortis nova signa sequantur,   115
degener o populus, vix saecula longa decorum
sic meruisse viris, nedum breve dedecus aevi
et vitam, dum Sulla redit. cui funera volgi
flere vacet? vix te sparsum per viscera, Baebi,
innumeras inter carpentis membra coronae   120
discessisse manus aut te, praesage malorum
Antoni, cuius laceris pendentia canis
ora ferens miles festae rorantia mensae
imposuit. truncos laceravit Fimbria Crassos;
saeva tribunicio maduerunt robora tabo;   125
te quoque neglectum violatae, Scaevola, Vestae
ante ipsum penetrale deae semperque calentes
mactavere focos, parvum sed fessa senectus
sanguinis effudit iugulo flammisque pepercit.

121 discessisse c et fort. M¹Z: discerpsisse
126 Vestae x: dextrae

ihm ihre ruchlosen Hände hin. Keiner bekam Führerstandarten zu tragen, der sich nicht schon in Freveln geübt
hatte und nicht mit Schurkentaten zur Truppe gestoßen
war. Entsetzliches Verhängnis: wie schrecklich, schrecklich
war der Tag, da Marius die Stadt als Sieger an sich riß,
mit welchen Riesenschritten raste erbarmungsloser Tod
dahin! Hoch wie niedrig mußte sterben, weit und breit
ging das Schwert um, und vor keiner Brust machte der
Dolch Halt. In den Tempeln stand das Blut, und von lauter
Mord gerötet, war das Pflaster glitschig naß. Keinen
schützte sein Alter: niemand scheute sich, hinfälligen
Greisen die letzte Stunde vorwegzunehmen, niemand,
Kindern beim ersten Schritt ins Leben jämmerlich die
frühen Tage abzubrechen. Was hatten die Kleinen verüben können, daß sie dafür den Tod verdienten? Schon
sterben können, das genügte doch! Der Blutrausch selber
zog die Menschen an, und es schien Zeitvergeudung, nach
Schuld zu fragen. Ein großer Teil starb einzig der Zahl
zuliebe, ja, auch Unbekannten hieben die blutrünstigen
Sieger die Köpfe vom Nacken und packten sie, um nicht
schmählich mit leerer Hand daherzukommen. Am Leben
zu bleiben, durfte nur hoffen, wer die Rechte des Unholds
zitternd mit Küssen bedeckte: mochten auch tausend
Schwerter dieser neuartigen Standarte des Todes folgen
— wie tief war Rom gesunken! —, so stand es rechten
Männern doch kaum an, sich um solchen Preis ein hohes
Alter zu verdienen, geschweige denn eine kurze Lebensfrist
in Schande, bis Sulla wiederkam. Wer hätte zur Trauer
um all die Toten Zeit gehabt? Kaum um Baebius, der
mit versprengten Körperteilen unter ungezählten Händen
starb, als ihn ein Menschenauflauf Glied um Glied zerpflückte, oder um den Unglücksprophneten Antonius, dessen
Haupt ein Soldat in seiner Hand an wirren grauen Strähnen
baumeln ließ und, während es noch tropfte, auf die Festtafel
setzte. Fimbria schlug Crassus und seinem Sohn die Köpfe
herunter; von klebrigem Tribunenblut troff der Todesbalken; selbst einem Scaevola half Vesta nicht, wie sehr
sie auch beleidigt war, als er gerade vor ihrem Allerheiligsten und dem ewigen Herdfeuer hingeschlachtet wurde,
freilich so, daß nur wenig Blut aus matter Greisenkehle
strömte und die Flammen schonte. Auf diese Geschehnisse

septimus haec sequitur repetitis fascibus annus.   130
ille fuit vitae Mario modus omnia passo,
quae peior fortuna potest, atque omnibus uso,
quae melior, mensoque hominis quid fata paterent.
iam quot apud Sacri cecidere cadavera portum
aut Collina tulit stratas quot porta catervas,   135
tum cum paene caput mundi rerumque potestas
mutavit translata locum Romanaque Samnis
ultra Caudinas speravit volnera Furcas!
Sulla quoque immensis accessit cladibus ultor.
ille quod exiguum restabat sanguinis urbi   140
hausit dumque nimis iam putria membra recidit,
excessit medicina modum nimiumque secuta est,
qua morbi duxere, manus. periere nocentes,
sed cum iam soli possent superesse nocentes.
tum data libertas odiis resolutaque legum   145
frenis ira ruit. non uni cuncta dabantur,
sed fecit sibi quisque nefas: semel omnia victor
iusserat. infandum domini per viscera ferrum
exegit famulus; nati maduere paterno
sanguine, certatum est, cui cervix caesa parentis   150
cederet; in fratrum ceciderunt praemia fratres.
busta repleta fuga permixtaque viva sepultis
corpora nec populum latebrae cepere ferarum.
hic laqueo fauces elisaque guttura fregit,
hic se praecipiti iaculatus pondere dura   155
dissiluit percussus humo mortesque cruento
victori rapuere suas; hic robora busti
exstruit ipse sui necdum omni sanguine fuso
desilit in flammas et, dum licet, occupat ignes.
colla ducum pilo trepidam gestata per urbem   160
et medio congesta foro; cognoscitur illic,
quidquid ubique iacet. scelerum non Thracia tantum
vidit Bistonii stabulis pendere tyranni,
postibus Antaei Libye, nec Graecia maerens
tot laceros artus Pisaea flevit in aula.   165

162 iacet *vel* latet
165 tot *vel* tam

folgte das Jahr, da Marius zum siebenten Mal Konsulwürden empfing. Es war das Jahr, das seinem Leben ein Ende setzte; alles hatte er gelitten, was ein Unglücklicher leiden muß, alles genutzt, was ein Glücklicher nutzen darf, hatte Menschenschicksal in ganzer Weite durchmessen. Wie viele sanken dann bei Sacriportus tot zu Boden, welche Leichenmassen mußte das Collinische Tor in jenen Tagen erleben, da man die Welthauptstadt und Allgebieterin fast an einen anderen Platz versetzte, da die Samniten Rom schwerer zu treffen hofften als am Paß von Caudium! Zu diesen ungeheuren Schlägen kam noch Sullas Rache. Er nahm der Stadt den letzten Rest von Blut, und als er die schon zu stark vereiterten Teile wegschnitt, schoß sein Eingriff über das Ziel hinaus, ging seine Hand auf dem von Gebresten gewiesenen Weg zu weit. Sterben mußten die Verbrecher, als es freilich nichts mehr geben konnte als Verbrecher. Da fanden Haßgefühle freie Bahn, da löste sich Empörung aus den Zügeln der Gesetze und stürmte dahin. Man tat nicht alles dem Einen zu Gefallen, nein, jeder frevelte zu eigenem Nutzen, hatte doch der Sieger auf einmal alles angeordnet. Ruchlos stieß der Diener seinem Herrn den Dolch ins Herz; Söhne troffen von Vaterblut und stritten, wem der abgeschnittene Kopf ihres Erzeugers zukäme; Brudermord trug Brüdern Prämien ein. Totengrüfte füllten sich mit Flüchtlingen, ja, lebendig Begrabene gesellten sich zu Beigesetzten; auch die Höhlen wilder Tiere waren übervoll von Menschen. Mancher steckte seinen Hals in eine Schlinge und erdrosselte sich, mancher warf sich kopfüber in die Tiefe und schlug zerplatzend auf den harten Grund, um seinen Tod dem blutrünstigen Sieger aus der Hand zu reißen; ein anderer errichtete sich seinen eigenen Scheiterhaufen, sprang, bevor sein ganzes Blut verströmte, in die Flammen und nahm sich so sein Totenfeuer, als es noch erlaubt war. Auf Spießen trug man Führerköpfe zur Bestürzung aller in der Stadt umher und schichtete sie mitten auf dem Markt zuhauf; dort war, was überall herumlag, eins ums andere zu erkennen. So ungezählte Opfer frevler Taten sah weder Thrakien an Diomedes' Pferdekrippen noch Libyen an Antaios' Pforte hängen, auch Griechenland beklagte und beweinte nicht so viele Gliederfetzen am Königshof von Pisa. Als die Teile sich schon in

cum iam tabe fluunt confusaque tempore multo
amisere notas, miserorum dextra parentum
colligit et pavido subducit cognita furto.
meque ipsum memini caesi deformia fratris
ora rogo cupidum vetitisque imponere flammis   170
omnia Sullanae lustrasse cadavera pacis
perque omnes truncos, cum qua cervice recisum
conveniat, quaesisse, caput. quid sanguine manes
placatos Catuli referam? cum victima tristes
inferias Marius forsan nolentibus umbris   175
pendit inexpleto non fanda piacula busto,
cum laceros artus aequataque volnera membris
vidimus et toto quamvis in corpore caeso
nil animae letale datum moremque nefandae
dirum saevitiae, pereuntis parcere morti.   180
avolsae cecidere manus exsectaque lingua
palpitat et muto vacuum ferit aera motu.
hic aures, alius spiramina naris aduncae
amputat, ille cavis evolvit sedibus orbes
ultimaque effodit spectatis lumina membris.   185
vix erit ulla fides tam saevi criminis, unum
tot poenas cepisse caput. sic mole ruinae
fracta sub ingenti miscentur pondere membra
nec magis informes veniunt ad litora trunci,
qui medio periere freto. quid perdere fructum   190
iuvit et ut vilem Marii confundere voltum?
ut scelus hoc Sullae caedesque ostensa placeret,
agnoscendus erat. vidit Fortuna colonos
Praenestina suos cunctos simul ense recepto
unius populum pereuntem tempore mortis.   195
tunc flos Hesperiae, Latii iam sola iuventus
concidit et miserae maculavit ovilia Romae;
tot simul infesto iuvenes occumbere leto
saepe fames pelagique furor subitaeque ruinae
aut terrae caelique lues aut bellica clades,   200

185 effodit *vel* effu(n)dit

Verwesung auflösten und lange Zersetzung ihre Merkmale
verwischte, sammelten unglückliche Eltern mit Händen ein,
was sich erkennen ließ, und entführten es voll Angst wie
Diebesgut. Auch selber weiß ich noch, wie ich den entstellten
Kopf meines ermordeten Bruders trotz Verbot zur Verbrennung auf einen Scheiterhaufen zu betten wünschte, alle
Opfer des Sullafriedens musterte und im Rundgang bei allen
Rümpfen prüfte, zu welchem Hals das abgeschlagene Haupt
gehöre. Wozu soll ich die blutige Sühne für den toten Catulus
erwähnen? Ohne daß sein Schatten vielleicht diese grausige
Spende wünschte, war damals ein Marius das Opfer, das
dem dürstenden Grab eine unerhörte Sühne zollte; damals
sahen wir, wie man ihm die Glieder zerfetzte und Wunden
schlug, soviel der Körper Teile hatte, wie man wohl den
ganzen Leib zerschnitt, jedoch dem Leben keinen letzten
Stoß vergönnte, wie statt dessen beispiellose Grausamkeit
sich in der Quälerei gefiel, den Tod des Sterbenden hinzu-
halten. Ausgerissen fielen die Arme, abgeschnitten zappelte
die Zunge, und ihr stummer Schlag gab keinen Klang
mehr in der Luft. Der eine hieb die Ohren, der andere die
Nasenspitze mit den Atemlöchern herunter, ein dritter grub
die Pupillen aus ihren Höhlen, stach zuletzt die Augen aus,
als sie bei allen Gliedern zugesehen hatten. Kaum mag man
solch erbarmungloser Schurkerei, daß ein einziges Wesen
eine solche Zahl von Strafen leiden mußte, den geringsten
Glauben schenken. So werden, stürzt ein Bau zusammen,
Glieder zerschmettert und unter ungeheurem Gewicht
vermengt, und wer auf hoher See den Tod fand, erreicht
nicht übler zugerichtet und entstellt den Strand. Was
nützte es, den Lohn zu verscherzen und Marius' Züge zu
verwüsten, als wären sie nichts wert? Sollte dieser frevle-
rische Mord vor Sullas Augen Beifall finden, mußten sie
erkennbar sein. Die Schicksalsgöttin von Praeneste sah all
ihre Bürger miteins den Henkerstreich empfangen, sah ihre
ganze Gemeinde untergehen in der gleichen Zeit, wie sie
sonst der Tod für einen einzelnen Menschen braucht.
Dann sank die Blüte von Hesperien, die letzte Mannschaft
Latiums hin und färbte zu Roms Entsetzen die Hürden am
Marsfeld rot: so viele Männer fanden oft auf einmal bitteren
Tod durch Hungersnot, durch Seesturm, unversehenen
Einsturz, auch durch Erd- oder Luftpest und Unglück in

numquam poena fuit. densi vix agmina volgi
inter et exsangues immissa morte catervas
victores movere manus, vix caede peracta
procumbunt dubiaque labant cervice; sed illos
magna premit strages peraguntque cadavera partem   205
caedis, viva graves elidunt corpora trunci.
intrepidus tanti sedit securus ab alto
spectator sceleris; miseri tot milia volgi
non timuit iussisse mori. congesta recepit
omnia Tyrrhenus Sullana cadavera gurges;   210
in fluvium primi cecidere, in corpora summi.
praecipites haesere rates et strage cruenta
interruptus aquae fluxit prior amnis in aequor,
ad molem stetit unda sequens. iam sanguinis alti
vis sibi fecit iter campumque effusa per omnem   215
praecipitique ruens Tiberina in flumina rivo
haerentes adiuvit aquas; nec iam alveus amnem
nec retinent ripae redditque cadavera campo,
tandem Tyrrhenas vix eluctatus in undas
sanguine caeruleum torrenti dividit aequor.   220
hisne salus rerum, felix his Sulla vocari,
his meruit tumulum medio sibi tollere Campo?
haec rursus patienda manent, hoc ordine belli
ibitur, hic stabit civilibus exitus armis.
quamquam agitant graviora metus multumque coitur   225
humani generis maiore in proelia damno.
exulibus Mariis bellorum maxima merces
Roma recepta fuit nec plus victoria Sullae
praestitit invisas penitus quam tollere partes:
hos alio, Fortuna, vocas olimque potentes   230
concurrunt. neuter civilia bella moveret
contentus, quo Sulla fuit.' sic maesta senectus
praeteritique memor flebat metuensque futuri.
    at non magnanimi percussit pectora Bruti

214 iam *V*: nam
232 quo *vel* quod

der Schlacht, doch nie durch Strafgericht. Zwischen den dichten Menschenmassen, zwischen den vom losgelassenen Tod entleibten Haufen konnten die Sieger kaum zum Streich ausholen, konnten die anderen kaum nach ausgeführtem Mord umsinken, nein, ihre Nacken schwankten hin und her; den Verschonten aber schuf der Totenberg Bedrängnis, und Leichen erledigten ihr Teil beim Mord, Rümpfe brachten durch ihr Gewicht lebende Leiber zum Ersticken. Er schaute ungerührt von seinem Sessel oben zu, als ginge all der Greuel ihn nicht an; der Mordbefehl für viele Tausende armer Menschen entsetzte ihn nicht. Man sammelte alle Opfer Sullas ein und versenkte sie im Tiberstrom; die ersten fielen noch in Wasser, auf Leichen die letzten. In voller Fahrt blieben Schiffe stecken, und die blutige Masse unterbrach den Wasserlauf, sodaß nur seine Spitze ins Meer floß, die folgenden Wellen aber an einem Damm zum Stehen kamen. Jetzt bahnte sich das tiefe Blut gewaltsam einen Weg, rann über das ganze Feld dahin, strömte wie ein Sturzbach in die Tiberfluten und ließ das Stauwasser steigen: da sprengte der Fluß Bett wie Ufer und setzte die Leichen wieder an Land, bis er sich endlich mit knapper Not ins Tyrrhenermeer durchkämpfte und mit einem Bach von Blut die blaue See zerteilte. Trugen etwa solche Taten Sulla die Ehre ein, daß er Staatsretter, daß er 'der Glückliche' hieß, daß er sich mitten auf dem Marsfeld ein Grabmal türmte? — Das Gleiche sollen wir noch einmal leiden, durch einen Krieg von gleicher Reihenfolge wird der Weg verlaufen, das gleiche Ende wird den Bürgerkämpfen gesetzt sein. Freilich hält noch Schwereres unsere Ängste wach, ist der Schaden für die Menschheit doch weit größer, wenn man sich jetzt Schlachten liefert. Für einen verbannten Marius war es der höchste Kampfpreis, daß er Rom zurückgewann, und für Sulla ergab der Sieg nichts weiter, als daß er verhaßten Gegnern den Garaus machen konnte: diesmal ruft Fortuna die Männer zu anderem Ziel, sind sie doch längst Herren, wenn sie jetzt zusammenprallen. Keiner der Rivalen würde einen Bürgerkrieg für das entfesseln, womit ein Sulla sich begnügte." So klagte der alte Mann voll Trübsal, als er der Vergangenheit gedachte und vor der Zukunft bangte.

Jedoch dem hochgemuten Brutus fuhr keine Furcht ins

terror et in tanta pavidi formidine motus   235
pars populi lugentis erat, sed nocte sopora,
Parrhasis obliquos Helice cum verteret axes,
atria cognati pulsat non ampla Catonis.
invenit insommi volventem publica cura
fata virum casusque urbis cunctisque timentem   240
securumque sui farique his vocibus orsus:
'omnibus expulsae terris olimque fugatae
virtutis iam sola fides, quam turbine nullo
excutiet fortuna tibi, tu mente labantem
derige me, dubium certo tu robore firma.   245
namque alii Magnum vel Caesaris arma sequantur:
dux Bruto Cato solus erit. pacemne tueris
inconcussa tenens dubio vestigia mundo
an placuit ducibus scelerum populique furentis
cladibus immixtum civile absolvere bellum?   250
quemque suae rapiunt scelerata in proelia causae:
hos polluta domus legesque in pace timendae,
hos ferro fugienda fames mundique ruinae
permiscenda fides. nullum furor egit in arma,
castra petunt magna victi mercede: tibi uni   255
per se bella placent? quid tot durare per annos
profuit immunem corrupti moribus aevi?
hoc solum longae pretium virtutis habebis:
accipient alios, facient te bella nocentem.
ne tantum, o superi, liceat feralibus armis,   260
has etiam movisse manus, nec pila lacertis
missa tuis caeca telorum in nube ferantur
nec tanta in cassum virtus eat. ingeret omnis
se belli fortuna tibi: quis nolet in isto
ense mori quamvis alieno volnere labens   265
et scelus esse tuum? melius tranquilla sine armis
otia solus ages sicut caelestia semper
inconcussa suo volvuntur sidera lapsu,
fulminibus propior terrae succenditur aer

257　corrupti *vel* -is
264　nolet (-it) *vel* nollet

Herz, und in so tiefer Angst vor entsetzlichen Wirren nahm
er nicht teil am Jammer der Masse; nein, in stiller Nacht,
als sich der Große Wagen der Arkadierin bereits zur Seite
drehte, klopfte er an dem nicht weitläufigen Haus seines
Oheims Cato. Er fand ihn, wie er als ein rechter Mann
schlaflos in Sorge Bürgergeschick und Fährnisse der Stadt
bedachte, wie er für alle bangte, aber um sich selber unbekümmert war. Da hob er an und sagte: „Nunmehr letzter
Rückhalt mannhaften Wesens, das längst aus allen Landen
vertrieben und verbannt ist, doch dir von keinem Schick-
salssturm genommen werden kann: du leite mich Ratlosen,
du gib dem Unentschlossenen Sicherheit und feste Kraft!
Denn andere mögen wohl Pompejus' oder Caesars Fahne
folgen, doch für Brutus kann nur Cato Führer sein. Wahrst
du Frieden und bleibst unbeirrt vom Zwiespalt dieser Welt
auf deinem Weg, oder willst du dich an der Führerschaft
zu Freveltaten und der Katastrophe eines Bruderkampfs
beteiligen, willst du so den Bürgerkrieg freisprechen? Jeden
reißen eigene Gründe in frevelhafte Schlachten: manche
haben ihr Heim besudelt und müssen bei Frieden Gesetze
fürchten, manche wollen töten, um dem Hunger zu entrin-
nen, oder mit ihrer Vertrauenswürdigkeit bei Gläubigern
zugleich die Welt in Trümmern sehen. Keinen führte
Blutrausch zu den Waffen, nein, ein jeder zieht ins Feld,
weil großer Lohn ihn ködert: billigst du als einziger den
Krieg an sich? Was nützte es, daß du durch all die Jahre
standhaft und gegen die Entartung dieser Zeit gefeit
bliebst? Nur dies wirst du mit deinem langen Leben als
ein rechter Mann gewinnen: die anderen findet der Krieg
schon als Verbrecher vor, dich macht er erst dazu. Möchtet
ihr Götter droben den mörderischen Waffen nicht so viel
zugestehen, daß sie auch dich zum Handeln treiben, möchte
nie ein Speer als dein Geschoß in unabsehbarem Eisenhagel
fliegen, möchte dein hoher Mannessinn nicht zwecklos
werden! Alles Kriegsgeschehen wird sich zu dir drängen:
wer wird nicht, selbst wenn er schon von fremder Hand
verwundet ist und wankt, durch dein Schwert sterben und
dich zum Mörder haben wollen? Besser wirst du als einziger
ohne Waffen still und müßig bleiben, so wie die Sterne am
Firmament stets unerschütterlich auf ihrer Bahn hinziehen,
während näher an der Erde die Luft von Blitzen aufflammt,

imaque telluris ventos tractusque coruscos   270
flammarum accipiunt, nubes excedit Olympus:
lege deum minimas rerum discordia turbat,
pacem magna tenent. quam laetae Caesaris aures
accipient tantum venisse in proelia civem!
nam praelata suis numquam diversa dolebit   275
castra ducis Magni: nimium placet ipse Catoni,
si bellum civile placet. pars magna senatus
et duce privato gesturus proelia consul
sollicitant proceresque alii; quibus adde Catonem
sub iuga Pompei, toto iam liber in orbe   280
solus Caesar erit. quod si pro legibus arma
ferre iuvat patriis libertatemque tueri,
nunc neque Pompei Brutum neque Caesaris hostem,
post bellum victoris habes.' sic fatur. at illi
arcano sacras reddit Cato pectore voces: 285
'summum, Brute, nefas civilia bella fatemur.
sed quo fata trahunt, virtus secura sequetur:
crimen erit superis et me fecisse nocentem.
sidera quis mundumque velit spectare cadentem
expers ipse metus? quis, cum ruat arduus aether,   290
terra labet mixto coeuntis pondere mundi,
compressas tenuisse manus? gentesne furorem
Hesperium ignotae Romanaque bella sequentur
diductique fretis alio sub sidere reges,
otia solus agam? procul hunc arcete furorem,   295
o superi, motura Dahas ut clade Getasque
securo me Roma cadat. ceu morte parentem
natorum orbatum longum producere funus
ad tumulos iubet ipse dolor, iuvat ignibus atris
inseruisse manus constructoque aggere busti   300
ipsum atras tenuisse faces, non ante revellar
exanimem quam te complectar, Roma, tuumque

273   summa *Serv. Aen. 1,58. 8,454*
292   complosas *M¹ZArn.*

und wie zwar das Unterland Stürme und Zickzackfeuer
spürt, doch der Olymp die Wolken überragt: nach ewigem
Gesetz kann Zwietracht nur die Winzigkeiten dieser Welt
verwirren und behält das Große seinen Frieden. Wie gern
werden Caesars Ohren hören, daß ein Bürger von solchem
Rang zum Kampf kam! Denn wenn du das Lager, wo
sein Rivale Pompejus gebietet, seinem eigenen vorziehst,
wird er nie gekränkt sein, ist doch Catos Votum für den
Bürgerkrieg ein nur zu lautes Votum für ihn selber. Daß
die Mehrheit des Senats, daß die Konsuln und andere
erlauchte Männer unter einem Führer ohne Kommando
kämpfen wollen, macht Sorge: beugst auch du, ein Cato,
dich mit ihnen vor Pompejus, wird auf der ganzen Welt nur
Caesar noch ein freier Mann sein. Möchtest du jedoch für
die Gesetze unserer Väter Waffen tragen und die Freiheit
schützen, so siehst du in Brutus einen Mann vor dir, der
jetzt nicht Pompejus' und nicht Caesars Feind, aber nach
dem Krieg der Feind des Siegers ist." So sprach er. Da tat
Cato ihm sein Herz auf und gab gültigen Spruch zur Antwort: „Daß Bürgerkrieg die schwerste Sünde ist, gestehe
ich dir, Brutus, ein. Jedoch dem Schicksalsruf darf ein
rechter Mann unbekümmert folgen: die Götter droben
haben die Schuld zu tragen, wenn sie auch mich zum
Verbrecher machen. Wer möchte den Sternenhimmel
fallen sehen und selber allem Schrecken enthoben sein?
Wer möchte, wenn der Ätherraum herabstürzt und die
Erde wankt, weil das schwere Firmament mit ihr zusam-
menprallt und eins wird, seine Hände im Schoß gefaltet
halten? Sollen dem Wahnwitz in Hesperien, dem Krieg
von Römern gegen Römer unbekannte Völker und Könige
Folge leisten, die durch Meere von uns getrennt sind und
in anderen Breiten leben, soll ich jedoch als einziger müßig
bleiben? Solchen Wahnwitz mögt ihr Götter droben
verhüten, daß Roms Unglück Daër und Geten in Bewegung
setzt, aber mich sein Fall gleichgültig läßt! Wie wenn einem
Vater die Kinder wegsterben und Schmerzensgewalt ihn
treibt, dem langen Trauerzug zu ihren Gräbern voranzu-
schreiten, wie er gern beim Leichenfeuer Hand anlegt und
selber am aufgetürmten Holzstoß Totenfackeln hält, so
wird mich niemand von der Stelle reißen, ehe ich den
Leichnam Roms umfangen habe, so werde ich dem leeren

nomen, libertas, et inanem persequar umbram.
sic eat: immites Romana piacula divi
plena ferant, nullo fraudemus sanguine bellum.   305
o utinam caelique deis Erebique liceret
hoc caput in cunctas damnatum exponere poenas!
devotum hostiles Decium pressere catervae:
me geminae figant acies, me barbara telis
Rheni turba petat, cunctis ego pervius hastis   310
excipiam medius totius volnera belli.
hic redimat sanguis populos, hac caede luatur
quidquid Romani meruerunt pendere mores.
ad iuga cur faciles populi, cur saeva volentes
regna pati pereunt? me solum invadite ferro,   315
me frustra leges et inania iura tuentem.
hic dabit, hic pacem iugulus finemque malorum
gentibus Hesperiis: post me regnare volenti
non opus est bello. quin publica signa ducemque
Pompeium sequimur? nec, si fortuna favebit,   320
hunc quoque totius sibi ius promittere mundi
non bene compertum est: ideo me milite vincat,
ne sibi se vicisse putet.' sic fatur et acres
irarum movit stimulos iuvenisque calorem
excitat in nimios belli civilis amores.   325
    interea Phoebo gelidas pellente tenebras
pulsatae sonuere fores, quas sancta relicto
Hortensi maerens irrupit Marcia busto.
quondam virgo toris melioris iuncta mariti
mox, ubi conubii pretium mercesque soluta est   330
tertia iam suboles, alios fecunda penates
impletura datur geminas et sanguine matris
permixtura domos. sed postquam condidit urna
supremos cineres, miserando concita voltu,
effusas laniata comas contusaque pectus   335
verberibus crebris cineresque ingesta sepulchri,
non aliter placitura viro, sic maesta profatur:
'dum sanguis inerat, dum vis materna, peregi

303   prosequar *GV*
313   pendere *vel* perdere
317   malorum *vel* laborum

Schall, dem wesenlosen Schatten der Freiheit bis ans Ende folgen. Dies geschehe: volle Buße sollen die fühllosen Unsterblichen von Rom empfangen, um keinen Tropfen Blut wollen wir den Krieg betrügen. Ach, dürfte mein Kopf den Göttern in Himmel und Hölle verfallen, dürfte ich ihn zur Sühne für alle bieten! Brachen Feindesscharen über Decius herein, als er sich hinunterweihte, so mögen mich beide Heere durchbohren, mich Barbarenhorden vom Rhein beschießen, will ich mich allen Lanzen stellen und zwischen den Fronten die Wunden des ganzen Kriegs auffangen. Mein Blut erlöse die Bürgerschaft, mit meinem Tod sei alles abgebüßt, was Roms Entartung an Strafen verdiente! Warum sollen Bürger sterben, die gern den Nacken beugen, die willig Tyrannenherrschaft tragen? Auf mich allein dringt mit den Schwertern ein, auf mich, der wesenlose Gesetze und Rechte vergeblich schützt! Ein Stoß in meine, ja, in meine Kehle wird Hesperiens Völkern Frieden und das Ende ihrer Leiden bringen: nach meinem Tod braucht keinen Krieg mehr, wer Tyrann sein will. Warum folgen wir nicht der Fahne des Vaterlands und Pompejus als unserem Führer? Ja, wenn das Glück ihm Gunst bezeigt, erhofft auch er sich Herrschaft über alle Welt, das ist nicht unverbürgt: darum soll sein Sieg mich als Soldaten sehen, damit er nicht für sich gesiegt zu haben meint." Da er so sprach, gab er dem jungen Mann heftigen Ansporn zur Kampfbegeisterung und schürte sein Feuer zu übergroßer Leidenschaft für Bürgerkrieg.

Als unterdessen Helios das kühle Dunkel verscheuchte, klang Pochen am Tor; von Hortensius' Scheiterhaufen kommend, stürzte die tugendsame Marcia in Trauer herein. Als Mädchen wurde sie einst einem edleren Gatten anvermählt, doch als der Ehe dann mit schon drei Kindern schuldiger Tribut entrichtet war, gab man sie in ein anderes Heim, damit sie es mit Nachwuchs fülle und zwei Häuser als Mutter durch Blutsbande vereine. Jetzt aber hatte sie das Aschenhäuflein in einer Urne beigesetzt, und mit leidverzerrtem Antlitz, das offene Haar zerzaust, die Brust von lauter Schlägen wund, bedeckt mit Totenasche — nicht anders konnte sie dem ernsten Mann gefallen —, rief sie dies voll Kummer aus: „Als noch Blut in meinen Adern, als noch Kraft in meinem Schoß war, befolgte ich deine

iussa, Cato, et geminos excepi feta maritos;
visceribus lassis partuque exhausta revertor   340
iam nulli tradenda viro. da foedera prisci
illibata tori, da tantum nomen inane
conubii; liceat tumulo scripsisse "Catonis
Marcia" nec dubium longo quaeratur in aevo,
mutarim primas expulsa an tradita taedas.   345
non me laetorum sociam rebusque secundis
accipis: in curas venio partemque laborum.
da mihi castra sequi: cur tuta in pace relinquar
et sit civili propior Cornelia bello?'
     hae flexere virum voces et tempora quamquam   350
sint aliena toris iam fato in bella vocante,
foedera sola tamen vanaque carentia pompa
iura placent sacrisque deos admittere testes.
festa coronato non pendent limine serta
infulaque in geminos discurrit candida postes   355
legitimaeque faces gradibusque acclinis eburnis
stat torus et picto vestes discriminat auro
turritaque premens frontem matrona corona
translata vitat contingere limina planta;
non timidum nuptae leviter tectura pudorem   360
lutea demissos velarunt flammea voltus
balteus aut fluxos gemmis astrinxit amictus,
colla monile decens umerisque haerentia primis
suppara nudatos cingunt angusta lacertos:
sicut erat, maesti servat lugubria cultus   365
quoque modo natos, hoc est amplexa maritum;
obsita funerea celatur purpura lana.
non soliti lusere sales nec more Sabino
excepit tristis convicia festa maritus.
pignora nulla domus, nulli coiere propinqui: 370
iunguntur taciti contentique auspice Bruto.
ille nec horrificam sancto dimovit ab ore
caesariem duroque admisit gaudia voltu

346 sociam *vel* comitem
348 relinquar $G^1M^2V^2$: -or (*et* 349 fit G^2)
367 v. *comm.*

Weisung, Cato, ließ zwei Gatten zu mir kommen und wurde von ihnen schwanger; nun, da mein Leib ermattet ist und Wochenbetten mich erschöpften, kehre ich nicht zurück, damit du mich nochmals an einen Mann vergibst. An deiner Seite wie zuvor gönne mir ein keusches Lager, gönne mir nichts weiter als den bloßen Namen deines Eheweibs; ich möchte, daß man auf mein Grabmal 'Catos Gattin Marcia' schreibe, und niemand soll in fernen Zeiten zweifelnd fragen, ob ich beim Ehewechsel von meinem ersten Mann verstoßen oder vergeben war. Du bekommst mich nicht als Gefährtin in Freuden und nicht zu glücklichen Stunden: für deine Sorgen bin ich da, will deine Mühen teilen. Laß mich mit dir ins Feld: warum soll ich in Friedenshut dahintenbleiben und soll Cornelia den Bürgerkämpfen näher sein?"

Diese Worte gewannen das Männerherz, und wenngleich die Zeiten nicht für Hochzeit paßten, weil das Schicksal jetzt zu Kämpfen rief, so war ein bloßer Bund, ein Jawort ohne nichtigen Brautzug und eine Feier ohne andere Zeugen als die Götter doch nach seinem Sinn. Nicht hingen zur Bekränzung Festgirlanden an der Tür, lief eine weiße Schleife gegen beide Pfosten auseinander, brannten Fackeln nach altem Brauch, weder stand ein Lager auf Stufen von Elfenbein mit herrlich goldbestickten Decken bereit noch ließ die Neuvermählte mit der Kopflast ihrer Zinnenkrone, um die Schwelle nicht zu berühren, ihre Füße hinüberheben; nicht verhüllte, um zage Züchtigkeit der Braut ein wenig zuzudecken, ein rotgelber Schleier ein gesenktes Antlitz, kein Gurt raffte mit seinen Juwelen ein Schleppenkleid, kein Band zierte den Hals, kein Schal schmiegte sich auf Schulterhöhe eng um nackte Arme: unverändert behielt sie die düstere Trauerkleidung an und schlang die Arme um ihren Bräutigam nicht anders als um ihre Kinder — unter dichter schwarzer Wolle zeigte sich kein Purpur. Nicht trieben wie sonst Späße ihr Spiel und hörte sich der Bräutigam heitere Sticheleien nach Sabinerart stirnrunzelnd an. Keine Lieben von daheim, keine Verwandten kamen zusammen: still wurden sie ein Paar und ließen es genug sein, daß Brutus um Segen betete. Der Mann strich nicht das struppige Gelock aus seinem hehren Antlitz und gönnte seinen ernsten Mienen keine Fröhlichkeit (seit er gesehen

(ut primum tolli feralia viderat arma,
intonsos rigidam in frontem descendere canos   375
passus erat maestamque genis increscere barbam:
uni quippe vacat studiis odiisque carenti
humanum lugere genus); nec foedera prisci
sunt temptata tori: iusto quoque robur amori
restitit. hi mores, haec duri immota Catonis   380
secta fuit: servare modum finemque tenere
naturamque sequi patriaeque impendere vitam
nec sibi, sed toti genitum se credere mundo.
huic epulae vicisse famem magnique penates
summovisse hiemem tecto pretiosaque vestis   385
hirtam membra super Romani more Quiritis
induxisse togam Venerisque hic maximus usus,
progenies; urbi pater est urbique maritus,
iustitiae cultor, rigidi servator honesti,
in commune bonus nullosque Catonis in actus   390
subrepsit partemque tulit sibi nata voluptas.
    interea trepido discedens agmine Magnus
moenia Dardanii tenuit Campana coloni.
haec placuit belli sedes, hinc summa moventem
hostis in occursum sparsas extendere partes,   395
umbrosis mediam qua collibus Appenninus
erigit Italiam nulloque a vertice tellus
altius intumuit propiusque accessit Olympo.
mons inter geminas medius se porrigit undas
inferni superique maris collesque coercent   400
hinc Tyrrhena vado frangentes aequora Pisae,
illinc Dalmaticis obnoxia fluctibus Ancon.
fontibus hic vastis immensos concipit amnes
fluminaque in gemini spargit divortia ponti.
in laevum cecidere latus veloxque Metaurus   405
Crustumiumque rapax et iuncto Sapis Isauro
Senaque et Hadriacas qui verberat Aufidus undas
quoque magis nullum tellus se solvit in amnem,
Eridanus: fractas devolvit in aequora silvas

---

387   unicus *Bentley, cf. a (ad* 388) 'sola cupidine liberorum' *et c*
          (*ad* 381) 'post liberos non'
397   -que a *vel* qua (quo *M²*)

hatte, daß man mörderische Waffen in die Hand nahm,
hatte er sein Grauhaar ungestutzt auf die strenge Stirn
herunterfallen und zum Trauerzeichen seinen Bart über die
Wangen wuchern lassen, konnte doch nur er, weil frei
von Neigung und von Haß, Leid um die Menschheit tragen);
auch schritt er nicht zum Beilager wie früher, sondern
widerstand voll Willensstärke selbst erlaubtem Umgang.
Dies war Catos Wesen, dies nahm er sich unerschütterlich
zur festen Richtschnur: Maß zu halten, die Grenze zu
wahren, der Natur zu folgen, dem Vaterland sein Leben
zu weihen und zu glauben, er sei nicht für sich selber,
sondern für die ganze Welt geboren. Er dünkte sich an
reicher Tafel, wenn er den Hunger stillen konnte, in einem
Palast, wenn ihn ein Dach vor Kälte schützte, im Pracht-
gewand, wenn er nach alter Römerart eine rauhe Toga um
den Leib warf, und Liebesfreuden hatten für ihn nur das
eine hohe Ziel, Nachkommenschaft; der Stadt war er Vater,
und der Stadt war er Gatte, war Verfechter der Gerechtigkeit, Hüter strenger Tugend, gütig für die Allgemeinheit,
ja, niemals schlich sich Eigensucht in Catos Tun und nahm
ihr Teil.

Inzwischen rückte Pompejus in hastigem Marsch davon
und verschanzte sich in der Trojanergründung Capua. Sie
wählte er als Kriegsquartier, von hier aus wollte er zum
Entscheidungskampf seine Truppen verteilen und dort dem
Feind in breiter Front entgegentreten, wo der Apennin
mit seinen schattenreichen Bergen Italiens Mitte so empor-
hebt, daß dies Land durch ihn eine höhere Wölbung und
größere Himmelsnähe erhält als durch einen anderen Gipfel.
Das Gebirge erstreckt sich mitten zwischen dem Gewoge
der beiden Meere in West und Ost, und seine Höhen
begrenzt auf der einen Seite Pisa, wo sich die Tyrrhenersee
an Sandbänken bricht, auf der anderen, Dalmaterfluten
ausgesetzt, Ancona. Aus üppigen Quellen bildet es ungeheure Stromläufe und verteilt Flüsse auf die Wasserscheide
zwischen beiden Küsten. Nach links nahm der rasche
Metaurus seinen Lauf, das reißende Flüßchen Crustumium,
Sapis mit Isaurus, die Sena und der Aufidus, der Adria-
wogen aufpeitscht, dazu auch er, in dem sich größere
Teile dieses Landes lösen als in einem anderen Strom, der
Po: geknickte Bäume wälzt er meerwärts und entzieht mit

Hesperiamque exhaurit aquis. hunc fabula primum   410
populea fluvium ripas umbrasse corona
cumque diem pronum transverso limite ducens
succendit Phaethon flagrantibus aethera loris,
gurgitibus raptis penitus tellure perusta
hunc habuisse pares Phoebeis ignibus undas.   415
non minor hic Nilo, si non per plana iacentis
Aegypti Libycas Nilus stagnaret harenas;
non minor hic Histro, nisi quod, dum permeat orbem,
Hister casuros in quaelibet aequora fontes
accipit et Scythicas exit non solus in undas.   420
dexteriora petens montis declivia Thybrim
unda facit Rutubamque cavum; delabitur inde
Vulturnusque celer nocturnaeque editor aurae
Sarnus et umbrosae Liris per regna Maricae
Vestinis impulsus aquis radensque Salerni   425
tesca Siler nullasque vado qui Macra moratus
alnos vicinae procurrit in aequora Lunae.
longior educto qua surgit in aera dorso,
Gallica rura videt devexasque excipit Alpes.
tunc Umbris Marsisque ferax domitusque Sabello   430
vomere, piniferis amplexus rupibus omnes
indigenas Latii populos non deserit ante
Hesperiam, quam cum Scyllaeis clauditur undis,
extenditque suas in templa Lacinia rupes
longior Italia, donec confinia pontus   435
solveret incumbens terrasque repelleret aequor;
at postquam gemino tellus elisa profundo est,
extremi colles Siculo cessere Peloro.
    Caesar in arma furens nullas nisi sanguine fuso
gaudet habere vias, quod non terat hoste vacantes   440
Hesperiae fines vacuosque irrumpat in agros
atque ipsum non perdat iter consertaque bellis
bella gerat. non tam portas intrare patentes
quam fregisse iuvat nec tam patiente colono
arva premi quam si ferro populetur et igni: 445

417 Libycas ... harenas *vel* -is ... -is
426 tesqua *Heinsius* (*cf.* 6,41): tecta (culta *M³U²*)

seinen Wassern Hesperien Boden. Dieser Fluß — so geht
die Sage — sah als erster schattige Pappelreihen an seinen
Ufern wachsen, und als Phaëthon das Himmelslicht aus
seiner Bahn zum Abgrund lenkte und mit brennendem
Wagen den Äther in Flammen setzte, als die Erde tief
hinab verbrannte und jeder Born versiegte, da hatte dieser
Fluß genügend Wasser, um den Sonnengluten Widerpart
zu bieten. Er stünde dem Nil nicht nach, wenn nicht der
Nil in Ägyptens Flachland Wüstensand überschwemmte;
er steht der Donau nur darin nach, daß die Donau auf
ihrem Weg über den Erdball Flüsse aufnimmt, die irgendwo
in Seewasser münden sollen, daß sie also bei ihrem Eintritt
ins Schwarzmeer nicht allein ist. — Wendet sich das Wasser
zum Berghang rechts, so bildet es den Tiber und den Rutuba
in seinem Graben; dort fließt der schnelle Volturnus hinab,
als Spender nächtlich kühler Lüfte der Sarnus, von Quellen
im Vestinerland durch Maricas Hain gejagt der Liris,
Salernums Karstland bestreichend der Siler, dazu der
Macra, in dessen flachem Grund kein Schiff sich schleppt,
wenn er zum Strand des nahen Luna eilt. — Wo das Gebirge
nur mehr in langgezogenen Hängen aufsteigt, schaut es
auf gallisches Gebiet und begegnet den Ausläufern der
Alpen. Auf der anderen Seite wird es von Umbrern und
Marsern bestellt, von Sabinerpflügen gerodet, legt dann
seine Pinienkuppen um alle eingesessenen Völker Latiums
und verläßt Hesperien erst, wenn Skyllas Strand ihm
Halt gebietet, dehnt seine Zacken auch bis zum Tempel
von Lacinium aus. Es war länger als Italien, solange nicht
einbrechende See den Verbindungsstreifen sprengte und
Wasserflut Landmassen auseinandertrieb; als jedoch das
Erdreich von zwei Meeren abgeschnürt war, kamen seine
letzten Höhen als Kap Pelorum zu Sizilien.

Caesar in seiner Kampfbesessenheit war froh, keinen
Schritt ohne Blutvergießen tun zu müssen, froh, daß er
in Hesperien nicht feindfreies Gebiet beschritt und nicht
geräumte Felder überfiel, nicht überhaupt umsonst marschierte, sondern Kampf um Kampf in dichter Folge
führen konnte. Er wollte weniger gern durch offene Tore
treten als sie sprengen, herrschte über Fluren weniger gern
nur so, daß die Bauern es sich gefallen ließen, als wenn er
sie mit Feuer und Schwert verwüstete: es dünkte ihn

concessa pudet ire via civemque videri.
tunc urbes Latii dubiae varioque favore
ancipites, quamquam primo terrore ruentis
cessurae belli, denso tamen aggere firmant
moenia et abrupto circumdant undique vallo   450
saxorumque orbes et quae super eminus hostem
tela petant altis murorum turribus aptant.
pronior in Magnum populus pugnatque minaci
cum terrore fides ut, cum mare possidet auster
flatibus horrisonis, hunc aequora tota secuntur,   455
si rursus tellus pulsu laxata tridentis
Aeolii tumidis immittat fluctibus eurum,
quamvis icta novo, ventum tenuere priorem
aequora nubiferoque polus cum cesserit euro,
vindicat unda notum. facilis sed vertere mentes   460
terror erat dubiamque fidem fortuna ferebat.
    gens Etrusca fuga trepidi nudata Libonis
iusque sui pulso iam perdidit Umbria Thermo.
nec gerit auspiciis civilia bella paternis
Caesaris audito conversus nomine Sulla.   465
Varus, ut admotae pulsarunt Auximon alae,
per diversa ruens neglecto moenia tergo,
qua silvae, qua saxa, fugit. depellitur arce
Lentulus Asculea; victor cedentibus instat
devertitque acies solusque ex agmine tanto   470
dux fugit et nullas ducentia signa cohortes.
tu quoque nudatam commissae deseris arcem,
Scipio, Nuceriae, quamquam firmissima pubes
his sedeat castris, iam pridem Caesaris armis
Parthorum seducta metu, qua Gallica damna   475
supplevit Magnus dumque ipse ad bella vocaret,
donavit socero Romani sanguinis usum.
    at te Corfini validis circumdata muris

473 Nuceriae *vel* Luc-
476 vocaret *vel* vac-

schmählich, erlaubte Pfade zu gehen und als guter Bürger
zu gelten. In unentschlossenem Wechsel bald der einen,
bald der anderen Seite zugewandt, verstärkten jetzt die
Städte Latiums, obgleich bereit, beim ersten Schrecken
des Kriegssturms nachzugeben, dennoch ihre Mauern mit
festen Dämmen und umgaben sie auf allen Seiten mit
steilen Palisaden, legten auch auf ihren Zinnentürmen
droben Steinkugeln und Geschosse bereit, um damit aus
der Höhe auf weite Entfernung den Feind zu treffen. Die
Einwohner neigten mehr zu Pompejus, und mit drohendem
Schrecken stritt Treulichkeit — es war, wie wenn mit
schaurigem Sturmgeheul der Südwind auf dem Meere
waltet und ihm die ganze Wasserfläche folgt, doch anderseits
das Erdreich unter dem Stoß von Aiolos' Dreizack aufspringt und den Ostwind gegen Wellenberge hetzt: da hält
die See, wiewohl von neuem Wind gepeitscht, am ersten
fest, und gibt der Himmel auch dem Ost und seinen Wolken
nach, so entscheiden sich die Wogen für den Süd als ihren
Herrn. Aber der Schrecken hatte leichtes Spiel, die Menschen umzustimmen, und wo Treue wankte, trug sie ein
Tag davon.

Das Etruskervolk war seit Libos banger Flucht schutzlos, und als Umbrien Thermus vertrieb, gab es sein Selbstbestimmungsrecht schon auf. Auch Sulla, im Führen
eines Bürgerkriegs nicht so glücklich wie sein Vater, wandte
sich zur Flucht, als Caesars Name ihm zu Ohren kam.
Kaum standen Reiterbrigaden vor Auximon und pochten
ans Tor, so schlüpfte Varus hinten, wo niemand achtgab,
zum anderen Tor hinaus und suchte über Stock und Stein
das Weite. Lentulus wurde aus dem festen Asculum verjagt;
als man davonzog, stieß der Sieger nach und schnitt die
Truppen ab, sodaß von dem ganzen Zug allein der Führer
mit einer Führerstandarte ohne Kohorten floh. Selbst Scipio
ließ seinen Posten im Stich und gab die Feste Nuceria preis,
obschon eine wohlgestählte Mannschaft hier im Lager
saß, die schon vor längerer Zeit dem Heer Caesars wegen
der Parthergefahr entzogen worden war; mit ihr hatte
Pompejus früher die Lücken in Gallien aufgefüllt, hatte
seinem Schwiegervater, bis er selbst zum Kriege rufen
würde, Römerblut zur Nutzung ausgeliehen.

Aber der Kämpe Domitius hielt im starken Mauerring

tecta tenent, pugnax Domiti; tua classica servat
oppositus quondam polluto tiro Miloni.   480
ut procul immensam campo consurgere nubem
ardentesque acies percussis sole corusco
conspexit telis, 'socii, decurrite' dixit
'fluminis ad ripas undaeque immergite pontem.
et tu montanis totus nunc fontibus exi   485
atque omnes trahe, gurges, aquas, ut spumeus alnos
discussa compage feras. hoc limite bellum
haereat, hac hostis lentus terat otia ripa.
praecipitem cohibete ducem: victoria nobis
hic primum stans Caesar erit.' nec plura locutus   490
devolvit rapidum nequiquam moenibus agmen.
nam prior e campis ut conspicit amne soluto
rumpi Caesar iter, calida proclamat ab ira:
'non satis est muris latebras quaesisse pavori?
obstruitis campos fluviisque arcere paratis,   495
ignavi? non si tumido me gurgite Ganges
summoveat, stabit iam flumine Caesar in ullo
post Rubiconis aquas. equitum properate catervae,
ite simul pedites, ruiturum ascendite pontem.'
haec ubi dicta, levis totas accepit habenas   500
in campum sonipes crebroque simillima nimbo
trans ripam validi torserunt tela lacerti.
ingreditur pulsa fluvium statione vacantem
Caesar et ad tutas hostis compellitur arces.
et iam moturas ingentia pondera turres   505
erigit et mediis subrepit vinea muris:
ecce, nefas belli, reseratis agmina portis
captivum traxere ducem civisque superbi
constitit ante pedes. voltu tamen alta minaci
nobilitas recta ferrum cervice poposcit.   510
scit Caesar poenamque peti veniamque timeri:
'vive, licet nolis, et nostro munere' dixit
'cerne diem. victis iam spes bona partibus esto

der Stadt Corfinium aus, und zu seiner Fanfare standen
Männer, die als Rekruten einst gegen den Mörder Milo
aufgeboten wurden. Als er in der Ferne eine ungeheure
Staubwolke vom Feld aufsteigen und die Reihen blitzen
sah, da heller Sonnenstrahl die Waffen traf, rief er: „Kameraden, lauft zum Flußufer hinunter und versenkt die
Brücke in der Flut! Auch soll der Strom jetzt ungemindert
vom Gebirge quellen und alles Wasser mit sich führen,
damit er schäumend die Pfeiler aus ihren Fugen sprenge
und abtreibe. An dieser Barrikade soll der Krieg ins Stocken
kommen, an unserem Ufer soll der Feind die Zeit in trägem
Müßiggang vergeuden. Gebietet dem ungestümen Feldherrn Halt: der Sieg wird unser sein, wenn Caesar hier
zum ersten Male steht." Und ohne weitere Worte trieb er
seine Mannen rasch aus der Stadt hinab — umsonst. Denn
ihm an Schnelligkeit voraus, sah Caesar kaum von der
Ebene her den Flußlauf freigegeben und seinen Marschweg
unterbrochen, als er zornentbrannt die Worte ausstieß:
„Genügt es bangen Herzen nicht, sich hinter Mauern ein
Versteck zu suchen? Versperrt ihr Memmen das Gelände
und gedenkt mich mit Flüssen fernzuhalten? Nein, und wenn
der Ganges mich mit seinem Wogenschwall fortschwemmen
wollte: Caesar wird in keinem Strom mehr steckenbleiben,
seit er den Rubicon durchwatete. Stürmt ihr Reitertrupps
voran, setzt ihr Fußsoldaten euch zugleich in Marsch,
betretet die Brücke, ehe sie birst!" So sprach er. Da gab
man den Pferden zu behendem Lauf ins Feld die Zügel frei
und schossen starke Arme Speere ganz wie einen dichten
Schauer zum anderen Ufer. Als die Posten geworfen waren,
betrat Caesar den freien Flußübergang und drängte den
Feind in den Schutz seiner Feste. Ja, schon errichtete er
Türme zum Schleudern ungeheurer Steine und kroch ein
Schutzdach zum Mauerriegel vor: da schloß man — Kriegs-
verrat! — das Tor auf und schleppte im Zug den Kommandanten als Gefangenen her, bis er dem rebellischen Bürger
zu Füßen stehen blieb. Jedoch mit trotziger Miene verlangte
der hochgesinnte Ehrenmann aufrechten Haupts das
Henkerschwert. Wohl wissend, daß er Strafe wünschte
und Verzeihung fürchtete, sprach Caesar: „Bleib am Leben,
auch wenn du nicht willst, und schau die Sonne — es ist
mein Geschenk! Sei künftig besiegten Gegnern Hoffnungs-

exemplumque mei vel, si libet, arma retempta
et nihil hac venia, si viceris ipse, paciscor.'   515
fatur et astrictis laxari vincula palmis
imperat. heu quanto melius vel caede peracta
parcere Romano potuit fortuna pudori!
poenarum extremum civi, quod castra secutus
sit patriae Magnumque ducem totumque senatum,   520
ignosci. premit ille graves interritus iras
et secum: 'Romamne petes pacisque recessus
degener? in medios belli non ire furores
iam dudum moriture paras? rue certus et omnes
lucis rumpe moras et Caesaris effuge munus.'   525
    nescius interea capti ducis arma parabat
Magnus, ut immixto firmaret robore partes.
iamque secuturo iussurus classica Phoebo
temptandasque ratus moturi militis iras
alloquitur tacitas veneranda voce cohortes: 530
'o scelerum ultores melioraque signa secuti,
o vere Romana manus, quibus arma senatus
non privata dedit, votis deposcite pugnam.
ardent Hesperii saevis populatibus agri,
Gallica per gelidas rabies effunditur Alpes,   535
iam tetigit sanguis pollutos Caesaris enses.
di melius, belli tulimus quod damna priores:
coeperit inde nefas, iam iam me praeside Roma
supplicium poenamque petat. neque enim ista vocari
proelia iusta decet, patriae sed vindicis iram,   540
nec magis hoc bellum est quam cum Catilina paravit
arsuras in tecta faces sociusque furoris
Lentulus exsertique manus vaesana Cethegi.
o rabies miseranda ducis! cum fata Camillis
te, Caesar, magnisque velint miscere Metellis,   545

541 cum *vel* quod

hort und Beispiel meiner Art; ja, wenn du möchtest, so
versuch dein Waffenglück noch einmal, und wenn du
selber siegst, bedinge ich mir nichts für die heutige Verzeihung aus." So sagte er und gab Befehl, ihm von den gebun-
denen Händen die Fesseln abzunehmen. Ach, wieviel
besser hätte die Fügung römisches Ehrgefühl schonen
können, wenn er die Bluttat dreist vollzog! Einem rechten
Bürger war als Strafe dafür, daß er zur Fahne des Vaterlandes stand, zu Pompejus als Führer und zum ganzen
Senat, nichts ärger als Verzeihung finden. Unerschrocken
verbiß der Mann seinen schweren Grimm und sprach bei
sich: „Bist du so tief gesunken, daß du Rom und seine
Friedensstille aufsuchst? Willst du dich nicht mitten ins
Kriegsgetümmel stürzen, um möglichst rasch zu sterben?
Stürme geraden Wegs dahin, laß dich von nichts mehr
auf Erden halten und flieh vor Caesars Geschenk hinweg!"
Noch ohne Kenntnis von der Gefangennahme des
Kommandanten schaffte Pompejus unterdessen Kriegsvolk
herbei, um seine Armee mit schlagkräftigem Zuzug stark
zu machen. Als er nun am nächsten Morgen blasen lassen
wollte, beschloß er, den Kampfgeist seiner marschbereiten
Truppen zu erproben, und seine Stimme ließ die Kohorten
in Ehrfurcht schweigen, da er zu ihnen sprach: „Hört,
Rächer frevler Taten und Gefolgsleute der besseren Standarte, hört, echte Römermannen, denen der Senat gegen
unbürgerliche Gelüste Waffen gab: verlangt von Herzen
Kampf! Hesperiens Felder rauchen von unbarmherzigen
Verwüstungen, tobend ergießen sich Gallier über winterliche
Alpen, schon hat Caesars Schwerter Blut gestreift und mit
Schuld besudelt. Den Göttern Dank, daß Kriegsleid uns
als erste traf: mag drüben Schurkerei beginnen, bald genug soll Rom unter meinem Vorsitz Strafgericht und Ahn·
dung fordern. Denn auf dieser Seite darf man nicht von
richtigen Kämpfen sprechen, sondern nur von entrüsteter
Vergeltung des Vaterlands, und unser Tun ist so wenig
Krieg wie das Handeln damals, als Catilina Brandfackeln
gegen unsere Häuser bereitlegte, im Wahnwitz unterstützt von Lentulus und dem halbnackten Cethegus mit
seiner tollwütigen Faust. Welch bedauerliche Tobsucht bei
dem Führer drüben! Wenn deine Berufung, Caesar, dich
einem Camillus und einem großen Feldherrn wie Metellus

ad Cinnas Mariosque venis. sternere profecto
ut Catulo iacuit Lepidus nostrasque secures
passus Sicanio tegitur qui Carbo sepulchro
quique feros movit Sertorius exul Hiberos.
quamquam, si qua fides, his te quoque iungere, Caesar,   550
invideo nostrasque manus quod Roma furenti
opposuit: Parthorum utinam post proelia sospes
et Scythicis Crassus victor remeasset ab oris,
ut simili causa caderes qua Spartacus hostis.
te quoque si superi titulis accedere nostris   555
iusserunt, valet en torquendo dextera pilo,
fervidus haec iterum circa praecordia sanguis
incaluit; disces non esse ad bella fugaces,
qui pacem potuere pati. licet ille solutum
defectumque vocet, ne vos mea terreat aetas: 560
dux sit in his castris senior, dum miles in illis.
quo potuit civem populus perducere liber,
ascendi supraque nihil nisi regna reliqui:
non privata cupis, Romana quisquis in urbe
Pompeium transire paras. hinc consul uterque,   565
hinc acies statura ducum est. Caesarne senatus
victor erit? non tam caeco trahis omnia cursu
teque nihil, Fortuna, pudet. multisne rebellis
Gallia iam lustris aetasque impensa labori
dant animos? Rheni gelidis quod fugit ab undis   570
Oceanumque vocans incerti stagna profundi
territa quaesitis ostendit terga Britannis?
an vanae tumuere minae, quod fama furoris
expulit armatam patriis e sedibus urbem?
heu demens, non te fugiunt, me cuncta secuntur: 575
qui cum signa tuli toto fulgentia ponto,
ante bis exactum quam Cynthia conderet orbem,
omne fretum metuens pelagi pirata reliquit

556 en *G*: in
568 multis *v. comm.*

zugesellen möchte, steigst du zu einem Cinna und Marius
herab. Du wirst gewißlich stürzen, wirst erliegen wie
Lepidus seinem Gegner Catulus erlag, wie Carbo, der als
Opfer meines Beils in Sizilien begraben liegt, und wie
Sertorius, der als verfemter Mann die Barbaren Spaniens
aufwiegelte. Und doch — du darfst mir glauben, Caesar —
gönne ich dir nicht, daß ich auch dich zu diesen Menschen
fügen soll und meine Hand es ist, die Rom gegen deinen Wahnwitz aufbot: wäre doch nach dem Partherkrieg
Crassus heil und siegreich von Skythiens Küste heimgekehrt,
damit du auf ähnliches Betreiben zu Fall kämst wie der
Staatsfeind Spartacus! Ist es Gebot der Götter droben,
daß ein Triumph auch über dich zu meinen Taten komme,
so hat meine Rechte, sieh nur her, noch Kraft zum Spee-
reschleudern, brodelt von neuem warmes Blut in meiner
Brust; du wirst erfahren, daß ein Mann nicht Kämpfen
zu entgehen sucht, wenn er Frieden ertragen konnte.
Wenngleich mein Rivale mich als hinfällig und verbraucht
bezeichnet, sollen meine Jahre euch nicht bange machen:
laßt den Führer in diesem Lager älter sein, wenn es dafür
in jenem die Soldaten sind! So hoch ein freies Volk einen
Bürger heben kann, bin ich gestiegen und ließ nichts un-
erreicht als Tyrannei: nach Unbescheidenerem als Bürger-
zielen trachtet, wer wie du in der Römerstadt Pompejus
überflügeln will. Auf unserer Seite werden beide Konsuln
Posten stehen, auf unserer eine Front von Führern. Wird
Caesar etwa den Senat besiegen? Du bist nicht so blind,
Fortuna, daß du alles laufen läßt, bist nicht so gänzlich
ohne Scham. Daß Gallien schon viele Jahrfünfte hindurch
in Aufruhr stand und er sein Leben Kampfesmühen widmete, macht dies ihn übermütig? Daß er vom eisigen
Rheinstrom flüchtete, einen Teich von wechselndem Wasser-
stand als Ozean bezeichnete, Britannier aufsuchte und
ihnen eingeschüchtert dann den Rücken kehrte? Oder kam
es zu nichtigem Drohungsschwall, weil das Gerücht von
seinem Wahnwitz ganz Rom in Waffen aus angestammten
Häusern trieb? Armer Tor, nicht dich flieht alles, mir
folgt alles: einem Mann, der nur auf der ganzen See seine
funkelnden Standarten zu zeigen brauchte, damit die
Piraten, ehe Selenes Scheibe sich zweimal füllte und ver-
dunkelte, in Scheu vor Schiffahrt überall das Meer verließen

angustaque domum terrarum in sede poposcit.
idem per Scythici profugum divortia ponti   580
indomitum regem Romanaque fata morantem
ad mortem Sulla felicior ire coegi.
pars mundi mihi nulla vacat, sed tota tenetur
terra meis, quocumque iacet sub sole, tropaeis:
hinc me victorem gelidas ad Phasidos undas   585
Arctos habet; calida medius mihi cognitus axis
Aegypto atque umbras nusquam flectente Syene;
occasus mea iura timent Tethynque fugacem
qui ferit Hesperius post omnia flumina Baetis;
me domitus cognovit Arabs, me Marte feroces   590
Heniochi notique erepto vellere Colchi,
Cappadoces mea signa timent et dedita sacris
incerti Iudaea dei mollisque Sophene,
Armenios Cilicasque feros Taurumque subegi.
quod socero bellum praeter civile reliqui?'   595
   verba ducis nullo partes clamore secuntur
nec matura petunt promissae classica pugnae.
sensit et ipse metum Magnus placuitque referri
signa nec in tantae discrimina mittere pugnae
iam victum fama non visi Caesaris agmen.   600
pulsus ut armentis primo certamine taurus
silvarum secreta petit vacuosque per agros
exul in adversis explorat cornua truncis
nec redit in pastus, nisi cum cervice recepta
excussi placuere tori, mox reddita victor   605
quoslibet in saltus comitantibus agmina tauris
invito pastore trahit, sic viribus impar
tradidit Hesperiam profugusque per Apula rura
Brundisii tutas concessit Magnus in arces.
   urbs est Dictaeis olim possessa colonis,   610
quos Creta profugos vexere per aequora puppes
Cecropiae victum mentitis Thesea velis.
hinc latus angustum iam se cogentis in artum

587   nusquam M²V et Prisc. gramm. II 511, 10 cod. Voss. A: num-
      quam
594   Armenios vel -as (cf. 638/9)   Tauron Guietus (cf. a 'pro
      hominibus ... posuit montis nomen'): -os (etiam a in lemmate)
613   hinc vel ha(n)c

und auf bescheidenem Raum ein Heim zu Lande forderten.
Ebenso zwang ich den unbezähmten König, der Roms Größe
im Wege stand, als Flüchtling am Schwarzmeersund den
Tod zu suchen; Sulla war nicht so glücklich. Keinen Teil
der Welt ließ ich in Ruhe, nein, jedes Land der Erde,
gleich unter welchem Sonnenstand es liegt, trägt die Zeichen
meiner Triumphe: hier sieht der Norden mich als Sieger
am vereisten Phasisstrom; die heiße Zone ist mir vertraut
durch Ägyptens Glut und durch Syene, wo nach keiner
Seite Schatten fallen; die Westgebiete fürchten meine Macht
bis zu Spaniens Baetis, der als äußerster von allen Flüssen
in den ebbefrohen Ozean mündet; mich haben Araber als
ihren Bezwinger kennengelernt, mich kriegslustige Heniocher und die beim Vliesraub entdeckten Kolcher, vor
meinen Standarten zittert Kappadokien, Judaea mit
seinem frommen Dienst für einen unsichtbaren Gott und
das verweichlichte Sophene, ich habe Armenier und trutzige
Kilikier am Taurus unterjocht. Welche Kämpfe ließ ich
meinem Schwiegervater übrig außer Bürgerkrieg?"

Den Worten ihres Führers zollte die Truppe keinen
Beifall und verlangte nicht, als wäre eine Schlacht willkommen, ein zeitiges Signal. Der große Feldherr spürte
ihre Angst auch selber und beschloß, seine Standarten
zurückzuziehen, statt ein Heer so schweren Kampfgefahren
auszusetzen, das bereits durch die Kunde von Caesar
geschlagen war, bevor es ihn noch sah. Wie wenn ein
Stier sich bei der ersten Plänkelei aus der Herde scheuchen
läßt, Waldesstille aufsucht, ausgestoßen in verlassenem
Gelände gegen Baumstümpfe anrennt, um seine Hörner
zu erproben, und nicht zur Weide heimkehrt, bevor er
froh den Nacken wieder in seiner Gewalt und die Muskeln
gelockert weiß, erst dann seine Gefolgschaft siegreich
zurückgewinnt und sie im Geleit der Stierschar, dem Hirten
zum Verdruß, zu diesen oder jenen Triften zieht, so gab
Pompejus, weil er an Kräften unterlegen war, Hesperien
preis, suchte durch Apuliens Gefilde das Weite und entwich in die sichere Feste von Brundisium.

Diese Stadt wurde einst von Kreta her besiedelt, durch
Flüchtlinge aus Knossos, die auf Athenerschiffen über
Meeresfluten fuhren, als die Segel falsch gemeldet hatten,
Theseus sei besiegt. Hier zieht Hesperien sich nunmehr eng

Hesperiae tenuem producit in aequora linguam,
Hadriacas flexis claudit quae cornibus undas.   615
nec tamen hoc artis immissum faucibus aequor
portus erat, si non violentos insula coros
exciperet saxis lassasque refunderet undas.
hinc illinc montes scopulosae rupis aperto
opposuit natura mari flatusque removit,   620
ut tremulo starent contentae fune carinae.
hinc late patet omne fretum, seu vela ferantur
in portus, Corcyra, tuos, seu laeva petatur
Illyris Ionias vergens Epidamnos in undas.
hoc fuga nautarum, cum totas Hadria vires   625
movit et in nubes abiere Ceraunia cumque
spumoso Calaber perfunditur aequore Sason.
   ergo ubi nulla fides rebus post terga relictis
nec licet ad duros Martem convertere Hiberos,
cum mediae iaceant immensis tractibus Alpes,   630
tunc subole e tanta natum, cui firmior aetas,
affatur: 'mundi iubeo temptare recessus:
Euphraten Nilumque move, quo nominis usque
nostri fama venit, quas est volgata per urbes
post me Roma ducem. sparsos per rura colonos   635
redde mari Cilicas; Pharios hinc concute reges
Tigranemque meum; nec Pharnacis arma relinquas
admoneo nec tu populos utraque vagantes
Armenia Pontique feras per litora gentes
Riphaeasque manus et quas tenet aequore denso   640
pigra palus Scythici patiens Maeotia plaustri
et — quid plura moror? totos mea, nate, per ortus
bella feres totoque urbes agitabis in orbe
perdomitas: omnes redeant in castra triumphi.
at vos, qui Latios signatis nomine fastos,   645
primus in Epirum boreas agat; inde per arva
Graiorum Macetumque novas adquirite vires,

zusammen, und seine schmale Flanke schiebt eine dünne
Landzunge ins Meer hinaus, die sich wie ein Horn im Halbkreis vor die Adriagewässer legt. Dabei wäre freilich, was
von einem Meer wie diesem durch einen engen Sund
hereinströmt, noch kein Hafen, wenn nicht ein Eiland mit
seinen Klippen Nordstürme auffinge und die Brandung
ohnmächtig abprallen ließe. Rechts und links hat die
Natur zerklüftete Bergfelsen als Windschutz vor die offene
See gesetzt, und so genügt ein schwankes Tau, um Schiffe
festzuhalten. Weit und breit ist hier das ganze Meer zugäng-
lich, gleich ob die Segler nach Korkyras Häfen ziehen
oder ob sie linkshin wollen, wo in Illyrien Epidamnos sich
zum Joniermeer hinabsenkt. Hier suchen Seeleute Zuflucht,
wenn die Adria alle Kräfte entfesselt hat, die Keraunischen
Berge in Wolken verschwunden sind und auf Kalabrien-
fahrten Sason von schäumender Brandung überschwemmt
wird.

Als nun Pompejus dort, wo er alles hinter sich gelassen
hatte, nichts mehr erwarten durfte und den Krieg nicht
zu zähen Spaniern hinüberspielen konnte, weil die unge-
heure Alpenkette dazwischen lag, sprach er jetzt zu dem
Erwachseneren seiner starken Söhne: ,,Ich will, daß du die
Welt bis in den letzten Winkel zu gewinnen suchst: störe
Euphrat und Nil auf, reicht doch der Klang meines Namens
bis dorthin, ist doch Rom seit meiner Heerfahrt dort von
Stadt zu Stadt in aller Munde! Bring die im Land als
Bauern verstreuten Kilikier wieder auf See; wiegle dann
Ägyptens Königshaus und meinen Vasallen Tigranes auf;
verzichte auch, ich rate dir, nicht auf Pharnakes' Aufgebot,
nicht auf die Nomadenvölker in beiden Armenien, die
wilden Stämme am Schwarzmeerstrand, die Krieger in
den Nordlandbergen und am Maiotisbecken, das mit
zugefrorener Wasserfläche reglos liegt und Skythenwagen
trägt, dazu — warum noch mehr an langen Worten? Im
ganzen Morgenland mußt du, mein Sohn, den Krieg für
mich verbreiten, mußt auf dem ganzen Erdenrund die
von mir bezwungenen Städte in Bewegung setzen: als
mein Soldat soll jeder wiederkommen, über den ich trium-
phierte. Euch beide aber, die dem Jahr in Roms Kalender
ihren Namen geben, soll der erste Nordwind nach Epirus
tragen; dann werbt Verstärkungen im griechischen und

dum paci dat tempus hiemps.' sic fatur et omnes
iussa gerunt solvuntque cavas a litore puppes.
   at numquam patiens pacis longaeque quietis   650
armorum, ne quid fatis mutare liceret,
assequitur generique premit vestigia Caesar.
sufficerent aliis primo tot moenia cursu
rapta, tot oppressae depulsis hostibus arces,
ipsa, caput mundi, bellorum maxima merces,   · 655
Roma capi facilis. sed Caesar in omnia praeceps,
nil actum credens, cum quid superesset agendum,
instat atrox et adhuc, quamvis possederit omnem
Italiam, extremo sedeat quod litore Magnus,
communem tamen esse dolet. nec rursus aperto   660
volt hostes errare freto, sed molibus undas
obstruit et latum deiectis rupibus aequor.
cedit in immensum cassus labor: omnia pontus
haurit saxa vorax montesque immiscet harenis
ut maris Aegaei medias si celsus in undas   665
depellatur Eryx, nullae tamen aequore rupes
emineant vel si convolso vertice Gaurus
decidat in fundum penitus stagnantis Averni.
ergo ubi nulla vado tenuit sua pondera moles,
tunc placuit caesis innectere vincula silvis   670
roboraque immensis late religare catenis:
tales fama canit tumidum super aequora Persen
construxisse vias, multum cum pontibus ausus
Europamque Asiae Sestonque admovit Abydo
incessitque fretum rapidi super Hellesponti,   675
non eurum zephyrumque timens cum vela ratesque
in medium deferret Athon. sic ora profundi
artantur casu nemorum; tunc aggere multo
surgit opus longaeque tremunt super aequora turres.
   Pompeius tellure nova compressa profundi   680
ora videns curis animum mordacibus angit,
ut reseret pelagus spargatque per aequora bellum.

---

650   pacis *UV^{v}Z^2*: segnis
654   oppressae *vel* infestae
665   Aegaei *v. comm.*
672   Persen (-em) *vel* Xers- *sim.*
673   ausis *M^{1}P^{1}Z*

mazedonischen Gebiet, solange noch der Winter Frieden
währen läßt!" So sagte er; da kamen alle seinen Befehlen
nach und stießen mit geräumigen Schiffen vom Gestade ab.
    Doch nie hielt Caesar Frieden und lange Waffenruhe
aus, wollte auch dem Geschehen keine Wendung gönnen,
rückte also nach und folgte seinem Eidam auf den Fersen.
Jedem anderen wäre es genug gewesen, hätte er so viele
Städte im ersten Anlauf erbeutet, so viele Festen nach
Vertreibung seiner Gegner überrumpelt, Rom selbst, das
Haupt der Welt, den höchsten Kampfpreis, so bequem
gewonnen. Aber Caesar war überall zum Sprung bereit und
glaubte nichts getan, wo etwas noch zu tun blieb; unbarmherzig stieß er nach, und hatte er auch ganz Italien erobert,
so schien ihm sein Besitz doch bis zur Stunde ärgerlich
geteilt, weil Pompejus noch am letzten Rand der Küste saß.
Da er anderseits nicht wünschte, daß seine Gegner sich
auf offener Wasserfläche tummeln könnten, verbaute er
die Bucht mit Blöcken, versenkte Felsen vor dem weiten
Meer. Die Mühe verlor sich ins Unendliche und war
vergebens: gefräßig schluckte die See alle Steine und
mengte ganze Berge unter ihren Sand — es war, als würde
der Eryx von oben bis unten mitten in die Wogen des
Ägäermeers gestürzt, ohne daß doch Felsen über den Spiegel
ragten, oder fiele, in voller Höhe losgesprengt, der Gaurus
tief zum Grund des Avernersees hinunter. Als sich nun
kein Block im seichten Wasser oben halten konnte, beschloß
er jetzt, gefällte Bäume zusammenzubinden und Flöße mit
riesigen Ketten auf weite Strecken zu verankern: solch
eine Straße baute, wie seltsame Kunde meldet, der Perserkönig vermessen über Meeresfluten, als er in kühnem
Wagnis Europa mit Asien, Sestos mit Abydos durch eine
Brücke verband und über den reißenden Sund des Hellespont einherschritt, während er anderseits ohne Sorge vor
Winden aus Ost und West seine Segelschiffe mitten durch
den Athos schleuste. — So wurde der Ausgang zum Meer
dadurch versperrt, daß Stämme fielen; dann stieg auf
reichlichem Bewurf Schanzwerk empor und schwankten
lange Türme über die Wasserfläche.
    Als Pompejus den Ausgang zum Meer mit künstlichem
Land verstopft sah, marterte er sein Hirn mit zermürbenden
Gedanken, um die See zu öffnen und den Krieg auf der

saepe noto plenae tensisque rudentibus actae
ipsa maris per claustra rates fastigia molis
discussere salo spatiumque dedere carinis   685
tortaque per tenebras validis ballista lacertis
multifidas iaculata faces. ut tempora tandem
furtivae placuere fugae, ne litora clamor
nauticus exagitet neu bucina dividat horas
neu tuba praemonitos perducat ad aequora nautas,   690
praecepit sociis. iam coeperat ultima Virgo
Phoebum laturas ortu praecedere Chelas,
cum tacitas solvere rates. non anchora voces
movit, dum spissis avellitur uncus harenis;
dum iuga curvantur mali dumque ardua pinus   695
erigitur, pavidi classis siluere magistri
strictaque pendentes deducunt carbasa nautae
nec quatiunt validos, ne sibilet aura, rudentes.
dux etiam votis hoc te, Fortuna, precatur,
quam retinere vetas, liceat sibi perdere saltem   700
Italiam. vix fata sinunt; nam murmure vasto
impulsum rostris sonuit mare, fluctuat unda
totque carinarum permixtis aequora sulcis
⟨. . . . .⟩.
    ergo hostes portis, quas omnes solverat urbis
cum fato conversa fides, murisque recepti   705
praecipiti cursu flexi per cornua portus
ora petunt pelagusque dolent contingere classi:
heu pudor, exigua est fugiens victoria Magnus.
angustus puppes mittebat in aequora limes
artior Euboica, qua Chalcida verberat, unda.   710
hic haesere rates geminae classique paratae
excepere manus tractoque in litora bello
hic primum rubuit civili sanguine Nereus.
cetera classis abit summis spoliata carinis
ut, Pagasaea ratis peteret cum Phasidos undas,   715
Cyaneas tellus emisit in aequora cautes:

---

689 *et* **690** neu *vel* ne
703 *lacunam indicavit Housman supplens* eruta fervescunt litusque
frementia pulsant
710 qua *V*: quae
711 parat(a)e *P* (*ex* –tes) *et ac*: -tas

Wasserfläche zu verteilen. Oftmals drangen Frachter, wenn
der Wind ihre Segel blähte und ihre Leinen straffte, durch
die Hafensperre selbst, sprengten Aufbauten des Damms
in die Fluten und bahnten Fahrraum; oft wurden im
Dunkel Geschütze von starken Armen angekurbelt und
schnellten gutgespaltene Fackeln ab. Da endlich die Zeit
für heimliche Flucht günstig schien, durfte kein Seemanns-
lärm Unruhe am Gestade stiften, kein Horn zwischen
Postenstunden blasen, keine Trompete die Besatzung mit
rechtzeitigem Signal zum Hafen rufen: so wies er seine
Getreuen an. Schon wollte die Jungfrau mit ihrem letzten
Stern der Waage vorangehen, bei deren Aufgang Helios
erscheinen würde, als sie geräuschlos die Schiffe losmachten.
Keine Stimmen wurden laut, wenn man Ankerhaken aus
zähem Sand riß; wenn sich eine Mastbank bog und man
den Baum steil in die Höhe richtete, blieben die Kapitäne
aus Vorsicht still, und schwebten Seeleute droben, um
gereffte Segel herabzulassen, so schwenkten sie die starken
Taue nicht umher, damit es in der Luft kein Sausen gäbe.
Der Feldherr betete noch unter Dankgelübden zu Fortuna,
sie möge ihm, wenn er Italien nicht behalten dürfe, es
preiszugeben wenigstens vergönnen. Fast sollte es nicht sein;
denn beim Aufprall der Buge gurgelte und rauschte weit
und breit das Meer, Wellen wogten, und als all die Kiel-
furchen zusammenflossen, ⟨klatschte die aufgewühlte⟩
Wasserfläche ⟨donnernd gegen das Gestade⟩.

Als jetzt die Stadt mit den Geschehnissen ihre Gesinnung
gewechselt und alle Tore geöffnet hatte, gelangten die
Gegner durch diese in den Mauerring, stürmten in hastigem
Lauf über das Horn am Hafenrund zum Ausgang und
sahen enttäuscht, wie die Flotte das Meer gewann: pfui
Schande, Pompejus' Flucht war als Sieg zu wenig! Ein
enger Sund ließ die Schiffe zur See hinaus, schmaler als
die Stelle, wo Euböas Golf gegen Chalkis brandet. Hier
blieben zwei Fahrzeuge hängen und fielen einer Truppe
in die Hände, die gegen ein ganzes Geschwader aufgeboten
war; der Kampf griff auf das Ufer über, und zum ersten
Mal rötete sich hier die See mit Bürgerblut. Mit ihrem Rest
entkam die Flotte, vermindert um die letzten Boote — es
war wie damals, als das Argonautenschiff zum Phasisstrom
fuhr und die Kyaneischen Felsen vom Festland ins Meer

rapta puppe minor subducta est montibus Argo
vanaque percussit pontum Symplegas inanem
et statura redit. iam Phoebum urguere monebat
non idem Eoi color aetheris albaque nondum   720
lux rubet et flammas propioribus eripit astris
et iam Plias hebet, flexi iam plaustra Bootae
in faciem puri redeunt languentia caeli
maioresque latent stellae calidumque refugit
lucifer ipse diem: pelagus iam, Magne, tenebas   725
non ea fata ferens, quae, cum super aequora toto
praedonem sequerere mari; lassata triumphis
descivit Fortuna tuis. cum coniuge pulsus
et natis totosque trahens in bella penates
vadis adhuc ingens populis comitantibus exul.   730
quaeritur indignae sedes longinqua ruinae.
non quia te superi patrio privare sepulchro
maluerint, Phariae busto damnantur harenae:
parcitur Hesperiae. procul hoc et in orbe remoto
abscondat Fortuna nefas Romanaque tellus   735
immaculata sui servetur sanguine Magni.

abstießen: um das weggerissene Heck verkürzt, schlüpfte
die Argo zwischen den Bergen davon, sodaß die Symple-
gaden zwecklos die verlassene See durchfuhren, heimkehrten
und künftig stehen blieben. — Schon kündete sich Helios'
Nahen an, als der Himmel im Osten seine Farbe wechselte,
schon glühte vor Tagesgrauen Morgenrot und nahm den
Sternen in seiner Nähe ihr Licht, schon glommen die
Plejaden nur noch matt, schon wandte sich der Wagen des
Ochsentreibers und trat verblassend in blanken Himmelsschein zurück, waren die größeren Gestirne verschwunden
und wich sogar der Morgenstern vor warmem Tag: da
hattest du, Pompejus, bereits die See erreicht, kein Günstling des Glücks wie einst, als du allenthalben auf der
Meeresfläche Piraten verfolgtest — deiner Siege müde,
ließ Fortuna dich im Stich. Vertrieben warst du mit Frau
und Kindern, schlepptest dein ganzes Heim ins Feld und
gingst so, immer noch ein Riese, im Geleit von Bürgerscha-
ren ins Exil. Die Götter suchten für unangemessene Vernichtung eine Stätte in fernem Land. Nicht weil sie dir ein
Grab in der Heimat gern versagten, wurde dein Scheiterhaufen zum Verdammungsurteil für Ägyptens Strand: es
war Schonung für Hesperien. Sollte nur Fortuna solche
Schande in einem weit entlegenen Erdenwinkel verbergen,
sollte Römerland vom Blut seines großen Feldherrn unbe-
sudelt bleiben!

LIBER TERTIUS

Propulit ut classem velis cedentibus auster
incumbens mediumque rates movere profundum,
omnis in Ionios spectabat navita fluctus;
solus ab Hesperia non flexit lumina terra
Magnus, dum patrios portus, dum litora numquam   5
ad visus reditura suos tectumque cacumen
nubibus et dubios cernit vanescere montes.
inde soporifero cesserunt languida somno
membra ducis. diri tum plena horroris imago
visa caput maestum per hiantes Iulia terras   10
tollere et accenso furialis stare sepulchro.
'sedibus Elysiis campoque expulsa piorum
ad Stygias' inquit 'tenebras manesque nocentes
post bellum civile trahor. vidi ipsa tenentes
Eumenidas quaterent quas vestris lampadas armis;   15
praeparat innumeras puppes Acherontis adusti
portitor; in multas laxantur Tartara poenas;
vix operi cunctae dextra properante sorores
sufficiunt, lassant rumpentes stamina Parcas.
coniuge me laetos duxisti, Magne, triumphos: 20
fortuna est mutata toris semperque potentes
detrahere in cladem fato damnata maritos
innupsit tepido paelex Cornelia busto.
haereat illa tuis per bella, per aequora signis,
dum non securos liceat mihi rumpere somnos   25
et nullum vestro vacuum sit tempus amori,
sed teneat Caesarque dies et Iulia noctes.
me non Lethaeae, coniunx, oblivia ripae
immemorem fecere tui regesque silentum

DRITTES BUCH

Als sich der Südwind in nachgiebige Segel legte und die Flotte vorwärtstrieb, sodaß schon Kiel um Kiel die hohe See aufrührte, schaute jedermann an Bord ins Jonische Meer hinaus; einzig der große Feldherr wandte seinen Blick nicht von Hesperiens Festland, solange er den Heimathafen, solange er auf Nimmerwiedersehen das Gestade, einen wolkenverhangenen Gipfel und verschwommene Berge entschwinden sah. Dann sank der Führer vor Ermattung in benommenen Schlaf. Da hatte er ein böses, schaudervolles Traumgesicht: die Erde tat sich auf, und Julia hob in Gram ihr Haupt hervor, stand furiengleich auf brennendem Holzstoß. „Aus elysischer Heimstatt," sprach sie, „aus den Gefilden der Seligen bin ich verstoßen, zu Höllendunkel und Sünderseelen geschleppt, seit der Bürgerkrieg ausbrach. Mit eigenen Augen sah ich die Erinyen Fackeln halten, deren Schütteln euren Waffengang auslösen sollte; zahllose Nachen stellt der Fährmann am versengten Ufer des Acheron bereit; für Büßerscharen wird der Tartarus erweitert; kaum bewältigen die Schwestern mit fliegenden Händen zu dritt ihre Arbeit, ja, zur Last wird es den Parzen, Lebensfäden abzuschneiden. Als ich noch deine Gattin war, Pompejus, führtest du frohe Triumphzüge an, jedoch mit deiner Ehe hat sich auch dein Glück gewandelt; immer ihre Männer aus Macht in Untergang hinabzuzerren, ist der Schicksalsfluch Cornelias, die sich als Kebse in unsere Ehe eingedrängt hat, ehe meine Asche kalt war. Mag sich das Weib in Kämpfen und auf Meeresfahrten an deine Standarten heften, wenn ich dafür deinen Schlummer stören und unterbrechen darf, wenn eure Liebe keine freie Stunde findet, sondern Caesar dich an jedem Tag und Julia in jeder Nacht beschäftigt! Mir hat, mein Gatte, der Vergessenstrank an Lethes Ufer die Erinnerung an dich nicht ausgelöscht, und mir gestattete das Fürstenpaar im Geisterland, deiner Spur zu folgen. Ich

permisere sequi. veniam te bella gerente 30
in medias acies; numquam tibi, Magne, per umbras
perque meos manes genero non esse licebit.
abscidis frustra ferro tua pignora: bellum
te faciet civile meum.' sic fata refugit
umbra per amplexus trepidi dilapsa mariti. 35
   ille, dei quamvis cladem manesque minentur,
maior in arma ruit certa cum mente malorum
et 'quid' ait 'vani terremur imagine visus?
aut nihil est sensus animis a morte relictum
aut mors ipsa nihil.' Titan iam pronus in undas 40
ibat et igniferi tantum demerserat orbis
quantum desse solet lunae, seu plena futura est
seu iam plena fuit: tunc obtulit hospita tellus
puppibus accessus faciles. legere rudentes
et posito remis petierunt litora malo. 45
   Caesar, ut emissas venti rapuere carinas
absconditque fretum classes et litore solus
dux stetit Hesperio, non illum gloria pulsi
laetificat Magni: queritur, quod tuta per aequor
terga ferant hostes. neque enim iam sufficit ulla 50
praecipiti fortuna viro nec vincere tanti,
ut bellum differret, erat. tum pectore curas
expulit armorum pacique intentus agebat
quoque modo vanos populi conciret amores
gnarus et irarum causas et summa favoris 55
annona momenta trahi; namque asserit urbes
sola fames emiturque metus, cum segne potentes
volgus alunt: nescit plebes ieiuna timere.
Curio Sicanias transcendere iussus in urbes,
qua mare tellurem subitis aut obruit undis 60
aut scidit et medias fecit sibi litora terras
(vis illic ingens pelagi semperque laborant
aequora, ne rupti repetant confinia montes),
bellaque Sardoas etiam sparguntur in oras.

werde, wenn du Krieg führst, mitten in die Schlachten
kommen; nie, Pompejus, wird das Totenreich und wird
mein Schatten dir erlauben, dich als Caesars Eidam zu
verleugnen. Vergebens suchst du dich von deiner Liebsten
mit dem Schwert zu scheiden: der Bürgerkrieg wird dich in
meine Hände geben." So sprach der Geist und schwand hinweg, glitt dem verstörten Gatten aus den Armen.

Er aber, mochten ihm auch Götter und Gespenster
Untergang androhen, wuchs an Größe, stürzte sich trotz
sicherer Ahnung seiner Leiden in den Kampf und rief:
„Warum soll mich ein wesenloses Traumbild schrecken?
Entweder bleibt der Seele nach dem Tod nichts an Bewußtsein übrig, oder der Tod ist selbst ein Nichts." Schon
tauchte Helios in den Ozean hinab und hatte von seiner
Feuerkugel so viel versinken lassen, wie dem Mond zu
fehlen pflegt, wenn er voll sein will oder eben voll war:
da bot ein gastliches Gestade den Schiffen bequemen
Zugang. Man holte die Segelleinen ein, legte die Masten
um und ging mit Ruderschlägen an Land.

Caesar stand, nachdem die Winde das Geschwader
aus der Falle davongetragen hatten und Schiff um Schiff
am Meeressaum verschwunden war, als alleiniger Gebieter
an Hesperiens Strand. Doch ihm bereitete die rühmliche
Vertreibung des großen Feldherrn keine Freude: er beklagte es, daß seine Gegner über See in Sicherheit das Weite
suchten. Denn kein Erfolg genügte mehr dem ungestümen
Mann, und Sieg war ihm nicht so viel wert, daß er dafür
Krieg verschob. Da schlug er sich Kampfpläne aus dem
Kopf und hegte friedliche Gedanken, bedachte nämlich,
wie er nichtige Pöbelgunst einheimsen könne. Er wußte,
daß die Frage, ob Empörung aufkommt oder ob Beliebtheit
Ausschlag gibt, vom Kornpreis abhängt; denn nur Hunger
sichert Städten Freiheit, und Duckmäuserei wird eingehandelt, wenn Herrscher die Masse satt und träge machen
— darbt der Mob, so kennt er keine Angst. Curio erhielt
Befehl, an jener Stelle zu Siziliens Städten überzusetzen,
wo das Meer den Kontinent einst plötzlich überschwemmte
oder auseinanderriß und sich aus Inland Ufer schuf (gewaltig wütet dort die See, und unablässig ist das Wasser
tätig, damit sich die getrennten Berge nicht von neuem zu
vereinen suchen); auch Sardiniens Küsten zog der Krieg

utraque frugiferis est insula nobilis arvis   65
nec prius Hesperiam longinquis messibus ullae
nec Romana magis complerunt horrea terrae;
ubere vix glaebae superat, cessantibus austris
cum medium nubes borea cogente sub axem
effusis magnum Libye tulit imbribus annum.   70
    haec ubi sunt provisa duci, tunc agmina victor
non armata trahens, sed pacis habentia voltum
tecta petit patriae. pro, si remeasset in urbem
Gallorum tantum populis Arctoque subacta,
quam seriem rerum longa praemittere pompa,   75
quas potuit belli facies, ut vincula Rheno
Oceanoque daret, celsos ut Gallia currus
nobilis et flavis sequeretur mixta Britannis!
perdidit o qualem vincendo plura triumphum!
non illum laetis vadentem coetibus urbes,   80
sed tacitae videre metu nec constitit usquam
obvia turba duci. gaudet tamen esse timori
tam magno populis et se non mallet amari.
    iamque et praecipites superaverat Anxuris arces
et qua Pomptinas via dividit uda paludes,   85
qua sublime nemus, Scythicae qua regna Dianae
quaque iter est Latiis ad summam fascibus Albam.
excelsa de rupe procul iam conspicit urbem
Arctoi toto non visam tempore belli
miratusque suae sic fatur moenia Romae: 90
'tene, deum sedes, non ullo Marte coacti
deseruere viri? pro qua pugnabitur urbe?
di melius, quod non Latias Eous in oras
nunc furor incubuit nec iuncto Sarmata velox
Pannonio Dacisque Getes admixtus: habenti   95
tam pavidum tibi, Roma, ducem fortuna pepercit,
quod bellum civile fuit.' sic fatur et urbem

in seinen Kreis. Beide Inseln sind für ihre Kornfelder berühmt, und kein Land hat je vor ihnen Hesperien oder mehr als sie Roms Speicher aus der Ferne mit einer Ernte um die andere versorgt; selbst Libyen steht an Ergiebigkeit der Fluren kaum voran, wenn der Schirokko nachläßt, Nordwind Gewölk zur Tropenzone treibt und Regenströme ihm ein Segensjahr bescheren.

Nach diesen Vorkehrungen zog der Feldherr jetzt siegreich vor einem Heer, das nicht von Waffen klirrte, sondern Friedlichkeit zur Schau trug, heimatlichen Häusern zu. Ach, wäre er als Bezwinger nur von Gallierstämmen und Nordland in die Stadt zurückgekehrt: welche Tatenliste, welche Kriegsbilder hätte er in langer Prozession vorauszuschicken vermocht, wie herrlich hätte er Rhein und Ozean in Fesseln gezeigt, wie herrlich hätten stolze Gallier gar im Verein mit blonden Briten seinen erhabenen Wagen geleitet! Welch prächtigen Triumph hatte er durch weitere Siege verscherzt! Als er marschierte, schauten ihm die Städter nicht in frohen Scharen zu, sondern waren stumm vor Angst, und nirgends blieb eine Menschengruppe stehen, um den Feldherrn zu empfangen. Es machte ihm jedoch nur Freude, seinen Bürgern so gewaltigen Schrecken einzuflößen, und er hätte es nicht vorgezogen, sich geliebt zu sehen.

Jetzt hatte er bereits die steile Burg von Anxur hinter sich gelassen, dann die Stelle, wo eine feuchte Straße durch die Pomptinischen Sümpfe läuft, wo ein Hain aufsteigt, wo die taurische Diana waltet und wo Rutenbündel beim Latinerfest zur Kuppe des Albanerberges ziehen. Von einem hohen Felsen aus gewahrte er in der Ferne schon die Stadt, die er in der ganzen Zeit seines Kriegs im Norden nicht gesehen hatte, und voll Bewunderung für das Häusermeer von Rom, das sein war, sagte er: „Du Göttersitz, dich gaben wirklich deine Mannen ohne jeden Kriegszwang auf? Für welche Stadt will man noch kämpfen? Dem Himmel Dank, daß sich jetzt nicht wilde Horden aus dem Morgenland auf Latiums Küsten warfen, keine flinken Sarmater zusammen mit Pannoniern oder Geten zwischen Dakern: war, mein Rom, dein Führer solch ein Feigling, so hat Fortuna dich damit geschont, daß es zum Krieg nur unter Bürgern kam." So sagte er und rückte

attonitam terrore subit. namque ignibus atris
creditur ut captae rapturus moenia Romae
sparsurusque deos; fuit haec mensura timoris: 100
velle putant quodcumque potest. non omina festa,
non fictas laeto voces simulare tumultu,
vix odisse vacat. Phoebea palatia complet
turba patrum nullo cogendi iure senatus
e latebris educta suis. non consule sacrae   105
fulserunt sedes, non proxima lege potestas
praetor adest vacuaeque loco cessere curules:
omnia Caesar erat, privatae curia vocis
testis adest. sedere patres censere parati,
si regnum, si templa sibi iugulumque senatus   110
exiliumque petat: melius, quod plura iubere
erubuit quam Roma pati.
                              tamen exit in iram,
viribus an possint obsistere iura, per unum
libertas experta virum pugnaxque Metellus,
ut videt ingenti Saturnia templa revelli   115
mole, rapit gressus et Caesaris agmina rumpens
ante fores nondum reseratae constitit aedis
(usque adeo solus ferrum mortemque timere
auri nescit amor: pereunt discrimine nullo
amissae leges et, pars vilissima rerum,   120
certamen movistis, opes) prohibensque rapina
victorem clara testatur voce tribunus:
'non nisi per nostrum vobis percussa patebunt
templa latus nullasque feres nisi sanguine sacro
sparsas, raptor, opes. certe violata potestas   125
invenit ista deos Crassumque in bella secutae
saeva tribuniciae voverunt proelia dirae.
detege iam ferrum; neque enim tibi turba verenda est
spectatrix scelerum: deserta stamus in urbe.
non feret e nostro sceleratus praemia miles: 130

120   et *vel* sed
124   sacro *vel* nostro

in die Stadt. Sie war vor Schreck gelähmt; denn alle glaubten, er werde Roms Häusermeer wie ein Eroberer zu Asche brennen und seine Götter rings im Land verteilen, bemaß sich ihre Furcht doch nach der Vorstellung, er wolle all das, was er konnte. Nicht Glückwünsche, nicht falschen Jubel in frohem Getümmel zu heucheln, kaum Haß zu zeigen, ließ man sich herbei. Ohne daß der Senat rechtmäßig einberufen werden konnte, füllte sich Apollos Tempel auf dem Palatin mit einem Schwarm von Ratsvätern, die aus ihren Schlupfwinkeln zutage kamen. Kein Konsul prangte auf seinem Ehrensessel, kein Praetor als berufener Rangnächster war zur Stelle, und leere Amtssitze mußten weichen: Caesar war alles — einen Unbefugten anzuhören, war das Hohe Haus versammelt. Da saßen Ratsväter und waren zum Ja bereit, wenn er Krone, wenn er Tempel für sich oder Tod und Verbannung für Senatoren beantragen würde: ein Glück, daß er beim Kommandieren eher Scham empfand als Rom bei Fügsamkeit.

Doch wenigstens bei einem Mann brach Freiheitssinn in Empörung aus und machte eine Probe, ob Recht sich gegen Gewalt behaupten könne. Als nämlich der Kämpe Metellus merkte, daß man den Saturntempel mit mächtiger Ramme aufbrechen wollte, kam er mit raschen Schritten daher, bahnte sich durch Caesars Scharen einen Weg, faßte vor der noch ungeöffneten Tür des Gotteshauses Fuß (allein der Hang zum Gold macht Angst vor Schwert und Tod so weit vergessen: Gesetze läßt man fahren und zugrundegehen, als wäre nichts daran gelegen, und gerade das Verächtlichste auf Erden hat schon immer Streit in Gang gesetzt — Besitz), und dem Sieger Plünderung verwehrend, erklärte der Tribun mit lauter Stimme: „Nur wenn ihr meine Brust durchbohrt, sprengt ihr den Tempel auf, und nichts trägt deine Räuberhand an Schätzen fort, was nicht mit unantastbarem Blut bespritzt wird. Gewißlich findet eine Verletzung meines Amtes Rachegötter, waren es doch auch bei Crassus die ins Feld mitgehenden Tribunenflüche, die Vernichtungskampf heraufbeschworen. Zieh nur jetzt dein Schwert, du hast ja keine Menge als Zeugin frevler Tat zu scheuen: wir stehen in einem menschenleeren Rom. Nicht aus unserem Eigentum sollen deine Soldaten ihren Sündenlohn erhalten: es gibt Völker genug,

sunt quos prosternas populi, quae moenia dones.
pacis ad exhaustae spolium non cogit egestas:
bellum, Caesar, habes.' his magnam victor in iram
vocibus accensus 'vanam spem mortis honestae
concipis: haud' inquit 'iugulo se polluet isto   135
nostra, Metelle, manus, dignum te Caesaris ira
nullus honor faciet. te vindice tuta relicta est
libertas? non usque adeo permiscuit imis
longus summa dies, ut non, si voce Metelli
servantur leges, malint a Caesare tolli.'   140
    dixerat, et nondum foribus cedente tribuno
acrior ira subit: saevos circumspicit enses
oblitus simulare togam. tum Cotta Metellum
compulit audaci nimium desistere coepto:
'libertas' inquit 'populi, quem regna coercent,   145
libertate perit, cuius servaveris umbram,
si quidquid iubeare velis. tot rebus iniquis
paruimus victi; venia est haec sola pudoris
degenerisque metus, nil iam placuisse negari.
ocius avertat diri mala semina belli.   150
damna movent populos, si quos sua iura tuentur:
non sibi, sed domino gravis est, quae servit, egestas.'
protinus abducto patuerunt templa Metello:
tunc rupes Tarpeia sonat magnoque reclusas
testatur stridore fores. tum conditus imo   155
eruitur templo multis non tactus ab annis
Romani census populi, quem Punica bella,
quem dederat Perses, quem victi praeda Philippi,
quod tibi, Roma, fuga Gallus trepidante reliquit,
quo te Fabricius regi non vendidit auro,   160
quidquid parcorum mores servastis avorum,
quod dites Asiae populi misere tributum
victorique dedit Minoia Creta Metello,

132   exustae *U* (exutae *Heinsius*)
140   servantur *Va*[v] *Prisc. gramm. II 159,1*: -entur
149   nil (non *MZ*[1]) iam Ω*a*: nullam *a*[v] placuisse *Axelson*: potuisse
159   Gallus *Housman* (Brennus *Francken*): Pyrrhus

die du niederwerfen, Städte genug, die du verschenken
kannst. Friedliche Bürger zu plündern und um ihren letzten
Pfennig zu bringen, zwingt dich keine Not: du hast ja,
Caesar, Krieg zur Hand." Diese Worte setzten den Sieger
in gewaltig flammenden Zorn: „Umsonst," rief er, „machst
du dir Hoffnung auf glorreichen Tod: mit deinem Blut,
Metellus, wird meine Hand sich nicht besudeln, kein Amt
wird dir die Ehre schaffen, daß dir Caesar zürnt. Verblieb
der Freiheit deine Anwaltschaft als einziger Schutz? In
langen Zeiten haben sich das Unten und das Oben nicht
so weit vermengt, daß nicht Gesetze, wenn allein Metellus'
Votum sie erhalten kann, lieber von Caesar aufgehoben
werden möchten."

Er war zu Ende. Als der Tribun auch jetzt nicht von
der Pforte wich, stieg in ihm noch heftigerer Zorn empor:
er sah auf seine mörderischen Schwerter in der Runde und
vergaß, den Bürgersmann zu spielen. Doch nun drang
Cotta in Metellus, von allzu kühnem Beginnen abzustehen:
„Ist ein Volk," so sprach er, „von Tyrannen unterdrückt,
so wird durch Freiheit seine Freiheit nur zerstört; von ihr
läßt sich ein Schemen retten, wenn man jede Order gut-
heißt. Ungezählten Übeltaten haben wir uns willenlos
gefügt; nur damit läßt sich unsere Schande und würdelose
Angst entschuldigen, daß wir nichts mehr zu verweigern
wünschen. Mag er möglichst rasch den schlimmen Zunder
zu bösem Krieg beiseite schaffen! Verlust erregt nur Menschen, die vielleicht ihr Recht noch schützt: die Armut
eines Knechts ist nicht ihm selber, sondern seinem Herrn
beschwerlich." Kaum hatte er Metellus weggeführt, so
ging der Tempel auf: da hallte der Tarpejische Felsen
wider und bekundete mit lautem Knarren, daß die Tür
geöffnet war. Jetzt wurde aus Geborgenheit im Innersten
des Tempels, seit vielen Jahren unberührt, Roms Staatsschatz an das Licht gezerrt, den der Karthagerkrieg, den
Perseus, den der Sieg über Philipp als Beute eingetragen
hatte, das Gold, das bei hastiger Gallierflucht in Rom zurückblieb, und jenes, womit Fabricius sich nicht bestechen
ließ, die Stadt an einen König zu verkaufen, alles, was
sparsamer Vorfahrensinn einst aufbewahrte, was Asiens
reiche Völker als Tribut entrichteten und die Minosinsel
Kreta dem siegreichen Metellus auslieferte, was Cato

quod Cato longinqua vexit super aequora Cypro;
tunc Orientis opes captorumque ultima regum   165
quae Pompeianis praelata est gaza triumphis
egeritur: tristi spoliantur templa rapina
pauperiorque fuit tum primum Caesare Roma.
   interea totum Magni Fortuna per orbem
secum casuras in proelia moverat urbes.   170
proxima vicino vires dat Graecia bello:
Phocaicas Amphissa manus scopulosaque Cirrha
Parnassosque iugo misit desertus utroque;
Boeoti coiere duces, quos impiger ambit
fatidica Cephissos aqua Cadmeaque Dirce,   175
Pisaeaeque manus populisque per aequora mittens
Sicaniis Alpheos aquas; tum Maenala liquit
Arcas et Herculeam miles Trachinius Oeten;
Thesproti Dryopesque ruunt quercusque silentes
Chaonio veteres liquerunt vertice Selloe;   180
exhausit totas quamvis dilectus Athenas,
exiguae Phoebea tenent navalia puppes
tresque petunt veram credi Salamina carinae.
iam dilecta Iovi centenis venit in arma
Creta vetus populis Cnossosque agitare pharetras   185
docta nec Eois peior Gortyna sagittis;
tunc qui Dardaniam tenet Oricon et vagus altis
dispersus silvis Athaman et nomine prisco
Encheliae versi testantes funera Cadmi,
Colchis et Hadriaca spumans Absyrtos in unda,   190
Penei qui rura colunt quorumque labore
Thessalus Haemoniam vomer proscindit Iolcon
(inde lacessitum primo mare, cum rudis Argo
miscuit ignotas temerato litore gentes
primaque cum ventis pelagique furentibus undis   195
composuit mortale genus fatisque per illam
accessit mors una ratem). tum linquitur Haemus
Thracius et populum Pholoe mentita biformem.

188   Athaman *Bentley*: -as
190   Adriaca ... unda *Francken*: -a(s) ... -as

weither von Zypern über das Meer holte; jetzt wurden
Reichtümer des Morgenlands hervorgezogen, der Hort
gefangener Könige aus fernen Landen, der einst dem trium-
phierenden Pompejus voraufgetragen wurde — jammervoll plünderten Räuber den Tempel, und zum ersten
Mal war Rom jetzt ärmer als ein Caesar.

Mittlerweile hatte Pompejus' Glücksgöttin auf dem ganzen Erdenrund Städte zum Kampf in Marsch gesetzt, die
gemeinsam mit ihm fallen sollten. Gleich in der Nähe stellte
Griechenland Streitkräfte für das Heer vor seiner Tür:
phokische Mannen sandten Amphissa, das felsige Kirrha
und, seinen Doppelgipfel räumend, der Parnaß; böotische
Fürsten trafen ein, um deren Land sich, am Orakelberg
entspringend, der rastlose Kephissos und bei Kadmos'
Stadt die Dirkequelle legen, Mannen aus Pisa trafen ein
und vom Alpheios, der seine Wasser durch das Meer zu
Siziliens Völkern leitet; dazu verließen Arkadier das Mai-
nalongebirge und trachinische Krieger den Heraklesberg
Oite; Thesproter und Dryoper eilten herbei, und der Ei-
chenhain auf Chaoniens Kuppe verstummte, als altgewohnte Seller ihn verließen; Athen gab bei der Aushebung
seine letzten Männer her, freilich gingen nur wenige Schiffe in Apollons Hafen vor Anker, ja, drei Galeeren wollten
glauben machen, der Sieg bei Salamis sei wahr. Jetzt trat
das altehrwürdige Kreta, Zeus' geliebtes Land, mit seinen
hundert Gemeinden unter Waffen, Knossos' wendige Meister im Bogenschießen und, mit seinen Pfeilen Parthern
ebenbürtig, Gortyn; dazu Bewohner des von Trojafahrern
angelegten Orikos, einsam in hohen Wäldern wandernde
Athamanen, Encheleer, deren urtümlicher Name von
Kadmos' Verwandlung und Ende zeugt, die vom Adriameer umbrandete Kolchersiedlung Absyrtos, auch Land-
leute vom Peneios und Männer, die sich mühen, Jasons
Heimat Jolkos in Thessalien mit dem Pflug zu roden (von
dort hat man zum ersten Mal das Meer herausgefordert,
da die noch unerfahrene Argo das Gestade durch Vereinigung von unbekannten Fremden schändete und erstmals
Menschenkinder Winden und tosenden Meereswogen ge-
genüberstellte, sodaß infolge dieses Schiffs zu unseren
Sterbensarten noch ein Tod hinzukam). Ferner verließ man
den Haimos in Thrakien und Pholoë, das von Zwitterwe-

deseritur Strymon tepido committere Nilo
Bistonias consuetus aves et barbara Cone,   200
Sarmaticas ubi perdit aquas sparsamque profundo
multifidi Peucen unum caput alluit Histri,
Mysiaque et gelido tellus perfusa Caico
Idalis et nimium glaebis exilis Arisbe;
quique colunt Pitanen et quae tua munera, Pallas,   205
lugent damnatae Phoebo victore Celaenae,
qua celer et rectis descendens Marsya ripis
errantem Maeandron adit mixtusque refertur,
passaque ab auriferis tellus exire metallis
Pactolon, qua culta secat non vilior Hermus.   210
Iliacae quoque signa manus perituraque castra
ominibus petiere suis nec fabula Troiae
continuit Phrygiique ferens se Caesar Iuli.
accedunt Syriae populi, desertus Orontes
et felix, sic fama, Ninos, ventosa Damascos   215
Gazaque et arbusto palmarum dives Idume
et Tyros instabilis pretiosaque murice Sidon;
has ad bella rates non flexo limite ponti
certior haud ullis duxit Cynosura carinis
(Phoenices primi, famae si creditur, ausi   220
mansuram rudibus vocem signare figuris;
nondum flumineas Memphis contexere biblos
noverat et saxis tantum volucresque feraeque
sculptaque servabant magicas animalia linguas).
deseritur Taurique nemus Perseaque Tarsos   225
Coryciumque patens exesis rupibus antrum;
Mallos et extremae resonant navalibus Aegae
itque Cilix iusta iam non pirata carina.
movit et Eoos bellorum fama recessus,
qua colitur Ganges, toto qui solus in orbe   230
ostia nascenti contraria solvere Phoebo
audet et adversum fluctus impellit in eurum,
hic ubi Pellaeus post Tethyos aequora ductor
constitit et magno vinci se fassus ab orbe est,

sen fabelt. Geräumt wurde der Strymon, der seine Kraniche
Jahr für Jahr dem warmen Nil in Obhut gibt, Kone im
Barbarenland, wo ein Mündungsarm der reichverzweigten
Donau Wasser vom sarmatischen Lauf vergeudet und am
meerbespülten Peuke hinläuft, auch Mysien, die vom
kühlen Kaïkos getränkte Idalandschaft und, an Acker-
schollen bitterarm, Arisbe; Bewohner von Pitane kamen
herbei und von Kelainai, wo man nach Apollons Sieg und
Urteilsspruch Athenas Gabe verwünschte, wo der flinke
Marsyas in steilem Bett herabschießt, den Windungen
des Mäander zueilt und mit ihm vereint zurückläuft, dazu
jenes Land, wo aus Goldadern der Paktolos hervortreten
darf und der nicht minder reiche Hermos durch die Fluren
läuft. Auch Mannen aus Ilion stießen zur Fahne, obwohl
das Omen ihres Namens der Armee Verderben bringen
mußte; kein Halt geboten troische Sage und Caesars
Anspruch, er stamme von Aeneas' Sohn Julus ab. Dazu
traten Syriens Völkerschaften: das Orontesufer leerte sich
und Ninos, dessen Glück nur mehr Gerücht ist, das luf-
tige Damaskos und Gaza, Edom mit üppigen Palmenhainen,
Tyros auf schwankem Grund und Sidon, reich an Pur-
purschätzen; ihre Schiffe führte der Kleine Bär, der keinem
anderen Seemann ein so sicherer Leitstern ist, ohne Umweg
übers Meer zum Kampf (Phönizier unternahmen es, wenn
man dem Hörensagen glauben darf, als erste, die Sprache
dauerhaft in einfachen Buchstaben aufzuzeichnen, als
Ägypten noch nicht Nilpapyrus zusammenzufügen wußte
und nur Vögel und Vierbeiner in Steine ritzte, Priester-
sprüche durch Getier festhielt). Es leerten sich die Wälder
am Taurus, das von Perseus betretene Tarsos und Korykos,
wo sich ausgewaschene Felsen zu einer Höhle öffnen;
Mallos und Aigai in seinem Winkel hallten von Werftlärm
wider, und Kilikier zogen unter offener Flagge, nicht
mehr als Piraten dahin. — Sogar den fernen Orient setzte
die Kriegsnachricht in Marsch: das Gebiet am Ganges,
der als einziger Strom auf der ganzen Welt im Angesicht
des morgendlichen Helios zu münden wagt und seine
Wogen gegen den Widerstand des Ostwinds vorwärtstreibt
(dies war die Stelle, wo Mazedoniens König nach Errei-
chung der Ozeanfluten zum Stehen kam und bekennen
mußte, daß ihm die Welt an Größe überlegen war), sowie

quaque ferens rapidum diviso gurgite fontem   235
vastis Indus aquis mixtum non sentit Hydaspen;
quique bibunt tenera dulces ab harundine sucos
et qui tinguentes croceo medicamine crinem
fluxa coloratis astringunt carbasa gemmis
quique suas struxere pyras vivique calentes   240
conscendere rogos (pro, quanta est gloria genti
iniecisse manum fatis vitaque repletos
quod superest donasse deis!). venere feroces
Cappadoces, duri populus non cultor Amani
Armeniusque tenens volventem saxa Niphaten;   245
aethera tangentes silvas liquere Choatrae.
ignotum vobis, Arabes, venistis in orbem
umbras mirati nemorum non ire sinistras.
tum furor extremos movit Romanus Orestas
Carmanosque duces, quorum iam flexus in austrum   250
aether non totam mergi tamen aspicit Arcton
lucet et exigua velox ibi nocte Bootes,
Aethiopumque solum, quod non premeretur ab ulla
signiferi regione poli, nisi poplite lapso
ultima curvati procederet ungula Tauri,   255
quaque caput rapido tollit cum Tigride magnus
Euphrates, quos non diversis fontibus edit
Persis et incertum, tellus si misceat amnes,
quod potius sit nomen aquis (sed sparsus in agros
fertilis Euphrates Phariae vice fungitur undae;   260
at Tigrim subito tellus absorbet hiatu
occultosque tegit cursus rursusque renatum
fonte novo flumen pelagi non abnegat undis).
inter Caesareas acies diversaque signa
pugnaces dubium Parthi tenuere favorem   265
contenti fecisse duos. tinxere sagittas
errantes Scythiae populi, quos gurgite Bactros
includit gelido vastisque Hyrcania silvis.
hinc Lacedaemonii, moto gens aspera freno,
Heniochi saevisque affinis Sarmata Moschis,   270

235 fontem *vel* pontum
249 Orestas *v. comm.*

am Indos, der reißend in geteiltem Lauf dahinströmt und
keinen Zuwachs spürt, wenn seiner Wasserwüste der Hydaspes beitritt; dazu jene Menschen, die Zuckersaft aus
dünnen Rohren saugen, die ihr Haar mit einem Safran-
mittel färben und batistene Gewänderflut mit bunten
Broschen raffen, die schon manches Mal für sich selber
Scheiterhaufen schichteten und lebendig auf lodernde
Holzstöße stiegen (erstaunlich, daß es diesem Volk als
hoher Ruhm gilt, in das Schicksal einzugreifen, gesättigt
von der Lebenstafel aufzustehen und den Rest den Göttern hinzuschenken!). Es kamen trutzige Kappadokier
und Leute, die den unwirtlichen Amanus eher bewohnen
als bestellen, auch Armenier vom Niphates, der Steine vor-
wärtsrollt; ihre himmelhohen Wälder verließen die Choa-
trer. Araber kamen in eine ihnen fremde Zone und sahen
voll Verwunderung Baumschatten nicht nach Süden fallen.
Weiter setzte römischer Wahnwitz am Weltenrand Oresten
in Bewegung, dazu Fürsten aus Karmanien, wo man am
schon tropennahen Himmel dennoch den Großen Bären
nicht ganz versinken und einen eiligen Bootes in kurzer
Nacht noch leuchten sieht, und das Äthiopierland, über
dem keine Stelle des Tierkreises stünde, träte nicht der
Stier, da er ins Knie sinkt und sich neigt, mit seinem Huf-
rand vor; ferner das Gebiet, wo der gewaltige Euphrat und
der reißende Tigris emporsprudeln, die in Persien aus
gleicher Quelle kommen, sodaß man schwanken kann,
wie in vereintem Flußbett die Wasserfläche besser zu benen-
nen sei (dann überflutet der Euphrat die Felder und
macht sie fruchtbar wie der Nilstrom; den Tigris aber
verschluckt das Erdreich in unversehenem Schlund, läßt
ihn drunten verborgen weiterfließen und aus neuer Quelle
wiederum als Strom entspringen, um die Ozeanfluten
nicht zu schmälern). Die sonst kampfbereiten Parther
nahmen zwischen Caesars Truppen und der Fahne seines
Gegners eine unentschiedene Haltung ein und ließen es
dabei bewenden, daß sie den dritten Mann beseitigt hatten.
Ihre Giftpfeile machten die Nomadenstämme Skythiens
im Bezirk des kühlen Baktrosstroms und der weiten Wälder
von Hyrkanien bereit. Weiter kamen die Heniocher, ein
rauhes Wagenlenkervolk spartanischen Geblüts, und sar-
matische Nachbarn der Unholde im Moscherland, Leute

Colchorum qua rura secat ditissima Phasis,
qua Croeso fatalis Halys, qua vertice lapsus
Riphaeo Tanais diversi nomina mundi
imposuit ripis Asiaeque et terminus idem
Europae mediae dirimens confinia terrae   275
nunc hunc nunc illum, qua flectitur, ampliat orbem,
quaque, fretum torrens, Maeotidos egerit undas
Pontus et Herculeis aufertur gloria metis
Oceanumque negant solas admittere Gades;
hinc Essedoniae gentes auroque ligatas   280
substringens Arimaspe comas, hinc fortis Arius
longaque Sarmatici solvens ieiunia belli
Massagetes, quo fugit, equo volucresque Geloni.
non, cum Memnoniis deducens agmina regnis
Cyrus et effusis numerato milite telis   285
descendit Perses fraternique ultor amoris
aequora cum tantis percussit classibus, unum
tot reges habuere ducem coiere nec umquam
tam variae cultu gentes, tam dissona volgi
ora. tot immensae comites missura ruinae   290
excivit populos et dignas funere Magni
exsequias Fortuna dedit. non corniger Hammon
mittere Marmaricas cessavit in arma catervas,
quidquid ab occiduis Libye patet arida Mauris
usque, Paraetonias, Eoa ad litora, Syrtes.   295
acciperet felix ne non semel omnia Caesar,
vincendum pariter Pharsalia praestitit orbem.
    ille ubi deseruit trepidantis moenia Romae,
agmine nubiferam rapto super evolat Alpem,
cumque alii famae populi terrore paverent,   300
Phocais in dubiis ausa est servare iuventus
non Graia levitate fidem signataque iura
et causas, non fata, sequi. tamen ante furorem
indomitum duramque viri deflectere mentem

vom Phasis, der das durch seinen Schatz berühmte Kol-
cherland durchzieht, vom Halys, Kroisos' Schicksalsstrom,
vom Tanaïs, dem Fluß aus Nordlandbergen, der seine Ufer
nach verschiedenen Weltgebieten nennt, als gemeinsame
Grenze Asiens und Europas die Landverbindung zwischen
diesen sprengt und an seinen Kehren bald den einen, bald
den anderen Erdteil mehrt; auch von dort, wo das Schwarze Meer Maiotiswasser, das an dieser Stelle reißende See
ist, abzieht, sodaß die Säulen des Herakles ihren Ruhm
verlieren und man die Behauptung ablehnt, nur bei Gades
dringe der Ozean herein; weiter kamen essedonische Stämme
und Arismasper, die ihr Haar mit Goldketten aufbinden,
weiter Recken aus Aria und Massageten, die sich nach
langen Hungerzeiten in Sarmatenkriegen an Pferden güt-
lich tun, auf denen sie entkommen sind, dazu Gelonen,
schnell wie Vögel. Nein: als Kyros mit Scharen aus den
Reichen des Orients oder der Perserkönig mit Soldaten
daherkam, die er nach Geschoßwolken zählte, und als
jener Held, der den Frevel am Eheglück seines Bruders
rächen wollte, mit gewaltigen Geschwadern über See ru-
derte, folgte keine solche Zahl von Königen wie jetzt einem
einzigen Führer, und niemals kamen Stämme von so verschiedener Tracht, kamen Sprachen so ungleichen Klangs
in einer Menge zusammen. Als künftige Gefährten in einem
Sturz ohne Maßen rief Fortuna all die Völker auf und
schuf für Pompejus einen Leichenzug, der seinem Ende
angemessen war. Selbst die Oase des widderköpfigen
Ammon säumte nicht, Marmaridenscharen ins Feld zu
schicken, aus der ganzen Weite libyscher Wüste von Mauretanien im Westen bis zum Ostgestade, bis Paraitonion an
der Syrte. Damit Caesar das Glück nicht misse, alles auf
einmal zu erhalten, bot ihm die Walstatt von Pharsalus
Gelegenheit, mit einem Schlag den Erdkreis zu besiegen.
    Er, Caesar, verließ die eingeschüchterte Römerstadt
und flog in Eilmärschen über die wolkenbedeckten Alpen;
da wagten, während andere Völker auf die bloße Kunde
hin in Angst erbebten, die Männer der Phokäersiedlung,
in ungewisser Lage fern von griechischem Wankelmut zu
ihrem Wort zu stehen, sich an verbriefte Abmachungen
und Folgerichtigkeit statt an den Lauf der Welt zu halten.
Doch versuchten sie zunächst, den Starrsinn des unbeug-

pacifico sermone parant hostemque propinquum   305
orant Cecropiae praelata fronde Minervae:
'semper in externis populo communia vestro
Massiliam bellis testatur fata tulisse
comprensa est Latiis quaecumque annalibus aetas.
et nunc, ignoto si quos petis orbe triumphos,   310
accipe devotas externa in proelia dextras.
at si funestas acies, si dira paratis
proelia discordes, lacrimas civilibus armis
secretumque damus: tractentur volnera nulla
sacra manu. si caelicolis furor arma dedisset   315
aut si terrigenae temptarent astra gigantes,
non tamen auderet pietas humana vel armis
vel votis prodesse Iovi sortisque deorum
ignarum mortale genus per fulmina tantum
sciret adhuc caelo solum regnare Tonantem.   320
adde, quod innumerae concurrunt undique gentes
nec sic horret iners scelerum contagia mundus,
ut gladiis egeant civilia bella coactis.
sit mens ista quidem cunctis, ut vestra recusent
fata nec haec alius committat proelia miles.   325
cui non conspecto languebit dextra parente
telaque diversi prohibebunt spargere fratres?
finis adest scelerum, si non committitis ullis
arma, quibus fas est. nobis haec summa precandi:
terribiles aquilas infestaque signa relinquas   330
urbe procul nostrisque velis te credere muris
excludique sinas admisso Caesare bellum.
sit locus exceptus sceleri Magnoque tibique
tutus, ut, invictae fatum si consulat urbi,
foedera si placeant, sit quo veniatis inermes.   335
vel, cum tanta vocent discrimina Martis Hiberi,

328 scelerum *Schrader*: rerum   nunc M^1Z^1 ullis *vel* illis

samen Wüterichs mit gütlichen Worten zu erweichen, und
flehten, als der Feind heran war, zu ihm mit vorgehaltenen
Zweigen von Athenas Ölbaum: „Daß Massilia bei auswärtigen Kriegen die Geschicke stets gemeinsam mit eurem
Volk getragen hat, kann jeder Zeitabschnitt bezeugen,
der sich in Roms Annalen findet. So auch jetzt: falls du dir
in unbekannter Zone irgendwelchen Lorbeer holen willst,
so nimm zu solchen auswärtigen Kriegen Handschlag und
Gelübde! Habt ihr jedoch verworfene Schlachten, habt ihr
frevelhafte Fehden aus Uneinigkeit im Sinn, so sind für
solche Waffengänge zwischen Bürgern Tränen und Abkehr
unsere Antwort: keine Hand befasse sich mit der Ver-
gießung heiligen Bluts! Wenn die Olympier in wahn-
witziger Entzweiung zu den Waffen griffen oder erdge-
borene Giganten das Firmament zu stürmen suchten,
würden selbst die frömmsten Menschen Jupiter nicht
kämpfend oder betend beizustehen wagen, und ohne
Wissen von der Entscheidung bei den Göttern schlössen
Erdensöhne nur aus Blitzen, daß im Himmel der Donnerer
noch allein regiert. Bedenke auch, daß Völker ohne Zahl
aus der ganzen Welt zusammenströmen und die Menschheit Sündenpest nicht so verabscheut, daß sie müßig
bleibt und also Bürgerkämpfe unfreiwillige Schwerter
brauchen. Alle sollten dazu wenigstens entschlossen sein,
daß sie euch eurem Schicksal überlassen und kein fremder
Soldat in solche Schlachten eintritt. Wem wird im Angesicht seines Vaters nicht die Rechte sinken, wen wird
der Anblick eines Bruders auf der Gegenseite nicht am
Speerewerfen hindern? Die Verbrechen sind beendet,
wenn ihr keine Menschen zu den Waffen ruft, die ihr ohne
Sünde rufen dürft. — Dies ist in kurzen Worten unsere
Bitte: laß dräuende Legionsadler und sturmbereite Standarten fern von der Stadt, tritt bitte voll Vertrauen durch
unser Tor und gestatte, daß wir den Krieg aussperren und
nur Caesar Zutritt geben! Wenigstens ein Ort soll dem
Verbrechen unzugänglich und für Pompejus wie für dich
gefahrlos sein, damit es, wenn die Vorsehung sich der
noch nie besiegten Hauptstadt annimmt und ein Vertrag
beschlossen wird, eine Stelle gebe, wohin ihr unbewaffnet
kommen könnt. Sag uns doch: warum weichst du in einem
Augenblick, da schwere Kriegsgefahren dich nach Spanien

quid rapidum deflectis iter? non pondera rerum
nec momenta sumus, numquam felicibus armis
usa manus patriae primis a sedibus exul
et post translatas exustae Phocidos arces   340
moenibus exiguis alieno in litore tuti,
inlustrat quos sola fides. si claudere muros
obsidione paras et vi perfringere portas,
excepisse faces tectis et tela parati,
undarum raptos aversis fontibus haustus   345
quaerere et effossam sitientes lambere terram
et, desit si larga Ceres, tunc horrida cerni
foedaque contingi maculato attingere morsu.
nec pavet hic populus pro libertate subire,
obsessum Poeno gessit quae Marte Saguntum: 350
pectoribus rapti matrum frustraque trahentes
ubera sicca fame medios mittentur in ignes
uxor et a caro poscet sibi fata marito,
volnera miscebunt fratres bellumque coacti
hoc potius civile gerent.'   355
             sic Graia iuventus
finierat, cum turbato iam prodita voltu
ira ducis tandem testata est voce dolorem:
'vana movet Graios nostri fiducia cursus:
quamvis Hesperium mundi properemus ad axem,
Massiliam delere vacat. gaudete, cohortes: 360
obvia praebentur fatorum munere bella.
ventus ut amittit vires, nisi robore densae
occurrunt silvae, spatio diffusus inani
utque perit magnus nullis obstantibus ignis,
sic hostes mihi desse nocet damnumque putamus   365
armorum, nisi qui vinci potuere rebellant.
sed si solus eam dimissis degener armis,
tunc mihi tecta patent: iam non excludere tantum,
inclusisse volunt. at enim contagia belli

350 quae *vel* quod (quo *M¹*)

rufen, vom Ziel deines Eilmarschs ab? Wir haben kein
Gewicht in dieser Welt und geben nicht den Ausschlag, wir,
eine nie mit Waffenglück bedachte Handvoll Männer,
die von ihrer ersten Heimstatt in Verbannung zog und
sich, nachdem die Phokerfeste eingeäschert und vom Platz
verwiesen war, in engen Mauern an einem fremden
Ufer barg, die nur durch Treulichkeit berühmt ist. Machst
du dich bereit, um unsere Mauern einen Belagerungsring zu
ziehen und unsere Tore gewaltsam aufzubrechen, so sind
wir bereit, unsere Häuser Fackeln und Wurfgeschossen
auszusetzen; bereit, bei Ableitung der Quellen Wasser
aufzuspüren, damit wir einen Schluck erhaschen, das
Erdreich aufzuscharren und durstig auszulecken; bereit,
wenn Kornvorräte fehlen, dann unsere Lippen durch Aufnahme von Dingen zu besudeln, die man nur mit Schauder
sieht und nur mit Ekel anfaßt. Ja, furchtlos nimmt unser
Volk für seine Freiheit das auf sich, was Sagunt bei
der karthagischen Belagerung getan hat: Kinder wird
man vom Mutterbusen reißen, wenn sie umsonst an den
in Hungersnot versiegten Brüsten saugen, und wird
sie mitten in die Flammen werfen, Frauen werden vom
geliebten Gatten ihren Tod verlangen, Brüder werden
durch Wechselmord verbluten, und jeder wird den Bür-
krieg als Unfreiwilliger lieber auf diese Weise führen.''
So hatten die Männer aus Hellas zu Ende gesprochen,
als Caesars Zorn, den sein verzerrtes Antlitz schon verraten
hatte, endlich Worte fand und sich sein Ärger zeigte:
,,Vergebens wiegen sich die Griechen in Hoffnung auf
meine Eile: wenngleich es mich zur abendlichen Himmels-
zone drängt, bleibt mir doch Zeit, Massilia zu zerstören.
Soldaten, freut euch: als Geschenk der Fügung gibt man
uns Kampfgelegenheit in die Hand. Wie ein Sturm er-
lahmt, wenn ihm kein Wald mit dichten Stämmen ent-
gegensteht, wie er sich dann im leeren Raum verliert und
wie das stärkste Feuer ohne Widerpart vergeht, so schadet
mir das Fehlen von Feinden und glaube ich, daß meine
Waffen leiden, wenn niemand aufbegehrt, damit ich ihn
besiegen kann. Jedoch — so sagen sie — wenn ich meinem
Heer den Laufpaß gebe und würdelos allein des Weges
komme, dann steht die Stadt mir offen: aussperren nicht
allein, einsperren wollen sie mich gar! Allein sie weisen

dira fugant: dabitis poenas pro pace petita 370
et nihil esse meo discetis tutius aevo
quam duce me bellum.' sic postquam fatus, ad urbem
haud trepidam convertit iter. tunc moenia clausa
conspicit et densa iuvenum vallata corona.

    haud procul a muris tumulus surgentis in altum 375
telluris parvum diffuso vertice campum
explicat; haec patiens longo munimine cingi
visa duci rupes tutisque aptissima castris.
proxima pars urbis celsam consurgit in arcem
par tumulo mediisque sedent convallibus arva. 380
tunc res immenso placuit statura labore,
aggere diversos vasto committere colles.
sed prius, ut totam, qua terra cingitur, urbem
clauderet, a summis perduxit ad aequora castris
longum Caesar opus fontesque et pabula campi 385
amplexus fossa densas tollentia pinnas
caespitibus crudaque exstruxit bracchia terra.
iam satis hoc Graiae memorandum contigit urbi
aeternumque decus, quod non impulsa nec ipso
strata metu tenuit flagrantis in omnia belli 390
praecipitem cursum raptisque a Caesare cunctis
vincitur una mora: quantum est, quod fata tenentur
quodque virum toti properans imponere mundo
hos perdit Fortuna dies! tunc omnia late
procumbunt nemora et spoliantur robore silvae, 395
ut, cum terra levis mediam virgultaque molem
suspendant, structa laterum compage ligatam
artet humum, pressus ne cedat turribus agger.

    lucus erat longo numquam violatus ab aevo,
obscurum cingens conexis aera ramis 400
et gelidas alte summotis solibus umbras.
hunc non ruricolae Panes nemorumque potentes
Silvani Nymphaeque tenent, sed barbara ritu

382 diversos vasto *vel* -o(s) -os

ja — so heißt es — frevelhafte Kriegspest ab: ihr sollt für
eure Bettelei um Frieden büßen und sollt lernen, daß in
meinen Tagen nichts sicherer ist als unter meiner Führung Krieg!" So sagte er und nahm Marschrichtung auf
die unerschrockene Stadt. Doch da sah er den Mauerring
verriegelt und mit einem dichten Kranz von Kämpfern
abgeschirmt.

Unweit von der Stadt, wo das Gelände hoch emporsteigt, liegt ein Hügel, auf dessen abgeflachtem Kamm sich
eine kleine Ebene erstreckt; dieser Fels schien Caesar
weit genug für einen ausgedehnten Palisadenring und
für ein sicheres Lager gut geeignet. Der nächstgelegene
Stadtteil erhebt sich zu einem Burgberg in gleicher Höhe
wie der Hügel, während in der Senke dazwischen Felder
liegen. Da faßte man einen Plan, der ungeheure Arbeit
kosten mußte, den Plan, die Kuppen hüben und drüben
mit einem Riesendamm zu verbinden. Um jedoch zunächst die ganze Stadt auf ihrer Landseite einzuschließen,
führte Caesar von seinem Hochlager aus eine lange Schanze
bis zum Meer, fing Quellen und Weideland mit einem
Graben ab und baute aus Rasenstücken und frischer Erde
Schenkeldämme mit dichter Zinnenkrone. Schon damit
gewann die Griechenstadt reichlichen Ruhm und ewige
Ehre, daß sie ohne Wanken, nicht einmal durch Drohung
ungeworfen, den jähen Lauf des nach allen Seiten züngeln-
den Kriegsbrands aufhielt und sich, während Caesar jede
andere Stadt im Sturm nahm, als einzige nur durch Zeit
besiegen ließ: es war sehr viel erreicht, wenn das Verhängnis
aufgehalten wurde und wenn Fortuna in ihrer Ungeduld,
dem ganzen Erdkreis einen Herrn zu setzen, diese Tage
verlor. Jetzt fielen ringsum alle Bäume und wurden die
Wälder ihrer Stämme beraubt; diese sollten, wenn der
Schanzenkern aus lockeren Schollen und Buschwerk aufgeführt war, als seitliches Balkengefüge das Erdreich binden und zusammenpressen, damit der Damm dem Druck
der Türme nicht nachgeben könne.

Da stand ein Hain, seit Menschengedenken nie entweiht; mit verschränkten Ästen bildete er einen Bezirk von
Dunkelheit und Schattenkühle, dessen Kuppel Sonnenstrahlen nicht durchdrangen. Hier hatten kein bäuerlicher
Pan, kein Waldeskönig Silvanus und keine Nymphe ihre

sacra deum; structae diris altaribus arae
omnisque humanis lustrata cruoribus arbor.   405
si qua fidem meruit superos mirata vetustas,
illis et volucres metuunt insistere ramis
et lustris recubare ferae; nec ventus in illas
incubuit silvas excussaque nubibus atris
fulgura: non ulli frondem praebentibus aurae   410
arboribus suus horror inest. tum plurima nigris
fontibus unda cadit simulacraque maesta deorum
arte carent caesisque exstant informia truncis.
ipse situs putrique facit iam robore pallor
attonitos; non volgatis sacrata figuris   415
numina sic metuunt: tantum terroribus addit,
quos timeant, non nosse deos. iam fama ferebat
saepe cavas motu terrae mugire cavernas
et procumbentes iterum consurgere taxos
et non ardentis fulgere incendia silvae   420
roboraque amplexos circumfluxisse dracones.
non illum cultu populi propiore frequentant,
sed cessere deis; medio cum Phoebus in axe est
aut caelum nox atra tenet, pavet ipse sacerdos
accessus dominumque timet deprendere luci.   425
    hanc iubet immisso silvam procumbere ferro;
nam vicina operi belloque intacta priore
inter nudatos stabat densissima montes.
sed fortes tremuere manus motique verenda
maiestate loci, si robora sacra ferirent,   430
in sua credebant redituras membra secures.
implicitas magno Caesar torpore cohortes
ut vidit, primus raptam librare bipennem
ausus et aeriam ferro proscindere quercum
effatur merso violata in robora ferro   435
'iam ne quis vestrum dubitet subvertere silvam,
credite me fecisse nefas.' tum paruit omnis
imperiis non sublato secura pavore
turba, sed expensa superorum et Caesaris ira.

---

410   ulli ... aurae *voluisse videntur* M^1Z^1: -is ... -is

Stätte, sondern ein Götterkult barbarischen Brauchs: die
Altäre waren mit gräßlichen Schlachtbänken versehen
und alle Bäume mit Menschenblut geweiht. Sofern ur-
tümliches Gefallen an Himmelswundern jemals Glauben
verdient hat, scheuten dort sogar Vögel einen Platz in den
Zweigen und wilde Tiere ein Ruhelager; auch legte sich
kein Wind auf jenes Gehölz und schlug kein Blitz aus
schwarzen Wolken ein — keinem Lufthauch boten die
Bäume ihr Laub, sondern raschelten von selbst. Dazu
floß überall aus dunklen Quellen Wasser, und düster standen, ohne Kunst und roh aus Holz gehauen, Götterbilder
da. Bereits der Moder und der Schimmel des faulen Hol-
zes erregten Entsetzen; so fürchtet man kein heiliges Göt-
terbild von üblicher Gestalt, nein, gewaltig steigert sich
die Angst, wenn man die Götter, die man fürchten soll,
nicht kennt. Vollends, so hieß es, bebte oft die Erde und
dröhnte es aus hohlen Schlünden, fielen Eiben um und
richteten sich wieder auf, leuchteten Waldbrände ohne
Feuer und wanden sich Schlangen rings um die Stämme.
Diesen Ort besuchten keine Leute, um ihn aus der Nähe
zu verehren, vielmehr überließ man ihn den Göttern;
wenn Helios am Mittagshimmel stand oder dunkle Nacht
das Firmament umfing, so wagte nicht einmal der Priester
einzutreten, fürchtete er doch, den Herrn des Hains zu
überraschen.

An diesen Wald hieß er die Schneide legen, daß er
falle; denn er stand, bisher in Kriegen niemals angetastet,
nahe bei der Schanze dichtgeschlossen zwischen kahl-
geschlagenen Bergen. Aber den Kriegsmännern zitterten
die Hände, und unter dem Eindruck der ehrwürdigen
Hoheit des Platzes meinten sie, wenn sie auf die heiligen
Stämme einhieben, würden die Beile gegen ihren eigenen
Leib zurückprallen. Als Caesar sah, daß mächtige Be-
fangenheit seine Kohorten lähmte, wagte er als erster eine
Axt zu packen, auszuholen und eine himmelhohe Eiche mit
der Schneide hinzustrecken, schlug die Schneide dann
tief in den entweihten Stamm und rief: „Jetzt zaudre
keiner mehr von euch, die Bäume umzulegen: denkt, ich
sei der Übeltäter!" Da folgte der ganze Haufe dem Befehl,
nicht weil er von Angst befreit und ohne Sorge war, sondern vor die Wahl gestellt, die Götter oder Caesar zu er-

procumbunt orni, nodosa impellitur ilex   440
silvaque Dodones et fluctibus aptior alnus
et non plebeios luctus testata cupressus
tum primum posuere comas et fronde carentes
admisere diem propulsaque robore denso
sustinuit se silva cadens. gemuere videntes   445
Gallorum populi, muris sed clausa iuventus
exsultat: quis enim laesos impune putaret
esse deos? servat multos fortuna nocentes·
et tantum miseris irasci numina possunt.
utque satis caesi nemoris, quaesita per agros   450
plaustra ferunt curvoque soli cessantis aratro
agricolae raptis annum flevere iuvencis.
   dux tamen impatiens haesuri ad moenia Martis
versus ad Hispanas acies extremaque mundi
iussit bella geri. stellatis axibus agger   455
erigitur geminasque aequantes moenia turres
accipit; hae nullo fixerunt robore terram,
sed per iter longum causa repsere latenti.
cum tantum nutaret onus, telluris inanes
concussisse sinus quaerentem erumpere ventum   460
credidit et muros mirata est stare iuventus.
illinc tela cadunt excelsas urbis in arces;
sed maior Graio Romana in corpora ferro
vis inerat. nec enim solis excussa lacertis
lancea, sed tenso ballistae turbine rapta   465
haud unum contenta latus transire quiescit,
sed pandens perque arma viam perque ossa relicta
morte fugit: superest telo post volnera cursus.
at saxum quotiens ingenti verberis actu
excutitur, qualis rupes, quam vertice montis   470
abscidit impulsu ventorum adiuta vetustas,

zürnen. Es fielen Eschen, knorrige Steineichen sanken um;
Bäume, wie man sie zu Dodona sieht, und Erlen, sonst
am Wasser heimisch, auch Zypressen, Erinnerung an die
Trauer eines Königssohns, legten jetzt zum ersten Mal
ihr Laub zu Boden und ließen wipfellos das Licht herein,
wenngleich die umgehauenen Bäume sich im Fallen zwischen dichten Stämmen fingen. Mit Stöhnen sah die gallische Bevölkerung zu, jedoch die hinter ihren Mauern
eingeschlossenen Mannen jauchzten: denn wer möchte
glauben, man dürfe Götter ungestraft beleidigen? Aber
viele Bösewichte erhält ihr Glück am Leben, und Götter
können nur Unseligen zürnen. — Als nun genügend Holz
gefällt war, machte man auf dem Land Fuhrwerke aus-
findig und holte es herbei; die Bauern aber trauerten dem
Ertrag ihres Bodens nach, der ohne Pflugschar blieb, weil
man die Ochsen weggenommen hatte.

Indessen fehlte es dem Feldherrn an Geduld für einen
Krieg, der an Mauern hängenbleiben sollte, sodaß er sich
zur spanischen Front am Weltrand wandte und die Kämpfe durch Untergebene führen ließ. Der Damm wurde
durch Bohlen mit Beschlägen gehoben und erhielt zwei
Türme, die bis in Mauerhöhe reichten; sie staken nicht
etwa mit ihrem Holz im Erdreich, sondern krochen aus
unsichtbarem Antrieb über weite Strecken vor. Als die
schweren Ungetüme daherschwankten, glaubten die Verteidiger, in unterirdischen Hohlräumen habe ein Gas auf
der Suche nach einem Ausweg ein Beben ausgelöst, und
staunten, daß ihre Mauern noch standen. Von diesen
Türmen fielen Geschosse auf den Burgberg der Stadt;
doch mehr noch richteten die Griechen mit der Beschießung
römischer Mannen aus. Denn nicht nur mit den Armen
schleuderte man Lanzen, sondern von gespannter Ge-
schützkurbel sausten diese dahin und ließen es nicht dabei
bewenden, einzelnen in die Flanke zu fahren und dann
Halt zu machen, nein, durch Rüstungen und Knochen
bahnten die Geschosse sich einen Weg, ließen Tod zurück
und eilten weiter — auch nach Treffern hatten sie noch
immer Kraft zum Flug. Sooft aber mit gewaltigem Schleu-
derschwung Steinkugeln losgeschnellt wurden, war es,
wie wenn Verwitterung und Windstoß sich zusammentun,
um einen Felsen vom Berggrat abzuspalten: im Aufschlag

frangit cuncta ruens nec tantum corpora pressa
exanimat, totos cum sanguine dissipat artus.
ut tamen hostiles densa testudine muros
tecta subit virtus armisque innexa priores   475
arma ferunt galeamque extensus protegit umbo,
quae prius ex longo nocuerunt missa recessu,
iam post terga cadunt. nec Grais flectere iactum
aut facilis labor est longinqua ad tela parati
tormenti mutare modum, sed pondere solo   480
contenti nudis evolvunt saxa lacertis.
dum fuit armorum series, ut grandine tecta
innocua percussa sonant, sic omnia tela
respuit; at postquam virtus incerta virorum
perpetuam rupit defesso milite cratem,   485
singula continuis cesserunt ictibus arma.
tunc adoperta levi procedit vinea terra,
sub cuius pluteis et tecta fronte latentes
moliri nunc ima parant et vertere ferro
moenia; nunc aries suspenso fortior ictu   490
incussus densi compagem solvere muri
temptat et impositis unum subducere saxis.
sed super et flammis et magnae fragmine molis
et sudibus crebris et adusti roboris ictu
percussae cedunt crates frustraque labore   495
exhausto fessus repetit tentoria miles.
    summa fuit Grais, starent ut moenia, voti.
ultro acies inferre parant armisque coruscas
nocturni texere faces audaxque iuventus
erupit. non hasta viris, non letifer arcus,   500
telum flamma fuit rapiensque incendia ventus
per Romana tulit celeri munimina cursu.
nec, quamvis viridi luctetur robore, lentas
ignis agit vires, taeda sed raptus ab omni

475 innexa *vel* innixa
479 parati *vel* -is
484 incerta *vel* incensa
499 nocturni *vel* -is

zerschmetterten sie alles, und statt die Menschen nur
totzuquetschen, versprengten sie sie Glied um Glied und
Blut dazu. Doch als beherzte Männer unter einem dichten
Schutzdach bis an die Mauern des Gegners gelangten,
wobei die erste Reihe Wehr mit Wehr verschränkt daher-
trug, nämlich helmbedeckende Riesenschilde, da gingen
die Geschosse, die vorher aus weiter Ferne Schaden angerichtet hatten, jetzt hinter der Linie nieder. Für die
Griechen aber war es keine leichte Mühe, die Flugbahn
abzuwandeln oder die nur für Ferngeschosse eingerich-
tete Wurfmaschinerie zu ändern, sodaß sie es vielmehr
beim einfachen Gewicht der Steine bewenden ließen und
diese bloß mit den Armen hinunterwälzten. Solange die
Schilde eine geschlossene Reihe bildeten, prallten alle
Geschosse ab, wie wenn ein Hagelschauer auf Dächer
prasselt, ohne daß er ihnen schadet; als aber Mannesmut
ins Wanken kam, als die Soldaten erschöpft waren und im
dichten Geflecht Lücken entstehen ließen, wich Schild
um Schild den pausenlosen Schüssen. Da rollte ein mit
Erde leicht bedeckter Laubengang nach vorn, und unter
seinen Hurden hinter getarnter Vorderseite verborgen,
unternahm man es jetzt, die Mauer tief zu untergraben, um sie mit Eisenstangen umzulegen; jetzt versuchte
ein Sturmbock mit seinem überlegenen Pendelbalken im
Rammstoß das dichtgefügte Mauerwerk zu lockern und
einzelne Steine herauszubrechen, um den darüberliegenden
die Stütze zu entziehen. Aber von oben schlugen Feuer,
mächtige Felsbrocken, zahllose Pfähle und Eichenstangen
mit hartgebrannten Spitzen Löcher in die Faschinen;
diese gaben nach, und als der Kraftaufwand vergeblich
war, zogen sich die Soldaten müde in ihre Zelte zurück.

Die Griechen hatten bisher nur soviel gewünscht, daß
ihre Mauern halten möchten. Jetzt gingen sie selbst zum
Angriff über, und mit lodernden Fackeln, die hinter Schilden versteckt wurden, machte nachts die Mannschaft verwegen einen Ausfall. Keine Lanze, kein todbringender
Bogen, sondern Flammen dienten den Leuten als Waffe,
und griff der Wind den Brand auf, so trug er ihn in schnel-
lem Lauf durch die römischen Schanzen dahin. Ja, wenngleich das Feuer mit grünem Holz zu ringen hatte, ließ
es seine Kräfte nicht langsam spielen, sondern von Fackel

consequitur nigri spatiosa volumina fumi   505
nec solum silvas, sed saxa ingentia solvit
et crudae putri fluxerunt pulvere cautes.
procubuit maiorque iacens apparuit agger.
     spes victis telluris abit placuitque profundo
fortunam temptare maris. non robore picto   510
ornatas decuit fulgens tutela carinas,
sed rudis et qualis procumbit montibus arbor
conseritur stabilis navalibus area bellis;
et iam turrigeram Bruti comitata carinam
venerat in fluctus Rhodani cum gurgite classis   515
Stoechados arva tenens. nec non et Graia iuventus
omne suum fatis voluit committere robur
grandaevosque senes mixtis armavit ephebis;
accepit non sola viros, quae stabat in undis,
classis: et emeritas repetunt navalibus alnos.   520
ut matutinos spargens super aequora Phoebus
fregit aquis radios et liber nubibus aether
et posito borea pacemque tenentibus austris
servatum bello iacuit mare, movit ab omni
quisque suam statione ratem paribusque lacertis   525
Caesaris hinc puppes, hinc Graio remige classis
tollitur; impulsae tonsis tremuere carinae
crebraque sublimes convellunt verbera puppes.
cornua Romanae classis validaeque triremes
quasque quater surgens exstructi remigis ordo   530
commovet et plures quae mergunt aequore pinus
multiplices cinxere rates. hoc robur aperto
oppositum pelago; lunata classe recedunt
ordine contentae gemino crevisse Liburnae.
celsior at cunctis Bruti praetoria puppis   535
verberibus senis agitur molemque profundo
invehit et summis longe petit aequora remis.
     ut tantum medii fuerat maris, utraque classis

510 maris Z^1: mari

um Fackel angefacht, hielt es mit den riesigen schwarzen Rauchschwaden Schritt und machte nicht nur Stämme, sondern mächtige Steine mürbe, sodaß sich rauhe Felsen in morschen Staub auflösten. Der Damm stürzte ein und nahm sich, als er flach am Boden lag, noch größer aus.

So geschlagen, sahen die Römer zu Lande ihre Aussichten schwinden und beschlossen, vor der Küste ihr Glück im Seekrieg zu versuchen. Sie bauten keine Galeeren mit prächtig schimmernden Galionsfiguren aus buntem Holz, sondern fügten rohe Baumstämme in dem Zustand, wie sie auf den Bergen geschlagen waren, zu Bühnen zusammen, auf denen man im Schiffskampf stehen konnte; schon war auch Brutus auf turmbewehrter Galeere mit seiner Flotte den Rhonelauf hinab zum Meer gelangt und bei den Stoichadeninseln vor Anker gegangen. Nicht weniger wollten die Männer aus Hellas all ihre Kräfte in die Entscheidung werfen, riefen betagte Greise ebenso wie Halbwüchsige zu den Waffen und bemannten nicht nur das Geschwader, das im Hafen lag, sondern holten auch ausgediente Kähne wieder von der Werft. Als Helios seine Morgenstrahlen über die Meeresfläche sprenkelte und diese sich im Wasser brachen, als der Himmel frei von Wolken war, der Nordwind sich nicht regte und die Stürme aus Süden Ruhe hielten, als glatte See zum Kampf einlud, da löste ringsum jedermann sein Fahrzeug vom Ankerplatz, da tauchten im Wettstreit der Ruderarme hier Caesars Schiffe, dort das griechische Geschwader auf; die Kiele bebten unter Riemendruck, und die Rümpfe bäumten sich, wenn Schlag um Schlag sie vorwärts riß. Die Flügel der Römerflotte säumten starke dreistufige Galeeren und solche, die sich mit vierfach aufgetürmten Riemenreihen fortbewegen oder noch mehr Blätter ins Wasser senken, in buntem Wechsel der Fahrzeuge. Diese Armada legte sich vor das offene Meer; weiter zurück bezogen im Halbkreis Barken Stellung, die einen bescheidenen Aufbau von zwei Reihen trugen. Doch alle überragte Brutus' Admiralsgaleere: sie wurde von zweimal sechs Rudererreihen betrieben, und wenngleich sich der Koloß mit Tiefgang fortbewegte, hatten die obersten Riemen einen weiten Weg ins Wasser.

Als nur noch so viel Meer dazwischenlag, daß beide

quod semel excussis posset transcurrere tonsis,
innumerae vasto miscentur in aethere voces   540
remorumque sonus premitur clamore nec ullae
audiri potuere tubae. tum caerula verrunt
atque in transtra cadunt et remis pectora pulsant.
ut primum rostris crepuerunt obvia rostra,
in puppem rediere rates emissaque tela   545
aera texerunt vacuumque cadentia pontum.
et iam diductis extendunt cornua proris
diversaeque rates laxata classe receptae;
ut, quotiens aestus zephyris eurisque repugnat,
huc abeunt fluctus, illo mare, sic, ubi puppes   550
sulcato varios duxerunt gurgite tractus,
quod tulit illa ratis remis, haec rettulit aequor.
sed Grais habiles pugnamque lacessere pinus
et temptare fugam nec longo frangere gyro
cursum nec tarde flectenti cedere clavo;   555
at Romana ratis stabilem praebere carinam
certior et terrae similem bellantibus usum.
tunc in signifera residenti puppe magistro
Brutus ait 'paterisne acies errare profundo
artibus et certas pelagi? iam consere bellum,   560
Phocaicis medias rostris oppone carinas.'
paruit obliquas et praebuit hostibus alnos.
tum quaecumque ratis temptavit robora Bruti,
ictu victa suo percussae capta cohaesit;
ast alias manicaeque ligant teretesque catenae   565
seque tenent remis. tecto stetit aequore bellum:
iam non excussis torquentur tela lacertis
nec longinqua cadunt iaculato volnera ferro
miscenturque manus; navali plurima bello
ensis agit. stat quisque suae de robore puppis   570
pronus in adversos ictus nullique perempti
in ratibus cecidere suis. cruor altus in unda
spumat et obducti concreto sanguine fluctus.

---

547   proris *vel* rostris
553   lacessere M^1Z^1: capesсere
564   percussae $M^1P^2Z^1$: -a et (-aque *GArn.*)
571   nulli *vel* multi

Flotten es mit einem einzigen Ruderschlag überqueren
konnten, erhob sich rings in Lüften ein Gewirr zahlloser
Stimmen; das Riemenklatschen wurde von Geschrei über-
tönt, und kein Signal war mehr zu hören. Jetzt fegte man
über die See, warf sich auf den Bänken zurück und riß
die Riemen an die Brust. Kaum war krachend Schnabel
gegen Schnabel gestoßen, als die Schiffe eine Bootslänge
zurückgingen und ein Regen von Geschossen erst den
Himmel und dann im Fallen sogar das freie Meer bedeckte. Jetzt zog man auch die Buge auseinander, ver-
längerte so die Flügel und ließ feindliche Boote in die
zerdehnte Flotte ein; wie immer dann, wenn die Flut gegen
Winde aus West oder Ost ankämpft, die Wellen hierher
strömen und dorthin das Meer, so trieb, als jetzt die Schiffe
in gegensätzlicher Richtung schäumende Furchen zogen,
das eine Boot mit seinen Riemen das Wasser vor, das andere
zurück. Die Griechen aber hatten Barken, die behende
bald Kampf anboten, bald das Weite suchten und nicht
mit langen Kurven an Fahrt verloren, vielmehr ohne
Säumen dem Druck des Steuers folgten; hingegen boten
Roms Galeeren den Kämpfern bessere Gewähr für festen
Stand auf Deck und ließen sich wie ein Gelände nutzen.
Da sagte Brutus zu seinem Steuermann, der bei der Heck-
standarte saß: ,,Läßt du die Truppen ziellos auf den Fluten
treiben und wetteiferst du mit Seemannsfinten? Nimm
endlich Nahkampf auf, stell die Galeere mitten vor Pho-
käerbuge!‘‘ Der Mann tat wie geheißen und setzte die
Breitseite den Feinden aus. Wenn sich ein Fahrzeug jetzt
an Brutus' Schlachtschiff wagte, so wurde es ein Opfer
seines eigenen Schwungs und blieb gefangen am durch-
stoßenen Gegner hängen; andere aber wurden mit Enterhaken und handlichen Ketten festgemacht oder verfingen
sich mit ihren Riemen. Auf der verstopften Wasserfläche
erstarrten die Fronten: jetzt schwang kein Arm mehr
Wurfgeschosse und flog kein Stahl, um in der Ferne Wunden zu schlagen, nein, man kämpfte im Handgemenge
— in dieser Seeschlacht tat das Schwert das meiste. Ein
jeder beugte sich im Stand vom Deck des eigenen Schiffs
zum Hieb auf Gegner vor, sodaß, wer umgebracht war,
nicht auf eigenem Fahrzeug niederfiel. Eine rote Schicht
schäumte auf den Wogen, und unter geronnenem Blut

et quas immissi traxerunt vincula ferri,
has prohibent iungi conferta cadavera puppes.   575
semianimes alii vastum subiere profundum
hauseruntque suo permixtum sanguine pontum;
hi luctantem animam lenta cum morte trahentes
fractarum subita ratium periere ruina.
irrita tela suas peragunt in gurgite caedes   580
et quodcumque cadit frustrato pondere ferrum,
exceptum mediis invenit volnus in undis.
　　Phocaicis Romana ratis vallata carinis
robore diducto dextrum laevumque tuetur
aequo Marte latus. cuius dum pugnat ab alta   585
puppe Catus Graiumque audax aplustre retentat,
terga simul pariter missis et pectora telis
transigitur; medio concurrit corpore ferrum
et stetit incertus, flueret quo volnere, sanguis,
donec utrasque simul largus cruor expulit hastas   590
divisitque animam sparsitque in volnera letum.
derigit huc puppem miseri quoque dextra Telonis,
qua nullam melius pelago turbante carinae
audivere manum nec lux est notior ulli
crastina: seu Phoebum videat seu cornua lunae,   595
semper venturis componere carbasa ventis.
hic Latiae rostro compagem ruperat alni,
pila sed in medium venere trementia pectus
avertitque ratem morientis dextra magistri.
dum cupit in sociam Gyareus erepere puppem,   600
excipit immissum suspensa per ilia ferrum
affixusque rati telo retinente pependit.
　　stant gemini fratres, fecundae gloria matris,
quos eadem variis genuerunt viscera fatis:
discrevit mors saeva viros unumque relictum   605
agnorunt miseri sublato errore parentes,

575　conferta *vel* cons-
588　corpore *van Iever*: pectore (*ex* 587)
598　pila *vel* tela
600　erepere *sim.* (irr- *U²*) *vel* erumpere (irr- *Uᵛ*)

verschwand das Wasser. Ja, wenn man Stahltrossen auf
ein Schiff hinüberwarf und es heranzuziehen suchte, so
ließen Leichenhaufen es nicht nahekommen. Halbtot
gingen manche in gähnender Tiefe unter und schluckten
mit Wasser ihr eigenes Blut; andere, die noch Atemzüge taten, weil der Tod den Kampf mit ihrem Leben langsam
führte, starben, wenn ihr Boot plötzlich zerbarst und sank.
Hatten Geschosse das Ziel verfehlt, so vollbrachten sie im
Gischt ihr Mordgeschäft: all der Stahl, der mit zweckloser
Wucht hinabfiel, blieb mitten in den Wellen stecken und
kam zu seiner Wunde.

Auf einer römischen Galeere, die von Phokäerschiffen
eingekeilt war, verteilte sich die Mannschaft und deckte
Steuer- wie Backbord mit gleichen Kräften. Als Catus droben
auf ihrem Heck im Kampf stand und voll Wagemut ein
Griechenboot am Knauf des Achterstevens festhielt, flogen
zwei Geschosse in einem Augenblick daher und fuhren
ihm zugleich durch Brust und Rücken; in Leibesmitte
trafen sich die Spitzen, und stockend schwankte das Blut,
aus welcher Wunde es fließen solle, bis ein roter Strom auf
einmal beide Lanzen aus dem Körper spülte, das Leben
in zwei Hälften schied und teils der einen, teils der anderen
Wunde Tödlichkeit verlieh. Nicht weniger Unglück hatte
Telon, als er sein Schiff auf diese Galeere lenkte, ein Mann,
dessen Händen Kiele im Seesturm besser als jeder anderen
Faust gehorchten, der wie keiner mit dem nächsten Tag
vertraut war: gleich ob im Blick auf Sonne oder Mondsichel,
setzte er seine Segel stets nach Winden, die erst kommen
sollten. Er hätte fast mit seinem Sporn die Römerplanken
aus den Fugen gesprengt; doch da kam federnd ein Speer
geflogen, der ihn mitten in die Brust traf, und im Tode
steuerte seine Hand das Schiff zur Seite. Im Augenblick,
da Gyareus zum Kameradendeck hinaufzuklimmen suchte
und in der Luft hing, bekam er einen Lanzenschuß in seine
Weiche, wurde von dem Geschoß am Fahrzeug festgenagelt
und blieb hängen, ohne loszukommen.

Da standen zwei Zwillingsbrüder, der Stolz eines ge-
segneten Mutterleibs, aus gleichem Schoß geboren, um
getrennt zu sterben: ein grausamer Tod machte sie unter-
scheidbar, und als nur einer übrigblieb, war er seinen
armen Eltern ohne Irrtum kenntlich, aber Anlaß zu

aeternis causam lacrimis; tenet ille dolorem
semper et amissum fratrem lugentibus offert.
quorum alter mixtis obliquo pectine remis
ausus Romanae Graia de puppe carinae   610
iniectare manum. sed eam gravis insuper ictus
amputat; illa tamen nisu, quo prenderat, haesit
deriguitque tenens strictis immortua nervis.
crevit in adversis virtus, plus nobilis irae
truncus habet fortique instaurat proelia laeva   615
rapturusque suam procumbit in aequora dextram.
haec quoque cum toto manus est abscisa lacerto.
iam clipeo telisque carens non conditus ima
puppe, sed expositus fraternaque pectore nudo
arma tegens crebra confixus cuspide perstat   620
telaque multorum leto casura suorum
emerita iam morte tenet. tum volnere multo
effugientem animam lassos collegit in artus
membraque contendit toto, quicumque manebat,
sanguine et hostilem defectis robore nervis   625
insiluit solo nociturus pondere puppem.
strage virum cumulata ratis multoque cruore
plena per obliquum crebros latus accipit ictus
et postquam ruptis pelagus compagibus hausit,
ad summos repleta foros descendit in undas   630
vicinum involvens contorto vertice pontum:
aequora discedunt mersa diducta carina
inque locum puppis cecidit mare.
                           multaque ponto
praebuit ille dies varii miracula fati.
ferrea dum puppi rapidos manus inserit uncos,   635
affixit Lycidan. mersus foret ille profundo,
sed prohibent socii suspensaque crura retentant.
scinditur avolsus nec sicut volnere sanguis

629   et M^vZ: at G^v: sed ω

ewigen Tränen, da er ihren Kummer wachhielt und sie dadurch traurig machte, daß er ihnen seinen verlorenen Bruder stets vor Augen stellte. Also der erste von ihnen erkühnte sich, von seinem Griechenboot aus eine römische Galeere, als die Riemenreihen sich Kamm gegen Kamm ineinander verfingen, mit seiner Hand zu packen. Da schlug ein mächtiger Hieb von oben sie ihm ab; jedoch sie blieb so haften, wie sie zugegriffen hatte, hielt sich mit straffen Sehnen fest und wurde totenstarr an ihrem Platz. Im Unglück wuchs sein Heldentum, und seinen hochgemuten Grimm erhöhte die Verstümmelung, sodaß er mit der tapferen Linken den Kampf erneuerte und sich über Bord lehnte, um seine Rechte loszureißen. Auch diese Hand hieb man ihm mit dem ganzen Arm herunter. Unfähig nunmehr, Schild und Waffen zu halten, verkroch er sich nicht tief unter Deck, sondern setzte sich den Feinden aus, schützte seines Bruders Harnisch mit bloßer Brust, ließ sich festen Fußes von Speer um Speer durchbohren und fing, wiewohl längst reif zum Sterben, Geschosse auf, deren Niedergehen vielen seiner Kameraden Verderben bringen sollte. Jetzt raffte er seine Lebensgeister, die aus vielen Wunden weichen wollten, im erschöpften Leib zusammen, spannte mit allem Blut, das noch in seinen Adern war, die Muskeln und sprang mit letzter Sehnenkraft auf das feindliche Deck, um wenigstens mit wuchtigem Fall noch Schaden anzurichten. Unter Haufen von Gefallenen und tiefer Blutsee neigte sich das Schiff zur Seite und empfing wiederholte Brecher, bis es mit geborstenen Planken Wasser einließ, vollgelaufen bis ans Oberdeck in den Wellen versank und das Meer in seiner Nachbarschaft zur wirbelnden Spirale drehte; hatte sich zuerst, als die Galeere unterging, das Wasser nach beiden Seiten geteilt, so schlug nunmehr die See zusammen, wo ein Schiff gewesen war.

Noch viele Heldentaten mit mannigfacher Sterbensart bekam das Meer an diesem Tag zu sehen. Als ein Enterhaken einem Schiff seine Greifkrallen anlegen wollte, spießte er statt dessen Lykidas auf. Der Mann wäre zur Tiefe gesunken, hätten seine Kameraden es nicht verhindert und ihm nicht die Beine über Wasser festgehalten. Sie rissen ihm die Hälfte ab; da sickerte das Blut nicht wie

emicuit lentus: ruptis cadit undique venis
discursusque animae diversa in membra meantis   640
interceptus aquis. nullius vita perempti
est tanta dimissa via. pars ultima trunci
tradidit in letum vacuos vitalibus artus;
at tumidus qua pulmo iacet, qua viscera fervent,
haeserunt ibi fata diu luctataque multum   645
hac cum parte viri vix omnia membra tulerunt.
dum nimium pugnax unius turba carinae
incumbit prono lateri vacuamque relinquit,
qua caret hoste, ratem, congesto pondere puppis
versa cava texit pelagus nautasque carina   650
bracchia nec licuit vasto iactare profundo,
sed clauso periere mari. tunc unica diri
conspecta est leti facies, cum forte natantem
diversae rostris iuvenem fixere carinae:
discessit medium tam vastos pectus ad ictus   655
nec prohibere valent obtritis ossibus artus,
quo minus aera sonent; eliso ventre per ora
eiectat saniem permixtus viscere sanguis.
postquam inhibent remis puppes ac rostra reducunt,
deiectum in pelagus perfosso pectore corpus   660
volneribus transmisit aquas. pars maxima turbae
naufraga iactatis morti obluctata lacertis
puppis ad auxilium sociae concurrit; at illis,
robora cum vetitis prensarent altius ulnis
nutaretque ratis populo peritura recepto,   665
impia turba super medios ferit ense lacertos.
bracchia linquentes Graia pendentia puppe
a manibus cecidere suis: non amplius undae
sustinuere graves in summo gurgite truncos.

    iamque omni fusis nudato milite telis   670
invenit arma furor. remum contorsit in hostem

---

658 viscere *vel* -a (*antea* sanie *voluisse videntur* M^1G^2)
659 remis (-i G^2) *vel* -os   reducunt *vel* recedunt
663 illis M^1P^1: -i

aus einer Wunde langsam hervor, sondern stürzte überall
aus geplatzten Adern, und das Hin und Her des Lebens-
stroms von einem Glied zum anderen wurde durch Wasserfluten unterbrochen. Niemals schob sich das Ende eines
ausgelöschten Lebens so weit hinaus. Am unteren Rumpf-
teil, dem erhaltende Organe fehlen, starb der Körper ab;
doch wo die Lungenpumpe sitzt und wo das Herz pocht,
dort ließ der Tod sich lange Zeit, rang hart mit dieser
Körperhälfte und hatte Mühe, alle Glieder zu erbeuten.
— Als sich eine allzu kampfbesessene Schiffsmannschaft
auf die dem Gegner zugewandte Seite warf und dort das
Boot entblößte, wo es keine Feinde vor sich hatte, bekam
das Fahrzeug Übergewicht, kippte um und deckte mit seinem Kielbauch Meer wie Besatzung zu; da war es den
Männern nicht verstattet, auf freier Wasserfläche mit den
Armen auszuholen, nein, sie kamen in einem Meergefäng-
nis um. — Weiter sah man eine Todesart von beispielloser
Schrecklichkeit, als durch Zufall zwei feindliche Schiffe
einen jungen Schwimmer zwischen ihre Schnäbel spießten:
bei dem gewaltigen Zusammenprall brach seine Brust in
der Mitte auseinander, und mit zerquetschten Knochen
war sein Körper jetzt so schmächtig, daß die Eisenplatten
ungehindert dröhnten; der Bauch wurde eingedrückt,
und aus dem Mund quoll eklig ein Gemisch von Blut und
Eingeweiden. Als die Boote mit ihren Riemen bremsten
und ihre Schnäbel zurückzogen, fiel die Leiche mit durch-
löcherter Brust ins Meer und ließ Wasser durch die Wunden
ziehen. — Der Großteil einer Besatzung kämpfte nach
Schiffbruch mit ausholenden Armen um sein Leben, und
alle strebten hilfesuchend auf eine Kameradenbarke zu;
doch als sie sich trotz Warnung mit ihren Ellenbogen
oben an die Bordwand klammerten, als das Schiff zu
schwanken anfing und unter der aufgenommenen Men-
schenmenge zu sinken drohte, da hieb seine Mannschaft
rücksichtslos von oben mit Schwertern die Gelenke entzwei.
Die Menschen mußten ihre Unterarme am Griechenschiff
hängen lassen und trennten sich im Fall von ihren Händen:
da konnten die unbeholfenen Rümpfe im Wellengang
nicht länger über Wasser bleiben.

Als nunmehr jeder Soldat seine Geschosse verbraucht
hatte, lieferte erfinderischer Kriegsrausch Waffen. Mancher

alter; at hi totum validis aplustre lacertis
avolsasque rotant expulso remige sedes,
in pugnam fregere rates. sidentia pessum
corpora caesa tenent spoliantque cadavera ferro;   675
multi inopes teli iaculum letale revolsum
volneribus traxere suis et viscera laeva
oppressere manu, validos dum praebeat ictus
sanguis et, hostilem cum torserit, exeat, hastam.
nulla tamen plures hoc edidit aequore clades   680
quam pelago diversa lues. nam pinguibus ignis
affixus taedis et tecto sulpure vivax
spargitur; at faciles praebere alimenta carinae
nunc pice, nunc liquida rapuere incendia cera.
nec flammas superant undae sparsisque per aequor   685
iam ratibus fragmenta ferus sibi vindicat ignis.
hic recipit fluctus, exstinguat ut aequore flammas,
hi, ne mergantur, tabulis ardentibus haerent:
mille modos inter leti mors una timori est,
qua coepere mori. nec cessat naufraga virtus: 690
tela legunt deiecta mari ratibusque ministrant
incertasque manus ictu languente per undas
exercent. nunc, rara datur si copia ferri,
utuntur pelago. saevus complectitur hostem
hostis et implicitis gaudent subsidere membris   695
mergentesque mori. pugna fuit unus in illa
eximius Phoceus animam servare sub undis
scrutarique fretum si quid mersisset harenis
et nimis affixos unci convellere morsus,
adductum quotiens non senserat anchora funem.   700
hic ubi compressum penitus deduxerat hostem,
victor et incolumis summas remeabat in undas;
sed se per vacuos credit dum surgere fluctus,
puppibus occurrit tandemque sub aequore mansit.

672 hi *x*: hic
701 comprensum *M²U*

schleuderte ein Ruder auf den Feind; andere warfen mit
mächtigem Schwung einen ganzen Stevenknauf oder
Ruderbänke, die sie von der Mannschaft geräumt und
losgerissen hatten, wrackten so zum Kampf ihr Schiff ab.
Wollten Leiber von Gefallenen zur Tiefe sinken, fing man
sie auf und nahm sich Geschosse, die in Leichen staken;
viele zogen, wenn ihnen eine Waffe fehlte, den Todesspeer
mit einem Ruck aus ihrer eigenen Wunde und drückten
mit der linken Hand ihre Adern zu, damit ihr Blut noch
einen mächtigen Wurf gestatte und erst dann ausströme,
wenn es Kraft verliehen hatte, die Mörderlanze abzuschies-
sen. Doch kein Übel schuf in dieser Seeschlacht so viel Unheil wie der arge Feind des argen Wassers. Denn an Kien-
fackeln haftend und von einer Schwefelschicht unterhalten,
flog Feuer umher; die Schiffe aber, willig Zunder bietend,
griffen bald mit ihrem Pech und bald mit ihrem Wachs-
verstrich den Brand begierig auf. Nicht einmal Wogen
meisterten die Lohe, nein, wo nur mehr Schiffswracks
auf der Wasserfläche trieben, holte sich das Feuer trotzig
Trümmer. Manch einer ließ Wasser in sein Boot, um
Flammen mit Meeresflut zu löschen, während andere,
um nicht zu ertrinken, sich an brennende Planken klammerten: unter tausend Sterbensarten hatte Schrecken nur der
Tod, mit dem das Sterben begonnen hatte. Noch im Schiffbruch ließ Heldenmut nicht nach: man sammelte die ins
Meer gefallenen Geschosse und reichte sie an Bord oder
regte in den Wellen unsichere Hände zu schwachem Wurf.
Jetzt machten sich die Menschen, wenn der Waffenvorrat
knapp war, sogar das Meer zunutze. Unerbittlich umschlang der Feind den Feind, und mit verklammerten
Gliedern sank man gern zur Tiefe, wenn man im Ertrinken auch ertränkte. In jener Seeschlacht stand ein Pho-
kernachfahr von besonderem Geschick, unter Wasser den
Atem anzuhalten und zu suchen, was im Meer etwa auf
Grund gegangen war, auch allzu fest sitzende Greifhaken
loszureißen, wenn einmal ein Anker das Ziehen an seiner
Leine nicht beachtet hatte. Als dieser Mann einen Gegner
in engem Griff bis auf den Grund gezogen hatte, wollte er
als Sieger wohlbehalten wieder zur Oberfläche steigen;
doch während er in freien Fluten aufzutauchen meinte,
stieß er an ein Schiff und blieb am Ende doch noch unter

hi super hostiles iecerunt bracchia remos   705
et ratium tenuere fugam. non perdere letum
maxima cura fuit: multus sua volnera puppi
affixit moriens et rostris abstulit ictus.
     stantem sublimi Tyrrhenum culmine prorae
Lygdamus excussa Balearis tortor habenae   710
glande petens solido fregit cava tempora plumbo.
sedibus expulsi, postquam cruor omnia rupit
vincula, procurrunt oculi; stat lumine rapto
attonitus mortisque illas putat esse tenebras.
at postquam membris sensit constare vigorem,   715
'vos,' ait 'o socii, sicut tormenta soletis,
me quoque mittendis rectum componite telis.
egere, quod superest animae, Tyrrhene, per omnes
bellorum casus. ingentem militis usum
hoc habet ex magna defunctum parte cadaver: 720
viventis feriere loco.' sic fatus in hostem
caeca tela manu, sed non tamen irrita mittit.
excipit haec iuvenis generosi sanguinis Argus,
qua iam non medius descendit in ilia venter,
adiuvitque suo procumbens pondere ferrum.   725
stabat diversa victae iam parte carinae
infelix Argi genitor, non ille iuventae
tempore Phocaicis ulli cessurus in armis;
victum aevo robur cecidit fessusque senecta
exemplum, non miles erat. qui funere viso   730
saepe cadens longae senior per transtra carinae
pervenit ad puppim spirantesque invenit artus.
non lacrimae cecidere genis, non pectora tundit,
distentis toto riguit sed corpore palmis:
nox subit atque oculos vastae obduxere tenebrae   735
et miserum cernens agnoscere desinit Argum.
ille caput labens et iam languentia colla
viso patre levat; vox fauces nulla solutas
prosequitur, tacito tantum petit oscula voltu
invitatque patris claudenda ad lumina dextram.   740

Wasser. Andere warfen sich mit ihren Armen über feind-
liche Riemen und hinderten die Boote am Entkommen.
Das Leben nicht zu verschenken, war höchstes Ziel: viele
Todgeweihte spießten sich mit ihren Wunden auf ein
Schiff und nahmen seinem Sporn die Stoßkraft.

Auf hohem Vorderdeck stand Tyrrhenus, als Lygdamos
seine Balearenschleuder schwang, eine Kugel auf ihn
abschoß und ihm mit ihrem harten Blei die Schläfengrube
zertrümmerte. Da traten, als das Blut alle Stränge sprengte,
die Augen aus ihren Höhlen und rannen über sein Gesicht;
plötzlich ohne Sehkraft, stand er benommen da und glaubte,
dies sei das Todesdunkel. Doch als er in seinen Gliedern
noch Lebenskraft verspürte, rief er: ,,Hört, Kameraden:
wie ihr es mit Geschützen zu tun pflegt, so richtet auch
mich zum Schießen aus! Tyrrhenus will seinen letzten
Atem bei jedweder Kampfgelegenheit verströmen. Gewaltigen Soldatendienst vermag ich noch zu leisten, wiewohl
zum guten Teil ein unbrauchbarer Leichnam: anstelle
eines Lebenden kann ich mich treffen lassen.`` Nach diesen
Worten schoß er auf den Feind, und war die Hand auch
blind, verfehlte doch die Lanze nicht ihr Ziel. Argos, ein
junger Edelmann, wurde dort von ihr getroffen, wo der
Leib vom Nabel nunmehr zu den Weichen abfällt; er
stürzte zu Boden und drückte die Spitze mit seinem Gewicht noch tiefer. Am anderen Ende des schon besiegten
Schiffs stand Argos' unglückseliger Vater, ein Mann, der
in seiner Jugendzeit keinem von Massilias Kriegern nach-
gestanden hätte; jetzt war seine Kraft den Jahren erlegen,
und als geschwächter Alter war er nur mehr Vorbild, nicht
Soldat. Als er den Todeschuß gewahrte, kam der Hoch-
betagte, immer wieder stolpernd, über die Ruderbänke
des langen Schiffs bis zum Heck daher und fand noch
Leben in dem Körper. Keine Tränen fielen auf seine Wangen, und er zerschlug nicht seine Brust, nein, er breitete
die Arme aus, und Lähmung ergriff den ganzen Körper:
Nacht brach ein, tiefes Dunkel sank auf seine Augen, und
im Blick auf den armen Argos hörte er auf, ihn zu erkennen.
Dieser hob sein mattes Haupt und den schon müden Nak-
ken, als er seinen Vater sah; er öffnete den Mund, doch
folgte kein Laut, allein mit stummem Blick verlangte er
nach einem Kuß und winkte der väterlichen Rechten,

ut torpore senex caruit viresque cruentus
coepit habere dolor, 'non perdam tempora' dixit
'a saevis permissa deis iugulumque senilem
confodiam. veniam misero concede parenti,
Arge, quod amplexus, extrema quod oscula fugi.   745
nondum destituit calidus tua volnera sanguis
semianimisque iaces et adhuc potes esse superstes.'
sic fatus, quamvis capulum per viscera missi
polluerit gladii, tamen alta sub aequora tendit
praecipiti saltu: letum praecedere nati   750
festinans animam morti non credidit uni.
   inclinant iam fata ducum nec iam amplius anceps
belli casus erat. Graiae pars maxima classis
mergitur, ast aliae mutato remige puppes
victores vexere suos; navalia paucae   755
praecipiti tenuere fuga. quis in urbe parentum
fletus erat, quanti matrum per litora planctus!
coniunx saepe sui confusis voltibus unda
credidit ora viri Romanum amplexa cadaver
accensisque rogis miseri de corpore trunco   760
certavere patres. at Brutus in aequore victor
primus Caesareis pelagi decus addidit armis.

748   missi (-um M^1Z^1) vel mersi
751   festinans Guietus: -antem

ihm die Augen zuzudrücken. Als der Greis aus seiner Ohnmacht zu sich kam und sein wilder Schmerz die erste Tatkraft hatte, sagte er: „Ich will die Frist, die mir die mitleidlosen Götter gönnen, nicht vergeuden, sondern meiner alten Kehle den Todesstoß versetzen. Gönne deinem heimgesuchten Vater Verzeihung, Argos, wenn ich deiner Umarmung, wenn ich deinem letzten Kuß entfliehe! Noch ist das warme Blut in deiner Wunde nicht versiegt, halb lebend liegst du da und vermagst es bis zur Stunde, mich zu überdauern." So sprach er, stieß sich wohl sein Schwert in den Leib, bis das Heft von Blut troff, strebte aber dennoch mit einem Sprung von oben tief ins Meer hinab: da er dem Sohn im Sterben voranzugehen eilte, stellte er seinen letzten Atemzug nicht einer einzigen Todesart anheim.

Am Ende neigte sich die Waage mit den Losen der Rivalen nach einer Seite, und der Kampfausgang blieb nicht länger unentschieden. Die Griechenflotte war zum größten Teil gesunken, andere Schiffe aber hatten die Ruderer gewechselt und trugen nun ihre Besieger dahin; nur wenige gewannen in hastiger Flucht die Reede. Wie weinten Eltern in der Stadt, wie klagten Mütter am Gestade! Oft glaubte eine Gattin dort, wo Wasser die Züge entstellt hatte, das Antlitz ihres Mannes zu erkennen, schloß aber einen toten Römer in die Arme, und an brennenden Scheiterhaufen stritten Väter jammervoll um verstümmelte Leiber. Brutus jedoch war Sieger auf dem Meer und fügte als erster zu Caesars Waffentaten eine gewonnene Seeschlacht.

LIBER QUARTUS

At procul extremis terrarum Caesar in oris
Martem saevus agit non multa caede nocentem,
maxima sed fati ducibus momenta daturum.
iure pari rector castris Afranius illis
ac Petreius erat; concordia duxit in aequas   5
imperium commune vices tutelaque valli
pervigil alterno paret custodia signo.
his praeter Latias acies erat impiger Astur
Vettonesque leves profugique a gente vetusta
Gallorum Celtae miscentes nomen Hiberis.   10
    colle tumet modico lenique excrevit in altum
pingue solum tumulo; super hunc fundata vetusta
surgit Ilerda manu; placidis praelabitur undis
Hesperios inter Sicoris non ultimus amnes,
saxeus ingenti quem pons amplectitur arcu   15
hibernas passurus aquas. at proxima rupes
signa tenet Magni nec Caesar colle minore
castra levat; medius dirimit tentoria gurges.
explicat hinc tellus campos effusa patentes
vix oculo prendente modum camposque coerces,   20
Cinga rapax, vetitus fluctus et litora cursu
Oceani pepulisse tuo; nam gurgite mixto
qui praestat terris, aufert tibi nomen Hiberus.
    prima dies belli cessavit Marte cruento
spectandasque ducum vires numerosaque signa   25
exposuit. piguit sceleris, pudor arma furentum
continuit patriaeque et ruptis legibus unum

20 coerces *x*: -ens (-et *G*ᵛ*Arn.*ᵛ *et ex* -ent *U*)
22 tuo *U*ᵛ*a*ᵛ: suo

VIERTES BUCH

Doch fern am Erdrand führte Caesar mit Ingrimm einen Kampf, der nicht viel schlimmes Blutvergießen brachte, jedoch für die Entscheidung zwischen den Rivalen mächtig ins Gewicht fallen sollte. Mit gleicher Vollmacht hatten bei der dortigen Besatzung Afranius und Petrejus das Kommando; einträchtig ließen sie die gemeinsame Befehlsgewalt gleichmäßig wechseln, und die den Lagerwall beschirmenden Wachposten folgten der Parole bald des einen, bald des anderen. Den beiden standen außer römischen Truppen rastlose Asturier, behende Vettonen und Kelten zur Verfügung, die von ihrem alten Stamm in Gallien ausgewandert waren und den Iberernamen mit dem eigenen verbanden.

In mäßig hoher Wölbung erhebt sich fetter Boden zu einer sanften Kuppe, auf der, von Männern alter Zeiten angelegt, Ilerda ragt; mit gemächlichem Wellenschlag gleitet der Sikoris vorbei, nicht der geringste unter den Flüssen des Abendlands und in gewaltigem Bogen von einer Steinbrücke überspannt, die fähig ist, Schmelzwassern standzuhalten. Nun trug ein Berg ganz in der Nähe Pompejus' Standarten, und auf einem nicht weniger hohen Hügel zog Caesar sein Lager hinan; dazwischen lag ein Gewässer und trennte die Zelte. Von dieser Stelle dehnen sich offene Felder so weit ins Land hinaus, daß das Auge es kaum ermessen kann, und die Felder begrenzt der reißende Cinga, der nicht als eigener Flußlauf in die Brandung am Meeresgestade stoßen darf; denn der Ebro, der dem Land seinen Namen gibt, nimmt ihm den Namen fort, wenn sich ihr Bett vereint.

Der erste Tag des Waffengangs blieb ohne blutige Schlacht und stellte nur die Streitkräfte der Rivalen mit ihren zahlreichen Standarten zur Schau. Frevel wurde verabscheut, Scham hemmte wahnwitzigen Kampf, noch einen Tag vergönnte man dem Vaterland und dessen

donavere diem, prono cum Caesar Olympo
in noctem subita circumdedit agmina fossa,
dum primae perstant acies, hostemque fefellit   30
et prope consertis obduxit castra maniplis.
luce nova collem subito conscendere cursu,
qui medius tutam castris dirimebat Ilerdam,
imperat. huc hostem pariter terrorque pudorque
impulit et rapto tumulum prior agmine cepit.   35
his virtus ferrumque locum promittit, at illis
ipse locus. miles rupes oneratus in altas
nititur adversoque acies in monte supina
haeret et in tergum casura umbone sequentis
erigitur. nulli telum vibrare vacavit,   40
dum labat et fixo firmat vestigia pilo,
dum scopulos stirpesque tenent atque hoste relicto
caedunt ense viam. vidit lapsura ruina
agmina dux equitemque iubet succedere bello
munitumque latus laevo praeducere gyro.   45
sic pedes ex facili nulloque urguente receptus
irritus et victor subducto Marte pependit.
    hactenus armorum discrimina; cetera bello
fata dedit variis incertus motibus aer.
pigro bruma gelu siccisque aquilonibus haerens   50
aethere constricto pluvias in nube tenebat:
urebant montana nives camposque iacentes
non duraturae conspecto sole pruinae
atque omnis propior mergenti sidera caelo
aruerat tellus hiberno dura sereno.   55
sed postquam vernus calidum Titana recepit
sidera respiciens delapsae portitor Helles
atque iterum aequatis ad iustae pondera Librae

Geboten, ehe man sie brach; inzwischen zog Caesar, als
der Himmel in Nacht tauchen wollte, unversehens einen
Graben um seine Mannschaft, während die erste Linie
stehenblieb, und täuschte den Feind, indem er sein Lager
an vorgeschobener Stelle durch dichte Truppenreihen
tarnte. Am nächsten Morgen gab er Befehl, unversehens
eine Höhe zu erstürmen, die mitten zwischen dem anderen
Lager und Ilerda lag und diesem Deckung bot. Entsetzen
und Scham zugleich jagten den Gegner heran, und im
Sturmlauf besetzte er als erster den Hügel. Den einen
machten Schneid und Waffen Aussicht auf den Platz,
den anderen hingegen die Natur des Platzes selbst. In
voller Rüstung stemmten sich Caesars Soldaten die ragen-
den Felsen hinan, hintübergebeugt hing die Mannschaft
an dem Berg, der zu bezwingen war, und wer rücklings
zu fallen drohte, den richtete der Schild eines Hintermannes
auf. Keiner hatte die Hand zum Waffenschwingen frei,
solange er ausgleiten konnte und seinen Speer in den
Boden stechen mußte, um seinen Tritt zu sichern, solange
man gezwungen war, sich an Vorsprüngen oder Buschwerk
festzuhalten und das Schwert statt gegen den Feind zum
Bahnen eines Wegs zu brauchen. Als der Feldherr seinen
Truppen Absturz drohen sah, wies er seine Reiter an, in
das Ringen einzugreifen und linksherum eine wohlgewapp-
nete Flankierung davorzuziehen. So wurde das Fußvolk
mühelos und ohne Verfolger zurückgenommen, und der
Sieger droben sah sich um den Erfolg betrogen, da ihm
Kampfgelegenheit entrissen war.

Bis hierher hatten die Waffen zu entscheiden; den
weiteren Kriegsverlauf bestimmte das launische Wetter mit
seinem Hin und Her. Zur Winterszeit, als Froststarre
und trockene Nordwinde alles lähmten, war das Regennaß
am klammen Himmel in den Wolken geblieben: beißend
hatte Schnee das Bergland und — wenngleich bestimmt,
im Anblick der Sonne zu vergehen — Reif die Ebene
bedeckt, sodaß das ganze Land in der Nähe jenes Him-
melsstrichs, wo die Gestirne untergehen, im winterlichen
Glast zur harten Kruste geworden war. Als aber im Frühling
Helios sich erwärmte und in das Zeichen dessen trat, der
Helle bei ihrem Sturz getragen hatte und nun die Sterne
hinter sich im Auge behält, als bei erneutem Einstand der

temporibus vicere dies, tum sole relicto
Cynthia quo primum cornu dubitanda refulsit,   60
exclusit borean flammasque accepit in euro.
ille suo nubes quascumque invenit in axe,
torsit in occiduum Nabateis flatibus orbem,
et quas sentit Arabs et quas Gangetica tellus
exhalat nebulas, quidquid concrescere primus   65
sol patitur, quidquid caeli fuscator Eoi
impulerat corus, quidquid defenderat Indos.
incendere diem nubes oriente remotae
nec medio potuere graves incumbere mundo,
sed nimbos rapuere fuga: vacat imbribus Arctos   70
et notos, in solam Calpen fluit umidus aer.
hic, ubi iam zephyri fines et summus Olympi
cardo tenet Tethyn, vetitae transcurrere densos
involvere globos congestumque aeris atri
vix recipit spatium, quod separat aethere terram.   75
iamque polo pressae largos densantur in imbres
spissataeque fluunt nec servant fulmina flammas,
quamvis crebra micent: exstinguunt fulgura nimbi.
hinc imperfecto complectitur aera gyro
arcus vix ulla variatus luce colorem   80
Oceanumque bibit raptosque ad nubila fluctus
pertulit et caelo defusum reddidit aequor.
iamque Pyrenaeae, quas numquam solvere Titan
evaluit, fluxere nives fractoque madescunt
saxa gelu. tum, quae solitis e fontibus exit,   85
non habet unda vias: tam largas alveus omnis
a ripis accepit aquas. iam naufraga campo
Caesaris arma natant impulsaque gurgite multo
castra labant: alto restagnant flumina vallo.
non pecorum raptus faciles, non pabula mersi   90
ulla ferunt sulci; tectarum errore viarum
fallitur occultis sparsus populator in agris.

---

67 impulerat *vel* intulerat
70 nimbi Z^1 *et fort.* M^1
78 *om. codd. plerique*   exstinguunt f. nimbi *vel* exstinguit f.
nimbus

Waage die Tage den Nächten gleich geworden waren und
Überlegenheit gewannen, da sperrte Selene beim Weggang
von der Sonne mit der Sichel, die sie erstmals wieder unklar
leuchten ließ, den Nordsturm aus und erhellte sich bei
Ostwind. Dieser jagte alles, was er an Gewölk in seiner
Zone fand, mit vollen Backen vom Morgenland zur Abend-
sphäre: die Schwaden, die Arabien zu spüren bekommt
und die das Gangesland ausdünstet, all das, was sich
bei Sonnenaufgang zusammenbrauen darf, was aus Nordwest daherfahrend das Frührot verfinstert, was Indern
Kühlung gebracht hatte. Einen heißen Himmel zurück-
lassend, zogen die Wolken vom Osten ab und konnten
ihre Ladung nicht unterwegs zur Erde schütten, sondern
hasteten mit ihrem Wasservorrat weiter: regenfrei blieben
Nord und Süd, einzig nach Gibraltar floß alle feuchte
Luft. Dort, wo schon Zephyrs Reich beginnt und im Westen
draußen die Sonnenbahn den Ozean erreicht, durften sie
nicht weiterziehen und bauschten sich zu dichten Haufen,
sodaß der Raum zwischen Äther und Erde die Ballung
düsterer Luft kaum fassen konnte. Als sie sich jetzt am
Himmel drängten, verströmten sie vor Enge üppige Regengüsse und zerflossen, weil sie einander den Weg verstopften; da verblaßten Blitze, soviel sie auch zuckten,
ja, Regen löschte ihr Licht. Dann spannte sich ein Bogen,
dessen Farbenskala kaum bestimmte Töne zeigte, in un-
vollständiger Wölbung durch die Luft, trank aus dem
Ozean, trug die erhaschten Fluten zu den Wolken hin und
brachte, was vom Himmel geströmt war, als Meerwasser
zurück. Jetzt kam auch der Pyrenäenschnee, den Helios
noch nie zu schmelzen vermocht hatte, ins Fließen, jetzt
netzte platzendes Eis die Felsen. Da konnte sich das Wasser,
das aus gewohnten Quellen kam, in seiner Bahn nicht
halten: so reichen Zustrom nahm das Flußbett überall
an seinen Ufern auf. Schon schwamm Caesars Armee wie
bei einem Schiffbruch im Felde, schon geriet unter dem
Ansturm all der brausenden Wellen sein Lager ins Wanken;
bis zur Wallhöhe stauten sich die Fluten. Nicht leicht war
Vieh zu rauben, nicht gedieh mehr Futter auf über-
schwemmten Fluren; trügerisch waren die Wege verdeckt,
und so verirrten sich die Furagiertrupps im unübersichtlichen
Gelände. Jetzt war auch, schweren Schlägen immer dicht

iamque comes semper magnorum prima malorum
saeva fames aderat nulloque obsessus ab hoste
miles eget; toto censu non prodigus emit　　　　　　　95
exiguam Cererem. pro lucri pallida tabes:
non dest prolato ieiunus venditor auro.
iam tumuli collesque latent, iam flumina cuncta
condidit una palus vastaque voragine mersit,
absorpsit penitus rupes ac tecta ferarum　　　　　　100
detulit atque ipsas hausit subitisque frementes
verticibus contorsit aquas et reppulit aestus
fortior Oceani. nec Phoebum surgere sentit
nox subtexta polo; rerum discrimina miscet
deformis caeli facies iunctaeque tenebrae.　　　　　105
sic mundi pars ima iacet, quam zona nivalis
perpetuaeque premunt hiemes: non sidera caelo
ulla videt, sterili non quidquam frigore gignit,
sed glacie medios signorum temperat ignes.
sic, o summe parens mundi, sic, sorte secunda　　110
aequorei rector, facias, Neptune tridentis,
et tu perpetuis impendas aera nimbis,
tu remeare vetes quoscumque emiseris aestus.
non habeant amnes declivem ad litora cursum,
sed pelagi referantur aquis concussaque tellus　　115
laxet iter fluviis; hos campos Rhenus inundet,
hos Rhodanus, vastos obliquent flumina fontes;
Riphaeas huc solve nives, huc stagna lacusque
et pigras, ubicumque iacent, effunde paludes
et miseras bellis civilibus eripe terras.　　　　　120
　　sed parvo Fortuna viri contenta pavore
plena redit solitoque magis favere secundi
et veniam meruere dei. iam rarior aer
et par Phoebus aquis densas in vellera nubes
sparserat et noctes ventura luce rubebant　　　　125
servatoque loco rerum discessit ab astris
umor et ima petit, quidquid pendebat aquarum.
tollere silva comas, stagnis emergere colles

auf dem Fuße, mörderische Hungersnot zur Stelle, und
obschon von keinem Feind belagert, darbten die Soldaten;
für ihren ganzen Sold, der Verschwendung nicht erlaubte,
kauften sie sich ein wenig Korn. Pfui über krankhafte
Geschäftssucht: es fehlte nicht an Menschen, die gegen
bares Gold verkauften und selber fasteten! Schon waren
Anhöhen und Hügel verschwunden, schon gingen alle
Wasserläufe in einem einzigen Teich auf, der sie in uferlose
Tiefe senkte, ganze Felsen verschluckte, die Lager wilder
Tiere mitriß, die Tiere selbst ertränkte, im tosenden Wasser
unversehens Strudel drehte und Meeresfluten mit Übermacht zurücktrieb. Kein Sonnenaufgang war merklich,
blieb doch das Firmament von Nacht verschleiert; die
Gegenstände verschwammen bis zur Unkenntlichkeit, da
pausenloses Dunkel den Himmelsschein entstellte. So leblos
liegt der Weltenpol, wo Arktis und ewiger Winter herrschen:
kein Gestirn erscheint an seinem Himmel, nichts kann in
seiner Todeskälte wachsen, vielmehr kühlt sein Eis sogar
die Tropenglut des Krebses ab. Dies vollbringe, Schöpfer
und Herr der Welt, dies du, Neptun, der als Zweitberufener
das Meer mit seinem Dreizack regiert: biete du droben
den Luftraum für Dauerregen auf, wehre du drunten allen
ins Land gesandten Fluten Ebbe! Nicht sollen Ströme ein
Gefälle zum Gestade haben, nein, sie sollen von Meereswogen landeinwärts getragen werden, beben soll die Erde
und allen Flüssen freie Bahn gewähren; hier soll der Rhein,
hier die Rhone die Felder überschwemmen, jeder Wasserlauf soll seinen Quellenvorrat abseits leiten; hierher
führe den Schmelzschnee der Nordlandberge, hierher ergie-
ße Teiche und Seen und träg ruhende Sümpfe aus aller
Welt — entzieh das arme Land dem Bürgerkrieg!
　　Aber Fortuna ließ es bei einem kleinen Schrecken für
Caesar bewenden: mit reichem Füllhorn kam sie wieder,
und die Götter verdienten sich mit der Bereitschaft, ihm
noch größere Huld als sonst zu zeigen, auch Verzeihung.
Schon war die Luft gelöster, hatte Helios das Naß gemeistert
und die geballten Wolken zu Lämmerwölkchen zerstreut,
schon färbte Tagesanbruch nach fortgesetzter Nacht den
Himmel rot, und um den Dingen ihren Platz zu wahren,
wich die Feuchtigkeit vom Sternenzelt, sank alles stehende
Wasser nach unten. Wälder begannen ihr Blattwerk zu

incipiunt visoque die durescere valles.
utque habuit ripas Sicoris camposque reliquit,   130
primum cana salix madefacto vimine parvam
texitur in puppem caesoque inducta iuvenco
vectoris patiens tumidum super emicat amnem.
sic Venetus stagnante Pado fusoque Britannus
navigat Oceano; sic, cum tenet omnia Nilus,   135
conseritur bibula Memphitis cumba papyro.
his ratibus traiecta manus festinat utrimque
succisum curvare nemus fluviique ferocis
incrementa timens non primis robora ripis
imposuit, medios pontem distendit in agros.   140
ac nequid Sicoris repetitis audeat undis,
spargitur in sulcos et scisso gurgite rivis
dat poenas maioris aquae. postquam omnia fatis
Caesaris ire videt, celsam Petreius Ilerdam
deserit et noti diffisus viribus orbis   145
indomitos quaerit populos et semper in arma
mortis amore feros et tendit in ultima mundi.
     nudatos Caesar colles desertaque castra
conspiciens capere arma iubet nec quaerere pontem
nec vada, sed duris fluvium superare lacertis.   150
paretur rapuitque ruens in proelia miles,
quod fugiens timuisset iter. mox uda receptis
membra fovent armis gelidosque a gurgite cursu
restituunt artus, donec decresceret umbra
in medium surgente die; iamque agmina summa   155
carpit eques dubiique fugae pugnaeque tenentur.
     attollunt campo geminae iuga saxea rupes
valle cava media; tellus hinc ardua celsos
continuat colles, tutae quos inter opaco
anfractu latuere viae. quibus hoste potito   160
faucibus emitti terrarum in devia Martem

erheben, Hügel aus den Stauseen aufzutauchen, Täler im
Angesicht der Sonne zu trocknen. Als jetzt der Sikoris in
sein Bett zurückgefunden und die Felder verlassen hatte,
wurden zunächst aus gewässerten Ruten von Silberweiden
kleine Boote geflochten; mit Kalbshaut bezogen, ließen sie
Bemannung zu und schossen auf dem wogenden Strom
dahin. So fahren Veneter in den Lagunen des Po und
Britannier auf dem weiten Ozean; so fügt man in Ägypten,
wenn überall der Nil steht, Kähne aus wasserliebenden
Papyrusstauden. Auf diesen Nachen setzte eine Gruppe
über, fällte eilends Bäume für einen Bogen von hüben
und drüben, und aus Sorge vor einem Steigen des un-
gebärdigen Flusses rammte sie die Stämme nicht in den
Uferrand, sondern spannte die Brücke tief ins Land hinein.
Damit nun der Sikoris nicht mit neuem Wogenschwall
aufsässig werden könne, teilte man ihn in Gräben auf und
spaltete zur Strafe für das Hochwasser seine Strudel in
Kanäle. Als Petrejus merkte, daß alles nach Fortunas
Plan für Caesar lief, räumte er die Feste von Ilerda; weil
ihm auf Streitkräfte aus bekannten Zonen kein Verlaß
schien, wollte er Barbarenhorden werben, die allezeit aus
Todesliebe auf Kampf versessen sind, und strebte zum
äußersten Rand der Welt.

Im Augenblick, da Caesar die Höhen leer und das
Lager geräumt sah, hieß er zu den Waffen greifen und,
statt nach Brücke oder Furt zu suchen, den Fluß mit
Muskelkräften überwinden. Man gehorchte ihm, und um
Schlachten zu schlagen, legten die Soldaten im Nu einen
Weg zurück, auf dem zu fliehen sie sich gefürchtet hätten.
Dann nahmen sie ihre Rüstung wieder auf, wärmten so
die nassen Leiber und machten die im Gischt versteiften
Glieder durch Laufschritt wieder frisch, bis die Schatten
kürzer wurden und die Sonne zur Mittagshöhe stieg; da
plänkelte die Reiterei schon mit der Nachhut und hielt
sie in der Schwebe zwischen Flucht und Kampf.

Ein Bergpaar hebt seine Felsgrate mit einer Talmulde
in der Mitte aus der Ebene empor; dahinter beginnt
Hochland mit einer Kette ragender Kuppen, zwischen
denen sich in schattigen Windungen sichere Pfade versteckt
halten. Nahm etwa der Feind diesen Hohlweg, so mußte
sich der Krieg in entlegenem Gelände bei Barbarenstäm-

inque feras gentes Caesar videt: 'ite sine ullo
ordine' ait 'raptumque fuga convertite bellum
et faciem pugnae voltusque inferte minaces
nec liceat pavidis ignava occumbere morte: 165
excipiant recto fugientes pectore ferrum.'
dixit et ad montes tendentem praevenit hostem.
illic exiguo paulum distantia vallo
castra locant. postquam spatio languentia nullo
mutua conspicuos habuerunt lumina voltus,   170
[hic fratres natosque suos videre patresque]
deprensum est civile nefas. tenuere parumper
ora metu, tantum nutu motoque salutant
ense suos. mox, ut stimulis maioribus ardens
rupit amor leges, audet transcendere vallum   175
miles, in amplexus effusas tendere palmas.
hospitis ille ciet nomen, vocat ille propinquum,
admonet hunc studiis consors puerilibus aetas
nec Romanus erat, qui non agnoverat hostem.
arma rigant lacrimis, singultibus oscula rumpunt   180
et quamvis nullo maculatus sanguine miles,
quae potuit fecisse, timet. quid pectora pulsas?
quid, vaesane, gemis? fletus quid fundis inanes
nec te sponte tua sceleri parere fateris?
usque adeone times, quem tu facis ipse timendum?   185
classica det bello, saevos tu neglege cantus;
signa ferat, cessa; iam iam civilis Erinys
concidet et Caesar generum privatus amabit.
nunc ades, aeterno complectens omnia nexu,
o rerum mixtique salus, Concordia, mundi   190
et sacer orbis amor. magnum nunc saecula nostra
venturi discrimen habent. periere latebrae
tot scelerum, populo venia est erepta nocenti:
agnovere suos. pro numine fata sinistro
exigua requie tantas augentia clades!   195

171 *om.* M^1Z^1
177 propinquum *vel* -i
183 times $G^1U^va^v$

men verlieren — Caesar sah es und rief: „Vorwärts in
aufgelöster Ordnung! Zwingt das Heer aus wilder Flucht
zur Wendung, bietet ihm eine Kämpferstirn und Mienen
voller Angriffslust, gönnt es den Feiglingen nicht, wehrlos
sterbend hinzusinken: vorn in der Brust soll der Stahl sie
treffen, die jetzt lieber fliehen!" Sprachs und kam dem
Feind zuvor, als dieser die Berge zu erreichen suchte.
An jener Stelle schlugen beide Gegner in nur geringem
Abstand hinter niedrigen Wällen ihre Lager auf. Keine
Entfernung trübte die Sicht, und als einer des anderen
Züge gewahrte, erwies sich der Frevel eines Bürgerkriegs.
Eine Weile noch hielt Angst ihre Gesichter in Bann, nur
mit Winken und geschwenkten Schwertern grüßten sie die
Ihren. Dann sprengte der mächtigere Trieb glühender
Liebe alle Vorschrift: beherzt stiegen die Soldaten über
die Wälle und breiteten zur Umarmung weit die Hände
aus. Einen Freund seines Hauses nannte der eine bei
seinem Namen, einen Verwandten rief der andere an,
der dritte gedachte gemeinsamen Lernens in Jugendjahren,
ja, der mußte kein Römer sein, der unter den Feinden
niemanden erkannte. Die Waffen netzten sie mit Tränen,
schluchzten zwischen Küssen, und wiewohl noch nicht
im Kampf mit Blut besudelt, erschraken sie vor dem, was
sie hätten verüben können. — Warum zerschlägst du deine
Brust? Warum jammerst du Tor? Warum vergießt du
sinnlose Tränen und gestehst dir nicht, daß du dich aus
eigenem Willen dem Verbrechen fügst? In solchem Grade
schreckt dich jemand, den du selber erst zum Schrecknis
machst? Mag er die Kriegsfanfare blasen lassen — überhöre
du die grause Melodie! Mag er marschieren — bleib!
Bald, ja, bald wird dann die Furie des Bruderkampfs zu
Boden stürzen und wird Caesar im Bürgerkleid seinen
Eidam in die Arme schließen. Jetzt komm herbei, du all-
umfassende, auf ewig bindende Eintracht, Erhalterin des
Daseins und einer verbrüderten Welt, heilige Liebesmacht
auf Erden! Gewichtige Entscheidung für die Zukunft
hat unser Geschlecht jetzt in der Hand. Dahin ist jede
Ausflucht für ungezählte Frevel, verbrecherischen Bürgern
ist Nachsicht entzogen: man hat die Seinen erkannt.
Entsetzlich, daß ein mißgünstiges Verhängnis die kleine
Pause nutzte, um all das Unglück zu vermehren!

　　pax erat et castris miles permixtus utrisque
errabat; duro concordes caespite mensas
instituunt et permixto libamina Baccho;
graminei luxere foci iunctoque cubili
extrahit insomnes bellorum fabula noctes,　　　　　　200
quo primum steterint campo, qua lancea dextra
exierit. dum quae gesserunt fortia iactant
et dum multa negant, quod solum fata petebant,
est miseris renovata fides atque omne futurum
crevit amore nefas. nam postquam foedera pacis　　205
cognita Petreio seque et sua tradita venum
castra videt, famulas scelerata ad proelia dextras
excitat atque hostes turba stipatus inermes
praecipitat castris iunctosque amplexibus ense
separat et multo disturbat sanguine pacem.　　　　210
addidit ira ferox moturas proelia voces:
'immemor o patriae, signorum oblite tuorum,
non potes hoc causae, miles, praestare, senatus
assertor victo redeas ut Caesare: certe,
ut vincare, potes. dum ferrum incertaque fata　　215
quique fluat multo non derit volnere sanguis,
ibitis ad dominum damnataque signa feretis
utque habeat famulos nullo discrimine Caesar
exorandus erit? ducibus quoque vita petita est?
numquam nostra salus pretium mercesque nefandae　220
proditionis erit; non hoc civilia bella,
ut vivamus, agunt. trahimur sub nomine pacis:
non chalybem gentes penitus fugiente metallo
eruerent, nulli vallarent oppida muri,
non sonipes in bella ferox, non iret in aequor　　225
turrigeras classis pelago sparsura carinas,
si bene libertas umquam pro pace daretur.
hostes nempe meos sceleri iurata nefando
sacramenta tenent, at vobis vilior hoc est

219 petita *vel* petenda

Es herrschte Friede, und in beiden Lagern zogen die
Soldaten Arm in Arm umher; auf hartem Rasen begannen
sie einträchtig zu schmausen und ihren Wein zur Trank-
spende zusammenzuschütten; Torffeuer glommen, und auf
vereintem Lager dehnte man mit Kriegsgeschichten den
Abend bis in eine schlaffreie Nacht hinein, mit Geschichten,
wo man zuerst im Feld gestanden hatte, wie sicher die
Lanze dahingeflogen war. Während sie von ihren tapferen Taten Worte machten und ein Nein ums andere riefen,
geschah das, was Fortunas ganzer Wunsch war: sie stellten
ihre Harmonie von neuem her — zu ihrem Leid, verschlimm-
merte doch ihre Liebe all den Greuel, der geschehen
sollte. Denn als Petrejus von dem Friedensbund erfuhr
und sich mit seinem Lager verschachert sah, bot er Diener-
fäuste zu ruchlosem Kampf auf, jagte in dichtem Ring
seiner Schar die doch waffenlosen Feinde aus seinem Lager,
trennte die eng Umschlungenen mit Schwerthieben und
machte mit Strömen von Blut den Frieden zunichte. Zudem
gab wilder Zorn ihm Worte ein, die Kampf auslösen sollten:
,,Denkt ihr so wenig an das Vaterland, habt ihr vergessen,
welche Standarten ihr tragt? Gesetzt, ihr Soldaten könntet
eurer Sache als Freiheitskämpfer des Senats nicht damit
dienen, daß ihr als Sieger über Caesar heimkehrt: gewiß
könnt ihr es damit, daß ihr euch besiegen laßt! Solange
ein Schwert bereit, der Ausgang unentschieden und Blut
genug vorhanden ist, um vielen Wunden zu entströmen,
wollt ihr zu einem Despoten gehen und verabscheute
Standarten tragen, wollt bei Caesar betteln, er möchte
euch zu Knechten nehmen, ohne euch hintanzusetzen?
Habt ihr auch für eure Führer Begnadigung erbeten?
Nie wird man mit unserem Leben schnöden Verrat erkaufen
und bezahlen können; nicht das ist der Sinn des Bürgerkriegs, daß wir erhalten bleiben. In Schlepptau nimmt man
uns und spricht von Frieden: nicht würden die Völker Eisen
aus tief versteckten Minen schürfen, nirgends würden sich
Befestigungsmauern um Städte legen, kein Schlachtroß
ginge ungestüm ins Feld, keine Flotte stäche in See und
verteilte ihre Schiffstürme auf der Wasserfläche, wenn man
jemals im guten Freiheit statt Frieden schenkte. Ja freilich,
für unsere Feinde ist ein Fahneneid, den sie auf ein nichts-
würdiges Verbrechen schworen, bindend, euch hingegen

vestra fides, quod pro causa pugnantibus aequa   230
et veniam sperare licet. pro dira pudoris
funera! nunc toto fatorum ignarus in orbe,
Magne, paras acies mundique extrema tenentes
sollicitas reges, cum forsan foedere nostro
iam tibi sit promissa salus.' sic fatur et omnes   235
concussit mentes scelerumque reduxit amorem.
sic, ubi desuetae silvis in carcere clauso
mansuevere ferae et voltus posuere minaces
atque hominem didicere pati, si torrida parvus
venit in ora cruor, redeunt rabiesque furorque   240
admonitaeque tument gustato sanguine fauces,
fervet et a trepido vix abstinet ira magistro.
itur in omne nefas et, quae fortuna deorum
invidia caeca bellorum in nocte tulisset,
fecit monstra fides: inter mensasque torosque,   245
quae modo complexu foverunt, pectora caedunt
et, quamvis primo ferrum strinxere gementes,
ut dextrae iusti gladius dissuasor adhaesit,
dum feriunt, odere suos animosque labantes
confirmant ictu. fervent iam castra tumultu   250
[et scelerum turba, rapiuntur colla parentum]
ac, velut occultum pereat scelus, omnia monstra
in facie posuere ducum: iuvat esse nocentes.
tu, Caesar, quamvis spoliatus milite multo,
agnoscis superos; neque enim tibi maior in arvis   255
Emathiis fortuna fuit nec Phocidos undis
Massiliae Phario nec tantum est aequore gestum,
hoc siquidem solo civilis crimine belli
dux causae melioris eris.
                          polluta nefanda
agmina caede duces iunctis committere castris   260
non audent altaeque ad moenia rursus Ilerdae
intendere fugam. campos eques obvius omnes

244 in nocte *vel* nocte
251 *habent* G^2V^2
253 facie *x et fort.* Z^1: -em

gilt euer Treuwort darum weniger, weil ihr für eine gerechte
Sache kämpft und gar noch auf Verzeihung hoffen dürft!
Pfui, daß ihr so schmählich eure Scham begrabt! Ohne
Wissen von der Wendung schaffst du jetzt, Pompejus,
auf der ganzen Erde Armeen herbei und bietest Könige
am Weltenrande auf, wenn dir, wer weiß, dank unserer
Verbrüderung bereits das Leben zugesichert ist." Mit
diesen Worten wühlte er alle in der Seele auf und stellte
die Leidenschaft für Frevel wieder her. So geht es, wenn
Raubtiere sich der Wildnis entwöhnten und im engen
Käfig zahm geworden sind, die Tücke in ihren Blicken
abgelegt und dem Menschen untertan zu sein gelernt
haben, aber nun ein wenig rotes Naß in ihre Mäuler kommt,
die davon lange nicht mehr troffen: da kehrt wütige Wildheit
zurück, Erinnerungen weckt der Blutgeschmack, es weitet
sich der Schlund, Grimm brodelt und macht kaum vor
dem erschrockenen Bändiger Halt. Man schritt zu jedem
Greuel, und ungeheuerliche Dinge, die, durch bloßen
Zufall in einer Kampfnacht ohne Sicht herbeigeführt,
mit Gotteslästerung geendet hätten, geschahen aus Ergebenheit: beim Schmausen ebenso wie auf dem Lager durch-
bohrten sie einander die eben noch liebevoll umarmte
Brust, und mochten sie auch zu Beginn den Stahl mit
Seufzen zücken, so haßten sie, war erst als Gegenanwalt
guter Tat das Schwert von ihrer Faust gepackt, im Augenblick des Stoßes ihre Brüder und steiften ihre zagen
Herzen, wenn sie trafen. Schon brodelte ein Durcheinander
in den Lagern, und als wäre ungesehene Schurkerei vertan, setzten sie alle Ungeheuerlichkeiten den Augen ihrer Führer aus: es machte Freude, Bösewicht zu sein. Du,
Caesar, büßtest viele Soldaten ein und erkennst dennoch
die Hand der Götter; denn dein Glück war weder im
Gefilde von Emathia noch in den Gewässern der Phoker-
stadt Massilia größer, und auch an Ägyptens Küste wurde
nicht so viel erreicht, stehst du doch dank diesem einen
frevlen Bruderkampf fortan als Führer der besseren
Sache da.
   Nachdem die Pompejaner sich ruchlos mit Blut besudelt
hatten, wagten ihre Feldherrn nicht, sie Seite an Seite
mit Caesar in ihrem Lager zu lassen, sondern suchten in
den Mauerring der Festung Ilerda zurückzuflüchten. Aber

abstulit et siccis inclusit collibus hostem.
tunc inopes undae praerupta cingere fossa
Caesar avet nec castra pati contingere ripas   265
aut circum largos curvari bracchia fontes.
   ut leti videre viam, conversus in iram
praecipitem timor est. miles non utile clausis
auxilium mactavit equos tandemque coactus
spe posita damnare fugam casurus in hostes   270
fertur. ut effuso Caesar decurrere passu
vidit et ad certam devotos tendere mortem,
'tela tene iam, miles,' ait 'ferrumque ruenti
subtrahe: non ullo constet mihi sanguine bellum.
vincitur haud gratis, iugulo qui provocat hostem: 275
en sibi vilis adest invisa luce iuventus
iam damno peritura meo; non sentiet ictus,
incumbet gladiis, gaudebit sanguine fuso.
deserat hic fervor mentes, cadat impetus amens,
perdant velle mori.' sic deflagrare minaces   280
in cassum et vetito passus languescere bello,
substituit merso dum nox sua lumina Phoebo.
inde ubi nulla data est miscendae copia mortis,
paulatim cadit ira ferox mentesque tepescunt,
saucia maiores animos ut pectora gestant,   285
dum dolor est ictusque recens et mobile nervis
conamen calidus praebet cruor ossaque nondum
adduxere cutem: si conscius ensis adacti
stat victor tenuitque manus, tum frigidus artus
alligat atque animum subducto robore torpor,   290
postquam sicca rigens astrinxit volnera sanguis.
   iamque inopes undae primum tellure refossa
occultos latices abstrusaque flumina quaerunt
nec solum rastris durisque ligonibus arva,

283   miscendae c. mortis *vel* miscendi c. Martis
284   cadit *vel* fugit
290   animum *vel* -am

ein Reiterangriff sperrte die ganze Ebene und schloß den
Feind in dürren Bergen ein. Als sie jetzt Wassermangel
litten, brannte Caesar darauf, ringsum einen Graben mit
steiler Böschung zu ziehen und zu verhindern, daß ihr
Lager an die Flußufer stieß oder Seitendämme sich um
ausgiebige Quellen legten.

Da sie die Todesstraße vor sich sahen, verwandelte sich
ihre Angst in jähen Grimm. Erst schlachteten die Soldaten
ihre Pferde, die in der Umzingelung als Helfer nutzlos
waren; als sie dann schließlich alle Hoffnung fahren lassen
und Gedanken an Flucht verwerfen mußten, stürzten sie
zum Sterben auf die Feinde zu. Kaum sah Caesar sie mit
ausgreifenden Schritten talwärts laufen und einem sicheren
Opfertod entgegeneilen, rief er: „Soldaten, haltet jetzt
mit Schießen ein und zieht den Stahl zurück, wenn man hin-
einzurennen sucht: kein Blut soll das Gefecht mich kosten!
Nicht umsonst läßt sich besiegen, wer dem Feind die Kehle
bietet: seht, da kommen Männer, die ihr Leben hassen und
sich selbst so wenig gelten, daß sie jetzt auf meine Rechnung sterben möchten; sie werden keine Wunden spüren,
sich selbst in eure Schwerter stürzen, ihr Blut mit Freuden
fließen sehen. Weichen soll dieser Schwärmergeist, fallen
der ungestüme Wahn, vergehen ihre Todeslust." So ließ
er durch Gefechtsverweigerung ihre Angriffswut zu einem
Nichts abbrennen und verglimmen, bis Helios hinunter-
sank und die Lichter der Nacht an seine Stelle traten. Da
ihnen also keine Möglichkeit zum Wechselmord geboten
,wurde, fiel allmählich ihr wilder Grimm zusammen und
kühlte ihre Raserei sich ab. So wohnt in einer wunden
Fechterbrust mehr Leidenschaft, solange Schmerz und
Treffer frisch sind, warmer Puls den Sehnen Bewegungskraft
verleiht und über den Knochen die Haut noch nicht
geschrumpft ist: wenn jedoch der andere den Schwertstreich
sitzen sieht, als Sieger dasteht und keine Hand mehr rührt,
dann schwinden die Kräfte und lähmt Ohnmachtsstarre
Leib wie Seele, nachdem das Blut gerann, die Wunden
trockneten und sich verstopften.

Da gruben sie jetzt aus' Wassermangel zunächst die
Erde auf, um nach heimlichen Quellen und verborgenen
Rinnsalen zu suchen, ja, nicht nur mit Karst und fester

sed gladiis fodere suis puteusque cavati   295
montis ad irrigui premitur fastigia campi;
non se tam penitus, tam longe luce relicta
merserit Astyrici scrutator pallidus auri.
non tamen aut tectis sonuerunt cursibus amnes
aut micuere novi percusso pumice fontes   300
antra neque exiguo stillant sudantia rore
aut impulsa levi turbatur glarea vena.
tunc exhausta super multo sudore iuventus
extrahitur duris silicum lassata metallis
quoque minus possent siccos tolerare vapores,   305
quaesitae fecistis aquae. nec languida fessi
corpora sustentant epulis mensasque perosi
auxilium fecere famem. si mollius arvum
prodidit umorem, pingues manus utraque glaebas
exprimit ora super; nigro si turbida limo   310
colluvies immota iacet, cadit omnis in haustus
certatim obscenos miles moriensque recepit,
quas nollet victurus, aquas; rituque ferarum
distentas siccant pecudes et lacte negato
sordidus exhausto sorbetur ab ubere sanguis.   315
tunc herbas frondesque terunt et rore madentes
destringunt ramos et siquos palmite crudo
arboris aut tenera sucos pressere medulla.
o fortunati, fugiens quos barbarus hostis
fontibus immixto stravit per rura veneno: 320
hos licet in fluvios saniem tabemque ferarum,
pallida Dictaeis, Caesar, nascentia saxis
infundas aconita palam, Romana iuventus
non decepta bibet. torrentur viscera flamma
oraque sicca rigent squamosis aspera linguis;   325
iam marcent venae nulloque umore rigatus
aeris alternos angustat pulmo meatus
rescissoque nocent suspiria dura palato;
pandunt ora tamen nocturnumque aera captant.
exspectant imbres, quorum modo cuncta natabant   330
impulsu, et siccis voltus in nubibus haerent.
quoque magis miseros undae ieiunia solvant,

298 Astyrici *Housman* (Asturii *x*): Assyrii (-ici *P*)
299 tectis *Arn. x*: lectis M^1Z^1: tecti ωα

Hacke, sondern mit ihren Schwertern gruben sie im Boden,
und ein Bohrschacht wurde vom Gebirge bis zum Wasserpe-
gel der Ebene hinabgetrieben; kein bleicher Goldgräber
Asturiens stiege so tief, so weit vom Tageslicht nach unten.
Doch nicht glucksten versteckte Wasserläufe, sprangen neue
Quellen aus zerschlagenem Tuffgestein, tropfte ein wenig
Naß von feuchten Höhlenwänden oder regten sich leise
hämmernde Adern im Kies. Da zog man die bis zur Erschöpfung verschwitzten, vom Schürfen im harten Fels
zermürbten Männer nach oben, und wenn sie jetzt die
trockne Glut noch weniger ertragen konnten, so war die
Wassersuche schuld. Auch stärkten sie in ihrer Mattigkeit
die schlaffen Leiber nicht mit Nahrung, sondern verschmähten alle Speise und nahmen Hunger gegen Durst zu Hilfe.
Ließ weicheres Erdreich Feuchtigkeit vermuten, so drückten
sie mit beiden Händen die fetten Schollen über ihren
Mündern aus; lag mit schwarz brodelndem Morast still
eine Pfütze da, so warfen sich alle Soldaten um die Wette
zu garstigem Trunk auf den Boden und schluckten sterbend
Wasser, das sie zur Erhaltung ihres Lebens nicht hätten
schlucken mögen; auch sogen sie wie wilde Tiere pralle
Viehzitzen aus und schlürften, wenn die Milch versiegte,
schmieriges Blut aus leergetrunkenen Eutern. Dann zer-
rieben sie Pflanzen und Laub, streiften Tautropfen von
den Zweigen, dazu von frischen Baumtrieben oder zartem
Mark den etwa ausgepreßten Saft. Glücklich, wer in den
Feldern hinsinkt, wenn feindliche Barbaren auf ihrem
Rückzug den Quellen Gift beimischten: hier mochte
Caesar Eiter, verweste Tiere und leichengelben Eisenhut
aus Kretas Bergen offen in die Flüsse werfen, Römermannen
hätten doch mit sehenden Augen getrunken. Feuer versengte
das Eingeweide, trocken und spröde waren die Lippen,
schuppig rauh die Zunge; schon wurden die Adern matt,
und da kein Naß die Lunge netzte, verengte sich das Hin
und Her ihrer Luftwege, machte das Atmen mit rissigem
Gaumen Mühe und Beschwer; dennoch taten sie die
Münder auf, um gierig Nachtluft einzusaugen. Sie warteten
auf Regenfälle, die eben noch geprasselt und alles überflutet
hatten, und ihre Blicke hafteten an trockenen Wolken.
Ja, der Entzug von Wasser zermürbte die Armen umso
mehr, als sie nicht jenseits des dürren Meroë lagen oder

non super arentem Meroen Cancrique sub axe,
qua nudi Garamantes arant, sedere, sed inter
stagnantem Sicorim et rapidum deprensus Hiberum   335
spectat vicinos sitiens exercitus amnes.
    iam domiti cessere duces pacisque petendae
auctor damnatis supplex Afranius armis
semianimes in castra trahens hostilia turmas
victoris stetit ante pedes. servata precanti   340
maiestas non fracta malis interque priorem
fortunam casusque novos gerit omnia victi,
sed ducis et veniam securo pectore poscit:
'si me degeneri stravissent fata sub hoste,
non derat fortis rapiendo dextera leto;   345
at nunc causa mihi est orandae sola salutis
dignum donanda, Caesar, te credere vita.
non partis studiis agimur nec sumpsimus arma
consiliis inimica tuis: nos denique bellum
invenit civile duces causaeque priori,   350
dum potuit, servata fides. nil fata moramur:
tradimus Hesperias gentes, aperimus Eoas
securumque orbis patimur post terga relicti.
nec cruor effusus campis tibi bella peregit
nec ferrum lassaeque manus; hoc hostibus unum,   355
quod vincas, ignosce tuis. nec magna petuntur:
otia des fessis, vitam patiaris inermes
degere, quam tribuis. campis prostrata iacere
agmina nostra putes; nec enim felicibus armis
misceri damnata decet partemque triumphi   360
captos ferre tui. turba haec sua fata peregit;
hoc petimus, victos ne tecum vincere cogas.'
    dixerat; at Caesar facilis voltuque serenus
flectitur atque usus belli poenamque remittit.
ut primum iustae placuerunt foedera pacis,   365
incustoditos decurrit miles ad amnes,

dort, wo unter dem Tropenhimmel nackte Garamanten
ihr Feld bestellen: nein, zwischen trägem Sikoris und
reißendem Ebro gefangen, im Anblick naher Flüsse dürstete
das Heer.

Da gab sich denn das Führerpaar geschlagen; Afranius
verwarf den Krieg, empfahl ein Friedensgesuch und schleppte
als Bittsteller die halbtoten Schwadronen ins Feindeslager,
wo er dem Sieger zu Füßen stehenblieb. Bei seinem Antrag
wahrte er eine Würde, die keine Leiden hatten mindern
können, trat im Widerspruch von einstiger Berufung und
jetzigem Mißgeschick ganz als ein Mann auf, der besiegt
und dennoch Feldherr war, und verlangte unbesorgten
Herzens Gnade: ,,Wäre es mir bestimmt gewesen, einem
ehrvergessenen Feind zu unterliegen, so hätte es nicht an
Mut zu raschem Tod von tapferer Hand gefehlt; daß ich
statt dessen jetzt um Schonung bitte, macht allein mein
Glaube, du, Caesar, seist es wert, ein Leben zum Geschenk
zu machen. Wir sind nicht von Parteilichkeit beseelt und
haben nicht als Widersacher deiner Pläne zu den Waffen
gegriffen: fand uns doch der Bürgerkrieg im Feldherrnamt,
sind wir doch nur der früheren Sache treu geblieben,
solange es geschehen konnte. Mitnichten halten wir das
Schicksal auf: wir übergeben dir die Völker des Okzidents,
eröffnen dir den Weg zu den Völkern des Orients und
gönnen dir Unbesorgtheit um die Zone, die du im Rücken
läßt. Keines Blutvergießens in der Schlacht bedurftest du,
um den Feldzug zu beenden, keiner Waffen und Kampf-
fesmühen; nur das eine hast du deinen Gegnern zu verzei-
hen, daß du sie besiegen mußtest. Auch ist es nicht viel,
worum wir bitten: gib den Erschöpften Ruhe, laß uns
das Leben ohne Waffen führen, das du uns gewährst!
Nimm an, unsere Armee läge hingestreckt im Schlachtfeld;
denn es ist ungebührlich, daß sich unter siegreiche Truppen
Geschlagene mischen, daß Gefangene zu deinem Triumph
beitragen. Unser Haufe hat seine Bestimmung erfüllt;
dahin geht unsere Bitte, du möchtest die Besiegten nicht
zwingen, mit dir zu siegen."

Er war zu Ende; Caesar aber gab mit heiterer Stirn
bereitwillig nach und erließ Kriegsdienst wie Strafe. Sobald
der Frieden förmlich durch Vertrag besiegelt war, eilten
die Soldaten zu den jetzt unbewachten Flüssen hinunter,

incumbit ripis permissaque flumina turbat.
continuus multis subitarum tractus aquarum
aera non passus vacuis discurrere venis
artavit clausitque animam; nec fervida pestis   370
cedit adhuc, sed morbus egens iam gurgite plenis
visceribus sibi poscit aquas. mox robora nervis
et vires rediere viris. o prodiga rerum
luxuries numquam parvo contenta paratis
et quaesitorum terra pelagoque ciborum   375
ambitiosa fames et lautae gloria mensae,
discite, quam parvo liceat producere vitam
et quantum natura petat. non erigit aegros
nobilis ignoto diffusus consule Bacchus,
non auro murraque bibunt, sed gurgite puro   380
vita redit: satis est populis fluviusque Ceresque.
    heu miseri, qui bella gerunt! tunc arma relinquens
victori miles spoliato pectore tutus
innocuusque suas curarum liber in urbes
spargitur. o quantum donata pace potitos   385
excussis umquam ferrum vibrasse lacertis
paenituit, tolerasse sitim frustraque rogasse
prospera bella deos! nempe usis Marte secundo
tot dubiae restant acies, tot in orbe labores;
ut numquam fortuna labet successibus anceps,   390
vincendum totiens; terras fundendus in omnes
est cruor et Caesar per tot sua fata sequendus.
felix, qui potuit mundi nutante ruina
quo iaceat iam scire loco. non proelia fessos
ulla vocant, certos non rumpunt classica somnos.   395
iam coniunx natique rudes et sordida tecta
et non deductos recipit sua terra colonos.
hoc quoque securis oneris Fortuna remisit,
sollicitus menti quod abest favor: ille salutis
est auctor, dux ille fuit. sic proelia soli   400

372   poscit (querit *M*ᵛ) *vel* c(o)epit

warfen sich am Ufer nieder und zerwühlten die freigegebene
Strömung. Das plötzlich ohne Unterlaß geschlürfte Wasser
machte, daß bei vielen der Atem keine freien Wege mehr
zum Lauf nach oben und unten fand, sondern die Luftröh-
re sich verengte und verstopfte; dabei wich der sehrende
Brand noch immer nicht, vielmehr verlangte nimmersatte
Sucht ihr Wasser, wenn der Leib bereits mit Flüssigkeit
gefüllt war. Bald kehrten Muskelstärke und Männerkraft
zurück. — Ihr prassenden Verschwender, nie mit billig
Beschafftem zufrieden, ihr Feinschmecker mit eurer Gier
nach erlesenen Bissen von Land und Meer, ihr prahleri-
schen Schlemmer an der Tafel: lernt, mit welcher Kleinig-
keit man das Leben fristen kann und wie wenig die Natur
verlangt! Was den Leidenden emporhalf, war kein unter
einem Konsul aus vergessenen Zeiten abgefüllter Wein
klangvollen Namens, sie tranken nicht aus Gold- und Fluß-
spatbechern, sondern lauteres Wasser gab neues Leben: ein
Born und Brot genügen der Menschheit.

Welch Elend leidet, wer im Krieg steht! Jetzt aber
lieferten die Soldaten ihre Waffen dem Sieger ab; ohne
Harnisch auf der Brust und dennoch geborgen, unbehelligt
und sorgenfrei, so gingen sie in ihre Städte auseinander.
Ach, wie tief bereuten sie, da ihnen der Friede als Geschenk
gehörte, jemals den Arm zum Lanzenschuß geschwungen,
Durst ertragen und sinnlos zu den Göttern um Kriegsglück
gebetet zu haben! Harrten doch auf die vom Schlachtengott
Begünstigten zahllose Kämpfe ungewissen Ausgangs, zahllose Plagen auf dem Erdenrund; mochte das Glück in
seiner launischen Gnade auch niemals wanken, sie brauchten
Siege ohne Zahl; in allen Landen mußten sie ihr Blut
verströmen und Caesar auf all seinen Schicksalswegen
folgen. Glücklich, wer im Augenblick, da sich die Welt
zum Einsturz neigte, seinen Ruheplatz schon wissen konnte!
Keine Schlacht rief müde Männer, kein Signal riß sie
aus festem Schlaf. Jetzt waren sie daheim bei ihren Frauen,
bei unschuldigen Kindern, unter ärmlichem Dach und
auf angestammter Scholle statt in zugewiesenem Siedlungs-
land. Auch damit erleichterte Fortuna sie von Last und
Sorge, daß ihnen im Parteienstreit Gewissensnot erspart
blieb: der eine sicherte jetzt ihr Leben, der andere war
einst ihr Führer. So hatten sie allein das Glück, daß sie

felices nullo spectant civilia voto.
   non eadem belli totum Fortuna per orbem
constitit, in partes aliquid sed Caesaris ausa est.
qua maris Hadriaci longas ferit unda Salonas
et tepidum in molles zephyros excurrit Iader,   405
illic bellaci confisus gente Curictum,
quos alit Hadriaco tellus circumflua ponto,
clauditur extrema residens Antonius ora
cautus ab incursu belli, si sola recedat,
expugnat quae tuta, fames. non pabula tellus   410
pascendis summittit equis, non proserit ullam
flava Ceres segetem; spoliarat gramine campum
miles et attonso miseris iam dentibus arvo
castrorum siccas de caespite volserat herbas.
ut primum adversae socios in litore terrae   415
et Basilum videre ducem, nova furta per aequor
exquisita fugae. neque enim de more carinas
extendunt puppesque levant, sed firma gerendis
molibus insolito contexunt robora ductu.
namque ratem vacuae sustentant undique cupae,   420
quarum porrectis series constricta catenis
ordinibus geminis obliquas excipit alnos;
nec gerit expositum telis in fronte patenti
remigium, sed, quod trabibus circumdedit aequor,
hoc ferit et taciti praebet miracula cursus,   425
quod nec vela ferat nec apertas verberet undas.
tum freta servantur, dum se declivibus undis
aestus agat refluoque mari nudentur harenae.
iamque relabenti crescebant litora ponto:
missa ratis prono defertur lapsa profundo   430
et geminae comites. cunctas super ardua turris
eminet et tremulis tabulata minantia pinnis.
   noluit Illyricae custos Octavius undae
confestim temptare ratem celeresque carinas
continuit, cursu crescat dum praeda secundo,   435

---

412 spoliarat *Guietus*: -bat (-vit *G*ᵛ)
427 declivibus *vel* -nibus

den Bürgerkämpfen ohne Wunsch zuschauen konnten.

Nicht überall im Reich gewährte Fortuna das gleiche Kriegsglück, sondern erkühnte sich zu einem Schlag gegen Caesars Partei. Wo die Adriafluten den langgezogenen Strand vom Salonae bespülen und das warme Jader sich milden Westwinden entgegenbreitet, in jener Gegend hatte sich Antonius dem kriegerischen Volksstamm anvertraut, der das Eiland Kurikta in der Adriasee bewohnt, war aber eingeschlossen worden; sein Standort im letzten Küstenwinkel schützte ihn vor einem kriegerischen Überfall, nur wollte die Hungersnot, die jede Feste nimmt, nicht weichen. Kein Futter zum Weiden der Pferde ließ das Erdreich wachsen, Ceres kein gelbes Korn gedeihen; die Truppen hatten sich das Gras vom Feld geholt und dann, als das Gelände von ihren Zähnen schon kläglich kahlgewetzt war, vom Rasen des Lagerwalls verdorrte Halme abgezupft. Sobald sie gegenüber am Gestade des Festlands Kameraden mit Basilus als Führer gewahrten, dachten sie sich eine neuartige List aus, um über See zu entkommen. Sie zimmerten nämlich keine geräumigen Schiffe mit hohem Deck nach gewohnter Weise, sondern banden Stämme, die zum Tragen von Aufbauten fest genug waren, in ungewöhnlicher Fügung zusammen. Denn ein Floß wurde allerseits auf leere Tonnen gesetzt, die man gruppenweise mit langen Ketten verknüpfte und in Doppelreihen quer mit Bohlen belegte; auch war die Rudermannschaft, die es trug, nicht offen an Bord einer Beschießung ausgesetzt, nein, es peitschte mit seinen Riemen nur das Wasser innerhalb des Balkenwerks und gewährte das Schauspiel geheimnisvoller Fortbewegung, da es weder Segel trug noch sichtbar Ruderschläge tat. Nun achteten sie auf die Strömung und warteten, bis die Flut sich in Ebbe wandeln und der Rücklauf des Meeres den Strand bloßlegen würde. Endlich wich die See zurück und wurde das Gestade breiter: da brachte man das Floß zu Wasser, und zusammen mit zwei anderen trieb es sacht in jähe Tiefe hinaus. Auf jedem ragte ein Turm empor, und die Zinnen schwankten, mit denen die Stockwerke bedrohlich ausgerüstet waren.

Octavius, der in Illyriens Gewässern Wache hielt, wollte die Flöße nicht überstürzt angreifen, sondern hielt seine schnellen Kiele zurück, um mit einer Fahrt zu günstiger

et temere ingressos repetendum invitat ad aequor
pace maris. sic, dum pavidos formidine cervos
claudat odoratae metuentes aera pinnae
aut dum dispositis attollat retia varis,
venator tenet ora levis clamosa Molossi,   440
Spartanos Cretasque ligat nec creditur ulli
silva cani, nisi qui presso vestigia rostro
colligit et praeda nescit latrare reperta
contentus tremulo monstrasse cubilia loro.

    nec mora, complentur moles avideque petitis   445
insula deseritur ratibus, quo tempore primas
impedit ad noctem iam lux extrema tenebras.
at Pompeianus fraudes innectere ponto
antiqua parat arte Cilix passusque vacare
summa freti medio suspendit vincula ponto   450
et laxe fluitare sinit religatque catenas
rupis ab Illyricae scopulis. nec prima nec illam
quae sequitur tardata ratis, sed tertia moles
haesit et ad cautes adducto fune secuta est.
impendent cava saxa mari ruituraque semper   455
stat, mirum, moles et silvis aequor inumbrat.
huc fractas aquilone rates summersaque pontus
corpora saepe tulit caecisque abscondit in antris;
restituit raptus tectum mare cumque cavernae
evomuere fretum, contorti verticis undae   460
Tauromenitanam vincunt fervore Charybdim.
hic Opiterginis moles onerata colonis
constitit; hanc omni puppes statione solutae
circumeunt, alii rupes ac litora complent.

    Vulteius tacitas sensit sub gurgite fraudes   465
(dux erat ille ratis), frustra qui vincula ferro

---

451 laxe *vel* -as (-a *P*)
452 illam *PZc*: -a

Stunde die Beute zu vermehren, und wo eine Mannschaft
blindlings losgefahren war, legte er ihr nahe, ein andermal
in See zu stechen, ohne daß das Meer in Wallung käme.
Es war, wie wenn ein Jäger mit einer Scheuche furchtsamen
Hirschen den Weg verlegt, damit sie bei Witterung des
Federdufts erschrecken, oder wenn er an verteilten Gabeln
Netze aufhängt: da verbietet er seinem behenden Molos-
serrüden das Kläffen, legt seine Meute aus Sparta oder
Kreta an die Leine und läßt einzig Hunde in den Wald,
die beim Aufnehmen einer Fährte die Nase am Boden
halten, ohne Bellen Beute aufzustöbern wissen und nur
am Riemen ziehen, wenn sie den Lagerplatz des Wilds
bezeichnen wollen.

Unverzüglich bemannten jene ihre Frachter, schifften
sich ungeduldig ein und verließen die Insel, als das Tageslicht bereits im Schwinden war und den ersten Schatten
Übergang in Nacht zu wehren suchte. Aber auf Pompejus'
Seite machten sich Kilikier daran, mit altbewährter Ver-
schlagenheit im Meer eine Falle zu legen, ließen das Wasser
oben frei und hängten in halber Tiefe eine Fangtrosse
auf, die locker treiben durfte, aber an den Klippen der
illyrischen Steinküste verkettet wurde. Sie hielt das erste
und das ihm folgende Floß nicht auf, jedoch der dritte
Frachter verfing sich und ging, als man das Seil anzog,
zu den Riffen mit. Ausgewaschene Felsen hängen dort
über dem Meer; immer scheint die Wand bereit, herabzu-
stürzen, steht jedoch erstaunlich fest und wirft mit ihren
Wäldern Schatten auf die Wasserfläche. Hier hat die See
schon oftmals Schiffe, die im Nordsturm zerborsten waren,
mit den Leichen Ertrunkener angespült und im Dunkel
der Höhlen verschwinden lassen; ist jedoch das Meer
verstopft, so gibt es all seinen Raub heraus, und wenn
die Grotten einmal Gischt ausspeien, stellt der kreisende
Wogenwirbel mit seinem Gebrodel die Charybdis bei
Tauromenion in den Schatten. An dieser Stelle kam der
Frachter mit Bauern aus Opitergium an Bord zum Stehen;
da lösten sich überall die Schiffe von ihren Ankerplätzen
und nahmen ihn in ihre Mitte, während andere Männer
Felsen und Strand besetzten.

Als Vultejus — so hieß der Kommandant des Floßes —
der heimtückischen Unterwasserfalle bewußt geworden war,

rumpere conatus poscit spe proelia nulla
incertus, qua terga daret, qua pectora bello.
hoc tamen in casu, quantum deprensa valebat,
effecit virtus: inter tot milia captae   470
circumfusa rati et plenam vix inde cohortem
pugna fuit, non longa quidem; nam condidit umbra
nox lucem dubiam pacemque habuere tenebrae.
tum sic attonitam venturaque fata paventem
rexit magnanima Vulteius voce cohortem: 475
'libera non ultra parva quam nocte iuventus,
consulite extremis angusto in tempore rebus.
vita brevis nulli superest, qui tempus in illa
quaerendae sibi mortis habet, nec gloria leti
inferior, iuvenes, admoto occurrere fato: 480
omnibus incerto venturae tempore vitae
par animi laus est et, quos speraveris, annos
perdere et extremae momentum abrumpere lucis,
arcessas dum fata manu; non cogitur ullus
velle mori. fuga nulla patet, stant undique nostris   485
intenti cives iugulis: decernite letum,
et metus omnis abest. cupias, quodcumque necesse est.
non tamen in caeca bellorum nube cadendum est
aut cum permixtas acies sua tela tenebris
involvent; conferta iacent cum corpora campo,   490
in medium mors omnis abit, perit obruta virtus.
nos in conspicua sociis hostique carina
constituere dei: praebebunt aequora testes,
praebebunt terrae, summis dabit insula saxis,
spectabunt geminae diverso litore partes.   495
nescio quod nostris magnum et memorabile fatis
exemplum, Fortuna, paras. quaecumque per aevum
exhibuit monimenta fides servataque ferro
militiae pietas, transisset nostra iuventus;

489   permixtas *vel* -is
490   involvent (con- *c*) M^1Zc: -unt
499   transisset *vel* -ibit

hatte er vergeblich die Trossen mit seinem Schwert zu durchhauen versucht; jetzt forderte er Kampf, wiewohl es keine Hoffnung gab und er nicht wußte, wo er einen Feind im Rücken, wo vor Augen habe. Doch was in dieser Lage Helden gegen eine Übermacht nur leisten konnten, das vollbrachten sie: zwischen all den Tausenden rings um das gekaperte Floß und einer kaum vollzähligen Kohorte, die von ihm aus focht, fand eine Schlacht statt, freilich nicht auf lange; denn als das Zwielicht im Schatten der Nacht versank, trat mit der Finsternis Kampfruhe ein. Jetzt richtete Vultejus seine Mannschaft in ihrer Bestürzung und Bangigkeit vor dem nahenden Verhängnis so mit hochgemuten Worten auf: „Kameraden, nicht länger seid ihr frei als eine kurze Nacht noch: besorgt in knapper Frist das Letzte! Der Lebensrest ist nie zu kurz für einen Menschen, der inzwischen selbst den Tod zu suchen Zeit hat, und es mindert nicht den Ruhm des Sterbens, meine Kameraden, wenn man einem schon vor Augen stehenden Verhängnis zuvorkommt: weil für alle die künftige Lebenszeit im Ungewissen liegt, erringt Beherztheit gleiches Lob, wenn jemand Jahre, die er sich erhoffen darf, vernichtet, wie wenn er den letzten Tag um einen Augenblick verkürzt, sofern er seinen Tod mit eigener Hand herbeiführt — niemand muß sterben wollen. Jeder Fluchtweg ist versperrt, überall stehen Landsleute und lauern unserem Leben auf: beschließt den Tod, und alle Furcht ist fort! Was sein muß, soll man wünschen. Nun aber braucht ihr nicht in undurchsichtiger Vernebelung des Schlachtgewühls zu fallen, nicht erst dann, wenn vermengte Fronten von ihren eigenen Geschossen verdunkelt werden; liegen Leichenberge auf der Walstatt, dann verliert sich jedes Sterben in der Masse, dann ist Heldensinn verschüttet und vergeudet. Uns dagegen haben die Götter unseren Platz auf einem Schiff gegeben, wo Freund und Feind uns sehen können: Zeugen stellen wird die See und wird das Land, Zeugen wird die Insel auf den Gipfeln ihrer Riffe liefern, beide Parteien werden am Gestade hüben oder drüben auf uns schauen. Mir ahnt, Fortuna will mit unserem Sterben ein großes Beispiel für ferne Zeiten schaffen. Alle unvergänglichen Taten, die seit Ewigkeiten Fahnentreue und soldatische Ergebenheit in Kampfbewährung vollbrachten,

namque suis pro te gladiis incumbere, Caesar,   500
esse parum scimus. sed non maiora supersunt
obsessis, tanti quae pignora demus amoris.
abscidit nostrae multum fors invida laudi,
quod non cum senibus capti natisque tenemur.
indomitos sciat esse viros timeatque furentes   505
et morti faciles animos et gaudeat hostis
non plures haesisse rates. temptare parabunt
foederibus turpique volent corrumpere vita:
o utinam, quo plus habeat mors unica famae,
promittant veniam, iubeant sperare salutem,   510
ne nos, cum calido fodiemus viscera ferro,
desperasse putent. magna virtute merendum est,
Caesar ut amissis inter tot milia paucis
hoc damnum clademque vocet. dent fata recessum
emittantque licet, vitare instantia nolim.   515
proieci vitam, comites, totusque futurae
mortis agor stimulis; furor est. agnoscere solis
permissum, quos iam tangit vicinia fati,
victurosque dei celant, ut vivere durent,
felix esse mori.' sic cunctas sustulit ardor   520
nobilium mentes iuvenum. cum sidera caeli
ante ducis voces oculis umentibus omnes
aspicerent flexoque Ursae temone paverent,
idem, cum fortes animos praecepta subissent,
optavere diem. nec segnis vergere ponto   525
tunc erat astra polus; nam sol Ledaea tenebat
sidera, vicino cum lux altissima Cancro est,
nox tum Thessalicas urguebat parva sagittas.
   detegit orta dies stantes in rupibus Histros
pugnacesque mari Graia cum classe Liburnos.   530
temptavere prius suspenso vincere bello

503 laudi *vel* -is
518 fati *vel* leti
521 mobilium *Bentley, sed cf.* 524 fortes
525 vergere *vel* merg-
528 tum *U*: cum (*ex* 527)

hätte unsere Mannschaft überflügelt; denn sich für dich, Caesar, ins eigene Schwert zu stürzen, ist nicht genug, das wissen wir. Nun aber, da man uns umzingelt hat, verbleibt uns nichts, womit wir einen stärkeren Beweis für unsere heiße Liebe geben könnten. Ein neidisches Geschick hat damit unserem Ruhm viel weggeschnitten, daß wir nicht mit Alten und mit Kindern abgeriegelt sind. Unbeugsame Männer soll der Feind in uns kennenlernen, fürchten unsere wilde Sterbenslust und froh sein, daß nicht weitere Flöße hängenblieben. Er wird uns mit einem Pakt zu locken suchen und zu einem Leben in Schande verführen wollen: ach, würde er uns doch — in umso größerer Ehre stünde unser einzigartiges Sterben — Begnadigung verheißen, würde er doch Lebenshoffnung wecken, damit er nicht vermeint, es sei Verzweiflung, wenn wir uns rauchende Schwerter in die Leiber stoßen. Mit Heldengröße müssen wir es uns verdienen, daß Caesar, wenn er von vielen Tausenden wenige Leute einbüßt, dann von Verlust und Unglück spricht. Gesetzt den Fall, das Schicksal böte Rückzug und Entkommen, so möchte ich vor dem nicht weichen, was bevorsteht. Ich habe, meine Freunde, das Leben hingeworfen und bin vom nahen Tod bis in die letzte Faser aufgepeitscht wie ein Besessener. Nur wen schon das Verhängnis aus der Nähe anrührt, darf erkennen, was die Götter dem, der weiterleben soll, verheimlichen, damit er es ertragen kann, zu leben: daß der Tod ein Glück ist." Da er dies sagte, ließ Begeisterung alle Männerherzen herrlich höher schlagen. Bevor ihr Führer sprach, hatte jedermann mit feuchten Augen zum gestirnten Himmel emporgeschaut und bang gesehen, wie sich die Deichsel des Großen Bären drehte; die gleichen Menschen sehnten, da sein Aufruf ihre Herzen ergriffen und ihnen Mut verliehen hatte, nun den Tag herbei. Wirklich säumte der Himmel damals nicht, die Sterne ins Meer zu tauchen; denn die Sonne stand im Zeichen der Zwillinge nah dem Krebs, in dem das Licht den höchsten Punkt erreicht, und in kurzer Nacht hielt sich zu jener Zeit der Schütze tief am Horizont.

Bei Morgengrauen sah man auf den Klippen Istrier und im Meer liburnische Kämpen mit der Griechenflotte stehen. Anfangs stellten sie Waffengewalt zurück und

foederibus, fieret captis si dulcior ipsa
mortis vita mora. stabat devota iuventus
damnata iam luce ferox securaque pugnae
promisso sibi fine manu nullique tumultus   535
excussere viris mentes ad summa paratas
innumerasque simul pauci terraque marique
sustinuere manus: tanta est fiducia mortis.
utque satis bello visum est fluxisse cruoris,
versus ab hoste furor. primus dux ipse carinae   540
Vulteius iugulo poscens iam fata retecto
'ecquis' ait 'iuvenum est, cuius sit dextra cruore
digna meo certaque fide per volnera nostra
testetur se velle mori?' nec plura locuto
viscera non unus iam dudum transigit ensis.   545
collaudat cunctos, sed eum, cui volnera prima
debebat, grato moriens interficit ictu.
concurrunt alii totumque in partibus unis
bellorum fecere nefas. sic semine Cadmi
emicuit Dircaea cohors ceciditque suorum   550
volneribus dirum Thebanis fratribus omen
Phasidos et campis insomni dente creati
terrigenae missa magicis e cantibus ira
cognato tantos implerunt sanguine sulcos
ipsaque, inexpertis quod primum fecerat herbis,   555
expavit Medea nefas. sic mutua pacti
fata cadunt iuvenes minimumque in morte virorum
mors virtutis habet: pariter sternuntque caduntque
volnere letali nec quemquam dextra fefellit,
cum feriat moriente manu. nec volnus adactis   560
debetur gladiis: percussum est pectore ferrum
et iuguli pressere manum. cum sorte cruenta
fratribus incurrunt fratres natusque parenti,
haud trepidante tamen toto cum pondere dextra

exegere enses. pietas ferientibus una   565
non repetisse fuit. iam latis viscera lapsa
semianimes traxere foris multumque cruorem
infudere mari: despectam cernere lucem
victoresque suos voltu spectare superbo
et mortem sentire iuvat. iam strage cruenta   570
conspicitur cumulata ratis bustisque remittunt
corpora victores ducibus mirantibus ulli
esse ducem tanti. nullam maiore locuta est
ore ratem totum discurrens Fama per orbem.
non tamen ignavae post haec exempla virorum   575
percipient gentes, quam sit non ardua virtus
servitium fugisse manu, sed regna timentur
ob ferrum et saevis libertas subditur armis
ignorantque datos, ne quisquam serviat, enses.
mors, utinam pavidos vitae subducere nolles,   580
sed virtus te sola daret!
                          non segnior illo
Marte fuit, qui tum Libycis exarsit in arvis.
namque rates audax Lilybaeo litore solvit
Curio nec forti velis aquilone recepto
inter semirutas magnae Carthaginis arces   585
et Clipeam tenuit stationis litora notae
primaque castra locat cano procul aequore, qua se
Bagrada lentus agit siccae sulcator harenae.
inde petit tumulos exesasque undique rupes,
Antaei quae regna vocat non vana vetustas.   590
nominis antiqui cupientem noscere causas
cognita per multos docuit rudis incola patres:
   'nondum post genitos Tellus effeta gigantes
terribilem Libycis partum concepit in antris;
nec tam iusta fuit terrarum gloria Typhon   595
aut Tityos Briareusque ferox caeloque pepercit,
quod non Phlegraeis Antaeum sustulit arvis.

567   cruorem (-e *U¹*) *vel* -is
578   subditur *Axelson, Herm.87,1959,127 sq.*: uritur (quaer- *GᵛUᵛaᵛ*)
579   ignorant *VArn.*: -at

suchten Sieg mit einem Pakt, weil sie erwarteten, die
Eingeschlossenen würden umso lieber leben als sie noch
nicht sterben mußten. Aber unbeweglich stand die todgeweihte Mannschaft, voller Trotz, weil sie schon mit
dem Leben abgeschlossen hatte, und unbekümmert um
den Kampfausgang, da einer dem anderen ein Ende von
seiner Hand versprochen hatte; kein Getümmel nahm den
Helden ihre Bereitschaft zum Letzten, und zahllosen
Gegnern ebenso zu Lande wie zur See hielten wenige
Leute stand — so zuversichtlich macht der Tod. Als jetzt
genügend Blut im Kampf vergossen schien, ließ ihre Raserei
vom Gegner ab. Als erster machte Vultejus, der Kommandant des Schiffes, selber seine Kehle frei und forderte
nunmehr den Todesstoß: „Ist einer," rief er, „unter euch
Soldaten, dessen Rechte mein Blut zu vergießen würdig
ist, der mich trifft und so mit sicherer Beglaubigung von
seinem Sterbenswillen Zeugnis gibt?" Bevor er weitersprach, fuhr auf der Stelle mehr als nur ein einziges Schwert
in seinen Leib. Er zollte allen Anerkennung, doch den
Mann, dem er die erste Wunde dankte, machte er zum
Entgelt mit einem Hieb im Sterben nieder. Auch die
übrigen trafen aufeinander und vollzogen auf einer einzigen
Seite den ganzen Greuel des Kriegs. So fiel, als Kadmos'
Saat aufging, die Spartenschar im Wechselmord zur üblen
Vorbedeutung für das Brüderpaar von Theben; so tränkten
im kolchischen Gefilde die Erdgeborenen, die aus den
Zähnen des immerwachen Drachens hervorwuchsen und
durch Zaubersprüche in Hader gerieten, endlose Furchen
mit dem Blut der Ihren, sodaß sogar Medea sich vor
dem Greuel entsetzte, den sie mit Kräutern von noch
unerprobter Wirkung zum erstenmal hervorgerufen hatte.
Nicht anders also fielen nach gegenseitigem Todesgelöbnis
Römermannen, und bei ihrem Heldentod war Sterben
die geringste Heldentat: sie führten den Todesstreich im
gleichen Augenblick, in dem sie ihn empfingen, und keinem
schlug die Rechte fehl, wenn er den Arm im Sterben
schwang. Auch dankte man Verwundung nicht erst dem
Zustoß eines Schwerts: die Brust fuhr in den Stahl, die
Kehlen drängten sich zur Hand. Mochte es sich auch
grausam fügen, daß Brüder gegen Brüder stürmten und
Söhne gegen Väter, so zitterte doch keine Rechte, wen

sie mit voller Wucht die Klinge bis ans Heft hineintrieb.
Es gab nur einen Liebesdienst: zu treffen, ohne daß der
Stich zu wiederholen war. Jetzt schleppten sich die noch
halb Lebendigen mit heraushängenden Eingeweiden über
die weiten Gänge und verströmten Blut über Blut ins
Meer: das verschmähte Licht zu schauen, ihren Besiegern
einen stolzen Blick zu schenken und den Tod zu spüren,
das war ihnen eine Lust. Als jetzt die Sieger das Floß mit
blutig Hingemetzelten beladen sahen, übergaben sie die
Leichen einem Scheiterhaufen, und ihre Führer staunten,
daß jemandem ein Führer so viel wert war. Nie hat die
Fama auf ihrer Fahrt durch die ganze Welt ein Schiff
so laut gepriesen. Dennoch wird eine stumpfe Menschheit
auch nach diesem Heldenbeispiel nicht begreifen, wie
wenig schwer es rechten Männern wird, mit eigener Hand
der Knechtschaft zu entgehen; nein, Despoten werden
wegen ihres Stahls gefürchtet, die Freiheit unterwirft sich
mörderischen Waffen, und man weiß nicht, daß uns Schwerter eingehändigt sind, damit es keine Knechte gebe. Ach,
wollte doch der Tod nicht Feiglinge vom Leben erlösen,
sondern schenkte ihn doch einzig Heldentum!
   Nicht weniger heftig als der dortige Kampf war der,
der jetzt im Libyerland entbrannte. Curio nämlich stieß
mit seinen Schiffen keck aus dem Hafen Liybaeums ab,
bekam gelinden Nordwind in die Segel und ging dann
zwischen den Trümmern von Karthagos mächtiger Feste
und Clipea an wohlbekannter Reede vor Anker. Sein
erstes Lager schlug er fern der Meeresbrandung dort auf,
wo der Bagrada im Wüstensand gemächlich seine Furche
zieht. Von hier marschierte er zu jenem Hügelland, in
jenes höhlenreiche Felsgebiet, das seit vergangenen Zeiten
nicht von ungefähr Antaios' Reich genannt wird. Als er
die Herkunft dieses alten Namens kennenlernen wollte, erzählte ihm ein schlichter Mann, der dort zuhause war,
was eine lange Ahnenreihe überliefert hatte:
   „Noch war mit der Geburt der Giganten Gaias Schoß
nicht erschöpft, und sie empfing in Libyens Geklüft ein
fürchterliches Wesen; Berechtigung zum Stolz wie dies
gab Erdentiefen weder Typhon noch Tityos oder der
Unhold Briareus, und Gaia hatte die Olympier geschont,
wenn sie Antaios nicht in Phlegras Flur gebar. Sie steigerte

hoc quoque tam vastas cumulavit munere vires
Terra sui fetus, quod, cum tetigere parentem,
iam defecta vigent renovato robore membra.   600
haec illi spelunca domus; latuisse sub alta
rupe ferunt, epulas raptos habuisse leones;
ad somnos non terga ferae praebere cubile
assuerunt, non silva torum viresque resumit
in nuda tellure iacens. periere coloni   605
arvorum Libyae, pereunt, quos appulit aequor,
auxilioque diu virtus non usa cadendi
Terrae spernit opes: invictus robore cunctis,
quamvis staret, erat. tandem volgata cruenti
fama mali terras monstris aequorque levantem   610
magnanimum Alciden Libycas excivit in oras.
ille Cleonaei proiecit terga leonis,
Antaeus Libyci; perfudit membra liquore
hospes Olympiacae servato more palaestrae,
ille parum fidens pedibus contingere matrem   615
auxilium membris calidas infudit harenas.
conseruere manus et multo bracchia nexu;
colla diu gravibus frustra temptata lacertis
immotumque caput fixa cum fronte tenetur
miranturque habuisse parem. nec viribus uti   620
Alcides primo voluit certamine totis
exhausitque virum, quod creber anhelitus illi
prodidit et gelidus fesso de corpore sudor;
tum cervix lassata quati, tum pectore pectus
urgueri, tunc obliqua percussa labare   625
crura manu; iam terga viri cedentia victor
alligat et medium compressis ilibus artat
inguinaque insertis pedibus distendit et omnem
explicuit per membra virum. rapit arida tellus
sudorem: calido complentur sanguine venae,   630
intumuere tori totosque induruit artus

die Riesenstärke ihres Sohns noch mit der Gabe, daß er in dem Augenblick, da er seine Mutter berührte, neue Leibeskraft gewann und sich belebte, wenn er schon ermattet war. Er hauste in der Höhle hier; es heißt, daß er sich tief im Fels versteckte und zum Schmaus nach Löwen griff; zum Schlafen pflegten ihm nicht Tierfelle einen Pfühl, nicht Blätter ein Polster zu bieten, nein, er lag auf bloßer Erde, um seine Kräfte aufzufüllen. Es starben die Bauern in Libyens Feldern, es starb, wen das Meer ans Ufer warf; lange brauchte er in seiner Überlegenheit sich nicht mit Niederfallen zu helfen und verschmähte Gaias Beistand, war doch niemand seiner Stärke gewachsen, selbst wenn er stehenblieb. Endlich rief das allgemeine Raunen von dem blutrünstigen Scheusal den Mann, der Länder und Meer von Ungeheuern befreite, den hochgemuten Herakles, an Libyens Strand. Er warf das Fell des nemeïschen, Antaios die Haut eines libyschen Löwen ab; der Fremde begoß seinen Leib mit Öl, wie er es vom Ringkampf in Olympia gewohnt war, der andere aber sah zu wenig Sicherheit darin, die Mutter mit seinen Füßen zu berühren, und schüttete zur Unterstützung heißen Sand auf seine Glieder. Nun verknoteten sie Hände und Arme kreuz und quer; lange fuhren sie mit gewaltigen Muskeln einander an den Hals, vergebens — unbeweglich blieben die Häupter, aufrecht die Stirnen, und jeder staunte, daß er einen Ebenbürtigen vor sich hatte. Doch wollte der Alkide nicht schon zu Kampfbeginn seine ganzen Kräfte nutzen, sondern machte seinen Gegner mürbe, wie ihm unentwegtes Keuchen und kalter Schweiß, der vom matten Körper rann, verrieten; jetzt wurde der Nacken gerüttelt, bis er nachgab, jetzt wurde Brust an Brust geklemmt, jetzt wankten die Beine, als die Hand des Gegners sie mit schrägen Schlägen traf; endlich umschlang dieser siegreich seinen Rücken, mochte er auch auszuweichen suchen, preßte ihm die Weichen zusammen und schnürte ihn in Leibesmitte ein, steckte ihm dann seine Beine zwischen die Leisten und spreizte diese auseinander, bis der Mann in seiner ganzen Länge vom Kopf bis zu den Füßen ausgestreckt am Boden lag. Begierig sog das dürre Erdreich seinen Schweiß auf: da füllten sich die Adern mit warmem Blut, die Muskeln schwollen, alle Glieder strafften sich, und mit verjüngtem

Herculeosque novo laxavit corpore nodos.
constitit Alcides stupefactus robore tanto
nec sic Inachiis, quamvis rudis esset, in undis
desectam timuit reparatis anguibus hydram.   635
conflixere pares, Telluris viribus ille,
ille suis. numquam saevae sperare novercae
plus licuit: videt exhaustos sudoribus artus
cervicemque viri siccam, cum ferret Olympum.
utque iterum fessis iniecit bracchia membris,   640
non exspectatis Antaeus viribus hostis
sponte cadit maiorque accepto robore surgit:
quisquis inest terris, in fessos spiritus artus
egeritur Tellusque viro luctante laborat.
ut tandem auxilium tactae prodesse parentis   645
Alcides sensit, 'standum est tibi' dixit 'et ultra
non credere solo sternique vetabere terra.
haerebis pressis intra mea pectora membris:
huc, Antaee, cades.' sic fatus sustulit alte
nitentem in terras iuvenem. morientis in artus   650
non potuit nati Tellus permittere vires:
Alcides medium tenuit — iam pectora pigro
stricta gelu — terrisque diu non credidit hostem.
hinc aevi veteris custos famosa vetustas
miratrixque sui signavit nomine terras.   655
sed maiora dedit cognomina collibus istis,
Poenum qui Latiis revocavit ab arcibus hostem,
Scipio; nam sedes Libyca tellure potito
haec fuit. en veteris cernis vestigia valli:
Romana hos primum tenuit victoria campos.'   660
    Curio laetatus, tamquam fortuna locorum
bella gerat servetque ducum sibi fata priorum,
felici non fausta loco tentoria ponens
indulsit castris et collibus abstulit omen
sollicitatque feros non aequis viribus hostes.   665

634   arvis M^vZ^1c
651   summittere M^aPU
652   medio G^1M^1Z
662   gerat *vel* regat

Körper lockerte er die Klammern des Herakles. Der Alkide blieb vor Staunen über solche Stärke stehen und erschrak, wie er trotz seiner Unerfahrenheit am Pfuhl von Argos nicht erschrocken war, als der gestutzten Hydra die Schlangenköpfe wieder wuchsen. Sie kämpften gleich zu gleich, mit Gaias Kräften der eine, mit eigenen der andere. Nie durfte Herakles' gehässige Stiefmutter mehr erhoffen: sie sah, wie Schweiß seine Glieder und einen Nacken ausgesogen hatte, der doch unter der Last der Himmelskugel trocken geblieben war. Als er zum zweitenmal den erschöpften Körper packen wollte, wartete Antaios nicht, bis der Gegner seine Kräfte zeigen würde, sondern ließ sich selber fallen und stand gewaltiger in frischer Stärke auf: alle Luft der Erdschlünde war in seinen ermatteten Leib geströmt, und Gaia litt Atemnot, als ihr Sohn im Ringkampf stand. Da der Alkide endlich merkte, daß die Mutter jenem bei Berührung half und nützte, rief er: 'Stehen mußt du, sollst nicht mehr dem Boden überlassen, nein, gehindert werden, dich auf der Erde auszustrecken! Meine Brust ist der Bezirk, wo du mit angepreßten Gliedern haften sollst: auf mich, Antaios, sollst du fallen.' So sprach er und hob den Mann, so sehr er sich auch auf die Erde zu stemmen suchte, hoch empor. Da mußte Antaios sterben, konnte Gaia ihrem Sohn doch keine Kräfte mehr in den Körper leiten: der Alkide hielt seinen Gegner, als dessen Brust sich schon in Leichenstarre zusammenzog, noch in der Schwebe und ließ ihn lange nicht zur Erde. — So kam es, daß eine überlieferungsfreudige Vorzeit, die aus Gefallen an sich selber Vergangenheit bewahrt hat, dem Landstrich seinen Namen gab. Doch einen zweiten und noch größeren Namen legte den Höhen dort der Mann bei, der die feindlichen Karthager von Latiums Burgen abrief, Scipio; denn als er libyschen Boden gewonnen hatte, war dies sein Standort. Da siehst du die Spuren eines alten Walls: auf diesen Feldern lagerten die Sieger aus Rom zuerst."

In frohem Glauben, der Segen der Stätte werde den Kampf ausfechten und ihm den Erfolg von früheren Feldherren wahren, schlug Curio an dem Glücksplatz zu seinem Unglück vertrauensselig Lagerzelte auf und nahm den Hügeln ihre gute Vorbedeutung, forderte er doch grimmige Feinde mit ungleichen Streitkräften heraus.

   omnis Romanis quae cesserat Africa signis,
tunc Vari sub iure fuit; qui robore quamquam
confisus Latio regis tamen undique vires
excivit, Libycas gentes extremaque mundi
signa suum comitata Iubam. non fusior ulli   670
terra fuit domino: qua sunt longissima regna,
cardine ab occiduo vicinus Gadibus Atlas
terminat, a medio confinis Syrtibus Hammon;
at qua lata iacet, vasti plaga fervida regni
distinet Oceanum zonaeque exusta calentis.   675
sufficiunt spatio populi: tot castra secuntur,
Autololes Numidaeque vagi semperque paratus
inculto Gaetulus equo, tum concolor Indo
Maurus, inops Nasamon, mixti Garamante perusto
Marmaridae volucres aequaturusque sagittas   680
Medorum, tremulum cum torsit missile, Mazax
et gens quae nudo residens Massylia dorso
ora levi flectit frenorum nescia virga
et solitus vacuis errare mapalibus Afer
venator ferrique simul fiducia non est,   685
vestibus iratos laxis operire leones.
nec solum studiis civilibus arma parabat,
privatae sed bella dabat Iuba concitus irae.
hunc quoque, quo superos humanaque polluit, anno
lege tribunicia solio depellere avorum   690
Curio temptarat Libyamque auferre tyranno,
dum regnum te, Roma, facit; memor ille doloris
hoc bellum sceptri fructum putat esse retenti.
   hac igitur regis trepidat iam Curio fama,
et quod Caesareis numquam devota iuventus   695
illa nimis castris nec Rheni miles in undis
exploratus erat, Corfini captus in arce,
infidusque novis ducibus dubiusque priori
fas utrumque putat. sed postquam languida segni
cernit cuncta metu nocturnaque munia valli   700

669 Libycas *vel* Libyae *x*: -cae
671 regna *vel* -i (*cf.* 674)
673 a *vel* e(t)
700 munia *vel* munera

Ganz Afrika, soweit es sich römischen Standarten
gefügt hatte, stand damals unter dem Befehl des Varus;
dieser bot trotz Verlaß auf Latiums Krieger dennoch
allenthalben Königstruppen auf, libysche Völker und Banner
vom Rand der Welt, die Juba als ihrem Führer folgten. Nie
herrschte jemand über ein so ausgedehntes Land: es wurde,
wo das Reich am längsten war, im Abendbezirk bei Gades
vom Atlas, gen Osten in Syrtennähe von der Ammonsoase
begrenzt; wo es sich aber in die Breite zog, lag ein heißes
Gebiet des Riesenreiches zwischen dem Mittelmeer und
den Wüsten der Tropenzone. Soviel Raum, so viele Völker:
in Massen folgten sie der Fahne, Autololer, numidische
Nomaden und Gaetuler, immer kampfbereit auf struppigen
Pferden; ferner Mauren von indergleicher Farbe, ärmliche
Nasamonen, zusammen mit sonnverbrannten Garamanten
behende Marmariden und Mazaker, parthischen Bogenschützen ebenbürtig, wenn sie federnde Spieße schleudern;
dazu Leute vom Massylierstamm, die ohne Sattel auf
ihren Reittieren sitzen und sie statt an einem Zaum im
Maul mit leichter Gerte lenken, dazu auch Afrer, die
als Jäger leere Krale zu durchwandern und, sobald auf
Lanzen kein Verlaß mehr ist, wütende Löwen mit weiten
Gewändern zuzudecken pflegen. Dabei wollte Juba nicht
nur als Parteigänger im Bürgerkrieg ein Heer beschaffen,
sondern persönlichem Groll, der ihn erregte, zum Waffengang verhelfen. In dem Jahr, da Curio Götter und
Menschenrechte schändete, hatte er auch versucht, diesen
Mann durch Tribunengesetz vom Thron seiner Ahnen
zu stoßen und Libyen von seinem Despoten zu befreien,
während er Rom einen König gab; der andere konnte
die Kränkung nicht vergessen und sah im jetzigen Krieg
den Lohn dafür, daß er das Zepter in der Hand behielt.

Bei dieser Kunde von dem König wurde Curio nun
alsbald bange, zumal sich seine damalige Mannschaft
der Fahne Caesars nie besonders verschworen hatte und
die Soldaten nicht am Ufer des Rheins erprobt, sondern
in der Feste von Corfinium gefangen waren; sie boten
den neuen Herren so wenig Gewähr, wie sie dem früheren
Sicherheit geschaffen hatten, und hielten beides für erlaubt.
Doch als er sah, daß alles von stockender Angst gelähmt
und nachts der Postendienst am Wall durch Desertion

desolata fuga, trepida sic mente profatur:
'audendo magnus tegitur timor: arma capessam
ipse prior. campum miles descendat in aequum,
dum meus est; variam semper dant otia mentem.
eripe consilium pugna: cum dira voluptas   705
ense subit presso, galeae texere pudorem,
quis conferre duces meminit, quis pendere causas?
qua stetit, inde favet, veluti fatalis harenae
muneribus non ira vetus concurrere cogit
productos: odere pares.' sic fatus apertis   710
instruxit campis acies. quem blanda futuris
deceptura malis belli Fortuna recepit;
nam pepulit Varum campo nudataque foeda
terga fuga, donec vetuerunt castra, cecidit.

    tristia sed postquam superati proelia Vari   715
sunt audita Iubae, laetus, quod gloria belli
sit rebus servata suis, rapit agmina furtim
obscuratque suam per iussa silentia famam
hoc solum metuens, incautus ab hoste timeri.
mittitur, exigua qui proelia prima lacessat   720
eliciatque manu, Numidis a rege secundus,
ut sibi commissi simulator Sabbura belli.
ipse cava regni vires in valle retentat,
aspidas ut Pharias cauda sollertior hostis
ludit et iratas incerta provocat umbra   725
obliquusque caput vanas serpentis in auras
effusae tuto comprendit guttura morsu
letiferam citra saniem: tunc irrita pestis
exprimitur faucesque fluunt pereunte veneno.
fraudibus eventum dederat Fortuna feroxque   730
non exploratis occulti viribus hostis
Curio nocturnum castris erumpere cogit

719 incautus *edd. vett.*: -o (-um͏ͬ P¹)

verwaist war, sprach er bei sich voll Bangigkeit: „Mit
kecker Tat verdeckt man große Angst: ich will als erster
selber zu den Waffen greifen. Ins Blachfeld sollen die Soldaten hinunterrücken, solange sie noch mir gehören; Muße
schafft stets Wankelmut. Entzieh Denkkraft mit Kampf:
wenn ein Schwert gepackt ist und Blutrausch aufsteigt,
wenn Helme die Schamröte verhüllen, wem fällt dann
ein, die Führer zu vergleichen, wem, die Gründe abzuwä-
gen? Wo jemand steht, da ist sein Herz; so zwingt die
beim Todesspiel in der Arena Auftretenden nicht alter
Groll zum Zweikampf, nein, sie fühlen Haß als Partner."
Nach diesen Worten stellte er sein Heer im offenen Gefilde
auf. Gleisnerisch hieß Fortuna ihn willkommen, um ihn
über sein künftiges Mißgeschick im Kampf zu täuschen;
denn er jagte Varus vom Feld, und als die Feinde schmählich
ohne Waffen flohen, hieb er von hinten auf sie ein, bis
ihr Lager Halt gebot.

Kaum aber hörte Juba von Varus' Unglück im Gefecht
und seiner Niederlage, so riß er voller Freude, daß die
Ehre in diesem Kampf dem eigenen Handeln vorbehalten
war, seine Scharen insgeheim voran und befahl Ver-
schwiegenheit, um die Kunde von seinem Nahen zu ver-
dunkeln, war er doch in Furcht nur davor, daß die Feinde
vor ihm Angst bekämen, wenn er unvorsichtig wäre.
Um mit einer kleinen Handvoll ein erstes Geplänkel
anzubieten und herauszufordern, wurde Sabbura abgeschickt, nach dem König der zweite Mann Numidiens,
der sich jetzt den Anschein gab, als sei die Kriegführung
ihm anvertraut. Juba selber hielt in einem tiefen Tal die
Kerntruppen seines Königreichs zurück: es war, wie wenn
ein Ichneumon in überlegener Geschicklichkeit eine ägyptische Schildviper mit seinem Schwanz umgaukelt, sie mit
huschendem Schatten zur Wut reizt, seinen Kopf zur
Seite wendet und im Augenblick, da sich die Schlange
zwecklos in die Lüfte streckt, mit sicherem Biß ihre Kehle
packt, ohne daß ihr tödlicher Geifer ihm schaden könnte;
nun läuft ihr ekler Saft vergeblich aus, und mag der Schlund
auch schwimmen, das Gift ist dennoch vertan. Fortuna
hatte der Falle Erfolg beschieden; denn dreist ließ Curio,
ohne die Stärke des versteckten Gegners auszukundschaften,
seine Reiterei bei Nacht aus dem Lager hervorbrechen

ignotisque equitem late decurrere campis.
ipse sub aurorae primos excedere motus
signa iubet castris multum frustraque rogatus,   735
ut Libycas metuat fraudes infectaque semper
Punica bella dolis: leti fortuna propinqui
tradiderat fatis iuvenem bellumque trahebat
auctorem civile suum. super ardua ducit
saxa, super cautes abrupto limite signa,   740
cum procul e summis conspecti collibus hostes.
fraude sua cessere parum, dum colle relicto
effusam patulis aciem committeret arvis;
ille fugam credens simulatae nescius artis
ut victor mersos aciem deiecit in agros.   745
ut primum patuere doli Numidaeque fugaces
undique completis clauserunt montibus agmen,
obstipuit dux ipse simul perituraque turba.
non timidi petiere fugam, non proelia fortes,
quippe ubi non sonipes motus clangore tubarum   750
saxa quatit pulsu rigidos vexantia frenos
ora terens spargitque iubas et subrigit aures
incertoque pedum pugnat non stare tumultu:
fessa iacet cervix, fumant sudoribus artus
oraque proiecta squalent arentia lingua,   755
pectora rauca gemunt, quae creber anhelitus urguet,
et defecta gravis longe trahit ilia pulsus
siccaque sanguineis durescit spuma lupatis.
iamque gradum neque verberibus stimulisque coacti
nec quamvis crebris iussi calcaribus addunt: 760
volneribus coguntur equi. nec profuit ulli
cornipedis rupisse moras; neque enim impetus ille
incursusque fuit: tantum perfertur ad hostes
et spatium iaculis oblato volnere donat.
at vagus Afer equos ut primum emisit in agmen,   765
tum campi tremuere sono terraque soluta,
quantus Bistonio torquetur turbine, pulvis

733 decurrere *vel* dis-
746 ut *vel* tunc (tum, cum)
763 hostes *vel* -em

und in unbekanntem Gelände weit dahinstürmen. Seine
eigenen Standarten hieß er, sobald das erste Morgenrot
sich regte, aus dem Lager rücken und schlug alle Bitten
in den Wind, sich vor libyschen Tücken und Punierkämpfen,
die stets durch Hinterhalt gezeichnet sind, zu hüten: zu
nahem Tod war er bestimmt und seinem Verhängnis
verfallen — der Bürgerkampf zog den in seinen Sog, der
ihn heraufbeschworen hatte. Über steile Blöcke, über Felsen führte er seine Standarten auf jähem Pfad, als man
von Bergeshöhen in der Ferne die Feinde gewahrte. Voll
Trug wie sonst gingen diese ein wenig zurück, damit Curio
unterdessen die Höhe räumen und sein Heer im offenen
Gefilde ausschwärmen lassen sollte; da er von Verstel-
lungskunst nichts ahnte, glaubte er an Flucht und warf,
als wäre er schon Sieger, seine Truppen in die Tiefebene
hinab. Sobald die List zutage trat, Numider im Galopp
von allen Seiten das Gebirge übersäten und den Zug
abschnitten, packte lähmendes Entsetzen den Führer
selbst und mit ihm seine todgeweihte Schar. Nicht suchten
sie vor Angst das Weite, nicht beherzt den Kampf; denn
jetzt gab es kein Schlachtroß, das durch schmetternde
Trompeten in Bewegung kam, stampfend den Steinboden
klirren ließ, mit mahlendem Maul den harten Zaum miß-
handelte, die Mähne schüttelte, die Ohren stellte und mit
ruhelos wechselnden Hufen nichts als vorwärts wollte:
schlaff war der Nacken gesenkt, Schweiß dampfte von
den Schenkeln, die Zunge hing aus trockenem und sprödem
Maul, heiser ächzte die Brust in pausenlosen Keuchanfällen,
weit dehnten sich die matten Weichen unter schweren
Stößen, und am blutigen Gebiß trocknete der Schaum zu
Klumpen. Endlich setzten die Pferde Fuß vor Fuß, doch
nicht von Peitsche oder Stachel genötigt und keinem noch
so unentwegten Sporn gefügig: Wunden zwangen sie voran.
Dabei hatte niemand Gewinn, wenn er den Starrsinn
seines Renners brach; denn da war nichts von Schwung
und Sturm — er wurde nur bis zu den Feinden hingetragen
und ersparte ihren Speeren einen weiten Weg, indem er
zum Beschuß herankam. Dagegen hatten die Afrer kaum
ihre Pferde allenthalben auf den Zug in Gang gesetzt, als
das Gefilde von Getrappel bebte und aus zerwühlter Erde,
wie von thrakischem Tornado aufgewirbelt, Staubmassen

aera nube sua texit traxitque tenebras.
ut vero in pedites fatum miserabile belli
incubuit, nullo dubii discrimine Martis   770
ancipites steterunt casus, sed tempora pugnae
mors tenuit. neque enim licuit procurrere contra
et miscere manus: sic undique saepta iuventus
comminus obliquis et rectis eminus hastis
obruitur, non volneribus nec sanguine solum,   775
telorum nimbo peritura et pondere ferri.
ergo acies tantae parvum spissantur in orbem
ac, siquis metuens medium correpsit in agmen,
vix impune suos inter convertitur enses
densaturque globus, quantum pede prima relato   780
constrinxit gyros acies. non arma movendi
iam locus est pressis stipataque membra teruntur;
frangitur armatum colliso pectore pectus.
non tam laeta tulit victor spectacula Maurus
quam Fortuna dabat; fluvios non ille cruoris   785
membrorumque videt lapsum et ferientia terram
corpora: compressum turba stetit omne cadaver.
excitet invisas dirae Carthaginis umbras
inferiis Fortuna novis, ferat ista cruentus
Hannibal et Poeni tam dira piacula manes.   790
Romanam, superi, Libyca tellure ruinam
Pompeio prodesse nefas votisque senatus:
Africa nos potius vincat sibi. Curio fusas
ut vidit campis acies et cernere tantas
permisit clades compressus sanguine pulvis,   795
non tulit afflictis animam producere rebus
aut sperare fugam ceciditque in strage suorum
impiger ad letum et fortis virtute coacta.
    quid nunc rostra tibi prosunt turbata forumque,

den Himmel in ihre Wolke hüllten und einen finsteren
Vorhang zogen. Als jedoch das Elendslos des Kriegs dem
Fußvolk zufiel, blieb das Kampfglück nicht im ungewissen
und hielt der Ausgang sich nicht in der Schwebe, sondern
herrschte statt einer Schlacht in jedem Augenblick der
Tod. Denn es stand nicht frei, zum Angriff vorzustürmen
und Nahkampf aufzunehmen: so war die Mannschaft
überall umzingelt und wurde mit Lanzen überschüttet,
die aus der Nähe flach, aus der Ferne steil einfielen —
sie sollte freilich nicht nur durch Wunden und Blutverlust,
durch einen Hagel von Geschossen und eine Zentnerlast
von Stahl ihr Ende finden. Nunmehr wurden nämlich
all die Truppen auf kleinem Kreis zusammengepreßt, und
wenn sich jemand ängstlich zur Mitte des Zugs verkriechen
wollte, vermochte er kaum ohne Schaden zwischen Kamera-
denschwertern kehrtzumachen, ja, die Ballung wurde umso
dichter, je mehr die vordere Linie zurückwich und den
Ring verkleinerte. Nicht einmal zum Handhaben der
Waffen blieb noch in der Enge Platz, und man war so
eingezwängt, daß sich die Glieder scheuerten; Brust stieß
an Brust und drückte sie trotz Harnisch ein. Kein so frohes
Schauspiel wurde den siegreichen Mauren zuteil, wie Fortuna es ihnen schenken wollte; sie erblickten nicht Ströme
von Blut, stürzende Leiber und Tote, die zu Boden schlugen,
stand doch jede Leiche im beengenden Gedränge aufrecht. Mag Fortuna die verhaßten Schatten der Unholde
aus Karthago in Bewegung setzen, damit sie sich an einem
Totenopfer ohne Beispiel laben, mögen die Seelen des
blutrünstigen Hannibal und seiner Punier diese wahrhaft
grausige Sühne empfangen! Ihr Götter, welche Schändlichkeit, daß Untergang von Römern im Libyerland für
Pompejus und die Wünsche des Senats von Nutzen ist:
lieber soll uns Afrika zu seinem eigenen Vorteil schlagen! —
Als Curio seine Mannen im Gefilde hingestreckt sah, als
die Staubwolken von Blut gebunden waren und all das
Unglück zu erkennen erlaubten, gewann er es nicht über
sich, nach verlorenem Spiel das Leben fortzusetzen oder
Entkommen zu erhoffen, sondern fiel im Leichenhaufen
seiner Leute, rasch bereit zum Sterben und tapfer im
aufgezwungenen Heldentum.
    Was frommt es dir jetzt, daß du auf der Rednerbühne

unde tribunicia plebeius signifer arce   800
arma dabas populis, quid prodita iura senatus
et gener atque socer bello concurrere iussi?
ante iaces quam dira duces Pharsalia confert,
spectandumque tibi bellum civile negatum est.
has urbi miserae vestro de sanguine poenas   805
ferre datis, luitis iugulo sic arma, potentes;
felix Roma quidem civesque habitura beatos,
si libertatis superis tam cura placeret
quam vindicta placet. Libycas en, nobile corpus,
pascit aves nullo contectus Curio busto.   810
at tibi nos, quando non proderit ista silere,
a quibus omne aevi senium sua fama repellit,
digna damus, iuvenis, meritae praeconia vitae.
haud alium tanta civem tulit indole Roma
aut cui plus leges deberent recta sequenti.   815
perdita tunc urbi nocuerunt saecula, postquam
ambitus et luxus et opum metuenda facultas
transverso mentem dubiam torrente tulerunt,
momentumque fuit mutatus Curio rerum,
Gallorum captus spoliis et Caesaris auro.   820
ius licet in iugulos nostros sibi fecerit ensis
Sulla potens Mariusque ferox et Cinna cruentus
Caesareaeque domus series, cui tanta potestas
concessa est? emere omnes, hic vendidit urbem.

---

816   nunc G^vP
821   iugulos nostros UVc: -is (-os P^1) -i(s) MPZ: -o -o G ense
       G^2V^2

den Markt aufrührtest, dort von der Tribunenburg als
Bannerträger des Mobs die Bürger unter Waffen setztest,
was frommt dein Verrat an den Rechten des Senats und
dein Geheiß, Eidam und Schwiegervater sollten sich zu
kriegerischem Wettkampf stellen? Du liegst am Boden,
ehe noch im grausen Schlachtfeld von Pharsalus die Rivalen
aufeinanderprallen, und es ist dir versagt, den Bürgerkrieg
mitanzusehen. Hiermit, durch euer Blut, gebt ihr Machthaber der heimgesuchten Hauptstadt Buße zu eigen, so
sühnt ihr euren Waffengang durch euer Sterben; es wäre
ein wahres Glück für Rom und Seligkeit für seine Bürger,
wenn die Götter Freiheit so entschlossen schützten wie
sie Freiheitsraub entschlossen ahnden. Da, Libyens Geier
mästen sich an eines Ehrenmannes Leiche, an einem
Curio, den kein Hügel deckt! Ich aber zolle dir — denn
es kann nichts nützen, über das zu schweigen, was in-
newohnender Ruhm vor jedem Welken in späten Tagen
sichert — für ein bewährtes junges Leben würdigen Preis.
Kein anderer Bürger von so hohen Gaben wurde Rom
geschenkt, und keinem verdankten die Gesetze mehr, solange er auf rechtem Weg blieb. Aber dann kam Rom zu
Schaden, weil die Menschen verdorben waren, seit Amtserschleichung, Üppigkeiten und einschüchternde Geldmacht
wie ein Sturzbach schwache Seelen aus der Richtung
davongetragen hatten, und der Staat verlor sein Gleichgewicht durch Sinnesänderung Curios, den Galliens Beute
fing und Caesars Gold. Wohl schuf sich mancher Henkerrecht über unsere Häupter, ein mächtiger Sulla, ein rauher
Marius, ein bluttriefender Cinna und die Reihe aus Caesars
Haus: aber wem gestand man Macht von solchem Ausmaß
zu? Sie alle haben Rom gekauft, doch dieser Mann hat
es verschachert.

LIBER QUINTUS

Sic alterna duces bellorum volnera passos
in Macetum terras miscens adversa secundis
servavit fortuna pares. iam sparserat Haemo
bruma nives gelidoque cadens Atlantis Olympo
instabatque dies, qui dat nova nomina fastis   5
quique colit primus ducentem tempora Ianum.
dum tamen emeriti remanet pars ultima iuris,
consul uterque vagos belli per munia patres
elicit Epirum. peregrina ac sordida sedes
Romanos cepit proceres secretaque rerum   10
hospes in externis audivit curia tectis.
nam quis castra vocet tot strictas iure secures,
tot fasces? docuit populos venerabilis ordo
non Magni partes, sed Magnum in partibus esse.
    ut primum maestum tenuere silentia coetum,   15
Lentulus e celsa sublimis sede profatur:
'indole si dignum Latia, si sanguine prisco
robur inest animis, non, qua tellure coacti
quamque procul tectis captae sedeamus ab urbis,
cernite, sed vestrae faciem cognoscite turbae   20
cunctaque iussuri primum hoc decernite, patres,
quod regnis populisque liquet, nos esse senatum.
nam vel Hyperboreae plaustrum glaciale sub Ursae
vel plaga qua torrens claususque vaporibus axis
nec patitur noctes nec iniquos crescere soles,   25
si fortuna ferat, rerum nos summa sequetur
imperiumque comes. Tarpeia sede perusta

FÜNFTES BUCH

So trugen die Rivalen abwechselnd Kriegswunden davon und mischte das Schicksal Leid mit Glück, um für Mazedoniens Gefilde ihre Ebenbürtigkeit zu wahren. Schon waren die Balkanberge winterlich mit Schnee gesprenkelt, gingen doch am kalten Himmel die Plejaden unter; so stand der Tag bevor, der dem Kalender neue Namen schenkt und erstmals dem Eröffner des Monatsreigens, Janus, huldigt. Noch aber verblieb dem Konsulnpaar ein Rest der endenden Befugnis, und es entbot die Senatoren, die sich in Kriegsaufgaben unterwegs befanden, nach Epirus. In der Fremde nahm ein schlichter Sitzungsraum Roms erste Männer auf, und unter einem Auslandsdach zu Gast ließ sich der Hohe Rat von Staatsgeheimnissen berichten. Denn wer wollte bei all den rechtens entblößten Beilen, bei all den Rutenbündeln von einem Heerlager sprechen? Das ehrwürdige Kollegium bewies der Welt, daß es nicht Pompejus' Partei, sondern daß Pompejus sein Parteigänger war.

Sobald die Runde gedrückt in Schweigen verharrte, sprach Lentulus von seinem hohen Sessel droben: „Wohnt in euren Herzen Festigkeit, wie sie echter Römerart und altem Geblüt gebührt, so beachtet nicht, auf welchem Boden und wie fern von den Dächern unserer weggenommenen Hauptstadt wir zusammen Sitzung halten; erkennt vielmehr die Wesenszüge eurer Schar und heißt als Ratsherren, die für alles Weisung geben sollen, zunächst das gut, was Königreichen und Völkern feststeht — daß wir der Senat sind. Denn verschlüge uns das Schicksal gar zum eisigen Wagen des Bären hoch im Norden oder dorthin, wo die heiße Zone und ein schwül verhangener Himmel keine Ungleichheit von Nacht und Tag durch wechselweises Längerwerden duldet, so wird das Oberamt im Staat uns auf den Fersen und Befehlsgewalt zur Seite bleiben. Als der Tempel auf dem Kapitol von Gallier-

Gallorum facibus Veiosque habitante Camillo
illic Roma fuit: non umquam perdidit ordo
mutato sua iura solo. maerentia tecta   30
Caesar habet vacuasque domos legesque silentes
clausaque iustitio tristi fora; curia solos
illa videt patres, plena quos urbe fugavit.
ordine de tanto quisquis non exulat, hic est:
ignaros scelerum longaque in pace quietos   35
bellorum primus sparsit furor; omnia rursus
membra loco redeunt. en totis viribus orbis
Hesperiam pensant superi: iacet hostis in undis
obrutus Illyricis, Libyae squalentibus arvis
Curio Caesarei cecidit pars magna senatus.   40
tollite signa, duces, fatorum impellite cursum,
spem vestram praestate deis Fortunaque tantos
det vobis animos, quantos fugientibus hostem
causa dabat. nostrum exhausto ius clauditur anno;
vos, quorum finem non est sensura potestas,   45
consulite in medium, patres, Magnumque iubete
esse ducem.' laeto nomen clamore senatus
excipit et Magno fatum patriaeque suumque
imposuit. tunc in reges populosque merentes
sparsus honor pelagique potens Phoebeia donis   50
exornata Rhodos gelidique inculta iuventus
Taygeti; fama veteres laudantur Athenae
Massiliaeque suae donatur libera Phocis;
tum Sadalam fortemque Cotyn fidumque per arma
Deiotarum et gelidae dominum Rhascypolin orae   55
collaudant Libyamque iubent auctore senatu
sceptrifero parere Iubae. pro tristia fata:
et tibi, non fidae gentis dignissime regno,
Fortunae, Ptolemaee, pudor crimenque deorum,
cingere Pellaeo pressos diademate crines   60
permissum. saevum in populos puer accipis ensem,

fackeln eingeäschert war und Camillus Veji zum Wohnsitz
hatte, stand Rom in Veji: Platzwechsel brachte niemals
den Senat um angestammte Rechte. Trübselige Dächer
gehören Caesar, leere Häuser, schweigende Gerichte und
ein Marktplatz, den freudloser Stillstand des Geschäfts-
verkehrs zur Schließung brachte; das Rathaus dort bekommt
nur solche Senatoren zu Gesicht, die es verbannte, als
die Hauptstadt noch bevölkert war. Jedermann, der aus
dem hohen Kreis nicht ausgestoßen wurde, ist hier zur
Stelle: Menschen, die von Freveln keine Ahnung haben
und in langem Frieden Ruhe wahrten, hat der Beginn
des Kriegswahnsinns versprengt — nun aber kehren alle
Glieder erneut an ihren Platz zurück. Da seht, mit den
ganzen Armeen der Welt ersetzen die Götter uns Hesperien:
der Feind liegt im Illyrermeer begraben, in Libyens Wüste
ist mit Curio die Seele von Caesars Senat gefallen. Nehmt
die Führerstandarten auf, bringt das Geschick in Gang,
beweist den Göttern eure Zuversicht; möchte Fortuna euch
denselben Heldenmut verleihen, den die gute Sache euch
verlieh, als ihr dem Landesfeind entflöht! Unser beider
Befugnis läuft mit Jahresausgang ab; ihr Senatoren aber
habt kein Ende eures Amtes zu erwarten — so sorgt denn
für die Allgemeinheit und betraut Pompejus mit der Führung!" Frohen Beifall zollte der Senat der Namensnennung
und legte das Schicksal der Heimat mit seinem eigenen in
Pompejus' Hand. Dann teilte man Ehrungen an verdiente
Könige und Völker aus: so wurde Rhodos, des Sonnengottes
meerbeherrschendes Eiland, mit Geschenken ausgestattet,
ebenso die rauhe Mannschaft vom kalten Taygetos; das
altberühmte Athen fand Lob, und Phokaia erhielt seiner
Kolonie Massilia zuliebe die Freiheit; weiter sprach man
dem Sadala, dem tapferen Kotys, dem treuen Waffengefährten Dejotarus sowie Rhaskypolis, dem Herrscher über
Thrakiens Küste, Anerkennung aus und verfügte, Libyen
solle auf Senatsbeschluß dem Zepter Jubas unterstehen.
Welch unglückselige Fügung, daß auch Ptolemaios —
wahrhaftig der rechte Herrscher für eine unzuverlässige
Nation, Fortunas Schande und Makel der Götter — sein
Haar mit Alexanders schwerem Diadem zu krönen ermächtigt wurde! Im Knabenalter empfing er das Richtschwert über Völkerscharen, ach, wäre es allein über

atque utinam in populos: donata est regia Lagi,
accessit Magni iugulus regnumque sorori
ereptum est soceroque nefas.
                       iam turba soluto
arma petit coetu. quae cum populique ducesque   65
casibus incertis et caeca sorte pararent,
solus in ancipites metuit descendere Martis
Appius eventus finemque expromere rerum
sollicitat superos multosque obducta per annos
Delphica fatidici reserat penetralia Phoebi.   70
   Hesperio tantum quantum summotus Eoo
cardine Parnassos gemino petit aethera colle,
mons Phoebo Bromioque sacer, cui numine mixto
Delphica Thebanae referunt trieterica Bacchae.
hoc solum fluctu terras mergente cacumen   75
eminuit pontoque fuit discrimen et astris;
tu quoque vix summam seductus ab aequore rupem
extuleras unoque iugo, Parnasse, latebas.
ultor ibi expulsae, premeret cum viscera partus,
matris adhuc rudibus Paean Pythona sagittis   80
explicuit, cum regna Themis tripodasque teneret.
ut vidit Paean vastos telluris hiatus
divinam spirare fidem ventosque loquaces
exhalare solum, sacris se condidit antris
incubuitque adyto vates ibi factus Apollo.   85
quis latet hic superum? quod numen ab aethere pressum
dignatur caecas inclusum habitare cavernas?
quis terram caeli patitur deus omnia cursus
aeterni secreta tenens mundoque futuri
conscius ac populis sese proferre paratus   90
contactumque ferens hominis magnusque potensque,
sive canit fatum seu, quod iubet ille canendo,
fit fatum? forsan terris inserta regendis
aere libratum vacuo quae sustinet orbem,

Völkerscharen gewesen: mit dem Lagidenpalast schenkte
man ihm Pompejus' Kopf, seiner Schwester nahm er den
Thron ab und Caesar eine Nichtswürdigkeit am Eidam.

Jetzt löste sich die Versammlung auf, und alles eilte
zu den Waffen. Während Leute wie Führer trotz ungewisser
Lage und dunkler Zukunft nur für Waffen sorgten, trug
ein einziger Mann Bedenken, sich in kriegerische Abenteuer
einzulassen: Appius wollte die Götter zu Enthüllungen
über den Ausgang der Geschehnisse bewegen und sich
das seit vielen Jahren versperrte Allerheiligste des Apol-
lonorakels in Delphi öffnen lassen.

So fern dem Abend wie dem Morgen, erhebt sich der
Parnaß mit doppeltem Gipfel gen Himmel, Apollons
heiliger Berg, zugleich Dionysos geweiht, dem zu Ehren
in Vermischung beider Gotteswesen Thebens Bacchantinnen
zu Delphi alle drei Jahre ein Fest begehen. Einzig diese
Höhe ragte, als Sintflut die Lande überschwemmte, noch
empor und bildete die Scheide zwischen Meer und Sternen;
doch hielt auch der Parnaß nur mühsam seine höchste
Spitze über Wasser, wurde von der Flut geteilt und blieb
mit einem Kamm verschwunden. Um seine Mutter zu
rächen — sie war vertrieben worden, als ihr Leib Entbin-
dungswehen spürte —, hatte Paian dort die Pythonschlange
mit bis dahin unerprobten Pfeilen hingestreckt, als Themis
noch das Zepter und den Dreifuß innehatte. Sobald Paian
aus ungeheurem Erdschlund himmlischen Wahrspruch
wehen und Lüfte voller Stimmen dem Boden entströmen
sah, barg er sich in heiliger Grotte und nahm im Tempel-
innern Wohnung, dort gewandelt zum Sehergott Apollon.
Wer von den Unsterblichen ist hier verborgen? Welches
überirdische Wesen stieg vom Äther nieder und läßt sich
herbei, in der Enge eines finsteren Schachts zu hausen?
Wer nimmt ein Erdendasein auf sich als Himmelsgott,
der über alle Geheimnisse des ewigen Ablaufs waltet, mit
dem Firmament die Kenntnis der Zukunft teilt und doch
bereit ist, sich Sterblichen zu offenbaren, der Berührung
mit den Menschen duldet trotz seiner Größe und seiner
Macht, mag sein Spruch nun Schicksal künden oder mag
zum Schicksal werden, was sein Spruch befiehlt? Vielleicht
tritt jener Inbegriff von Jupiters Gesamtheit, der sich der
Welt zu ihrer Leitung einfügt und die Erde im Luftraum

totius pars magna Iovis Cirrhaea per antra   95
exit et aetherio trahitur conexa Tonanti.
hoc ubi virgineo conceptum est pectore numen,
humanam feriens animam sonat oraque vatis
solvit, ceu Siculus flammis urguentibus Aetnam
undat apex, Campana fremens ceu saxa vaporat   100
conditus Inarimes aeterna mole Typhoeus.
hoc tamen expositum cunctis nullique negatum
numen ab humani solum se labe furoris
vindicat. haud illic tacito mala vota susurro
concipiunt; nam fixa canens mutandaque nulli   105
mortales optare vetat iustisque benignus
saepe dedit sedem totas mutantibus urbes
ut Tyriis, dedit ille minas impellere belli,
ut Salaminiacum meminit mare, sustulit iras
telluris sterilis monstrato fine, resolvit   110
aera tabificum. non ullo saecula dono
nostra carent maiore deum quam Delphica sedes
quod siluit, postquam reges timuere futura
et superos vetuere loqui. nec voce negata
Cirrhaeae maerent vates templique fruuntur   115
iustitio. nam si qua deus sub pectora venit,
numinis aut poena est mors immatura recepti
aut pretium; quippe stimulo fluctuque furoris
compages humana labat pulsusque deorum
concutiunt fragiles animas.
                            sic tempore longo   120
immotos tripodas vastaeque silentia rupis
Appius Hesperii scrutator ad ultima fati
sollicitat. iussus sedes laxare verendas
antistes pavidamque deis immittere vatem
Castalios circum latices nemorumque recessus   125
Phemonoen errore vagam curisque vacantem
corripuit cogitque fores irrumpere templi.
limine terrifico metuens consistere Phoebas
absterrere ducem noscendi ardore futura

schwebend hält, durch Kirrhas Grotte aus und folgt dem
Sog, weil er dem Donnerer im Äther zugehört. Wird dies
Himmelswesen von jungfräulicher Brust empfangen, so
schlägt es Klänge aus der Menschenseele und löst der
Seherin die Zunge; es ist, wie wenn Flammen den Ätna
bedrängen und Siziliens Krater brodelt, wie wenn Typhöeus
im Gefängnis unter Ischia, das ewig auf ihm lastet, tobt
und Kampaniens Berge zum Rauchen bringt. Obwohl dies
heilige Wesen allen offensteht und sich niemandem versagt,
wahrt es dennoch Abstand vom Makel des Menschenwahns.
Nicht einmal mit stillem Gemurmel äußert man dort
verwerfliche Wünsche; denn wenn der Gott von beschlosse-
nen Dingen kündet, die niemand ändern kann, so verwehrt
er den Menschenkindern eigenes Wollen, ist auch nur
den Guten gnädig — ihnen gab er oftmals Wohnsitz, wenn
sie ganze Städte verlegten wie die Tyrier, gab er Mittel,
Kriegsdräuen zu brechen, wie das Meer von Salamis
bezeugt, beseitigte er grimmige Landesdürre durch einen
Fingerzeig, wie man sie enden könne, machte er Pesthauch
vergehen. Keine Entbehrung einer Göttergabe in unserer
Zeit ist schmerzlicher als daß Delphis Heiligtum verstummte,
seit Tyrannen vor der Zukunft bangten und Überirdischen
das Reden untersagten. Doch Kirrhas Prophetinnen leiden
nicht unter dem Sprechverbot, sondern freuen sich der
Tempelruhe; denn wenn der Gott in eine Brust eindringt,
ist früher Tod entweder Strafe oder Lohn dafür, daß sie
das hohe Wesen aufnahm, wankt doch menschliches Gefüge,
wenn Verzückung peitscht und wogt, erbebt doch unter
Götterstößen unser zerbrechliches Leben.

So war der Dreifuß lange Zeit reglos und die gewaltige
Felskluft stumm geblieben, bis Appius die Ruhe störte,
weil er Hesperiens Geschick bis auf den Grund erforschen
wollte. Der Priester wurde angewiesen, die Weihestätte
aufzuschließen und die Prophetin, mochte sie auch zagen,
in das Heiligtum zu schicken; am kastalischen Quell
wanderte Phemonoë im stillen Hain sorglos umher, als
er ihre Hand ergriff und heischte, daß sie durch die Tempelpforte dringe. In ihrer Angst, die fürchterliche Schwelle
zu betreten, trachtete die Pythia mit vergebens ange-
wandtem Trug, den Feldherrn von seinem brennenden
Verlangen nach Wissen um die Zukunft abzuschrecken:

cassa frauda parat: 'quid spes' ait 'improba veri   130
te, Romane, trahit? muto Parnassos hiatu
conticuit pressitque deum, seu spiritus istas
destituit fauces mundique in devia versum
duxit iter seu, barbarica cum lampade Python
arsit, in immensas cineres abiere cavernas   135
et Phoebi tenuere viam seu sponte deorum
Cirrha silet farique sat est arcana futuri
carmina longaevae vobis commissa Sibyllae
seu Paean solitus templis arcere nocentes,
ora quibus solvat, nostro non invenit aevo.'   140
      virginei patuere doli fecitque negatis
numinibus metus ipse fidem. tum torta priores
stringit vitta comas crinesque in terga solutos
candida Phocaica complectitur infula lauro.
haerentem dubiamque premens in templa sacerdos   145
impulit. illa pavens adyti penetrale remoti
fatidicum prima templorum in parte resistit
atque deum simulans sub pectore ficta quieto
verba refert nullo confusae murmure vocis
instinctam sacro mentem testata furore,   150
haud aeque laesura ducem, cui falsa canebat,
quam tripodas Phoebique fidem. non rupta trementi
verba sono nec vox antri complere capacis
sufficiens spatium nulloque horrore comarum
excussae laurus immotaque limina templi   155
securumque nemus veritam se credere Phoebo
prodiderant. sensit tripodas cessare furensque
Appius 'et nobis meritas dabis, impia, poenas
et superis, quos fingis,' ait 'nisi mergeris antris
deque orbis trepidi tanto consulta tumultu   160
desinis ipsa loqui.' tandem conterrita virgo
confugit ad tripodas vastisque adducta cavernis
haesit et insueto concepit pectore numen,

137   fari *Burmannus*: fati
155   limina *vel* culmina
158   impia *vel* improba
163   invito *MZ*[1]

„Warum," rief sie, „läßt du Römer dich von unbescheidener Hoffnung auf die Wahrheit treiben? Der Erdspalt schweigt, verstummt ist der Parnaß und hat den Gott verschlossen: mag sein, der Hauch verließ den Schlund hier und wandte sich entlegenen Weltbereichen zu; mag sein, bei dem von Gallierfackeln angefachten Brande Delphis liefen Aschenströme in den unermeßlichen Schacht und verlegten Phoebus den Weg; mag es Götterwille sein, daß Kirrha schweigt und nur die euren Händen anvertrauten Bücher der greisen Sibylle Zukunftsgeheimnisse verkünden sollen; oder mag Apollon, der Schuldbeladene von seinem Tempel fernzuhalten pflegt, in unseren Tagen niemand finden, dem zuliebe er die Lippen auftun müßte."

Die List der Jungfrau lag vor Augen, und eben ihre Angst war für das Gotteswesen, das sie leugnete, Beweis. So umwand sie denn ihr Stirnhaar mit einer Kordelbinde und steckte ihre über den Nacken aufgelösten Locken in eine weiße Bänderhaube mit phokischem Lorbeer. Als sie noch zögerte und schwankte, schob der Priester sie mit einem Stoß ins Heiligtum. In ihrer Bangigkeit vor der Orakelkammer tief im Allerheiligsten blieb sie am Tempeleingang stehen, tat, als sei der Gott in ihrer wenngleich ruhigen Brust, und ließ erfundene Worte hören, ohne daß verworrene Urlaute von Gottbegeisterung in verzückten Sinnen zeugten — zur Kränkung nicht so sehr für den Feldherrn, dem sie Falsches verkündete, wie für den Dreifuß und für die Wahrhaftigkeit Apollons. Wenn kein Schrei in abgerissenen Worten zitterte und die Stimme nicht den weiten Grottenraum zu füllen vermochte, kein Haar sich sträubte und den Lorbeer abschüttelte, die Tempelschwelle nicht erbebte und der Hain voll Frieden blieb, so hatte dies ihre Furcht verraten, sich Phoebus hinzugeben. Appius merkte, daß der Dreifuß noch nicht tätig war, und rief voll Wut: „Mir und zugleich dem Gott, den du vortäuschst, sollst du Verworfene gebührend büßen, wenn du nicht tief in die Grotte vordringst und in einem Augenblick, da man dich in wilden Wirren der verstörten Welt um Rat befragt, nicht eigene Worte sparst." Da endlich floh das Mädchen eingeschüchtert dem Dreifuß zu, schmiegte sich nah an den weiten Schacht und empfing in bisher unerfahrener Brust den Gottesgeist, den der in

quod non exhaustae per tot iam saecula rupis
spiritus ingessit vati, tandemque potitus   165
pectore Cirrhaeo non umquam plenior artus
Phoebados irrupit Paean mentemque priorem
expulit atque hominem toto sibi cedere iussit
pectore. bacchatur demens aliena per antrum
colla ferens vittasque dei Phoebeaque serta   170
erectis discussa comis per inania templi
ancipiti cervice rotat spargitque vaganti
obstantes tripodas magnoque exaestuat igne
iratum te, Phoebe, ferens. nec verbere solo
uteris et stimulis flammasque in viscera mergis: 175
accipit et frenos nec tantum prodere vati
quantum scire licet. venit aetas omnis in unam
congeriem miserumque premunt tot saecula pectus,
tanta patet rerum series atque omne futurum
nititur in lucem vocemque petentia fata   180
luctantur; non prima dies, non ultima mundi,
non modus Oceani, numerus non derat harenae.
talis in Euboico vates Cumana recessu
indignata suum multis servire furorem
gentibus ex tanta fatorum strage superba   185
excerpsit Romana manu: sic plena laborat
Phemonoe Phoebo, dum te, consultor operti
Castalia tellure dei, vix invenit, Appi,
inter fata diu quaerens tam magna latentem.
spumea tum primum rabies vaesana per ora   190
effluit et gemitus et anhelo clara meatu
murmura; tum maestus vastis ululatus in antris
extremaeque sonant domita iam virgine voces:
'effugis ingentes tanti discriminis expers
bellorum, Romane, minas solusque quietem   195
Euboici vasta lateris convalle tenebis.'
cetera suppressit faucesque obstruxit Apollo.
    custodes tripodes fatorum arcanaque mundi
tuque potens veri Paean nullumque futuri

175   stimulis *vel* -os
183   qualis *x, sed cf.* sic 4,549/556
197   obstrinxit *N*

vielen Jahrhunderten noch nicht erschöpfte Felsenodem der
Prophetin eingab; nun endlich nahm Apollon von der
Brust seiner Priesterin Besitz, fuhr in nie erlebter Fülle
in den Leib der Pythia, trieb früheres Denken aus und
und zwang das Menschenkind, die ganze Brust ihm ein-
zuräumen. Von Sinnen und ohne ihren Hals in der Gewalt
zu haben, durchraste sie die Grotte, ließ unsteten Nackens
die frommen Bänder und Lorbeerreiser durch die Tempel-
räume wirbeln, sodaß sie dem gesträubten Haar entfielen,
stieß den Dreifuß um, der ihrem Hin und Her im Weg
stand, und glühte in hohem Fieber, war ihr Reiter Phoebus doch voll Zorn. Er verwandte nicht nur Peitsche und
Stacheln, senkte nicht nur Flammen ins Geäder: sie erhielt
auch Zügel, eine Seherin, die nicht so viel verraten wie
wissen durfte. Die ganze Ewigkeit ballte sich in eins, Jahrhundert über Jahrhundert legte sich auf ihre arme Brust,
der ganze Reigen der Geschehnisse trat ihr vor Augen, alle
Zukunft drängte zu Tage, und nach Verkündung gierig,
rangen die Lose miteinander; nicht der erste Tag der
Welt entging ihr, nicht der letzte, nicht des Ozeans Ausmaß,
nicht die Körnerzahl des Sandes. Wie in Kampaniens
Bucht die Sibylle von Cumae es schon oft ablehnte, daß
ihre Verzückung vielen Völkern diene, und aus gewaltigem Loshaufen mit herrischem Griff herauszog, was
für Rom bestimmt war, so litt Phemonoë unter Apollons
Fülle Drangsal, bis sie den Befrager des von Delphis Boden
zugedeckten Gottes mit Müh und Not entdeckte — Appius,
dessen Los sie lange suchen mußte, da es zwischen hochbe-
deutenden versteckt war. Jetzt rann zum ersten Male
Irrsinnsgeifer aus ihrem schäumenden Mund, mit Gestöhn
und verworrenen Schreien bei keuchendem Atem; jetzt
klang dumpfes Wehgeheul in der weiten Grotte, und
endlich, da das Mädchen jetzt kirre war, ertönten Worte:
„Du Römer bleibst von der gewaltigen Entscheidungsschlacht verschont, entrinnst dem ungeheuerlichen Dräuen
des Kriegsgeschehens und wirst einsam in weiter Senke
an Euböas Küste Ruhe finden." Das Übrige unterdrückte Apollon und schnürte ihr die Kehle zu.

Schicksalhütender Dreifuß, Weltorakel und du selbst,
Apollon, Herr der Wahrheit, dem die Götter keinen Tag
der Zukunft verbergen: warum scheust du dich, die letzten

a superis celate diem, suprema ruentis   200
imperii caesosque duces et funera regum
et tot in Hesperio collapsas sanguine gentes
cur aperire times? an nondum numina tantum
decrevere nefas et adhuc dubitantibus astris
Pompei damnare caput tot fata tenentur?   205
vindicis an gladii facinus poenasque furorum
regnaque ad ultores iterum redeuntia Brutos,
ut peragat Fortuna, taces?
                         tum pectore vatis
impactae cessere fores expulsaque templis
prosiluit. perstat rabies nec cuncta locutae,   210
quem non emisit, superest deus: illa feroces
torquet adhuc oculos totoque vagantia caelo
lumina, nunc voltu pavido nunc torva minaci
stat numquam facies, rubor igneus inficit ora
liventesque genas nec qui solet esse timenti,   215
terribilis sed pallor inest nec fessa quiescunt
corda, sed ut tumidus boreae post flamina pontus
rauca gemit, sic muta levant suspiria vatem.
dumque a luce sacra, qua vidit fata, refertur
ad volgare iubar, mediae venere tenebrae: 220
immisit Stygiam Paean in viscera Lethen,
quae raperet secreta deum. tum pectore verum
fugit et ad Phoebi tripodas rediere futura
vixque refecta cadit.
                      nec te vicinia leti
territat ambiguis frustratum sortibus, Appi,   225
iure sed incerto mundi subsidere regnum
Chalcidos Euboicae vana spe rapte parabas.
heu demens, nullum belli sentire fragorem,
tot mundi caruisse malis, praestare deorum
excepta quis Morte potest? secreta tenebis   230
litoris Euboici memorando condite busto,
qua maris angustat fauces saxosa Carystos

---

211 illa *edd. vett.*: -e
218 muta *vel* multa

Stunden des untergehenden Reichs, die Ermordung der
Rivalen, das Tyrannensterben und den Sturz zahlloser
Völker im Blut Hesperiens zu enthüllen? Haben etwa die
Überirdischen das furchtbare Verbrechen noch nicht
beschlossen und werden all die Lose darum zurückgehalten,
weil die Gestirne bis zur Stunde zögern, Tod über Pompejus
zu verhängen? Oder schweigst du, damit Fortuna die
Tat des Racheschwerts, Sühne für Wahnwitzigkeiten und
nochmalige Ahndung von Tyrannei durch einen Brutus
zur Vollendung führen kann?

Jetzt stieß die Seherin mit ihrer Brust gegen die Pforte,
daß sie nachgab, floh aus dem Tempel und stürzte davon.
Der Anfall hielt an, und da sie noch nicht alles gesagt
hatte, blieb der Gott zur Stelle — sie war es, die ihn nicht
freigab: noch immer rollte sie wild ihre Augen und ließ
ihre Blicke über den ganzen Himmel schweifen, mit Zügen
bald voll Angst, bald voll stieren Trotzes fand ihr Antlitz
keine Stetigkeit, Feuerröte färbte ihre Stirn und ihre
bleiernen Wangen; nicht als gewohntes Zeichen von
Furchtsamkeit, sondern furchterregend haftete ihr Blässe an, und ihr Herz ruhte nicht von der Erschöpfung aus,
nein, wie nach stürmischem Nordwind das aufgebrachte
Meer noch heiser gurgelt, so hob sich die Brust der Seherin
unter Seufzern ohne Worte. Und während sie aus überirdi-
schem Glanz, in dem sie die Lose geschaut hatte, ins Alltags-
licht zurücksank, fiel ein Nebelvorhang: Apollon flößte
ihr einen Trunk vom Vergessensstrom der Hölle ein, der
ihr die Göttergeheimnisse entreißen sollte. Da floh aus
ihrer Brust, was wahr war, und was kommen sollte, kehrte
zu Apollons Dreifuß zurück; sie aber stürzte, kaum daß
sie zu sich kam, zu Boden.

Doch du, Appius, bangtest nicht vor nahem Tod, da
dich das doppeldeutige Orakel irreführte; nein, während
der Anspruch auf die Welt umstritten war, gedachtest du,
beseelt von nichtiger Hoffnung, dich auf einem Herren-
sitz im euböischen Chalkis anzusiedeln. Armer Tor! Keinen
Kriegslärm zu vernehmen, frei zu sein von all den Plagen
der Welt, welcher Gott kann dies gewähren als allein der
Tod? Du sollst einen stillen Platz am Gestade von Euböa
finden — als Leiche in einem prächtigen Grab, dort wo
sich zwischen Karystos mit seinen Steinbrüchen und

et, tumidis infesta colit quae numina, Rhamnus,
artatus rapido fervet qua gurgite pontus
Euripusque trahit cursum mutantibus undis   235
Chalcidicas puppes ad iniquam classibus Aulin.
    interea domitis Caesar remeabat Hiberis
victrices aquilas alium laturus in orbem,
cum prope fatorum tantos per prospera cursus
avertere dei. nullo nam Marte subactus   240
intra castrorum timuit tentoria ductor
perdere successus scelerum, cum paene fideles
per tot bella manus satiatae sanguine tandem
destituere ducem, seu maesto classica paulum
intermissa sono claususque et frigidus ensis   245
expulerat belli furias, seu, praemia miles
dum maiora petit, damnat causamque ducemque
et scelere imbutos etiamnunc venditat enses.
haud magis expertus discrimine Caesar in ullo,
quam non e stabili, tremulo sed culmine cuncta   250
despiceret staretque super titubantia fultus.
tot raptis truncus manibus gladioque relictus
paene suo, qui tot gentes in bella trahebat,
scit non esse ducis strictos, sed militis enses.
non pavidum iam murmur erat nec pectore tecto   255
ira latens; nam quae dubias constringere mentes
causa solet, dum quisque pavet, quibus ipse timori est,
seque putat solum regnorum iniusta gravari,
haud retinet. quippe ipsa metus exsolverat audax
turba suos: quidquid multis peccatur, inultum est.   260
effudere minas: 'liceat discedere, Caesar,
a rabie scelerum. quaeris terraque marique
his ferrum iugulis animasque effundere viles
quolibet hoste paras: partem tibi Gallia nostri

Rhamnus mit seinem Tempel jener Göttin, die Hochmut
straft, der Meeressund verengt, wo die eingezwängte See
in wildem Wirbel brodelt und der Euripos bei umschla-
gender Strömung Schiffe von Chalkis zum Unglückshafen
Aulis hinüberzieht.

Mittlerweile war Caesar nach der Bewältigung Spaniens
auf dem Heimweg, um seine siegreichen Legionsadler in
die andere Hälfte des Reichs zu tragen; da fehlte nicht
viel, daß die Götter seinem unentwegten Sturm von einem
glücklichen Gelingen zum anderen eine schlimme Wendung
gaben. Denn nicht in irgendeinem Kampf geschlagen, nein,
inmitten seiner Lagerzelte fürchtete der Feldherr den
Gewinn aus seinen Freveln einzubüßen, als seine Mannen
nach treuer Gefolgschaft in all den Feldzügen schließlich
des Mordens überdrüssig waren und ihren Führer fast im
Stich ließen, sei es, daß die kurze Pause düsterer Trompe-
tenmusik und das Erkalten der Schwerter in ihrer Scheide
den Kriegsrausch ausgetrieben hatten, sei es, daß die
Truppen im Verlangen nach höherem Lohn den Stab
über ihre Sache ebenso wie ihren Führer brachen und
ihre ruchlos besudelten Schwerter noch jetzt verschachern
wollten. Nie hatte Caesar in irgendeiner Gefahr so deutlich
gespürt, wie wenig fest, wie wankend vielmehr das Podest
war, von dem er auf die Welt herabsah, und auf wie schwankem Grund sein Fuß stand. Ein Torso nach Verlust zahlloser
Fäuste, fast seinem eigenen Degen überlassen, erkannte der
Mann, der Völker über Völker zu Feldzügen schleppte,
daß einmal gezückte Schwerter nicht dem Führer, sondern
dem Soldaten gehören. Das war kein zaghaftes Murren
mehr, kein heimlicher Groll tief in der Brust; denn wenn
sonst Aufruhrgeist dadurch gezügelt wird, daß jedermann
die vor ihm selber bangen Kameraden fürchtet und als
einziger unter schnödem Regiment zu leiden glaubt, so
tat dies hier nicht Einhalt. Hatte doch eben die freche Zu-
sammenrottung dem einzelnen die Furcht benommen: wo
viele sich vergehen, gibt es keine Ahndung. Sie stießen
eine Flut von Drohungen aus: „Laß, Caesar, uns von dem
verbrecherischen Irrsinn fort! Du suchst in Land und Meer
nach Schwertern für unsere Gurgeln und möchtest unser
Blut, das dir nichts gilt, von irgendwelchen Feinden
vergießen lassen: manche von uns hast du in Gallien ein-

eripuit, partem duris Hispania bellis,   265
pars iacet Hesperia totoque exercitus orbe
te vincente perit. terris fudisse cruorem
quid iuvat Arctois Rhodano Rhenoque subactis?
tot mihi pro bellis bellum civile dedisti.
cepimus expulso patriae cum tecta senatu,   270
quos hominum vel quos licuit spoliare deorum?
imus in omne nefas manibus ferroque nocentes,
paupertate pii. finis quis quaeritur armis?
quid satis est, si Roma parum? iam respice canos
invalidasque manus et inanes cerne lacertos.   275
usus abit vitae, bellis consumpsimus aevum:
ad mortem dimitte senes. en improba vota:
non duro liceat morientia caespite membra
ponere, non anima galeam fugiente ferire
atque oculos morti clausuram quaerere dextram;   280
coniugis illabi lacrimis unique paratum
scire rogum liceat, morbis finire senectam:
sit praeter gladios aliquod sub Caesare fatum.
quid velut ignaros, ad quae portenta paremur,
spe trahis? usque adeo soli civilibus armis   285
nescimus cuius sceleris sit maxima merces?
nil actum est bellis, si nondum comperit istas
omnia posse manus. nec fas nec vincula iuris
hoc audere vetant: Rheni mihi Caesar in undis
dux erat, hic socius; facinus quos inquinat, aequat.   290
adde, quod ingrato meritorum iudice virtus
nostra perit: quidquid gerimus, fortuna vocatur;
nos fatum sciat esse suum. licet omne deorum
obsequium speres, irato milite, Caesar,
pax erit.' haec fatus totis discurrere castris   295

---

274 parum *cArn. Ult. syll. gramm. IV 248,22*: p. est

gebüßt, manche bei den harten Kämpfen in Spanien,
manch einer liegt in Hesperien begraben, ja, auf dem
ganzen Erdkreis bringen deine Siege deinen Truppen Tod.
Was nützt es, daß wir uns im Nordland bei der Unterwerfung von Rhone und Rhein verbluteten? All die Kriege
hast du uns mit Bürgerkrieg gelohnt. Als wir den Senat
verjagten und unsere Heimatstadt eroberten, welche
Menschen, welche Götter durften wir da plündern? Überall,
wo wir an eine Untat gehen, sprechen Hand und Schwert
uns schuldig, erweisen leere Taschen uns als tugendsam.
Was will der Waffengang bezwecken? Was genügt dir,
wenn dir Rom zu wenig ist? Denk jetzt einmal an unsere
grauen Haare, sieh unsere entkräfteten Hände und aus-
gezehrten Muskeln an! Ungenutzt ist unser Leben verstri-
chen, mit Feldzügen haben wir unsere Jahre verbraucht:
zum Sterben gib uns alte Männer frei! Da hast du unsere
unbescheidenen Wünsche: wir möchten, kommt der Tod
herbei, uns nicht auf harten Rasen betten, nicht in einen
Helm gezwängt sein, wenn die Seele weicht, und nicht
der Hand entraten, die uns die Augen zu ewigem Schlaf
zudrücken kann; in den Tränenstrom einer Gattin möchten
wir uns schmiegen, jeder einen Holzstoß für sich allein
bereitet wissen, hohe Jahre auf dem Krankenbett beschlie-
ßen, sollte es doch auch noch andere Todesarten unter
Caesar geben als den Tod durchs Schwert. Was hältst
du uns mit Verheißungen hin, als ahnten wir nicht, zu
welchen Ungeheuerlichkeiten wir dienen sollen? — Sind
wir ganz und gar die einzigen, die nicht wissen, welche
Freveltat in diesem brudermörderischen Waffengang den
höchsten Preis erhält? Nichts ist mit den Feldzügen erreicht,
wenn er noch nicht begriffen hat, daß unsere Fäuste zu
allem imstande sind. Nicht Göttersatzung, nicht Ge-
setzesfesseln verbieten diese Vermessenheit: am Rheinstrom
war uns Caesar Führer, hier ist er Spießgeselle, macht doch
Bluttat Blutbefleckte gleich. Zudem fällt unsere Tüchtig-
keit dahin, wenn unsere Verdienste ein undankbares
Forum finden: was wir vollbringen, heißt sein Glück; jetzt
aber soll er merken, daß wir sein Verhängnis sind. — Magst
du auf alle Willigkeit der Götter rechnen: Gärung bei
Soldaten, Caesar, führt zum Frieden." Bei diesen Worten
hatten sie begonnen, im ganzen Lager umherzulaufen und

coeperat infestoque ducem deposcere voltu.
sic eat, o superi: quando pietasque fidesque
destituunt moresque malos sperare relictum est,
finem civili faciat discordia bello.
    quem non ille ducem potuit terrere tumultus?   300
fata sed in praeceps solitus demittere Caesar
fortunamque suam per summa pericula gaudens
exercere venit nec, dum desaeviat ira,
exspectat: medios properat temptare furores.
non illis urbes spoliandaque templa negasset   305
Tarpeiamque Iovis sedem matresque senatus
passurasque infanda nurus: volt omnia certe
a se saeva peti, volt praemia Martis amari;
militis indomiti tantum mens sana timetur.
non pudet, heu, Caesar, soli tibi bella placere   310
iam manibus damnata tuis? hos ante pigebit
sanguinis, his ferri grave ius erit, ipse per omne
fasque nefasque rues? lassare et disce sine armis
posse pati, liceat scelerum tibi ponere finem.
saeve, quid insequeris? quid iam nolentibus instas?   315
bellum te civile fugit.
              stetit aggere fulti
caespitis intrepidus voltu meruitque timeri
non metuens atque haec ira dictante profatur:
'qui modo in absentem voltu dextraque furebas,
miles, habes nudum promptumque ad volnera pectus.   320
hic fuge, si belli finis placet, ense relicto.
detegit imbelles animas nil fortiter ausa
seditio tantumque fugam meditata iuventus
ac ducis invicti rebus lassata secundis.
vadite meque meis ad bella relinquite fatis: 325
invenient haec arma manus vobisque repulsis
tot reddet Fortuna viros quot tela vacabunt.

mit feindseliger Miene ihren Führer zur Rechenschaft zu fordern. So soll es gehen, ja, bei Gott: wenn uns denn Pflichtgefühl, wenn uns Gefolgschaftstreue im Stich läßt und wir weiter nichts als Schlechtigkeit erwarten dürfen, so soll Zwietracht dem Bürgerkrieg ein Ende machen! Welchen Führer hätte dieser Aufruhr nicht erschrecken müssen? Aber Caesar pflegte ungestüm ins Rollen zu bringen, was geschehen mußte, und erprobte gern in höchster Gefahr sein Glück, kam also, ohne abzuwarten, bis die Gärung sich beruhigte: rasch wollte er der Meuterei, als sie in vollem Gange war, zu Leibe gehen. Er hätte es den Männern nicht abgeschlagen, Städte und Tempel, ja, Jupiters Heiligtum auf dem Kapitol zu plündern oder Frauen und Töchtern von Senatoren Unerhörtes anzutun: er wollte, daß sie ihn um einen Freibrief für wirklich alle Schändlichkeiten bäten, wollte, daß es sie nach Kriegsbelohnungen gelüste, und fürchtete bei seinen zügellosen Truppen nichts als kühle Köpfe. Ach, schämst du dich nicht, Caesar, allein auf Krieg erpicht zu sein, wenn deine Mannen ihn schon verworfen haben? Sollen sie vor dir des Mordens überdrüssig sein, sollen sie das Regiment des Schwerts als Last empfinden, während du selber überall dahinstürmst und nicht fragst, was gut, was böse ist? Komm zur Ruhe und lerne die Kunst, ein Leben ohne Waffen zu ertragen, laß deinen Verbrechen ein Ende setzen! Was hast du Wüterich vor? Was drängst du Menschen, die nicht mehr wollen? Der Bürgerkrieg, *er* flieht vor *dir*.

Er stand auf einem Stapel aufgetürmter Rasenstücke, mit ungerührter Miene, fürchtenswert in seiner Unerschrockenheit, und Zorn sprach aus seinen Worten, als er rief: „Habt ihr Soldaten eben noch mit Blicken und Fäusten gegen mich gemeutert, als ich fern war, da: ohne Harnisch bietet meine Brust sich euch zum Todesstoß. In mir laßt eure Schwerter stecken und lauft davon, wenn ihr den Krieg zu enden wünscht! Kampfuntüchtigkeit entpuppt sich, wenn Rebellen nichts Beherztes wagen, wenn eine Mannschaft nur an Desertion denkt und das Glück eines unbesiegten Führers sie entnervt. Geht nur und überlaßt mich meinem Los — zum Kampf: es werden sich für meine Schwerter Hände finden, und habe ich euch fortgejagt, so wird Fortuna mir die gleiche Anzahl

anne fugam Magni tanta cum classe secuntur
Hesperiae gentes, nobis victoria turbam
non dabit, impulsi tantum quae praemia belli   330
auferat et vestri rapta mercede laboris
lauriferos nullo comitetur volnere currus?
vos despecta senes exhaustaque sanguine turba
cernetis nostros iam plebs Romana triumphos.
Caesaris an cursus vestrae sentire putatis   335
damnum posse fugae? veluti, si cuncta minentur
flumina, quos miscent pelago, subducere fontes,
non magis ablatis umquam descenderit aequor,
quam nunc crescit, aquis. an vos momenta putatis
ulla dedisse mihi? numquam sic cura deorum   340
se premet, ut vestrae morti vestraeque saluti
fata vacent: procerum motus haec cuncta secuntur,
humanum paucis vivit genus. orbis Hiberi
horror et Arctoi nostro sub nomine miles
Pompeio certe fugeres duce. fortis in armis   345
Caesareis Labienus erat: nunc transfuga vilis
cum duce praelato terras atque aequora lustrat.
nec melior mihi vestra fides, si bella nec hoste
nec duce me geritis: quisquis mea signa relinquens
non Pompeianis tradit sua partibus arma,   350
hic numquam volt esse meus. sunt ista profecto
curae castra deis, qui me committere tantis
non nisi mutato voluerunt milite bellis.
heu, quantum Fortuna umeris iam pondere fessis
amolitur onus! sperantes omnia dextras   355
exarmare datur, quibus hic non sufficit orbis:
iam certe mihi bella geram. discedite castris,
tradite nostra viris ignavi signa Quirites.
at paucos, quibus haec rabies auctoribus arsit,
non Caesar, sed poena tenet. procumbite terra   360

neuer Männer geben wie Lanzen frei sind. Wenn Hesperiens Völker mit gewaltigem Geschwader Pompejus auf seiner Flucht begleiten, wird etwa dann mein Sieg mir keine Leute schaffen, die nur die Früchte eines niedergeschlagenen Krieges einzuheimsen, den Lohn für eure Plagen zu ergattern und ohne Wunden dem lorbeerbekränzten Wagen zu folgen brauchen? Ihr, ein Haufen verächtlicher und ausgemergelter Greise, werdet meinen Triumph nunmehr als Straßenvolk von Rom erleben. Glaubt ihr vielleicht, für Caesars Sturmlauf könnte eure Desertion spürbarer Schaden sein? Als ob, wenn alle Flüsse dem Ozean die beigemengten Fluten zu entziehen drohten, der Meeresspiegel bei Verlust des Wassers jemals stärker sinken würde als er jetzt steigt! Glaubt ihr vielleicht, daß ihr für mich von irgendwelchem Ausschlag wart? So weit wird göttliche Fürsorge nie hinuntersteigen, daß das Geschick sich darum kümmert, ob euresgleichen stirbt oder euresgleichen lebt: wie sich die Großen regen, so bewegen sich die Dinge dieser Welt — das Leben der Menschheit wird von wenigen bestimmt. Der Schrecken Spaniens und des Nordlands als Soldaten unter meiner Fahne, wäret ihr gewiß davongelaufen, hätte Pompejus euch geführt. Labienus war ein wackerer Kämpe, solange er das Waffenkleid bei Caesar trug: als feiler Überläufer zieht er jetzt mit dem, der ihm als Führer lieber ist, durch Land und Meer dahin. Doch gilt mir eure Gefolgschaftstreue dann nicht höher, wenn ihr euch so wenig gegen mich wie für mich schlagt: jedermann, der meine Fahne verläßt, der will, auch wenn er nicht sein Schwert den Pompejanern zur Verfügung stellt, niemals zu mir gehören. Offensichtlich nehmen sich die Götter meines Heerbanns an, wenn sie mich dem Entscheidungskampf nicht überlassen wollten, ehe ich die Truppen wechsle. Ach, welche schwere Bürde wälzt Fortuna mir von den Schultern, die der Last schon müde waren! Mir wird Gelegenheit geboten, Fäuste zu entwaffnen, die nach allem gieren, die sich nicht mit dieser Welt begnügen: von nun an will ich wirklich nur zu eigenem Vorteil Schlachten schlagen. Verlaßt das Lager, händigt, selber Bürgermemmen, meine Fahnen Männern aus! Aber die paar Leute, deren Treiben diesen Irrsinn angefacht hat, bleiben — nicht für Caesar, sondern zur Bestrafung. Kniet

infidumque caput feriendaque tendite colla.
et tu, quo solo stabunt iam robore castra,
tiro rudis, specta poenas et disce ferire,
disce mori.' tremuit saeva sub voce minantis
volgus iners unumque caput tam magna iuventus   365
privatum factura timet, velut ensibus ipsis
imperet invito moturus milite ferrum.
ipse pavet, ne tela sibi dextraeque negentur
ad scelus hoc, Caesar; vicit patientia saevi
spem ducis et iugulos, non tantum praestitit enses.   370
nil magis assuetas sceleri quam perdere mentes
atque perire tenet: tam diri foederis ictu
parta quies poenaque redit placata iuventus.
    Brundisium decimis iubet hanc attingere castris
et cunctas revocare rates, quas avius Hydrus   375
antiquusque Taras secretaque litora Leucae,
quas recipit Salpina palus et subdita Sipus
montibus, Ausoniam qua torquens frugifer oram
Delmatico boreae Calabroque obnoxius austro
Apulus Hadriacas exit Garganus in undas.   380
ipse petit trepidam tutus sine milite Romam
iam doctam servire togae populoque precanti
scilicet indulgens summo dictator honori
contigit et laetos fecit se consule fastos.
namque omnes voces, per quas iam tempore tanto   385
mentimur dominis, haec primum repperit aetas,
qua, sibi ne ferri ius ullum, Caesar, abesset,
Ausonias voluit gladiis miscere secures
addidit et fasces aquilis et nomen inane
imperii rapiens signavit tempora digna   390
maesta nota; nam quo melius Pharsalicus annus
consule notus erit? fingit sollemnia Campus

375 retinere *VN*
383 summo ... honori (-e) *vel* -um ... -em
388 Hesperias *N*

zu Boden und streckt den Hals mit dem Verräterhaupt
zum Streiche hin! Und ihr noch unerfahrenen Rekruten,
künftig alleiniges Rückgrat meines Heeres, seht euch die
Bestrafung an und lernt an ihr das Töten, lernt an ihr das
Sterben!" Ohne Widerstand erzitterte die Masse unter
seiner wilden Drohung, und all die Soldaten bangten
vor einem einzigen Mann, den sie in Bürgerstand zu setzen
planten; es war, als folgten ihm die Schwerter von allein,
wenn er das Eisen rühren wollte, die Soldaten aber trotzten.
Selbst ein Caesar hatte Angst, man möchte ihm für diesen
Frevel Stahl und Arm verweigern; jedoch mit einer Unter-
würfigkeit, die die Erwartungen des mitleidlosen Führers
übertraf, streckte man ihm Nacken, nicht nur Schwerter
hin. Nichts bindet Menschen, denen Frevel zur Gewohnheit
wurde, mehr als Fällen und Fallen: das wahrhaft gräßliche
Versöhnungsopfer stellte die Ruhe wieder her, und durch
Blutgericht befriedet, kehrte die Mannschaft zur Pflicht
zurück.

Er gab Befehl, die Männer sollten nach zehn Biwaks
Brundisium erreichen, und es seien alle Schiffe abzurufen,
die sich im abgelegenen Hydruntum, im alten Tarent und
in den Schlupfwinkeln von Kap Leuca bargen, bei den
Sümpfen von Salpia und bei Sipontum unter den Kuppen
des Garganus, der dort mit seinen Eichenwäldern Ausoniens
Küste vorwölbt und von Dalmatien her dem Nordwind,
von Kalabrien her dem Südwind ausgesetzt ist, weil
Apulien mit ihm ins Adriameer hinaustritt. Caesar selber
machte sich, in sicherer Hut auch ohne Heer, nach Rom
auf, das in Angst geriet und jetzt bereits vor einem Bürgerkleid zu kriechen wußte: bettelte der Pöbel doch
wahrhaftig so, daß er willfahrte, als Diktator das Oberamt
beglückte und dem Kalender die Freude machte, ihn als
Konsul zu verzeichnen. Denn alle Redensarten, mit denen
wir schon seit geraumer Zeit Tyrannen Heuchelei bezeigen,
kamen zum ersten Mal in jenen Tagen auf, da Caesar, um
sich nicht etwelches Henkerrecht entgehen zu lassen, seine
Schwerter mit Liktorenbeilen mengen wollte, seinen Legionsadlern Rutenbündel beigab, den wesenlosen Namen
eines Amtes an sich riß und düsteren Zeiten einen angemes-
senen Stempel gab; denn mit welchem Konsul würde
das Jahr von Pharsalus besser gekennzeichnet sein? Man

et non admissae dirimit suffragia plebis
decantatque tribus et vana versat in urna.
nec caelum servare licet: tonat augure surdo   395
et laetae iurantur aves bubone sinistro.
inde perit primum quondam veneranda potestas
iuris inops; tantum careat ne nomine tempus,
menstruus in fastos distinguit saecula consul.
nec non Iliacae numen quod praesidet Albae,   400
haud meritum Latio sollemnia sacra subacto
vidit flammifera confectas nocte Latinas.
    inde rapit cursus et, quae piger Apulus arva
deseruit rastris et inerti tradidit herbae,
ocior et caeli flammis et tigride feta   405
transcurrit curvique tenens Minoia tecta
Brundisii clausas ventis brumalibus undas
invenit et pavidas hiberno sidere classes.
turpe duci visum rapiendi tempora belli
in segnes exisse moras portuque teneri,   410
dum pateat tutum vel non felicibus aequor.
expertes animos pelagi sic robore complet:
'fortius hiberni flatus caelumque fretumque,
cum cepere, tenent quam quos incumbere certos
perfida nubiferi vetat inconstantia veris.   415
nec maris anfractus lustrandaque litora nobis,
sed recti fluctus soloque aquilone secandi.
hic utinam summi curvet carchesia mali
incumbatque furens et Graia ad moenia perflet,
ne Pompeiani Phaeacum e litore toto   420
languida iactatis comprendant carbasa remis.
rumpite quae retinent felices vincula proras:
iam dudum nubes et saevas perdimus undas.'
    sidera prima poli Phoebo labente sub undas

stellte eine feierliche Handlung auf dem Marsfeld vor,
ließ Wähler gar nicht zu und zählte dennoch ihre Voten
aus, nachdem man die Bezirke hergeleiert und ihre Stimmen
zum Schein in der Urne geschüttelt hatte. Auch auf Himmelszeichen durfte keiner achten: für Donner waren die
Auguren taub, und obgleich von links ein Uhu kam, schwor
man, der Vogelflug sei günstig. Damals zuerst verfiel das
einst hochangesehene Amt und wurde machtlos; nur damit
die Zeit nicht ohne Namen bleibe, gliedern Konsuln
Perioden monatsweise in Kalender. — Sogar der Gott,
der über der Trojanergründung Alba thront, bekam,
wiewohl er nach der Unterjochung Latiums eine Opferfeier
nicht verdiente, ein bei Nacht mit Feuer abgeschlossenes
Latinerfest zu sehen.

Von dort aus hastete er weiter, eilte durch Apuliens
Felder — die Bauern hatten sie, statt ihre Karste zu betäti-
gen, verlassen und dem Unkraut ausgeliefert — schneller
als ein Wetterstrahl und eine Tigermutter dahin, bis er
das Horn der Kreterstadt Brundisium gewann; hier fand
er die See von Winterstürmen abgeriegelt und das Geschwader bange vor der rauhen Jahreszeit. Es schien dem
Feldherrn schmählich, daß die Gelegenheit zu raschem
Feldzug in tatenlosem Aufenthalt verpuffte und er im
Hafen festgehalten wurde, während anderen auch ohne
seinen Glücksstern die See gefahrlos offenstand. So flößte
er den Männern, die das Meer nicht kannten, mit diesen
Worten Mut ins Herz: ,,Hat ein Sturm im Winter sich
zum Herrn von Himmel und Flut gemacht, so führt er
über sie ein festeres Regiment als jene Lüfte, denen trügeri-
sche Unbeständigkeit des wolkenschweren Frühlings re-
gelmäßiges Blasen wehrt. Auch müssen wir keinem Hin
und Her von Meeresküsten folgen, sondern können bei
bloßem Nordwind geradeswegs die Fluten kreuzen. Ich
wünschte, daß dieser die Masttops oben böge, uns voll
Wut befiele und zu Griechenstädten hinüberbliese, damit
die Pompejaner nicht vom ganzen Ufer der Phäakeninsel
aus sich in die Riemen legen und uns wegen schlaffer
Segel fangen. Kappt die Taue, die unsere sieggewohnten
Schiffe auf der Stelle halten: schon zu lange lassen wir
Wolken und wilde Dünung ungenutzt.‘‘

Die ersten Sterne waren, während Helios im Meer

exierant et luna suas iam fecerat umbras,   425
cum pariter solvere rates totosque rudentes
laxavere sinus et flexo navita cornu
obliquat laevo pede carbasa summaque pandens
sipara velorum perituras colligit auras.
ut primum levior propellere lintea ventus   430
incipit exiguumque tument, mox reddita malo
in mediam cecidere ratem terraque relicta
non valet ipsa sequi puppes, quae vexerat, aura.
aequora lenta iacent, alto torpore ligatae
pigrius immotis haesere paludibus undae.   435
sic stat iners Scythicas astringens Bosporos undas,
cum glacie retinente fretum non impulit Hister,
immensumque gelu tegitur mare; comprimit unda,
deprendit quascumque rates, nec pervia velis
aequora frangit eques, fluctuque latente sonantem   440
orbita migrantis scindit Maeotida Bessi;
saeva quies pelagi maestoque ignava profundo
stagna iacentis aquae, veluti deserta regente
aequora natura cessant pontusque vetustas
oblitus servare vices non commeat aestu,   445
non horrore tremit, non solis imagine vibrat.
casibus innumeris fixae patuere carinae:
illinc infestae classes et inertia tonsis
aequora moturae, gravis hinc languore profundi
obsessis ventura fames. nova vota timori   450
sunt inventa novo, fluctus nimiasque precari
ventorum vires, dum se torpentibus unda
excutiat stagnis et sit mare. nubila nusquam
undarumque minae; caelo languente fretoque
naufragii spes omnis abit. sed nocte fugata   455
laesum nube dies iubar extulit imaque sensim

---

431   mox (cf. Thes. VIII 1551,74 sqq.) vel et
434   ligat(a)e Arn.ᵛx: -a (-o Z)
443   iacentis vel tac-   regente M¹: rig- (def. Fraenkel 287)

versank, am Himmel aufgegangen, und schon hatte sich
der Mond die Schattenbildung angeeignet, als sie miteinander ihre Anker lichteten; da löste man alle gerefften
Teile aus den Bändern, die Matrosen braßten backbords
mit vorgeschwenkten Stangen die Tuche schräg und
setzten droben Toppsegel, um Lüfte einzufangen, die sonst
für nichts geblasen hätten. Kaum fing eine noch recht
leichte Brise eben an, die Leinwandbahnen vorzutreiben,
und kaum blähten diese sich ein wenig, da fielen sie gleich
gegen Schiffsmitte an den Mast zurück, und als das Land
dahinten lag, war der Wind nicht fähig, mit den von ihm
selbst in Fahrt gebrachten Kielen Schritt zu halten. Müde
döste das Meer, im Banne tiefer Lähmung verhielten die
Wellen und zeigten weniger Regung als unbeweglicher
Morast. Es war, wie wenn zur Zeit, da Eis die Donau
bremst und diese das Schwarzmeer nicht in Gang hält,
Kimmeriens Bosporus stillsteht, sodaß die Skythensee gefriert
und ihre Fläche sich weit und breit mit einer starren Decke
überzieht; da bleibt jedes überraschte Fahrzeug in den
Wogen stecken, statt Seglern überqueren stampfende Reiter
den Wasserspiegel, und auch ohne daß man Fluten sieht,
dröhnt die Maiotis, weil die Karren thrakischer Nomaden
auf ihr Furchen ziehen; unheimlich ruhig ist das Meer
und schauerlich die Tiefe, wenn das Wasser träge steht
und träumt, als hätte die Strömung aufgehört, weil sie
von der Naturgewalt im Stich gelassen wurde, als hätte
die See ihre Pflicht vergessen, altgewohnte Gezeiten ein-
zuhalten, und würde nicht mehr fluten oder ebben, nicht
schauernd sich kräuseln, nicht im Widerschein der Sonne
glitzern. Unzähligen Gefahren waren Caesars festgehaltene
Kiele ausgesetzt: hier wollten Feindgeschwader die regungs-
lose Wasserfläche mit ihren Riemen zerwühlen, dort wollte
sich zur Qual für die von Meeresstille eingeschlossenen
Männer Hungersnot einstellen. Nie erlebte Gebete fand
man in nie erlebter Angst, flehte um Wogen und ungeheure
Sturmgewalt in dem einzigen Verlangen, Dünung möchte
sich aus totenstillem Wasser lösen und ein rechtes Meer
sein. Aber nirgends Wolken und Wogenschwall; schlaff
blieben Luft und Meer, alle Hoffnung auf Schiffbruch
schwand. Doch als die Nacht entwichen war, ging am
folgenden Tag die Sonne hinter einer Wolkenblende auf

concussit pelagi movitque Ceraunia nautis.
inde rapi coepere rates atque aequora classem
curva sequi, quae iam vento fluctuque secundo
lapsa Palaestinas uncis confixit harenas.   460
    prima duces iunctis vidit consistere castris
tellus, quam volucer Genusus, quam mollior Hapsus
circumeunt ripis. Hapso gestare carinas
causa palus, leni quam fallens egerit unda;
at Genusum nunc sole nives, nunc imbre solutae   465
praecipitant; neuter longo se gurgite lassat.
sed minimum terrae vicino litore novit.
hoc Fortuna loco tantae duo nomina famae
composuit miserique fuit spes irrita mundi
posse duces parva campi statione diremptos   470
admotum damnare nefas; nam cernere voltus
et voces audire datur multosque per annos
dilectus tibi, Magne, socer post pignora tanta.
sanguinis infausti sobolem mortemque nepotum
te nisi Niliaca propius non vidit harena.   475
    Caesaris attonitam miscenda ad proelia mentem
ferre moras scelerum partes iussere relictae.
ductor erat cunctis audax Antonius armis
iam tum civili meditatus Leucada bello.
illum saepe minis Caesar precibusque morantem   480
evocat: 'o mundi tantorum causa laborum.
quid superos et fata tenes? sunt cetera cursu
acta meo; summam rapti per prospera belli
te poscit Fortuna manum. non rupta vadosis
Syrtibus incerto Libye nos dividit aestu: 485
numquid inexperto tua credimus arma profundo
inque novos traheris casus? ignave, venire
te Caesar, non ire iubet: prior ipse per hostes

und kam das Meer allmählich bis zum Grund in Aufruhr,
sodaß die Keraunischen Berge vor den Augen der Besatzung
schwankten. Da begannen die Schiffe dahinzuschießen und
Wogenkämme mit dem Geschwader Schritt zu halten,
bis es endlich bei günstigem Wind und Wellengang
vorankam und am Strand von Palaiste Anker warf.

Zum ersten Mal sah ein Gelände die Rivalen Seite
an Seite lagern; es war die Gegend, um die der schnelle
Genysos hier, der sanftere Apsos dort mit ihren Böschungen
einen Halbkreis ziehen. Den Apsos macht ein Sumpf
schiffbar, aus dem er sich unmerklich mit gelinder Strömung
speist, während dem Genysos Schneemassen, die bald Sonne,
bald Regen zum Schmelzen bringt, ein reißendes Gefälle
geben; beide plagen sich nicht mit langem Lauf, sondern
kennen nur wenig Inland und bleiben der Küste nah.
An dieser Stelle führte Fortuna zwei Männer hochberühmten
Namens zusammen, sodaß die Welt — zu ihrem Leid
vergeblich — hoffen durfte, die Rivalen möchten eine
Schändlichkeit verwerfen, die bei geringem Abstand ihrer
Lagerplätze greifbar war; denn einer konnte des anderen
Gesicht erblicken und seine Stimme hören, und Caesar
sah nach vielen Jahren, in denen ihn Pompejus liebte,
nach enger Bindung durch ein Unterpfand, nach Frucht-
barkeit der Unglücksehe und dem Tod der Enkel seinen
Schwiegersohn so nah erst wieder an Ägyptens Strand.

Er war vom Drang benommen, ins Gefecht zu gehen;
aber die Zurücklassung von Truppenteilen zwang ihn,
frevelhaftes Tun hinauszuschieben. Führer jenes ganzen
Heeres war Antonius, ein verwegener Mann, der schon
damals dem Bürgerkrieg ein Actium zu bereiten plante.
Ihn rief Caesar mit Droh- und Bittbriefen immer aufs neue
aus Säumigkeit zur Tat: „Du bist wahrhaftig schuld, daß
die Welt so bitter leidet; warum hältst Du Götterwillen
und Bestimmung auf? Mein Sturmlauf hat das Übrige
getan; von Dir verlangt Fortuna nur, die letzte Hand an
einen von Erfolg zu Erfolg getriebenen Krieg zu legen.
Keine Schlünde und Sandbänke libyscher Syrten mit regelloser Flut sind zwischen uns: mute ich etwa Deinen Soldaten eine Fahrt auf unerprobter See zu, und schleppt man
Dich in nie erlebte Abenteuer? Memme, Caesar befiehlt
nicht, daß Du vorgehst, sondern daß Du nachkommst:

percussi medios alieni iuris harenas;
tu mea castra times? pereuntia tempora fati   490
conqueror, in ventos impendo vota fretumque.
ne retine dubium cupientes ire per aequor:
si bene nota mihi est, ad Caesaris arma iuventus
naufragio venisse volet. iam voce doloris
utendum est: non ex aequo divisimus orbem;   495
Epirum Caesarque tenet totusque senatus,
Ausoniam tu solus habes.' his terque quaterque
vocibus excitum postquam cessare videbat,
dum se desse deis ac non sibi numina credit,
sponte per incautas audet temptare tenebras,   500
quod iussi timuere, fretum temeraria prono
expertus cessisse deo fluctusque verendos
classibus exigua sperat superare carina.

    solverat armorum fessas nox languida curas,
parva quies miseris, in quorum pectora somno   505
dat vires fortuna minor. iam castra silebant,
tertia iam vigiles commoverat hora secundos:
Caesar sollicito per vasta silentia gressu
vix famulis audenda parat cunctisque relictis
sola placet Fortuna comes. tentoria postquam   510
egressus vigilum somno cedentia membra
transsiluit questus tacite, quod fallere posset,
litora curva legit primisque invenit in undis
rupibus exesis haerentem fune carinam.
rectorem dominumque ratis secura tenebat   515
haud procul inde domus non ullo robore fulta,
sed sterili iunco cannaque intexta palustri
et latus inversa nudum munita phaselo.
haec Caesar bis terque manu quassantia tectum

489 medios *Oudendorp*: -as
500 latebras *MZc*

als Schrittmacher bin ich selber mitten zwischen den
feindlichen Linien an fremder Herren Strand vor Anker
gegangen — bangt es Dir vor einem Platz, der mir als Lager
dient? Zu meinem Kummer verstreicht die günstige
Gelegenheit, und ich verschwende meine Wünsche an
Winde und Meer. Halt Menschen nicht zurück, die das
Wagnis einer Seefahrt wünschen: wie ich die Mannschaft
kenne, wird sie zu Caesars Heer gelangen wollen, koste
es auch einen Schiffbruch. Schließlich muß zu Worte
kommen, was mich kränkt: ungerecht ist zwischen uns die
Welt verteilt — Caesar und der ganze Senat dazu besitzen
nur Epirus, Ausonien hast Du für Dich allein." Mit solchen
Worten rüttelte er ihn drei- und viermal auf, sah ihn jedoch in Unentschlossenheit verharren; da er nun meinte,
selber lasse er die Götter im Stich und nicht der Himmel
ihn, erkühnte er sich, auf eigene Faust in unberechenbarer
Finsternis das Meer herauszufordern, was auf Befehl zu
tun die anderen sich fürchteten; er wußte aus Erfahrung,
daß Vermessenes mit Götterhuld gelingt, und hoffte also,
Fluten, die einem Geschwader Schauder schufen, mit
einem winzigen Kahn zu meistern.

Nachtruhe hatte die vom Kriegshandwerk Ermüdeten
entspannt, jene kleine Pause wenigstens für Unbedeutende,
deren minderer Rang dem Schlaf gestattet, ihre Brust
zu übermannen. Jetzt schwieg das Lager, und um die dritte Stunde waren jetzt die zweiten Posten aufgezogen: da
schritt Caesar behutsam durch grenzenlose Stille und
begann ein Wagnis, das Knechte schwerlich unternommen
hätten, ließ alle hinter sich und wollte nur von seinem
Glück begleitet sein. Als er sich außerhalb des Zeltbereichs
befand und über schlaftrunkene Postenleiber mit stummem
Vorwurf, daß er unbemerkt entkommen konnte, hinwegge-
stiegen war, ging er den Küstenbogen entlang und fand
im Uferwasser einen Nachen, der mit einem Strick an
ausgewaschenen Felsen festgemacht war. Der Schiffer, dem
das Boot gehörte, hauste nicht weit davon in einer Schutz-
hütte, die nicht aus festen Stämmen gezimmert, sondern
aus trockenen Binsen und Schilfrohr geflochten und an der
offenen Seite mit einem umgestülpten Kanu gesichert war.
Hier rüttelte Caesar zwei- und dreimal so am Eingang,
daß das Dach ins Wanken kam. Von seinem Seegras,

limina commovit. molli consurgit Amyclas,   520
quem dabat alga, toro. 'quisnam mea naufragus' inquit
'tecta petit? aut quem nostrae Fortuna coegit
auxilium sperare casae?' sic fatus ab alto
aggere iam tepidae sublato fune favillae
scintillam tenuem commotos pavit in ignes   525
securus belli: praedam civilibus armis
scit non esse casas. o vitae tuta facultas
pauperis angustique lares, o munera nondum
intellecta deum! quibus hoc contingere templis
aut potuit muris nullo trepidare tumultu   530
Caesarea pulsante manu? tum poste recluso
dux ait: 'exspecta votis maiora modestis
spesque tuas laxa, iuvenis: si iussa secutus
me vehis Hesperiam, non ultra cuncta carinae
debebis manibusque ⟨....................   535
................⟩ inopem duxisse senectam.
ne cessa praebere deo tua fata volenti
angustos opibus subitis implere penates.'
sic fatur, quamquam plebeio tectus amictu,
indocilis privata loqui. tum pauper Amyclas:
'multa quidem prohibent nocturno credere ponto.   540
nam sol non rutilas deduxit in aequora nubes
concordesque tulit radios: noton altera Phoebi,
altera pars borean diducta luce vocabat;
orbe quoque exhaustus medio languensque recessit
spectantes oculos infirmo lumine passus.   545
lunaque non gracili surrexit lucida cornu
aut orbis medii puros exesa recessus
nec duxit recto tenuata cacumina cornu
ventorumque notam rubuit, tum lurida pallens
ora tulit voltu sub nubem tristis ituro.   550
sed mihi nec motus nemorum nec litoris ictus
nec placet incertus, qui provocat aequora, delphin

535 *lacunam indicavit Housman supplens* importunamve fereris pau-
         periem deflens (*cf. Verg. Aen. 10,192*)
549 notam *M¹Za*: -a

das ihm als weiches Ruhepolster diente, stand Amyklas
auf und sagte: „Wer sucht denn nach Schiffbruch bei
mir Obdach? Wen sonst zwang sein Unstern, von meiner
Kate Hilfe zu erwarten?" Nach diesen Worten zog er
aus dem hohen, schon abgekühlten Aschenhaufen einen
Docht und schürte dessen schwaches Glimmen, bis ein
Feuer loderte; Krieg bekümmerte ihn nicht, er wußte
ja, daß man in Bürgerkämpfen andere Beute sucht als
Katen. Selig, wen ein karges Bettlerleben und ein enges
Heim beschirmen, selig, wer die Segnungen der Götter
noch nicht kennt! Welchem Tempel, welcher Stadtmauer
konnte das Glück widerfahren, nicht zittern und zagen
zu müssen, wenn Caesars Faust ans Tor schlug? — Als
jetzt der Zugang aufgesperrt war, rief der Feldherr: „Mach
dich auf Höheres gefaßt als du bescheiden wünschst und
laß deinen Erwartungen die Zügel schießen, junger Mann:
befolgst du meine Weisung und fährst mich nach Hesperien,
so wirst du nicht länger einzig auf dein Boot und deiner
Hände Arbeit angewiesen sein, ⟨ wirst dir nicht nachsagen
lassen … ⟩, du habest auch noch deine alten Tage in Armut
hingeschleppt. Unbedenklich stell dein Los dem Gott
anheim, der dir die engen Wände mit unversehenen Schätzen füllen will!" So sprach er, war nach schlichter Leute Art gekleidet und lernte dennoch nie, zu reden wie
ein Bürgersmann. In seiner Armut sagte jetzt Amyklas:
„Wohl warnt mich vielerlei, dem Meer heut nacht zu
trauen. Denn die Sonne ist ohne Abendrot ins Meer getaucht
und zeigte nicht gleichmäßige Strahlen, sondern spaltete
den Schein und kündete mit einer Hälfte ihrer Scheibe
Südwind, mit der anderen Nordwind an; auch war, als
sie verschwand, ihr Ball im Mittelpunkt vertieft und matt,
ihr Licht geschwächt, sodaß die Augen hinzuschauen
vermochten. Und als der Mond heraufkam, lag kein Glanz
auf feiner Sichel, war die Rundung in der Mitte seines Bo-
gens nicht klar ausgeprägt und liefen seine Sichelenden, wo
sie sich verschmälern, nicht in aufrechte Spitzen aus, nein,
mit Röte kündigte er Stürme an und zeigte später geister-
bleiche Züge, bevor sein Antlitz hinter Wolken schwand
und sich verdüsterte. Zudem gefällt mir nicht das Sausen
in den Wäldern, nicht das Klatschen am Gestade, nicht
die Unrast der Delphine, die auf Meeresaufruhr weist;

aut siccum quod mergus amat quodque ausa volare
ardea sublimis pinnae confisa natanti
quodque caput spargens undis, velut occupet imbrem,   555
instabili gressu metitur litora cornix.
sed si magnarum poscunt discrimina rerum,
haud dubitem praebere manus: vel litora tangam
iussa uel hoc potius pelagus flatusque negabunt.'
   haec fatur solvensque ratem dat carbasa ventis.   560
ad quorum motus non solum lapsa per altum
aera dispersos traxere cadentia sulcos
sidera, sed summis etiam quae fixa tenentur
astra polis, sunt visa quati. niger inficit horror
terga maris, longo per multa volumina tractu   565
aestuat unda minax flatusque incerta futuri
turbida testantur conceptos aequora ventos.
tum rector trepidae fatur ratis: 'aspice, saevum
quanta paret pelagus. zephyros intendat an austros,
incertum est: puppem dubius ferit undique pontus.   570
nubibus et caelo notus est; si murmura ponti
consulimus, cori veniet mare. gurgite tanto
nec ratis Hesperias tanget nec naufragus oras:
desperare viam et vetitos convertere cursus
sola salus. liceat vexata litora puppe   575
prendere, ne longe nimium sit proxima tellus.'
   fisus cuncta sibi cessura pericula Caesar
'sperne minas' inquit 'pelagi ventoque furenti
trade sinum. Italiam si caelo auctore recusas,
me pete. sola tibi causa est haec iusta timoris   580
vectorem non nosse tuum, quem numina numquam
destituunt, de quo male tunc Fortuna meretur,
cum post vota venit. medias perrumpe procellas

es gefällt mir nicht, daß Taucher gern im Trocknen sind,
daß Reiher im Verlaß auf Flügel, die nur Schwimmern
taugen, weit hinauf zu schweben wagen, nicht, daß Krähen
ihren Kopf mit Wasser netzen, als ob sie Regen holten,
und mit trippelnden Schritten den Strand ablaufen. Allein
wenn große Dinge zur Entscheidung stehen und es verlangen, möchte ich mich nicht bedenken, dir die Hand zu
leihen: entweder werde ich die Küste, wie du mir befiehlst,
erreichen, oder Meer und Stürme werden dies verweigern,
nicht ich selbst." Nach diesen Worten machte er sein Fahrzeug los und gab sein Segel den Winden frei. Um diese zu
entfesseln, gingen nicht nur Schnuppen droben durch den
Luftraum nieder und zogen im Fallen Funkenbahnen, nein,
sogar Fixsterne schienen ihrem Halt am Himmelsdach
zum Trotz ins Wanken zu geraten. Finsteres Gekräusel
trübte den Meeresspiegel, in langer Dünung rollten und
rollten Wogenfluten beängstigend daher, und ohne daß
die Wasser ahnten, woher der nächste Windstoß kam,
bewies ihr Aufruhr, daß sie Böen im Schoße trugen. Da
sprach der Schiffer, dem das Fahrzeug tanzte: ,,Schau,
welche Not das wilde Meer uns schafft! Ob es dem West
oder Süd gehorcht, ist ungewiß: regelloser Seegang fällt
den Nachen von allen Seiten an. Wolken und Himmel zeigen
Wind von Süden; fragen wir jedoch das Meeresgrollen,
so wird die künftige See dem West gehören. In diesem
mächtigen Gebrodel kann kein Boot, kein Mann bei Schiffbruch die Küste von Hesperien erreichen: wir müssen
auf die Fahrt verzichten, kehrtmachen auf versagtem Weg,
uns hilft nichts anderes. Gestatte, daß ich mich mit dem
geplagten Nachen ans Ufer klammere, bevor das nächste
Land in allzu großer Ferne liegt!"
   Voll Zuversicht, daß alle Gefahren vor ihm weichen
müßten, rief Caesar: ,,Spotte der dräuenden See und gib
dem Wind, so sehr er tobt, dein Segel frei! Wenn du dich
weigerst, nach Italien zu fahren, weil der Himmel es
nicht will, so fahr, weil ich es will! Nur daraus läßt sich
deine Furcht verstehen, daß du deinen Fahrgast noch
nicht kennst, einen Mann, den die Götter nie im Stich
lassen, dem Fortuna dann einen schlechten Dienst erweist,
wenn sie sich bitten läßt, bevor sie kommt. Stoß mitten
durch die Böen im Verlaß auf mich als deinen Schutzgeist!

tutela secure mea. cacli iste fretique,
non puppis nostrae labor est: hanc Caesare pressam   585
a fluctu defendet onus. nec longa furori
ventorum saevo dabitur mora: proderit undis
ista ratis. ne flecte manum, fuge proxima velis
litora: tum Calabro portu te crede potitum,
cum iam non poterit puppi nostraeque saluti   590
altera terra dari. quid tanta strage paretur,
ignoras: quaerit pelagi caelique tumultu
quod praestet Fortuna mihi.' non plura locuto
avolsit laceros percussa puppe rudentes
turbo rapax fragilemque super volitantia malum   595
vela tulit; sonuit victis compagibus alnus.
    inde ruunt toto concita pericula mundo.
primus ab oceano caput exseris Atlanteo,
core, movens aestus; iam te tollente furebat
pontus et in scopulos totas erexerat undas: 600
occurrit gelidus boreas pelagusque retundit
et dubium pendet, vento cui concidat, aequor.
sed Scythici vicit rabies aquilonis et undas
torsit et abstrusas penitus vada fecit harenas
nec perfert pontum boreas ad saxa suumque   605
in fluctus cori frangit mare motaque possunt
aequora subductis etiam concurrere ventis.
non euri cessasse minas, non imbribus atrum
Aeolii iacuisse notum sub carcere saxi
crediderim, cunctos solita de parte ruentes   610
defendisse suas violento turbine terras,
sic pelagus mansisse loco; nam parva procellis
aequora rapta ferunt: Aegaeas transit in undas
Tyrrhenum, sonat Ionio vagus Hadria ponto.
a quoties frustra pulsatos aequore montes   615
obruit ille dies, quam celsa cacumina pessum

613 Aegaeas *cf.* 2,665

Himmel und Meer sind hier in Not, nicht unser Boot:
auf ihm fährt Caesar, und diese Fracht wird es vor Fluten
schirmen. Ja, das wilde Sturmgetöse wird nicht lange
währen dürfen: nützen gegen Wogen wird ein Nachen,
der mich trägt. Wirf nicht das Steuer in der Hand herum,
sondern flieh vom nahen Strand in voller Fahrt: sei sicher,
daß du einen Hafen in Kalabrien dann bereits gewonnen
hast, wenn sich kein anderes Land mehr unserem Fahrzeug
bieten und uns retten kann! Was sich mit diesem wilden
Wirrwarr vorbereitet, ahnst du nicht: mit der Entfesselung
von See und Himmel sucht Fortuna nach Gelegenheit,
mir Gutes anzutun." Bevor er weitersprach, traf eine
heftige Wirbelbö den Nachen, riß die Leinen in Fetzen
ab und nahm das Segel mit, daß es oben um den Mast
flatterte und ihn fast zerknickte; die Fugen gaben nach,
und der Bootsrumpf dröhnte.

Jetzt brach ein Aufgebot von Fährnissen aus dem ganzen
All herein. Zuerst erhob vom Atlantischen Ozean her der
West sein Haupt und rührte die Fluten auf; wo er die
See hochpeitschte, stand sie sogleich in Raserei und hätte
fast den Wogenschwall bis zu den Klippen aufgetürmt:
jedoch der eisige Nord fuhr gegen ihn und stieß das Meer
zurück, sodaß die Wasserfläche zögerte und schwankte,
welchem Wind sie sich ergeben solle. Aber Skythiens
tobender Nord gewann die Oberhand, ließ Wellen wirbeln und legte den Sand auf tiefstem Grunde bloß, vermochte freilich das Wasser nicht bis zu den Riffen hinzutrei-
ben, nein, seine See brach sich an den vom West beherrschten
Fluten; so im Gange, hätten die Wogen auch dann noch
aufeinanderprallen können, wenn die Winde abgezogen
wären. Ich möchte meinen, daß dräuender Ost nicht auf
sich warten ließ, daß der Süd mit seinen schwarzen Regenwolken nicht drunten im Felsverlies des Aiolos liegen-
blieb, sondern alle aus gewohnter Richtung daherfuhren,
um ihre Reiche mit heftigem Tornado zu beschirmen, und
daß so das Meer am Platz blieb; Teilgewässer freilich
entführten sie mit ihren Böen — zu den Ägäerinseln wechselte die Tyrrhenersee hinüber, die Adria wanderte und
brauste im Jonischen Becken. Wie oft hatten doch Fluten
vergeblich gegen Berge getrommelt, die jetzt ein Tag
versinken ließ, wie hohe Gipfel warf ein Erdrutsch nieder!

tellus victa dedit! non illo litore surgunt
tam validi fluctus alioque ex orbe voluti
a magno venere mari mundumque coercens
monstriferos agit unda sinus. sic rector Olympi   620
cuspide fraterna lassatum in saecula fulmen
adiuvit regnoque accessit terra secundo,
cum mare convolvit gentes, cum litora Tethys
noluit ulla pati caelo contenta teneri.
tum quoque tanta maris moles crevisset in astra,   625
ni superum rector pressisset nubibus undas.
non caeli nox illa fuit: latet obsitus aer
infernae pallore domus, nimbisque gravatus
deprimitur fluctusque in nubibus accipit imbrem.
lux etiam metuenda perit nec fulgora currunt   630
clara, sed obscurum nimbosus dissilit aer,
tum superum convexa tremunt atque arduus axis
intonuit motaque poli compage laborant.
extimuit natura chaos; rupisse videntur
concordes elementa moras rursusque redire   635
nox manes mixtura deis: spes una salutis,
quod tanta mundi nondum periere ruina.
quantum Leucadio placidus de vertice pontus
despicitur, tantum nautae videre trementes
fluctibus a summis praeceps mare cumque tumentes   640
rursus hiant undae, vix eminet aequore malus.
nubila tanguntur velis et terra carina;
nam pelagus, qua parte sedet, non celat harenas
exhaustum in cumulos omnisque in fluctibus unda est.
artis opem vicere metus nescitque magister,   645
quam frangat, cui cedat aquae. discordia ponti
succurrit miseris fluctusque evertere puppem
non valet in fluctum: victum latus unda repellens.

617 illo *vel* ullo
640 e *N, cf: c* 'ex summo fluctu'

Diese mächtigen Seen entstanden nicht am dortigen Gestade,
sondern kamen aus einem anderen Weltteil hergerollt,
vom Ozean: das Meer, das um die Erde kreist, schuf diese
ungeheuerlichen Wellenbögen. So geschah es damals, als
der Himmelskönig seinen Blitz ohnmächtig sah und den
Dreizack seines Bruders gegen irdische Verderbnis zu Hilfe
rief, als Land zum Wasserreich hinzukam; es war die
Zeit, da Sintflut die Menschheit überschwemmte, da
Tethys keine Küsten dulden, sondern nur den Himmel
zur Grenze haben wollte. Auch diesmal wären die riesigen
Wellenberge bis zu den Sternen gestiegen, hätte nicht der
Götterkönig die Wogen mit Wolken niedergehalten. Jetzt
herrschte Nacht nicht nur am Himmel: der Luftraum war
von höllisch fahlem Dunst verfinstert, und schwere Schwaden drückten ihn so tief herab, daß sich die Wasserfläche
schon in dem Gewölk befand, aus dem sie Regen aufnahm.
Sogar das Schreckenslicht erlosch: die Blitze zuckten nicht
in hellem Schein, sondern dunkel blieb es, wenn regen-
schwere Luft sich spaltete, danach der Götterdom erzitterte,
im Zenit hoch droben Donner rollte und die Himmelsräume
gefährlich in ihren Fugen bebten. Vor Urfinsternis bangte
die Natur; es schien, als ob die Elemente aus vereinbarten
Aufenthalten ausgebrochen wären und die Nacht noch
einmal wiederkäme, um Geister unter Götter zu mischen —
diese schöpften einzig daraus Hoffnung auf Bestand, daß
sie in solch gewaltigem Weltzerfall noch nicht vernichtet
waren. So tief drunten wie man vom Leukasfelsen die stille
See vor Augen hat, sah, wer zu Schiff war, von den Wogen-
kämmen schaudernd das Meer zu Füßen, und klafften
die Wellenberge wieder auf, so ragte kaum ein Mast noch
über Wasser. Segel stießen an Wolken und Kiele auf
Grund; denn wo die See sich setzte, deckte sie keine
Sandflächen mehr zu, weil sie bis zum letzten Tropfen
Berge bildete und alles Wasser am Gewoge teilnahm.
Die Entsetzlichkeiten hatten solche Übermacht, daß kein
Manöver nützte und die Steuerleute nicht mehr wußten,
welche Welle sie zerteilen, welcher sie ausweichen sollten.
Der Widerstreit der Wassermassen brachte in Seenot Hilfe,
hatten doch Wogen gegen Wogen nicht Kraft genug, ein
Schiff zum Kentern zu bringen: bekam es Schlagseite,
richtete eine Gegendünung es wieder hoch, und im Sturm

erigit atque omni surgit ratis ardua vento.
non humilem Sasona vadis, non litora curvae   650
Thessaliae saxosa pavent oraeque malignos
Ambraciae portus: scopulosa Ceraunia nautae
summa timent. credit iam digna pericula Caesar
fatis esse suis. 'quantusne evertere' dixit
'me superis labor est, parva quem puppe sedentem   655
tam magno petiere mari! si gloria leti
est pelago donata mei bellisque negamur,
intrepidus, quamcumque datis mihi, numina, mortem
accipiam. licet ingentes abruperit actus
festinata dies fatis, sat magna peregi: 660
Arctoas domui gentes, inimica subegi
arma metu, vidit Magnum mihi Roma secundum,
iussa plebe tuli fasces per bella negatos;
nulla meis aberit titulis Romana potestas
nec sciet hoc quisquam nisi tu, quae sola meorum   665
conscia votorum es, me, quamvis plenus honorum
et dictator eam Stygias et consul ad umbras,
privatum, Fortuna, mori. mihi funere nullo
est opus, o superi: lacerum retinete cadaver
fluctibus in mediis, desint mihi busta rogusque,   670
dum metuar semper terraque exspecter ab omni.'
haec fatum decimus, dictu mirabile, fluctus
invalida cum puppe levat nec rursus ab alto
aggere deiecit pelagi, sed pertulit unda
scruposisque angusta vacant ubi litora saxis,   675
imposuit terrae. pariter tot regna, tot urbes
fortunamque suam tacta tellure recepit.
    sed non tam remeans Caesar iam luce propinqua
quam tacita sua castra fuga comitesque fefellit.
circumfusa duci flevit gemituque suorum   680
et non ingratis incessit turba querellis:

651 Thessaliae v. comm.
654 quantus G^1Z: tantus (-um P^1)
660 fati Oudendorp

von allen Seiten stand das Fahrzeug aufrecht. Was die
Seeleute fürchteten, war nicht das flache Sason mit seinen
Sandbänken, nicht das Felsgestade der thessalischen Bucht
oder die Tücke eines Hafens an Ambrakias Küste, nein,
sie bangten vor den Spitzen der Keraunischen Berge. —
Endlich sah sich Caesar in Gefahren, die seiner Berufung
angemessen waren. „Wie müssen sich die Götter plagen,"
rief er, „mich umzuwerfen, wenn sie mich in meinem
kleinen Nachen mit so schwerer See berennen! Ist der
Triumph, mein Leben zu besiegeln, dem Meer vergönnt
und mir Tod im Feld versagt, so will ich unerschrocken
jedes Ende auf mich nehmen, das ihr Götter mir bestimmt.
Wiewohl gewaltige Taten abgebrochen wären, wenn das
Schicksal meine letzte Stunde vor der Zeit herbeiführt,
so ist doch groß genug, was ich vollbrachte: Nordlandvölker
habe ich bezähmt, bewaffnete Gegner durch Einschüchte-
rung unterworfen, Rom hat es erlebt, daß der große Feldherr
Zweiter nach mir wurde, eine Weisung an das Volk hat
mir die unter Kampfansage abgeschlagenen Rutenbündel
eingebracht; kein Römeramt wird man unter meinen
Titeln vermissen, und niemand als du, Fortuna, die einzige
Vertraute meiner Wünsche, wird ahnen, was es heißt,
daß ich zwar in gehäufter Würde als Diktator und als
Konsul zu den Hadesgeistern gehe, doch als Bürger sterbe.
Ich brauche kein Grabgeleit, ihr Götter droben: laßt mich
als zerfetzten Leichnam mitten in den Fluten bleiben,
mögen Holzstoß und Verbrennung mir versagt sein, wenn
man mich nur immer fürchtet und jedes Fleckchen Erde
mit mir rechnet." Nach diesen Worten hob ihn eine Riesen-
woge unsagbar schauerlich mit dem wehrlosen Nachen
empor, ohne daß die Dünung anderseits ihn von der Höhe
des Wellenkamms hinabgeworfen hätte; nein, sie trug
ihn weiter und setzte ihn, wo eine schmale Uferstelle frei
von holprigen Riffen war, zurück an Land. Miteins sah
er von neuem ungezählte Reiche und ungezählte Städte
mit seinem Glück in Händen, als er Boden fühlte.
    Doch Caesars Rückkehr jetzt, da schon der Morgen
graute, blieb bei seinen Mannen und Gefährten nicht so
unbemerkt wie sein heimliches Entweichen. In Haufen
scharten sich die Seinen um ihren Führer, weinten und
bestürmten ihn mit Klagen und Vorwürfen, die er nicht

'quo te, dure, tulit virtus temeraria, Caesar,
aut quae nos viles animas in fata relinquens
invitis spargenda dabas tua membra procellis?
cum tot in hac anima populorum vita salusque   685
pendeat et tantus caput hoc sibi fecerit orbis,
saevitia est voluisse mori. nulluane tuorum
emeruit comitum fatis non posse superstes
esse tuis? cum te raperet mare, corpora segnis
nostra sopor tenuit; pudet heu, tibi causa petendae   690
haec fuit Hesperiae, visum est quod mittere quemquam
tam saevo crudele mari? sors ultima rerum
in dubios casus et prona pericula morti
praecipitare solet: mundi iam summa tenentem
permisisse mari tantum! quid numina lassas?   695
sufficit ad fatum belli favor iste laborque
Fortunae, quod te nostris impegit harenis:
hinc usus placuere deum, non rector ut orbis
nec dominus rerum, sed felix naufragus esses?'
talia iactantes discussa nocte serenus   700
oppressit cum sole dies fessumque tumentes
composuit pelagus ventis patientibus undas.
    nec non Hesperii lassatum fluctibus aequor
ut videre duces purumque insurgere caelo
fracturum pelagus borean, solvere carinas.   705
quas ventus doctaeque pari moderamine dextrae
permixtas habuere diu latumque per aequor
ut terrestre coit consertis puppibus agmen.
sed nox saeva modum venti velique tenorem
eripuit nautis excussitque ordine puppes.   710
Strymona sic gelidum bruma pellente relinquunt
poturae te, Nile, grues primoque volatu
effingunt varias casu monstrante figuras:

691   quod mittere vel committere
695/6 fata fatigas PU¹; deinde ad summam PUV
697   quod vel quo vel quae

ungern hörte: ,,Wozu hast du dich rücksichtslos von ver-
wegenem Mut hinreißen lassen, Caesar? Mit anderen
Worten: welchem Schicksal hast du uns in Gleichgültig-
keit gegen unser Leben ausgesetzt, als du die Stürme
gewaltsam zwingen wolltest, deine Glieder zu versprengen?
Wenn doch an deinem Dasein Leben und Wohlergehen
so vieler Völker hängen und ein so großer Teil der Menschheit dich zu seinem Haupt gemacht hat, ist es Unbarmher-
zigkeit, den Tod zu wünschen. Hat denn niemand unter
deinen Gefährten die Gunst verdient, dein Ende nicht
zu überleben? Als das Meer dich entführte, hielt uns
bleierner Schlaf in Bann; pfui der Schmach, wolltest du
darum nach Hesperien fahren, weil es grausam schien,
bei diesem wilden Seegang jemanden zu schicken? Nur
wer auf Erden in der letzten Reihe steht, pflegt sich in
Spiele des Zufalls und toddrohende Gefahren zu stürzen:
wie kann ein Mann, der in der Welt bereits den Gipfel
innehat, das Meer so weit ermächtigen! Warum überan-
strengst du die Himmlischen? Genügend Gunst und Mühe
für den Kriegsausgang hat Fortuna dir damit bezeigt,
daß sie dich an diesem Uferstreifen, der jetzt unser ist,
Fuß fassen ließ: sollen dir die Götter nicht dazu dienen,
die Menschheit zu leiten und auf Erden zu regieren, sondern
sollen sie für dein Glück bei Schiffbruch sorgen?" Derlei
hielten sie ihm vor und schwiegen erst, als die Nacht entwich,
an heiterem Morgen die Sonne schien und das erschöpfte
Meer bei nachgebenden Winden seinem Wogenschwall ein
Ende machte.

Auch setzten jetzt die Truppenführer in Hesperien,
als sie den Seegang nachlassen und klaren Nordwind, der
das Ungestüm des Meeres brechen würde, am Himmel
aufkommen sahen, ihre Schiffe in Fahrt. Diese blieben,
da sich unter solchem Wind die Rudermannschaft gleichmäßig lenken ließ, lange beisammen, und wie ein Landheer zog die Flotte Deck neben Deck geschlossen über
das weite Meer. Aber die Nacht in ihrer Tücke benahm
den Seeleuten stetigen Wind, sodaß sie den Segelkurs
nicht halten konnten und das Geschwader aus der Ordnung
geriet. Es war, wie wenn Kraniche unter dem Druck von
Winterkälte, um zur Tränke am Nil zu gelangen, den
vereisten Strymon räumen und bei Flugbeginn je nach

mox ubi percussit tensas notus altior alas,
confusos temere immixtae glomerantur in orbes   715
et turbata perit dispersis littera pinnis.
cum primum redeunte die violentior aer
puppibus incubuit Phoebeo concitus ortu,
praetereunt frustra temptati litora Lissi
Nymphaeumque tenent; nudas aquilonibus undas   720
succedens boreae iam portum fecerat auster.
   undique collatis in robur Caesaris armis
summa videns duri Magnus discrimina Martis
iam castris instare suis seponere tutum
coniugii decrevit onus Lesboque remota   725
te procul a saevi strepitu, Cornelia, belli
occulere. heu quantum mentes dominatur in aequas
iusta Venus! dubium trepidumque ad proelia, Magne,
te quoque fecit amor: quod nolles stare sub ictu
Fortunae, quo mundus erat Romanaque fata,   730
coniunx sola fuit. mentem iam verba paratam
destituunt blandaeque iuvat ventura trahentem
indulgere morae et tempus subducere fatis.
nocte sub extrema pulso torpore quietis
dum fovet amplexu gravidum Cornelia curis   735
pectus et aversi petit oscula grata mariti,
umentes mirata genas percussaque caeco
volnere non audet flentem deprendere Magnum.
ille gemens 'non nunc vita mihi dulcior,' inquit
'cum taedet vitae, laeto sed tempore coniunx,   740
venit maesta dies et quam nimiumque parumque
distulimus: iam totus adest in proelia Caesar.
cedendum est bellis: quorum tibi tuta latebra
Lesbos erit. desiste preces temptare: negavi
iam mihi. non longos a me patiere recessus: 745
praecipites aderunt casus, properante ruina

725   remota *vel* -am
733   et *om. pars codd.*

Gelegenheit verschiedene Figuren bilden: fährt dann weiter
oben Südwind in ihre ausgebreiteten Schwingen, so ballen
sie sich in planlosem Gemenge zu wirren Haufen, und im
Auseinanderstieben der Vögel zerfällt das Bild in nichts.
Sobald am neuen Tag bei Sonnenaufgang ein kräftigerer
Luftzug sich erhob und den Schiffen in die Segel fuhr,
ließen sie nach vergeblichem Landeversuch den Strand
von Lissos liegen und gingen bei Nymphaion vor Anker;
das dortige, sonst eisigen Stürmen ausgesetzte Gewässer
konnte jetzt als Hafen dienen, weil der Wind von Norden
nach Süden umgeschlagen hatte.

Als Caesars Armee aus allen Richtungen zu voller
Stärke vereint war und Pompejus nunmehr die letzte
Entscheidung in hartem Ringen auf seinen Heerbann
zukommen sah, beschloß er, die ihm angetraute Bürde
in Sicherheit zu bringen, Cornelia im abgelegenen Lesbos
fern von grausem Kriegslärm zu verbergen. Wie mächtig
herrscht doch rechter Eros über gleichgestimmte Herzen!
Auch den großen Feldherrn machte Liebe zaghaft und
vor Kämpfen bange: nur über einem Wesen wollte er
Fortunas Schwert nicht hangen sehen, unter dem die Welt
und Roms Schicksal standen — über seiner Gattin. Sein
Herz war schon gefaßt, doch fehlten ihm die Worte, und es
tat ihm wohl, im Hingegebensein an eine köstliche Frist
das Kommende hinauszuzögern und dem Verhängnis Zeit
abzugewinnen. Als Cornelia im Halbschlummer am Ende
der Nacht ihres Gatten sorgenschwere Brust herzlich umfing
und, während er sich abwandte, seine lieben Lippen suchte,
war sie von der Nässe seiner Wangen betroffen und fühlte
dunkel einen Stich, wagte aber nicht, den großen Mann
beim Weinen zu ertappen. Da sprach er seufzend: ,,Mein
Weib, mir jetzt im Lebensüberdruß nicht teurer als mein
Leben, sondern teurer als die Zeit des Glücks: gekommen
ist der Trauertag, den wir weit genug und doch zu wenig
weit hinausgeschoben haben — Caesar ist nunmehr mit
allen Truppen kampfbereit zur Stelle. Das Feld gehört
dem Krieg: vor ihm wird Lesbos dir ein sicheres Versteck
sein. Verzichte darauf, es mit Bitten zu versuchen: ich habe
mir selbst schon Nein gesagt. Du sollst keine lange Trennung
von mir auf dich nehmen: jäh werden die Schläge da sein,
stürzt doch schnell, was von ganz oben fällt. Es genügt,

summa cadunt. satis est audisse pericula Magni
meque tuus decepit amor, civilia bella
si spectare potes. nam me iam Marte parato
securos cepisse pudet cum coniuge somnos   750
eque tuo, quatiunt miserum cum classica mundum,
surrexisse sinu; vereor civilibus armis
Pompeium nullo tristem committere damno.
tutior interea populis et tutior omni
rege late positamque procul fortuna mariti   755
non tota te mole premat. si numina nostras
impulerint acies, maneat pars optima Magni
sitque mihi, si fata prement victorque cruentus,
quo fugisse velim.' vix tantum infirma dolorem
cepit, et attonito cesserunt pectore sensus.   760
tandem vox maestas potuit proferre querellas:
'nil mihi de fatis thalami superisque relictum est,
Magne, queri: nostros non rumpit funus amores
nec diri fax summa rogi, sed sorte frequenti
plebeiaque nimis careo dimissa marito.   765
hostis ad adventum rumpamus foedera taedae,
placemus socerum. sic est tibi cognita, Magne,
nostra fides? credisne aliquid mihi tutius esse
quam tibi? non olim casu pendemus ab uno?
fulminibus me, saeve, iubes tantaeque ruinae   770
absentem praestare caput? secura videtur
sors tibi, cum facias etiamnunc vota, perisse?
ut nolim servire malis, sed morte parata
te sequar ad manes: feriat dum maesta remotas
fama procul terras, vivam tibi nempe superstes.   775
adde, quod assuescis fatis tantumque dolorem,
crudelis, me ferre doces: ignosce fatenti,
posse pati timeo. quod si sunt vota deisque

daß du von deines Magnus Fährnissen nur hörst, und
deine Liebe würde mich enttäuschen, wenn du Bürgerkrieg
mitanzusehen vermöchtest. Ich müßte mich ja schämen,
im Angesicht der Schlacht bei meiner Gattin sorglos einzu-
schlummern und aus Geborgenheit an deiner Seite aufzustehen, wenn Trompetenstöße die arme Welt erbeben
machen; ich scheue mich, als ein Pompejus ohne schmerz-
liches Opfer in Bürgerkämpfe einzutreten. Sicherer als
alle Völker, sicherer als jeder König halt dich solange
versteckt und bleib fern, damit das Schicksal deines Gatten
sich dir nicht in seiner ganzen Schwere auf die Seele legt!
Wenn die Götter meine Reihen etwa werfen, soll Pompejus'
bestes Teil seinen Stand behalten, und wenn mir das
Verhängnis und ein blutdürstiger Sieger Drangsal schaffen,
so soll es eine Stelle geben, zu der ich gern meine Zuflucht
nehme." Kaum hatte sie, ein schwaches Weib, den schweren
Stoß empfangen, da schwanden ihr vor Fassungslosigkeit
die Sinne. Endlich ihrer Stimme mächtig, brach sie in
bitterliche Klagen aus: „Was mir verbleibt, ist keineswegs
Beschwerde, Schicksal und Götter hätten in unsere Ehe
eingegriffen, Magnus: was unsere Bande sprengt, ist kein
Begräbnis und keine Abschiedsfackel am fürchterlichen
Holzstoß, nein, nach einem häufigen und nur zu gewöhnlichen Los verliere ich den Gatten, weil er mich verstößt.
Wir wollen also beim Nahen des Feindes unseren Hochzeits-
bund zerreißen, den Vater deiner Julia versöhnen! Kennst
du so wenig meine Treue, Magnus? Glaubst du, für mich
sei irgendetwas sicherer als für dich? Hängt unser Dasein
nicht seit langer Zeit vom gleichen Würfel ab? Bist du so
grausam, daß ich fern von dir das Haupt hinhalten soll,
wenn Blitze zucken und alles zusammenstürzt? Scheint
es dir Geborgenheit, wenn man im Augenblick, da man
noch betet, bereits verloren ist? Nimm an, ich wollte mich
einem widrigen Geschick nicht beugen, sondern mir den
Tod geben und dir zu den Schatten folgen: bis die Trauer-
nachricht mich in weit entlegenen Landen trifft, nun ja,
so lange würde ich dich überleben. Bedenke weiter, daß
du mich an Schicksalsschläge gewöhnst und unbarmherzig
lehrst, das schlimmste Leid zu tragen: ich fürchte — verzeih
mir das Geständnis —, daß ich es verwinden könnte. Doch
wenn Gebete nützen und die Götter mich erhören, wird

audior, eventus rerum sciet ultima coniunx:
sollicitam rupes iam te victore tenebunt   780
et puppem, quae fata feret tam laeta, timebo.
nec solvent audita metus mihi prospera belli,
cum vacuis proiecta locis a Caesare possim
vel fugiente capi: notescent litora clari
nominis exilio positaque ibi coniuge Magni   785
quis Mytilenaeas poterit nescire latebras?
hoc precor extremum: si nil tibi victa relinquent
tutius arma fuga, cum te commiseris undis,
quolibet infaustam potius deflecte carinam;
litoribus quaerere meis.' sic fata relictis   790
exsiluit stratis amens tormentaque nulla
volt differre mora. non maesti pectora Magni
sustinet amplexu dulci, non colla tenere
extremusque perit tam longi fructus amoris
praecipitantque suos luctus neuterque recedens   795
sustinuit dixisse vale vitamque per omnem
nulla fuit tam maesta dies; nam cetera damna
durata iam mente malis firmaque tulerunt.

labitur infelix manibusque excepta suorum
fertur ad aequoreas ac se prosternit harenas   800
litoraque ipsa tenet tandemque illata carinae est.
non sic infelix patriam portusque reliquit
Hesperios, saevi premerent cum Caesaris arma.
fida comes Magni vadit duce sola relicto
Pompeiumque fugit. quae nox tibi proxima venit,   805
insomnis: viduo tum primum frigida lecto
atque insueta quies uni nudumque marito
non haerente latus. somno quam saepe gravata
deceptis vacuum manibus complexa cubile est
atque oblita fugae quaesivit nocte maritum!   810
nam quamvis flamma tacitas urente medullas

782   belli P^1x: -a
795/6 neuterque ... vale *om. pars codd.*
810   *om.* M^1Z^1 (*v. Fraenkel* 295)
811   tacitas *vel* tectas (tactas G^v), *cf. a* 'tacitas: tectas'   urente G
          (*cf. vir- a^v*): urgente

als letzte deine Frau vom Ausgang der Geschehnisse erfahren: unruhig werde ich, wenn du schon Sieger bist, noch an den Felsen kleben und vor dem Schiff, das diese frohe Wendung überbringt, mich fürchten. Die Botschaft vom gewonnenen Krieg wird meine Ängste nicht einmal beheben, kann ich doch, in einsamer Gegend ausgesetzt, von Caesar noch auf seiner Flucht gefangen werden: als Verbannungsort eines Menschen von wohlbekanntem Namen wird das Gestade von sich reden machen — hat man Pompejus' Frau nach dort verbracht, wird jedermann um das Versteck auf Lesbos wissen. Hier meine letzte Bitte: wenn ein verlorener Waffengang dir keinen anderen Ausweg läßt als Flucht und du dich dem Meer vertraust, so steuere dein Unglücksschiff zu jedem anderen Ziel — an meinem Strand wird man dich suchen." Nach diesen Worten sprang sie außer sich vom Lager fort und wollte ihre Martern keinen Augenblick verschieben. Sie brachte es nicht über sich, Pompejus' kummervolle Brust und seinen Hals zärtlich im Arm zu halten: da wurde die letzte Ernte jahrelanger Liebe vertan, da wollten sie ihre Trauer rasch beenden, da vermochte keiner, sich umzuwenden und Lebewohl zu sagen, da wurde dieser Tag zum düstersten in ihrem ganzen Leben; denn das fernere Ungemach zu tragen, waren ihre Herzen nunmehr leidgehärtet und stark genug.

In ihrem Unglück sank sie um, doch wurde sie von treuen Armen aufgefangen und, wiewohl sie sich zu Boden warf, zum Meeresstrand gebracht; sie klammerte sich gar noch an das Ufer, doch wurde sie schließlich ins Schiff getragen. So unglücklich war sie nicht beim Verlassen des Heimathafens in Hesperien gewesen, als die Armee des grimmigen Caesar Bedrängnis schuf. Einst Magnus' treue Weggenossin, ließ sie ihren Führer stehen und zog allein dahin, floh vor Pompejus. Die nächste Nacht, die ihr hereinbrach, brachte keinen Schlaf: dies war ihre erste Ruhe auf einsamen Lager, wärmeleer und ungewohnt allein, kein Gatte schmiegte sich an sie, verlassen war die Seite. Wie oft schlang sie schlaftrunken ihre Arme um das leere Lager und wurde enttäuscht, wie oft vergaß sie ihre Verbannung und tastete des Nachts nach ihrem Gatten! Denn mochten auch heimlich im Innern Gluten brennen, so machte es ihr keine Freude, sich auf dem

non iuvat in toto corpus iactare cubili:
servatur pars illa tori. caruisse timebat
Pompeio; sed non superi tam laeta parabant:
instabat miserae, Magnum quae redderet, hora.   815

ganzen Lager hin- und herzuwerfen: sein Teil des Betts blieb frei. Sie fürchtete ewige Trennung von Pompejus; aber solche Gnade hielten die Götter ihr nicht bereit — der Armen stand die Stunde bevor, in der sie ihren Magnus wiedersehen sollte.

LIBER SEXTUS

Postquam castra duces pugnae iam mente propinquis
imposuere iugis admotaque comminus arma
parque suum videre dei, capere omnia Caesar
moenia Graiorum spernit Martemque secundum
iam nisi de genero fatis debere recusat.   5
funestam mundo votis petit omnibus horam,
in casum quae cuncta ferat; placet alea fati
alterutrum mersura caput. ter collibus omnes
explicuit turmas et signa minantia pugnam
testatus numquam Latiae se desse ruinae.   10
ut videt ad nullos exciri posse tumultus
in pugnam generum, sed clauso fidere vallo,
signa movet tectusque via dumosa per arva
Dyrrachii praeceps rapiendas tendit ad arces.
hoc iter aequoreo praecepit limite Magnus   15
quemque vocat collem Taulantius incola Petram,
insedit castris Ephyraeaque moenia servat
defendens tutam vel solis rupibus urbem.
non opus hanc veterum nec moles structa tuetur
humanusque labor facilis, licet ardua tollat,   20
cedere vel bellis vel cuncta moventibus annis,
sed munimen habet nullo quassabile ferro
naturam sedemque loci; nam clausa profundo
undique et illisum scopulis revomentibus aequor
exiguo debet, quod non est insula, colli.   25
terribiles ratibus sustentant moenia cautes
Ioniumque furens, rapido cum tollitur austro,

---

1   propinquis *sim. vel* -i
18   rupibus *Dorvillius* (*cf. c ad* 22 'rupibus naturalibus'): turribus
24   et illisum G^V *et in ras.*V: praecipiti *ωac Aldh. ad Acirc. p.* 89,5:
     neicum (*i.* inlisum) praec(ipiti) π   revomentibus *M*: -que
     vom- Gπ (*cf. Arn.* vom- vel mov- id est remov-): remov- ω
     Aldh.   *v. Fraenkel 290 sq.*
27   rabido *MZ*

SECHSTES BUCH

Nachdem die Rivalen bereits in Kampfabsicht auf benachbarten Höhen Lager bezogen hatten und die Götter ihr Fechterpaar mit seinen Schwertern Auge in Auge stehen sahen, verschmähte Caesar die Einnahme sämtlicher Griechenstädte und wollte der Bestimmung keinen anderen Kriegserfolg mehr danken als über seinen Schwiegersohn. Der Welt zuleide sehnte er inbrünstig die Stunde herbei, da alles auf dem Spiel stehen würde; er wünschte, Fortunas Würfel fiele so, daß er oder der andere Führer unterginge. Dreimal ließ er im Hügelland all seine Schwadronen und Banner in Kampfbereitschaft aufmarschieren, zum Zeugnis, daß er sich dem Sturz des Römerreichs niemals versagte. Als er sah, daß sein Eidam mit keinem Getriebe zur Schlacht herauszulocken war und sich vielmehr im Schutz des Lagerwalls geborgen fühlte, setzte er seine Standarten in Bewegung und strebte auf einem Pfad durch buschiges Gelände, der ihm Deckung bot, stürmisch voran, um den Burgberg von Dyrrhachium zu überrumpeln. Dies Ziel verlegte ihm Pompejus auf dem Seeweg, setzte sich auf einer Höhe, die die einheimischen Taulantier Petra nennen, mit seinen Truppen fest und nahm die Korinthersiedlung so in Obhut. Der Stadt, die er beschirmen wollte, boten schon ihre bloßen Felsen Schutz. Was sie sicherte, war kein Festungswerk aus Vorväterzeit, keine künstliche Schanze und Menschenarbeit, die leicht, mag sie auch weit nach oben bauen, bei Kriegen oder im Verlauf der alles zersetzenden Jahre nachgibt; nein, als Mauer, die mit keinem Brecheisen zu erschüttern ist, dient ihr die natürliche Lage am Ort, wird sie doch auf allen Seiten von Wassertiefe und Riffen umschlossen, an denen die brandende Flut sich bricht, und ist nur wegen eines kleinen Rückens keine Insel. Von Schiffen gefürchtet, bilden Klippen das Fundament ihrer Bauten, und wenn die Joniersee vom Südsturm aufgepeitscht wird, rüttelt sie

templa domosque quatit spumatque in culmina pontus.
   hic avidam belli rapuit spes improba mentem
Caesaris, ut vastis diffusum collibus hostem   30
cingeret ignarum ducto procul aggere valli.
metatur terras oculis nec caespite tantum
contentus fragili subitos attollere muros
ingentes cautes avolsaque saxa metallis
Graiorumque domos direptaque moenia transfert.   35
exstruitur, quod non aries impellere saevus,
quod non ulla queat violenti machina belli:
franguntur montes planumque per ardua Caesar
ducit opus; pandit fossas turritaque summis
disponit castella iugis magnoque recessu   40
amplexus fines saltus nemorosaque tesqua
et silvas vastaque feras indagine claudit.
non desunt campi, non desunt pabula Magno
castraque Caesareo circumdatus aggere mutat:
flumina tot cursus illic exorta fatigant,   45
illic mersa suos operumque ut summa revisat,
defessus Caesar mediis intermanet agris.
   nunc vetus Iliacos attollat fabula muros
ascribatque deis, fragili circumdata testa
moenia mirentur refugi Babylonia Parthi.   50
en quantum Tigris, quantum celer ambit Orontes,
Assyriis quantum populis telluris Eoae
sufficit in regnum, subitum bellique tumultu
raptum clausit opus. tanti periere labores:
tot potuere manus aut iungere Seston Abydo   55
ingestoque solo Phrixeum elidere pontum
aut Pelopis latis Ephyren abrumpere regnis
et ratibus longae flexus donare Maleae
aut aliquem mundi, quamvis natura negasset,
in melius mutare locum. coit area belli: 60

rasend an Tempeln und Häusern, ja, bis zu den Dach-
firsten schäumt das Meer hinan.

Jetzt ließ sich Caesar in seiner Kampfbegier von unbescheidener Hoffnung treiben, den über ausgedehntes
Bergland verstreuten Feind durch einen in der Ferne
gezogenen Palisadendamm unmerklich einzukreisen. Er
maß die Strecken mit seinem Blick und gab sich nicht
damit zufrieden, allein aus bröckligen Rasenstücken eilig
Wände aufzuführen, sondern ließ ungeheure Blöcke,
abgespaltene Steinbruchplatten oder eingerissene Häuser
und Mauern der griechischen Bevölkerung, zur Stelle
schleppen. Man richtete ein Bauwerk auf, das kein grimmiger Rammbock, keine ungestüme Kriegsmaschine niederlegen konnte: man sprengte Berge, und durch Felswände
hin trieb Caesar zu ebener Erde seine Anlagen vor; er
hob Gräben aus, verteilte oben auf den Graten turmbewehr-
te Forts und schloß in weitausgreifendem Geländebogen
Schluchten, buschiges Ödland und Wälder samt dem Wild
mit langgezogener Fangvorrichtung ein. Pompejus war nicht
in Verlegenheit um Felder, war nicht in Verlegenheit
um Weideplätze, konnte er doch in der Zange von Caesars
Damm das Lager wechseln: zahlreiche Bäche entsprangen
dort und liefen sich bis zur Mündung müde; ja, um seine
entferntesten Anlagen zu besichtigen, machte ein erschöpfter
Caesar mitten auf dem Lande Ruhepausen.

Jetzt soll noch alte Sage Ilions Mauern preisen und
als Götterwerk bezeichnen, sollen Parther, die zum Schuß
das Weite suchen, Babylons in mürben Ziegelstein gefaßte
Bastion ein Wunder nennen! Erstaunlich: ein Gebiet von
solcher Größe, wie es der Tigris, wie es der schnelle Orontes
umläuft, ein Stück, wie es im Morgenland Assyriens Völkern
für ein Königreich genügt, schloß Caesars rasch im Kriegs-
tumult vorangetriebene Befestigung ein. All dies war
nichtige Mühe: diese vielen Hände hätten es vermocht,
entweder Sestos mit Abydos zu verbinden und den Hellespont durch Landaufschüttung auszutrocknen oder
Korinth vom weiten Reich des Pelops loszureißen und
den Schiffen den langen Umweg über Malea zu ersparen
oder sonst irgendeinen Platz der Welt dem Nein der Natur
zum Trotz nutzbringend umzuwandeln. Auf kleiner Bühne
drängten sich die Kämpfer: hier nährte man das Blut, das

hic alitur sanguis terras fluxurus in omnes,
hic et Thessalicae clades Libycaeque tenentur;
aestuat angusta rabies civilis harena.
　　prima quidem surgens operum structura fefellit
Pompeium veluti mediae qui tutus in arvis　　　　　　　65
Sicaniae rabidum nescit latrare Pelorum
aut, vaga cum Tethys Rutupinaque litora fervent,
unda Caledonios fallit turbata Britannos.
ut primum vasto saeptas videt aggere terras,
ipse quoque a tuta deducens agmina Petra　　　　　　　70
diversis spargit tumulis, ut Caesaris arma
laxet et effuso claudentem milite tendat,
ac tantum saepti vallo sibi vindicat agri,
parva Mycenaeae quantum sacrata Dianae
distat ab excelsa nemoralis Aricia Roma　　　　　　　75
quoque modo terrae praelapsus moenia Thybris
in mare descendit, si nusquam torqueat amnem.
　　classica nulla sonant iniussaque tela vagantur
et fit saepe nefas iaculum temptante lacerto.
maior cura duces miscendis abstrahit armis:　　　　　　80
Pompeium exhaustae praebenda ad gramina terrae,
quae currens obtrivit eques gradibusque citatis
ungula frondentem discussit cornea campum.
belliger attonsis sonipes defessus in arvis,
advectos cum plena ferant praesepia culmos,　　　　　　85
ore novas poscens moribundus labitur herbas
et tremulo medios abrumpit poplite gyros.
corpora dum solvit tabes et digerit artus,
traxit iners caelum fluidae contagia pestis
obscuram in nubem: tali spiramine Nesis　　　　　　　90
emittit Stygium nebulosis aera saxis
antraque letiferi rabiem Typhonis anhelant.
inde labant populi caeloque paratior unda

in alle Länder strömen sollte, hier hielt man die Opfer
Thessaliens und Libyens bereit — in enger Arena gärte die
Raserei des Bürgerkriegs.

Anfangs entging es Pompejus freilich, daß Belagerungs-
bauten in die Höhe wuchsen; es war, wie wenn jemand
in der Geborgenheit von Siziliens Binnenland nicht merkt,
daß Skylla belfert, oder wie wenn bei Sturmflut des Meeres
am Gestade von Rutupiae die Britannier in Schottlands
Bergen keinen Wogenaufruhr spüren. Sobald er aber das
Gelände mit einem meilenlangen Damm verriegelt sah,
handelte er auch selber, führte also seine Truppen vom
sicheren Petra talwärts und verteilte sie über verschiedene
Anhöhen, um Caesars Armee zu lockern und seine Kräfte
zu zerdehnen, wenn er zur Umzingelung seine Soldaten
auseinanderziehen müßte; dabei nahm er mit einem
Palisadenzaun ein Gebiet für sich in Anspruch, das so lang
war, wie das kleine Aricia mit seinem heiligen Hain für
Orests Diana von Roms Hügeln entfernt ist, ein Gebiet,
das die gleiche Strecke Landes einnahm, wie sie der Tiber
von der Stadt an bis zum Meer hinunter durchliefe, wenn
er nirgends Windungen machte.

Aber kein Signal ertönte; flogen Geschosse umher, so
fehlte Schießbefehl, und nur weil man den Arm im Speer-
wurf übte, kam es oft zum Brudermord. Größere Sorgen
lenkten die Rivalen davon ab, in Kämpfe einzutreten:
Pompejus machte sich Gedanken, weil das Erdreich zu
ausgemergelt war, um noch Weideflächen zu bieten,
nachdem dahinsprengende Reiter sie niedergetreten und
Hornhufe im Galopp die grüne Flur zerstampft hatten.
Wenn die Schlachtrosse, denen die Krippen doch einge-
führtes Häcksel in Fülle boten, im kahlen Gefilde müde
mit ihren Mäulern nach frischen Gräsern suchten, fielen
sie in Todesmattigkeit und hielten mitten in ihren Kreisen
mit zitternden Knien plötzlich ein. Während Verwesung
die Kadaver zersetzte und die Glieder auseinandertrieb,
zogen sich unter bleiernem Himmel faulige Pestkeime zu
finsteren Schwaden zusammen: Dünste stiegen auf, wie
wenn Nisida aus qualmenden Felsen Höllendampf entsendet
und zum Zeichen, daß Typhon verheerend tobt, ihre Klüfte
rauchen. Jetzt siechten die Leute dahin, und das Wasser,
das noch bereitwilliger als Luft jeden Giftstoff einläßt,

omne pati virus duravit viscera caeno.
iam riget arta cutis distentaque lumina rumpit   95
igneaque in voltus et sacro fervida morbo
pestis abit fessumque caput se ferre recusat.
iam magis atque magis praeceps agit omnia fatum
nec medii dirimunt morbi vitamque necemque,
sed languor cum morte venit turbaque cadentum   100
aucta lues, dum mixta iacent incondita vivis
corpora; nam miseros ultra tentoria cives
spargere fumus erat. tamen hos minuere labores
a tergo pelagus pulsusque aquilonibus aer
litoraque et plenae peregrina messe carinae.   105
at liber terrae spatiosis collibus hostis
aere non pigro nec inertibus angitur undis,
sed patitur saevam veluti circumdatus arta
obsidione famem. nondum turgentibus altam
in segetem culmis cernit miserabile volgus   110
in pecudum cecidisse cibos et carpere dumos
et foliis spoliare nemus letumque minantes
vellere ab ignotis dubias radicibus herbas;
quae mollire queunt flamma, quae frangere morsu
quaeque per abrasas utero demittere fauces   115
plurimaque humanis ante hoc incognita mensis
diripiens miles saturum tamen obsidet hostem.
    ut primum libuit ruptis evadere claustris
Pompeio cunctasque sibi permittere terras,
non obscura petit latebrosae tempora noctis   120
et raptum furto soceri cessantibus armis
dedignatur iter: latis exire ruinis
quaerit et impulso turres confringere vallo
perque omnes gladios et qua via caede paranda est.
opportuna tamen valli pars visa propinqui,   125
qua Minuci castella vacant et confraga densis

95 arta x: atra
112 foliis vel mors(s)u(s)

machte ihre Eingeweide starr vor Unrat. Bereits wurde
die Haut klamm und steif, sodaß die Augen sich weiteten
und platzten; als feuerroter Ausschlag überzog brennende
Rose das Gesicht, und der Kopf wollte sich vor Schwäche
nicht mehr aufrecht halten. Bereits stürmte, alles mit sich
reißend, das Verhängnis mehr und mehr dahin, und die
Krankheit trat nicht mitten zwischen Leben und Sterben,
nein, Unpäßlichkeit kam mit dem Tod zugleich. Auch
wuchs die Pest mit der Menge ihrer Opfer, lagen doch
unbestattete Leichen und Lebende durcheinander; denn
daß man seine Landsleute außerhalb des Zeltbereichs
hinwarf, wenn ihnen etwas zustieß, war das ganze Begräbnis.
Erleichterung in diesen Nöten brachten immerhin das Meer
im Rücken mit seiner von Nordwinden durchpulsten Luft
und der Strand mit Mengen auswärtigen Getreides auf
den Frachtern. — Der Gegner anderseits hatte wohl auf
weiträumigen Kuppen Bewegungsfreiheit und wurde von
brütender Luft so wenig wie von stockigem Wasser gepeinigt,
litt aber unter schlimmer Hungersnot, als läge er selbst
in einem engen Belagerungsring. Da an den Halmen noch
keine prallen Ähren schwellen wollten, mußte Caesar
zusehen, wie seine bedauernswerten Leute sich zu Boden
warfen, um Viehfutter zu verspeisen, wie sie Buschwerk
pflückten, Bäume entblätterten und unter Lebensgefahr
von unbekannten Wurzeln verdächtige Pflanzen rissen;
was sie über Feuer garen, was sie mit Zähnen zerkleinern,
was sie durch zerfressene Kehlen hinunterschlucken konnten,
war auch das meiste als Menschennahrung bisher unbekannt, das griffen die Soldaten auf — doch satt aß sich
der Feind, den sie belagerten.

Als Pompejus sich entschloß, den Ring zu sprengen und
auszubrechen, um in allen Landen Spielraum zu gewinnen,
wünschte er von vornherein kein Heimlichtun in finsterer
Nachtzeit und verschmähte verstohlene Flucht bei Waffen-
ruhe seines Schwiegervaters: durch eine breite Bresche
wollte er hinausziehen, den Wall sprengen und die Türme
zerstören, hinausziehen durch lauter Schwerter und auf
einem Weg, den er sich über Leichen bahnen müßte.
Immerhin schien ihm eine Stelle des Walls in der Nähe
günstig, wo das Fort des Minucius eine Lücke hatte und
verwachsenes Buschwerk mit dichten Bäumen Deckung

arboribus dumeta tegunt. hic pulvere nullo
proditus agmen agit subitusque in moenia venit.
tot simul e campis Latiae fulsere volucres,
tot cecinere tubae. ne quid victoria ferro   130
deberet, pavor attonitos confecerat hostes.
quod solum valuit virtus, iacuere perempti,
debuerant quo stare loco; qui volnera ferrent,
iam derant et nimbus agens tot tela peribat.
tum piceos volvunt immissae lampades ignes,   135
tum quassae nutant turres lapsumque minantur,
roboris impacti crebros gemit agger ad ictus.
iam Pompeianae celsi super ardua valli
exierant aquilae, iam mundi iura patebant:
quem non mille simul turmis nec Caesare toto   140
auferret Fortuna locum, victoribus unus
eripuit vetuitque capi seque arma tenente
ac nondum strato Magnum vicisse negavit.
    Scaeva viro nomen: castrorum in plebe merebat
ante feras Rhodani gentes; ibi sanguine multo   145
promotus Latiam longo gerit ordine vitem
pronus ad omne nefas et qui nesciret, in armis
quam magnum virtus crimen civilibus esset.
hic ubi quaerentes socios iam Marte relicto
tuta fugae cernit, 'quo vos pavor' inquit 'adegit   150
impius et cunctis ignotus Caesaris armis?
terga datis morti? cumulo vos desse virorum
non pudet et bustis interque cadavera quaeri?
non ira saltem, iuvenes, pietate remota   155
stabitis? e cunctis, per quos erumperet hostis,
nos sumus electi: non parvo sanguine Magni
iste dies ierit. peterem felicior umbras
Caesaris in voltu; testem hunc Fortuna negavit:

135 lampades P^1: -is
137 gemit GV^2: vomit
150 adegit *vel* ab-
post 151 *versum inseruerunt* M^2x
154 et *vel* in

bot. Hier zog er, ohne daß eine Staubwolke ihn verraten
hätte, seinen Heereszug voran und rückte unvermutet
vor die Mauer. Miteins blitzten Massen von Legionsadlern
im Gefilde auf, schmetterten Massen von Trompeten.
Damit der Sieg ganz ohne Schwertstreich glücken sollte,
hatte Angst die Feinde übermannt und fassungslos gemacht.
Nur so weit taugte ihre Tapferkeit, daß sie dort tot zu Boden
sanken, wo sie hätten stehen bleiben sollen; bald fehlte
es an Leuten, die noch zu verwunden waren, und umsonst
fuhren zahllose Geschosse in einer Wolke daher. Da schleuderte man Fackeln mit wirbelndem Pechfeuer, da rüttelte
man an Türmen, daß sie schwankten und umzufallen
drohten, und unter wiederholten Stößen des Rammbalkens
ächzte der Damm. Schon hatte Pompejus mit seinen
Adlern die Höhe der Wallböschung überstiegen, schon
stand die Welt ihm offen zur Verfügung: aber den Platz,
den Fortuna nicht mit tausend Schwadronen auf einmal,
nicht mit Caesars ganzem Einsatz hätte an sich reißen
können, sperrte den siegessicheren Truppen ein einziger
Mann — er vereitelte eine Besetzung und wollte, solange
er ein Schwert in Händen hielt und noch nicht am Boden
lag, von Pompejus' Sieg nichts wissen.

Scaeva hieß der Held: er hatte als gewöhnlicher Soldat
gedient, bis es zum Krieg mit den Barbarenstämmen an
der Rhone kam; dort zum Lohn für viel vergossenes Blut
befördert, trug er in weit vorgerücktem Rang einen römischen Kommandostab; er war zu jeder Untat bereit
und von der Art, daß er nicht merkte, welch schweres
Verbrechen Tapferkeit in Bürgerkämpfen ist. Als er sah,
wie seine Kameraden bereits die Walstatt räumten und
sich durch Flucht zu retten suchten, rief er: „Wohin hat
euch Angst getrieben, gewissenlos und allen Truppen
Caesars unbekannt? Lauft ihr vor dem Tod davon? Schämt
ihr euch nicht, im Gefallenenberg auf dem Holzstoß zu
fehlen, unter den Toten vermißt zu werden? Wollt ihr nicht
wenigstens aus Entrüstung stehen bleiben, Soldaten, wenn
ihr euer Gewissen beiseiteschiebt? Aus der ganzen Truppe
hat der Gegner uns zu seinem Durchbruch ausersehen:
nicht wenig Blut soll es Pompejus kosten, bis der heutige
Tag verstreicht. Ich wäre glücklicher, wenn ich vor Caesars
Augen zu den Totengeistern ginge; Fortuna hat mir seine

Pompeio laudante cadam. confringite tela   160
pectoris impulsu iugulisque retundite ferrum.
iam longinqua petit pulvis sonitusque ruinae
securasque fragor concussit Caesaris aures;
vicimus, o socii: veniet qui vindicet arces,
dum morimur.' movit tantum vox illa furorem,   165
quantum non primo succendunt classica cantu,
mirantesque virum atque avidi spectare sequuntur
scituri iuvenes, numero deprensa locoque
an plus quam mortem virtus daret. ille ruenti
aggere consistit primumque cadavera plenis   170
turribus evolvit subeuntesque obruit hostes
corporibus totaeque viro dant tela ruinae
roboraque et moles hosti seque ipse minatur.
nunc sude, nunc duro contraria pectora conto
detrudit muris et valli summa tenentes   175
amputat ense manus; caput obterit ossaque saxo
ac male defensum fragili compage cerebrum
dissipat; alterius flamma crinesque genasque
succendit: strident oculis ardentibus ignes.
  ut primum cumulo crescente cadavera murum   180
admovere solo, non segnior extulit illum
saltus et in medias iecit super arma catervas
quam per summa rapit celerem venabula pardum.
tunc densos inter cuneos compressus et omni
vallatus bello vincit, quem respicit, hostem.   185
iamque hebes et crasso non asper sanguine mucro
[percussum Scaevae frangit, non volnerat hostem]
perdidit ensis opus: frangit sine volnere membra.
illum tota premit moles, illum omnia tela:
nulla fuit non certa manus, non lancea felix   190
parque novum Fortuna videt concurrere, bellum
atque virum. fortis crebris sonat ictibus umbo
et galeae fragmenta cavae compressa perurunt
tempora nec quidquam nudis vitalibus obstat

164   vincimus *G*ᵛ*UV*
187   *om.* *P*¹ *una cum* **186. 188** *et x*
188   *om.* *pars codd.*

Zeugenschaft verweigert — nun, so will ich unter Pompejus'
Beifall sterben. Streckt eure Brust hin, damit Schaft um
Schaft zerbricht, und bietet eure Kehlen an, um die Schwerter stumpf zu machen! Schon dringen Staub und Einsturzge-
räusch in die Ferne, und Krachen schlägt an Caesars
ahnungslose Ohren; wir sind Sieger, meine Kameraden —
man wird nahen, um den Burgberg zu besetzen, während
wir sterben." Dies Wort erregte ihre Kampfwut mehr,
als eine Fanfare sie mit dem ersten Ton entflammt; voll
Bewunderung und Schaulust folgten die Soldaten ihm,
um zu erkunden, ob trotz Unterlegenheit an Zahl und
Raum dem Tapferen mehr winke als der Tod. Scaeva
postierte sich auf dem einstürzenden Damm, wälzte zuerst
die Leichenhaufen aus den Türmen und deckte die herauf-
dringenden Feinde mit Gefallenen zu; dann lieferten ihm
all die Trümmer Schießvorrat, und er bedräute den Feind
mit Balken oder Blöcken, dazu mit seiner eigenen Erscheinung. Bald mit Pfählen, bald mit festen Stangen stieß
er Gegner, deren Brust sich zeigte, von der Mauer, und
wo Hände bereits den Wall oben umklammerten, hieb
er sie mit seinem Schwert herunter; dem einen zermalmte
er die Schädelknochen mit einem Stein und verspritzte
das in zerbrechlicher Schale schlecht gesicherte Gehirn,
dem anderen zündete er Haar und Bart mit einer Fackel
an — das Feuer zischte, wenn die Augen brannten.
    Im Augenblick, da die zu Bergen getürmten Leichen
die Mauer einebneten, schnellte er sich ab und sprang über
Lanzen hinweg mitten in die Scharen, mit einem Satz
von nicht geringerer Geschmeidigkeit, als wenn ein flinker
Panther hoch über Jagdspieße davonstiebt. Nun, da er
zwischen dichten Keilen eingezwängt und von dem ganzen
Heer umstellt war, bezwang er auch den Feind im Rücken.
Schließlich war die Schneide stumpf und hob sich unter
dicker Blutschicht nicht mehr ab, sodaß das Schwert seinen
Zweck verlor: da zertrümmerte er Glieder ohne Blutvergießen. Ihn bedrängte die ganze Masse, ihn jedes Geschoß:
kein Hieb ging fehl, keine Lanze ins Leere, und Fortuna
sah ein nie erlebtes Paar im Zweikampf, Heer und Mann.
Sein fester Schild erdröhnte unter wiederholten Schlägen,
die Stücke seines zerbeulten Helms drückten brennend
auf die Schläfen, und nichts mehr drängte seine bloßgeleg-

iam praeter stantes in summis ossibus hastas.   195
quid nunc, vaesani, iaculis levibusve sagittis
perditis haesuros numquam vitalibus ictus?
hunc aut tortilibus vibrata falarica nervis
obruat aut vasti muralia pondera saxi,
hunc aries ferro ballistaque limine portae   200
promoveat. stat non fragilis pro Caesare murus
Pompeiumque tenet. iam pectora non tegit armis
ac veritus credi clipeo laevaque vacasse
aut culpa vixisse sua tot volnera belli
solus obit densamque ferens in pectore silvam   205
iam gradibus fessis, in quem cadat, eligit hostem.
[par pelagi monstris Libycae sic belua terrae]
sic Libycus densis elephans oppressus ab armis
omne repercussum squalenti missile tergo
frangit et haerentes mota cute discutit hastas: 210
viscera tuta latent penitus citraque cruorem
confixae stant tela ferae; tot facta sagittis,
tot iaculis unam non explent volnera mortem.
    Dictaea procul ecce manu Gortynis harundo
tenditur in Scaevam, quae voto certior omni   215
in caput atque oculi laevum descendit in orbem.
ille moras ferri nervorum et vincula rumpit
affixam vellens oculo pendente sagittam
intrepidus telumque suo cum lumine calcat.
Pannonis haud aliter post ictum saevior ursa,   220
cum iaculum parva Libys ammentavit habena,
se rotat in volnus telumque irata receptum
impetit et secum fugientem circumit hastam.
perdiderat voltum rabies, stetit imbre cruento
informis facies. laetus fragor aethera pulsat   225

---

200 bello $U^v a^v$ limite a^v portae *(v. comm.) vel* torta *(cf.* 2,686)
207 *habent Ga et in corr.* ω

ten Lebensorgane zurück als die Schäfte, die oben in seinen Knochen staken. Wahnsinnige, wozu verschwendet ihr
jetzt mit Speeren und behenden Pfeilen Schüsse, die den
Sitz des Lebens niemals treffen können? Diesen Mann
hätte nur ein mit Kordelsehnen abgeschnellter Riesen-
spieß oder die wuchtige Steinkugel eines Mauerbrechers
umgeworfen, diesen Mann nur ein Rammbock mit seiner
Eisenspitze oder ein Geschütz von der Schwelle seines
Tors vertrieben. An Caesars Statt stand er als unerschütter-
liche Mauer da und gebot Pompejus Halt. Als schon kein
Harnisch mehr seine Brust schützte und er sich schämte,
wegen des Schilds in seiner Linken für müßig und an
seinem Überleben selber schuld zu gelten, setzte er sich,
ein einziger Mann gegen ein Heer, zahllosen Treffern
aus, trug einen dichten Stangenwald auf seiner Brust und
suchte sich noch mit wankenden Schritten den Gegner aus,
den er unter sich begraben könnte. So läßt ein Elefant in
Libyen, wenn ihn ein Spalier von Waffen bedrängt, jedes
Geschoß zerknickt an seiner Rückenkruste abprallen und
schüttelt mit einer Hautbewegung die steckengebliebenen
Lanzen fort: die Eingeweide drinnen bleiben wohlbehalten,
und stehen auch Schäfte in dem getroffenen Wild, so
zeigt sich doch kein Blut — die von all den Pfeilen, all
den Spießen geschlagenen Wunden reichen nicht, dies
eine Tier zu töten.
  Da wurde aus der Ferne von Kreterhand ein gortynisches
Rohr auf Scaeva angelegt, das ihn mit ganz unverhoffter
Sicherheit am Kopf traf und in seinen linken Augapfel
drang. Er trieb die Spitze vom Platz, indem er die Sehnen-
bänder sprengte, riß ohne Zagen den steckenden Pfeil
mit der Pupille daran heraus und zertrat das Geschoß
zugleich mit seinem Augenlicht. Es war nicht anders,
als wenn eine Bärin aus Pannonien in gesteigerter Bösartig-
keit, nachdem ein libyscher Fechter seinen Speer mit
kleinem Riemen abgeschleudert und sie getroffen hat,
sich nach der wunden Stelle im Kreise dreht, voll Grimm
das eingedrungene Geschoß zu fassen sucht und rundum
dem Spieß nachgeht, der im gleichen Bogen ausweicht.
Zerstört war sein Gesichtsausdruck, da er so wütete, stier
wurde sein von blutigem Regen entstelltes Antlitz. Sieges-
jubel schlug donnernd gen Himmel: größere Freude als

victorum: maiora viris e sanguine parvo
gaudia non faceret conspectum in Caesare volnus.
ille tegens alta suppressum mente furorem
mitis et a voltu penitus virtute remota
'parcite,' ait 'cives, procul hinc avertite ferrum.   230
collatura meae nil sunt iam volnera morti:
non eget ingestis, sed volsis pectore telis.
tollite et in Magni viventem ponite castris:
hoc vestro praestate duci; sit Scaeva relicti
Caesaris exemplum potius quam mortis honestae.'   235
credidit infelix simulatis vocibus Aulus
nec vidit recto gladium mucrone trementem
membraque captivi pariter laturus et arma
fulmineum mediis excepit faucibus ensem.
incaluit virtus atque una caede refectus   240
'solvat' ait 'poenas, Scaevam quicumque subactum
speravit: pacem gladio si quaerit ab isto
Magnus, adorato summittat Caesare signa.
an similem vestri segnemque ad fata putatis?
Pompei vobis minor est causaeque senatus   245
quam mihi mortis amor.' simul haec effatur, et altus
Caesareas pulvis testatur adesse cohortes.
dedecus hic belli Magno crimenque remisit,
ne solum totae fugerent te, Scaeva, catervae,
subducto qui Marte ruis; nam sanguine fuso   250
vires pugna dabat. labentem turba suorum
excipit atque umeris defectum imponere gaudet
ac velut inclusum perfosso in pectore numen
et vivam magnae speciem Virtutis adorant
telaque confixis certant evellere membris   255
exornantque deos ac nudum pectore Martem
armis, Scaeva, tuis. felix hoc nomine famae,
si tibi durus Hiber aut si tibi terga dedisset
Cantaber exiguis aut longis Teutonus armis;

237   trementem (prem- *U*) ωN: ten- *Gπ*

beim Blut dieses geringen Mannes hätte der Anblick einer
Wunde an Caesars Leib den Leuten nicht bereitet. Er
unterdrückte heimlich tief im Herzen seine Wut, verbannte
aus seiner Miene allen Trutz und sagte friedlich: „Schont
mich, meine Mitbürger, und bleibt mir fern mit eurem
Stahl! Zu meinem Tod tragen Wunden nichts mehr bei:
was ihm dient, ist nicht, daß ihr Geschosse werft, sondern
daß ihr sie aus meiner Brust zieht. Nehmt mich und legt
mich lebend in Pompejus' Lager nieder, tut dies eurem
Führer zu Gefallen; Scaeva soll lieber ein Beispiel für
Fahnenflucht aus Caesars Reihen als für Tod im Feld
der Ehre sein!" Zu eigenem Unglück schenkte Aulus den
heuchlerischen Tönen Glauben, bemerkte nicht, daß
Scaevas Schwert mit stoßbereiter Spitze zuckte, und wollte
ihn samt seinen Waffen als Gefangenen davonschleppen,
als ihm blitzschnell die Schneide mitten in die Kehle fuhr.
Das schürte des anderen Kampflust, ein einziger Erschlagener gab ihm neue Kräfte, und er rief: „Büßen soll es
jeder, wenn er auf Scaevas Niederlage hoffte: will Pompejus
Frieden vor meinem Schwert, so muß er sich vor Caesar
beugen und seine Standarten niederlegen. Glaubt ihr
vielleicht, ich gliche euch und hätte keinen Mut zum
Sterben? Ihr liebt Pompejus und die Sache des Senats
nicht so wie ich den Tod." Kaum hatte er dies ausgesprochen, als eine hohe Staubwolke zeigte, daß Caesars
Kohorten zur Stelle waren. Sie ersparte dem Pompejus
Soldatenschande: den Vorwurf, all seine Truppen seien
einzig vor Scaeva geflohen. Da diesem das Soldatenhand-
werk abgenommen war, brach er zusammen; denn nur
der Kampf hatte ihm, als sein Blut bereits entströmt war,
noch Kraft verliehen. Als er umsank, fing ihn die Schar
der Kameraden auf und lud den ohnmächtigen Mann
mit Freuden auf ihre Schultern, voll Ehrfurcht vor dem
hehren Wesen, das in seiner zerfetzten Brust zu wohnen
schien, vor dem lebendigen Bild der großen Göttin Tapferkeit; dann zogen sie um die Wette die Geschosse aus seinem
vollgespickten Leib und behängten neben anderen Götterbildern die nackte Brust des Mars mit deinen Waffen, Scaeva.
Du wärest ob dieses stolzen Ruhms glücklich zu preisen,
hätten zähe Spanier, Kantabrer mit ihren kleinen oder
Teutonen mit ihren langen Waffen vor dir das Weite

non tu bellorum spoliis ornare Tonantis   260
templa potes, non tu laetis ululare triumphis:
infelix, quanta dominum virtute parasti!
    nec magis hac Magnus castrorum parte repulsus
intra claustra piger dilato Marte quievit
quam mare lassatur, cum se tollentibus euris   265
frangentem fluctus scopulum ferit aut latus alti
montis adest seramque sibi parat unda ruinam.
hinc vicina petens placido castella profundo
incursu gemini Martis rapit armaque late
spargit et effuso laxat tentoria campo   270
mutandaeque iuvat permissa licentia terrae.
sic pleno Padus ore tumens super aggere tutas
excurrit ripas et totos concutit agros:
succubuit si qua tellus cumuloque furentem
undarum non passa ruit, tum flumine toto   275
transit et ignotos aperit sibi gurgite campos;
illos terra fugit dominos, his rura colonis
accedunt donante Pado. vix proelia Caesar
senserat, elatus specula quae prodidit ignis:
invenit impulsos presso iam pulvere muros   280
frigidaque ut veteris deprendit signa ruinae.
accendit pax ipsa loci movitque furorem
Pompeiana quies et victo Caesare somnus.
ire vel in clades properat, dum gaudia turbet.
Torquato ruit inde minax, qui Caesaris arma   285
segnius haud vidit quam malo nauta tremente
omnia subducit Circaeae vela procellae
agminaque interius muro breviore recepit,
densius ut parva disponeret arma corona.
    transierat primi Caesar munimina valli,   290

274 cumulo Z^1 (*cf. Verg. Aen. 2,498*): -um (tum- *N*)
276 operit *x*

gesucht; aber du darfst nicht des Donnerers Tempel mit
Kriegsbeute schmücken, nicht im Triumphjubel jauchzen —
unseliger Mann, du hast dein Heldentum daran verschwendet, einen Zwingherrn einzusetzen!

Wenngleich in diesem Stellungsabschnitt zurückgeschla-
gen, schob Pompejus so wenig in bequemer Schanze den
Kampf gemächlich hinaus, wie sich das Meer beruhigt,
wenn es bei aufkommenden Stürmen gegen ein Riff rollt,
mögen auch die Fluten daran zerschellen, oder wie Wellen
eine hohe Bergflanke auswaschen, um sich endlich über
Trümmer einen Weg zu schaffen. Er wandte sich von
dort gegen die an stiller See gelegenen Kastelle, überrumpelte sie im Sturm zu Wasser wie zu Lande, verstreute
dann seine Truppen in der Weite, zog die Zelte auf breiter
Flur auseinander und genoß die ihm gegönnte Freiheit,
den Platz zu wechseln. Es war, als würde der Po aus vollem
Schlund anschwellen, sichernden Dämmen zum Trotz über
seine Ufer treten und die ganzen Äcker untergraben:
wenn das Erdreich irgendwo nachgibt, dem mit Wel-
lenbergen dahertobenden Fluß nicht gewachsen ist und
einstürzt, dann dringt er mit seiner ganzen Strömung
hinüber und erschließt sich mit seinen Strudeln unbekannte
Felder — dort sinkt den Besitzern Land weg, hier gewinnen
Bauern Ackerfluren als Geschenk des Po. Eben erst hatte
Caesar die Kämpfe bemerkt, die ihm ein Feuersignal von
hoher Warte verriet: was er vorfand, waren nur mehr
umgelegte Mauern, der Staub hatte sich gesetzt, und
kalt fühlten sich die Spuren der Zerstörung an, als wäre
sie von ehedem. Gerade der Friede des Orts setzte ihn
in flammenden Zorn, und es machte ihn rasend, daß
die Pompejaner ruhten und im Gefühl ihres Sieges über
einen Caesar schliefen. Er drängte vorwärts, und wäre
es zum Untergang, wenn er nur ihre Freude stören könnte.
Bedrohlich stürmte er von dort gegen Torquatus, der
beim Anblick von Caesars Armee so wenig säumte wie
ein Schiffsmann, wenn er seinen Mast erzittern sieht
und nun alle Segel vor dem Sturm an Kirkes Vorgebirge
wegnimmt; er zog seine Truppen hinter die kürzere Innen-
mauer zurück, um in kleinem Ring die Kämpfer dichter zu verteilen.

Caesar hatte die ersten Wallbefestigungen überschritten,

cum super e totis immisit collibus arma
effuditque acies obsaeptum Magnus in hostem.
non sic Hennaeis habitans in vallibus horret
Enceladum spirante noto, cum tota cavernas
egerit et torrens in campos defluit Aetna,   295
Caesaris ut miles glomerato pulvere victus
ante aciem caeci trepidus sub nube timoris
hostibus occurrit fugiens inque ipsa pavendo
fata ruit. totus mitti civilibus armis
usque vel in pacem potuit cruor: ipse furentes   300
dux tenuit gladios. felix ac libera regum,
Roma, fores iurisque tui, vicisset in illo
si tibi Sulla loco. dolet heu semperque dolebit,
quod scelerum, Caesar, prodest tibi summa tuorum,
cum genero pugnasse pio. pro tristia fata!   305
non Uticae Libye clades, Hispania Mundae
flesset et infando pollutus sanguine Nilus
nobilius Phario gestasset rege cadaver
nec Iuba Marmaricas nudus pressisset harenas
Poenorumque umbras placasset sanguine fuso   310
Scipio nec sancto caruisset vita Catone.
ultimus esse dies potuit tibi, Roma, malorum,
exire e mediis potuit Pharsalia fatis.
      deserit averso possessam numine sedem
Caesar et Emathias lacero petit agmine terras.   315
arma secuturum soceri, quacumque fugasset,
temptavere suo comites devertere Magnum
hortatu, patrias sedes atque hoste carentem
Ausoniam peteret. 'numquam me Caesaris' inquit
'exemplo reddam patriae numquamque videbit   320
me nisi dimisso redeuntem milite Roma.
Hesperiam potui motu surgente tenere,
si vellem patriis aciem committere templis

293 Hennaeis M^1Z: Aetnaeis *sim.*
294 Enceladum (-os M^1Z) ... noto *vel* -o(s) ... -um (-os M^2)
301 regum (rerum G^va) *vel* legum
317 suo *vel* sui

als Pompejus droben von allen Kuppen her seine Armee
ansetzte, die Reihen ausschwärmen ließ und den Gegner
in die Zange nahm. So erschrickt kein Bewohner sizilischer
Täler beim Blasen des Südwinds vor Enkelados, wenn
der ganze Ätna seine Schlünde leert und als Lavastrom
zur Ebene hinunterfließt, wie sich Caesars Soldaten ent-
setzten, als geballter Staub sie schlug, bevor es noch zur
Schlacht kam, als sie in Verstörung unter einer Wolke
blinden Schreckens bei der Flucht auf Feinde stießen
und aus Angst vor dem Verhängnis gerade in dessen Arme
liefen. Bis zum letzten Tropfen hätte man damals die
Brudermörder zur Ader lassen, endlich gar Frieden erreichen
können: doch Pompejus selber gebot dem Schwertertoben
Einhalt. Glücklich wärest du, Rom, frei von Tyrannen und
dein eigener Herr, wenn dir ein Sulla auf jenem Feld den
Sieg erfochten hätte! Ach, schmerzlich ist es und wird immer
schmerzlich sein, daß Caesar aus der Krönung seiner Frevel
Nutzen zog, aus dem Kampf mit seinem Eidam — dieser
kannte Rücksicht! Weh über das traurige Verhängnis!
Nicht hätte Libyen das Unglück von Utica und Spanien
den Schlag von Munda beweinen müssen, nicht hätte
das Nilufer sich mit unerhörtem Mord besudelt und
einen edleren Mann als den Ägypterkönig tot im Wasser
treiben lassen; weder hätte Juba unbedeckt am Strand
von Marmarica gelegen und Scipio zur Versöhnung kartha-
gischer Schatten sein Blut vergossen noch hätte das Reich
der Lebenden Catos reine Seele eingebüßt. Rom konnte
seinen letzten Leidenstag erleben, ausscheiden konnte aus
der Masse von Verhängnissen die Schlacht von Pharsalus.
    Caesar verließ den unter widrigen Sternen besetzten
Platz und machte sich mit gelichteten Reihen in Emathias
Gefilde auf. Als Pompejus dem vertriebenen Heer seines
Schwiegervaters auf allen Wegen folgen wollte, versuchten
seine Getreuen ihn davon abzubringen und rieten ihrerseits,
er solle das Land der Väter zum Ziel nehmen, Ausonien,
das vom Feinde frei war. Er aber sprach: „Niemals werde
ich mich nach Caesars Beispiel ins Vaterland zurückbegeben,
niemals soll Rom mich vor Entlassung meines Heers heim-
kehren sehen. Ich hätte bei Beginn der Wirren Hesperien
halten können, wollte ich heimatliche Tempel zum Schlachtfeld machen und mitten auf dem Forum kämpfen. Ich

ac medio pugnare foro. dum bella relegem,
extremum Scythici transcendam frigoris orbem   325
ardentesque plagas. victor tibi, Roma, quietem
eripiam, qui, ne premerent te proelia, fugi?
a potius, ne quid bello patiaris in isto,
te Caesar putet esse suam.' sic fatus in ortus
Phoebeos condixit iter terraeque secutus   330
devia, qua vastos aperit Candavia saltus,
contigit Emathiam, bello quam fata parabant.
    Thessaliam, qua parte diem brumalibus horis
attollit Titan, rupes Ossaea coercet;
cum per summa poli Phoebum trahit altior aestas,   335
Pelion opponit radiis nascentibus umbras;
at medios ignes caeli rapidique Leonis
solstitiale caput nemorosus summovet Othrys;
excipit adversos zephyros et iapyga Pindus
et maturato praecidit vespere lucem   340
nec metuens imi borean habitator Olympi
lucentem totis ignorat noctibus Arcton.
hos inter montes media qui valle premuntur,
perpetuis quondam latuere paludibus agri,
flumina dum campi retinent nec pervia Tempe   345
dant aditus pelagi stagnumque implentibus unum
crescere cursus erat. postquam discessit Olympo
Herculea gravis Ossa manu subitaeque ruinam
sensit aquae Nereus, melius mansura sub undis
Emathis aequorei regnum Pharsalos Achillis   350
eminet et, prima Rhoeteia litora pinu
quae tetigit, Phylace Pteleosque et Dorion ira
flebile Pieridum, Trachin pretioque nefandae
lampados Herculeis fortis Meliboea pharetris
atque olim Larisa potens, ubi nobile quondam   355
nunc super Argos arant, veteres ubi fabula Thebas
monstrat Echionias, ubi quondam Pentheos exul

würde, ließe sich damit der Krieg verbannen, den äußersten
Bezirk in Skythiens Eis und die heiße Zone noch überschreiten. Soll ich dir, mein Rom, als Sieger die Ruhe
rauben, wenn ich geflohen bin, um dir schwere Kämpfe
zu ersparen? Es wäre mir, damit du in diesem Krieg nichts
leiden mußt, wahrhaftig lieber, Caesar glaubte dich in
seiner Hand." Nach diesen Worten gab er Weisung, gen
Sonnenaufgang zu marschieren, zog dort, wo in Kandavien
weite Schluchten klaffen, durch abgelegenes Gelände und
erreichte so Emathia, das ein Schicksalsschluß zur Schlacht
bereithielt.

Thessalien wird dort, wo Helios an Dezembertagen das
Licht heraufführt, vom Ossaberg begrenzt, und wenn die
Sonne im Hochsommer den Zenit durchwandert, bietet
der Pelion vor ihren Morgenstrahlen Schatten; doch die
Gluten des Mittagshimmels unter dem stechenden Hauch
des Löwen zur Sommersonnenwende hält der Othrys mit
seinen Wäldern ab; anstürmende Westwinde und Brisen
aus Apulien fängt der Pindos auf, verkürzt das Tageslicht
und beschleunigt den Abend; wer aber am Fuße des Olymp
wohnt, muß keinen Nordwind fürchten und sieht den
Großen Bären nicht ganze Nächte leuchten. Die Acker-
flächen, die tief im Tal inmitten dieser Berge liegen, bargen
sich einst unter lückenlosen Sümpfen, solange die Flüsse
noch im Gefilde blieben und kein Durchbruch im Tempetal
ihnen Zugang zum Meer gewährte, solange sie ein einziges
Becken füllten und ihr Lauf nichts als ein Steigen war.
Als später aber Herakles mit seiner Faust den gewaltigen
Ossa vom Olymp trennte und Nereus plötzlich Wasserein-
bruch spürte, da tauchte, statt besser von Fluten bedeckt
zu bleiben, in der Landschaft Emathia Pharsalus auf,
das Reich des Meerfrauensohns Achilleus, weiter Phylake,
dessen König mit seinem Kiel als erster Trojas Strand
berührte, Pteleos und Dorion, wo zornige Musen Jammer
schufen, Trachin und Meliboia als Heimat jenes Helden,
der mit einer Fackel zu unerhörter Tat bereit war und
sich um diesen Preis mit Herakles' Pfeilen wappnen durfte,
sowie das früher mächtige Larissa; die Plätze tauchten
auf, wo jetzt der Pflug über das ehedem berühmte Argos
hingeht, wo die Legende Echions einstiges Theben zeigt,
wo vor Zeiten die ausgewiesene Agaue Pentheus' mitge-

colla caputque ferens supremo tradidit igni
questa, quod hoc solum nato rapuisset, Agaue.
ergo abrupta palus multos discessit in amnes.   360
purus in occasus, parvi sed gurgitis, Aeas
Ionio fluit inde mari nec fortior undis
labitur avectae pater Isidis et tuus, Oeneu,
paene gener crassis oblimat Echinadas undis
et Meleagream maculatus sanguine Nessi   365
Euhenos Calydona secat. ferit amne citato
Maliacas Spercheos aquas et flumine puro
irrigat Amphrysos famulantis pascua Phoebi.
accipit Asopos cursus Phoenixque Melasque   374
quique nec umentes nebulas nec rore madentem   369
aera nec tenues ventos suspirat, Anauros,
et quisquis pelago per se non cognitus amnis
Peneo donavit aquas: it gurgite rapto
Apidanos numquamque celer nisi mixtus Enipeus;   373
solus, in alterius nomen cum venerit undae,   375
defendit Titaresos aquas lapsusque superne
gurgite Penei pro siccis utitur arvis:
hunc fama est Stygiis manare paludibus amnem
et capitis memorem fluvii contagia vilis
nolle pati superumque sibi servare timorem.   380
    ut primum emissis patuerunt amnibus arva,
pinguis Bebrycio discessit vomere sulcus;
mox Lelegum dextra pressum descendit aratrum,
Aeolidae Dolopesque solum fregere coloni
et Magnetes equis, Minyae gens cognita remis.   385
illic semiferos Ixionidas Centauros
feta Pelethroniis nubes effudit in antris:
aspera te Pholoes frangentem, Monyche, saxa
teque sub Oetaeo torquentem vertice volsas,
Rhoete ferox, quas vix boreas inverteret, ornos   390
hospes et Alcidae magni Phole teque, per amnem
improbe Lernaeas vector passure sagittas,

372 it Z^2: et
374 *traiecit Housman, quamvis cum* Ω *congruat Vib. Seq. 29*
384 fregere (reg- Z^1) *vel* rupere
390 Rhoece x

brachten Hals und Kopf dem Leichenfeuer übergab und
klagte, daß dies von ihrem Sohn die ganze Beute war.
Somit zerfiel der Sumpf und verlief sich in viele Flüsse.
Der klare, freilich wasserarme Aias floß von dort nach
Westen zur Joniersee, und mit nicht kräftigerem Wellen-
schlag glitt der Strom dahin, der die in fremdes Land
verschlagene Io zeugte, während jener, der beinahe Oineus'
Schwiegersohn geworden wäre, mit dickflüssigen Wogen
die Echinaden unter Schlamm setzte und der mit Nessos'
Blut besudelte Euenos Meleagers Heimat Kalydon durchschnitt. Stürmischen Laufes schoß der Spercheios in den
Malischen Golf, und mit klarem Geriesel wässerte der
Amphrysos jenes Weideland, wo Apollon als Hirte diente.
Der Asopos nahm seine Reise auf, Phoinix, Melas und,
weder feuchte Schwaden noch taunassen Hauch noch
linde Lüfte verströmend, der Anauros, dazu all die Flüsse,
die das Meer nicht einzeln kennt, weil sie ihren Wasservorrat
dem Peneios abgegeben haben: mit reißenden Strudeln
lief der Apidanos dahin, der vor Vereinigung mit ihm nie
eilige Enipeus und der Titaressos, der als einziger nach
Erreichen eines Flusses von anderem Namen sein Gewässer
behauptet, oben schwimmt und Peneios' Strudel wie einen
trockenen Grund benützt — dieser Strom, so geht die
Sage, rinnt aus dem Stygischen Pfuhl, will im Gedenken
an seinen Ursprung keine Berührung mit gewöhnlichen
Flüssen leiden und hält die Furcht, die Götter vor ihm
zeigen, wach.
    Sobald die Flüsse abgelaufen waren und Felder zutage
traten, zogen Bebryker Ackerfurchen durch das fette Land,
drang dann unter dem Druck von Lelegerfäusten der
Pflug ins Erdreich, brachen Aioliden und Doloper als
Bauern den Boden auf, dazu Magneten und Minyer, jener
Stamm berühmt durch seine Pferde und durch seine
Ruder dieser. Dort fuhren, halb Mensch und halb Pferd,
Zentauren als Ixions Söhne in einer Höhle des Pelethronion
aus geschwängerter Wolke: Monychos, dessen Huf über
Pholoës rauhe Felsen stampfte, der wilde Rhoitos, der
zum Schießen am Hang der Oite mächtigere Eschen
ausriß, als sie ein Nordsturm umgeworfen hätte, des großen
Herakles Bewirter Pholos und jener Unhold, der beim
Tragen durch den Fluß einen mit Hydragift getränkten

teque, senex Chiron, gelido qui sidere fulgens
impetis Haemonio maiorem Scorpion arcu.
   hac tellure feri micuerunt semina Martis.   395
primus ab aequorea percussis cuspide saxis
Thessalicus sonipes bellis feralibus omen
exsiluit, primus chalybem frenosque momordit
spumavitque novis Lapithae domitoris habenis.
prima fretum scindens Pagasaeo litore pinus   400
terrenum ignotas hominem proiecit in undas.
primus Thessalicae rector telluris Ionos
in formam calidae percussit pondera massae
fudit et argentum flammis aurumque moneta
fregit et immensis coxit fornacibus aera: 405
illic, quod populos scelerata impegit in arma,
divitias numerare datum est. hinc maxima serpens
descendit Python Cirrhaeaque fluxit in antra,
unde et Thessalicae veniunt ad Pythia laurus.
impius hinc prolem superis immisit Aloeus,   410
inseruit celsis prope se cum Pelion astris
sideribusque vias incurrens abstulit Ossa.
   hac ubi damnata fatis tellure locarunt
castra duces, cunctos belli praesaga futuri
mens agitat summique gravem discriminis horam   415
adventare palam est, propius iam fata moveri.
degeneres trepidant animi peioraque versant;
ad dubios pauci praesumpto robore casus
spemque metumque ferunt. turbae sed mixtus inerti
Sextus erat, Magno proles indigna parente,   420
cui mox Scyllaeis exul grassatus in undis
polluit aequoreos Siculus pirata triumphos.
qui stimulante metu fati praenoscere cursus
impatiensque morae venturisque omnibus aeger
non tripodas Deli, non Pythia consulit antra   425
nec quaesisse libet, primis quid frugibus altrix

400/1 scindens ... ignotas ω(c): secuit ... -que novas (G^v)Z³N
408 antra (cf. 5,95 *et ad rem Apollod. 1,22*) *vel* arva
421 cui *Heinsius*: qui

Pfeil empfangen sollte, dazu der alte Chiron, der als glitzerndes Gestirn am Winterhimmel seinen Zentaurenbogen gegen den riesengroßen Skorpion spannt.

In diesem Lande schossen die Keime für rohen Krieg ans Licht. Zum ersten Mal sprang in Thessalien, da Poseidons Dreizack ins Gestein fuhr, auf mörderische Schlachten deutend ein Roß hervor, zum ersten Mal ließ ein Lapithe als sein Bändiger das Tier auf einen Zaum mit Eisen beißen und unter noch nie erprobten Zügeln schäumen. Erstmals zerteilte am Golf von Pagasai eine Barke das Meer und setzte Landbewohner unbekannten Wogen aus. Erstmals gab Thessaliens König Jonos erhitzten Metallklumpen Form durch Prägung, schmolz Silber im Feuer, schlug Münzen aus Gold und ließ in ungeheuren Öfen Kupfer sieden: dort machte man, und dies trieb Völker zu ruchlosen Kämpfen, Reichtum zählbar. Von hier aus glitt der mächtige Pythondrache in Kirrhas Grotte hinab, weshalb auch Lorbeer für die Pythien aus Thessalien geholt wird. Ungebärdig hetzte von hier aus Alöeus seine Brut gegen die Himmelsgötter, sodaß damals fast der Pelion sich zwischen die Sterne droben schob, der Ossa in Planetenbahnen eindrang und sie abschnitt.

Als die Rivalen in diesem vom Geschick verwünschten Lande Lager aufgeschlagen hatten, quälte sich jedermann mit ahnungsvollen Gedanken an den bevorstehenden Kampf; lag es doch zutage, daß die schwere Stunde einer endgültigen Entscheidung herankam, das Verhängnis nunmehr näher rückte. Ehrvergessen zitterten die Herzen und rechneten mit Niedergang; wenige nur wappneten sich im Angesicht des ungewissen Ausgangs noch mit Mut und fühlten außer Furcht auch Hoffnung. Zur Masse der Verzagten aber gehörte Sextus, der unwürdige Sohn seines großen Vaters, dem er wenig später den Sieg zur See verschandelte, indem er als Geächteter in den Gewässern bei Skyllas Vorgebirge lauerte, vor Sizilien Seeraub trieb. Als er in peinigender Angst den Lauf des Schicksals vor der Zeit erfahren wollte, keinen Aufschub ertrug und unter allem litt, was kommen konnte, befragte er nicht den Dreifuß in Delos, nicht Delphis Grotte, mochte auch nicht erkunden, was unter Dodonas Eiche, der ersten Spenderin von Feldfruchtkost, Zeus' erzenes Becken hören

aere Iovis Dodona sonet, quis noscere fibra
fata queat, quis prodat aves, quis fulgura caeli
servet et Assyria scrutetur sidera cura
aut si quid tacitum, sed fas erat: ille supernis   430
detestanda deis saevorum arcana magorum
noverat et tristes sacris feralibus aras,
umbrarum Ditisque fidem, miseroque liquebat
scire parum superos. vanum saevumque furorem
adiuvat ipse locus vicinaque moenia castris   435
Haemonidum, ficti quas nulla licentia monstri
transierit, quarum quidquid non creditur ars est.
Thessala quin etiam tellus herbasque nocentes
rupibus ingenuit sensuraque saxa canentes
arcanum ferale magos; ibi plurima surgunt   440
vim factura deis et terris hospita Colchis
legit in Haemoniis, quas non advexerat, herbas.
impia tot populis, tot surdas gentibus aures
caelicolum dirae convertunt carmina gentis:
una per aetherios exit vox illa recessus   445
verbaque ad invitum perfert cogentia numen,
quod non cura poli caelique volubilis umquam
avocat; infandum tetigit cum sidera murmur,
tum Babylon Persea licet secretaque Memphis
omne vetustorum solvat penetrale magorum,   450
abducet superos alienis Thessalis aris.
carmine Thessalidum dura in praecordia fluxit
non fatis adductus amor flammisque severi
illicitis arsere senes; nec noxia tantum
pocula proficiunt aut cum turgentia suco   455
frontis amaturae subducunt pignora fetae:
mens hausti nulla sanie polluta veneni
excantata perit. quos non concordia mixti
alligat ulla tori blandaeque potentia formae,
traxerunt torti magica vertigine fili.   460
cessavere vices rerum dilataque longa

post **442** vel **444** quinque versus dubiae fidei inseruerunt M^2x, alios
    quattuor post **460** vel **479** x

lasse, wer aus einer Leber das Schicksal zu erkennen fähig
sei, wer Vogelflug zu deuten wisse, wer Blitze am Himmel
beobachte, nach Chaldäerregeln in den Sternen lese, oder
was es sonst noch an geheimer, doch erlaubter Kunst
gab: er kannte gräßliche Zauberermysterien, die Him-
melsgöttern ein Abscheu sind, höllische Riten an finsteren
Altären, Weissagung durch Totengeister und den Hades-
fürsten, und dem elenden Mann stand fest, daß die Überirdischen zu wenig wußten. Den fürchterlichen Wahn des
Toren förderte die Stätte selber, hausten doch in Lagernähe
thessalische Hexen, deren Frechheit im Erfinden nicht
geheurer Dinge keiner überbieten könnte, die alles Un-
glaubliche zu ihrem Handwerk machen. Ja, im thessalischen
Land sind auch Giftkräuter auf Bergen heimisch und
Steine, die sich höllischen Geheimsprüchen von Zauberern
fügen; dort wächst mancherlei, was selbst Göttern Gewalt
antun kann, und in Thessaliens Gefilden sammelte die
fremde Frau aus Kolchis, was ihr unter mitgebrachten
Kräutern fehlte. Ungezählten Menschen, ungezählten Völkern gegenüber bleiben Götterohren taub, aber den unfrom-
men Sprüchen dieses schlimmen Volkes neigen sie sich zu:
einzig seine Stimme dringt durch Ätherfernen und trägt
Himmelswesen Worte zu, von denen sie sich wider Willen
so gefangen nehmen lassen, daß kein Gedanke an Firmament
und Himmelsdrehung sie jemals ablenkt — hat das abscheuliche Gemurmel die Sterne erreicht, dann mögen sich in
Persiens Babylon und im geheimnisvollen Memphis alle
Kammern altberühmter Magier öffnen, immer werden
doch Thessaliens Weiber die Götter den Altären anderer
abspenstig machen. Thessalierinnen flößten schon mit
ihren Sprüchen spröden Herzen Liebe ein, die nicht in den
Sternen stand, und entfachten in betagten Biedermännern
unerlaubte Gluten; nein, keine bösen Tränke sind so erfolg-
reich, kein Saft aus der Stirngeschwulst eines Fohlens,
die man der Stute als eigenes Liebesmittel wegnimmt —
der Verstand geht nicht verloren, weil ihn ein Becher
eklen Gifts verseucht, sondern weil eine Zauberlitanei ihn
austreibt. Wen kein einträchtiges Beilager bindet und keine
Macht gewinnender Wohlgestalt, den zogen sie schon
durch magisches Gekreisel eines Fadens mit dem Rad ans
Ziel. Natürlicher Wechsel stockte, eine lange Nacht zö-

haesit nocte dies; legi non paruit aether
torpuit et praeceps audito carmine mundus
axibus et rapidis impulsos Iuppiter urguens
miratur non ire polos. nunc omnia complent   465
imbribus et calido praeducunt nubila Phoebo
et tonat ignaro caelum Iove; vocibus isdem
umentes late nebulas nimbosque solutis
excussere comis. ventis cessantibus aequor
intumuit; rursus vetitum sentire procellas   470
conticuit turbante noto puppemque ferentes
in ventum tumuere sinus. de rupe pependit
abscisa fixus torrens amnisque cucurrit
non qua pronus erat. Nilum non extulit aestas,
Maeander derexit aquas Rhodanumque morantem   475
praecipitavit Arar. summisso vertice montes
explicuere iugum. nubes suspexit Olympus
solibus et nullis Scythicae, cum bruma rigeret,
dimaduere nives. impulsam sidere Tethyn
reppulit Haemonium defenso litore carmen.   480
terra quoque immoti concussit ponderis axes
et medium vergens titubavit nisus in orbem;
tantae molis onus percussum voce recessit
perspectumque dedit circumlabentis Olympi.
omne potens animal leti genitumque nocere   485
et pavet Haemonias et mortibus instruit artes:
has avidae tigres et nobilis ira leonum
ore fovent blando; gelidos his explicat orbes
inque pruinoso coluber distenditur arvo,
viperei coeunt abrupto corpore nodi   490
humanoque cadit serpens afflata veneno.
quis labor hic superis cantus herbasque sequendi
spernendique timor? cuius commercia pacti
obstrictos habuere deos? parere necesse est
an iuvat? ignota tantum pietate merentur   495

492 labor *vel* pavor

gerte den Tag hinaus; die Sphäre folgte nicht mehr ihrer
Vorschrift, beim Hören eines Spruches kam der Gang des
Alls zum Stillstand, und mit Staunen merkte Jupiter,
daß die sonst in ihren Achsen unermüdlich fortbewegten
Himmelsräume seinem Druck zum Trotz nicht weiterliefen.
Bald brauen sie überall Regen zusammen, ziehen einen
Wolkenschleier vor die warme Sonne, und es donnert
am Himmel ohne Jupiters Wissen; mit ebensolchen Zau-
berweisen schütteten sie schon ringsum feuchte Schwaden
und Sturmgewölk in flutenden Strähnen aus. Bei Windstille bäumte das Meer sich auf, und untersagten sie ihm
umgekehrt Gehör auf Stürme, so beruhigte es sich bei wirbelndem Orkan; ja, wenn ein Schiff dahinfuhr, blähten seine Segel sich zum Winde hin. An jähen Felsen blieben Sturz-
bäche reglos haften, und Flüsse liefen gegen ihr Gefälle.
Der Nil stieg nicht im Sommer an, der Mäander gab seine
Schleifen auf, die Rhone floß gemächlich, und der Arar
riß sie mit. Berge senkten ihre Gipfel und ebneten ihre
Grate ein. Der Olymp sah Wolken über sich, und ohne
alle Sonne zerschmolz bei klirrender Winterkälte Skythiens
Schnee. Trieb der Mond die Flut voran, so scheuchte ein
thessalischer Hexenspruch sie zurück und wehrte ihr den
Strand. Auch vermochte die Erde ihre Pole nicht in uner-
schütterlichem Gleichgewicht zu halten, und ihr Drang
zur Mitte des Weltalls hin geriet ins Wanken; angerührt
von Zauberklang, tat sich der ungeheure Erdball auf
und gewährte Durchblick auf die drunten kreisenden
Gestirne. Alles todbringende und schädliche Getier ist
vor den Hexenkünsten, die es mit Leichen versieht, zugleich
in Angst: blutgierige Tiger und königlich fauchende Löwen
schmiegen sich mit Schmeichelmäulern an die Weiber;
vor ihnen entrollen Nattern ihre kühlen Ringe und dehnen
sich auf bereifter Flur, Vipernleiber platzen auseinander
und knoten sich wieder zusammen, ja, Schlangen sterben,
wenn Menschengift sie anhaucht. — Was bedeutet dieser
Eifer bei den Überirdischen, Sprüchen und Kräutern
nachzugeben, und die Angst, sie zu mißachten? Welcher
gegenseitige Vertrag hat die Götter in Bande geschlagen?
Müssen oder wollen sie sich fügen? Verdienen sich die
Hexen soviel Gunst mit unbekannter Frömmigkeit, oder
haben sie mit heimlicher Drohung Macht gewonnen?

an tacitis valuere minis? hoc iuris in omnes
est illis superos an habent haec carmina certum
imperiosa deum, qui mundum cogere, quidquid
cogitur ipse, potest? illic et sidera primum
praecipiti deducta polo Phoebeque serena   500
non aliter diris verborum obsessa venenis
palluit et nigris terrenisque ignibus arsit,
quam si fraterna prohiberet imagine tellus
insereretque suas flammis caelestibus umbras,
et patitur tantos cantu depressa labores,   505
donec suppositas propior despumet in herbas.
    hos scelerum ritus, haec dirae crimina gentis
effera damnarat nimiae pietatis Erictho
inque novos ritus pollutam duxerat artem.
illi namque nefas urbis summittere tecto   510
aut laribus ferale caput desertaque busta
incolit et tumulos expulsis obtinet umbris
grata deis Erebi: coetus audire silentum,
nosse domos Stygias arcanaque Ditis operti
non superi, non vita vetat. tenet ora profanae   515
foeda situ macies caeloque ignota sereno
terribilis Stygio facies pallore gravatur
impexis onerata comis; si nimbus et atrae
sidera subducunt nubes, tunc Thessala nudis
egreditur bustis nocturnaque fulmina captat.   520
semina fecundae segetis calcata perussit
et non letiferas spirando perdidit auras.
nec superos orat nec cantu supplice numen
auxiliare vocat nec fibras illa litantes
novit: funereas aris imponere flammas   525
gaudet et accenso rapuit quae tura sepulchro.
omne nefas superi prima iam voce precantis
concedunt carmenque timent audire secundum.
viventes animas et adhuc sua membra regentes
infodit busto, fatis debentibus annos   530

499 illis *Sulpitius*
507 crimina *vel* carmina

Besitzen sie diese Gewalt über alle Unsterblichen, oder
wenden sich ihre herrischen Sprüche an einen bestimmten
Gott, der die Welt zu allem zwingen kann, wozu er selbst
gezwungen wird? — In jenem Lande zog man auch zum
ersten Mal Gestirne aus Himmelshöhen in die Tiefe: die
schimmernde Selene wurde in Bedrängnis durch verruchtes
Spruchgift fahl und glühte düster wie eine irdische Leuchte,
gleich als würde die Erde ihr den Anblick ihres Bruders
nehmen, nämlich sich mit ihrem Schatten vor die Sonnenstrahlen schieben; da muß sie unter dem Druck des
Zaubersangs so lange diese schweren Nöte leiden, bis sie
nah genug ist und die Kräuter unter sich mit ihrem Schaum
beträufelt.

Diese verbrecherischen Bräuche, diese Frevel eines
schlimmen Volkes hatte ein entmenschtes Weib, Erichtho,
als zu fromm verworfen und das widerliche Handwerk
zu unerhörten Bräuchen hingeführt. Denn ihr war es
ein Greuel, das Hexenhaupt unter einem Bürgerdach oder
vor Heimgöttern zu ducken, nein, sie hauste in verlassenen
Grüften, warf Leichen aus ihren Gräbern und richtete
sich den Dämonen der Finsternis zu Gefallen selber darin
darin ein: stumme Heere zu vernehmen, das Totenland
und die Geheimnisse des Höllenfürsten drunten zu erkunden,
hinderte sie keine Oberwelt, kein Leben unter Menschen.
Scheußlich welke Hagerkeit zeichnete die Züge der Unholdin, und erschreckend lag auf ihrem Antlitz, das der
helle Himmel niemals sah, schwere Leichenblässe unter
einer Bürde ungekämmter Haare; erst wenn dunkles
Sturmgewölk die Sterne den Blicken entzog, dann kam die
Zauberin aus ihren leeren Gräbern und haschte nachts nach
Blitzen. Fruchtbare Saatkeime ließ ihr Tritt verdorren, und
harmlose Lüfte verpestete ihr Hauch. Sie flehte nicht zu Überirdischen, rief nicht Himmelswesen mit Bittliedern zu Hilfe, kannte gottgefällige Innereien nicht: Totenfeuer liebte
sie auf ihren Altar zu legen und Weihrauch, den sie von
brennenden Scheiterhaufen stahl. Jede Untat gestanden
ihr die Götter droben bereits beim ersten Gebetslaut zu,
weil sie sich fürchteten, einen zweiten Spruch zu hören.
Lebewesen, die noch atmeten und ihre Glieder steuern
konnten, verscharrte sie in Gruben, und wollte auch der
Tod nicht kommen, weil die Bestimmung noch manches

mors invita subit. perversa funera pompa
rettulit a tumulis, fugere cadavera letum;
fumantes iuvenum cineres ardentiaque ossa
e mediis rapit illa rogis ipsamque, parentes
quam tenuere, facem nigroque volantia fumo   535
feralis fragmenta tori vestesque fluentes
colligit in cineres et olentes membra favillas.
ast ubi servantur saxis, quibus intimus umor
ducitur, et tracta durescunt tabe medullae
corpora, tunc omnes avide desaevit in artus   540
immergitque manus oculis gaudetque gelatos
effodisse orbes et siccae pallida rodit
excrementa manus. laqueum nodosque nocentes
ore suo rupit, pendentia corpora carpsit
abrasitque cruces percussaque viscera nimbis   545
volsit et incoctas admisso sole medullas,
insertum manibus chalybem nigramque per artus
stillantis tabi saniem virusque coactum
sustulit et nervo morsus retinente pependit.
et quodcumque iacet nuda tellure cadaver,   550
ante feras volucresque sedet nec carpere membra
volt ferro manibusque suis morsusque luporum
exspectat siccis raptura e faucibus artus.
nec cessant a caede manus, si sanguine vivo
est opus, erumpat iugulo qui primus aperto;   555
{nec refugit caedes, vivum si sacra cruorem
extaque funereae poscunt trepidantia mensae}
volnere sic ventris, non qua natura vocabat,
extrahitur partus calidis ponendus in aris,
et quotiens saevis opus est ac fortibus umbris,   560
ipsa facit manes. hominum mors omnis in usu est:
illa genae florem primaevo corpore volsit,
illa comam laeva morienti abscidit ephebo;
saepe etiam caris cognato in funere dira
Thessalis incubuit membris atque oscula figens   565

532 letum *vel* lectum (-o *M¹Z¹*)
556 *om. N et una cum* **557** *x, post* 557 *habet G¹, v. Fraenkel 298 sq.*
558 sic *x*: si (sin *N*)
565 figens *vel* fing-

Jahr verhieß, so trat er dennoch ein. In umgekehrtem
Leichenzug trug sie Gestorbene von den Gräbern fort,
leblose Leiber suchten vor dem Tod das Weite; rauchende
Asche und brennende Gebeine junger Menschen stahl sie
mitten von Holzstößen, nahm Eltern gar die Fackel ab,
die sie in Händen hielten, holte sich die von schwarzem
Rauch umschwelten Überbleibsel der Totenbahre, sammelte
die zu Staub zerfallenden Gewänder und die Asche, die
noch nach dem Körper roch. Doch wenn die Leichen in
einen Sarkophag gebettet waren, der den Saft in ihrem
Inneren verzehrte, ihr verwesendes Mark aussog und sie
zu Mumien machte, dann fiel sie gierig über alle Glieder
her, fuhr mit Fäusten in die Augen, grub deren erstarrte
Äpfel mit Wonne aus und nagte von eingeschrumpften
Händen bleiche Nägel ab. Schlingen und Todesknoten
sprengte sie mit ihren Zähnen, um die Leiber von Erhängten
zu zerfetzen, machte Kreuze kahl, um die von Regengüssen
durchpeitschten Eingeweide und das im Sonnenbrand
geschmorte Mark herauszureißen, trug die in die Hände
eingeschlagenen Eisenpflöcke, dazu die dunkel über die
Glieder tropfende Eiterjauche samt geronnenem Gallert
fort und hängte sich an Sehnen, bei denen ihre Bisse nicht
von der Stelle kamen. Und lag auf nackter Erde irgendein
Verendeter, so saß sie eher als Raubgetier und Geier dort,
wollte ihn aber nicht mit einem Messer oder ihren Händen
zerfetzen, sondern wartete, bis Wölfe zubissen, denen sie
Körperteile aus blutdürstigen Rachen reißen konnte. Auch
scheute sie keinen Mord mit eigener Hand, wenn flüssiges
Blut, das frisch aus offener Kehle springen sollte, nötig
war; { auch schreckte sie vor Morden nicht zurück, wenn
ihr Opfer flüssiges Blut und ihr unheimlicher Altar zuckendes
Gekröse forderte } mit gleicher Dreistigkeit holte sie durch
einen Schnitt in den Unterleib statt auf dem Weg, den
die Natur bot, einen Embryo ans Licht, um ihn auf ihren
Brandaltar zu legen, und immer, wenn sie Geister mit
ungestümen Kräften brauchte, schuf sie selber Leichen.
Jeder Tod von Menschen war ihr nützlich: sie zupfte
Wangenflaum von jugendlichen Körpern, sie schnitt sterbenden Knaben mit ihrer Linken das Haupthaar ab; ja,
oftmals warf sich die verruchte Hexe bei Totenklagen für
Verwandte auf den gestorbenen Angehörigen, bedeckte ihn

truncavitque caput compressaque dentibus ora
laxavit siccoque haerentem gutture linguam
praemordens gelidis infudit murmura labris
arcanumque nefas Stygias mandavit ad umbras.
   hanc ut fama loci Pompeio prodidit, alta   570
nocte poli, medium Titan quo tempore ducit
sub nostra tellure diem, deserta per arva
carpit iter. fidi scelerum suetique ministri
effractos circum tumulos ac busta vagati
conspexere procul praerupta in caute sedentem,   575
qua iuga devexus Pharsalica porrigit Haemus.
illa magis magicisque deis incognita verba
temptabat carmenque novos fingebat in usus.
namque timens, ne Mars alium vagus iret in orbem
Emathis et tellus tam multa caede careret,   580
pollutos cantu dirisque venefica sucis
conspersos vetuit transmittere bella Philippos
tot mortes habitura suas usuraque mundi
sanguine: caesorum truncare cadavera regum
sperat et Hesperiae cineres avertere gentis   585
ossaque nobilium tantosque adquirere manes;
hic ardor solusque labor, quid corpore Magni
proiecto rapiat, quos Caesaris involet artus.
   quam prior affatur Pompei ignava propago:
'o decus Haemonidum, populis quae pandere fata   590
quaeque suo ventura potes devertere cursu,
te precor, ut certum liceat mihi noscere finem
quem belli fortuna paret. non ultima turbae
pars ego Romanae, Magni clarissima proles,
vel dominus rerum vel tanti funeris heres.   595
mens dubiis percussa pavet rursusque parata est
certos ferre metus: hoc casibus eripe iuris,
ne subiti caecique ruant. vel numina torque

581   pollutos *vel* -o
585   avertere *vel* averrere
596   perculsa *U*

mit Küssen und verstümmelte seinen Kopf, indem sie den
geschlossenen Mund mit ihren Zähnen spreizte und die
an trockenem Gaumen festgeklebte Zunge abbiß, hauchte
dann den kalten Lippen Murmellaute ein und schickte
Totengeistern Botschaft von geheimem Greuel mit.

Als das Raunen im Lande Kunde von ihr zu Pompejus'
Sohn trug, machte er sich zu der Zeit, da tiefe Nacht am
Himmel herrscht und Helios den Mittag unter unseren
Füßen verstreichen läßt, durch einsame Gefilde auf den
Weg. Getreue und vertraute Helfershelfer frevler Taten
suchten aufgebrochene Gräber und Grüfte ab, bis sie sie
fern auf einem Felsenvorsprung sitzen sahen, wo sich die
Balkanberge senken und um Pharsalus Höhenzüge bilden.
Sie war damit beschäftigt, Sprüche zu erproben, die noch
kein Zauberer und kein Zaubergott vernommen hatten,
und sich für neuartige Zwecke eine Formel auszudenken.
Denn aus Besorgnis, der Krieg möchte in eine andere
Zone wandern und thessalisches Gebiet auf solchen Mas-
senmord verzichten müssen, verseuchte sie Philippi mit
Beschwörung, besprengte es mit bösen Zaubersäften und
verbot ihm, sich die Schlacht entgehen zu lassen, um all
die Toten für sich zu haben und Blut aus der ganzen Welt
zu nutzen: die Leichen gefallener Könige hoffte sie zu
verstümmeln, die Asche des ganzen Römervolks beiseite
zu schaffen und Knochen führender Männer, Geister hohen
Ranges zu gewinnen — nur die eine Frage schuf ihr heiße
Pein, was sie von Pompejus' hingestrecktem Körper rauben,
auf welche Glieder Caesars sie sich stürzen solle.

Pompejus' untüchtiger Sohn ergriff das Wort und redete
sie an: ,,Hör mich, ruhmreichste Zauberin Thessaliens! Du
vermagst es, Menschen ihr Schicksal zu offenbaren und
Zukünftiges aus seiner Bahn zu lenken: ich bitte dich,
daß mir vergönnt sei, mit Gewißheit zu erfahren, welchen
Ausgang uns das Kriegsgeschehen bereithält. Nicht der
allerletzte bin ich im Römervolk, bin des großen Feldherrn
wohlbekannter Sohn, dereinst entweder Herr der Welt
oder Erbe eines ungeheuren Untergangs. Mein Herz ist
unter Martern der Ungewißheit bange und anderseits
gerüstet, Schrecken zu ertragen, die es kennt: entreiß den
Ereignissen die Befugnis, plötzlich und unversehens herein-
zubrechen! Nimm entweder Himmelswesen in Verhör oder

vel tu parce deis et manibus exprime verum:
Elysias resera sedes ipsamque vocatam,　　　　　　　600
quos petat e nobis, Mortem mihi coge fateri.
non humilis labor est: dignum, quod quaerere cures
vel tibi, quo tanti praeponderet alea fati.'
impia laetatur volgato nomine famae
Thessalis et contra 'si fata minora moveres,　　　　　605
pronum erat, o iuvenis, quos velles' inquit 'in actus
invitos praebere deos. conceditur arti,
unam cum radiis presserunt sidera mortem,
inseruisse moras, et quamvis fecerit omnis
stella senem, medios herbis abrumpimus annos.　　　610
at simul a prima descendit origine mundi
causarum series atque omnia fata laborant,
si quicquam mutare velis, unoque sub ictu
stat genus humanum, tum, Thessala turba fatemur,
plus Fortuna potest. sed si praenoscere casus　　　615
contentus, facilesque aditus multique patebunt
ad verum: tellus nobis aetherque chaosque
aequoraque et campi Rhodopaeaque saxa loquentur.
sed pronum, cum tanta novae sit copia mortis,
Emathiis unum campis attollere corpus,　　　　　620
ut modo defuncti tepidique cadaveris ora
plena voce sonent nec membris sole perustis
auribus incertum feralis strideat umbra.'
　　dixerat et noctis geminatis arte tenebris
maestum tecta caput squalenti nube pererrat　　　625
corpora caesorum tumulis proiecta negatis.
continuo fugere lupi, fugere revolsis
unguibus impastae volucres, dum Thessala vatem
eligit et gelidas leto scrutata medullas
pulmonis rigidi stantes sine volnere fibras　　　　630
invenit et vocem defuncto in corpore quaerit.
fata peremptorum pendent iam multa virorum,

601　mihi *vel* tibi
604　vulgato *vel* -ae
610　praerumpimus *MZ*[1]

laß die Götter in Frieden und bring durch Geisterfolter die Wahrheit an den Tag: öffne Elysiums Gefilde, ruf den leibhaftigen Tod herbei und zwinge ihn, mir zu gestehen, wen von uns er holen will! Die Mühe ist nicht unter deiner Würde: es verlohnt sich, daß du auch zu eigenem Nutzen untersuchst, wohin der Würfel so gewaltiger Bestimmung fallen will." Die verruchte Hexe freute sich ihres stolzen Ruhms in aller Munde und entgegnete: „Wenn du an geringeren Bestimmungen rütteltest, so wäre es ein Leichtes, junger Mann, allem dir erwünschten Geschehen Götter beizugeben, auch gegen ihren Willen. Unserem Handwerk ist verstattet, wenn Planetenstrahlen eines einzelnen Menschen raschen Tod bezeichnen, Aufschub einzuschalten, und haben alle Sterne jemanden zum Greis ersehen, so brechen wir trotzdem mit unseren Kräutern sein Leben in der Mitte ab. Sobald jedoch die Kette der Zusammenhänge vom Anbeginn der Welt herkommt, sobald eine jede Bestimmung leidet, wenn man irgendetwas ändern will, und an einem Einzelschlag das Los der Menschheit hängt, dann hat — wir Zauberinnen geben es alle zu — Fortuna Oberhand. Allein falls du nichts weiter willst als die Ereignisse im voraus kennenlernen, so werden sich ebenso leicht wie reichlich Wege zur Wahrheit auftun: Erde, Himmel und Hölle sollen zu uns sprechen, Meere, Felder und das Rhodopegebirge. Aber es liegt nahe, wenn doch ein so großer Vorrat an frischen Leichen da ist, einen Toten in Emathias Gefilden aufzurichten, damit der Mund eines eben abgeschiedenen und noch warmen Leibes laute Rede erschallen lasse, statt daß in einem von der Sonne schon verdorrten Körper die Geisterseele Töne wispert, die den Ohren unverständlich bleiben."

Nach diesen Worten verdoppelte sie durch Zauberkunst die Dunkelheit der Nacht und musterte, den Kopf ins Düster einer schwarzen Wolke gehüllt, die unbestattet auf der Erde liegenden Gefallenen. Sofort stoben Wölfe davon, zogen Geier ihre Krallen aus den Leichen und stoben ohne Atzung davon, während die Hexe nach einem Wahrsager suchte, in todesstarren Eingeweiden wühlte und dort, wo sie Lungenflügel fand, die ohne Wunde fest und stramm geblieben waren, auf Töne im gestorbenen Körper lauschte. Jetzt hing das Los vieler erschlagener Helden

quem superis revocasse velit: si tollere totas
temptasset campis acies et reddere bello,
cessissent leges Erebi monstroque potenti   635
extractus Stygio populus pugnasset Averno.
electum tandem traiecto gutture corpus
ducit et inserto laqueis feralibus unco
per scopulos miserum trahitur, per saxa cadaver
victurum montisque cavi, quem tristis Erictho   640
damnarat sacris, alta sub rupe locatur.
    haud procul a Ditis caecis depressa cavernis
in praeceps subsedit humus, quam pallida pronis
urguet silva comis et nullo vertice caelum
suspiciens Phoebo non pervia taxus opacat.   645
marcentes intus tenebrae pallensque sub antris
longa nocte situs numquam nisi carmine factum
lumen habet. non Taenariis sic faucibus aer
sedit iners: maestum mundi confine latentis
ac nostri, quo non metuant admittere manes   650
Tartarei reges; nam quamvis Thessala vates
vim faciat fatis, dubium est, quod traxerit illuc,
aspiciat Stygias, an quod descenderit, umbras.
discolor et vario furialis cultus amictu
induitur voltusque aperitur crine remoto   655
et coma vipereis substringitur horrida sertis.
ut pavidos iuvenis comites ipsumque trementem
conspicit exanimi defixum lumina voltu,
'ponite' ait 'trepida conceptos mente timores.
iam nova, iam vera reddetur vita figura,   660
ut quamvis pavidi possint audire loquentem.
si vero Stygiosque lacus ripamque sonantem
ignibus ostendam, si me praesente videri
Eumenides possint villosaque colla colubris

650 admittere *vel* em-

an der Frage, wen sie zur Oberwelt zurückzurufen wünsche:
hätte sie die ganzen Heere im Schlachtfeld aufzurichten und
wieder ins Gefecht zu stellen versucht, so wären die Gesetze
des Tartarus vor ihr gewichen und Krieger im Kampf
gewesen, die durch eine Wundermacht aus dem Höl-
lenreich heraufgezogen wurden. Endlich hatte sie einen
Leichnam ausgewählt, warf ihm eine Schlinge um die Kehle
und zog ihn fort, ja, an einem in den Würgestrick gesteck-
ten Haken wurde der tote Körper jämmerlich über Zacken,
über Steine zur Belebung geschleppt und in einer Berghöh-
le, die dem Scheusal Erichtho als Schauplatz ihrer Riten
dienen mußte, unter der Felsenwölbung hingelegt.

Nah bis an die finsteren Schlüfte des Höllenfürsten
senkte sich das Erdreich jäh hinunter; hart an seinem Rande
ließen fahle Bäume ihre Blätter hängen, warfen Eiben, die
keine Wipfel bilden, um zum Himmel aufzuschauen, und
der Sonne keinen Durchlaß gönnen, ihren Schatten. Drinnen
herrschte schleichendes Dunkel, und der leichenfarbene
Schimmel langer Nacht im Höhlenraum bekam niemals
das Licht zu sehen, wenn es nicht durch Zauberspruch
entstand. Regloser legte sich die Luft nicht über den Schlund
von Tainaron: es war ein düsterer Grenzbezirk zwischen
dem unsichtbaren Reich und unserer Welt, zu dem die
Tartarusgebieter ihre Geister emporzulassen sich nicht
scheuen würden; wenngleich die Hexe nämlich mit Beschwörung dem Tod Gewalt tat, war es zweifelhaft, ob sie
Seelen aus dem Hades sah, weil sie sie hierher zog oder
weil sie selbst hinabstieg. Ein Gewand von greller Buntheit,
mit dem Farbenwechsel seiner Falten einer Furie angemessen, wurde umgeworfen, der Strähnenvorhang aus der
Stirn gestrichen und das struppige Haar mit Schlangengir-
landen gerafft. Als sie die Begleiter des jungen Mannes
bangen und ihn selber bebend mit entgeistertem Gesicht
die Augen niederschlagen sah, sprach sie: „Werft alle
Furcht ab, die in euer Herz gefahren ist und es beklommen
macht! Bald, ja bald soll dieser Mann ein neues Leben
in leibhaftiger Gestalt erhalten, sodaß jeder, mag er noch
so ängstlich sein, ihn sprechen hören kann. Wenn ich
sogar den stygischen Pfuhl und den prasselnden Feuerstrom
zu zeigen vermöchte, wenn meine Gegenwärtigkeit die
Eumeniden sichtbar machen könnte, Zerberus, wie er

Cerberus excutiens et vincti terga gigantes,   665
quis timor, ignavi, metuentes cernere manes?'
   pectora tum primum ferventi sanguine supplet
volneribus laxata novis taboque medullas
abluit et virus large lunare ministrat.
huc quidquid fetu genuit natura sinistro   670
miscetur: non spuma canum, quibus unda timori est,
viscera non lyncis, non durae nodus hyaenae
defuit et cervi pastae serpente medullae,
non puppem retinens euro tendente rudentes
in mediis echenais aquis oculique draconum   675
quaeque sonant feta tepefacta sub alite saxa,
non Arabum volucer serpens innataque rubris
aequoribus custos pretiosae vipera conchae
aut viventis adhuc Libyci membrana cerastae
aut cinis Eoa positi phoenicis in ara.   680
quo postquam viles et habentes nomina pestes
contulit, infando saturatas carmine frondes
et, quibus os dirum nascentibus inspuit, herbas
addidit et quidquid mundo dedit ipsa veneni.
tum vox Lethaeos cunctis pollentior herbis   685
excantare deos confundit murmura primum
dissona et humanae multum discordia linguae:
latratus habet illa canum gemitusque luporum,
quod trepidus bubo, quod strix nocturna queruntur,
quod strident ululantque ferae, quod sibilat anguis,   690
exprimit et planctus illisae cautibus undae
silvarumque sonum fractaeque tonitrua nubis;
tot rerum vox una fuit. mox cetera cantu
explicat Haemonio penetratque in Tartara lingua:
'Eumenides Stygiumque nefas Poenaeque nocentum   695
et Chaos innumeros avidum confundere mundos
et rector terrae, quem longa in saecula torquet
mors dilata deum, Styx et quos nulla meretur
Thessalis Elysios, caelum matremque perosa

673 past(a)e *vel* -i

seine Hälse mit den Schlangenzotteln schüttelt, und rücklings festgebundene Giganten, warum zittert ihr Memmen
dann, zage Totenseelen zu erblicken?"

Nun füllte sie dem Mann zunächst die Brust mit heißem
Blut auf, dem sie durch neue Wunden Eingang schaffte,
säuberte das Innere von Eiter und versah es ausgiebig
mit Mondschleim. Darunter wurden alle wunderlichen
Ausgeburten der Natur gemischt: es fehlte nicht der Toll-
wutgeifer wasserscheuer Hunde, nicht die Blase eines
Luchses, nicht der Wirbel einer steifnackigen Hyäne, mit
Schlangenfleisch genährtes Hirschmark und nicht der Saug-
fisch, der ein Schiff, mag auch Sturm die Segeltaue spannen,
in voller Fahrt anhält, Drachenaugen und von brütenden
Adlern gewärmte Klappersteine, nicht eine fliegende Schlange aus Arabien und eine Natter, die im Roten Meer daheim
ist und Perlmuscheln hütet, die von einer noch lebendigen
Hornviper in Libyen abgestreifte Haut oder die Asche
eines in Ägypten zum Altar gebrachten Phönix. Nachdem
sie diesen Dingen mindere und allbekannte Scheußlichkeiten beigegeben hatte, tat sie noch manch mit unerhörtem
Zauberspruch getränktes Blatt und manch aus Hexenmund
im Keimen angespienes Kraut samt allem Gift hinzu, das
sie selbst der Welt gespendet hatte. Danach ließ ihre Stimme,
die an Macht, Dämonen vom Lethestrand heraufzurufen,
allen Kräutern überlegen war, zuerst ein Durcheinander
von verworrenem, menschlicher Rede ganz zuwiderlau-
fendem Gemurmel hören: in dieser Stimme lag Hundegebell
und Wolfsgeheul, lagen Laute, wie wenn ein scheuer Uhu
oder Nachtkauz ruft, wie wenn Raubgetier faucht und
winselt, wie wenn eine Schlange zischt, ja, sie gab das Klatschen einer Welle wieder, die an Riffe prallt, Wälderrau-
schen und Donner aus berstender Wolke — so vielerlei
erklang in einer einzigen Stimme. Nun legte sie das Weitere
in einem Zaubersang verständlich dar und drang mit
Worten zum Tartarus hinunter: „Eumeniden, Höllen-
graus und Rächerinnen von Verbrechen; Urfinsternis mit
deinem Drang, zahllose Welten zu verwirren, Herr der
Tiefe mit deiner Qual, daß Göttertod in weite Ewigkeit
vertagt ist; Styx und elysische Gefilde, die keine Zauberin
sich verdient; du von Abscheu gegen Himmel und Mutter
erfüllte Persephone, und du unterirdische Erscheinungsform

Persephone nostraeque Hecates pars ultima, per quam   700
manibus et mihi sunt tacitae commercia linguae,
ianitor et sedis laxae, qui viscera saevo
spargis nostra cani, repetitaque fila sorores
tracturae tuque o flagrantis portitor undae,
iam lassate senex ad me redeuntibus umbris,   705
exaudite preces. si vos satis ore nefando
pollutoque voco, si numquam haec carmina fibris
humanis ieiuna cano, si pectora plena
saepe dedi, lavi calido prosecta cerebro,
si quisquis vestris caput extaque lancibus infans   710
imposuit victurus erat, parete precanti.
non in Tartareo latitantem poscimus antro
assuetamque diu tenebris, modo luce fugata
descendentem animam; primo pallentis hiatu
haeret adhuc Orci, licet has exaudiat herbas,   715
ad manes ventura semel. ducis omnia nato
Pompeiana canat nostri modo militis umbra,
si bene de vobis civilia bella merentur.'
    haec ubi fata caput spumantiaque ora levavit,
aspicit astantem proiecti corporis umbram   720
exanimes artus invisaque claustra timentem
carceris antiqui; pavet ire in pectus apertum
visceraque et ruptas letali volnere fibras:
a miser, extremum cui mortis munus inique
eripitur, non posse mori. miratur Erictho   725
has fatis licuisse moras irataque Morti
verberat immotum vivo serpente cadaver
perque cavas terrae, quas egit carmine, rimas
manibus illatrat regnique silentia rumpit:
'Tisiphone vocisque meae secura Megaera,   730
non agitis saevis Erebi per inane flagellis

716 omina *in ras.* U

der Göttin, die bei uns Zauberinnen Hekate heißt und
mir den Austausch stiller Rede mit Gestorbenen vermittelt;
Pförtner des weiten Totenlands, der seinen fürchterlichen
Hund mit dem von uns geopferten Eingeweide ködert, ihr
Schwestern, die jetzt einen zerschnittenen Lebensfaden
weiterspinnen sollen, und du von Seelenrückfahrt zu mir
schon erschöpfter alter Ferge am Feuerstrom: erhört mein
Beten! Wenn die Lippen, mit denen ich euch rufe, abscheulich und befleckt genug sind, wenn ich niemals meine
Sprüche spreche, ohne daß ich Menschengekröse verzehrte,
wenn ich euch schon oft eine füllige Brust von Menschen
dargebracht, die Opferstücke mit ihrem noch warmen
Hirn gewaschen habe, wenn alle Kinder, deren Kopf und
Innereien auf die euch geweihten Schüsseln kamen, hätten
weiterleben sollen, so gewährt mir meine Bitte! Die Seele,
die ich brauche, birgt sich noch nicht in Höllenschlüften
und ist nicht längst an Finsternis gewöhnt, sondern hat
soeben erst das Tageslicht verlassen und steigt hinab;
am Eingang jener Stelle, wo sich das Geisterland des Orkus
auftut, verweilt sie noch und wird, auch wenn sie meinen
Kräutern Folge leistet, nur einmal zu den Toten kommen.
Dem Sohn des Feldherrn soll der Schatten dieses mir
soeben erst verfallenen Soldaten alles sagen, was Pompejus
und die Seinen angeht, so wahr der Bürgerkrieg euch gute
Dienste leistet."
Als sie nach diesen Worten ihren Kopf mit dem schäumenden Mund erhob, sah sie den Geist der Leiche vor sich
stehen, die selber ausgestreckt am Boden blieb, weil jener
sich vor dem leblosen Leib und der verhaßten Enge seines
langjährigen Kerkers fürchtete; ja, ihn schauderte, in die
klaffende Brust und die von tödlicher Wunde aufgerissenen
Gänge der Organe einzutreten — Unglückseliger du, dem
man die letzte Gnade des Todes grausam entreißen wollte,
nicht mehr sterben zu können! Erichtho staunte, daß der
Bestimmung diese Zähigkeit erlaubt war, peitschte voll
Zorn auf den Tod den regungslosen Leichnam mit einer
lebendigen Schlange, und durch hohle Ritzen, die die
Erde infolge eines Zauberspruchs gebildet hatte, belferte
sie die Unterirdischen an, die Stille ihres Reiches störend:
,,Tisiphone und du um meine Worte unbekümmerte
Megäre, hetzt ihr die arme Seele nicht mit wilden Geißel-

infelicem animam? iam vos ego nomine vero
eliciam Stygiasque canes in luce superna
destituam; per busta sequar, per funera custos,
expellam tumulis, abigam vos omnibus urnis.   735
teque deis, ad quos alio procedere voltu
ficta soles, Hecate pallenti tabida forma,
ostendam faciemque Erebi mutare vetabo.
eloquar, immenso terrae sub pondere quae te
contineant, Hennaea, dapes, quo foedere maestum   740
regem noctis ames, quae te contagia passam
noluerit revocare Ceres. tibi, pessime mundi
arbiter, immittam ruptis Titana cavernis
et subito feriere die. paretis, an ille
compellandus erit, quo numquam terra vocato   745
non concussa tremit, qui Gorgona cernit apertam
verberibusque suis trepidam castigat Erinyn,
indespecta tenet vobis qui Tartara, cuius
vos estis superi, Stygias qui peierat undas?'
    protinus astrictus caluit cruor atraque fovit 750
volnera et in venas extremaque membra cucurrit.
percussae gelido trepidant sub pectore fibrae
et nova desuetis subrepens vita medullis
miscetur morti. tunc omnes palpitat artus,
tenduntur nervi; nec se tellure cadaver   755
paulatim per membra levat terraque repulsum est
erectumque semel. distento lumina rictu
nudantur: nondum facies viventis in illo,
iam morientis erat; remanet pallorque rigorque
et stupet illatus mundo. sed murmure nullo   760
ora astricta sonant: vox illi linguaque tantum
responsura datur. 'dic' inquit Thessala 'magna,
quod iubeo, mercede mihi. nam vera locutum

746 concussa *vel* ex-

hieben durch den Hadesraum? Gleich will ich euch bei
eurem wahren Namen aus der Tiefe holen und euch Hündin-
nen der Hölle auf die Oberwelt verschlagen, will euch von
Gruft zu Gruft, von einer Leiche zur anderen wie ein
Friedhofswächter folgen, euch aus den Gräbern treiben
und von allen Urnen scheuchen. Dich aber, Hekate, will
ich den Göttern, vor die du, eine bleiche Verwesungsgestalt,
in fremder Maske scheinheilig hinzutreten pflegst, zu
erkennen geben und dich hindern, das im Tartarus getragene
Antlitz auszuwechseln. Proserpina, verraten will ich, welcher Schmaus dich unter ungeheurer Erdlast festhält, in
welcher Paarung du den düsteren Herrn der Finsternis
umarmst und welche Schändung du so gern hinnimmst,
daß Ceres dich nicht heimzurufen wünschte. Dir, dem
Verworfensten der Allgebieter, will ich die Höhle sprengen, daß Helios einbricht und Tageslicht dich plötzlich
blendet. Gehorcht ihr, oder soll ich mich an jenen wenden,
der nie gerufen wird, ohne daß die Erde bebt und zittert,
der in Gorgos Angesicht zu blicken wagt und die Furien
durch Züchtigung mit ihren eigenen Peitschen in Angst
versetzt, an ihn, der tiefer im Tartarus haust, als ihr hinab-
zuschauen vermögt, für den ihr Oberwelt bedeutet, der
beim Styxstrom Meineid schwört?"
Unverzüglich erwärmte sich das geronnene Blut, speiste
die schwarzverkrusteten Wunden und strömte in die Adern
bis zum letzten Glied. Unter seinem Pochen regten sich
die Stränge tief in der kalten Brust, von neuem schlüpfte
Leben in die ihm entwöhnten Organe und mischte sich
zum Tod. Dann zuckte es der Leiche in allen Gelenken
und spannten sich ihre Sehnen; statt sich jetzt Glied für
Glied allmählich von der Erde zu erheben, prallte sie
mit einem einzigen Ruck vom Boden ab und stand. Die
Kiefer klappten auseinander, die Augen öffneten sich leeren
Blicks: noch war der Mann nicht wie ein Lebender anzusehen, doch schon wie ein erst Sterbender — Fahlheit und
Starre dauerten an, und mit Verblüffung sah er sich wieder
auf die Welt versetzt. Doch blieben seine Lippen gelähmt
und ließen keinen Ton vernehmen: nur zur Antwort waren
ihm Stimme und Sprache verliehen. „Sag mir," sprach
die Hexe, „was ich verlange, und es soll dir reich gelohnt
sein! Denn wenn du die Wahrheit sprichst, so will ich

immunem toto mundi praestabimus aevo
artibus Haemoniis: tali tua membra sepulchro,   765
talibus exuram Stygio cum carmine silvis,
ut nullos cantata magos exaudiat umbra.
sit tanti vixisse iterum: nec verba nec herbae
audebunt longae somnum tibi solvere Lethes
a me morte data. tripodas vatesque deorum   770
sors obscura decet; certus discedat, ab umbris
quisquis vera petit duraeque oracula mortis
fortis adit. ne parce, precor: da nomina rebus,
da loca, da vocem, qua mecum fata loquantur.'
addidit et carmen, quo quidquid consulit umbram   775
scire dedit. maestum fletu manante cadaver
'tristia non equidem Parcarum stamina' dixit
'aspexi tacitae revocatus ab aggere ripae.
quod tamen e cunctis mihi noscere contigit umbris,
effera Romanos agitat discordia manes   780
impiaque infernam ruperunt arma quietem:
Elysias Latii sedes ac Tartara maesta
diversi liquere duces; quid fata pararent,
hi fecere palam. tristis felicibus umbris
voltus erat: vidi Decios natumque patremque,   785
lustrales bellis animas, flentemque Camillum
et Curios, Sullam de te, Fortuna, querentem;
deplorat Libycis perituram Scipio terris
infaustam subolem; maior Carthaginis hostis
non servituri maeret Cato fata nepotis;   790
solum te, consul depulsis prime tyrannis
Brute, pias inter gaudentem vidimus umbras.
abruptis Catilina minax fractisque catenis
exsultat Mariique truces nudique Cethegi;
vidi ego laetantes, popularia nomina, Drusos   795
legibus immodicos ausosque ingentia Gracchos;
aeternis chalybis nodis et carcere Ditis

778   tacitae *vel* tactae
781   aeternam *PUV*[1]
782   Latii *Housman*: alii (alti *MZ*[1])

dich für alle Weltenstunden gegen Zauberkünste feien:
auf einer Feuerstätte solcher Art, mit Scheiten solcher
Art will ich unter Höllenformeln deinen Leib verbrennen,
daß dein Schatten keiner Beschwörung eines Zauberers
mehr erliegt. So viel muß dir das Opfer, noch einmal zu
leben, wert sein: kein Wort, kein Kraut wird sich erkühnen,
dir ewigen Vergessensschlaf zu stören, wenn ich dir Tod
vergönnte. Den Dreifüßen und Sehern Überirdischer steht
dunkle Auskunft an; doch voll Gewißheit soll jeder von
dannen gehen, der Schatten nach der Wahrheit fragt,
der das Orakel des bitteren Todes mutig aufsucht. Sprich
bitte schonungslos: heraus mit den Personen des Geschehens,
heraus mit seinen Orten, heraus mit einer Stimme, durch
die das Schicksal zu mir sprechen kann!" Sie setzte noch
einen Spruch hinzu, mit dem sie die Totenseele fähig
machte, all das zu wissen, wonach sie fragte. Trauervoll
und unter Tränenströmen sprach der Leichnam: „Welches
Leid die Parzen spinnen, sah ich selber nicht, da man mich
von der Böschung des Totenstroms zurückrief. Wie ich
jedoch von allen Schatten erfahren konnte, hält wahnwitzige
Zwietracht die toten Römer wach und hat der brudermörderische Waffengang den Frieden der Unterwelt gesprengt:
Latiums Führer haben die elysischen Gefilde und den
düsteren Tartarus in zwei einander feindlichen Kolonnen
verlassen — was das Verhängnis bereithält, machten diese
Männer deutlich. Traurig waren die Gesichter seliger
Geister: ich sah die Decier weinen, Sohn und Vater, die
ihr Leben zur Heeressühne opferten, sah Camillus und
einen Curius weinen, Sulla über Fortuna Klage führen;
Scipio jammert, daß sein unglückseliger Nachfahr in
libyschen Landen untergehen soll; Cato, ein noch grim-
migerer Feind Karthagos, betrauert das Ende seines Enkel-
sohns, der sich nicht knechten lassen will; einzig Brutus,
den ersten Konsul nach Vertreibung der Tyrannen, sah
ich unter frommen Geistern froh. Jedoch mit losgerissenen
und gesprengten Ketten frohlockt der bedrohliche Catilina,
dazu ein ungeschlachter Marius und bloßen Arms Cethegus;
ich sah, wie sich die Lieblinge des Pöbels freuten, beide
Drusus und die Gracchen, jene maßlos im Einbringen von
Gesetzen, diese vermessen in ungeheuren Plänen; Hände,
denen der Höllenfürst in seinem Kerker für ewig Eisenketten

constrictae plausere manus camposque piorum
poscit turba nocens. regni possessor inertis
pallentes aperit sedes abruptaque saxa   800
asperat et durum vinclis adamanta paratque
poenam victori. refer haec solacia tecum,
o iuvenis, placido manes patremque domumque
exspectare sinu regnique in parte serena
Pompeis servare locum. nec gloria parvae   805
sollicitet vitae: veniet quae misceat omnes
hora duces; properate mori magnoque superbi
quamvis a parvis animo descendite bustis
et Romanorum manes calcate deorum.
quem tumulum Nili, quem Thybridis alluat unda,   810
quaeritur et ducibus tantum de funere pugna est.
tu fatum ne quaere tuum: cognoscere Parcae
me reticente dabunt; tibi certior omnia vates
ipse canet Siculis genitor Pompeius in arvis,
ille quoque incertus, quo te vocet, unde repellat,   815
quas iubeat vitare plagas, quae sidera mundi.
Europam, miseri, Libyamque Asiamque timete:
distribuit tumulos vestris Fortuna triumphis;
o miseranda domus, toto nil orbe videbis
tutius Emathia.' sic postquam fata peregit,   820
stat voltu maestus tacito mortemque reposcit.
carminibus magicis opus est herbisque, cadaver
ut cadat, et nequeunt animam sibi reddere fata
consumpto iam iure semel. tunc robore multo
exstruit illa rogum; venit defunctus ad ignes.   825
accensa iuvenem positum strue liquit Erictho
tandem passa mori Sextoque ad castra parentis
it comes et caelo lucis ducente colorem,
dum ferrent tutos intra tentoria gressus,
iussa tenere diem densas nox praestitit umbras.   830

805 Pompeiis *U*: -eius *vel* -eio

angelegt hat, klatschten Beifall, und Verbrecherhorden
erheben auf die Gefilde frommer Seelen Anspruch. Der
Herr des stillen Reichs erweitert die Behausungen der
bleichen Scharen und läßt jähe Felsen ebenso wie harten
Kettenstahl aufrauhen, um dem Sieger seine Strafe zu
bereiten. Nimm dies als Trost mit, junger Mann: die Toten
erwarten deinen Vater und sein Haus in friedlicher Geborgenheit, halten an heiterer Stelle ihres Landes für Pompejus'
Sippe Platz bereit. Der Glanz einer kurzen Lebensspanne
darf dich nicht erregen: kommen wird die Stunde, die alle
Führer gleichmacht — eilt zum Sterben, steigt in hochgemu-
tem Stolz von wenngleich kargen Scheiterhaufen zur
Unterwelt hinab und setzt den Fuß auf tote Römergötter!
Welches Grab der Nil, welches der Tiber an seinen Ufern
sieht, nur das ist noch die Frage, und die Rivalen kämpfen
einzig um ihre Begräbnisstätte. Nach deinem eigenen
Schicksal forsche nicht: ich schweige, doch werden es die
Parzen zu erkennen geben — als kundigerer Prophet
wird dir dein Vater Pompejus selber in Siziliens Gefilden
alles künden, auch er im ungewissen, zu welchem Ziel
er dich ermuntern, vor welchem warnen, welche Zonen
unter welchen Himmelssternen zu meiden er dir raten
soll. Unselige, nehmt euch vor Europa, Libyen und Asien
in acht: Fortuna verteilt eure Gräber auf die Stätten der
euch zugehörigen Triumphe — beklagenswertes Haus, auf
dem ganzen Erdkreis wirst du keine Stelle finden, die
sicherer wäre als Pharsalus!" Nachdem er so die Schick-
salsschlüsse geschildert hatte, stand er mit stummer
Gebärde traurig da und verlangte, wiederum zu sterben.
Aber Zauberformeln und Kräuter sind nötig, damit ein
Leichnam falle, kann doch der Tod sich keine Seele nochmals
holen, wenn er sein Recht bereits einmal verbraucht hat.
Da baute die Hexe aus vielen Scheiten einen Holzstoß
auf, und der Tote kam zur Verbrennung heran. Als er
auf dem Haufen gebettet und dieser angezündet war,
verließ Erichtho den Soldaten und litt es endlich, daß
er starb; danach ging sie an Sextus' Seite zum Lager
seines Vaters, und als der Himmel sich schon mit Morgenrot
beziehen wollte, hielt die Nacht auf ihr Geheiß solange,
bis die Männer unbehelligt den Fuß in den Bereich ihrer
Zelte setzten, den Tag zurück und schenkte dichte Finsternis.

LIBER SEPTIMUS

Segnior Oceano quam lex aeterna vocabat
luctificus Titan numquam magis aethera contra
egit equos cursumque polo rapiente retorsit
defectusque pati voluit raptaeque labores
lucis et attraxit nubes, non pabula flammis,   5
sed ne Thessalico purus luceret in orbe.
    at nox felicis Magno pars ultima vitae
sollicitos vana decepit imagine somnos.
nam Pompeiani visus sibi sede theatri
innumeram effigiem Romanae cernere plebis   10
attollique suum laetis ad sidera nomen
vocibus et plausu cuneos certare sonantes,
qualis erat populi facies clamorque faventis
olim, cum iuvenis primique aetate triumphi
post domitas gentes, quas torrens ambit Hiberus,   15
et quaecumque fugax Sertorius impulit arma,
vespere pacato, pura venerabilis aeque
quam currus ornante toga, plaudente senatu
sedit adhuc Romanus eques, seu fine bonorum
anxia mens curis ad tempora laeta refugit,   20
sive per ambages solitas contraria visis
vaticinata quies magni tulit omina planctus
seu vetito patrias ultra tibi cernere sedes
sic Romam Fortuna dedit. ne rumpite somnos,
castrorum vigiles, nullas tuba verberet aures.   25
crastina dira quies et imagine maesta diurna
undique funestas acies feret, undique bellum.
unde pares somnos populis noctemque beatam?
o felix, si te vel sic tua Roma videret!

20 mens curis *Bentley* (*cf. c* 'an mens avocare eum ... vellet'):
venturis (*def. Fraenkel 279*)

SIEBENTES BUCH

Langsamer, als ihn ewiges Gesetz dem Ozean enttauchen
hieß, stieg Helios zum Trauertag herauf: er lenkte seine
Rosse mehr denn je dem Firmament zuwider, ja, er kehrte
um, indes die Sphäre ihn mit sich vorwärtsriß. Willens,
Verfinsterung und Schwächung seines Lichts durch Raub
zu leiden, zog er Wolken zu sich her, nicht als Zunder
für sein Feuer, nein, um über thessalischem Gebiet nicht
makellos zu leuchten.

Aber für Pompejus war diese Nacht der Ausklang seines
Lebensglücks: in unruhigem Schlummer gaukelte sie ihm
ein nichtiges Traumbild vor. Denn ihm war, als säße
er in seinem Theater und sähe unzählige Römergestalten,
als trügen Heilrufe seinen Namen zu den Sternen und
wetteiferten die Menschengruppen ringsum in lautem
Beifall, so wie die huldigende Menge ehedem aussah und
lärmte, als er in jungen Jahren zur Zeit seines ersten Triumphs — er hatte die Stämme im Kreis des wilden Ebro
bezwungen, alle Truppen, die Sertorius in seinen Gueril-
lakrieg warf, hatte das Abendland befriedet —, in schlichter
Toga ebenso ehrfurchtgebietend wie im Ehrenkleid des
Siegeswagens, unter dem Beifall des Senats auf seinem
Platze saß, damals noch ein bloßer Ritter Roms; mag
sein, daß am Ende seines Glücks seine sorgenschweren Gedanken zurück zu frohen Zeiten flüchteten, mag sein, daß
der Traum auf gewohntem Umweg das Gegenteil der Bilder prophezeite und auf heftiges Brüsteschlagen deutete,
mag sein, daß Fortuna ihm, weil er die Heimat fürderhin
nicht wiedersehen durfte, Rom auf diese Weise gönnte.
Stört seinen Schlaf nicht, Lagerposten, keine Trompete
dröhne ihm ans Ohr! Morgen wird sein Schlummer qualvoll
und von Tagsgespenstern verdüstert sein, wird von allen
Seiten mörderische Kriegerreihen, von allen Seiten Kampf
anrücken lassen. Wo blieb ein gleicher Traum in solcher
Glücksnacht für die Bürger? Selig wäre dein Rom gewesen,

donassent utinam superi patriaeque tibique   30
unum, Magne, diem, quo fati certus uterque
extremum tanti fructum raperetis amoris.
tu velut Ausonia vadis moriturus in urbe,
illa rati semper de te sibi conscia voti
hoc scelus haud umquam fatis haerere putavit,   35
sic se dilecti tumulum quoque perdere Magni.
te mixto flesset luctu iuvenisque senexque
iniussusque puer; lacerasset crine soluto
pectora femineum ceu Bruti funere volgus.
nunc quoque, tela licet paveant victoris iniqui,   40
nuntiet ipse licet Caesar tua funera, flebunt,
sed dum tura ferunt, dum laurea serta Tonanti.
o miseri, quorum gemitus edere dolorem,
qui te non pleno pariter planxere theatro.
    vicerat astra iubar, cum mixto murmure turba   45
castrorum fremuit fatisque trahentibus orbem
signa petit pugnae. miseri pars maxima volgi
non totum visura diem tentoria circum
ipsa ducis queritur magnoque accensa tumultu
mortis vicinae properantes admovet horas.   50
dira subit rabies: sua quisque ac publica fata
praecipitare cupit; segnis pavidusque vocatur
ac nimium patiens soceri Pompeius et orbis
indulgens regno, qui tot simul undique gentes
iuris habere sui vellet pacemque timeret.   55
nec non et reges populique queruntur Eoi
bella trahi patriaque procul tellure teneri.
hoc placet, o superi, cum vobis vertere cuncta
propositum, nostris erroribus addere crimen?

58 vertere *vel* perdere

dich wenigstens auf diese Weise zu erblicken! Hätten doch
die Götter droben deinem Vaterland und dir, dem großen
Feldherrn, noch einen einzigen Tag geschenkt, an dem
ihr beide im Bewußtsein des Verhängnisses zum letzten
Mal so tiefe Liebe zueinander. flüchtig kosten durftet!
Du gehst dahin im Glauben, dereinst in deiner Heimatstadt
zu sterben; sie aber baut darauf, daß ihre Wünsche für
dich stets Erhörung fanden, und nie schien ihr ein solcher
Schandfleck des Schicksals möglich, daß sie, wie es dann
gekommen ist, sogar auf das Grab ihres geliebten großen
Feldherrn verzichten müßte. In vereinter Trauer hätten
dich jung und alt beweint, auch Kinder, ohne daß sie
jemand hieß; mit aufgelöstem Haar hätten Weiberscharen
wie bei Brutus' Leichenfeier ihre Brust zerpeitscht. Sogar
in der nun verhängten Lage werden sie, auch wenn sie
die Mordwaffen eines unbarmherzigen Siegers fürchten
müssen, wenn Caesar selber deinen Tod verkünden würde,
dennoch weinen, freilich unterdessen Weihrauch, unterdessen Lorbeerkränze zum Donnerer tragen. Ach, die
Armen mußten ihren Schmerz in Seufzern erschöpfen,
statt miteinander im vollen Theater um dich die Brüste zu
schlagen!
Das Morgenlicht hatte über die Sterne triumphiert,
als die Lagermannschaft mit verworrenem Raunen ihren
Unmut kundtat und — denn das Verhängnis riß die Welt
in seinen Sog — das Signal zur Schlacht verlangte. Die
meisten der bedauernswerten Leute, die ja das Tagesende
nicht erleben sollten, umringten das Zelt des Feldherrn
selber, um sich zu beschweren und unter den Flammen
gewaltigen Aufruhrs ihre ungeduldig nahende Todesstun-
de herbeizuführen. Von furchtbarer Verblendung erfaßt,
wollte jedermann seinen eigenen und des Staates Untergang
beschleunigen; Pompejus, hieß es, sei ein unentschlossener
Feigling, allzu duldsam gegen seinen Schwiegervater und
auf Weltherrschaft bedacht, wünsche ja nur über zahllose
Völker aus allen Landen zugleich zu gebieten und fürchte
einen Frieden. Nicht weniger führten auch die Könige
und Völker aus Morgenland Beschwerde, daß man den
Krieg in die Länge ziehe und sie von ihrer Heimat fernge-
halten würden. Habt ihr Götter droben in eurem Vorsatz,
alles umzustürzen, auch noch den Beschluß gefaßt, zu

cladibus irruimus nocituraque poscimus arma: 60
in Pompeianis votum est Pharsalia castris.
    cunctorum voces Romani maximus auctor
Tullius eloquii, cuius sub iure togaque
pacificas saevus tremuit Catilina secures,
pertulit iratus bellis, cum rostra forumque   65
optaret passus tam longa silentia miles.
addidit invalidae robur facundia causae:
'hoc pro tot meritis solum te, Magne, precatur
uti se Fortuna velis proceresque tuorum
castrorum regesque tui cum supplice mundo   70
affusi vinci socerum patiare rogamus.
humani generis tam longo tempore bellum
Caesar erit? merito Pompeium vincere lente
gentibus indignum est a transcurrente subactis.
quo tibi fervor abit aut quo fiducia fati?   75
de superis, ingrate, times causamque senatus
credere dis dubitas? ipsae tua signa revellent
prosilientque acies: pudeat vicisse coactum.
si duce te iusso, si nobis bella geruntur,
sit iuris, quocumque velim, concurrere campo.   80
quid mundi gladios a sanguine Caesaris arces?
vibrant tela manus, vix signa morantia quisquam
exspectat: propera, ne te tua classica linquant.
scire senatus avet, miles te, Magne, sequatur
an comes.' ingemuit rector sensitque deorum   85
esse dolos et fata suae contraria menti.
'si placet hoc' inquit 'cunctis, si milite Magno,
non duce tempus eget, non ultra fata morabor:
involvat populos una Fortuna ruina

80   velim *vel* velint

unseren Verirrungen Schuld zu fügen? Wir rennen ins
Unglück und fordern einen Waffengang zu eigenem Ver-
derben: Ziel der Wünsche in Pompejus' Lager ist die
Walstatt von Pharsalus.

Aller Stimmen überbrachte Cicero, der größte Meister
römischer Beredsamkeit, der im Bürgeramt den fürchterlichen Catilina vor Friedensbeilen hatte zittern machen;
der Krieg war ihm verhaßt, da er sich nach Rednerbühne
und Forum sehnte, nachdem er als Soldat schon viel zu
lange hatte schweigen müssen. Seine Sprachgewalt gab
einer schwachen Sache Durchschlagskraft: ,,Nur das eine,
großer Feldherr, wünscht sich Fortuna als Entgelt für all
ihre Verdienste — daß du sie nutzen möchtest; auch deine
Truppenführer und deine Könige, dazu als Bittstellerin
die ganze Welt, wir alle sinken dir zu Füßen und flehen
dich an, du möchtest die Besiegung deines Schwiegervaters
dulden. Soll Caesar so lange Zeit hindurch der Menschheit Krieg verursachen? Daß ein Pompejus säumt, ihn
zu besiegen, gilt mit Recht als Schande angesichts der
Völker, die er im Vorübergehen unterwarf. Wo ist deine
Feurigkeit geblieben, wo das Vertrauen auf deinen Stern?
Bist du so undankbar, daß du an den Göttern droben
zweifelst und Bedenken trägst, ihnen die Sache des Senats
anzubefehlen? Von selber werden die Truppen deine
Standarten aus dem Boden reißen, um voranzustürmen:
flieh die Schmach eines aufgezwungenen Sieges! Wenn
wir dich zum Führer beriefen und den Krieg in eigener
Sache führen, möchten wir berechtigt sein, auf einem
Schlachtfeld unserer Wahl in Kampf zu treten. Warum
verwehrst du es der Welt, ihre Schwerter in Caesars Blut
zu tauchen? Die Waffen zucken in unseren Händen, kaum
einer kann die säumige Fanfare erwarten: handle schnell,
sonst schmettern deine Trompeten ohne dich! Die Senatoren
möchten wissen, ob sie dir, ihrem großen Feldherrn, als
Soldaten folgen oder als Trabanten.'' Der Führer merkte
seufzend, daß die Götter ihn überlisten wollten und das
Schicksal seinem Plan entgegenstand. ,,Wenn alle es so
wünschen,'' sprach er, ,,wenn die Stunde einen Magnus
als Soldaten statt als Feldherrn fordert, will ich dem Lauf
des Schicksals nicht länger im Wege sein: mag Fortuna
die Völker in einen einzigen Sturz verwickeln, mag denn

sitque hominum magnae lux ista novissima parti.   90
testor, Roma, tamen Magnum, quo cuncta perirent,
accepisse diem: potuit tibi volnere nullo
stare labor belli, potui sine caede subactum
captivumque ducem violatae tradere Paci.
quis furor, o caeci, scelerum? civilia bella   95
gesturi metuunt, ne non cum sanguine vincant.
abstulimus terras, exclusimus aequore toto,
ad praematuras segetum ieiuna rapinas
agmina compulimus votumque effecimus hosti,
ut mallet sterni gladiis mortemque suorum   100
permiscere meis. belli pars magna peracta est
his, quibus effectum est, ne pugnam tiro paveret:
[si modo virtutis stimulis iraeque calore]
signa petunt; multos in summa pericula misit
venturi timor ipse mali. fortissimus ille est,   105
qui promptus metuenda pati, si comminus instent,
et differre potest. placet haec tam prospera rerum
tradere fortunae, gladio permittere mundi
discrimen; pugnare ducem quam vincere malunt.
res mihi Romanas dederas, Fortuna, regendas: 110
accipe maiores et caeco in Marte tuere.
Pompei nec crimen erit nec gloria bellum;
vincis apud superos votis me, Caesar, iniquis:
pugnatur. quantum scelerum quantumque malorum
in populos lux ista feret, quot regna iacebunt,   115
sanguine Romano quam turbidus ibit Enipeus!
prima velim caput hoc funesti lancea belli,
si sine momento rerum partisque ruina
casurum est, feriat; neque enim victoria Magno
laetior. aut populis invisum hac clade peracta   120
aut hodie Pompeius erit miserabile nomen:
omne malum victi, quod sors feret ultima rerum,

90   om. M^1Z^1, del. post alios Fraenkel 294
93   potui ex -is M: -it
103 om. pars codd., v. comm.

einem großen Teil der Menschen heute zum letzten Mal
die Sonne scheinen! Doch du sei Zeuge, Rom, daß Magnus
den Tag des allgemeinen Untergangs nur hinzunehmen
hatte: es wäre möglich gewesen, daß dich die Kriegsnot
keine Wunde kostete, möglich, daß ich den Rivalen ohne
Blutvergießen niederzwang und der gekränkten Friedensgöt-
tin als Gefangenen überlieferte. Wozu die Frevelsucht,
Verblendete? Man geht zum Bruderkampf und schrickt
vor einem nicht mit Blut erkauften Sieg zurück. Wir haben
dem Gegner alle Lande genommen und das ganze Meer
versperrt, haben seine Truppen gezwungen, vor Hunger
unreife Ähren abzurupfen, und ihm den Wunsch geweckt,
lieber möchte er unter Schwertern fallen und das Sterben
seiner Leute mit dem Tod der meinigen vereinen. Der
Krieg ist mit erfolgreichem Bemühen, daß die Rekruten
eine Schlacht nicht fürchten sollten, großenteils gewonnen:
sie fordern das Signal — schon viele brachte gerade Angst
vor kommendem Unheil in Lebensgefahr. Jedoch am
tapfersten ist der, der in Bereitschaft, Schrecknisse zu
ertragen, sie auch warten lassen kann, wenn sie ihm vor
Augen rücken. Man will die Dinge in diesem wahrhaft
günstigen Stand dem Zufall überlassen, das Wohl und
Wehe der Welt dem Schwert anheimstellen; die Leute
möchten ihren Führer lieber kämpfen als siegen sehen. Hast
du, Fortuna, einst das Regiment des Römerstaats in meine
Hand gelegt, so nimm ihn nach seiner Kräftigung zurück
und schirme ihn im Ungefähr der Schlacht! Pompejus
wird sich mit diesem Waffengang so wenig Vorwurf schaffen wie Verdienst; Caesar, mit sträflichen Gebeten stichst
du mich bei den Göttern droben aus — man kämpft.
Wieviel Frevel, wieviel Leid wird dieser Tag über die
Völker heraufbeschwören, wie manches Königreich wird
am Boden liegen, wie aufgewühlt von Römerblut wird
der Enipeus dahinströmen! Ich wünschte, die erste Lanze
dieses mörderischen Kampfes träfe mein eigenes Haupt,
wenn es sinken kann, ohne daß die Waage der Dinge sich
neigt und meine Partei zu Fall kommt; denn einem Magnus
wäre nicht einmal ein Sieg willkommener. Ist dies Blutbad
zu Ende, so werden die Völker heute noch Pompejus'
Namen mit Haß oder Mitleid nennen: alles Unglück,
das die schlimmste Wendung der Dinge bringen kann,

omne nefas victoris erit.' sic fatur et arma
permittit populis frenosque furentibus ira
laxat et ut victus violento navita coro   125
dat regimen ventis ignavumque arte relicta
puppis onus trahitur.
                              trepido confusa tumultu
castra fremunt animique truces sua pectora pulsant
ictibus incertis; multorum pallor in ore
mortis venturae faciesque simillima fato.   130
advenisse diem, qui fatum rebus in aevum
conderet humanis, et quaeri, Roma quid esset,
illo Marte palam est. sua quisque pericula nescit
attonitus maiore metu. quis litora ponto
obruta, quis summis cernens in montibus aequor   135
aetheraque in terras deiecto sole cadentem,
tot rerum finem, timeat sibi? non vacat ullos
pro se ferre metus: urbi Magnoque timetur.
nec gladiis habuere fidem, nisi cotibus asper
exarsit mucro; tunc omnis lancea saxo   140
erigitur, tendunt nervis melioribus arcus,
cura fuit lectis pharetras implere sagittis,
auget eques stimulos frenorumque artat habenas.
si liceat superis hominum conferre labores,
non aliter Phlegra rabidos tollente gigantas   145
Martius incaluit Siculis incudibus ensis
et rubuit flammis iterum Neptunia cuspis
spiculaque extenso Paean Pythone recoxit,
Pallas Gorgoneos diffudit in aegida crines,
Pallenaea Iovi mutavit fulmina Cyclops.   150
   non tamen abstinuit venturos prodere casus
per varias Fortuna notas. nam Thessala rura
cum peterent, totus venientibus obstitit aether

130 mortis venturae *vel* et mors ventura est

wird mir angerechnet werden, wenn ich unterliege, aller
Frevel, wenn ich siege." Nach diesen Worten erlaubte
er seinen Leuten, die Waffen zu ergreifen, und ließ ihrer
wilden Wut die Zügel schießen, trat nun wie ein Seemann,
der rasendem Nordsturm weicht, die Steuerung den Winden
ab, stellte seine Manöver ein und trieb dahin als willenloses
Frachtschiff.

Erregter Wirrwarr brodelte im Lager durcheinander,
und selbst trutzige Herzen hämmerten mit unsteten Schlägen
gegen ihre Brust; auf vieler Männer Antlitz lag die Blässe
des nahen Todes, und ihr Ausdruck war ein Spiegelbild
des Sterbens. Daß der Tag gekommen war, der auf ewig
das Los der Menschenwelt bestimmen sollte, und daß
in jener Schlacht das Wesen Roms zur Frage stand, war
deutlich. Jedermann vergaß die eigene Gefahr und war
von größerer Furcht benommen. Wer könnte Gestade
überflutet, wer Bergesspitzen unter Wasser, die Sonne
niederstürzen und das Firmament zur Erde fallen sehen,
kurz, Weltuntergang vor Augen haben und könnte um sich
selber bangen? Man dachte nicht daran, für sein eigenes
Leben irgendwelche Furcht zu fühlen: um Rom und
seinen großen Feldherrn herrschte Angst. So traute niemand
seinem Schwert, bevor die Schneide heißgewetzt und
scharfgeschliffen war; jetzt klopfte man jede Lanzenspitze
mit Steinen gerade, bespannte seinen Bogen mit einer
besseren Sehne und füllte sorgsam seinen Köcher mit
ausgesuchten Pfeilen, jetzt verstärkten die Reiter ihre
Sporen und zogen ihre Zügelriemen an. Wenn es statthaft
ist, Mühen von Menschen und Göttern zu vergleichen, so
war es wie in jenen Tagen, als sich in Phlegra die Giganten
rebellisch erhoben; von neuem glühte damals Ares' Schwert
auf dem Amboß unter dem Ätna auf und rötete Poseidons
Dreizack sich im Feuer, damals schmolz Apollon nach
Erlegung des Pythondrachens seine Pfeile wieder spitz,
strich Athena Gorgos Haare über die Aigis auseinander,
schmiedeten Kyklopen Zeus' Blitze für die Kämpfe von
Pallene scharf.

Jedoch Fortuna unterließ es nicht, die kommenden
Ereignisse durch verschiedene Zeichen anzukündigen.
Denn als die Pompejaner auf Thessaliens Blachfeld zogen,
trat der ganze Himmel ihnen beim Anmarsch in den

{inque oculis hominum fregerunt fulmina nubes}
adversasque faces immensoque igne columnas   155
et trabibus mixtis avidos typhonas aquarum
detulit atque oculos ingesto fulgure clausit,
excussit cristas galeis capulosque solutis
perfudit gladiis erectaque pila liquavit
aetherioque nocens fumavit sulpure ferrum.   160
nec non innumero cooperta examine signa
vixque revolsa solo maiori pondere pressum
signiferi mersere caput rorantia fletu,
usque ad Thessaliam Romana et publica signa.
admotus superis discussa fugit ab ara   165
taurus et Emathios praeceps se iecit in agros
nullaque funestis inventa est victima sacris.
at tu quos scelerum superos, quas rite vocasti
Eumenidas, Caesar? Stygii quae numina regni
infernumque nefas et mersos nocte furores   170
impia tam saeve gesturus bella litasti?
iam (dubium, monstrisne deum nimione pavore
crediderint) multis concurrere visus Olympo
Pindus et abruptis mergi convallibus Haemus,
edere nocturnas belli Pharsalia voces,   175
ire per Ossaeam rapidus Boebeida sanguis;
inque vicem voltus tenebris mirantur opertos
et pallere diem galeisque incumbere noctem
defunctosque patres et iuncti sanguinis umbras
ante oculos volitare suos. sed mentibus unum   180
hoc solamen erat, quod voti turba nefandi
conscia, quae patrum iugulos, quae pectora fratrum
sperabat, gaudet monstris mentisque tumultum
atque omen scelerum subitos putat esse furores.

    quid mirum populos, quos lux extrema manebat,   185
lymphato trepidasse metu, praesaga malorum
si data mens homini est? Tyriis qui Gadibus hospes

154 om. pars codd., v. comm.
159 erecta (cf. 141) vel -pta (arr- Eutych. gramm. V 480,29 cod. P)
172 nimione x: -ve (que G)
179/80 defunctosque p. et cunctas (-i vel -is MZ¹, iuncti Heinsius,
        cf. 1,111) s. ... volitare (volut-) vel defunctos volitare p. et
        s. ... uiulare
183 tumultum vel -u (ex -is Z, -us ex -is M)

Weg { und vor Menschenaugen machten Blitze Wolken ber-
sten }, schoß grimmig Meteore, ungeheure Feuersäulen und
zugleich mit Strahlenbündeln wasserhosenreiche Taifune
auf sie herab, schleuderte ihnen Blitze entgegen, daß sie
die Augen schließen mußten, riß Büsche von den Helmen,
ließ Schwerter geschmolzen über ihre Griffe rinnen und
machte gespitzte Speere weich, während das sündige
Eisen im Ätherschwefel rauchte. Auch bedeckten sich die
Standarten mit Schwärmen ungezählter Bienen oder
ließen sich nur mühsam aus dem Boden reißen und beugten
mit ungewöhnlich lastendem Gewicht die Köpfe ihrer
Träger nieder — tränennaß, sollten sie doch letztmals in
Thessalien Standarten sein, die Rom als einem freiem Staat
gehörten. Ein zum Opfer herangeführter Stier zerstampfte
den Altar, entfloh und stürzte blindlings auf Emathias
Felder, und kein Schlachttier fand sich für die heilige
Handlung Todgeweihter. — Welche Götter frevler Taten,
welche Eumeniden riefest du dagegen, Caesar, mit allen
Zeremonien zu Hilfe? Welche Dämonen des Totenreichs,
Höllengreuel und Furien der tiefen Finsternis gewannst du,
um so unbarmherzig einen brudermörderischen Kampf zu
führen? Nunmehr schien es vielen — gleich, ob ihr Ver-
meinen auf Himmelswundern oder übergroßer Angst
beruhte —, daß der Pindos mit dem Olymp zusammenstieß
und die Balkanberge in aufklaffenden Tälern versanken,
daß die Walstatt von Pharsalus nächtens Kriegslärm hören
ließ und am Fuß des Ossabergs ein Blutstrom den Boibeïssee
durchzog; staunend schauten sie einander in die von
Dunkelheit belagerten Gesichter, sahen, wie das Tageslicht
fahl wurde, Nacht auf die Helme sank, Ahnengeister und
die Schatten Blutsverwandter vor ihren Augen schwirrten.
Doch ihre Herzen tröstete dies eine: jedermann war sich
bewußt, daß er Sträfliches begehrte, wenn er seines Vaters
Kehle, wenn er seines Bruders Brust zu treffen hoffte —
nun freuten ihn die Zeichen, weil er meinte, die Verwirrung
seines Hirns und seine plötzlichen Visionen seien ein Götter-
wink für solche Freveltaten.

Daß Männer in Erwartung ihres letzten Lebenstags
vor panischer Angst erzitterten, war dies verwunderlich,
wenn Menschenhirn Unheil zu ahnen vermag? Selbst
Römer, die als Fremde im phönikischen Gades wohnten

adiacet Armeniumque bibit Romanus Araxen,
sub quocumque die, quocumque est sidere mundi,
maeret et ignorat causas animumque dolentem   190
corripit, Emathiis quid perdat nescius arvis.
Euganeo, si vera fides memorantibus, augur
colle sedens, Aponus terris ubi fumifer exit
atque Antenorei dispergitur unda Timavi,
'venit summa dies, geritur res maxima,' dixit   195
'impia concurrunt Pompei et Caesaris arma',
seu tonitrus ac tela Iovis praesaga notavit
aethera seu totum discordi obsistere caelo
perspexitque polos seu numen in aethere maestum
solis in obscuro pugnam pallore notavit.   200
dissimilem certe cunctis, quos explicat, egit
Thessalicum natura diem: si cuncta perito
augure mens hominum caeli nova signa notasset,
spectari toto potuit Pharsalia mundo.
o summos hominum, quorum Fortuna per orbem   205
signa dedit, quorum fatis caelum omne vacavit!
haec et apud seras gentes populosque nepotum,
sive sua tantum venient in saecula fama
sive aliquid magnis nostri quoque cura laboris
nominibus prodesse potest, cum bella legentur,   210
spesque metusque simul perituraque vota movebunt
attonitique omnes veluti venientia fata,
non transmissa, legent et adhuc tibi, Magne, favebunt.
    miles, ut adverso Phoebi radiatus ab ictu
descendens totos perfudit lumine colles,   215
non temere immissus campis: stetit ordine certo
infelix acies. cornus tibi cura sinistri,
Lentule, cum prima, quae tum fuit optima bello,
et quarta legione datur; tibi, numine pugnax
adverso Domiti, dextri frons tradita Martis;   220
at medii robur belli fortissima densant

199   numen *vel* lumen
200   *om.* M¹PZ¹, *del. Cortius*
207/10   *v. comm.*

oder in Armenien Wasser vom Araxes tranken, Römer
unter jedem Sonnenstand und allen Himmelssternen waren
voller Kummer, wußten keinen Grund dafür und schalten
sich ob ihrer Traurigkeit, noch ohne Ahnung, was sie in
Emathias Gefilden verlieren sollten. Wenn man Berichtern
glauben darf, so saß auf einem Hügel bei Patavium, wo
der Aponus dampfend aus dem Erdreich quillt und in
Venetien der Timavus mit verzweigtem Lauf entspringt,
ein Augur und verkündete: ,,Der letzte Tag ist da, der
Endkampf findet statt, brudermörderisch prallen Pompejus
und Caesar mit ihren Heeren aufeinander" — mochte
er nun die Prophezeiungen von Jupiters Gewitterblitzen
deuten, mochte er das ganze Firmament und die Pole in
Empörung gegen eine anders festgesetzte Himmelsordnung
sehen oder mochte Helios verdüstert droben stehen und
mit fahlem Sonnendunkel auf eine Schlacht hinweisen.
Jedenfalls war der Tag, der in Thessalien ablief, ohne
Ähnlichkeit mit allen sonst von der Natur heraufgeführten:
hätte Menschenverstand mit Hilfe erfahrener Auguren
alle ungewohnten Himmelszeichen gedeutet, so wäre die
Schlacht von Pharsalus auf der ganzen Welt sichtbar
gewesen. Wie überragend waren Menschen, für die Fortuna
rundum auf der Erde Zeichen gab, für deren Lose der
ganze Himmel Platz einräumte! Diese Kämpfe werden
noch bei späten Geschlechtern und Nachkommenscharen,
mögen sie einzig selber von sich reden machen und so zur
Unsterblichkeit gelangen oder mag auch meine Mühewal-
tung dem Heldenruhm ein wenig nützen können, in den
Lesern Hoffnungen und zugleich Ängste und hinfällige
Wünsche wecken; alle werden benommen die Geschehnisse
so lesen, als gehörten sie der Zukunft an statt der Vergangenheit, und werden dir, Pompejus, noch immer ihre
Neigung schenken.
    Als die Soldaten, vom Gegenstrahl der Sonne angeblitzt
und alle Höhen in Waffenschimmer tauchend, hinunter-
stiegen, besetzten sie die Ebene nicht ohne Plan: in fester
Ordnung stellte das Unglücksheer sich auf. Das Kommando
auf dem linken Flügel erhielt Lentulus mit der damals
schlagkräftigsten ersten und der vierten Legion; Domitius,
der wackere Kämpe ohne Göttergunst, bekam die Kampffront rechts; die Kerntruppe in der Mitte aber bildeten

agmina, quae Cilicum terris deducta tenebat
Scipio, miles in hoc, Libyco dux primus in orbe.
at iuxta fluvios et stagna undantis Enipei
Cappadocum montana cohors et largus habenae　　　225
Ponticus ibat eques. sicci sed plurima campi
tetrarchae regesque tenent magnique tyranni
atque omnis Latio quae servit purpura ferro;
illuc et Libye Numidas et Creta Cydonas
misit, Ityraeis cursus fuit inde sagittis,　　　　　230
inde, truces Galli, solitum prodistis in hostem,
illic pugnaces commovit Hiberia caetras.
eripe victori gentes et sanguine mundi
fuso, Magne, semel totos consume triumphos.
　illo forte die Caesar statione relicta　　　　　235
ad segetum raptus moturus signa repente
conspicit in planos hostem descendere campos
oblatumque videt votis sibi mille petitum
tempus, in extremos quo mitteret omnia casus;
aeger quippe morae flagransque cupidine regni　　240
coeperat exiguo tractu civilia bella
ut lentum damnare nefas. discrimina postquam
adventare ducum supremaque proelia vidit,
casuram fatis sensit nutare ruinam,
illa quoque in ferrum rabies promptissima paulum　245
languit et casus audax spondere secundos
mens stetit in dubio, quam nec sua fata timere
nec Magni sperare sinunt. formidine mersa
prosilit hortando melior fiducia volgo:
'o domitor mundi, rerum fortuna mearum,　　　　250
miles, adest totiens optatae copia pugnae:
nil opus est votis, iam fatum accersite ferro.
in manibus vestris, quantus sit Caesar, habetis:

Mann neben Mann die aus kilikischen Landen herange-
holten Heldenscharen unter Scipio, der hier noch einfacher Soldat, in libyschem Gebiet der erste Feldherr war.
Doch an der Strömung des Enipeus und an seinen Über-
schwemmungsteichen bewegten sich die Abteilungen aus
Kappadokiens Bergen und mit lockeren Zügeln pontische
Reiter. Den größten Teil des trockenen Feldes schließlich
nahmen die Tetrarchen und Könige ein, dazu gewaltige
Despoten und alle Purpurträger, die im Heer der Römer
dienten; an jener Stelle zogen auch Libyens Numider und
kretische Kydonen auf, von dort verschossen Ituräer ihre
Pfeile und rückten trutzige Gallier gegen ihren alten Feind,
dort schwangen Spanier voll Kampflust ihre Lederschilde.
Großer Feldherr, überlaß dem Sieger keine fremden Völker,
vergieß das Blut der Welt, in einem einzigen Augenblick
vertilge alle Menschen, die der andere im Triumphzug
zeigen könnte!
   Gerade hatte Caesar an jenem Morgen sein Biwak
aufgegeben und wollte seine Leute zum Furagieren weiterziehen lassen, als er plötzlich den Feind ins Blachfeld
hinuntersteigen sah und erkannte, daß die von ihm
tausendmal erflehte Stunde gekommen war, in der er alles
auf den letzten Würfel setzen könnte; denn voller Ungeduld
und brennend vor Begier nach Alleinherrschaft hatte er
die Bürgerkämpfe, kaum daß sie kurze Zeit im Gange
waren, als allzu langsames Verbrechen zu verwünschen
begonnen. Jetzt, da er die Entscheidung zwischen sich
und seinem Rivalen in einem Endkampf kommen sah,
das zum Einsturz verdammte Weltgebäude wanken spürte,
ermattete selbst seine ungestüme Kampfbesessenheit für
einen Augenblick, und hatte sein kühner Kopf sonst
glückliches Gelingen verheißen, so lähmte ihn jetzt Ungewißheit, ließen ihm doch die eigenen Erfolge nicht für Furcht,
Pompejus' Erfolge nicht für Hoffnung Raum. Er verdeckte
seine Angst, und als besseres Mittel, der Mannschaft Mut
zu machen, schwang sich Zuversicht empor: ,,Hört mich
an, Soldaten, Weltbezwinger und mein Glück bei allem
Tun! Die oft und oft herbeigewünschte Kampfgelegenheit
ist da: nicht mehr tut Beten not, zwingt jetzt das Glück
mit eurem Schwert zur Stelle! Ihr habt es in der Hand,
die Größe Caesars zu bestimmen: heute ist der Tag, den

haec est illa dies, mihi quam Rubiconis ad undas
promissam memini, cuius spe movimus arma,   255
in quam distulimus vetitos remeare triumphos,
[haec eadem est, hodie quae pignora quaeque penates
reddat et emerito faciat vos Marte colonos]
haec, fato quae teste probet, quis iustius arma
sumpserit; haec acies victum factura nocentem.   260
si pro me patriam ferro flammisque petistis,
nunc pugnate truces gladioque exsolvite culpam:
nulla manus belli mutato iudice pura est.
non mihi res agitur, sed vos, ut libera sitis
turba, precor gentes ut ius habeatis in omnes.   265
ipse ego privatae cupidus me reddere vitae
plebeiaque toga modicum componere civem,
omnia dum vobis liceant, nihil esse recuso:
invidia regnate mea. nec sanguine multo
spem mundi petitis: Grais delecta iuventus   270
gymnasiis aderit studioque ignava palaestrae
et vix arma ferens aut mixtae dissona turbae
barbaries, non illa tubas, non agmine moto
clamorem latura suum. civilia paucae
bella manus facient: pugnae pars magna levabit   275
his orbem populis Romanumque obteret hostem.
ite per ignavas gentes famosaque regna
et primo ferri motu prosternite mundum
sitque palam, quas tot duxit Pompeius in urbem
curribus, unius gentes non esse triumphi.   280
Armeniosne movet, Romana potentia cuius
sit ducis, aut emptum minimo volt sanguine quisquam
barbarus Hesperiis Magnum praeponere rebus?
Romanos odere omnes dominosque gravantur,
quos novere, magis. sed me Fortuna meorum   285
commisit manibus, quarum me Gallia testem

257/8   om. codd. plerique, una cum 256 et 259 P¹
262   gladio (-iis UV) ... culpam (-as U) vel gladios ... culpa
       (-ae Z¹)
286   quarum vel quorum

ihr mir, wie ich noch weiß, am Ufer des Rubicon verspracht,
der Tag, in dessen Erwartung wir zum Kampf antraten,
auf den wir die verwehrte Heimkehr im Triumph verschoben; heute ist der Tag, der vor den Augen der Bestimmung
erweisen soll, wer von beiden mit größerem Recht zu den
Waffen griff — die heutige Schlacht wird den Verlierer
schuldig sprechen. Wenn ihr nur meinetwegen die Heimat
mit Feuer und Schwert überfielt, so führt jetzt einen rücksichtslosen Kampf und sucht eure Schuld mit dem Stahl
zu tilgen: keiner von euch hat reine Hände, wenn der
andere entscheidet, wo das Recht in diesem Kriege liegt.
Aber es geht nicht um mich, nein, euch gilt mein Gebet,
ihr möchtet nämlich, um ein freies Volk zu sein, über die
ganze Welt gebieten. Ich selber sehne mich danach, in
ein Leben ohne Pflichten zurückzukehren und in einfachem
Gewand einen gewöhnlichen Bürger vorzustellen, doch für
eure unbeschränkte Vollmacht weise ich kein Amt zurück:
ihr sollt Monarchen sein und mir den Vorwurf lassen. Nun
kostet es euch nicht einmal viel Blut, wenn ihr Weltherrschaft zum Ziel eurer Hoffnung macht: ein jugendliches
Aufgebot aus Griechenlands Gymnasien wird euch ge-
genüberstehen, weichliche Schüler der Palästra, die nur
mühsam Waffen schleppen können, dazu in buntem
Durcheinander Barbaren aller Zungen, Leute, die nicht
einmal die eigenen Fanfaren und ihr eigenes Geschrei
beim Angriff ertragen können. Mit Landsleuten werden
sich nur wenige von euch schlagen: die meisten Kämpfer
haben die Welt von jenen fremden Völkern zu befreien
und Roms Feinde in Staub zu treten. Nehmt euren Weg
durch weichliche Nationen und Sendlinge verrufener Königreiche, streckt mit dem ersten Schwertstreich die ganze
Welt zu Boden und bringt es an den Tag, daß die von
Pompejus in all seinen Triumphzügen nach Rom geschlepp-
ten Völker nicht für einen einzigen Sieg genügen. Beküm-
mert es Armenier, wer als Führer in Rom gebietet, will
denn irgendein Barbar nur einen Tropfen Blut bezahlen,
um Pompejus zum Leiter von Hesperiens Geschicken zu
machen? Sie hassen jeden Römer und murren doppelt
über einen Zwingherrn, den sie kennen. Mich aber hat
Fortuna den Fäusten eigener Leute anbefohlen, von deren
Wert mir Gallien in einem Feldzug nach dem anderen

tot fecit bellis. cuius non militis ensem
agnoscam? caelumque tremens cum lancea transit,
dicere non fallar, quo sit vibrata lacerto.
quod si signa ducem numquam fallentia vestrum   290
conspicio faciesque truces oculosque minaces,
vicistis: videor fluvios spectare cruoris
calcatosque simul reges sparsumque senatus
corpus et immensa populos in caede natantes.
sed mea fata moror, qui vos in tela furentes   295
vocibus his teneo. veniam date bella trahenti:
spe trepido, haud umquam vidi tam magna daturos,
tam prope me superos; camporum limite parvo
absumus a votis. ego sum, cui Marte peracto,
quae populi regesque tenent, donare licebit: 300
quone poli motu, quo caeli sidere verso
Thessalicae tantum, superi, permittitis orae?
aut merces hodie bellorum aut poena parata.
Caesareas spectate cruces, spectate catenas
et caput hoc positum rostris effusaque membra   305
saeptorumque nefas et clausi proelia Campi:
cum duce Sullano gerimus civilia bella.
vestri cura movet; nam me secura manebit
sors quaesita manu: fodientem viscera cernet
me mea, qui nondum victo respexerit hoste.   310
di, quorum curas abduxit ab aethere tellus
Romanusque labor, vincat, quicumque necesse
non putat in victos saevum destringere ferrum
quique suos cives, quod signa adversa tulerunt,
non credit fecisse nefas. Pompeius in arto   315
agmina vestra loco vetita virtute moveri
cum tenuit, quanto satiavit sanguine ferrum!
vos tamen hoc oro, iuvenes, ne caedere quisquam
hostis terga velit: civis, qui fugerit, esto.
sed dum tela micant, non vos pietatis imago   320

303 parata *vel* -tur (parare Z^1)
post 303 *tres versus inseruerunt* x

Zeugnis gab. Wo ist der Soldat, dessen Schwert ich nicht wiedererkennen würde? Und fährt eine Lanze federnd durch die Luft, so kann ich sagen, ohne fehlzugehen, von welcher Rechten sie geschleudert wurde. Wenn ich vollends auf die Zeichen, die euren Feldherrn noch niemals trogen, wenn ich in eure trutzigen Gesichter und in eure dräuenden Augen schaue, so habt ihr schon gesiegt: Blutströme meine ich zu sehen, Könige miteinander im Staub, Senatoren- leichen überall und ganze Völker, die in einer ungeheuren Lache schwimmen. Aber ich bin meiner Bestimmung im Wege, wenn ich euch in eurer wilden Kampflust mit diesen Worten aufzuhalten suche. Verzeiht mir die Verzögerung der Schlacht: ich bebe vor Erwartung, sah noch nie die Götter mit so reicher Gabe winken und so nah an meiner Seite, trennt uns doch nur noch ein kleiner Streifen Feldes von unseren Wünschen. Ich bins, der nach Beendigung der Schlacht die Habe von ganzen Völkern und von Königen verschenken darf: welche Unruhe entstand am Himmel, welcher Stern am Firmament hat seine Bahn verlassen, daß ihr Götter dem Strand Thessaliens soviel zugesteht? Entweder solcher Lohn für den Krieg erwartet uns heute oder aber Buße. Stellt euch ein Kreuz für Caesar, stellt euch Ketten für ihn vor, meinen Kopf auf der Rednerbühne aufgepflanzt, meinen Leib ins Feld geworfen, ein entsetzli- ches Gemetzel im Hürdenring des Marsfelds: wir stehen ja im Bürgerkrieg mit einem Truppenführer, der bei Sulla lernte. Doch allein um euch bewegt mich Sorge; denn mich erwartet Sicherheit durch Tod von eigener Hand — beim Stoß in meine Brust wird der von euch mich sehen, der rückwärts schaut, bevor der Feind geschlagen ist. Ihr Götter, deren sorgende Gedanken Römernot vom Himmel auf die Erde lenkten: siegen soll ein Mann, der gegen Besiegte das Racheschwert zu zücken nicht für nötig hält und der, wenn Mitbürger gegen ihn marschiert sind, dies nicht als Verbrechen rechnet. Als Pompejus eure Kolonnen auf engem Raum in Händen hatte und ihr Recken euch nicht rühren konntet, wie reichlich hat er da den Blutdurst seines Schwerts gestillt! Euch dagegen, Männer, bitte ich darum, es möchte keiner einen Gegner in den Rücken treffen: jeder Flüchtling soll als Landsmann gelten. Doch solange ihre Waffen blitzen, soll euch kein

ulla nec adversa conspecti fronte parentes
commoveant: voltus gladio turbate verendos.
sive quis infesto cognata in pectora ferro
ibit seu nullum violarit volnere pignus,
ignoti iugulum tamquam scelus imputet hostis.   325
sternite iam vallum fossasque implete ruina,
exeat ut plenis acies non sparsa maniplis.
parcite ne castris: vallo tendetis in illo,
unde acies peritura venit.' vix cuncta locuto
Caesare quemque suum munus trahit armaque raptim
sumpta Ceresque viris. capiunt praesagia belli   331
calcatisque ruunt castris; stant ordine nullo,
arte ducis nulla permittuntque omnia fatis.
si totidem Magni soceros totidemque petentes
urbis regna suae funesto in Marte locasses,   335
non tam praecipiti ruerent in proelia cursu.
    vidit ut hostiles in rectum exire catervas
Pompeius nullasque moras permittere bello,
sed superis placuisse diem, stat corde gelato
attonitus tantoque duci sic arma timere   340
omen erat. premit inde metus totumque per agmen
sublimi praevectus equo 'quem flagitat' inquit
'vestra diem virtus, finis civilibus armis,
quem quaesistis, adest. totas effundite vires:
extremum ferri superest opus unaque gentes   345
hora trahit. quisquis patriam carosque penates,
qui subolem ac thalamos desertaque pignora quaerit,
ense petat: medio posuit deus omnia campo.
causa iubet melior superos sperare secundos:
ipsi tela regent per viscera Caesaris, ipsi   350
Romanas sancire volunt hoc sanguine leges.

335 locasses *Grotius*: -et (-ent *P*)

Gedanke frommer Scheu, kein Anblick eurer Väter in der gegnerischen Linie rühren: entstellt mit eurem Schwert die Züge, die ihr ehren solltet! Mag jemand mit gezücktem Stahl auf eine Verwandtenbrust losfahren oder mag der Mann, dem er eine Wunde schlägt, kein Angehöriger sein —: auch solche Tötung eines unbekannten Gegners darf er als Verbrechen zu seinen Gunsten buchen. Macht jetzt den Wall dem Boden gleich und füllt mit seinem Schutt die Gräben, damit die Kampffront unzerdehnt in dicht geschlossenen Reihen ausmarschieren kann! Schont das Lager nicht: ihr werdet hinter jenem Wall euer Biwak finden, aus dem das todgeweihte Heer heranzieht." Kaum hatte Caesar geendet, als es jeden Mann zu seiner Pflicht zog, als man rasch zu den Waffen und zur Zehrung griff. Sie ließen es als Siegverheißung gelten, das Lager zu zertreten, und stürzten fort; auch ohne jeden Ordnungsplan des Feldherrn standen sie an ihrem Platz und überließen alles der Bestimmung. Wenn jeder, den man in das mörderische Ringen schickte, auch selber Schwiegervater des Pompejus und auf Alleinherrschaft in seiner Heimatstadt bedacht gewesen wäre, hätten sie nicht stürmischer dem Kampf entgegenstürzen können.

Als Pompejus sah, daß die feindlichen Abteilungen Richtung auf ihn nahmen und ihm keinen Kampfaufschub mehr gönnten, vielmehr die Götter sich für diesen Tag entschieden hatten, stand er mit zu Eis erstarrtem Herzen benommen da, und wenn ein so bewährter Führer solche Furcht vor einem Waffengang empfand, war ihm dies ein schlimmes Zeichen. Dann unterdrückte er seine Ängste, zog hoch zu Roß die ganze Front entlang und rief: „Der Tag, den eure tapferen Herzen fordern, das von euch verlangte Ende des Bürgerkriegs ist da. Setzt eure ganzen Kräfte ein: nur ein letzter Schwertstreich bleibt zu tun, und diese eine Stunde bietet Völker auf. Jedermann, der sich nach Heimat und teurem Herd, der sich nach Weib und Kind, nach den verlassenen Lieben sehnt, muß mit dem Schwert ans Ziel zu kommen suchen: mitten auf das Schlachtfeld hat Jupiter all dies als Preis gestellt. Das größere Recht heißt uns von den Göttern Gunst erhoffen: sie selber werden unsere Geschosse durch Caesars Lebensorgane lenken, sie selber wollen mit seinem Blut den römischen

si socero dare regna meo mundumque pararent,
praecipitare meam fatis potuere senectam:
non iratorum populis urbique deorum est
Pompeium servare ducem. quae vincere possent,   355
omnia contulimus. subiere pericula clari
sponte viri sacraque antiquus imagine miles;
si Curios his fata darent reducesque Camillos
temporibus Deciosque caput fatale voventes,
hinc starent. primo gentes oriente coactae   360
innumeraeque urbes, quantas in proelia numquam,
excivere manus: toto simul utimur orbe;
quidquid signiferi comprensum limite caeli
sub noton et borean hominum sumus, arma movemus.
nonne superfusis collectum cornibus hostem   365
in medium dabimus? paucas victoria dextras
exigit, at plures tantum clamore catervae
bella gerent: Caesar nostris non sufficit armis.
credite pendentes e summis moenibus urbis
crinibus effusis hortari in proelia matres;   370
credite grandaevum vetitumque aetate senatum
arma sequi sacros pedibus prosternere canos
atque ipsam domini metuentem occurrere Romam;
credite qui nunc est populus populumque futurum
permixtas afferre preces: haec libera nasci,   375
haec volt turba mori. si quis post pignora tanta
Pompeio locus est, cum prole et coniuge supplex,
imperii salva si maiestate liceret,
volverer ante pedes. Magnus, nisi vincitis, exul,
ludibrium soceri, vester pudor, ultima fata   380
deprecor ac turpes extremi cardinis annos,
ne discam servire senex.' tam maesta locuti
voce ducis flagrant animi Romanaque virtus

Gesetzen Geltung schaffen. Wenn sie meinem Schwiegervater Alleinherrschaft und Weltregiment zu verleihen
gedächten, konnten sie mich alten Mann vorzeitig in die
Grube fahren lassen: die Götter meinen es mit der Menschheit und mit Rom nicht böse, wenn sie Pompejus als Führer
am Leben erhalten. Alle Unterpfänder eines Sieges haben
wir vereinigt. Männer von hohem Rang haben sich freiwil-
lig in Gefahren begeben, und unsere Soldaten bieten ein
hehres Bild aus alten Tagen; wenn der Tod einen Curius
und Camillus und die Decier, die ihr Haupt hinunter-
weihten, diesen Zeiten wiederschenkte, stünden sie auf
unserer Seite. Nationen noch aus dem fernsten Morgenland
sowie zahllose Städte sind versammelt und haben Trup-
penmassen wie noch zu keiner Schlacht entboten: die ganze
Welt auf einmal steht uns zur Verfügung — all wir Menschen, die bis an den Tierkreis zwischen Süd und Nord
vereint sind, treten an zum Kampf. Werden wir den Feind
nicht durch Überflügelung zusammendrängen und in die
Zange nehmen? Zum Sieg bedarf es einzig einer Handvoll,
indes der größere Teil allein mit Kriegsgeschrei zu kämpfen
braucht: Caesar ist unserer Armee nicht gewachsen. Nehmt
an, es schauten von den Mauerzinnen Roms mit aufgelösten
Haaren die Frauen herab, um unseren Kampfgeist anzufeuern; nehmt an, betagte Senatoren, denen ihr Alter
Waffendienst verbietet, würfen euch zu Füßen ihr ehrwür-
diges Grauhaar in den Staub und die Göttin Roma selber
eilte in ihrer Angst vor einem Zwingherrn euch entgegen;
nehmt an, die Bürgerschaft von heute und die Bürgerschaft der Zukunft nahten mit vereinten Bitten — die
einen möchten frei geboren werden, die anderen in Freiheit
sterben. Wenn nach so beredten Fürsprechern für Pompejus
irgend Raum bleibt, würde ich mich mit meinen Söhnen
und mit meiner Frau kniefällig, sofern es unbeschadet
meines Feldherrnrangs geschehen dürfte, vor euren Füßen
im Staube wälzen. Ich, euer großer Führer, wäre ohne euren Sieg verfemt, dem Schwiegervater ein Gespött und eure
Schmach: laßt euch beschwören, daß mir das Schlimmste,
daß mir Schande in den Jahren vor Sonnenuntergang
erspart bleibt und ich nicht als alter Mann noch Knechtsdienst lernen muß!" Diese kummervolle Rede ihres Feldherrn befeuerte die Herzen, Roms Manneswert stand auf,

erigitur placuitque mori, si vera timeret.
   ergo utrimque pari procurrunt agmina motu   385
irarum; metus hos regni, spes excitat illos.
†hae facient dextrae quidquid† non expleat aetas
ulla nec humanum reparet genus omnibus annis,
ut vacet a ferro: gentes Mars iste futuras
obruet et populos aevi venientis in orbem   390
erepto natale feret. tunc omne Latinum
fabula nomen erit: Gabios Veiosque Coramque
pulvere vix tectae poterunt monstrare ruinae
Albanosque lares Laurentinosque penates,
rus vacuum, quod non habitet nisi nocte coacta   395
invitus questusque Numam iussisse senator.
non aetas haec carpsit edax monimentaque rerum
putria destituit: crimen civile videmus
tot vacuas urbes. generis quo turba redacta est
humani! toto populi qui nascimur orbe,   400
nec muros implere viris nec possumus agros:
urbs nos una capit. vincto fossore coluntur
Hesperiae segetes, stat tectis putris avitis
in nullos ruitura domus nulloque frequentem
cive suo Romam, sed mundi faece repletam   405
cladis eo dedimus, ne tanto in corpore bellum
iam possit civile geri. Pharsalia tanti
causa mali; cedant feralia nomina Cannae
et damnata diu Romanis Allia fastis:
tempora signavit leviorum Roma malorum,   410
hunc voluit nescire diem. pro tristia fata!
aera pestiferum tractu morbosque fluentes
insanamque famem permissasque ignibus urbes
moeniaque in praeceps laturos plena tremores
hi possunt explere viri, quos undique traxit   415

387 *loco conclamato temptavit* rapient *Housman,* quidquid dextrae *Usener; audacius quam verius Axelson, Stud. z. Textgesch. 31 sqq.; aliorum sententias nuper recensuit Bradley, Latomus 28, 1969,179 sqq.*   explicat *c, sed cf.* 415
406 corpore *vel* tempore

und man war zum Tod entschlossen, falls seine Befürchtungen sich bewahrheiten würden.

So stürmten die Kolonnen denn von beiden Seiten mit der gleichen grimmigen Leidenschaft voran; die einen spornte Angst vor Alleinherrschaft, Hoffnung auf sie die anderen. All die Verluste, die diese Männer schaffen werden, vermöchte keine Ewigkeit auszugleichen und die Menschheit in ihrer ganzen Lebenszeit nicht gutzumachen, bliebe sie auch von Kriegen verschont: die heutige Schlacht wird künftige Geschlechter unter sich begraben, ja, sie wird Scharen der Generation, die jetzt zur Welt gekommen wäre, um ihre Geburt betrügen und dem Leben vorenthalten. Dann wird aller Stolz von Latium bloße Mär sein: nur mit Mühe werden an staubbedeckten Ruinen Gabii und Veji und Cora zu erkennen sein, Albas Häuser und Laviniums Heime, Ödland jetzt und unbewohnt, soweit nicht ein Ratsherr ungern und seufzend, daß Numas Fest es so verlangt, dort eine Nacht verbringen muß. Es war nicht Fraß der Zeit, der diese Trümmer schuf und Geschichtsdenkmäler zum Verfall bestimmte: Schuld des Bürgerkriegs tritt uns in all den verlassenen Städten vor Augen. Auf welchen kleinen Rest ist die vielköpfige Menschheit eingeschmolzen! Wir Erdenkinder allesamt vermögen weder feste Plätze noch Ackerfluren zu bevölkern: uns faßt eine einzige Stadt. Von Pflügern in Sklavenfesseln werden Hesperiens Saatfelder bestellt, die Häuser mit ihren mürben alten Dächern stehen bereit zum Einsturz, doch über keinem Menschenhaupt, und Rom zeigt kein Gewimmel eigener Bürger mehr, sondern ist mit dem Abschaum fremder Völker vollgestopft, von uns so tief gestürzt, daß in der riesigen Gemeinde Bürgerkrieg nicht mehr stattfinden kann. Die Walstatt von Pharsalus ist an all dem Unglück schuld; verblassen muß der fürchterliche Name Cannae und die seit langer Zeit im römischen Kalender schwarz vermerkte Alliaschlacht, hat doch Rom die Daten geringerer Schläge festgehalten, aber von diesem Tag nichts wissen wollen. Welch jammervolles Schicksal! Pestluft, gefährlich einzuatmen, schleichende Seuchen, rasende Hungersnot, Feuersbrünste in wehrlosen Städten und Erdbeben, die künftig dichtbewohnte Mauerringe niederlegen wollen, all dies könnten die Männer hier

in miseram Fortuna necem, dum munera longi
explicat eripiens aevi populosque ducesque
constituit campis, per quos tibi, Roma, ruenti
ostendat, quam magna cadas. quae latius orbem
possedit, citius per prospera fata cucurrit?   420
omne tibi bellum gentes dedit, omnibus annis
te geminum Titan procedere vidit in axem;
haud multum terrae spatium restabat Eoae,
ut tibi nox, tibi tota dies, tibi curreret aether
omniaque errantes stellae Romana viderent.   425
sed retro tua fata tulit par omnibus annis
Emathiae funesta dies. hac luce cruenta
effectum, ut Latios non horreat India fasces
nec vetitos errare Dahas in moenia ducat
Sarmaticumque premat succinctus consul aratrum,   430
quod semper saevas debet tibi Parthia poenas,
quod fugiens civile nefas redituraque numquam
Libertas ultra Tigrim Rhenumque recessit
ac totiens nobis iugulo quaesita vagatur,
Germanum Scythicumque bonum, nec respicit ultra   435
Ausoniam, vellem, populis incognita nostris.
volturis ut primum laevo fundata volatu
Romulus infami complevit moenia luco,
usque ad Thessalicas servisses, Roma, ruinas.
de Brutis, Fortuna, queror: quid tempora legum   440
egimus aut annos a consule nomen habentes?
felices Arabes Medique Eoaque tellus,
quam sub perpetuis tenuerunt fata tyrannis:
ex populis, qui regna ferunt, sors ultima nostra est,
quos servire pudet. sunt nobis nulla profecto   445
numina: cum caeco rapiantur saecula casu,
mentimur regnare Iovem. spectabit ab alto

---

421 annis *vel* armis

ausgleichen, die Fortuna aus der ganzen Welt zu elender
Schlachtung herangeschleppt hat, indem sie den Gewinn
aus vielen Generationen vorführte, um ihn zugleich hin-
wegzunehmen, Mannen und Führer auf die Walstatt
stellte, mit denen sie dir, Rom, bei deinem Sturz vor Augen
führen wollte, wie gewaltig du im Augenblick deines
Fallens warst. Welche Stadt besaß jemals den Erdball auf
so weite Strecken, eilte so rasch von Erfolg zu Erfolg? Jeder Krieg hat dir Nationen eingebracht, Jahr für Jahr
hat Helios dich beiden Polen näherrücken sehen; es fehlte
nur ein kleines Stück im Morgenland, daß die Sonne nicht
nur für dich sank, sondern ganz für dich auch aufging,
sich für dich das Firmament bewegte, die Planeten überall
nur römisches Gebiet erblickten. Aber der Unglückstag in
Emathia drehte dein Schicksalsrad um all die Jahre zurück.
Sein mörderischer Schein hat es verursacht, daß Indien
Latiums Beile nicht mehr fürchtet und kein Konsul, um
Daër dem Nomadenleben zu entwöhnen und in Städten
anzusiedeln, mit feierlich geraffter Toga in Sarmatien
Furchen zieht, hat es dahin gebracht, daß Parthien dir
noch immer schonungslose Buße schuldet, daß die Frei-
heitsgöttin vor dem Bruderkrieg das Weite suchte, auf
Nimmerwiedersehen über Tigris und Rhein hinaus entwich und, wenngleich oft genug unter Einsatz unseres
Lebens heimgerufen, durch die Welt schweift, zum Segen
für Germanien und Skythien, ohne noch Ausonien einen
Blick zu gönnen — ich wünschte, sie wäre unseren Bürgern
unbekannt geblieben. Von dem Tag an, Rom, da Romulus
dich unter Geierflug, weil dieser von links kam, gegründet
und mit verrufenen Asylbewohnern gefüllt hat, hättest
du bis zu der Katastrophe in Thessalien Sklavin bleiben
sollen. Daß du einen Brutus schicktest, verarge ich dir,
Fortuna: wozu haben wir Zeiten der Gesetzlichkeit verbracht, wozu Jahre, die nach Konsuln hießen? Glücklich
sind Araber, Meder und alles Morgenland, dem es bestimmt
war, ohne Unterlaß in Despotenhand zu bleiben: von
den Völkern, die einen Monarchen dulden müssen, tragen
wir das schlimmste Los, schämen wir uns doch der Knechtschaft. Für uns gibt es gewißlich keine Götter: wenn sich
die Welt von blindem Zufall treiben läßt, ist unsere Rede
von Jupiters Regierung Lüge. Wird er vom Himmel droben

aethere Thessalicas, teneat cum fulmina, caedes?
scilicet ipse petet Pholoen, petet ignibus Oeten
immeritaeque nemus Rhodopes pinusque Mimantis,   450
Cassius hoc potius feriet caput? astra Thyestae
intulit et subitis damnavit noctibus Argos:
tot similes fratrum gladios patrumque gerenti
Thessaliae dabit ille diem? mortalia nulli
sunt curata deo. cladis tamen huius habemus   455
vindictam, quantam terris dare numina fas est:
bella pares superis facient civilia divos,
fulminibus manes radiisque ornabit et astris
inque deum templis iurabit Roma per umbras.
    ut rapido cursu fati suprema morantem   460
consumpsere locum, parva tellure dirempti,
quo sua pila cadant aut quam sibi fata minentur   463
inde manum, spectant. tempus, quo noscere possent, 462
facturi quae monstra forent: videre parentes
frontibus adversis fraternaque comminus arma   465
nec libuit mutare locum; tamen omnia torpor
pectora constrinxit gelidusque in viscera sanguis
percussa pietate coit totaeque cohortes
pila parata diu tensis tenuere lacertis.
di tibi non mortem, quae cunctis poena paratur,   470
sed sensum post fata tuae dent, Crastine, morti,
cuius torta manu commisit lancea bellum
primaque Thessaliam Romano sanguine tinxit.
o praeceps rabies! cum Caesar tela teneret,
inventa est prior ulla manus? tum stridulus aer   475
elisus lituis conceptaque classica cornu,
tunc ausae dare signa tubae, tunc aethera tendit

---

450 Mimantis *Parrhasius*: minantis (-es) *sim.*
462 *post* **463** *habent codices plurimi et Schol. Stat. Theb. 6,735*
       manum *vel* -us (*inde* 463 qua *U*)   tempus *ωacArn. Schol.l.c.*:
       vultus *V*ᵛπ, *deinde* -que agnoscere quaerunt *G²UZ²*   *cf.*
       Fraenkel 288 sq. et post alios Bradley l.c. 182 sqq. Matzke,
       Mnemos. IV 22,1969,181 sqq.

dem Blutbad in Thessalien zuschauen, wenn er Blitze
hat? Wird er selber wohl gar seinen Wetterstrahl auf
Pholoë und Oite, auf unschuldige Wälder des Rhodopege-
birges und Pinien des Mimas schleudern, während an
seiner Stelle Cassius Caesar niederstreckt? Er hat über
Thyestes Nacht gebreitet, die Schandtat von Mykene
mit plötzlicher Finsternis gestraft: und er wird nun Thessalien Tageslicht gewähren, wo Brüder und Väter zu
ähnlichem Frevel Schwert um Schwert in Händen halten?
Um Menschendinge hat ein Gott sich nie gekümmert.
Doch haben wir für diese Katastrophe die größte Genug-
tuung, die Götter Sterblichen mit Fug und Recht nur
leisten können: der Bürgerkrieg wird Menschen durch
Vergöttlichung den Überirdischen zu Partnern geben,
Rom wird Tote mit Blitzen und Strahlenkränzen und
Sternen schmücken, wird in Göttertempeln bei Gestorbenen
schwören.

Als sie den Zwischenraum, der die Vollendung des
Verhängnisses hintanhielt, im Sturmlauf aufgehoben hatten
und nur mehr durch einen schmalen Streifen voneinander
geschieden waren, schauten sie hinüber, in wie teure Leiber
ihre Speere fahren würden, wie liebe Hände das Verhängnis
drüben gegen sie zu nutzen drohte. Dies war die Stunde,
in der sie hätten erkennen können, welche Greuel sie
vollbringen wollten: sie sahen auf der Gegenseite ihre
Väter und Brüder von Angesicht zu Angesicht in Waffen,
wollten aber nicht vom Platze weichen — immerhin krampf-
te sich jede Brust erstarrt zusammen, kalt staute sich,
als ihr Gefühl für Angehörige den Todesstoß erhalten
hatte, das Blut in ihren Herzen, und ganze Kohorten
hielten ihre längst bereiten Speere mit schon gespannten
Muskeln noch zurück. Dir, Crastinus, sollen die Götter
nicht nur Tod bereiten, der allen als Sühne bevorsteht,
sondern sollen nach dem Ende deinem toten Leib Gewissen
verleihen: deine Rechte schleuderte die Lanze, die den
Kampf eröffnete und zum ersten Mal Thessalien mit
Römerblut färbte. Vorschneller Irrsinn! Wenn ein Caesar
noch Geschosse zurückhielt, fand sich auch nur eine Hand,
die ihm zuvorkam? Jetzt stießen Zinken schrille Töne
aus und schmetterten Hörner die Fanfare, jetzt wagten
Trompeten ihr Signal zu blasen, jetzt stieg Getöse gen

extremique fragor convexa irrumpit Olympi,
unde procul nubes, quo nulla tonitrua durant.
excepit resonis clamorem vallibus Haemus   480
Peliacisque dedit rursus geminare cavernis,
Pindus agit fremitus Pangaeaque saxa resultant
Oetaeaeque gemunt rupes vocesque furoris
expavere sui tota tellure relatas.

spargitur innumerum diversis missile votis: 485
volnera pars optat, pars terrae figere tela
ac puras servare manus; rapit omnia casus
atque incerta facit, quos volt, Fortuna nocentes.
sed quota pars cladis iaculis ferroque volanti
exacta est! odiis solus civilibus ensis   490
sufficit et dextras Romana in viscera ducit.
Pompei densis acies stipata catervis
iunxerat in seriem nexis umbonibus arma
vixque habitura locum dextras ac tela movendi
constiterat gladiosque suos compressa timebat.   495
praecipiti cursu vaesanum Caesaris agmen
in densos agitur cuneos perque arma, per hostem
quaerit iter. qua torta graves lorica catenas
opponit tutoque latet sub tegmine pectus,
hac quoque perventum est ad viscera totque per arma 500
extremum est, quod quisque ferit. civilia bella
una acies patitur, gerit altera: frigidus inde
stat gladius, calet omne nocens a Caesare ferrum.

    nec Fortuna diu rerum tot pondera vergens
abstulit ingentes fato torrente ruinas.   505
ut primum toto diduxit cornua campo
Pompeianus eques bellique per ultima fudit,
sparsa per extremos levis armatura maniplos
insequitur saevasque manus immittit in hostem.
illic quaeque suo miscet gens proelia telo,   510
Romanus cunctis petitur cruor; inde sagittae,

Himmel und erscholl auf dem höchsten Grat des Olymp,
dem doch Sturmgewölk fernbleibt, zu dem kein Donner
reicht. Mit widerhallenden Hängen nahmen die Balkanberge das Lärmen auf und gaben es zu nochmaliger Ver-
doppelung an die Schlüfte des Pelion weiter, der Pindos
stöhnte, das Pangaiongestein warf den Klang zurück, die
Oitefelsen ächzten, und die Armeen erschraken, als die
Laute eines Wahnsinns, der allein der ihrige war, rings
im Lande Echo fanden. Allenthalben warf man ungezählte
Speere, freilich in verschiedener Absicht: die einen wünschten Wunden zu schlagen, die anderen ihre Geschosse nur
in den Boden zu bohren und reine Hände zu behalten —
doch der Zufall raffte alles an sich, und Fortuna machte
wahllos zum Verbrecher, wen sie wollte. Aber nur den
geringsten Teil des Unglücks richteten die Speere, richtete
geworfenes Eisen an: dem Bruderhaß tat einzig das Schwert
genug, das die Hände zum Stoß in Römerherzen führte.
Pompejus' Armee war in dichten Reihen zusammengerückt,
hatte Schild um Schild verschränkt und ihre Wehr geschlossen, stand so da, daß ihr zum Rühren von Armen und
Geschossen kaum mehr Raum blieb, und mußte in solcher
Ballung ihre eigenen Schwerter fürchten. In rasendem
Sturm rannten Caesars Truppen gegen die dichten Keile
an, um sich durch Wehr und Feinde einen Weg zu bahnen.
Wo ein Kettenpanzer schwere Ringe entgegensetzte und
eine Brust sich unter sicherer Deckung barg, selbst da
gelangte man ins Herz, und durch alle Wappnung wußte
jedermann bis auf den Grund zu stoßen. Die eine Armee
litt Bürgerkrieg, die andere führte ihn: kalt und regungslos
blieb dort das Schwert, heiß und schuldig wurde aller
Stahl auf Caesars Seite.

Doch nicht lange ließ Fortuna es dabei bewenden,
das Weltgebäude aus dem Gleichgewicht zu bringen, sondern riß jetzt ungeheure Trümmer im Schicksalsstrudel
mit sich fort. Sobald Pompejus' Reiterei ihre Flügel im
ganzen Feld entfaltet und an der Heeresflanke ausgebreitet
hatte, stießen die am Rand der Infanterie verteilten Leicht-
bewaffneten nach und stürzten sich in wilden Haufen
auf den Feind. An jener Stelle griff jede Nation mit der
ihr eigenen Waffe in den Kampf ein, alle im Verlangen
nach Römerblut; dorther flogen Pfeile, dorther Brand-

inde faces et saxa volant spatioque solutae
aeris et calido liquefactae pondere glandes,
{tunc et Ityraei Medique Arabesque soluti,
arcu turba minax, nusquam rexere sagittas,   515
sed petitur solus, qui campis imminet aer.
inde cadunt mortes, sceleris sed crimine nullo
externum maculant chalybem: stetit omne coactum
circa pila nefas. ferro subtexitur aether
noxque super campos telis conserta pependit}   520
cum Caesar metuens, ne frons sibi prima laboret
incursu, tenet obliquas post signa cohortes
inque latus belli, qua se vagus hostis agebat,
emittit subitum non motis cornibus agmen.
immemores pugnae nulloque pudore timendi   525
praecipites fecere palam civilia bella
non bene barbaricis umquam commissa catervis.
ut primum sonipes transfixus pectora ferro
in caput effusi calcavit membra regentis,
omnis eques cessit campis glomerataque nubes   530
in sua conversis praeceps ruit agmina frenis.
perdidit inde modum caedes ac nulla secuta est
pugna, sed hinc iugulis, hinc ferro bella geruntur
nec valet haec acies tantum prosternere, quantum
inde perire potest. utinam, Pharsalia, campis   535
sufficiat cruor iste tuis, quem barbara fundunt
pectora: non alio mutentur sanguine fontes,
hic numerus totos tibi vestiat ossibus agros.
aut si Romano compleri sanguine mavis,
istis parce, precor: vivant Galataeque Syrique,   540
Cappadoces Gallique extremique orbis Hiberi,
Armenii, Cilices; nam post civilia bella
hic populus Romanus erit. semel ortus in omnes
it timor et fatis datus est pro Caesare cursus.

    ventum erat ad robur Magni mediasque catervas: 545

514-520 *v. comm.*
521 laboret *vel* labaret
528 primus *c*

geschosse, Steine und Schleuderkugeln, die auf ihrem
Weg durch die Luft, wenn sich das Blei erwärmte, weich
wurden und ins Schmelzen kamen. { Jetzt schossen auch
Ituräer, Meder und ungebundene Araber, sonst gefährliche
Bogenschützen, ihre Pfeile ohne jede Richtung ab, zielten
vielmehr nur in den Luftraum, der über dem Schlachtfeld
lag. Im Fall von oben kam so mancher Tod, doch keinen
Vorwurf eines Frevels luden die Auslandsschützen ihrem
Eisen auf: alle Schandtat stand geballt bei Römerspeeren.
Stahl verdüsterte die Luft, und schwarze Wolken von
Geschossen schwebten über dem Gefilde.} Da setzte Caesar
die Kohorten, die er aus Sorge, seine vordere Linie könnte
unter einem Sturmangriff ins Wanken kommen, hinter
den Kämpfern quer zur Front bereithielt, in Richtung auf
die Heeresflanke, wo sich der Feind in loser Ordnung
tummelte, ohne Flügelschwenkung unversehens in Marsch.
Statt an Kampf zu denken und sich ihrer Angst zu schämen,
stürzten die anderen davon und machten deutlich, daß
es noch niemals gut tat, einen Bürgerkrieg Barbarenhorden
zu überlassen. Sobald ein Pferd, die Brust von einem Speer
durchbohrt, seinen Herrn kopfüber abgeworfen hatte und
über seinen Leib dahingestampft war, räumte die ganze
Reiterei das Feld und stürmte in dichter Wolke mit herum-
geworfenen Zügeln ohne Halten zur eigenen Armee zurück.
Jetzt begann ein Schlachten ohne Maß, und das Folgende
war keine Schlacht, nein, hier führte man sterbend, dort tö-
tend Krieg, und das eine Heer vermochte nicht so viele Menschen niederzustrecken, wie vom anderen fallen konnten.
Walstatt von Pharsalus, nimm doch mit dem Blut vorlieb,
das aus Barbarenherzen strömt: verfärbe deine Wasser
nicht durch Aderlaß bei anderen, bedecke deine ganze
Flur mit den Gebeinen jener großen Schar! Oder wenn
du dich lieber an Römerblut ersättigen willst, so schone
bitte jene: weiterleben sollen Galater wie Syrer, Kappado-
ker, Gallier ebenso wie Spanier vom Erdenrand, Armenier,
Kilikier, müssen sie doch nach dem Bürgerkrieg das Römervolk sein. — Die einmal entstandene Panik griff auf alle
über, und das Schicksal durfte seinen Lauf zu Caesars
Gunsten nehmen.
    Da war man zu Pompejus' Kerntruppe im Zentrum
seines Heers gelangt: hatte die Schlacht bis jetzt in freiem

quod totos errore vago perfuderat agros,
constitit hic bellum fortunaque Caesaris haesit.
non illic regum auxiliis collecta iuventus
bella gerit ferrumque manus movere rogatae:
ille locus fratres habuit, locus ille parentes,   550
hic furor, hic rabies, hic sunt tua crimina, Caesar.
hanc fuge, mens, partem belli tenebrisque relinque
nullaque tantorum discat me vate malorum,
quam multum liceat bellis civilibus, aetas.
a potius pereant lacrimae pereantque querellae: 555
quidquid in hac acie gessisti, Roma, tacebo.
hic Caesar, rabies populis stimulusque furorum,
ne qua parte sui pereat scelus, agmina circum
it vagus atque ignes animis flagrantibus addit;
inspicit et gladios, qui toti sanguine manent,   560
qui niteant primo tantum mucrone cruenti,
quae presso tremat ense manus, quis languida tela,
quis contenta ferat, quis praestet bella iubenti,
quem pugnare iuvet, quis voltum cive perempto
mutet; obit latis proiecta cadavera campis,   565
volnera multorum totum fusura cruorem
opposita premit ipse manu. quacumque vagatur
sanguineum veluti quatiens Bellona flagellum
Bistonas aut Mavors agitans, si verbere saevo
Palladia stimulet turbatos aegide currus,   570
nox ingens scelerum est, caedes oriuntur et instar
immensae vocis gemitus et pondere lapsi
pectoris arma sonant confractique ensibus enses.
ipse manu subicit gladios ac tela ministrat
adversosque iubet ferro confundere voltus;   575
promovet ipse acies, impellit terga suorum,
verbere conversae cessantes excitat hastae.
in plebem vetat ire manus monstratque senatum;

557 populis G^vV: -i
575 confundere M^vV (cf. 2,191. 3,758): cont-

Hin und Her das ganze Gelände überflutet, so kam sie
hier zum Stehen, und Caesars Glück verhielt. An dieser
Stelle kämpfte keine aus Hilfskorps von Monarchen auf-
gestellte Mannschaft, schwangen nicht angeworbene Fäuste
ihre Waffen: dies war der Platz von Brüdern, dies der
Platz von Vätern, hier hausten dein Wahnsinn, hier deine
Tollwut, hier deine Schändlichkeiten, Caesar. Flieht, ihr
Gedanken, fort von diesem Kampfakt und laßt ihn im
Dunkeln; kein Geschlecht soll mich von solchen Greueln
künden hören und erfahren, wie große Vollmacht einem
Bürgerkrieg gegeben ist. Ach, lieber sollen Tränen, sollen
Klagen unterbleiben: alles, was du in diesem Kampf
verübtest, Rom, will ich verschweigen. Hier nun machte
Caesar, Tollwutherd für seine Bürger und Ansporn ihrer
Wahnsinnstaten, um nicht irgendwo, soviel auf ihn ankam,
Verbrechen ungeschehen zu lassen, überall die Runde
bei seinen Truppen und schürte den Feuerbrand in ihren
Herzen; ja, er prüfte, welche Schwerter ganz von Blut
troffen und welche nur vorn an der Spitze roten Schimmer
zeigten, welche Faust ihren Degen nur zitternd gepackt
hielt, wer mit mattem und wer mit straffem Schwung
seinen Speer warf, wer sich einzig auf Kommando schlug
und wen das Fechten freute, wer beim Töten eines Lands-
manns seine Farbe wechselte; er ging von Leiche zu
Leiche, die im weiten Gefilde dalag, und drückte selbst
mit aufgestemmter Hand vieler Menschen Wunden zu,
die schon alles Blut verströmen wollten. Überall, wo
er daherkam, war es, als schwänge Bellona ihre blutige
Geißel oder jagte Ares seine Thraker zum Kampf und
triebe mit wilden Peitschenhieben seine Pferde an, wenn
sie vor Athenas Aigis scheuten: ein ungeheuerliches Chaos
von Verbrechen herrschte, ein Schlachten begann, einem
Schrei ohne Ende glichen die Todesseufzer, Harnische
krachten, wo Männer schwer auf die Brust stürzten, und
krachend zersprangen Degen an Degen. Selber reichte
er Schwerter nach, wartete mit Geschossen auf und hieß
die Züge des Gegners mit dem Stahl verwüsten; selber
trieb er die Reihen vor, stieß seine Leute ins Gefecht, wenn
sie sich von der Stelle wandten, und scheuchte Zaudernde
mit Hieben einer umgedrehten Lanze auf. Er wehrte den
Soldaten, einfache Männer anzugreifen, und wies auf

scit, cruor imperii qui sit, quae viscera rerum,
unde petat Romam, libertas ultima mundi   580
quo steterit ferienda loco. permixta secundo
ordine nobilitas venerandaque corpora ferro
urguentur: caedunt Lepidos caeduntque Metellos
Corvinosque simul Torquataque nomina, rerum
saepe duces summosque hominum te, Magne, remoto.
illic plebeia contectus casside voltus   586
ignotusque hosti quod ferrum, Brute, tenebas!
o decus imperii, spes o suprema senatus,
extremum tanti generis per saecula nomen,
ne rue per medios nimium temerarius hostis   590
nec tibi fatales admoveris ante Philippos,
Thessalia periture tua. nil proficis istic
Caesaris intentus iugulo: nondum attigit arcem
iuris et humani columen, quo cuncta premuntur,
egressus meruit fatis tam nobile letum;   595
vivat et, ut Bruti procumbat victima, regnet.
    hic patriae perit omne decus: iacet aggere magno
patricium campis non mixta plebe cadaver.
mors tamen eminuit clarorum in strage virorum
pugnacis Domiti, quem clades fata per omnes   600
ducebant: nusquam Magni fortuna sine illo
succubuit. victus totiens a Caesare salva
libertate perit: tunc mille in volnera laetus
labitur ac venia gaudet caruisse secunda.
viderat in crasso versantem sanguine membra   605
Caesar et increpitans 'iam Magni deseris arma,
successor Domiti, sine te iam bella geruntur'
dixerat. ast illi suffecit pectora pulsans
spiritus in vocem morientiaque ora resolvit:

594 humani *PU et fort.* G^1: -um   premuntur *vel* reg-

Senatoren; wußte er doch, wo die Lebensader des Reichs und wo die Organe des Staatswesens waren, an welcher Stelle er Rom fassen konnte, welches die letzte Bastion der Freiheit in der Welt war, die er treffen mußte. Der Adel und mit ihm die Ritterschaft, ehrfurchtheischende Gestalten, wurden mit dem Stahl bedrängt: manchen Lepidus erschlug man, erschlug manchen Metellus, manch einen Corvinus zugleich und angesehenen Torquatus, Männer, die oft den Staat geleitet hatten und nach Pompejus an erster Stelle standen. Du, Brutus, bargst dort dein Gesicht unter gemeinem Helm und bliebst dem Gegner unerkennbar, mit welchem ausersehenen Stahl in deiner Hand! Du Stolz des Reichs, du höchste Hoffnung des Senats und Namenserbe eines durch Jahrhunderte hoch angesehenen Geschlechts, stürme nicht zu tollkühn mitten durch die Feinde und führe dir den Schicksalstag von Philippi nicht vor der Zeit herbei, sollst ja den Tod in einer eigenen Schlacht Thessaliens finden! Hier richtest du nichts aus mit einem Anschlag auf das Leben Caesars: noch hat er keine Zwingburg erklommen, noch nicht den Gipfel menschlicher Gewalt, vor dem sich alles duckt, überschritten und sich bei der Fügung einen Tod von dieser edlen Hand verdient — er soll am Leben bleiben und, um als Opfer eines Brutus hinzusinken, erst Tyrann sein.

Hier fand der ganze Stolz des Vaterlands sein Ende: zu Haufen getürmt, lagen Leichen von Patriziern im Gefilde, ohne daß einfache Männer darunter waren. Doch obenan im Gemetzel unter Edelleuten stand das Sterben des wackeren Kämpen Domitius, den das Verhängnis durch alle Katastrophen führte: nirgends fehlte er, wo Pompejus' Glück erlag. Wenngleich von Caesar oft genug geschlagen, blieb er bis zum Tod ein freier Mann: er sank jetzt frohen Herzens über tausend Wunden hin und freute sich, von einer zweiten Begnadigung verschont zu bleiben. Als er sich in der Lache seines Blutes wälzte, hatte Caesar ihn gesehen und höhnisch angerufen: „Endlich desertierst du aus Pompejus' Heer, Domitius, mein Nachfolger! Endlich wird der Krieg ohne dich geführt." Doch jenem pulste noch genügend Atem in der Brust, daß er sprechen konnte, und er öffnete den Mund im Sterben: „Nicht im Besitz

'non te funesta scelerum mercede potitum,   610
sed dubium fati, Caesar, generoque minorem
aspiciens Stygias Magno duce liber ad umbras
et securus eo. te saevo Marte subactum
Pompeioque graves poenas nobisque daturum,
cum moriar, sperare licet.' non plura locutum   615
vita fugit densaeque oculos vertere tenebrae.
     impendisse pudet lacrimas in funere mundi
mortibus innumeris ac singula fata sequentem
quaerere, letiferum per cuius viscera volnus
exierit, quis fusa solo vitalia calcet,   620
ore quis adverso demissum faucibus ensem
expulerit moriens anima, quis corruat ictus,
quis steterit, dum membra cadunt, qui pectore tela
transmittant aut quos campis affixerit hasta,
quis cruor emissis perruperit aera venis   625
inque hostis cadat arma sui, quis pectora fratris
caedat et, ut notum possit spoliare cadaver,
abscisum longe mittat caput, ora parentis
quis laceret nimiaque probet spectantibus ira,
quem iugulat, non esse patrem. mors nulla querella   630
digna sua est nullosque hominum lugere vacamus.
non istas habuit pugnae Pharsalia partes,
quas aliae clades: illic per fata virorum,
per populos hic Roma perit; quod militis illic,
mors hic gentis erat; sanguis ibi fluxit Achaeus,   635
Ponticus, Assyrius: cunctos haerere cruores
Romanus campisque vetat consistere torrens.
maius ab hac acie quam quod sua saecula ferrent
volnus habent populi, plus est quam vita salusque,
quod perit: in totum mundi prosternimur aevum,   640
vincitur his gladiis omnis, quae serviet, aetas.

616 pressere G^2M^2 (mers- *Oudendorp*)
622 anima U: -am (-ae G^1)

des schnöden Lohns für deine Freveltaten stehst du mir
vor Augen, Caesar, sondern ungewissen Schicksals und
deinem Eidam unterlegen: so gehe ich unter Magnus'
Fahne frei und ruhig zu den Totengeistern. Daß du in
unbarmherziger Schlacht bezwungen wirst und schwere
Buße an Pompejus wie an mich entrichten mußt, darf ich
noch im Sterben hoffen." Bevor er weitersprechen konnte,
floh sein Leben, und in dichter Finsternis verdrehten sich
die Augen.

Beschämend wäre es, im Untergang der Welt an tausend-
faches Sterben Tränen zu wenden und im Verfolgen von
Einzelschicksalen zu fragen, wem ein tödliches Geschoß
mit seiner Wunde durch den Leib dahinfuhr, wer auf seine zu Boden geglittenen Eingeweide trat, wer das Schwert,
das ihm beim Blick zum Gegner tief in die Kehle fuhr,
sterbend mit seinem Odem zurücktrieb, wer unter einem
Hieb zusammensank und wer mit abgefallenen Armen
stehen blieb, wem ein Geschoß durch die Brust hinausdrang
und wen eine Lanze auf das Schlachtfeld spießte, wem
das Blut im Aderlaß durch die Luft spritzte und auf die
Rüstung seines Gegners fiel, wer seines Bruders Brust
durchbohrte und, um dem sonst kenntlichen Leichnam
Trophäen rauben zu können, den abgeschnittenen Kopf
weit fortwarf, wer seinem Vater das Gesicht zerhackte und
Augenzeugen durch solchen übermäßigen Grimm beweisen
wollte, er sei nicht der Sohn des Mannes, dem er den Hals
durchschnitt. Kein Tod verdient eine eigene Klage, und
es gebricht uns an Muße, irgendjemanden gesondert zu
betrauern. Pharsalus spielte nicht die bloße Rolle einer
Schlacht wie andere Katastrophen: sonst kam Rom durch
Tod von einzelnen zu Fall, von Völkern hier; während
sonst Soldaten starben, starben hier Nationen; hier floß
das Blut von Griechenland, von Pontus, von Assyrien,
ja, der ganzen Welt gehörten die roten Lachen, denen
der Strom aus Römerleibern Stauung und Stillstand im
Gelände wehrte. Eine größere Wunde trägt die Nachwelt
von dieser Schlacht davon, als die ihr zugestandenen Jahrhunderte verwinden könnten, und mehr als Leben und
Erhaltung geht zugrunde: wir sinken für alle Ewigkeit
der Welt zu Boden, jede Generation unterliegt diesen
Schwertern, und jede wird nun Knechtsdienst leisten.

proxima quid suboles aut quid meruere nepotes
in regnum nasci? pavide num gessimus arma
teximus aut iugulos? alieni poena timoris
in nostra cervice sedet. post proelia natis   645
si dominum, Fortuna, dabas, et bella dedisses.
    iam Magnus transisse deos Romanaque fata
senserat infelix tota vix clade coactus
fortunam damnare suam. stetit aggere campi,
eminus unde omnes sparsas per Thessala rura   650
aspiceret clades, quae bello obstante latebant:
tot telis sua fata peti, tot corpora fusa
ac se tam multo pereuntem sanguine vidit.
nec, sicut mos est miseris, trahere omnia secum
mersa iuvat gentesque suae miscere ruinae: 655
ut Latiae post se vivat pars maxima turbae,
sustinuit dignos etiamnunc credere votis
caelicolas voluitque sui solacia casus.
'parcite,' ait 'superi, cunctas prosternere gentes:
stante potest mundo Romaque superstite Magnus   660
esse miser. si plura iuvant mea volnera, coniunx
est mihi, sunt nati: dedimus tot pignora fatis.
civiline parum est bello, si meque meosque
obruit? exiguae clades sumus orbe remoto?
omnia quid laceras, quid perdere cuncta laboras?   665
iam nihil est, Fortuna, meum.' sic fatur et arma
signaque et afflictas omni iam parte catervas
circumit et revocat matura in fata ruentes
seque negat tanti. nec derat robur in enses
ire duci iuguloque pati vel pectore letum.   670
sed timuit, strato miles ne corpore Magni

658 vovit (*ex votis* 657) *V* (novit, volvit *s.s.*) *Arn.*ᵛ, *sed v. Ollfors,*
       Textkrit. . . . Beitr. z. Lucan 59 sqq.
671 sed ωα: aut *G¹P* (*cf.* 673)

Womit verdienten es die Söhne und womit die Enkel,
daß sie in Tyrannentum hineingeboren wurden? Sind
wir es, die feige kämpften und ihre Hälse schirmten?
Strafe für die Angst von Fremden lastet uns im Nacken.
Wenn du den nach der Schlacht Geborenen einen Zwingherrn gabst, Fortuna, hättest du ihnen auch Kämpfe
gönnen sollen!

Endlich hatte Pompejus gespürt, daß die Götter und
Roms Schicksal zum Feind gegangen waren, der unselige
Mann, den selbst eine völlige Niederlage nur mühsam
dahin brachte, sein Glück verloren zu geben. Er stand
auf einem Höhenzug im Feld, wo er aus der Ferne das
ganze Blutbad ringsum in Thessaliens Fluren überblicken
konnte, das ihm verborgen geblieben war, solange die
Kämpfer es verstellten: da sah er, daß es sein Leben war,
dem ungezählte Geschosse galten, daß ungezählte Leichen
den Boden bedeckten und er selbst in all dem Blut sein
Ende fand. Doch freute es ihn nicht nach Art verlorener
Menschen, alles mit sich zur Tiefe hinabzuziehen und
Nationen in seinen Sturz zu verwickeln: damit der größte
Teil des Römervolks nach seinem Weggang weiterlebe,
gewann er es über sich, die Himmelsherren auch jetzt
noch eines Gebets zu würdigen, und wollte Ausgleich
für den eigenen Untergang. „Laßt ab, ihr Götter droben,"
rief er, „alle Nationen in Staub zu werfen: Magnus vermag
es anzusehen, daß die Welt besteht und Rom erhalten
bleibt, wenn er verloren ist. Macht es euch Freude, meine
Wunden zu vermehren, so habe ich eine Gattin, habe
Söhne: ein Unterpfand ums andere gab ich dem Geschick.
Ist es dem Bürgerkrieg zu wenig, mich und die Meinen
unter sich zu begraben? Ist es ein Geringes, wenn wir
fallen und die Welt verschont bleibt? Warum, Fortuna,
reißt du alles ein, warum suchst du das Universum zu
vernichten? Es gibt nichts mehr, was mir gehört." Nach
diesen Worten machte er, wo seine überall schon ange-
schlagenen Abteilungen noch unter Waffen und Standarten
standen, die Runde, hinderte die Männer, vorzeitig in
den Tod zu rennen, und lehnte solch ein Opfer für sich
ab. Dabei fehlte es dem Feldherrn nicht an Mut, sich
Schwertern entgegenzuwerfen und in Hals oder Brust die
Todeswunde zu empfangen. Aber er war in Sorge, daß

non fugeret supraque ducem procumberet orbis,
Caesaris aut oculis voluit subducere mortem,
nequiquam, infelix: socero spectare volenti
praestandum est ubicumque caput. sed tu quoque, coniunx,
causa fugae voltusque tui fatisque negatum   676
te praesente mori. tum Magnum concitus aufert
a bello sonipes non tergo tela paventem
ingentesque animos extrema in fata ferentem.
non gemitus, non fletus erat salvaque verendus   680
maiestate dolor, qualem te, Magne, decebat
Romanis praestare malis. non impare voltu
aspicis Emathiam: nec te videre superbum
prospera bellorum nec fractum adversa videbunt
quamque fuit laeto per tres infida triumphos   685
tam misero Fortuna minor. iam pondere fati
deposito securus abis. nunc tempora laeta
respexisse vacat; spes numquam implenda recessit:
quid fueris, nunc scire licet. fuge proelia dira
ac testare deos nullum, qui perstet in armis,   690
iam tibi, Magne, mori: ceu flebilis Africa damnis
et ceu Munda nocens Pharioque a gurgite clades,
sic et Thessalicae post te pars maxima pugnae
non iam Pompei nomen populare per orbem
nec studium belli, sed par, quod semper habemus,   695
libertas et Caesar erit teque inde fugato
ostendit moriens sibi se pugnasse senatus.
nonne iuvat pulsum bellis cessisse nec istud
perspectasse nefas? spumantes caede catervas
respice, turbatos incursu sanguinis amnes   700
et soceri miserere tui. quo pectore Romam
intrabit factus campis felicior istis?
quidquid in ignotis solus regionibus exul,

677 te praesente *v. comm.*

die Truppen, wenn ihr Magnus als Leiche auf der Erde
läge, nicht fliehen würden und der Erdkreis über ihrem
Führer niederstürzen könnte, oder wollte Caesars Augen
seinen Tod entziehen — unseliger Mann, vergeblich:
dein Schwiegervater will den Anblick deines Haupts, und
irgendwo mußt du es ihm bieten. Aber auch du, Cornelia,
warst ein Grund zur Flucht, dein Antlitz und das Nein
des Schicksals zum Tod in deinem Beisein. So ritt Pompejus
im Galopp aus der Schlacht davon, fürchtete kein Geschoß
im Rücken, sondern zog unsagbar hochgemut dem verhängten Ende entgegen. Da war kein Seufzer, keine Träne,
und ungeschmälerte Hoheit adelte den Schmerz, den du
großer Feldherr so den Leiden Roms bezeigen durftest.
Nicht unbeherrscht war dein Gesicht im Blick auf Pharsalus:
weder sahen Kriegserfolge dich hoffärtig noch wird Mißgeschick dich je gebrochen sehen, und wie Fortuna dich in
frohen Tagen, sogar bei drei Triumphen als trügerisch
erkannt, nicht meistern konnte, so auch nicht im Elend.
Nun hast du die Bürde deiner Berufung abgeworfen und
gehst unbeschwert davon. Jetzt bleibt dir Muße, auf frohe Zeiten zurückzuschauen; unstillbare Hoffnung ist ent-
schwunden — du darfst jetzt wissen, was du warst. Entflieh
dem Schlachtengraus und laß die Götter Zeugen sein,
daß niemand, der im Kampf verharrte, noch für Magnus
starb: wie die jammervollen Verluste in Afrika, wie die
Einbuße in Munda und der Schlag am Strand von Alexandria, so wird auch der größte Teil der Schlacht in Thessalien
nach deinem Weggang nicht mehr die Beliebtheit von
Pompejus' Namen auf der ganzen Erde und Begeisterung
für seinen Kampf zum Anlaß haben, sondern jenes Fechterpaar, das uns immer bleibt, Freiheit gegen einen Caesar —
wenn nach deiner Flucht von dort noch Senatoren starben,
so bewiesen sie, daß sie für sich selber stritten. Freut es
dich nicht, als Vertriebener den Kämpfen zu entgehen
und das abscheuliche Verbrechen nicht bis zum Ende
anschauen zu müssen? Zum schäumenden Blutbad deiner
Abteilungen wende den Blick zurück, zu dem von einem
roten Zustrom aufgewühlten Fluß, und dann bedaure
deinen Schwiegervater! Mit welchem Gefühl wird er Rom
betreten, wenn er sein Glück auf dieser Walstatt mehrte?
Bei allem, was du einsam und verfemt in unbekannten

quidquid sub Phario positus patiere tyranno,
crede deis, longo fatorum crede favori: 705
vincere peius erat. prohibe lamenta sonare,
flere veta populos, lacrimas luctusque remitte:
tam mala Pompei quam prospera mundus adoret.
aspice securus voltu non supplice reges,
aspice possessas urbes donataque regna,   710
Aegypton Libyamque, et terras elige morti.
    vidit prima tuae testis Larisa ruinae
nobile nec victum fatis caput. omnibus illa
civibus effudit totas per moenia vires
obvia ceu laeto: promittunt munera flentes,   715
pandunt templa, domos, socios se cladibus optant.
scilicet immenso superest ex nomine multum
teque minor solo cunctas impellere gentes
rursus in arma potes rursusque in fata redire.
sed 'quid opus victo populis aut urbibus?' inquit   720
'victori praestate fidem.' tu, Caesar, in alto
caedis adhuc cumulo patriae per viscera vadis,
at tibi iam populos donat gener. avehit inde
Pompeium sonipes; gemitus lacrimaeque secuntur
plurimaque in saevos populi convicia divos.   725
nunc tibi vera fides quaesiti, Magne, favoris
contigit ac fructus: felix se nescit amari.
    Caesar ut Hesperio vidit satis arva natare
sanguine, parcendum ferro manibusque suorum
iam ratus ut viles animas perituraque frustra   730
agmina permisit vitae. sed castra fugatos
ne revocent pellatque quies nocturna pavorem,
protinus hostili statuit succedere vallo,
dum fortuna calet, dum conficit omnia terror,
non veritus, grave ne fessis, haud Marte subactis,   735
hoc foret imperium. non magno hortamine miles

735 haud *edd. vett.*: aut (ac *V*)

Landen, was du unter dem Despoten von Ägypten künftig
dulden mußt, glaub den Göttern, glaub der langen Gunst
deiner Sterne: Sieg war das größere Übel. Verhindere
Klagelaute, verbiete der Menschheit das Weinen, erlaß
ihr Tränen und Trauer: ebenso wie den Erfolgen eines
Pompejus soll die Welt auch seinen Leiden huldigen. Sieh
unbekümmert ohne Bettelmiene Königen ins Auge, sieh
auf die von dir genommenen Städte und auf die von dir
verliehenen Throne in Ägypten wie in Libyen, um dir
ein Land zum Sterben auszusuchen!

Als erste Zeugin deines Falls erblickte Larissa dein
edles und vom Schicksal ungebeugtes Haupt. Alle Wehr-
fähigen strömten aus dem Tor, und mit der ganzen Bürgerschaft kam dir die Stadt wie einem Glücklichen entgegen:
weinend versprach man Geschenke, machte Tempel und
Häuser weit auf, wünschte Leid zu teilen. So war denn
doch von deinem mächtigen Namen viel geblieben, und
allein dir selber nicht mehr gleich an Größe, konntest du
von neuem alle Nationen zum Kämpfen drängen und von
neuem wieder zu Erfolgen gelangen. Er aber sprach: „Wozu
braucht ein Besiegter Völker oder Städte? Beweist dem
Sieger Ergebenheit!“ Du, Caesar, schrittest noch in hohem
Leichenhaufen über die Organe des Vaterlands, als dein
Eidam dir schon Völker schenkte. Pompejus ritt von dannen;
Seufzer und Tränen geleiteten ihn und immer neue Flüche
des Volks auf unbarmherzige Götter. Jetzt fandest du
großer Feldherr echte Bestätigung und Genuß der Neigung,
die du suchtest: der Glückliche ist nicht gewiß, daß Liebe
ihm selber gilt.

Als Caesar das Gefilde hinreichend in Hesperiens Blut
gebadet sah, meinte er endlich dem Schwert in den Händen
seiner Truppen Einhalt gebieten zu sollen und ließ am
Leben, was er nur für niedere Geschöpfe und Massen hielt,
deren Untergang nicht lohnte. Um aber zu verhindern,
daß sie sich auf ihrer Flucht im Lager sammelten und
nächtlicher Friede ihre Angst verscheuchte, beschloß er,
auf der Stelle zum Wall des Gegners vorzurücken, solange
sein Glück noch blühte, solange Panik alles lähmte, und
war unbesorgt, daß dieser Befehl für seine Leute — denn
sie waren freilich müde, doch von Mars nicht in die Knie
gezwungen — eine Last sein würde. Er brauchte die Sol-

in praedam ducendus erat. 'victoria nobis
plena, viri' dixit; 'superest pro sanguine merces,
quam monstrare meum est, neque enim donare vocabo,
quod sibi quisque dabit. cunctis en plena metallis   740
castra patent: raptum Hesperiis e gentibus aurum
hic iacet Eoasque premunt tentoria gazas.
tot regum fortuna simul Magnique coacta
exspectat dominos: propera praecedere, miles,
quos sequeris; quascumque tuas Pharsalia fecit,   745
a victis rapiuntur opes.' nec plura locutus
impulit amentes aurique cupidine caecos
ire super gladios supraque cadavera patrum
et caesos calcare duces: quae fossa, quis agger
sustineat pretium belli scelerumque petentes?   750
scire ruunt, quanta fuerint mercede nocentes.
invenere quidem spoliato plurima mundo
bellorum in sumptus congestae pondera massae,
sed non implevit cupientes omnia mentes:
quidquid fodit Hiber, quidquid Tagus exspuit auri,   755
quod legit dives summis Arimaspus harenis,
ut rapiant, parvo scelus hoc venisse putabunt.
cum sibi Tarpeias victor desponderit arces,
cum spe Romanae promiserit omnia praedae,
decipitur, quod castra rapit. capit impia plebes   760
caespite patricio somnos stratumque cubile
regibus infandus miles premit inque parentum
inque toris fratrum posuerunt membra nocentes.
quos agitat vaesana quies somnique furentes
Thessalicam miseris versant in pectore pugnam: 765
invigilat cunctis saevum scelus armaque tota
mente agitant capuloque manus absente moventur.

746 nec plura locutus *vel* sic milite iusso
747 *om. codd. plerique, v. comm.*
755 ex(s)puit Z^2x: -tulit *vel* -pulit

daten nicht lange anzufeuern, wenn er sie zum Beutemachen führen wollte. „Unser Sieg, Kameraden," rief er,
„ist vollkommen; was noch aussteht, ist Belohnung für
vergossenes Blut, und ich habe nichts zu tun als sie euch
aufzuzeigen, kann ja das nicht als Geschenk bezeichnen,
was sich jeder selbst verschaffen wird. Da, ein mit allen
Schätzen vollgestopftes Lager steht euch offen: hier liegt
Gold, das man Völkern des Abendlands geraubt hat, und
hier sind in den Zelten Kleinodien des Orients gehortet.
Die Habe zahlloser Könige wie auch Pompejus' Habe
ist beisammen und erwartet ihre Herren: sputet euch,
Soldaten, das verfolgte Heer zu überholen, werden sonst
doch alle Kostbarkeiten, die die Schlacht von Pharsalus
in eure Hand gegeben hat, euch von den Besiegten weggenommen." Ohne weiterer Worte zu bedürfen, spornte
er sie an, von Sinnen und in blinder Goldgier über Schwerter hin, über Senatorenleichen fort voranzustürmen und
gefallene Offiziere zu zerstampfen: welcher Graben, welcher
Damm hielte Menschen stand, die für Kriegsverbrechen
Bezahlung suchen? Sie rannten, weil sie wissen wollten,
wie hoch der Lohn für ihre Übeltaten sei. Wohl fanden
sie Haufen schwerer Barren vor, die man unter Plünderung der Welt für Kriegskosten zusammengeschleppt hatte,
aber diese Barren konnten Sinne nicht befriedigen, die
nach allem gierten: das ganze Gold, das Spanier je zu
Tage förderten, das der Tagus je anschwemmte, das reich-
gesegnete Arimasper auf ihrem Flußsand sammelten,
selbst dies würde ihnen, könnten sie es rauben, dennoch
als Erlös aus ihrem Frevel zu gering erscheinen. Hatten
sie sich nach künftigem Sieg den Tempel auf dem Kapitol
verheißen, hatten sie sich in Hoffnung auf einen Beutezug
durch Rom alles versprochen, so waren sie enttäuscht,
nur ein Lager plündern zu können. Brudermörderische
Horden legten sich auf Rasenpolstern von Patriziern
schlafen, Unholde in einfachem Soldatenkleid warfen sich
auf Lager, die für Könige aufgeschlagen waren, und auf
Kissen ihrer Väter, ihrer Brüder betteten sich Bösewichte.
Sie wurden von nächtlichen Visionen gepeinigt, und wilde
Träume ließen ihre Sinne qualvoll um die Schlacht in
Thessalien kreisen: in allen war der gräßliche Frevel wach,
Waffen schwangen sie mit jedem Gedanken, und auch

ingemuisse putem campos terramque nocentem
inspirasse animas infectumque aera totum
manibus et superam Stygia formidine noctem;   770
exigit a meritis tristes victoria poenas
sibilaque et flammas infert sopor. umbra perempti
civis adest, sua quemque premit terroris imago:
ille senum voltus, iuvenum videt ille figuras,
hunc agitant totis fraterna cadavera somnis,   775
pectore in hoc pater est, omnes in Caesare manes.
haud alios nondum Scythica purgatus in ara
Eumenidum vidit voltus Pelopeus Orestes
nec magis attonitos animi sensere tumultus,
cum fureret, Pentheus aut, cum desisset, Agaue: 780
hunc omnes gladii, quos aut Pharsalia vidit
aut ultrix visura dies stringente senatu,
illa nocte premunt, hunc infera monstra flagellant;
et quantum misero poenae mens conscia donat,
quod Styga, quod manes ingestaque Tartara somnis   785
Pompeio vivente videt!
               tamen omnia passo,
postquam clara dies Pharsalica damna retexit,
nulla loci facies revocat feralibus arvis
haerentes oculos. cernit propulsa cruore
flumina et excelsos cumulis aequantia colles   790
corpora, sidentes in tabem spectat acervos
et Magni numerat populos epulisque paratur
ille locus, voltus ex quo faciesque iacentum
agnoscat. iuvat Emathiam non cernere terram
et lustrare oculis campos sub clade latentes: 795
fortunam superosque suos in sanguine cernit.
ac ne laeta furens scelerum spectacula perdat,
invidet igne rogi miseris caeloque nocenti

---

796 *om. codd. plerique, v. comm.*

ohne Schwertgriff zuckten ihre Hände. Ich möchte glauben,
daß das Stöhnen auf dem Schlachtfeld an ihr Ohr schlug,
das Erdreich pestverbreitend Gase auf sie blies, Tote die
ganze Luft und Höllenschrecknisse die Nacht auf der
Oberwelt verseuchten; weil der Sieg verdientermaßen
schonungslose Buße heischte, drangen zischende Schlangen
und lodernde Fackeln auf die Schläfer ein. Die Schatten
erschlagener Landsleute traten an ihr Lager, und auf jeden
legte sich der Alpdruck eines anderen Phantoms: dem
einen erschienen die Gesichter alter Männer, dem anderen
jugendliche Gestalten, manchen ängstigte von Traum
zu Traum der Leichnam eines Bruders, ein Vater stand
vor manchem Sinn — vor Caesar aber standen alle Toten.
Nicht anders war es, als der Pelopide Orest vor seiner
Sühnung am taurischen Altar Eumenidenfratzen sah, und
zerschmetternder war der Aufruhr im Gehirn nicht, den
in seinem Wahnsinn Pentheus oder im Erwachen aus ihrem
Wahnsinn Agaue spürte: diesem Mann wurden alle
Schwerter, die die Schlacht von Pharsalus gesehen hatte
oder der Rachetag in Senatorenfäusten sehen sollte, in
jener Nacht zum Alpdruck, alle Ungeheuer aus dem Hades
peitschten diesen Mann — doch welch schwere Pein blieb
dem Gewissen des so Heimgesuchten erspart, wenn er sich
in seinen Träumen wohl vom Styxstrom, von Totengeistern und Tartarus bedrängt sah, Pompejus aber lebte!
    Trotz aller Qualen schreckte ihn, als heller Morgen
die Verluste von Pharsalus enthüllte, kein Bild der Stätte
ab, mit seinen Augen an dem grauenvollen Gefilde zu
hängen. Er betrachtete den von Blut dahingejagten Fluß
und die Leichen, deren Haufen mit den Hügelspitzen eine
Ebene bildeten, schaute die in Verwesung sinkenden
Menschenberge an und zählte Pompejus' Scharen, ja,
zum Mahl ließ er sich einen Platz bereiten, von dem aus
er die Gesichtszüge der Gefallenen erkennen konnte. Es
machte ihm Vergnügen, daß er Emathias Boden nicht gewahrte und seine Augen über Fluren wandern ließ, die
sich unter Toten bargen: am Blut erkannte er, daß Glück
und Götter ihm gehörten. Und weil er in seiner Raserei
den frohen Rundblick auf seine Freveltaten nicht verlieren
wollte, mißgönnte er den armen Leibern ihr Leichenfeuer
und hielt den schuldigen Himmelsherren die Toten von

ingerit Emathiam. non illum Poenus humator
consulis et Libyca succensae lampade Cannae   800
compellunt, hominum ritus ut servet in hoste,
sed meminit nondum satiata caedibus ira
cives esse suos. petimus non singula busta
discretosque rogos: unum da gentibus ignem,
non interpositis urantur corpora flammis   805
aut, generi si poena iuvat, nemus exstrue Pindi,
erige congestas Oetaeo robore silvas,
Thessalicam videat Pompeius ab aequore flammam.
nil agis hac ira: tabesne cadavera solvat
an rogus, haud refert; placido natura receptat   310
cuncta sinu finemque sui sibi corpora debent.
hos, Caesar, populos si nunc non usserit ignis,
uret cum terris, uret cum gurgite ponti:
communis mundo superest rogus ossibus astra
mixturus. quocumque tuam fortuna vocabit,   815
hae quoque sunt animae: non altius ibis in auras,
non meliore loco Stygia sub nocte iacebis.
libera fortunae mors est: capit omnia tellus
quae genuit; caelo tegitur, qui non habet urnam.
tu, cui dant poenas inhumato funere gentes,   820
quid fugis hanc cladem, quid olentes deseris agros?
has trahe, Caesar, aquas, hoc, si potes, utere caelo.
sed tibi tabentes populi Pharsalica rura
eripiunt camposque tenent victore fugato.
    non solum Haemonii funesta ad pabula belli   825
Bistonii venere lupi tabemque cruentae
caedis odorati Pholoen liquere leones:
tunc ursae latebras, obsceni tecta domosque
deseruere canes et quidquid nare sagaci

820/22 *om. codd. plerique, v. comm.*

Emathia vor Augen. Daß einst Hannibal einen Konsul
bestattete und Libyerfackeln die Gefallenen von Cannae
verbrannten, bewog den Mann nicht, Gesetze der Mensch-
lichkeit am Feind zu wahren, nein, all das Morden hatte seinen Grimm noch immer nicht gestillt, und er trug
es seinen Gegnern nach, daß sie seine Mitbürger waren.
Wir bitten nicht um Einzelscheiterhaufen und gesonderte
Verbrennung: wenigstens ein gemeinsames Feuer gönne
allen, in lückenlosen Flammen äschere die Leichen ein,
oder wenn dir deines Eidams Peinigung Vergnügen macht,
so schichte die Stämme vom Pindos auf, häufe die Eichen
vom Oiteberg zum Holzstoß, damit Pompejus auf hoher
See die Flammen in Thessalien sieht! Dein Grimm verfehlt
den Zweck: ob Verwesung Leichen auflöst oder ein Scheiterhaufen, macht keinen Unterschied; denn die Natur nimmt
alles liebevoll in ihre Arme zurück, und jegliches Geschöpf
ist sich sein Ende schuldig. Wenn jetzt also Feuer diese
Menschenmassen, Caesar, nicht verbrennt, so verbrennt
es sie dereinst zusammen mit den Ländern, verbrennt es
sie zusammen mit dem brausenden Ozean: der Welt steht
eine allgemeine Einäscherung bevor, die zu Gebeinen
Gestirne gesellen wird. An jedem Platz, zu dem das Schicksal
einmal deine Seele ruft, sind diese Seelen auch: du wirst
nicht höher in die Lüfte steigen, nicht an freundlicherem
Ort im Höllendunkel drunten ruhen. Der Tod ist frei von
Ungefähr: alles nimmt die Erde auf, was sie geschaffen
hat, und wem eine Urne fehlt, den deckt der Himmel zu.
Wenn du so hart bist, daß du Völkerscharen büßen läßt,
indem du ihre Leichen nicht bestattest, warum entfliehst
du diesem Elend, warum desertierst du von dem übelrie-
chenden Gelände? Trink das Wasser dieses Ortes, Caesar,
atme diese Luft, wenn du es kannst! Aber nein: moderne
Menschenmassen entrissen dir die Fluren von Pharsalus,
schlugen den Sieger in die Flucht und behaupteten das
Schlachtfeld.
   Zum grausigen Mahl, das der Kampf in Thessalien
darbot, kamen nicht nur Wölfe bis von Thrakien her und
verließen nicht nur Löwen das Pholoëgebirge, wo sie die
Verwesung der blutig Hingemetzelten noch wittern konnten:
jetzt räumten Bären ihre Höhlen, widerliche Hunde Hütten
und Häuser, ja, alles tauchte auf, was mit feiner Nase

aera non sanum motumque cadavere sentit.   830
iamque diu volucres civilia castra secutae
conveniunt: vos, quae Nilo mutare soletis
Threicias hiemes, ad mollem serius austrum
istis aves; numquam tanto se volture caelum
induit aut plures presserunt aera pinnae;   835
omne nemus misit volucres omnisque cruenta
alite sanguineis stillavit roribus arbor;
saepe super voltus victoris et impia signa
aut cruor aut alto defluxit ab aethere tabes
membraque deiecit iam lassis unguibus ales.   840
sic quoque non omnis populus pervenit ad ossa
inque feras discerptus abit: non intima curant
viscera nec totas avidae sorbere medullas;
degustant artus. Latiae pars maxima turbae
fastidita iacet: quam sol nimbique diesque   845
longior Emathiis resolutam miscuit arvis.
      Thessalia, infelix, quo tantum crimine, tellus,
laesisti superos, ut te tot mortibus unam,
tot scelerum fatis premerent? quod sufficit aevum,
immemor ut donet belli tibi damna vetustas?   850
quae seges infecta surget non decolor herba?
quo non Romanos violabis vomere manes?
ante novae venient acies scelerique secundo
praestabis nondum siccos hoc sanguine campos.
omnia maiorum vertamus busta licebit,   855
et stantes tumulos et qui radice vetusta
effudere suas victis compagibus urnas:
plus cinerum Haemoniae sulcis telluris aratur
pluraque ruricolis feriuntur dentibus ossa.
nullus ab Emathio religasset litore funem   860
navita nec terram quisquam movisset arator,
Romani bustum populi, fugerentque coloni
umbrarum campos, gregibus dumeta carerent

spürt, wo die Luft unsauber und von Leichenduft erregt ist. Da sammelten sich auch die gefiederten Scharen, die schon lange den Bürgerheeren gefolgt waren: gewohnt, das winterliche Thrakien mit dem Nil zu vertauschen, schoben Kraniche ihren Flug zum milden Süden auf; noch niemals hatte sich der Himmel mit solchen Geierschwärmen bezogen, noch niemals hatten so viele Schwingen die Luft verstopft; jeder Wald entsandte seine Gefiederten, jeder Baum war von Vögeln mit Blut besudelt und troff von rotem Naß — oft floß auf Gesichter und Standarten der siegreichen Brudermörder Blutgerinnsel oder Eiter aus der Luft droben herab, ja, sogar Glieder ließen die Vögel fallen, wenn ihre Fänge schließlich müde wurden. Selbst so wurde nicht die ganze Menschenmasse zu Skeletten, verschwand nicht, Glied um Glied zerrissen, im Leib von Bestien: diese nahmen sich nicht die Mühe, die innersten Organe und das ganze Mark begierig auszusaugen, nein, sie naschten nur am Fleisch. Der größte Teil von Latiums Männern blieb verschmäht am Platz: ihn lösten erst Sonnenhitze, Regengüsse und der Lauf der Zeit in seine Teile auf, bis er mit Emathias Flur verschmolz.

Unglücksland Thessalien, mit welcher Schuld hast du die Götter droben so schwer gekränkt, daß sie dir dies Massensterben, all diesen Untergang durch Freveltaten auferlegten? Welche Ewigkeit reicht aus, damit die Nachwelt die Schlachtverluste vergißt und dir vergibt? Wird jemals eine Saat aufgehen, die nicht farblos bleibt, weil ihre Halme verpestet sind? Wirst du einen Pflug erleben, der nicht tote Römer verletzt? Eher werden neue Heere kommen, eher wirst du dein Blachfeld einer zweiten Freveltat einräumen, als es von diesem Blut noch trocken ist. Mögen wir auch alle Ahnengräber leeren, stehengebliebene Hügel ebenso wie solche, deren Urnen ausgeschüttet sind, weil ihr Gefüge altgewordenen Wurzeln nachgab: mehr Totenstaub wird beim Furchenziehen in thessalischem Erdreich überpflügt, und auf mehr Gebeine stoßen Karste dort beim Landbestellen. Kein Seemann hätte mehr sein Tau am Strand Emathias festgemacht, und nie mehr hätte ein Pflüger auf diesem Friedhof des Römervolks den Boden aufgebrochen, nein, die Bauern würden von den Gespensterfeldern fliehen, das Buschwerk bliebe ohne Herden, kein

nullusque auderet pecori permittere pastor
vellere surgentem de nostris ossibus herbam   865
ac velut impatiens hominum vel solis iniqui
limite vel glacie nuda atque ignota iaceres,
si non prima nefas belli, sed sola tulisses.
o superi, liceat terras odisse nocentes.
quid totum premitis, quid totum absolvitis orbem?   870
Hesperiae clades et flebilis unda Pachyni
et Mutina et Leucas puros fecere Philippos.

Hirte ließe unbekümmert seine Schafe im Grase weiden, das aus römischen Gebeinen sprießt, und du, Thessalien, würdest wie ein Land, das sengende Tropensonne oder Eiseskälte unbewohnbar macht, öde und unbekannt dahinträumen, wenn du Bruderkrieg nicht zuerst, sondern allein geduldet hättest. Ihr Götter droben, dürften wir nichts weiter hassen als ein schuldbeladenes Land! Warum straft ihr den ganzen Erdkreis, warum sprecht ihr so den ganzen frei? Das Blutbad im Abendland, Siziliens vielbeweinte Gewässer, Mutina und Actium haben Thessaliens Walstatt reingewaschen.

LIBER OCTAVUS

Iam super Herculeas fauces nemorosaque Tempe
Haemoniae deserta petens dispendia silvae,
cornipedem exhaustum cursu stimulisque negantem
Magnus agens incerta fugae vestigia turbat
implicitasque errore vias. pavet ille fragorem   5
motorum ventis nemorum, comitumque suorum
qui post terga redit, trepidum laterique timentem
exanimat. quamvis summo de culmine lapsus
nondum vile sui pretium scit sanguinis esse
seque memor fati tantae mercedis habere   10
credit adhuc iugulum quantam pro Caesaris ipse
avolsa cervice daret. deserta sequentem
non patitur tutis fatum celare latebris
clara viri facies. multi, Pharsalica castra
cum peterent nondum fama prodente ruinas,   15
occursu stupuere ducis vertigine rerum
attoniti cladisque suae vix ipse fidelis
auctor erat. gravis est Magno, quicumque malorum
testis adest. cunctis ignotus gentibus esse
mallet et obscuro tutus transire per urbes   20
nomine; sed poenas longi Fortuna favoris
exigit a misero, quae tanto pondere famae
res premit adversas fatisque prioribus urguet.
nunc festinatos nimium sibi sentit honores
actaque lauriferae damnat Sullana iuventae,   25
nunc et Corycias classes et Pontica signa
deiectum meminisse piget. sic longius aevum

9 pretium *vel* facinus
27 piget *vel* pudet

ACHTES BUCH

Pompejus suchte jetzt oberhalb des doch baumreichen Tempetals, das Herakles geöffnet hatte, einsame Umwege durch Thessaliens Wälder; indem er sein abgehetztes und den Sporen trotzendes Roß vorantrieb, verwischte und verwirrte er die Spuren seiner Flucht auf kreuz und quer verschlungenen Pfaden. Ihn ängstigte das Rauschen windbewegter Wipfel, und holte jemand vom eigenen Gefolge in seinem Rücken auf, fuhr er schreckensbleich zusammen und fürchtete, ein Feind sei ihm zur Seite. Auch nach dem Sturz von stolzem Gipfel wußte er, daß sein Blut noch nicht im Preis gesunken war, und in Erinnerung an seinen Glücksstern glaubte er noch immer eine Gurgel zu besitzen, deren Durchbohrung gleichen Lohn eintrage, wie er selber ihn für Caesars abgeschlagenes Haupt bezahlen würde. Obwohl er Einsamkeit suchte, ließ die Bekanntheit seines Gesichts nicht zu, daß er sein Mißgeschick in sicherem Versteck geheimhielt. Viele, die zum Lager von Pharsalus strebten und von dem Zusammenbruch noch keine Kunde hatten, stutzten, als ihr Feldherr ihnen entgegenkam, und waren von der schlimmen Wendung der Dinge entsetzt, ja, sie glaubten den Bericht von seiner Niederlage kaum ihm selber. Jeder schuf dem großen Mann Bedrückung, der als Zeuge seines Ungemachs erschien. Lieber wäre er allen Menschen unbekannt gewesen und im Schutz eines nie gehörten Namens durch die Städte dahingezogen; doch Fortuna heischte von dem Unglückseligen Buße für ihre lange Gunst, indem sie seinen Mißerfolg mit dem Gewicht so hohen Ruhms belastete und durch zuvor Gelungenes verschlimmerte. Jetzt spürte er, daß seine Ehrungen zu früh gekommen waren, und verwünschte den Triumph in seiner Jugend nach den Taten unter Sulla, jetzt nach seinem Sturz verdroß es ihn, sich seiner Flottenführung vor Kilikien ebenso wie seines Siegs in Pontus zu erinnern. So zerbricht das Hochgefühl eines

destruit ingentes animos et vita superstes
imperio; nisi summa dies cum fine bonorum
adfuit et celeri praevertit tristia leto,   30
dedecori est fortuna prior. quisquamne secundis
tradere se fatis audet nisi morte parata?
    litora contigerat, per quae Peneius amnis
Emathia iam clade rubens exibat in aequor.
inde ratis trepidum ventis ac fluctibus impar,   35
flumineis vix tuta vadis evexit in altum:
cuius adhuc remis quatitur Corcyra sinusque
Leucadii, Cilicum dominus terraeque Liburnae
exiguam vector pavidus correpsit in alnum.
conscia curarum secretae in litora Lesbi   40
flectere vela iubet, qua tunc tellure latebas
maestior in mediis quam si, Cornelia, campis
Emathiae stares. tristes praesagia curas
exagitant, trepida quatitur formidine somnus,
Thessaliam nox omnis habet; tenebrisque remotis   45
rupis in abruptae scopulos extremaque curris
litora: prospiciens fluctus nutantia longe
semper prima vides venientis vela carinae
quaerere nec quicquam de fato coniugis audes.
en ratis, ad vestros quae tendit carbasa portus!   50
quid ferat, ignoras; et nunc tibi summa pavoris
nuntius armorum tristis rumorque sinister.
victus adest coniunx. quid perdis tempora luctus?
cum possis iam flere, times. tum puppe propinqua
prosiluit crimenque deum crudele notavit,   55
deformem pallore ducem voltusque prementem
canitiem atque atro squalentes pulvere vestes.
obvia nox miserae caelum lucemque tenebris
abstulit atque animam clusit dolor, omnia nervis
membra relicta labant, riguerunt corda diuque   60
spe mortis decepta iacet. iam fune ligato
litoribus lustrat vacuas Pompeius harenas.

40 secretae P: -a (sacra c)
51 et vel sed Ω: en c
57 canitiem vel -e
59 animam G: -um

Mannes, der in allzu langem Dasein seine Führerrolle
überlebt; wenn nicht zugleich mit dem Ende des Glücks
die letzte Stunde da ist und dem Elend mit raschem Tod
zuvorkommt, bereitet einstiger Erfolg nur Schmach. Wer
wagt es, sich einem glücklichen Geschick zu überlassen,
ohne daß der Tod schon vor der Tür steht?

Er hatte die Stelle der Küste erreicht, wo der Peneios-
strom jetzt rot vom Blut der in Emathia Gefallenen ins
Meer hinaustrat. Von dort entführte ein Nachen, der weder
Winden noch Wellen gewachsen und kaum im Flußbett
sicher war, den angsterfüllten Mann auf hohe See: er,
dessen Galeeren noch Korkyras Gewässer und die Buchten
von Leukas aufwirbelten, der Herr Kilikiens und des
Liburnerlandes, schlüpfte bang als Fahrgast in ein kleines
Boot. Zu dem mit seinen Sorgen vertrauten Strand des
abgelegenen Lesbos hieß er die Segel setzen, zu jenem
Eiland, wo du, Cornelia, dich damals trauriger verbargst
als wenn du mitten auf der Walstatt von Emathia gestanden
hättest. Ahnungen peitschten düstere Sorgen auf, bebende
Angst zerrüttete den Schlaf, Thessalien war in jeder Nacht
zugegen; und wenn das Dunkel wich, liefst du zu steilem
Felsgeklipp am Uferrand, lugtest zur See hinaus, warst
stets die erste, die beim Nahen eines Schiffs die Segel schon
von ferne schwanken sah, und wagtest dennoch niemals
irgendeine Frage nach dem Schicksal deines Gatten. Da,
ein Nachen, der die Fahrt zu eurem Hafen lenkt! Du
weißt nicht, was er bringt; noch jetzt gilt deine ganze
Angst nur schlimmer Nachricht von den Kämpfen und
ungünstigem Gerücht. Dein Mann ist da und ist besiegt!
Was vergeudest du die Zeit, die der Trauer gehört? Du
kannst schon weinen und bist noch in Angst. Als jetzt das
Boot heran war, sprang sie vor und erkannte mitleidlosen
Götterfrevel: Totenblässe entstellte den Feldherrn, graue
Strähnen lagen schwer auf seinem Antlitz, und seine
Kleidung war von dunklem Staub besudelt. Nacht wandelte
die Unglückselige an und tauchte ihr das Himmelslicht
in Finsternis, der Schmerz schnitt ihr den Atem ab; der
Muskelkraft verlustig, wurden alle Glieder schlaff, das
Herz stand still, und lange lag sie da, um erhofften Tod
betrogen. Jetzt war das Tau am Gestade festgemacht, und
Pompejus musterte den leeren Strand. Als die treuen

quem postquam propius famulae videre fideles,
non ultra gemitus tacitos incessere fatum
permisere sibi frustraque attollere terra   65
semianimem conantur eram. quam pectore Magnus
ambit et astrictos refovet complexibus artus.
coeperat in summum revocato sanguine corpus
Pompei sentire manus maestamque mariti
posse pati faciem; prohibet succumbere fatis   70
Magnus et immodicos castigat voce dolores:
'nobile cur robur fortunae volnere primo
femina tantorum titulis insignis avorum
frangis? habes aditum mansurae in saecula famae:
laudis in hoc sexu non legum cura nec arma,   75
unica materia est coniunx miser. erige mentem
et tua cum fatis pietas decertet et ipsum,
quod sum victus, ama. nunc sum tibi gloria maior,
a me quod fasces et quod pia turba senatus
tantaque discessit regum manus: incipe Magnum   80
sola sequi. deformis adhuc vivente marito
summus et augeri vetitus dolor: ultima debet
esse fides lugere virum. tu nulla tulisti
bello damna meo: vivit post proelia Magnus,
sed fortuna perit; quod defles, illud amasti.'   85
    vocibus his correpta viri vix aegra levavit
membra solo tales gemitu rumpente querellas:
'o utinam in thalamos invisi Caesaris issem
infelix coniunx et nulli laeta marito!
bis nocui mundo: me pronuba ducit Erinys   90
Crassorumque umbrae devotaque manibus illis
Assyrios in castra tuli civilia casus
praecipitesque dedi populos cunctosque fugavi
a causa meliore deos. o maxime coniunx,
o thalamis indigne meis, hoc iuris habebat   95

---

75 cura *Markland* (*cf. a* 'legibus custoditis'): iura

Dienerinnen ihn näher sahen, gönnten sie sich keine Zeit,
das Schicksal anders als mit stillen Seufzern anzuklagen,
nein, sie mühten sich, wenngleich vergeblich, ihre halbent-
seelte Herrin von der Erde aufzuheben. Da schloß Magnus
sie an seine Brust und gab den erstarrten Gliedern in seinen
Armen neue Lebenswärme. Kaum spürte sie, sobald das
Blut zur Oberfläche ihres Körpers zurückgelockt war,
Pompejus' Hände und vermochte den Gram im Antlitz ihres Gatten zu ertragen, als er sie beschwor, dem Schicksalsschlag nicht zu erliegen, und ihr laut das Unmaß ihres
Kummers vorhielt: „Warum läßt du, eine durch so hohe
und namhafte Ahnen ausgezeichnete Frau, deine stolze
Tapferkeit bei der ersten Wunde, die dir das Schicksal
schlägt, zerbrechen? Dir öffnet sich der Weg zu einem
Ruhm, der ewig dauern wird: nicht Wahrung von Gesetzen
und nicht Waffentaten sind für dein Geschlecht ein Mittel,
Lob zu ernten, sondern einzig das Unglück eines Gatten.
Richte deine Seele auf, dein Gefühl für mich streite mit
dem Verhängnis um den Sieg, ja, eben meine Niederlage
sei dir teuer! Jetzt schaffe ich dir größere Berühmtheit,
weil Rutenbündel, weil die treue Senatorenschar und all
die königlichen Streiter mich verlassen haben: sei von
jetzt an eines Magnus einziger Trabant! Unschicklich ist,
solange der Gemahl noch lebt, ein grenzenloser Schmerz,
dem Steigerung versagt bleibt: erst am Grabe darf sich
Treue in Trauer um den Gatten äußern. Du hast durch
meinen Kampf nichts eingebüßt: Magnus lebt auch nach
der Schlacht, und nur sein Glück verging — was du
beweinst, das war dir teuer!"
Da ihr Mann sie mit diesen Worten schalt, richtete sie
sich mühsam und gequält vom Boden auf, und Seufzer
unterbrachen ihre Klagen, als sie sprach: „Ach, hätte
ich mich doch dem verhaßten Caesar vermählt, bringe
ja als Frau nur Unglück und verheiße keinem Gatten
Segen! Zweimal habe ich der Welt geschadet: eine Furie
als Brautführerin und die Schatten beider Crassus sind
meine Geleiter, und weil ich diesen Geistern verfallen bin,
führte ich dem Bürgerkrieg eine Katastrophe wie in Assyrien
zu, stürzte Völkerscharen ins Verderben und verscheuchte
alle Götter von der besseren Sache. Ach, mein herrlich
großer Gatte, ach, du verdientest eine Ehe mit mir nicht:

in tantum fortuna caput? cur impia nupsi,
si miserum factura fui? nunc accipe poenas,
sed quas sponte luam: quo sit tibi mollius aequor,
certa fides regum totusque paratior orbis,
sparge mari comitem. mallem felicibus armis   100
dependisse caput: nunc clades denique lustra,
Magne, tuas. ubicumque iaces civilibus armis
nostros ulta toros, ades huc atque exige poenas,
Iulia crudelis, placataque paelice caesa
Magno parce tuo.' sic fata iterumque refusa   105
coniugis in gremium cunctorum lumina solvit
in lacrimas. duri flectuntur pectora Magni
siccaque Thessalia confudit lumina Lesbos.
      tunc Mytilenaeum pleno iam litore volgus
affatur Magnum: 'si maxima gloria nobis   110
semper erit tanti pignus servasse mariti,
tu quoque devotos sacro tibi foedere muros
oramus sociosque lares dignere vel una
nocte tua: fac, Magne, locum, quem cuncta revisant
saecula, quem veniens hospes Romanus adoret.   115
nulla tibi subeunda magis sunt moenia victo:
omnia victoris possunt sperare favorem,
haec iam crimen habent. quid, quod iacet insula ponto,
Caesar eget ratibus? procerum pars magna coibit
certa loci; noto reparandum est litore fatum.   120
accipe templorum cultus aurumque deorum,
accipe, si terris, si puppibus ista iuventus
aptior est: tota, quantum valet, utere Lesbo.
hoc solum crimen meritae bene detrahe terrae,   125
ne nostram videare fidem felixque secutus
et damnasse miser.' tali pietate virorum

104   crudeles V
108   Thessalia (cf. 428) V: -ae
post 123   versum add. x

hatte Fortuna diese Macht über ein so hohes Haupt?
Warum war ich verworfen genug, dir die Hand zu reichen,
wenn ich dich nur elend machen konnte? Jetzt nimm meine
Buße an, die ich freilich gerne leiste: damit das Meer
sich vor dir glätte, Monarchentreue unverbrüchlich und
der ganze Erdkreis williger sei, wirf deine Gefährtin Teil
um Teil ins Meer! Lieber hätte ich mein Haupt für Waffenglück zum Streich gebeugt: jetzt, Magnus, sühne denn
doch deine Niederlage! Julia, wo du auch deinen Toten-
schlaf hältst, nachdem du dich für unseren Bund mit Bürgerkrieg gerächt hast, erscheine hier und heische unbarmherzig Buße, laß dich durch Opferung der Kebse versöhnen
und schone Magnus — er ist dein!" Nach diesen Worten
sank sie wieder ihrem Gatten in den Schoß und entlockte
aller Augen Tränen. Da wurde auch das Herz des unbeug-
samen großen Feldherrn weich, und Lesbos machte Augen
schwimmen, die Pharsalus trocken ließ.

Inzwischen hatte die Bevölkerung von Mytilene den
Strand gefüllt und wandte sich jetzt an Pompejus: „So
wahr es immer unser größter Stolz sein wird, das Kleinod
eines so hohen Gatten bewahrt zu haben, beehre bitte
du in gleicher Neigung unsere Zinnen, die sich dir in
feierlichem Bündnis zu eigen gaben, beehre die Heime
deiner Freunde wenigstens für eine Nacht mit deinem
Bleiben: schaff, Pompejus, eine Stätte solchen Rangs,
daß alle Nachwelt zu ihr pilgert, Reisende aus Rom ankom-
men und ihr huldigen. In keiner Stadt kannst du als Besiegter besser unterschlüpfen: jede andere darf auf Gnade
bei dem Sieger hoffen, diese trägt schon ihren Makel.
Liegt zudem unsere Insel nicht auf hoher See, während
Caesar Schiffe fehlen? Ein großer Teil der Senatoren
wird sich hier versammeln, wo sie dich mit Sicherheit
vermuten; an einem Strand, von dem man spricht, mußt
du dein Glück von neuem schmieden. Nimm dir Tempel-
schmuck und Göttergold, nimm dir unsere jungen Leute,
gleich ob sie sich für dein Landheer oder mehr für deine
Flotte eignen: verfüge über ganz Lesbos mit allen seinen
Kräften! Nur vor diesem einen Vorwurf schütze unser
um dich wohlverdientes Land: es darf nicht scheinen,
du habest unsere Redlichkeit als Glücklicher gesucht und
als Geschlagener verschmäht!" Froh, im Mißgeschick so

laetus in adversis et mundi nomine gaudens
esse fidem 'nullum toto mihi' dixit 'in orbe
gratius esse solum non parvo pignore vobis   130
ostendi: tenuit nóstros hac obside Lesbos
affectus; hic sacra domus carique penates,
hic mihi Roma fuit. non ulla in litora puppem
ante dedi fugiens, saevi cum Caesaris iram
iam scirem meritam servata coniuge Lesbon,   135
non veritus tantam veniae committere vobis
materiam. sed iam satis est fecisse nocentes:
fata mihi totum mea sunt agitanda per orbem.
heu nimium felix aeterno nomine Lesbos,
sive doces populos regesque admittere Magnum,   140
seu praestas mihi sola fidem. nam quaerere certum,
fas quibus in terris, ubi sit scelus. accipe, numen
si quod adhuc mecum es, votorum extrema meorum:
da similes Lesbo populos, qui Marte subactum
non intrare suos infesto Caesare portus,   145
non exire vetent.' dixit maestamque carinae
imposuit comitem. cunctos mutare putares
tellurem patriaeque solum: sic litore toto
plangitur, infestae tenduntur in aethera dextrae.
Pompeiumque minus, cuius fortuna dolorem   150
moverat, ast illam, quam toto tempore belli
ut civem videre suam, discedere cernens
ingemuit populus; quam vix, si castra mariti
victoris peteret, siccis dimittere matres
iam poterant oculis: tanto devinxit amore   155
hos pudor, hos probitas castique modestia voltus,
quod summissa animis, nulli gravis hospita turbae
stantis adhuc fati vixit quasi coniuge victo.

143 es *vel* est
157 animis *Heinsius*: nimis

anhängliche Menschen zu finden, und namens der weiten
Welt voll Freude, daß es Redlichkeit noch gab, sprach
er: „Auf dem ganzen Erdkreis ist mir kein Platz lieber,
das bewies ich euch durch Anvertrauung eines nicht geringen
Kleinods: mit diesem Unterpfand besaß Lesbos meine
Liebe, hier war mein Heiligtum und teures Heim, hier
war mein Rom. Zu keinem Ufer lenkte ich auf meiner Flucht vorher den Kiel, und wenngleich ich wußte,
daß Lesbos sich den Grimm des unbarmherzigen Caesar
durch ein Asyl für meine Frau schon zugezogen hatte,
gab ich mich, mit dem ihr euch so leicht Begnadigung
verschaffen konntet, unbesorgt in eure Hand. Doch nun
genügt die Schuld, die ich euch auflud: ich muß die ganze
Welt durchziehen und meinen Erfolg betreiben. Ach, allzu
großes Glück gewinnst du mit Unsterblichkeit deines
Namens, Lesbos, gleich ob du Völkern und Königen ein
Vorbild gibst, Pompejus aufzunehmen, oder ob nur du
mir Redlichkeit bezeigst. Denn ich bin entschlossen, zu
ergründen, in welchen Ländern Recht und wo Verbrechen
gilt. Vernimm du, der unter den Göttern vielleicht noch
zu mir hält, den letzten meiner Wünsche: gib mir Völker,
die wie Lesbos mich nach meiner Niederlage Caesars
Drohungen zum Trotz in ihren Häfen nicht am Zugang
und nicht an der Ausfahrt hindern!" So sagte er und
brachte seine bekümmerte Gefährtin zu Schiff. Man hätte
meinen können, alle zögen von der Scholle ihres Heimat-
landes in die Fremde: so bittere Klagen ertönten am ganzen
Strand, so drohend reckten sich Fäuste gen Himmel. Dabei
jammerten die Menschen weniger über den Abschied von
Pompejus, dessen Geschick ihre Trübsal doch hervorgerufen
hatte, als weil sie Cornelia scheiden sahen, die sie in der
ganzen Zeit des Zweikampfs wie eine Mitbürgerin vor
Augen hatten; selbst wenn sie nach einem Sieg ins Lager
ihres Gatten aufgebrochen wäre, hätten die Frauen kaum
noch trockenen Auges vermocht, sie fortzulassen — so
sehr liebte man sie, teils von ihrer Züchtigkeit bestrickt,
teils von ihrem Anstand und der Demut ihres keuschen
Blicks, hatte sie doch als ein Gast, der anspruchslosen
Wesens war und keinem einzigen zur Last fiel, während
ihr Gemahl noch ein beständiges Glück sein eigen nannte,
so gelebt, als wäre er besiegt.

iam pelago medios Titan demissus ad ignes
nec quibus abscondit nec si quibus exserit orbem   160
totus erat. vigiles Pompei pectore curae
nunc socias adeunt Romani foederis urbes
et varias regum mentes, nunc invia mundi
arva super nimios soles austrumque iacentis.
saepe labor maestus curarum odiumque futuri   165
proiecit fessos incerti pectoris aestus
rectoremque ratis de cunctis consulit astris:
unde notet terras, quae sit mensura secandi
aequoris in caelo, Syriam quo sidere servet
aut quotus in Plaustro Libyam bene dirigat ignis.   170
doctus ad haec fatur taciti servator Olympi:
'signifero quaecumque fluunt labentia caelo,
numquam stante polo miseros fallentia nautas,
sidera non sequimur; sed qui non mergitur undis
axis inocciduus gemina clarissimus Arcto,   175
ille regit puppes. hic cum mihi semper in altum
surget et instabit summis minor Ursa ceruchis,
Bosporon et Scythiae curvantem litora Pontum
spectamus. quidquid descendet ab arbore summa
Arctophylax propiorque mari Cynosura feretur,   180
in Syriae portus tendet ratis. inde Canopos
excipit, australi caelo contenta vagari
stella, timens borean: illa quoque perge sinistra
trans Pharon, in medio tanget ratis aequore Syrtim.
sed quo vela dari, quo nunc pede carbasa tendi   185
nostra iubes?' dubio contra cui pectore Magnus
'hoc solum toto' respondit 'in aequore serva,
ut sit ab Emathiis semper tua longius oris
puppis et Hesperiam pelago caeloque relinquas:
cetera da ventis. comitem pignusque recepi   190
depositum: tum certus eram, quae litora vellem,

Schon war Helios bis zur Mitte seiner Feuerkugel in den Ozean gesunken und hatte seine Scheibe weder ganz bei uns verdunkelt noch dort, wo andere wohnen sollen, ganz erhellt. Doch ohne Ruhe wanderten in Pompejus' Brust die planenden Gedanken bald zu Roms getreuen Bündnerstädten und zu wankelmütigen Monarchen, bald in die unzugänglichen Wüsten jenes Weltteils, der jenseits der sengenden Tropensonne liegt. Oft geschah es, weil die Gedankenmarter ihn quälte und die Zukunft ihm verhaßt war, daß der Aufruhr in seiner ratlosen Brust sich legte und von ihm abfiel. Dann befragte er den Steuermann über alle Sterne: an welchen er die Länder erkenne, welche Richtpunkte für Seefahrt es am Himmel gebe, unter welchem Gestirn er Syrien ansteuere oder das wievielte Licht am Wagen gut nach Libyen weise. Als kundiger Beobachter des stillen Götterdoms gab der andere zur Antwort: „Nach all den Gestirnen, die am zeichenbesäten Himmel unstet wandern und den armen Seemann irreführen, weil das Firmament nie stillsteht, richten wir uns nicht; vielmehr der nie im Meer versinkende, nie tiefergehende Polarstern im hellen Glanz der beiden Bären, er allein weist Schiffen Richtung. Wenn er vor mir immer höher steigen und der Kleine Wagen über das Rahenende treten wird, so schauen wir zum Bosporus und dorthin, wo das Schwarze Meer die Küste Skythiens einbuchtet. Je weiter der Bootes von der Mastspitze abwärts sinken und je mehr die Kynosura sich dem Meere nähern wird, umso gerader läuft das Schiff auf Syriens Häfen zu. Dann folgt der Stern Kanopos, der seine Bahn nur am Südhimmel zieht und den Norden scheut: bleibt er, wenn man vorbei an Pharos weiterfährt, zugleich mit diesem links, so wird das Schiff auf Hochseekurs zur Syrte stoßen. Aber was befiehlst du jetzt? Zu welchem Ziel soll ich die Segel setzen, auf welcher Seite meine Tuche brassen und ausreffen?" Unschlüssigen Sinns entgegnete ihm Pompejus: „Nur das beachte auf der ganzen Fahrt, daß deine Barke sich immer weiter von Thessaliens Küste entfernt und du im Blick auf Meer und Himmel Hesperien vermeidest: das Weitere überlaß den Winden! Ich habe als Begleitung ein einst geborgenes Kleinod mitgenommen: damals war ich sicher, welches Ufer ich mir wünschte — jetzt wird

nunc portum fortuna dabit.' sic fatur; at ille
iusto vela modo pendentia cornibus aequis
torsit et in laevum puppim dedit utque secaret
quas Asinae cautes et quas Chios asperat undas,   195
hos dedit in proram, tenet hos in puppe rudentes.
aequora senserunt motus aliterque secante
iam pelagus rostro nec idem spectante carina
mutavere sonum. non sic moderator equorum,
dexteriore rota laevum cum circumit axem,   200
cogit inoffensae currus accedere metae.
      ostendit terras Titan et sidera texit.
sparsus ab Emathia fugit quicumque procella,
assequitur Magnum primusque a litore Lesbi
occurrit gnatus, procerum mox turba fidelis;   205
nam neque deiecto fatis acieque fugato
abstulerat Magno reges Fortuna ministros:
terrarum dominos et sceptra Eoa tenentes
exul habet comites. iubet ire in devia mundi
Deiotarum, qui sparsa ducis vestigia legit.   210
'quando' ait 'Emathiis amissus cladibus orbis,
qua Romanus erat, superest, fidissime regum,
Eoam temptare fidem populosque bibentes
Euphraten et adhuc securum a Caesare Tigrim.
ne pigeat Magno quaerentem fata remotas   215
Medorum penetrare domos Scythicosque recessus
et totum mutare diem vocesque superbo
Arsacidae perferre meas: "si foedera nobis
prisca manent mihi per Latium iurata Tonantem,
per vestros astricta magos, implete pharetras   220
Armeniosque arcus Geticis intendite nervis,
si vos, o Parthi, peterem cum Caspia claustra
et sequerer duros aeterni Martis Alanos,
passus Achaemeniis late decurrere campis

195 Asinae (Sas-) v. comm.

der Zufall einen Hafen schenken." So sprach er. Da winkelte der andere die Segel, die bei gleicher Höhe ihrer Stangenenden in gerader Stellung schwebten, ab und wendete das Schiff nach links, indem er, um die gegen Asines Klippe und Chios brandenden Gewässer zu zerteilen, die Brassen einerseits zum Bug hin losgab, anderseits am Heck zurückhielt. Die Fluten merkten die Schwenkung, und als jetzt die Spitze in neuer Richtung durch die See fuhr und der Kiel nicht mehr zum gleichen Ziel sah, wechselten sie ihren Klang. So viel Geschick besitzt kein Wagenlenker, wenn sein rechtes Rad um den linken Achsenzapfen einen Kreis schlägt und er sein Gefährt zwingt, der Wendesäule nahzukommen, ohne sie zu streifen.

Helios machte die Erde hell und ließ die Sterne verblassen. Jedermann, der von der Katastrophe in Emathia hier- oder dorthin geflüchtet war, schloß sich Pompejus an: so stieß als erster seit der Abfahrt von Lesbos sein Sohn zu ihm, dann eine Menge treuer Truppenführer, hatte ihm Fortuna doch selbst jetzt, da er vom Verhängnis niedergeworfen und durch Feldschlacht in die Flucht geschlagen war, dienstbereite Könige nicht genommen — Länderherren und Zepterträger des Morgenlands hatte er noch als verfemter Mann zur Seite. Dejotarus, der den Spuren seines Führers überall gefolgt war, erhielt von ihm Befehl, sich in entlegene Weltgebiete aufzumachen. ,,Da mir der Erdkreis," sprach er, ,,soweit er Rom gehörte, durch die Niederlage in Emathia verlorenging, bleibt nur übrig, daß du als treuester Monarch das Morgenland auf seine Treue prüfst, die Völker nämlich, die aus dem vor Caesar bisher unbesorgten Euphrat oder Tigris trinken. Unverdrossen durchmustere auf der Suche nach einer guten Wendung für Pompejus die fernsten Häuser Mediens und Skythiens Winkel, begib dich unter einen gänzlich anderen Sonnenstand und überbring dem stolzen Arsakiden meine Botschaft: 'Gilt zwischen uns das alte Bündnis, das ich bei Latiums Donnerer beschwor und eure Astrologen heiligten, so füllt eure Köcher und bespannt eure Armenierbogen mit Sehnen aus dem Getenland, wenn anders ich euch Parther damals, als ich zu den Kaspischen Toren zog und die zähen, stets kampflüsternen Alanen verfolgte, weit und breit in Achämenidenlanden schweifen ließ,

in tutam trepidos numquam Babylona coegi.   225
arva super Cyri Chaldaeique ultima regni,
qua rapidus Ganges et qua Nysaeus Hydaspes
accedunt pelago, Phoebi surgentis ab igne
iam propior quam Persis eram: tamen omnia vincens
sustinui nostris vos tantum desse triumphis   230
solusque e numero regum telluris Eoae
ex aequo me Parthus adit. nec munere Magni
stant semel Arsacidae; quis enim post volnera cladis
Assyriae iustas Latii compescuit iras?
tot meritis obstricta meis nunc Parthia ruptis   235
excedat claustris vetitam per saecula ripam
Zeugmaque Pellaeum. Pompeio vincite, Parthi:
vinci Roma volet."' regem parere iubenti
ardua non piguit positisque insignibus aulae
egreditur famulo raptos indutus amictus.   240
in dubiis tutum est inopem simulare tyranno;
quanto igitur mundi dominis securius aevum
verus pauper agit! dimisso in litore rege
ipse per Icariae scopulos Ephesonque relinquens
et placidi Colophona maris spumantia parvae   245
radit saxa Sami; spirat de litore Coo
aura fluens; Cnidon inde fugit claramque relinquit
Sole Rhodon magnosque sinus Telmessidos undae
compensat medio pelagi. Pamphylia puppi
occurrit tellus nec se committere muris   250
ausus adhuc ullis te primum, parva Phaseli,
Magnus adit; nam te metui vetat incola rarus
exhaustaeque domus populis maiorque carinae
quam tua turba fuit. tendens hinc carbasa rursus
iam Taurum Tauroque videt Dipsunta cadentem.   255
    crederet hoc Magnus, pacem cum praestitit undis,

240 famulo(s) *vel* -i
254 hinc *vel* hic

euch nie in Angst versetzte, nie in Babylon Schutz zu
suchen zwang. Jenseits der von Kyros und Chaldäern
noch beherrschten Randgebiete, wo der wilde Ganges und
von Nysa kommend der Hydaspes das Meer erreichen,
war ich schon den ersten Sonnenstrahlen näher als das
Perserreich: siegte ich auch überall, ließ ich es dennoch
geschehen, daß ihr allein in meinen Triumphzügen fehltet,
ja, als einziger von allen Königen des Morgenlands tritt
mir Parthiens Herrscher ebenbürtig gegenüber. Und nicht
nur einmal konnten sich die Arsakiden dank Pompejus
halten; denn wer war es, der nach der blutigen Niederlage in Assyrien Latiums gerechten Grimm beschwichtigte?
Da Parthien mir für ein Verdienst ums andere verpflichtet
ist, soll es jetzt seine Schranke sprengen und das Ufer
hinter sich lassen, dessen Überschreitung Alexanders
Zeugma Jahrhunderte hindurch versagte. Siegt ihr Parther
für Pompejus, dann wird Rom sich gern von euch besiegen
lassen.'" Dem schwierigen Auftrag leistete der König
unverdrossen Folge, legte die Zeichen seiner Herrscherwürde
ab und ging von Bord in Kleidern, die ein Diener eilig
für ihn ausgezogen hatte. In ungewisser Lage schützt sich
ein Tyrann, indem er einen Armen spielt; wieviel sicherer
als die Herren der Welt lebt somit ein echter Armer! —
Als der König an Land gesetzt war, fuhr Pompejus selber,
Ephesos und die doch glatte See von Kolophon vermeidend,
durch die Riffe von Ikaria und streifte die schäumenden
Klippen des bescheidenen Samos; als bei Kos eine Brise
vom Strand daherblies, floh er von dort an Knidos vorbei,
mied Helios' berühmtes Eiland Rhodos und folgte nicht
dem großen Küstenbogen von Telmessos, sondern nahm
den kurzen Weg auf offener See. Jetzt tauchte vor dem
Schiff Pamphylierland auf, und hatte der große Mann bis
dahin nicht gewagt, sich einem Mauerring anzuvertrauen,
so ging er im bescheidenen Phaselis zum ersten Mal an
Land; denn hier verbot sich Furcht, weil die Einwohner
spärlich und die Häuser leer von Männern waren, ja,
die Barke mehr Menschen zählte als die Stadt. Von dort
ließ er nochmals Segel setzen und gewahrte schließlich
den Taurus mit dem Dipsus, der vom Taurus talwärts
stürzt.
Hätte Pompejus zu jener Zeit, da er das Meer befriede-

et sibi consultum? Cilicum per litora tutus
parva puppe fugit. sequitur pars magna senatus
ad profugum collecta ducem parvisque Syhedris,
quo portu mittitque rates recipitque Selinus,   260
in procerum coetu tandem maesta ora resolvit
vocibus his Magnus: 'comites bellique fugaeque
atque instar patriae, quamvis in litore nudo,
in Cilicum terra, nullis circumdatus armis
consultem rebusque novis exordia quaeram,   265
ingentes praestate animos. non omnis in arvis
Emathiis cecidi nec sic mea fata premuntur,
ut nequeam relevare caput cladesque receptas
excutere. an Libycae Marium potuere ruinae
erigere in fasces et plenis reddere fastis,   270
me pulsum leviore manu Fortuna tenebit?
mille meae Graio volvuntur in aequore puppes,
mille duces; sparsit potius Pharsalia nostras
quam subvertit opes. sed me vel sola tueri
fama potest rerum, toto quas gessimus orbe,   275
et nomen, quod mundus amat. vos pendite regna
viribus atque fide, Libyam Parthosque Pharonque,
quemnam Romanis deceat succurrere rebus.
ast ego curarum vobis arcana mearum
expromam mentisque meae quo pondera vergant.   280
aetas Niliaci nobis suspecta tyranni est,
ardua quippe fides robustos exigit annos.
hinc anceps dubii terret sollertia Mauri;
namque memor generis Carthaginis impia proles
imminet Hesperiae multusque in pectore vano est   285
Hannibal, obliquo maculat qui sanguine regnum
et Numidas contingit avos; iam supplice Varo
intumuit viditque loco Romana secundo.

265 novis *vel* meis
274 tueri *vel* iuvare

te, dies vermuten können, daß er auch sich selber diente?
An Kilikiens Küste floh er unbehelligt in einer bescheidenen Barke dahin. Ihm folgte ein großer Teil des Senats, der
sich auf der Spur seines flüchtigen Feldherrn gesammelt
hatte. Im bescheidenen Syedra nun, das Selinus als Hafen
dient, um Schiffe sei es auszusenden sei es aufzunehmen,
öffnete der große Mann in einer Ratsversammlung endlich
sorgenvoll den Mund und sprach: „Gefährten meines
Kampfs wie meiner Flucht und Sinnbild unserer Heimat!
Wenngleich ich euch an kahlem Strand, im Lande der
Kilikier, nicht im Ringwall einer Armee befrage, um für
neue Taten einen Ausgangspunkt zu suchen, zeigt euch
dennoch heldenmütig! Nicht ganz und gar bin ich auf dem
Schlachtfeld von Emathia gefallen, und mein Glück ist
nicht so tief gedrückt, daß ich mein Haupt nicht wieder
heben und den empfangenen Schlag abschütteln könnte.
Meint ihr, daß Marius sich in Karthagos Ruinen zum
Konsulat und so zu neuer Nennung in dem mit seinem
Namen schon dicht beschriebenen Kalender aufraffen konnte, mich jedoch Fortuna nach einem mit sanfterer Hand
geführten Streich am Boden halten wird? Ich habe tausend
Galeeren, die in griechischen Gewässern kreuzen, habe
tausend Offiziere; die Schlacht von Pharsalus hat meine
Streitmacht mehr zersplittert als vernichtet. Nein, mich
kann schon der bloße Ruhm von Taten schützen, die ich
auf der ganzen Welt vollbrachte, und ein Name, den der
Erdkreis liebt. An euch ist es, die Könige von Libyen,
Parthien, Ägypten auf ihre Schlagkraft und Redlichkeit
zu prüfen und zu untersuchen, wer denn wohl der Sache
Roms zu helfen würdig sei. Doch ich will euch eröffnen,
welches meine geheimen Gedanken sind und nach welcher
Seite meine Meinung sich am stärksten neigt. Die Jugend
des Monarchen am Nil ist mir verdächtig, da Redlichkeit
sich schwer erringen läßt und reife Jahre fordert. Sodann
macht mir die doppelzüngige Schläue des unberechenbaren
Afrikaners Furcht; denn im Bewußtsein seiner Herkunft
hat Karthagos frecher Nachfahr Böses mit Hesperien im
Sinn, weil seine Phantasie von Hannibal erfüllt ist, dessen
Blut auf einem Nebenweg zu Jubas Ahnen stößt und seine
Dynastie verseucht; vollends ist sein Stolz geschwollen,
seit Varus bei ihm Hilfe suchte und er Römermacht im

quare agite Eoum, comites, properemus in orbem.
dividit Euphrates ingentem gurgite mundum   290
Caspiaque immensos seducunt claustra recessus
et polus Assyrias alter noctesque diesque
vertit et abruptum est nostro mare discolor unda
Oceanusque suus. pugnandi sola voluptas:
celsior in campo sonipes et fortior arcus   295
nec puer aut senior letales tendere nervos
segnis et a nulla mors est incerta sagitta.
primi Pellaeas arcu fregere sarisas
Bactraque Medorum sedem murisque superbam
Assyrias Babylona domos. nec pila timentur   300
nostra nimis Parthis audentque in bella venire
experti Scythicas Crasso pereunte pharetras.
spicula nec solo spargunt fidentia ferro,
stridula sed multo saturantur tela veneno;
volnera parva nocent fatumque in sanguine summo est.   305
o utinam non tanta mihi fiducia saevis
esset in Arsacidis! fatis nimis aemula nostris
fata movent Medos multumque in gente deorum est.
effundam populos alia tellure revolsos
excitosque suis immittam sedibus ortus.   310
quod si nos Eoa fides et barbara fallent
foedera, volgati supra commercia mundi
naufragium Fortuna ferat: non regna precabor,
quae feci. sat magna feram solacia mortis
orbe iacens alio nihil haec in membra cruente,   315
nil socerum fecisse pie. sed cuncta revolvens
vitae fata meae semper venerabilis illa
orbis parte fui, quantus Maeotida supra,
quantus apud Tanain toto conspectus in ortu!
quas magis in terras nostrum felicibus actis   320

---

294 pugnandi *Guietus*: regn-
314 sat *vel* sed (set)

Nachteil sah. Darum auf, Gefährten, eilen wir ins Morgenland! Der Euphratstrom legt sich vor einen ungeheuren
Weltteil, und die Kaspischen Tore trennen unermeßliche
Schlupfwinkel ab, ja, nach anderem Sonnenstand wechseln
in Assyrien Nächte und Tage, und jenes Meer mit seiner
fremden Wasserfarbe ist vom unsrigen als eigener Ozean
abgesprengt. Dem Kampf gehört dort alle Lust: höher
sind die Schlachtrosse im Feld und stärker die Bogen,
nicht einmal Knaben oder alte Männer spannen ungern
Todessehnen, und es fliegt kein Pfeil, ohne sicheren Tod
zu bringen. Zuerst an jenen Schützen zerbrachen Alexanders
Stoßlanzen ebenso wie die Mederfeste Baktra und die
Behausung der Assyrer, Babylon, das sich doch mit seinen
Mauern brüstete. Nicht einmal vor Römerspeeren sind
Parther besonders bange, kommen vielmehr voll Wagemut
zum Kampf, seit ihnen Crassus' Untergang die Güte ihrer
Skythenrohre bewies. Auch lassen sie nicht Pfeile hageln,
deren Gewähr allein in einer Eisenspitze liegt, sondern
ihre schwirrenden Geschosse sind sattsam mit Gift ge-
tränkt; schon kleine Wunden bringen Gefahr, und Tod
sitzt selbst in nur geritzter Haut. Ach, müßte ich doch nicht
so große Zuversicht auf unbarmherzige Arsakiden setzen!
In allzu ernstem Wettstreit steht mit unserer Berufung
die Berufung, die den Medern Auftrieb leiht, und allzu
große Göttergunst gehört Barbaren. — Ich werde also
Kämpfer von fremder Scholle reißen und ausschwärmen
lassen, werde Orientalen aus ihrem Heimatland aufstören
und auf den Gegner hetzen. Wenn ich mich aber über
Redlichkeit im Morgenland und ein Barbarenbündnis
täusche, nun, so mag Fortuna drüben, wo die Bande zur
vertrauten Welt zerschnitten sind, mein Schiff zum Scheitern
bringen: dennoch will ich Königreiche, die ich schuf, nicht
bitten. Wenn ich in fremder Zone liege, werde ich genügend
großen Trost für meinen Tod daraus gewinnen, daß mein
Schwiegervater meiner Leiche keinen Schimpf antat und
ihr keinen Liebesdienst erwies. Ohnedies — und ich lasse
meinen ganzen Lebensgang nochmals an mir vorüberziehen
— fand ich in jenem Weltteil stets Verehrung: in welcher
Größe stand ich jenseits der Maiotis, in welcher Größe
am Tanaïs dem ganzen Orient vor Augen! Zu welchen
Ländern trugen glücklichere Taten meinen Namen, aus

nomen abit aut unde redit maiore triumpho?
Roma, fave coeptis; quid enim tibi laetius umquam
praestiterint superi quam, si civilia Partho
milite bella geras, tantam consumere gentem
et nostris miscere malis? cum Caesaris arma   325
concurrent Medis, aut me Fortuna necesse est
vindicet aut Crassos.'

                    sic fatus murmure sensit
consilium damnasse viros. quos Lentulus omnes
virtutis stimulis et nobilitate dolendi
praecessit dignasque tulit modo consule voces: 330
'sicine Thessalicae mentem fregere ruinae?
una dies mundi damnavit fata? secundum
Emathiam lis tanta datur? iacet omne cruenti
volneris auxilium? solos tibi, Magne, reliquit
Parthorum fortuna pedes? quid transfuga mundi,   335
terrarum totos tractus caelumque perosus,
aversosque polos alienaque sidera quaeris
Chaldaeos culture focos et barbara sacra,
Parthorum famulus? quid causa obtenditur armis
libertatis amor? miserum quid decipis orbem,   340
si servire potes? te qui Romana regentem
horruit auditu, qui captos ducere reges
vidit ab Hyrcanis Indoque a litore silvis,
deiectum fatis, humilem fractumque videbit
extolletque animos Latium vaesanus in orbem   345
se simul et Romam Pompeio supplice mensus?
nil animis fatisque tuis effabere dignum:
exiget ignorans Latiae commercia linguae,
ut lacrimis se, Magne, roges. patimurne pudoris
hoc volnus, clades ut Parthia vindicet ante   350
Hesperias quam Roma suas? civilibus armis
elegit te nempe ducem: quid volnera nostra

---

321 redi *Lachmann*
341 qui $U^v a^v$: quem
342 qui *Fraenkel*: quem

welchen schufen ihm gewaltigere Siege Widerhall? Gib,
Roma, zum Beginnen Huld; denn niemals dürften dir
die Überirdischen ein höheres Glück bereitet haben als
die Gelegenheit, wenn du Bürgerkrieg mit parthischen
Soldaten führst, dies mächtige Volk zu vertilgen und an
unseren Leiden zu beteiligen! Prallt Caesars Armee mit
Medern zusammen, so muß Fortuna entweder mich oder
die beiden Crassus rächen."

So sprach er, merkte aber am Gemurmel, daß die
Senatoren seinen Plan verwarfen. Ihnen allen an spornen-
dem Ehrgefühl und stolzer Empfindlichkeit überlegen, hielt
Lentulus eine Rede, wie sie einem Mann anstand, der
noch vor kurzem Konsul war: „Hat dir die Katastrophe
von Thessalien so den Mut geknickt? Hat ein einziger
Tag über das Schicksal der Welt den Stab gebrochen?
Bestimmt Emathia in einem so gewichtigen Streitfall die
Entscheidung? Ist jede Hilfe für die blutige Wunde vergeblich? Ließ dir großem Feldherrn das Schicksal keinen
anderen Ausweg, als Parthern zu Füßen zu fallen? Warum
gehst du als Überläufer fort aus der bekannten Welt,
verabscheust ihre Landstriche insgesamt und ihren Himmel,
willst zur abgewandten Sphäre und zu fremden Sternen,
um den Feuerriten chaldäischer Barbaren Achtung zu
bezeigen als ein Parthersklave? Warum schützest du als
Kampfgrund Freiheitsliebe vor? Warum betrügst du den
armen Erdkreis, wenn du Knechtsdienst leisten kannst?
Der Mann, den es vor deinem Regiment in Rom bei bloßem
Hören schauderte, der dich gefangene Könige aus Hyrkaniens Wäldern und vom indischen Gestade bringen sah,
er soll dich vom Verhängnis niedergeworfen, gedemütigt
und gebrochen sehen, soll sich dreisten Sinnes in Verblendung gegen das Latinerreich erheben, indem er sich
und Rom zugleich an einem bettelnden Pompejus mißt?
Du wirst nichts äußern können, was deinem Selbstgefühl
und deinen Erfolgen angemessen wäre: weil er sich in
lateinischer Sprache nicht zu verständigen weiß, wird er
verlangen, daß ihn ein großer Mann wie du mit Tränen
bittet. Nehmen wir wohl diese Ehrverletzung hin, daß
Parthien die im Abendland geschehene Niederlage rächt
statt Rom die eigene? Dies hat dich doch zum Feldherrn
nur für Bürgerkrieg gewählt: warum willst du bei Skythen-

in Scythicos spargis populos cladesque latentes?
quid Parthos transire doces? solacia tanti
perdit Roma mali, nullos admittere reges,   355
sed civi servire suo. iuvat ire per orbem
ducentem saevas Romana in moenia gentes
signaque ab Euphrate cum Crassis capta sequentem?
qui solus regum fato celante favorem
defuit Emathiae, nunc tantas ille lacesset   360
auditi victoris opes aut iungere fata
tecum, Magne, volet? non haec fiducia genti est:
omnis in Arctois populus quicumque pruinis
nascitur, indomitus bellis et mortis amator;
quidquid ad Eoos tractus mundique teporem   365
ibitur, emollit gentes clementia caeli:
illic et laxas vestes et fluxa virorum
velamenta vides. Parthus per Medica rura,
Sarmaticos inter campos effusaque plano
Tigridis arva solo nulli superabilis hosti est   370
libertate fugae; sed non, ubi terra tumebit,
aspera conscendet montis iuga nec per opacas
bella geret tenebras incerto debilis arcu
nec franget nando violenti verticis amnem
nec tota in pugna perfusus sanguine membra   375
exiget aestivum calido sub pulvere solem.
non aries illis, non ulla est machina belli
aut fossas implere valent Parthoque sequenti
murus erit, quodcumque potest obstare sagittae.
pugna levis bellumque fugax turmaeque vagantes   380
et melior cessisse loco quam pellere miles;
illita tela dolis nec Martem comminus usquam
ausa pati virtus, sed longe tendere nervos
et quo ferre velint permittere volnera ventis.
ensis habet vires et gens quaecumque virorum est,   385

366 ibitur *vel* lab-

völkern die Kunde von unseren Wunden und einer Niederlage verbreiten, die dort verborgen blieb? Warum gibst
du den Parthern Weisung, ihre Schranke zu überschreiten?
Rom verliert damit den einzigen Trost in seinem bitteren
Unglück: Despoten nicht von außen einzulassen, sondern
einem eigenen Bürger Sklavendienst zu leisten. Macht
es dir Vergnügen, durch das Reich hin an der Spitze von
fremden Unholden gegen Roms Mauern zu marschieren,
im Gefolge von Standarten, die dem Feind am Euphrat
mit den beiden Crassus in die Hände fielen? Der einzige
Monarch, der in Emathia fehlte, als die Parteinahme des
Glücks noch nicht erkennbar war, wird er jetzt, wenn er
von Caesars Sieg hört, dessen Übermacht herausfordern,
also seine Sache mit der deinigen, Magnus, koppeln wollen?
So viel Selbstvertrauen hat dies Volk nicht: alle aus dem
reifbedeckten Nordland stammenden Nationen sind von
ungezähmter Kriegslust und Todessucht — je mehr man
aber östlichen Bezirken und der heißen Zone näherkommt,
verweichlicht Klimagunst die Völker, ja, man sieht dort
selbst bei Männern lockere Kleidung und fließende
Gewänder. Die Parther sind in Mederfluren, auf sarmatischen Gefilden und im ausgedehnten Flachland der
Tigrisebene von keinem Feind zu schlagen, weil sie freien
Raum zum Fliehen haben; aber wo die Erde Höhen bildet,
werden sie auf keine rauhen Berggrate steigen, werden
nicht im Schattendunkel Kämpfe führen, weil sie ohne
sicheres Ziel für ihre Pfeile hilflos sind, werden keinen wild
wirbelnden Strom schwimmend bezwingen, werden dann,
wenn in einer Schlacht der ganze Leib von Blut trieft,
einen sommerlichen Sonnentag in Hitze und Staub nicht
überleben. Sie haben keinen Sturmbock, keine einzige
Kriegsmaschine, vermögen keine Wassergräben anzulegen:
nein, wenn Parther auf Verfolgung sind, so werden sie
auf eine Mauer stoßen, wo ihren Pfeilen irgendetwas
widerstehen kann. Dort gibt es nur Scharmützel, Gueril-
lakrieg, Partisanenreiter und Soldaten, die besser das Feld
zu räumen als andere aus dem Feld zu schlagen wissen;
tückisch bestrichene Pfeile und nirgends Mut, einen Nahkampf zu bestehen statt in weiter Entfernung Sehnen zu
spannen und dem Wind anheimzustellen, wohin er Verwundung tragen will. Schwerter machen Wirkung, und

bella gerit gladiis; nam Medos proelia prima
exarmant vacuaque iubent remeare pharetra:
nulla manus illis, fiducia tota veneni est.
credis, Magne, viros, quos in discrimina belli
cum ferro misisse parum est? temptare pudendum   390
auxilium tanti est, toto divisus ut orbe
a terra moriare tua, tibi barbara tellus
incumbat, te parva tegant ac vilia busta,
invidiosa tamen Crasso quaerente sepulchrum?
sed tua sors levior, quoniam mors ultima poena est   395
nec metuenda viris. at non Cornelia letum
infando sub rege timet. num barbara nobis
est ignota Venus, quae ritu caeca ferarum
polluit innumeris leges et foedera taedae
coniugibus thalamique patent secreta nefandi   400
inter mille nurus? epulis vaesana meroque
regia non ullis exceptos legibus audet
concubitus; tot femineis complexibus unum
non lassat nox tota marem. iacuere sorores
in regum thalamis sacrataque pignora matres;   405
damnat apud gentes sceleris non sponte peracti
Oedipodionias infelix fabula Thebas:
Parthorum dominus quotiens sic sanguine mixto
nascitur Arsacides! cui fas implere parentem,
quid rear esse nefas? proles tam clara Metelli   410
stabit barbarico coniunx millesima lecto.
quamquam non ulli plus regia, Magne, vacabit
saevitia stimulata Venus titulisque virorum;
nam, quo plura iuvent Parthum portenta, fuisse
hanc sciet et Crassi: ceu pridem debita fatis   415
Assyriis trahitur cladis captiva vetustae.
haereat Eoae volnus miserabile sortis:

395 levior *vel* melior
397 nobis *vel* vobis

jedes Volk von Männern führt mit Degen seine Kriege:
Meder sind ja gleich bei Kampfbeginn entwaffnet, wenn
ihr leerer Köcher sie zurückzugehen zwingt — nie vertrauen
sie auf ihre Fäuste, sondern ganz auf Gift. Hältst du großer
Feldherr die für Männer, die man mit dem Stahl als einziger
Waffe nicht in kriegerische Abenteuer schicken darf? Lohnt
ein Gesuch um beschämende Hilfe, damit du dort, wo eine
gänzlich andere Sphäre dich von deiner Heimat scheidet,
sterben kannst, damit du in Barbarenerde liegst, damit
dich nur ein kleiner und armseliger Hügel deckt, der dir
dennoch vorgehalten würde, solange Crassus noch ein
Grab vermißt? Aber dein eigenes Los ist eher leicht, da
Tod die letzte Sühne darstellt und für Männer keine
Schrecken hat. Was jedoch Cornelia unter dem verrufenen
Monarchen fürchten muß, ist nicht so sehr das Sterben.
Wissen wir denn etwa nichts von Wollust in Barbarenlän-
dern, wo man wahllos nach der Art von Tieren mit un-
zähligen Frauen gesetzlichen Ehebund entweiht, wo die
Heimlichkeiten eines verworfenen Lagers unter tausend
Weibern offenbar sind? Von Gelagen und Wein zu rasender
Begier getrieben, erdreistet sich der König zu Paarungen,
die kein Gesetz erlaubt, und eine ganze Nacht in der
Umarmung von so vielen Weibern schwächt den einen
Mann nicht. Eigene Schwestern lagen schon im königlichen
Schlafgemach und, anderen heilig-teure Wesen, eigene
Mütter; eines absichtslos begangenen Greuels wegen bricht
eine unselige Sage in aller Welt den Stab über das Theben
eines Oedipus — allein wie oft entspringt, um über Parther
zu regieren, aus solcher Blutvermengung ein Arsakide! Wer
es für erlaubt hält, seine Gebärerin zu schwängern, was
hielte der für unerlaubt? Metellus' hochberühmte Tochter
wird als eine unter tausend Frauen am Barbarenbett wie
eine Hure warten. Und doch, Pompejus, wird sich ihr die
königliche Wollust mehr als jeder anderen widmen, aufgepeitscht von Marterdrang, weil ihre Ehemänner große
Namen hatten; denn der Partherherrscher wird sich umso
häufiger an ihrer Schändung freuen, als er weiß, daß sie
auch Crassus' Gattin war — als wäre sie schon längst
der Katastrophe in Assyrien verfallen, schleppt man sie
als Beute eines alten Siegs davon. Gesetzt, ihr haltet euch
die jammervolle Wunde, die uns der Schlag im Morgenland

non solum auxilium funesto ab rege petisse,
sed gessisse prius bellum civile pudebit.
nam quod apud populos crimen socerique tuumque   420
maius erit quam quod vobis miscentibus arma
Crassorum vindicta perit? incurrere cuncti
debuerant in Bactra duces et, ne qua vacarent
arma, vel Arctoum Dacis Rhenique catervis
imperii nudare latus, dum perfida Susa   425
in tumulos prolapsa ducum Babylonque iaceret.
Assyriae paci finem, Fortuna, precamur;
et si Thessalia bellum civile peractum est,
ad Parthos, qui vicit, eat: gens unica mundi est,
de qua Caesareis possim gaudere triumphis.   430
non tibi, cum primum gelidum transibis Araxen,
umbra senis maesti Scythicis confixa sagittis
ingeret has voces: "tu, quem post funera nostra
ultorem cinerum nudae speravimus umbrae,
ad foedus pacemque venis?" ? tum plurima cladis   435
occurrent monimenta tibi: quae moenia trunci
lustrarunt cervice duces, ubi nomina tanta
obruit Euphrates et nostra cadavera Tigris
detulit in terras ac reddidit. ire per ista
si potes, in media socerum quoque, Magne, sedentem 440
Thessalia placare potes. quin respicis orbem
Romanum? si regna times proiecta sub austro
infidumque Iubam, petimus Pharon arvaque Lagi.
Syrtibus hinc Libycis tuta est Aegyptos, at inde
gurgite septeno rapidus mare summovet amnis;   445
terra suis contenta bonis, non indiga mercis
aut Iovis: in solo tanta est fiducia Nilo.
sceptra puer Ptolemaeus habet tibi debita, Magne,
tutelae commissa tuae. quis nominis umbram

449   quis $M^3Arn.^v$: qui

bereitete, vor Augen: nicht nur bei dem mörderischen König Hilfe zu erbitten, sondern früher als mit ihm mit eigenen Bürgern Krieg geführt zu haben, wird euch eine Schmach sein. Kann denn ein größerer Vorwurf dich und deinen Schwiegervater bei den Römern treffen, als daß ihr die Degen kreuztet und unterdessen Sühne für die beiden Crassus unterblieb? Alle Heerführer hätten nach Baktra hinstürmen und, um keine Waffen ungenützt zu lassen, gar die Nordflanke des Reiches Dakern und rheinischen Horden preisgeben sollen, bis das tückische Susa ebenso wie Babylon über den Gebeinen römischer Führer niederstürzten und am Boden lägen. Fortuna, bitte mach dem Frieden mit Assyrien ein Ende; und wenn der Bürgerkrieg durch Pharsalus abgetan ist, soll zu Parthern gehen, wer gesiegt hat — es ist das einzige Volk auf Erden, über das ich Caesar mit Freuden triumphieren sehen könnte. Gewiß wird dir im Augenblick, da du den kalten Araxes überschreitest, der Schatten eines kummervollen alten Mannes, mit skythischen Pfeilen bespickt, diese Worte entgegenschleudern: 'Du, von dem wir unbegrabenen Schatten nach unserem Ende Rache für all den Totenstaub erhofften, kommst zu Bündnis und Versöhnung?' Dann werden dir in reicher Zahl Erinnerungen an die Niederlage vor Augen treten: in welchen Städten die Heerführer rumpflos mit ihrem Haupt die Runde machten, wo der Euphrat Männer hohen Namens begrub, wo der Tigris Römerleichen unter die Erde schwemmte und wieder hergab. Wenn du durch diese Schrecken wandeln kannst, Pompejus, kannst du auch mitten in Thessalien vor deines Schwiegervaters Richterstuhl um Gnade betteln. Warum wendest du den Blick nicht zum römischen Imperium? Wenn du das weite Reich im Süden und einen tückischen Juba fürchtest, so gehen wir nach Alexandria ins Land der Ptolemäer. Ägypten ist auf einer Seite durch die libyschen Syrten geschützt, während auf der anderen der wilde Strom mit seinen sieben Wasserarmen das Meer zurücktreibt; es ist ein Land, das sich an eigenen Gütern genügen läßt, keinen Handel braucht und keinen Regengott — so sichere Gewähr gibt ihm der Nil allein. Das Zepter, das der junge Ptolemaios trägt, verdankt er dir, Pompejus, deiner Vormundschaft ist es anbefohlen. Wer wollte vor

horreat? innocua est aetas. ne iura fidemque   450
respectumque deum veteri speraveris aula:
nil pudet assuetos sceptris; mitissima sors est
regnorum sub rege novo.' non plura locutus
impulit huc animos: quantum, spes ultima rerum,
libertatis habes! victa est sententia Magni.   455
   tum Cilicum liquere solum Cyproque citatas
immisere rates, nullas cui praetulit aras
undae diva memor Paphiae, si numina nasci
credimus aut quemquam fas est coepisse deorum.
haec ubi deseruit Pompeius litora, totos   460
emensus Cypri scopulos, quibus exit in austrum,
inde maris vasti transverso vertitur aestu.
nec tenuit gratum nocturno lumine montem
infimaque Aegypti pugnaci litora velo
vix tetigit, qua dividui pars maxima Nili   465
in vada decurrit Pelusia septimus amnis;
tempus erat, quo Libra pares examinat horas
non uno plus aequa die noctique rependit
lux minor hibernae verni solacia damni.
comperit ut regem Casio se monte tenere,   470
flectit iter; nec Phoebus adhuc nec carbasa languent.
   iam rapido speculator eques per litora cursu
hospitis adventu pavidam compleverat aulam.
consilii vix tempus erat; tamen omnia monstra
Pellaeae coiere domus, quos inter Acoreus   475
iam placidus senio fractisque modestior annis
(hunc genuit custos Nili crescentis in arva
Memphis vana sacris, illo cultore deorum
lustra suae Phoebes non unus vixerat Apis)
consilii vox prima fuit meritumque fidemque   480

dem Gespenst eines Wortes schaudern? Jugend ist harmlos. Erwarte nicht gerechten Sinn noch Redlichkeit und Götterfurcht an einem lang regierten Hof: wem das Zepter zur Gewohnheit wurde, der kennt keine Scham — in einem Königreich trägt man am leichtesten sein Schicksal unter einem neuen König." Er bedurfte keiner weiteren Worte, um die Herzen hierfür zu gewinnen: wie wenig Wahlfreiheit hat letzte Zukunftshoffnung! Der große Feldherr wurde überstimmt.

Darauf verließen sie Kilikiens Boden und lenkten ihre Schiffe rasch nach Zypern, dessen Altären Aphrodite niemals andere vorgezogen hat, weil sie sich an den Schaum bei Paphos gern erinnert — sofern wir an Geburt von Himmelsmächten glauben oder Götter überhaupt einen Anfang haben dürfen. Als Pompejus diesen Strand im Rücken hatte, fuhr er die ganze Steilküste entlang, mit der Zypern nach Süden ausläuft, und schwenkte von da quer durch die weite Meeresflut. Ohne die Kuppe zu erreichen, deren Licht bei Nacht willkommen ist, kämpfte er sich mit seinem Segler zum Ostrand von Ägyptens Küste durch und gelangte mühsam dort an Land, wo der geteilte Nil mit seinem siebenten und größten Arm bei Pelusion ins Meer hinaustritt; es war die Zeit, zu der die Waage die Stunden im Gleichgewicht hält und einen einzigen Tag lang ausgeglichen ist, bevor im Winter kürzere Tage die Nächte für Verringerung im Lenz entschädigen. Da er erfuhr, der König halte sich am Kasionberg auf, nahm er dorthin Kurs, als Sonnenlicht und Segelwind noch nicht nachgelassen hatten.

Sofort war ein berittener Späher im Galopp den Strand entlanggejagt und hatte den ganzen Hof in Schrecken über den fremden Ankömmling versetzt. Zum Überlegen war kaum Zeit; dennoch versammelten sich alle Ungeheuer des Ptolemäerpalastes, in deren Kreis Akoreus, schon altersmild und mit geschwächten Jahren auch besonnener — er stammte aus Memphis, wo man den Nil beim Schwellen und Landberieseln überwacht, und in dieser Stadt mit ihren wunderlichen Riten hatte unter seiner Priesterschaft nicht nur ein einziger Apisstier die ihm von seiner Mondgottheit bestimmten Jahrfünfte verbracht —, als erster im Rat seine Stimme erhob und ebenso auf Verdienst und

sacraque defuncti iactavit pignora patris.
sed melior suadere malis et nosse tyrannos
ausus Pompeium leto damnare Pothinus
'ius et fas multos faciunt, Ptolemaee, nocentes:
dat poenas laudata fides, cum sustinet,' inquit   485
'quos fortuna premit. fatis accede deisque
et cole felices, miseros fuge. sidera terra
ut distant et flamma mari, sic utile recto:
sceptrorum vis tota perit, si pendere iusta
incipit, evertitque arces respectus honesti.   490
libertas scelerum est, quae regna invisa tuetur,
sublatusque modus gladiis; facere omnia saeve
non impune licet, nisi cum facis. exeat aula,
qui volt esse pius. virtus et summa potestas
non coeunt; semper metuet, quem saeva pudebunt.   495
non impune tuos Magnus contempserit annos,
qui te nec victos arcere a litore nostro
posse putat. neu nos sceptris privaverit hospes,
pignora sunt propiora tibi: Nilumque Pharonque,
si regnare piget, damnatae redde sorori.   500
Aegypton certe Latiis tueamur ab armis.
quidquid non fuerit Magni, dum bella geruntur,
nec victoris erit. toto iam pulsus ab orbe,
postquam nulla manet rerum fiducia, quaerit,
cum qua gente cadat; rapitur civilibus umbris   505
nec soceri tantum arma fugit: fugit ora senatus,
cuius Thessalicas saturat pars magna volucres,
et metuit gentes, quas uno in sanguine mixtas
deseruit, regesque timet, quorum omnia mersit,
Thessaliaeque reus nulla tellure receptus   510
sollicitat nostrum, quem nondum perdidit, orbem.

492 gladiis *vel* -ii
498 nos *vel* te
505 umbris *MZcArn.*ᵛ: armis

Redlichkeit wie auf den Bund hinwies, den des Königs
verstorbener Vater beschworen hatte. Aber überlegen in
der Kunst, Bösewichter zu beraten und Despoten zu durch-
schauen, wagte es Pothinus, einen Pompejus zum Tod zu
verdammen, indem er sprach: „Recht und Billigkeit machen
viele zu Verbrechern, Ptolemaios: die oft gepriesene Redlichkeit muß büßen, wenn sie Menschen stützt, die Fortuna
niederbeugt. Schließ dich Fügungen und Göttern an,
begünstige die Glücklichen und flieh Unselige! Wie Sterne
von der Erde und Feuer vom Wasser, so scheidet sich das
Nützliche vom Rechten: alle Zeptermacht vergeht, wenn
sie Gerechtigkeit in die Waagschale zu werfen beginnt,
und Rücksicht auf Anstand bringt Zwingburgen zum
Einsturz. Freizügigkeit für Verbrechen ist es, was verhaßte
Throne schützt, und unbeschränktes Schwerterschalten;
in allen Stücken mitleidlos verfahren darf man ungestraft
nur dann, wenn man wirklich so verfährt. Hinweg von
einem Hof mit dem, der fromme Scheu bezeigen will!
Tugendhaftigkeit und oberste Gewalt passen nicht zusammen; immer wird in Furcht sein, wer sich vor mitleidlosen
Taten schämt. Pompejus soll es büßen, wenn er deine Jahre
unterschätzt und meint, du könntest nicht einmal Besiegten
unseren Strand verwehren. Auch soll uns kein Fremder
das Zepter nehmen, hast du doch Menschen, die deinem
Herzen näherstehen: gib den Nil und Alexandria, wenn
du des Herrschens müde bist, deiner entrechteten Schwester
wieder! Jedenfalls laßt uns Ägypten vor Römerwaffen
schützen! Was Pompejus nicht gehörte, solange der Kampf
in Gang war, davon soll ihm, auch wenn er der Sieger
wäre, nichts gehören. Nachdem die ganze Welt ihn schon
verjagt hat und ihm keine Zukunftshoffnung bleibt, sucht
er eine Nation, die seinen Fall begleiten kann; die Geister
toter Bürger reißen ihn hinab, und es ist nicht nur die
Armee seines Schwiegervaters, wovor er flieht — nein, er
flieht das Angesicht des Senats, von dem ein großer Teil
die Geier Thessaliens mästet, ist in Angst vor Völkern,
die er in einer einzigen Blutlache vermengte und dann
im Stich ließ, ist in Furcht vor Königen, denen er alles
zugrunde richtete, und nachdem der Mann, der an dem
Unglück in Thessalien schuld ist, in keinem Land Aufnahme
fand, versucht er es mit unserer Zone, die er bisher nicht

iustior in Magnum nobis, Ptolemaee, querellae
causa data est: "quid sepositam semperque quietam
crimine bellorum maculas Pharon arvaque nostra
victori suspecta facis? cur sola cadenti   515
haec placuit tellus, in quam Pharsalica fata
conferres poenasque tuas? iam crimen habemus
purgandum gladio. quod nobis sceptra senatus
te suadente dedit, votis tua fovimus arma.
hoc ferrum, quod fata iubent proferre, paravi   520
non tibi, sed victo; feriam tua viscera, Magne,
malueram soceri: rapimur, quo cuncta feruntur.
tene mihi dubitas an sit violare necesse,
cum liceat? quae te nostri fiducia regni
huc agit, infelix? populum non cernis inermem   525
arvaque vix refugo fodientem mollia Nilo?"
metiri sua regna decet viresque fateri:
tu, Ptolemaee, potes Magni fulcire ruinam,
sub qua Roma iacet? bustum cineresque movere
Thessalicos audes bellumque in regna vocare?   530
ante aciem Emathiam nullis accessimus armis:
Pompei nunc castra placent, quae deserit orbis,
nunc victoris opes et cognita fata lacessis?
adversis non desse decet, sed laeta secutos:
nulla fides umquam miseros elegit amicos.'   535
    assensere omnes sceleri. laetatur honore
rex puer insueto, quod iam sibi tanta iubere
permittant famuli. sceleri delectus Achillas,
perfida qua tellus Casiis excurrit harenis
et vada testantur iunctas Aegyptia Syrtes,   540
exiguam sociis monstri gladiisque carinam
instruit. o superi, Nilusne et barbara Memphis
et Pelusiaci tam mollis turba Canopi

vernichtet hat. Wir haben, Ptolemaios, triftigeren Grund,
Pompejus anzuklagen, als er uns: 'Wozu lädst du dem
abgelegenen und allzeit friedlichen Alexandria den Makel
einer Kriegsschuld auf und machst unsere Fluren dem
Sieger verdächtig? Warum wähltest du bei deinem Fall
gerade dieses Land, um es am Verhängnis von Pharsalus
und an deiner Buße zu beteiligen? Bereits dein Kommen
trägt uns eine Schuld ein, die nur mit einem Schwertstreich
abzuwaschen ist. — Weil der Senat mir das Zepter auf
deinen Rat verlieh, stand ich dir mit Gebeten im Kampf
zur Seite. Diesen Stahl, den das Geschick mich zücken
heißt, habe ich nicht dir, nein, dem Besiegten zugedacht:
ich werde dein Herz treffen, Magnus, hätte wohl lieber
deines Schwiegervaters Herz durchbohrt, doch die allgemeine Strömung reißt mich mit sich fort. Zweifelst du etwa,
daß ich dir etwas antun muß, wenn ich es darf? Welche
Zuversicht auf unser Reich treibt dich Unseligen hierher?
Siehst du nicht, daß unser Volk nicht Waffen schleppen
und, wenn der Nil abfließt, die dann doch lockeren Felder
kaum beackern kann?' Man muß das eigene Reich auf
seine Maße prüfen und sich die Grenzen seiner Kräfte
eingestehen: kannst du, Ptolemaios, Pompejus stützen, wenn
er stürzt und Rom schon unter ihm begraben ist? Wagst
du den Scheiterhaufen und die Aschenreste von Pharsalus
aufzustören und den Krieg ins eigene Land zu rufen? Vor
der Schlacht in Emathia nahmen wir im Zweikampf nicht
Partei: und jetzt entscheidest du dich für Pompejus' Lager,
das die Welt im Stich läßt, befehdest jetzt den mächtigen
Sieger nach erwiesenem Erfolg? Im Unglück soll man
Hilfe nicht versagen, jedoch nur dann, wenn man das
Glück geteilt hat: noch nie galt es als Redlichkeit, Verlorene
zu Freunden zu erwählen."
Alle stimmten dem Verbrechen zu. Der knabenhafte
König freute sich der ungewohnten Ehre, daß seine Schran-
zen ihm bereits erlaubten, einen so gewichtigen Befehl
zu geben. Achillas wurde zur verbrecherischen Tat ersehen,
und dort, wo die Dünen am Kasion eine tückische Landzunge bilden und Sandbänke für Ägyptens Syrtennähe
zeugen, versah er einen kleinen Nachen mit Spießgesellen
und Schwertern. Ihr Götter droben, wagt der Nil, das pri-
mitive Memphis und ein derart weicher Menschenschlag

hos animos? sic fata premunt civilia mundum?
sic Romana iacent? ullusne in cladibus istis   545
est locus Aegypto Phariusque admittitur ensis?
hanc certe servate fidem, civilia bella:
cognatas praestate manus externaque monstra
pellite. si meruit tam claro nomine Magnus
Caesaris esse nefas, tanti, Ptolemaee, ruinam   550
nominis haud metuis caeloque tonante profanas
inseruisse manus, impure ac semivir, audes?
non domitor mundi nec ter Capitolia curru
invectus regumque potens vindexque senatus
victorisque gener, Phario satis esse tyranno   555
quod poterat, Romanus erat: quid viscera nostra
scrutaris gladio? nescis, puer improbe, nescis,
quo tua sit fortuna loco: iam iure sine ullo
Nili sceptra tenes; cecidit civilibus armis,
qui tibi regna dedit.   560
                    iam vento vela negarat
Magnus et auxilio remorum infanda petebat
litora; quem contra non longa vecta biremi
appulerat scelerata manus Magnoque patere
fingens regna Phari celsae de puppe carinae
in parvam iubet ire ratem litusque malignum   565
incusat bimaremque vadis frangentibus aestum,
qui vetet externas terris advertere classes.
{quod nisi fatorum leges intentaque iussu
ordinis aeterni miserae vicinia mortis
damnatum leto traherent ad litora Magnum}   570
non ulli comitum sceleris praesagia derant:
quippe fides si pura foret, si regia Magno
sceptrorum auctori vera pietate pateret,
venturum tota Pharium cum classe tyrannum.

wie Ägypter in Kanopos diese Dreistigkeit? Setzt das
Bürgerkriegsverhängnis so die Menschheit unter Zwang?
Liegt Römermacht so tief danieder? Gibt es denn bei
unserer Katastrophe für Ägypten irgendwelchen Raum, und
darf ein Ptolemäerschwert mitwirken? So weit wenigstens
steh, Bürgerkrieg, zu deinem Wort: sorg für einen Mörder
gleichen Bluts und scheuche fremde Ungeheuer fort! Wenn
doch Pompejus sich mit seinem herrlich großen Namen
den Anspruch erwarb, eine Untat nur von Caesar zu
erleiden, schrickst du, Ptolemaios, vor der Vernichtung
eines so erlauchten Namens nicht zurück, wagst du bei
Himmelsdonner Menschenhände anzulegen, ein Lasterbube
und kein rechter Mann? Galt es nichts, daß er die Welt
bezwungen und dreimal seinen Siegeswagen zum Kapitol
hinaufgelenkt hatte, Herr von Königen und Rächer des
Senats und gar des Siegers Eidam war, so hätte es dem
ägyptischen Despoten genügen können, daß er Römer war:
was hat dein Schwert in unseres Mannes Brust zu suchen?
Du verkennst, schamloser Knabe, du verkennst, wie es
mit deiner Macht bestellt ist: du trägst Ägyptens Zepter
gar nicht mehr mit Recht, hat doch die Bürgerschlacht
den Mann gefällt, der dir den Thron verlieh.

Nunmehr hatte Pompejus seine Segel eingeholt und strebte mit Hilfe von Riemen dem fluchwürdigen Gestade zu,
als die Verbrecherbande auf ihrem kleinen Zweiruderer
ihm bereits entgegengefahren und längsseits gegangen war.
Sie spiegelte Pompejus vor, Alexandrias Reich sei für
ihn offen, und hieß ihn vom Deck seiner mächtigen Barke
in ihren kleinen Nachen steigen, indem sie dem bösartigen
Ufer Schuld gab, wo sich die Meeresbrandung von zwei
Seiten an den Sandbänken breche und fremde Schiffe an
der Landung hindere. {Hätten nicht Beschlüsse des Verhängnisses und ein Geheiß der ewigen Ordnung, das für
den nächsten Augenblick mit erbärmlichem Sterben drohte,
Pompejus nach gefälltem Todesurteil an den Strand
gezogen} Da war keiner unter den Gefährten, der nicht
ein Verbrechen ahnte: wäre nämlich Redlichkeit lauter
gewesen und hätte man den Palast für Pompejus als den
Thronbereiter aus echter Anhänglichkeit geöffnet, dann,
so fühlten alle, würde der Despot von Alexandria mit
seiner ganzen Flotte erschienen sein. Jedoch Pompejus

sed cedit fatis classemque relinquere iussus   575
obsequitur letumque iuvat praeferre timori.
    ibat in hostilem praeceps Cornelia puppem
hoc magis impatiens egresso desse marito,
quod metuit clades. 'remane, temeraria coniunx,
et tu, nate, precor, longeque a litore casus   580
exspectate meos et in hac cervice tyranni
explorate fidem' dixit. sed surda vetanti
tendebat geminas amens Cornelia palmas:
'quo sine me, crudelis, abis? iterumne relinquor
Thessalicis summota malis? numquam omine laeto   585
distrahimur miseri. poteras non flectere puppim,
cum fugeres alto, latebrisque relinquere Lesbi,
omnibus a terris si nos arcere parabas.
an tantum in fluctus placeo comes?' haec ubi frustra
effudit, prima pendet tamen anxia puppe   590
attonitoque metu nec quoquam avertere visus
nec Magnum spectare potest. stetit anxia classis
ad ducis eventum metuens non arma nefasque
sed ne summissis precibus Pompeius adoret
sceptra sua donata manu. transire parantem   595
Romanus Pharia miles de puppe salutat
Septimius, qui, pro superum pudor, arma satelles
regia gestabat posito deformia pilo,
immanis, violentus, atrox nullaque ferarum
mitior in caedes. quis non, Fortuna, putasset   600
parcere te populis, quod bello haec dextra vacaret
Thessaliaque procul tam noxia tela fugasses?
disponis gladios, nequo non fiat in orbe,
heu, facinus civile tibi. victoribus ipsis
dedecus et numquam superum caritura pudore   605
fabula: Romanus regi sic paruit ensis
Pellaeusque puer gladio tibi colla recidit,

580 a G^1c: e (om. M^1Z^1)
587 alto *vel* alio

ließ dem Schicksal seinen Lauf, gehorchte der Aufforderung, sein Geschwader zu verlassen, und wählte freudig Tod statt Furcht.

Cornelia wollte eilends auf das Deck der Gegner folgen und litt es umso weniger, dem ausgestiegenen Gatten fern zu sein, als sie ein Unglück fürchtete. „Bleib da, vorschnelle Frau, und bleib auch du, mein Sohn, ich bitte euch, erwartet fern vom Strand mein Schicksal und erprobt an meinem Haupt die Redlichkeit des Königs!", rief er. Aber taub für sein Verbot und wie von Sinnen, streckte Cornelia beide Hände aus: „Wohin enteilst du grausam ohne mich? Werde ich, bereits dem Unglück in Thessalien entzogen, zum zweiten Mal zurückgelassen? Niemals trennen wir Unseligen uns unter einem guten Stern. Du hättest bei der Flucht auf hoher See deinen Schiffskurs halten und mich im Versteck auf Lesbos lassen können, wenn du mir alle Kontinente zu verwehren plantest. Bin ich dir etwa als Begleiterin nur über Meeresfluten recht?" Als sie dies umsonst hinausgejammert hatte, blieb sie doch voll Bangigkeit am Schiffsrand hangen und vermochte in ohnmächtiger Angst weder ihre Blicke irgendwohin abzuwenden noch Pompejus im Auge zu behalten. Voll Bangigkeit hielt das Geschwader an und harrte, wie es seinem Führer ergehen werde, fürchtete nicht Schwerter und Verbrechen, sondern nur das eine, Pompejus möchte als ein unterwürfiger Bettler vor dem Zepter niederfallen, das er mit eigener Hand verliehen hatte. Als er sich zum Übersteigen anschickte, begrüßte ihn vom Ägypterschiff ein römischer Soldat, Septimius, der — pfui der Schande für die Götter! — seinen Legionsspieß abgelegt hatte und schmählich als Trabant Despotenwaffen trug, ein ungeschlachter, wilder, mitleidloser Mann und keinem Raubtier an Mordlust unterlegen. Wer hätte nicht gemeint, Fortuna, du wolltest Völker schonen, wenn diese Faust dem Kampf fernbliebe und du so böse Waffen weit von Thessalien verbanntest? Ach nein, du willst die Schwerter nur verteilen, damit es keine Zone gebe, in der man nicht zu deiner Lust am eigenen Landsmann frevelt. Für die Sieger selber ist es eine Schande und zugleich ein Drama, das den Göttern droben immer Schmach bereiten wird: ein Römerschwert war so tyrannenhörig, ein Ptolemäerknabe ließ von einem

Magne, tuo. qua posteritas in saecula mittet
Septimium fama? scelus hoc quo nomine dicent,
qui Bruti dixere nefas?   610
                    iam venerat horae
terminus extremae Phariamque ablatus in alnum
perdiderat iam iura sui. tum stringere ferrum
regia monstra parant. ut vidit comminus enses,
involvit voltus atque, indignatus apertum
Fortunae praebere, caput; tum lumina pressit   615
continuitque animam, nequas effundere voces
vellet et aeternam fletu corrumpere famam.
sed postquam mucrone latus funestus Achillas
perfodit, nullo gemitu consensit ad ictum
respexitque nefas servatque immobile corpus   620
seque probat moriens atque haec in pectore volvit:
'saecula Romanos numquam tacitura labores
attendunt aevumque sequens speculatur ab omni
orbe ratem Phariamque fidem: nunc consule famae.
fata tibi longae fluxerunt prospera vitae: 625
ignorant populi, si non in morte probaris,
an scieris adversa pati. ne cede pudori
auctoremque dole fati: quacumque feriris,
crede manum soceri. spargant lacerentque licebit,
sum tamen, o superi, felix nullique potestas   630
hoc auferre deo. mutantur prospera vita,
non fit morte miser. videt hanc Cornelia caedem
Pompeiusque meus: tanto patientius, oro,
claude, dolor, gemitus; gnatus coniunxque peremptum,
si mirantur, amant.' talis custodia Magno   635
mentis erat, ius hoc animi morientis habebat.
    at non tam patiens Cornelia cernere saevum
quam perferre nefas miserandis aethera complet
vocibus: 'o coniunx, ego te scelerata peremi:

Waffenträger deines Volks dir großem Mann das Haupt
abschneiden. Welche Nachrede wird Septimius bei späteren
Geschlechtern unsterblich machen? Mit welchem Namen
werden Menschen dies Verbrechen nennen, die Brutus'
Dolchstoß eine Untat nannten?

Jetzt war die allerletzte Stunde da, jetzt hatte er, in
das Ägypterboot entführt, sein Selbstbestimmungsrecht
verwirkt. Da gingen die Ungeheuer des Tyrannen ans
Werk und zückten ihren Stahl. Als er sich Schwertern
gegenüber sah, verhüllte er sein Antlitz und sein Haupt,
schien Fortuna ihm doch unwert, daß er es ihr offen darbot;
dann preßte er die Augen zu und hielt den Atem an, damit
er nicht versucht sei, auch nur die geringsten Laute auszusto-
ßen und für immer seinen Ruhm mit Tränen zu verderben. Nein, nachdem Achillas ihm mörderisch seinen Degen
durch die Flanke gerannt hatte, zeigte er mit keinem
Seufzer, daß er von dem Stoß berührt sei oder der Untat
Beachtung schenke, sondern hielt den Körper reglos,
stellte sich im Sterben auf die Probe und bewegte dies
im Herzen: „Künftige Geschlechter, die von Römerleistun-
gen nie schweigen werden, merken auf, und die Folgezeit
beobachtet von jedem Punkt der Erde Boot und Redlichkeit
Ägyptens: jetzt sorg für deinen Nachruhm! Was dir ein
langes Leben brachte, war ein Strom von Glück: die
Menschen bleiben ahnungslos, ob du Ungemach zu tragen
verstehst, wenn du es nicht im Tod beweist. Vergeh nicht
vor Scham und kränke dich nicht über den, der dein Ende
herbeiführt: in jedem Stoß erkenne deines Schwiegervaters Hand! Mag man mich zerstückelt hier- und dorthin
werfen, dennoch bin ich glücklich, und keiner von euch
Göttern droben hat die Macht, mir dies zu nehmen. Nur
das Leben ändert einen segensreichen Lauf, der Tod macht
keinen Menschen elend. Cornelia und mein Pompejus sehen
diesen Mord: umso gefaßter, Schmerz, unterdrücke bitte
Seufzerlaute — wenn Sohn und Gattin es bewundern,
so ist mein Sterben ihnen lieb." So wachte der große
Feldherr über seiner Denkart, übte diese Herrschaft über
sein erlöschendes Bewußtsein.

Doch weniger gefaßt, grausamen Frevel mitanzusehen
als ihn auszuhalten, ließ Cornelia jämmerliche Klagen in
die Lüfte strömen: „Ach mein Gatte, ich bin deine frevle

letiferae tibi causa morae fuit avia Lesbos   640
et prior in Nili pervenit litora Caesar;
nam cui ius alii sceleris? sed quisquis in istud
a superis immisse caput vel Caesaris irae
vel tibi prospiciens, nescis, crudelis, ubi ipsa
viscera sint Magni: properas atque ingeris ictus, 645
qua votum est victo. poenas non morte minores
pendat et ante meum videat caput. haud ego culpa
libera bellorum, quae matrum sola per undas
et per castra comes nullis absterrita fatis
victum, quod reges etiam timuere, recepi.   650
hoc merui, coniunx, in tuta puppe relinqui?
perfide, parcebas? te fata extrema petente
vita digna fui? moriar, nec munere regis.
aut mihi praecipitem, nautae, permittite saltum
aut laqueum collo tortosque aptare rudentes 655
aut aliquis Magno dignus comes exigat ensem:
Pompeio praestare potest, quod Caesaris armis
imputet. o saevi, properantem in fata tenetis?
vivis adhuc, coniunx, et iam Cornelia non est
iuris, Magne, sui: prohibent accersere mortem, 660
servor victori.' sic fata interque suorum
lapsa manus rapitur trepida fugiente carina.

   at Magni cum terga sonent et pectora ferro,
permansisse decus sacrae venerabile formae
invictamque deis faciem, nil ultima mortis 665
ex habitu voltuque viri mutasse fatentur,
qui lacerum videre caput. nam saevus in ipso
Septimius sceleris maius scelus invenit actu
ac retegit sacros scisso velamine voltus

Mörderin: verhängnisvollen Verzug schuf dir das abgelegene
Lesbos, Caesar erreichte so vor dir das Nilgestade — denn
wer anders durfte das Verbrechen wagen? Allein wer du
auch seist, der von den Göttern droben zum Anschlag auf
dies Haupt getrieben wurde, gleich ob du Caesars Grimm
bedachtest oder eigenen Vorteil: du grausames Wesen
weißt nicht, wo Pompejus' eigentliches Herz sitzt — voreilig
führst du dort den Stoß, wo er dem Unterlegenen willkommen ist. Eine Buße soll er zahlen, die ihm mehr bedeutet
als das eigene Sterben: mein Haupt soll er fallen sehen,
ehe noch das seinige fällt! Ich bin nicht von Kriegsschuld
frei, war ich doch die einzige Frau, die ihren Mann, durch
keine Widrigkeiten abgeschreckt, von Meer zu Meer und
von Lager zu Lager begleitete, habe ich ihn doch nach
seiner Niederlage aufgenommen, was zu tun selbst Könige
sich fürchteten. Verdiente ich nichts anderes, mein Gatte,
als auf sicherem Schiff alleinzubleiben? Wolltest du mich
treulos schonen? Schien ich wert, zu leben, wenn du deine
letzte Stunde suchtest? Sterben will ich und bedarf dafür
der Gnade des Despoten nicht. Entweder laßt es geschehen, Seeleute, daß ich mich in die Tiefe stürze oder mir
eine Kordelleine als Schlinge um den Hals lege, oder aber
irgendjemand stoße zum Beweis, daß er den großen Feldherrn zu begleiten wert war, mir sein Schwert ins Herz:
er kann Pompejus zu Gefallen sein mit einer Tat, die er
als Dienst an Caesars Waffengang verbuchen darf. Ach,
haltet ihr mich grausam auf, wenn ich zum Sterben eile?
Du großer Gatte lebst noch, und schon darf Cornelia
nicht mehr über sich bestimmen: man hindert mich, den
Tod zu suchen, spart mich für den Sieger auf." Nach
diesen Worten sank sie ihren Getreuen in die Arme und
wurde von dem Schiff entführt, das hastig floh.

Doch als auf Pompejus' Brust und Rücken Schwerter-
hiebe prasselten, blieb die achtunggebietende Hoheit
seiner hehren Gestalt und das von Göttermißgunst nie
besiegte Antlitz gleich, nichts änderte die letzte Stunde
an Haltung und Miene dieses Mannes: das gestehen jene
zu, die sein abgeschlagenes Haupt erblickten. Grausam
dachte sich Septimius nämlich eben in dem Augenblick,
da das Verbrechen geschah, ein noch größeres Verbrechen
aus: er zerriß die Hülle und deckte das hehre Antlitz des

semianimis Magni spirantiaque occupat ora   670
collaque in obliquo ponit languentia transtro.
tunc nervos venasque secat nodosaque frangit
ossa diu: nondum artis erat caput ense rotare.
at postquam trunco cervix abscisa recessit,
vindicat hoc Pharius dextra gestare satelles.   675
degener atque operae miles Romane secundae,
Pompei diro sacrum caput ense recidis,
ut non ipse feras? o summi fata pudoris!
impius ut Magnum nosset puer, illa verenda
regibus hirta coma et generosa fronte decora   680
caesaries comprensa manu est Pharioque veruto,
dum vivunt voltus atque os in murmura pulsant
singultus animae, dum lumina nuda rigescunt,
suffixum caput est, quo numquam bella iubente
pax fuit; hoc leges Campumque et rostra movebat,   685
hac facie Fortuna tibi Romana placebas.
nec satis infando fuit hoc vidisse tyranno:
volt sceleris superesse fidem. tunc arte nefanda
summota est capiti tabes raptoque cerebro
assiccata cutis putrisque effluxit ab alto   690
umor et infuso facies solidata veneno est.
    ultima Lageae stirpis peritura proles,
degener incestae sceptris cessure sorori,
cum tibi sacrato Macedon servetur in antro
et regum cineres exstructo monte quiescant,   695
cum Ptolemaeorum manes seriemque pudendam
pyramides claudant indignaque Mausolea,
litora Pompeium feriunt truncusque vadosis
huc illuc iactatur aquis. adeone molesta
totum cura fuit socero servare cadaver?   700

681 comprensa *vel* compressa

halbentseelten großen Feldherrn auf, packte seinen Kopf,
während der Mund noch atmete, und legte seinen matten
Hals quer über eine Ruderbank. Dann zerschnitt er Sehnen
und Adern und schlug mit Weile die Wirbelknochen entzwei: noch zeigte man nicht seine Kunst, ein Haupt mit
einem Schwertstreich durch die Luft zu rollen. Aber als
der Kopf so abgehauen und vom Rumpf getrennt war,
nahm der ägyptische Höfling das Recht in Anspruch, ihn
in seiner Hand zu halten. Bist du römischer Soldat so aus
der Art geschlagen, gibst du dich für Arbeit zweiten Ranges
her, daß du Pompejus' hehres Haupt abscheulich mit dem
Schwert herunterschneidest, um es dann nicht selbst zu
tragen? Welch höchst schmachvolles Geschehen! Damit
der ruchlose Knabe den großen Feldherrn kennenlerne,
wurde jenes schlichte Haar, dem Könige Ehrfurcht be-
zeigten, wurden die von einer edlen Stirn verschönten
Strähnen mit der Faust gepackt, und auf einen Ägypterspieß
— die Mienen waren dabei noch lebendig, Atemröcheln
ließ den Mund sich murmelnd regen, die Augen erstarrten
offenen Blicks — steckte man das Haupt, das niemals
Frieden herrschen ließ, wenn es zu einem Waffengang
Anweisung gab, das über Gesetzen, Wahlen und Reden
auf dem Markt zu walten, mit dessen Zügen Roms Fortuna
sich zu schmeicheln pflegte. Sein Anblick war dem königlichen Unhold nicht genug: er wollte den Beweis für seine
Freveltat erhalten wissen. So wurde denn mit schauerlicher
Kunst Verwesliches dem Haupt entzogen, das Hirn heraus-
gerissen und die Schädelhaut getrocknet, und als die
Fäulnis aus dem letzten Winkel abgeflossen war, goß man
ein Mittel ein und härtete damit das Antlitz.

   Du letzter, schon zum Untergang bestimmter Sproß
aus dem Lagidenstamm, entartetes Geschöpf, das sein
Zepter einer buhlerischen Schwester überlassen soll: wenn
doch bei dir in heiliger Gruft der Mann aus Mazedonien
seine Stätte hat und unter aufgetürmten Bergen der Totenstaub von Pharaonen ruht, wenn doch die Aschenreste
von Ptolemäern in Mausoleen und schamlose Thronfolger
in Pyramiden unverdient geborgen sind, prallt ein Pompejus
gegen das Gestade, treibt sein Rumpf im seichten Wasser
hin und her! War es eine gar so lästige Mühe, den Leichnam
für den Schwiegervater ganz bereitzuhalten? So treulich

hac Fortuna fide Magni tam prospera fata
pertulit, hac illum summo de culmine rerum
morte petit cladesque omnes exegit in uno
saeva die, quibus immunes tot praestitit annos,
Pompeiusque fuit, qui numquam mixta videret   705
laeta malis, felix nullo turbante deorum
et nullo parcente miser: semel impulit illum
dilata Fortuna manu. pulsatur harenis,
carpitur in scopulis hausto per volnera fluctu
ludibrium pelagi nullaque manente figura   710
una nota est Magno capitis iactura revolsi.
    ante tamen Pharias victor quam tangat harenas,
Pompeio raptim tumulum Fortuna paravit,
ne iaceat nullo vel ne meliore sepulchro.
e latebris pavidus decurrit ad aequora Cordus;   715
quaestor ab Idalio Cinyreae litore Cypri
infaustus Magni fuerat comes. ille per umbras
ausus ferre gradum victum pietate timorem
compulit, ut mediis quaesitum corpus in undis
duceret ad terram traheretque in litora Magnum.   720
lucis maesta parum per densas Cynthia nubes
praebebat, cano sed discolor aequore truncus
conspicitur. tenet ille ducem complexibus artis
eripiente mari; tunc victus pondere tanto
exspectat fluctus pelagoque iuvante cadaver   725
impellit. postquam sicco iam litore sedit,
incubuit Magno lacrimasque effudit in omne
volnus et ad superos obscuraque sidera fatur:
'non pretiosa petit cumulato ture sepulchra
Pompeius, Fortuna, tuus, non pinguis ad astra   730
ut ferat e membris Eoos fumus odores,
ut Romana suum gestent pia colla parentem,
praeferat ut veteres feralis pompa triumphos,

715 Cordus *vel* Codrus
716 Idalio *Micyllius*: Icario (Imc- *P*)

setzte Fortuna des großen Feldherrn wunderbares Glück
bis an sein Ende fort, so treulich holte sie ihn mit dem To-
desschwert vom höchsten Gipfel seiner Macht und forderte
ihm an einem einzigen Tage unerbittlich alle Schicksalsschläge ab, gegen die sie ihn in all den Jahren abgesichert hatte: ja, Pompejus war ein Mann, der niemals Freud
mit Leid gemischt sah, den im Glück von den Göttern
niemand störte und im Elend niemand schonte — mit
einem einzigen, lange aufgeschobenen Streich warf ihn
Fortuna nieder. Er wurde von Dünen bestoßen, zwischen
Klippen zerschunden, ein Spielball des Meeres, das durch
seine Wunden flutend eindrang: nichts blieb von der
Gestalt, und kein Zeichen ließ den großen Feldherrn mehr
erkennen als das Fehlen seines abgehauenen Kopfes.

Bevor jedoch der Sieger Ägyptens Strand betreten sollte,
schuf Fortuna für Pompejus hastig eine Ruhestätte, damit
er nicht ganz ohne Grab daliege oder nicht in einem
besseren ruhe. Aus seinem Versteck schlüpfte Cordus
vorsichtig zum Meer, ein Mann, der seit der Abfahrt von
Aphrodites Strand in Zypern, wo einst Kinyras regierte,
ohne Glück Pompejus als Quaestor begleitet hatte. Er
tappte wagemutig durch das Dunkel, setzte Pflichtgefühl
vor Angst und ermannte sich, mitten in den Wogen Pompejus' Leiche auszumachen, zum Ufer zu bringen und
an Land zu ziehen. Trauernd gab Selene hinter dichten
Wolken nur wenig Licht, jedoch im weißen Gischt hob
sich der dunkle Rumpf erkennbar ab. Der Mann hielt
seinen Feldherrn engumschlungen fest, während das Meer
ihn fortzureißen strebte; der schweren Masse schließlich
unterlegen, wartete er Brecher ab und nahm die See zu
Hilfe, um den Leichnam vorzutreiben. Als dieser endlich
am trockenen Gestade auflag, warf er sich über den großen
Feldherrn hin, ließ seine Tränen über alle Wunden strömen
und rief den Göttern droben über den verhangenen Gestirnen zu: „Pompejus bittet nicht um einen Scheiterhaufen
mit kostbar aufgehäuftem Weihrauch, obwohl er doch
dein Günstling war, Fortuna! Er will nicht, daß fetter
Qualm von seinem Leichnam aufsteigt und Arabiens
Wohlgerüche zu den Sternen bringt, daß Römer ihren
Vater dankbar auf den Schultern tragen, daß die Spitze
seines Leichenzugs die Zeichen früherer Triumphe zeigt,

ut resonent tristi cantu fora, totus ut ignes
proiectis maerens exercitus ambiat armis.   735
da vilem Magno plebei funeris arcam,
quae lacerum corpus siccos effundat in ignes:
robora non desint misero nec sordidus ustor.
sit satis, o superi, quod non Cornelia fuso
crine iacet subicique facem complexa maritum   740
imperat, extremo sed abest a munere busti
infelix coniunx nec adhuc a litore longe est.'
    sic fatus parvos iuvenis procul aspicit ignes
corpus vile suis nullo custode cremantes.
inde rapit flammas semustaque robora membris   745
subducit. 'quaecumque es,' ait 'neglecta nec ulli
cara tuo, sed Pompeio felicior umbra,
quod iam compositum violat manus hospita bustum,
da veniam. si quid sensus post fata relictum est,
cedis et ipsa rogo paterisque haec damna sepulchri   750
teque pudet sparsis Pompei manibus uri.'
sic fatus plenusque sinus ardente favilla
pervolat ad truncum, qui fluctu paene relatus
litore pendebat. summas dimovit harenas
et collecta procul lacerae fragmenta carinae   755
exigua trepidus posuit scrobe. nobile corpus
robora nulla premunt, nulla strue membra recumbunt:
admotus Magnum, non subditus accipit ignis.
ille sedens iuxta flammas 'o maxime' dixit
'ductor et Hesperii maiestas nominis una,   760
si tibi iactatu pelagi, si funere nullo
tristior iste rogus, manes animamque potentem
officiis averte meis. iniuria fati
hoc fas esse iubet: ne ponti belua quicquam,

daß der Markt von Trauerweisen widerhallt und daß das
ganze Heer wehmütig mit gesenkten Waffen um die Flammen wandelt. Gönne nur dem großen Feldherrn eine
schlichte Lade, wie sie Plebejerleichen haben, und laß
aus solchem Bett den geköpften Leichnam in wenngleich
unbesprengtes Feuer sinken: er sei nicht so elend, daß
ihm Scheite und ein niederer Schürknecht fehlen! Gebt,
ihr Götter droben, euch damit zufrieden, daß Cornelia
nicht mit gelöstem Haar daliegt, ihren Gemahl nicht
in den Armen hält und nicht die Fackel in den Holzstoß
stecken heißt, daß vielmehr die unglückselige Gattin bei
dem letzten Liebesdienst am Scheiterhaufen fehlt, wenngleich sie dem Gestade noch nicht fern ist!"
    Nach diesen Worten gewahrte der junge Mann in der
Ferne ein kleines Feuer, mit dem eine ihren Angehörigen
gleichgültige Leiche ohne Aufsicht eingeäschert wurde. Dort
stahl er Brand, indem er halbverkohlte Scheite unter dem
Toten hervorzog. „Wer du Geist auch sein magst," sagte
er, „der außer acht gelassen und keinem Angehörigen
teuer, aber glücklicher als ein Pompejus ist, verzeih, daß
eines Fremden Hand den schon gesetzten Holzstoß schändet!
Wenn irgendetwas an Empfindung nach dem Sterben
übrigbleibt, trittst du von selbst den Scheiterhaufen ab,
duldest diese Schmälerung der Feuerstätte und schämst
dich, während eines Pompejus Leiche im Sand liegt, selbst
zu brennen." So sprach er, füllte seine Ärmeltasche mit
Aschenglut und eilte zu dem Rumpf zurück, der so dicht
am Ufer lag, daß ihn die Flut fast wieder fortgetragen
hätte. Er schob den Sand an der Oberfläche auseinander,
sammelte von weither Teile eines Schiffswracks und tat
sie hastig in die flache Mulde. Diese Fürstenleiche trugen
keine festen Scheite, diese Glieder ruhten nicht auf einem
Holzstoß: den großen Mann ergriff ein angelegter Brand,
statt daß man eine Fackel unter ihm hineinstieß. Cordus
saß am Feuer und sagte: „Ach, meine herrlich großer
Führer, unvergleichlicher Stolz von allen, die da Römer
heißen: wenn dir dieser Scheiterhaufen leidiger ist als
das Los, im Meer zu treiben und ganz ohne Grab zu sein,
so wende deinen mächtigen Totengeist von meinem Liebesdienst hinweg! Drohende Schändung heißt mein Handeln
recht: damit kein Meeresungetüm, kein Raubtier oder

ne fera, ne volucres, ne saevi Caesaris ira   765
audeat, exiguam, quantum potes, accipe flammam
Romana succense manu. Fortuna recursus
si det in Hesperiam, non hac in sede quiescent
tam sacri cineres, sed te Cornelia, Magne,
accipiet nostraque manu transfundet in urnam.   770
interea parvo signemus litora saxo,
ut nota sit busti; si quis placare peremptum
forte volet plenos et reddere mortis honores,
inveniat trunci cineres et norit harenas,
ad quas, Magne, tuum referat caput.' haec ubi fatus, 775
excitat invalidas admoto fomite flammas;
carpitur et lentum Magnus destillat in ignem
tabe fovens bustum.

                   sed iam percusserat astra
aurorae praemissa dies: ille ordine rupto
funeris attonitus latebras in litore quaerit.   780
quam metuis, demens, isto pro crimine poenam,
quo te Fama loquax omnes accepit in annos?
condita laudabit Magni socer impius ossa:
i modo securus veniae fassusque sepulchrum
posce caput. cogit pietas imponere finem   785
officio. semusta rapit resolutaque nondum
ossa satis nervis et inustis plena medullis
aequorea restinguit aqua congestaque in unum
parva clausit humo. tunc, ne levis aura retectos
auferret cineres, saxo compressit harenam   790
nautaque ne bustum religato fune moveret,
inscripsit sacrum semusto stipite nomen:
'hic situs est Magnus'. placet hoc, Fortuna, sepulchrum
dicere Pompei, quo condi maluit illum
quam terra caruisse socer? temeraria dextra,   795

---

767   succense manu *vel* succensa m. est (*om. P*)
779   praemissa *GUc* (*sed* 'praenuntia est lucis aurora' *interpr.*): pro-
      (*antea* aurora *V¹*)

Geier und kein Grimm des mitleidlosen Caesar irgendeine
Unbill wagt, nimm das bescheidene Feuer an, soweit du
kannst — eine Römerhand hat deinen Leichnam angezündet! Wenn Fortuna mir Heimkehr nach Hesperien gönnen
sollte, werden deine hochheiligen Aschenreste nicht an
dieser Stätte ruhen, nein, Cornelia wird dich großen Mann
empfangen und aus meiner Hand in eine Urne übertragen.
Einstweilen will ich mit einem kleinen Steinblock die Uferstelle bezeichnen, damit man merke, wo du eingeäschert
wurdest; wenn dich jemand etwa um Verzeihung für
den Mord anflehen und dir volle Totenehren erweisen
will, soll er die Asche deines Rumpfes finden und den
Platz am Strand erkennen, wo er deinem hohen Haupt
seine Heimstatt geben kann." So sprach er und schürte
die schwachen Flammen mit beigeschobenem Brennholz;
zerfallend sickerte der große Feldherr in das träge Feuer
und bot dem Brand im Schmelzen Nahrung.

Doch schon hatte vor dem Morgenrot Frühlicht die
Sterne ausgelöscht: in jähem Schrecken brach der Mann
den Gang der Verbrennung ab und suchte ein Versteck
am Ufer. Welche Strafe fürchtest du Tor für deine Schuld,
die dich der nimmermüden Fama für alle Zeiten teuer
machte? Wenn du eines Pompejus Gebeine bargst, so wird
dich selbst sein pflichtvergessener Schwiegervater dafür
loben: geh nur im Vertrauen auf Verzeihung hin, bekenne
die Einäscherung und fordere das Haupt! — Jedoch
zuvor zwang ihn sein Pflichtgefühl, den letzten Dienst
zum Schluß zu führen. Die Gebeine waren erst halb
verbrannt, noch nicht ganz von ihren Sehnen abgelöst und
noch mit angesengtem Mark gefüllt, als er sie herausriß,
mit Meerwasser löschte, dann zusammenhäufte und mit
einer Handvoll Erde deckte. Jetzt drückte er, damit nicht
schon der kleinste Windstoß die Aschenreste bloßlegen
und entführen könne, den Sand mit einem Steinblock
fest, und damit kein Seemann sein Tau daran befestige
und so die Ruhestätte störe, schrieb er mit einem halbverkohlten Scheit den hehren Namen darauf: „Hier ruht
Magnus". Willst du das, Fortuna, willst du eine Grube
als Pompejus' Grab bezeichnen, in der sein Schwiegervater
den Verhaßten lieber beigesetzt als unbeerdigt sah? Vorschnelle Hand, warum stülpst du dem großen Feldherrn

cur obicis Magno tumulum manesque vagantes
includis? situs est, qua terra extrema refuso
pendet in Oceano; Romanum nomen et omne
imperium Magno tumuli est modus: obrue saxa
crimine plena deum. si tota est Herculis Oete   800
et iuga tota vacant Bromio Nyseia, quare
unus in Aegypto Magni lapis? omnia Lagi
arva tenere potest. si nullo caespite nomen
haeserit, erremus populi cinerumque tuorum,
Magne, metu nullas Nili calcemus harenas.   805
quod si tam sacro dignaris nomine saxum,
adde actus tantos monumentaque maxima rerum,
adde truces Lepidi motus Alpinaque bella
armaque Sertori revocato consule victa
et currus, quos egit eques, commercia tuta   810
gentibus et pavidos Cilicas maris; adde subactam
barbariem gentesque vagas et quidquid in euro
regnorum boreaque iacet. dic semper ab armis
civilem repetisse togam, ter curribus actis
contentum multos patriae donasse triumphos.   815
quis capit haec tumulus? surgit miserabile bustum
non ullis plenum titulis, non ordine tanto
fastorum, solitumque legi super alta deorum
culmina et exstructos spoliis hostilibus arcus
haud procul est ima Pompei nomen harena   820
depressum tumulo, quod non legat advena rectus,
quod nisi monstratum Romanus transeat hospes.
    {noxia civili tellus Aegyptia fato,
haud equidem immerito Cumanae carmine vatis
cautum, ne Nili Pelusia tangeret ora   825
Hesperius miles ripasque aestate tumentes.
quid tibi, saeva, precer pro tanto crimine, tellus?

803   arva *vel* rura
806   truces *vel* -is
821   depressum *vel* im-
823/50 *v. comm.*

einen Hügel über und kerkerst seinen Schatten ein, der
überall umgeht? Er ruht auch dort noch, wo der letzte
Erdenzipfel dicht am Zirkelstrom des Ozeans liegt; so
weit wie der Römername und jedwede Römerherrschaft
reicht auch Magnus' Grab — verscharre einen Stein, der
auf die Götter Schande häuft! Wenn der Oiteberg im
ganzen Ausmaß Herakles gehört und Nysas Grate ganz
Dionysos' Bereich sind, warum in Ägypten für den großen
Feldherrn nur ein einziger Stein? Alles Ptolemäerland
kann er besitzen. Wenn sein Name an keinem Rasenhügel
haftet, wollen wir alle im ungewissen sein und aus Furcht
vor Berührung deiner Aschenreste, großer Feldherr, nirgendwo den Fuß auf Nilsand setzen. Doch wenn du den
Steinblock eines so erlauchten Namens würdigst, dann
setz die gewaltigen Leistungen und unvergeßlichen Heldentaten hinzu: setz Lepidus' trutzigen Aufstand hinzu, die
Alpenkämpfe, den nach Abberufung des Konsulars über
Sertorius' Heer errungenen Sieg mit dem Triumph, den
er als bloßer Ritter feierte, den Krieg, der den Verkehr
der Völker miteinander sicherte und Kilikiern Angst vor
Seefahrt schuf; setz hinzu die Unterwerfung von Barbaren-
land, von Nomadenstämmen und von allen in Ost und
Nord gelegenen Reichen! Sag, daß er stets nach Waffentaten wiederum sein Bürgerkleid anzog, sich mit dreimaliger
Fahrt im Siegeswagen begnügte und seiner Heimat viele
Triumphe erließ! Welches Monument hat für dies alles
Raum? Ein jämmerlicher Stein wird aufgerichtet, nicht
mit einem einzigen Ruhmestitel beschrieben, nicht mit
der stolzen Ämterreihe im Kalender; und las man sonst
Pompejus' Namen auf Tempelgiebeln droben und auf
Ehrenbögen, die aus Feindesbeute aufgerichtet waren, so
ist er jetzt nicht weit vom Sandgrund so tief auf sein Grab
geklemmt, daß kein Wanderer ihn aufrecht lesen kann
und Reisende aus Rom vorübergehen, wenn man sie
nicht darauf hinweist.

{Du mit Mordschuld an einem Bürger Roms beladenes
Ägypterland, wahrlich nicht zu Unrecht hat ein Spruch
der Seherin von Cumae davor gewarnt, daß Hesperiens
Soldaten das Mündungsdelta und die im Sommer über-
schwemmten Ufer des Nils betreten. Welche Sühne kann
ich dir verruchtem Land für diesen unerhörten Frevel

vertat aquas Nilus, quo nascitur, orbe retentus
et steriles egeant hibernis imbribus agri
totaque in Aethiopum putres solvaris harenas.   830
nos in templa tuam Romana accepimus Isim
semideosque canes et sistra iubentia luctus
et, quem tu plangens hominem testaris, Osirim:
tu nostros, Aegypte, tenes in pulvere manes.
tu quoque, cum saevo dederis iam templa tyranno,   835
nondum Pompei cineres, o Roma, petisti;
exul adhuc iacet umbra ducis. si saecula prima
victoris timuere minas, nunc excipe saltem
ossa tui Magni, si nondum subruta fluctu
invisa tellure sedent. quis busta timebit,   840
quis sacris dignam movisse verebitur umbram?
imperet hoc nobis utinam scelus et velit uti
nostro Roma sinu: satis o nimiumque beatus,
si mihi contingat manes transferre revolsos
Ausoniam, si tale ducis violare sepulchrum.   845
forsitan aut sulco sterili cum poscere finem
a superis aut Roma volet feralibus austris
ignibus aut nimiis aut terrae tecta moventi,
consilio iussuque deum transibis in urbem,
Magne, tuam summusque feret tua busta sacerdos.}   850
     nam quis ad exustam Cancro torrente Syenen
ibit et imbrifera siccas sub Pliade Thebas
spectator Nili, quis rubri stagna profundi
aut Arabum portus mercis mutator Eoae,
Magne, petet, quem non tumuli venerabile saxum   855
et cinis in summis forsan turbatus harenis
avertet manesque tuos placare iubebit
et Casio praeferre Iovi? nil ista nocebunt
famae busta tuae: templis auroque sepultus
vilior umbra fores. nunc est pro numine summo   860

857 iubebit *vel* iuvabit (libebit *G*ᵛ)
860 est (et *G*ᵛ) *vel* es

wünschen? Der Nil soll heimwärts fließen und in seinem
Quellbereich verbleiben, die Felder sollen ausgedörrt nach
Winterregen lechzen, und du sollst, ein zweites Äthiopien,
ganz in mürben Wüstensand zerfallen! Wir haben in Roms
Tempeln deine Isis aufgenommen, hundsköpfige Götterbilder, Klappern, die zur Klage rufen, und Osiris, der
doch nach Ausweis deiner Trauerlieder nur ein Mensch war:
aber du, Ägypten, hältst in deinem Staub die Überreste
eines von den Unseren fest. Auch du bist schuld, mein
Rom, wenn du bereits dem grausamen Tyrannen Tempel weihtest, doch Pompejus' Asche noch nicht forder-
test — so ruht dein toter Feldherr bis zur Stunde im Exil!
Gesetzt, die erste Generation hätte noch den Grimm des
Siegers fürchten müssen: jetzt wenigstens nimm die Gebeine
deines großen Sohns zu dir, sofern sie von der Brandung
noch nicht unterspült sind, sondern im verhaßten Erdreich
haften! Wer wird vor dem Grabmal bangen, wer sich
scheuen, einen Toten umzubetten, wenn er Kult verdient?
Möchte Rom doch dies Verbrechen mir befehlen, möchte
es doch meine Arme nutzen: ach, ich wäre über alle Maßen
glücklich, dürfte ich die Überreste aus der Erde reißen,
um sie nach Ausonien zu bringen, dürfte ich das würdelose
Grab des Feldherrn schänden! Dann vielleicht, wenn Rom
einst von den Göttern ein Ende fordern will für Landesdürre
oder pestverbreitenden Schirokko oder ungeheure Hitze
oder Erdbeben mit einstürzenden Häusern, wird man
nach der Götter Plan und Weisung dich in deine Stadt,
du großer Feldherr, überführen und wird der Oberpriester
deine Asche tragen.}
Denn wer kann beim Besuch des Nils zu dem von
Tropenglut versengten Syene und dem selbst unter regen-
bringenden Plejaden noch dürren Theben, wer beim Waren-
kauf im Morgenland zum stillen Spiegel des Roten Meeres
oder zu Arabiens Häfen reisen, ohne daß ihn dein anbe-
tungswerter Grabstein, großer Feldherr, deine im flachen
Sand vielleicht verwehte Asche vom Weg ablenkt und
antreibt, deinem Schatten zu huldigen und ihn über
Jupiter vom Kasion zu stellen? Die Armut deiner Ruhestatt
kann deinem Ruhm nicht schaden: in einem Gotteshaus
mit goldenem Prunk begraben, wärest du als Toter nicht
von höherem Wert. Jetzt, da Pompejus' Glück in diesem

hoc tumulo fortuna iacens, augustius aris
victoris Libyco pulsatur in aequore saxum:
Tarpeis qui saepe deis sua tura negarunt,
inclusum Tusco venerantur caespite fulmen.
proderit hoc olim, quod non mansura futuris   865
ardua marmoreo surrexit pondere moles:
pulveris exigui sparget non longa vetustas
congeriem bustumque cadet mortisque peribunt
argumenta tuae. veniet felicior aetas,
qua sit nulla fides saxum monstrantibus illud,   870
atque erit Aegyptus populis fortasse nepotum
tam mendax Magni tumulo quam Creta Tonantis.

---

863   negarunt *vel* -rant *vel* -bant

Hügel ruht, gilt es als höchstes Gotteswesen, erhabener
als die Altäre des Siegers ist der an Libyens Strand vom
Meer gepeitschte Stein: schon viele haben den Göttern
auf dem Kapitol ihren Weihrauch verweigert und verehren
einen von Etruskerpriestern in ein Grab gebannten Blitz.
Dies wird dereinst sogar von Nutzen sein, daß sich nicht
auf ewige Dauer hoch und schwer ein Marmorblock empor-
hob: in kurzer Frist wird das Häuflein Staub verfliegen,
das Grab einsinken und die Spur von deinem Tod vergehen.
Eine glücklichere Zeit wird kommen, in der, wer jenen
Stein zeigt, keinen Glauben findet, ja, für künftige Geschlechter sind vielleicht Ägypter, die Pompejus' Grab
besitzen wollen, nicht geringere Lügner als die Kreter,
die ein Grab des Donnerers zeigen.

LIBER NONUS

At non in Pharia manes iacuere favilla
nec cinis exiguus tantam compescuit umbram:
prosiluit busto semustaque membra relinquens
degeneremque rogum sequitur convexa Tonantis.
qua niger astriferis conectitur axibus aer   5
quodque patet terras inter lunaeque meatus,
semidei manes habitant, quos ignea virtus
innocuos vita patientes aetheris imi
fecit et aeternos animam collegit in orbes:
non illuc auro positi nec ture sepulti   10
perveniunt. illic postquam se lumine vero
implevit stellasque vagas miratus et astra
fixa polis, vidit, quanta sub nocte iaceret
nostra dies, risitque sui ludibria trunci.
hinc super Emathiae campos et signa cruenti   15
Caesaris ac sparsas volitavit in aequore classes
et scelerum vindex in sancto pectore Bruti
sedit et invicti posuit se mente Catonis.

    ille, ubi pendebant casus dubiumque manebat,
quem dominum mundi facerent civilia bella,   20
oderat et Magnum, quamvis comes isset in arma
auspiciis raptus patriae ductuque senatus;
at post Thessalicas clades iam pectore toto
Pompeianus erat. patriam tutore carentem
excepit, populi trepidantia membra refovit,   25
ignavis manibus proiectos reddidit enses,
nec regnum cupiens gessit civilia bella
nec servire timens. nil causa fecit in armis
ille sua: totae post Magni funera partes

NEUNTES BUCH

Doch lag der Geist im Totenstaub an Ägyptens Strand
nicht still, und den Heldenschatten hielt das Aschenhäuflein
nicht in Banden: er fuhr aus der Verbrennungsstätte hoch,
ließ den halbverkohlten Leib und den unwürdigen Holzstoß
hinter sich und nahm den Weg zum Dom des Donnerers.
Wo der dunstige Luftraum zwischen Erdbezirken und der
Mondbahn an Sternenkreise stößt, wohnen Geister von
Heroen: Feuerkraft hat sie befähigt, nach einem Leben
ohne Schuld der tiefsten Ätherzone standzuhalten, sodaß
sich eine Seele um die andere in ewigen Sphären einfand —
niemand gelangt dorthin, weil er in goldenem Pomp
begraben und mit Weihrauch eingeäschert wurde. Als er
sich dort am wahren Licht ersättigt und Planeten wie
Fixsterne bewundert hatte, wurde er gewahr, wie tief im
Dunkel Erdentage liegen, und verlachte die Unbill seines
Rumpfes. Von hier flog er über das Schlachtfeld von Pharsalus hin, über die Standarten des bluttriefenden Caesar
und die im Meer versprengten Schiffe; als Rächer der
Verbrechen nahm er dann in Brutus' reinem Herzen Platz
und nistete sich in der Seele des unerschütterlichen Cato ein.
Dieser hatte, solange der Ausgang in der Schwebe war
und Ungewißheit anhielt, wen der Bürgerkrieg zum Welt-
beherrscher machen würde, auch den großen Mann gehaßt,
wenngleich er ihm in Begeisterung für das Wohl seiner
Heimat und für die Führerrolle des Senats im Kampf zur
Seite ging; doch nach der Niederlage in Thessalien war er
nun mit ganzem Herzen Pompejaner. Als seinem Vaterland
ein Schützer fehlte, nahm er es in Obhut, gab dem Volk,
als dessen Glieder schlotterten, neue Lebenswärme, drückte
den Verzagten die weggeworfenen Schwerter wieder in die
Hände und führte Bürgerkrieg, ohne daß er ein Despot zu
werden wünschte oder als ein Knecht zu überleben fürchtete. Nichts tat er unter Waffen in eigener Sache: all seine
Parteinahme galt nach Pompejus' Tod der Freiheit. Sie

libertatis erant. quas ne per litora fusas   30
colligeret rapido victoria Caesaris actu,
Corcyrae secreta petit ac mille carinis
abstulit Emathiae secum fragmenta ruinae.
quis ratibus tantis fugientia crederet ire
agmina, quis pelagus victas artasse carinas?   35
     Dorida tum Malean et apertam Taenaron umbris,
inde Cythera petit boreaque urguente carinas
Graia fugit, Dictaea legit cedentibus undis
litora. tunc ausum classi praecludere portus
impulit ac saevas meritum Phycunta rapinas   40
sparsit et hinc placidis alto delabitur auris
in litus, Palinure, tuum (neque enim aequore tantum
Ausonio monimenta tenes portusque quietos
testatur Libye Phrygio placuisse magistro),
cum procul ex alto tendentes vela carinae   45
ancipites tenuere animos, sociosne malorum
an veherent hostes: praeceps facit omne timendum
victor et in nulla non creditur esse carina.
ast illae puppes luctus planctusque ferebant
et mala vel duri lacrimas motura Catonis.   50
     nam postquam frustra precibus Cornelia nautas
privignique fugam tenuit, ne forte repulsus
litoribus Phariis remearet in aequora truncus,
ostenditque rogum non iusti flamma sepulchri,
'ergo indigna fui,' dixit 'Fortuna, marito   55
accendisse rogum gelidosque effusa per artus
incubuisse viro, laceros exurere crines
membraque dispersi pelago componere Magni,
volneribus cunctis largos infundere fletus,
ossibus et tepida vestes implere favilla,   60
quidquid ab exstincto licuisset tollere busto,
in templis sparsura deum? sine funeris ullo

waren entlang den Küsten verstreut, und es bestand Gefahr,
daß Caesar sie nach seinem Sieg mit einem Handstreich zu
Paaren triebe; so suchte er die Abgeschiedenheit Korkyras
auf und nahm auf tausend Kielen die Überbleibsel von der
Katastrophe in Emathia mit. Wer hätte glauben mögen,
daß auf all den Schiffen ein flüchtiges Heer dahinzog, daß
es Kiele von Besiegten waren, für die das Meer zu eng
schien?

Dann nahm er auf Kap Malea in Lakonien Kurs, auf
Tainaron mit seinem Höllenausgang, weiter auf Kythera,
und als aus Norden Fahrwind wehte, mied er Griechenlands
Gestade und fuhr an Kretas Strand entlang, wo die Gewässer
freie Fahrt vergönnten. Als dann Phykus dem Geschwader
seinen Hafen zu versperren wagte, gab er der Stadt den
Todesstoß und legte sie — eine unbarmherzige Plünderung
hätte sie verdient — in Trümmer. Von dort erreichte er
auf Hochseefahrt mit sanfter Brise Palinurus' Küste (denn
nicht nur am Strand Ausoniens lebt der Steuermann aus
Troja fort, sondern Libyen bezeugt, daß auch dessen stille
Häfen ihm gefielen), als Schiffe fern von hoher See daher-
segelten und Ungewißheit herrschte, ob sie Leidensgefährten
oder Feinde an Bord hatten: das Ungestüm des Siegers
machte, daß man alles fürchten mußte, und es gab kein
Schiff, auf dem er nicht vermutet wurde. Doch diese Segler
brachten Klagen und Brüsteschlagen und Leiden, die sogar
einem unerschütterlichen Mann wie Cato Tränen entlocken
mußten.

Denn umsonst hatte Cornelia gehofft, daß vielleicht
der Rumpf vom Strand Ägyptens abgetrieben würde und
ins Meer zurückgelangte, hatte daher mit ihren Bitten die
Flucht der Besatzung und ihres Stiefsohns hingezögert: der
Feuerschein des ungebührlichen Scheiterhaufens zeigte
die Verbrennung an. Da sprach sie: „Habe ich es also nicht
verdient, Fortuna, meinem Gatten den Holzstoß anzuzün-
den, hingestreckt auf meines Mannes kaltem Leib zu liegen,
mir die Haare auszuraufen und sie zu verbrennen, Pompejus'
in der See versprengte Glieder einzusammeln, all seine Wunden mit Tränenströmen zu überschwemmen, seine Gebeine
und seine noch laue Asche in meinen Schoß zu schütten und
vom gelöschten Scheiterhaufen alles aufzulesen, was noch
übrig war, um es in Göttertempeln zu verteilen? Ohne

ardet honore rogus: manus hoc Aegyptia forsan
obtulit officium grave manibus. o bene nudi
Crassorum cineres: Pompeio contigit ignis   65
invidia maiore deum. similisne malorum
sors mihi semper erit, numquam dare iusta licebit
coniugibus, numquam plenas plangemus ad urnas?
quid porro tumulis opus est aut ulla requiris
instrumenta, dolor? non toto in pectore portas,   70
impia, Pompeium, non imis haeret imago
visceribus? quaerat cineres victura superstes.
nunc tamen, hinc longe qui fulget luce maligna,
ignis adhuc aliquid Phario de litore surgens
ostendit mihi, Magne, tui; iam flamma resedit   75
Pompeiumque ferens vanescit solis ad ortus
fumus et invisi tendunt mihi carbasa venti.
non mihi nunc tellus, Pompeio si qua triumphos
victa dedit, non alta terens Capitolia currus
gratior. elapsus felix de pectore Magnus: 80
hunc volumus, quem Nilus habet, terraeque nocenti
non haerere queror; crimen commendat harenas.
{linquere, siqua fides, Pelusia litora nolo.}
tu pete bellorum casus et signa per orbem,
Sexte, paterna move; namque haec mandata reliquit   85
Pompeius vobis in nostra condita cura:
"me cum fatalis leto damnaverit hora,
excipite, o nati, bellum civile nec umquam,
dum terris aliquis nostra de stirpe manebit,
Caesaribus regnare vacet. vel sceptra vel urbes   90
libertate sua validas impellite fama
nominis: has vobis partes, haec arma relinquo.
inveniet classes, quisquis Pompeius in undas
venerit, et noster nullis non gentibus heres
bella dabit: tantum indomitos memoresque paterni   95
iuris habete animos. uni parere decebit,

83 v. comm.
87 om. pars codd. et edd.

jede Totenehrung brennt sein Holzstoß: vielleicht erwies
Ägypterhand der Leiche diesen beleidigenden Dienst. Ach,
für die beiden Crassus war es ein Glück, daß ihre Überreste unbestattet blieben: Pompejus erhielt ein Totenfeuer,
weil die Götter auf ihn neidischer waren! Soll mein Elendslos sich immer ähneln, soll ich meinen Gatten nie die
letzten Pflichten nach Gebühr erweisen dürfen, nie an Urnen trauern, die voll Asche sind? Wozu braucht man freilich einen Hügel, fragt denn Kummer überhaupt nach
Mitteln? Liebloses Weib, trägst du Pompejus nicht in
deinem ganzen Herzen, haftet sein Bild nicht tief in deiner
Brust? Nach Aschenresten fragen mag die Frau, die überleben will! Jetzt zeigt mir immerhin der Feuerschein, der
in der Ferne spärlich leuchtend von Ägyptens Strand
emporsteigt, noch ein weniges von dir, mein großer Gatte;
schon ist die Flamme klein geworden, in der Morgensonne
verblaßt der Rauch, der Pompejus fortträgt, und eine mir
verhaßte Brise bläht die Segel meines Schiffs. Kein einziges
Land, das von Pompejus bezwungen wurde und ihm zum
Triumph verhalf, kein Siegeswagen, der zum Kapitol
hinauffuhr, ist mir jetzt teurer. Jener Magnus, dem das
Glück hold war, entschwand aus meinem Herzen: nach
dem verlangt mich, der am Nil liegt, und ich führe Klage,
daß ich mich an dies verruchte Land nicht klammern darf —
die Schandtat macht mir seine Dünen lieb. {Ich will, ihr
dürft mir glauben, die Küste von Pelusion nicht verlassen.}
Du, Sextus, zieh in kriegerische Abenteuer und trag die
Fahnen deines Vaters durch die Welt! Denn diesen Auftrag
hat Pompejus euch in meiner treuen Obhut hinterlassen:
'Wenn mir einmal die Schicksalsstunde Tod verhängt,
dann, meine Söhne, übernehmt den Bürgerkrieg, und
niemals soll, solange noch ein einziger aus unserem Geschlecht am Leben bleibt, ein Caesar Wege zur Tyrannis
finden. Setzt Könige, setzt Städte, deren Burg die freie
Selbstbestimmung ist, mit meinem stolzen Namen in Bewegung: dies ist das Aufgebot, dies die Armee, die ich euch
hinterlasse. Zeigt sich irgendein Pompejus auf den Fluten,
so wird er Flotten finden, und es gibt kein Volk, das meine
Erben nicht für Kampf gewinnen werden: habt nur unbe-
zähmbaren Willen und denkt an eures Vaters Macht! Einem einzigen dürft ihr in Ehren gehorchen, wenn er Partei

si faciet partes pro libertate, Catoni."
exsolvi tibi, Magne, fidem, mandata peregi;
insidiae valuere tuae deceptaque vixi,
ne mihi commissas auferrem perfida voces.   100
iam nunc te per inane chaos, per Tartara, coniunx,
si sunt ulla, sequar; quam longo tradita leto,
incertum est: poenas animae vivacis ab ipsa
ante feram. potuit cernens tua funera, Magne,
non fugere in mortem: planctu contusa peribit,   105
effluet in lacrimas. numquam veniemus ad enses
aut laqueos aut praecipites per inania iactus:
turpe mori post te solo non posse dolore.'
sic ubi fata, caput ferali obduxit amictu
decrevitque pati tenebras puppisque cavernis   110
delituit saevumque arte complexa dolorem
perfruitur lacrimis et amat pro coniuge luctum.
illam non fluctus stridensque rudentibus eurus
movit et exsurgens ad summa pericula clamor
votaque sollicitis faciens contraria nautis   115
composita in mortem iacuit favitque procellis.
     prima ratem Cypros spumantibus accipit undis;
inde tenens pelagus, sed iam moderatior, eurus
in Libycas egit sedes et castra Catonis.
tristis, ut in multo mens est praesaga timore,   120
aspexit patrios comites a litore Magnus
et fratrem; medias praeceps tunc fertur in undas.
'dic, ubi sit, germane, parens. stat summa caputque
orbis, an occidimus Romanaque Magnus ad umbras
abstulit?' haec fatur. quem contra talia frater: 125
'o felix, quem sors alias dispersit in oras
quique nefas audis: oculos, germane, nocentes
spectato genitore fero. non Caesaris armis

nimmt für die Freiheit: Cato.' Ich habe dir, Pompejus, mein
Versprechen eingelöst, habe deinen Auftrag ausgeführt;
deine List ist dir gelungen, ich ließ mich umgarnen und
blieb leben, um nicht mein Wort zu brechen und die mir
anvertraute Botschaft nicht mit mir ins Grab zu nehmen.
Jetzt endlich will ich dir, mein Gatte, durch das wesenlose
Dunkel folgen, durch den Tartarus, gesetzt, es gibt ihn
überhaupt; in wie ferner Zeit ich dem Tod verfalle, ist
ungewiß — hat mein Herz ein zähes Leben, will ich von
ihm selber vor dem Ende Buße fordern. Es konnte deine
letzte Stunde sehen, Magnus, ohne in den Tod zu flüchten:
so soll es denn in Trauer sterbenswund geschlagen werden,
sich in Tränen verströmen. Niemals will ich zum Schwert
oder zur Schlinge greifen oder mich kopfüber durch die
Lüfte stürzen: schmählich wäre es, wenn ich dir nicht an
bloßem Schmerz nachsterben könnte." Als sie so gesprochen hatte, verhüllte sie ihr Haupt mit Trauerflor, beschloß,
ein Leben in Finsternis auf sich zu nehmen, und versteckte
sich im Bauch des Schiffs: in inniger Verschwisterung mit
wildem Schmerz erlabte sie sich an Tränen und liebte
statt ihres Gatten ihre Trauer. Kein Seegang rührte sie,
kein Sturm, der im Tauwerk pfiff, und kein Geschrei, das
sich in äußerster Gefahr erhob: nein, sie sprach Gebete,
die den Wünschen der bangen Besatzung zuwiderliefen,
lag zum Sterben vorbereitet still und hieß Orkane gut.
Zuerst nahm Zypern das Schiff an seinem schäumenden
Gestade auf; dann trieb es der Sturm, der noch immer,
jedoch jetzt milder, das Meer beherrschte, in libysches
Gebiet zum Lager Catos. In seiner Trübsal gewahrte
Pompejus' Erstgeborener mit der Hellsicht, die die Phantasie in großer Bangigkeit besitzt, vom Ufer die Gefährten
seines Vaters und seinen Bruder; da jagte er voll Ungestüm
ins offene Meer hinaus. „Sag, Lieber, wo unser Vater
ist! Steht die Spitze und das Haupt der Welt noch fest,
oder sind wir verloren und hat der große Mann Roms
Glück zu den Totengeistern mitgenommen?", rief er. Und
sein Bruder gab ihm dies zur Antwort: „Ach, glücklich
bist du, weil die Fügung dich an andere Küsten verschlug
und du den Frevel nur vernimmst: meine Augen, Lieber,
haben Schuld auf sich geladen, da sie unseres Vaters
Schicksal schauen mußten. Er ist nicht im Kampf mit

occubuit dignoque perit auctore ruinae:
rege sub impuro Nilotica rura tenente   130
hospitii fretus superis et munere tanto
in proavos cecidit donati victima regni.
vidi ego magnanimi lacerantes pectora patris
nec credens Pharium tantum potuisse tyrannum
litore Niliaco socerum iam stare putavi.   135
sed me nec sanguis nec tantum volnera nostri
affecere senis quantum gestata per urbem
ora ducis, quae transfixo sublimia pilo
vidimus: haec fama est oculis victoris iniqui
servari scelerisque fidem quaesisse tyrannum.   140
nam corpus Phariaene canes avidaeque volucres
distulerint an furtivus, quem vidimus, ignis
solverit, ignoro. quaecumque iniuria fati
abstulit hos artus, superis haec crimina dono:
servata de parte queror.' cum talia Magnus   145
audisset, non in gemitus lacrimasque dolorem
effudit iustaque furens pietate profatur:
'praecipitate rates e sicco litore, nautae;
classis in adversos erumpat remige ventos.
ite, duces, mecum (nusquam civilibus armis   150
tanta fuit merces) inhumatos condere manes,
sanguine semiviri Magnum satiare tyranni.
non ego Pellaeas arces adytisque retectum
corpus Alexandri pigra Mareotide mergam?
non mihi pyramidum tumulis evolsus Amasis   155
atque alii reges Nilo torrente natabunt?
omnia dent poenas nudo tibi, Magne, sepulchra:
evolvam busto iam numen gentibus Isim
et tectum lino spargam per volgus Osirim
{et sacer in Magni cineres mactabitur Apis}   160

Caesar unterlegen, hat nicht so den Tod durch einen Mann gefunden, der ihn zu fällen wert gewesen wäre: unter dem verworfenen Despoten, der im Nilland herrscht, ist er, während er doch auf die göttlichen Schützer des Gastrechts und auf sein großzügiges Geschenk an des Königs Vorfahren vertraute, als ein Opfer des von ihm verliehenen Throns gefallen. Ich sah, wie man unseres hochgemuten Vaters Brust zerfetzte, und weil ich nicht glauben konnte, daß Alexandrias Tyrann zu dieser Untat fähig sei, meinte ich, sein Schwiegervater stünde schon am Nilgestade. Doch Blut und Wunden unseres Oberhaupts erschütterten mich nicht so sehr wie der Umzug mit dem Kopf des Feldherrn in der Stadt — ich sah ihn hoch auf eingebohrtem Spieß: es heißt, er werde für den rücksichtslosen Sieger zur Ansicht aufgehoben, weil der Tyrann einen Beweis für seinen Frevel wünschte. Von seinem Rumpf weiß ich ja nichts, weiß nicht, ob er von Schakalen und gierigen Geiern zerrissen oder von einem verstohlenen Feuer, das wir sahen, einge-äschert wurde. Aber deshalb, weil die eine oder andere ihm verhängte Schändung diesen Leib hinwegnahm, will ich den Göttern droben keinen Vorwurf machen: ich führe Klage um das aufgehobene Stück." Als Pompejus' Ältester dies hörte, verströmte er seinen Schmerz nicht in Jammer und Tränen, sondern rief, in Raserei versetzt von rechter Sohnesliebe: „Schnellt, Seeleute, eure Schiffe fort vom trockenen Gestade; Gegenwinden soll die Flotte mit Ruder-schlägen trotzen! Auf, meine Truppenführer, um mit mir — noch nirgends winkte jemandem im Bürgerkrieg so hoher Lohn — den unbegrabenen Toten zu bergen, dem großen Feldherrn mit dem Blut des Tyrannen, der kein ganzer Mann ist, genugzutun! Soll ich Alexanders Leichnam etwa nicht aus seiner Gruft zu Tage fördern und mitsamt der Mazedonierburg im Mareotissumpf versenken? Nicht Amasis zusammen mit den anderen Monarchen aus ihren Totenkammern in den Pyramiden reißen und im Nil-gewirbel schwimmen lassen? Alle Gräber sollen es dir büßen, Magnus, daß du unbestattet bliebst: Isis will ich aus ihrem Sarge wälzen, mag sie auch den Völkern schon als Gotteswesen gelten, ich will Osiris in seinen Leinenbinden unter die Leute werfen {und als Opfer für Magnus' Asche soll der heilige Apisstier geschlachtet werden}, und auf

suppositisque deis uram caput. has mihi poenas
terra dabit: linquam vacuos cultoribus agros
nec, Nilus cui crescat, erit solusque tenebis
Aegypton, genitor, populis superisque fugatis.'
dixerat et classem saevus rapiebat in undas;   165
sed Cato laudatam iuvenis compescuit iram.
    interea totis audito funere Magni
litoribus sonuit percussus planctibus aether
exemploque carens et nulli cognitus aevo
luctus erat, mortem populos deflere potentis.   170
sed magis, ut visa est lacrimis exhausta, solutas
in voltus effusa comas, Cornelia puppe
egrediens, rursus geminato verbere plangunt.
ut primum in sociae pervenit litora terrae,
collegit vestes miserique insignia Magni   175
armaque et impressas auro, quas gesserat olim,
exuvias pictasque togas, velamina summo
ter conspecta Iovi, funestoque intulit igni:
ille fuit miserae Magni cinis. accipit omnis
exemplum pietas et toto litore busta   180
surgunt Thessalicis reddentia manibus ignem:
sic, ubi depastis summittere gramina campis
et renovare parans hibernas Apulus herbas
igne fovet terras, simul et Garganus et arva
Volturis et calidi lucent buceta Matini.   185
non tamen ad Magni pervenit gratius umbras,
omne quod in superos audet convicia volgus
Pompeiumque deis obicit, quam pauca Catonis
verba, sed a pleno venientia pectore veri.
'civis obit' inquit 'multum maioribus impar   190
nosse modum iuris, sed in hoc tamen utilis aevo,
cui non ulla fuit iusti reverentia; salva
libertate potens et solus plebe parata

einem Holzstoß von Götterbildern will ich dein Haupt
verbrennen. Das Land soll mir auf diese Weise büßen: die
Felder will ich ohne Bauern lassen, niemand soll mehr da
sein, für den der Nil ansteigt, und dir allein, mein Vater,
soll Ägypten dann gehören, wenn seine Bewohner und
Götter vertrieben sind." Kaum hatte er dies ausgerufen,
als er rücksichtslos die Flotte auf die Wogen reißen wollte;
aber Cato dämpfte des jungen Mannes Zorn, wenn er ihn
auch lobte.

Unterdessen hallte auf die Nachricht von Pompejus'
Ende entlang der ganzen Küste Brüsteschlagen peitschend
durch den Himmelsraum: eine beispiellose und zu keiner
Zeit erlebte Trauer war dies Jammern Untergebener über
eines Gebieters Tod. Aber vollends bei Cornelias Anblick,
die verweint mit aufgelösten Haaren im Gesicht von Bord
ging, klagte man aufs neue und verdoppelte die Schläge.
Sobald sie am Gestade dieses Landes, wo sie Freunde hatte,
angekommen war, trug sie die Kleider und Ehrenzeichen
des geschlagenen Großen zusammen, die Waffen und dazu
die golddurchwirkten Gewänder, die er einst getragen
hatte, jene gestickten Togen, die auf seinen Schultern dem
Götterkönig Jupiter dreimal zu Gesicht gekommen waren,
und verbrannte alles auf einem Scheiterhaufen: dies galt
der Armen als Pompejus' Asche. Alle griffen liebevoll das
Beispiel auf, und am ganzen Strand erhoben sich Holzstöße,
die den Gefallenen von Pharsalus zu ihrem Feuer verhalfen:
es war, wie wenn man in Apulien, um auf abgeweideten
Feldern das Gras zu erneuern und für den Winter junges
Grün zu schaffen, das Land mit Bränden auffrischt und nun
miteinander der Garganusberg, die Volturhänge und die
Triften am warmen Matinus leuchten. Doch wenn die ganze
Menge den Überirdischen zu fluchen wagte und Pompejus'
Tod den Göttern vorhielt, hörte dies der große Schatten
nicht so gern wie Catos Worte, die, wiewohl nur kurz, aus
einem von Wahrhaftigkeit erfüllten Herzen kamen. „Ein
Mitbürger ist gestorben," sprach er, „der an Wissen um
die Grenzen der Rechtlichkeit unseren Vorfahren weit
unterlegen, aber dennoch in unserer Zeit, der jede Achtung
vor dem Rechten fehlte, nützlich war; er übte Macht aus,
ohne die Freiheit anzutasten, blieb wie keiner sonst, als ihm
das Volk Knechtsdienst zu leisten willig war, ein schlich-

privatus servire sibi rectorque senatus,
sed regnantis, erat. nil belli iure poposcit   195
quaeque dari voluit, voluit sibi posse negari.
immodicas possedit opes, sed plura retentis
intulit. invasit ferrum, sed ponere norat;
praetulit arma togae, sed pacem armatus amavit;
iuvit sumpta ducem, iuvit dimissa potestas.   200
casta domus luxuque carens corruptaque numquam
fortuna domini; clarum et venerabile nomen
gentibus et multum nostrae quod proderat urbi.
olim vera fides Sulla Marioque receptis
libertatis obit: Pompeio rebus adempto   205
nunc et ficta perit. non iam regnare pudebit
nec color imperii nec frons erit ulla senatus.
o felix, cui summa dies fuit obvia victo
et cui quaerendos Pharium scelus obtulit enses:
{forsitan in soceri potuisses vivere regno}   210
scire mori sors prima viris, sed proxima cogi.
et mihi, si fatis aliena in iura venimus,
fac talem, Fortuna, Iubam: non deprecor hosti
servari, dum me servet cervice recisa.'
vocibus his maior, quam si Romana sonarent   215
rostra ducis laudes, generosam venit ad umbram
mortis honos.
                    fremit interea discordia volgi,
castrorum bellique piget post funera Magni,
cum Tarcondimotus linquendi signa Catonis
sustulit. hunc rapta fugientem classe secutus   220
litus in extremum tali Cato voce notavit:

210 *v. comm.*

ter Mann und lenkte den Senat, indem er ihm dennoch
die Leitung ließ. Nichts forderte er mit Berufung auf den
Krieg: nein, was er empfangen wollte, sollte ihm nach seinem Willen auch verweigert werden können. Er gewann
unermeßlichen Reichtum, legte aber mehr in unseren
Staatsschatz als er einbehielt. Er griff mit Leidenschaft
zum Schwert und wußte es doch abzulegen; er zog das
Waffenkleid der Toga vor und liebte doch im Waffenkleid
den Frieden; mit Freuden übernahm er Führermacht, mit
Freuden gab er sie zurück. Sein Heim war unbescholten,
frei von Aufwand und vom Glück des Hausherrn nie
verdorben; sein Name angesehen und verehrt bei fremden
Völkern, aber auch von großem Wert für unsere Stadt.
Echte Zuverlässigkeit der Freiheit fand schon ehedem ein
Ende, als man Sulla und Marius in die Stadt ließ: jetzt, da
Pompejus der Welt entrissen wurde, ging auch ihr Schein
zugrunde. Despot zu sein, wird niemand mehr sich schämen,
und es wird so wenig irgendwelche Tarnung mit gesetzli-
chem Kommando geben wie Bemäntelung mit dem Senat.
Ach, es geschah zu deinem Glück, daß nach deiner Niederlage die letzte Stunde auf dich zukam und dir das Verbrechen in Ägypten Schwerter zutrug, statt daß du sie holen
mußtest {wer weiß, ob du nicht unter deinem Schwiegervater
als Despoten hättest leben können}: am höchsten steht für
einen Mann das Gut, daß er zu sterben weiß, jedoch an
zweiter Stelle jenes, daß man ihn zum Sterben zwingt. In
gleicher Gnade mach für mich, Fortuna, sollte die Bestimmung mich in fremde Hände führen, aus Juba einen zweiten Ptolemaios: ich wende nichts dagegen ein, daß er mich
für den Sieger aufhebt, wenn er mich mit abgeschnittenem
Kopf aufhebt." Mit diesen Worten gelangte eine größere
Totenehrung zu dem Heldenschatten, als wenn Roms
Rednertribüne Lobsprüche auf den Feldherrn hätte erschallen lassen.

Inzwischen brodelte Aufstand in der Mannschaft, war
man nach Pompejus' Tod des Lagerlebens und des Kampfes
überdrüssig: jetzt ließ Tarcondimotus zum Signal für
Desertion von Cato seine Standarten aus dem Boden reißen. Als er die Flotte mit sich zerren und das Weite suchen
wollte, eilte Cato ihm bis zum Saum des Ufers nach und
brandmarkte ihn mit diesen Worten: „Ach, gibst du Kilikier

'o numquam pacate Cilix, iterumne rapinas
vadis in aequoreas? Magnum fortuna removit:
iam pelago pirata redis.' tum respicit omnes
in coetu motuque viros. quorum unus aperta   225
mente fugae tali compellat voce regentem:
'nos, Cato, — da veniam — Pompei duxit in arma,
non belli civilis amor partesque favore
fecimus. ille iacet, quem paci praetulit orbis,
causaque nostra perit: patrios permitte penates   230
desertamque domum dulcesque revisere natos.
nam quis erit finis, si nec Pharsalia pugnae
nec Pompeius erit? perierunt tempora vitae:
mors eat in tutum, iustas sibi nostra senectus
prospiciat flammas; bellum civile sepulchra   235
vix ducibus praestare potest. non barbara victos
regna manent, non Armenium mihi saeva minatur
aut Scythicum fortuna iugum: sub iura togati
civis eo. quisquis Magno vivente secundus,
hic mihi primus erit. sacris praestabitur umbris   240
summus honor: dominum quem clades cogit habebo,
nullum, Magne, ducem. te solum in bella secutus
post te fata sequar; nec enim sperare secunda
fas mihi nec liceat. fortuna cuncta tenentur
Caesaris, Emathium sparsit victoria ferrum: 245
clausa fides miseris et toto solus in orbe est,
qui velit ac possit victis praestare salutem.
Pompeio scelus est bellum civile perempto,
quo fuerat vivente fides. si publica iura,
si semper sequeris patriam, Cato, signa petamus,   250
Romanus quae consul habet.' sic ille profatus
insiluit puppi iuvenum comitante tumultu.
    actum Romanis fuerat de rebus et omnis

224 redis *vel* -it (-i *P*)
253/4 *om. codd. plerique*

niemals Frieden, machst du dich aufs neue zum Seeraub
auf? Kaum daß das Schicksal uns den großen Feldherrn
nahm, kehrst du schon als Pirat aufs Meer zurück." Dann
schaute er auf die Männer hinter sich, die sich alle meuternd
zusammengerottet hatten. Einer unter ihnen zeigte offen,
daß er Desertion im Sinne hatte, und rief seinen Heerführer mit diesen Worten an: „Uns hieß — verzeih dies,
Cato — Liebe zu Pompejus, nicht zum Bürgerkrieg, die
Waffen ergreifen, ja, aus Neigung nahmen wir Partei. Der
Mann liegt tot, den der Erdkreis über Frieden stellte, und
unsere Sache ist verloren: so gestatte uns ein Wiedersehen
mit dem Heimatherd, mit dem im Stich gelassenen Haus
und unseren geliebten Kindern! Denn was soll den Kampf
beenden, wenn Pharsalus und Pompejus' Tod ihn nicht
beenden sollen? Unsere Lebenszeit ist abgelaufen: laß uns
einen sicheren Platz zum Sterben suchen, laß uns in unseren alten Tagen für einen rechten Scheiterhaufen sorgen,
vermag doch der Bürgerkrieg Verbrennung kaum seinen
Führern zu verbürgen. Uns erwartet nach der Niederlage
kein Barbarenregiment, so grausam ist das Schicksal nicht,
daß es uns Fronherren aus Armenien oder Skythien androht:
wir kommen in die Hände eines Römers und Mitbürgers.
Gleich, wer bei Lebzeiten des großen Feldherrn der zweite
war: er gilt uns künftig als der erste. Dem hehren Totengeist
soll höchste Ehre widerfahren: zum Herren wollen wir den
nehmen, den uns die Niederlage aufzwingt, zum Führer
keinen mehr, Pompejus. Sind wir einzig dir zum Kampf
gefolgt, so wollen wir nach deinem Tod nur dem Verhängnis
folgen; denn Hoffnung auf ein gutes Los steht uns nicht zu
und wäre uns verwehrt. Alles ist von Caesars Glück
beherrscht, sein Sieg hat die Schwerter von Emathia verstreut: im Elend bleibt für Zuversicht nur wenig Raum, und
er ist auf der ganzen Welt der einzige, der uns Geschlagenen das Leben sichern will und kann. Nach Pompejus'
Ermordung ist Bürgerkrieg, der doch bei seinen Lebzeiten
Pflichterfüllung war, Verbrechen. Wenn du den Staatsge-
setzen, wenn du der Heimat stets Gefolgschaft leistest,
Cato, so laß uns der Fahne folgen, die ein römischer
Konsul trägt!" So sprach der Mann und sprang an Bord,
gefolgt von rebellierenden Soldaten.
     Um ein freies Rom schien es geschehen; denn nach

indiga servitii fervebat litore plebes.
erupere ducis sacro de pectore voces: 255
'ergo pari voto gessisti bella, iuventus,
tu quoque pro dominis et Pompeiana fuisti,
non Romana manus? quod non in regna laboras,
quod tibi, non ducibus vivis morerisque, quod orbem
adquiris nulli, quod iam tibi vincere tutum est,   260
bella fugis quaerisque iugum cervice vacanti
et nescis sine rege pati? nunc causa pericli
digna viris: potuit vestro Pompeius abuti
sanguine; nunc patriae iugulos ensesque negatis,
cum prope libertas? unum fortuna reliquit   265
iam tribus e dominis: pudeat, plus regia Nili
contulit in leges et Parthi militis arcus.
ite, o degeneres, Ptolemaei munus et arma
spernite. quis vestras ulla putet esse nocentes
caede manus? credet faciles sibi terga dedisse,   270
credet ab Emathiis primos fugisse Philippis.
vadite securi: meruistis iudice vitam
Caesare non armis, non obsidione subacti.
o famuli turpes, domini post fata prioris
itis ad heredem. cur non maiora mereri   275
quam vitam veniamque libet? rapiatur in undas
infelix coniunx Magni prolesque Metelli,
ducite Pompeios, Ptolemaei vincite munus.
nostra quoque inviso quisquis feret ora tyranno,
non parva mercede dabit: sciat ista iuventus   280
cervicis pretio bene se mea signa secutam.
quin agite et magna meritum cum caede parate:
ignavum scelus est tantum fuga.' dixit et omnes
haud aliter medio revocavit ab aequore puppes

Knechtschaft lechzend, wimmelte die ganze Horde am
Gestade. Aber da entrangen sich der lauteren Brust ihres
Führers diese Worte: „Habt ihr Soldaten also in gleichem
Verlangen wie die anderen Krieg geführt, habt ihr auch
selbst für Zwingherrschaft gekämpft, wart ihr Pompejus'
und nicht Roms Armee? Weil ihr euch nicht mehr für
Tyrannei zu schlagen habt, weil ihr statt für eure Führer
für euch selber lebt und sterbt, weil ihr die Welt nicht mehr
für andere erobern müßt, weil ihr für euch jetzt ruhig siegen
könnt, darum flieht ihr vor Kämpfen, vermißt ein Joch im
Augenblick, da euer Nacken frei ist, und vermögt ein Leben
ohne Zwingherrn nicht zu tragen? Jetzt gibt es einen Grund,
sich in Gefahr zu stürzen, der Männern ansteht: Pompejus
konnte euer Blut verschwenden, und jetzt verweigert ihr
der Heimat euren Hals und euer Schwert, wenn Freiheit
winkt? Nur einen ließ das Schicksal noch von drei Machtha-
bern übrig: schämt euch, wenn Ägyptens König und
Parthiens Bogenschützen mehr als ihr für einen Rechtsstaat
taten! Ehrvergessene, geht nur fort, verschmäht die Gefälligkeit, die Ptolemaios' Schwerter euch erwiesen! Wer könnte
eine Blutschuld eurer Hände überhaupt für möglich halten?
Caesar wird euch glauben, daß ihr ihm zuliebe kehrtge-
macht habt, wird euch glauben, daß ihr als erste vom
Schlachtfeld in Emathia desertiert seid. Trollt euch unbesorgt: ist Caesar euer Richter, so habt ihr euch ein
Weiterleben damit verdient, daß ihr nicht mit Waffengewalt
und nicht durch Belagerung bezwungen wurdet. Welch
schmähliche Sklaven seid ihr, daß ihr nach dem Tod des
früheren Zwingherrn zu seinem Erben übergeht! Warum
möchtet ihr nicht höheren Lohn als Leben und Begnadigung
verdienen? Schleppt des großen Feldherrn unglückselige
Gattin, schleppt Metellus' Tochter nur an Bord, führt
Pompejus' Söhne als Gefangene vor und überbietet Ptolemaios an Gefälligkeit! Wer noch dazu mein Haupt dem
verhaßten Tyrannen überbringt, der wird es ihm um nicht
geringen Lohn aushändigen: am Preis für meinen Kopf
mögen Leute euren Schlags erkennen, daß sie meiner
Fahne mit Gewinn gefolgt sind. Nur zu denn, schafft euch
ein Verdienst mit schwerem Mord: bloße Desertion ist
ein Verbrechen, das nur Feiglinge begehen." So rief er
und holte damit alle Schiffe von hoher See zurück: es war,

422

LIBER NONUS

quam, simul effetas linquunt examina ceras 285
atque oblita favi non miscent nexibus alas,
sed sibi quaeque volat nec iam degustat amarum
desidiosa thymum, Phrygii sonus increpat aeris,
attonitae posuere fugam studiumque laboris
floriferi repetunt et sparsi mellis amorem: 290
gaudet in Hyblaeo securus gramine pastor
divitias servasse casae. sic voce Catonis
inculcata viris iusti patientia Martis.

    iamque actu belli non doctas ferre quietem
constituit mentes serieque agitare laborum. 295
primum litoreis miles lassatur harenis.
proximus in muros et moenia Cyrenarum
est labor; exclusus nulla se vindicat ira
poenaque de victis sola est vicisse Catoni.
inde peti placuit Libyci contermina Mauris 300
regna Iubae, sed iter mediis natura vetabat
Syrtibus: hanc audax sperat sibi cedere virtus.

    Syrtes vel primam mundo natura figuram
cum daret, in dubio pelagi terraeque reliquit;
nam neque subsedit penitus, quo stagna profundi 305
acciperet, nec se defendit ab aequore tellus,
ambigua sed lege loci iacet invia sedes,
aequora fracta vadis abruptaque terra profundo,
et post multa sonant proiecti litora fluctus:
sic male deseruit nullosque exegit in usus 310
hanc partem natura sui. vel plenior alto
olim Syrtis erat pelago penitusque natabat,
sed rapidus Titan ponto sua lumina pascens
aequora subduxit zonae vicina perustae
et nunc pontus adhuc Phoebo siccante repugnat, 315
mox, ubi damnosum radios admoverit aevum,
tellus Syrtis erit; nam iam brevis unda superne

299 Catoni (*ex* -is *GZ*) *vel* -em
302 hanc *vel* has

wie wenn ein Bienenschwarm nach dem Brutgeschäft seinen Stock verläßt, seine Waben vergißt und sich nicht Flügel an Flügel zusammenschließt, sondern jedes Tier für
sich fliegt und im Müßiggang nicht mehr am herben
Thymian nippt, aber beim dröhnenden Klang eines phry-
gischen Beckens alle ihr Auf und Davon beenden, ihren
Arbeitseifer beim Sammeln von Blütenstaub und ihre Lust
am rings verteilten Nektar erneuern — da ist der Imker
auf Hyblas Wiese erleichtert und freut sich, den Reichtum
seiner Hütte gerettet zu haben. So hämmerten Catos Worte
den Mannen geduldige Bereitschaft zum Kampf für die
gute Sache ein.

Doch nun entschloß er sich, die zum Ruhehalten un-
fähigen Wesen mit kriegerischem Tun und einer Folge von
Strapazen aufzurütteln. Zuerst mußten die Soldaten sich
in den Sandstrecken am Gestade müde laufen. Die nächste Anstrengung galt den Wällen und Wänden von Kyrene; Cato wurde ausgesperrt, verzichtete jedoch auf grimmige Rache und strafte die besiegte Stadt allein mit seinem
Sieg. Darauf beschloß er, das Reich des Libyerfürsten Juba
an der Grenze Mauretaniens aufzusuchen; aber mit den
Syrten, die dazwischenlagen, versperrte die Natur den
Weg — Heldenkühnheit hoffte, diese werde vor ihr weichen.
Mag sein, daß die Natur damals, als sie der Welt eine
erste Gestalt verlieh, die Syrten in der Schwebe zwischen
Meer und Land beließ; denn weder senkte sich der Boden
tief genug, um gestaute See zu dulden, noch schirmte er
sich gegen den Ozean ab, nein, als eine Landschaft von
zwitterhaftem Wesen träumt die Gegend unzugänglich vor
sich hin, ein von Sandbänken gesprengtes Meer und ein
von Wassertiefen unterbrochenes Land mit dem Getöse
von Wogen, die hinter immer neue Strände vorwärtsrollen
— so ließ die Natur dies eigene Stück lieblos im Stich und
forderte ihm keinen Nutzen ab. Mag sein, daß die Syrte
einstens tiefer unter Wasser stand und gänzlich überschwemmt war, aber Helios, der sein Licht mit Meeres-
feuchte speist, die der heißen Zone nahen Fluten räuberisch
aufsog, daß das Meer sich noch bis heute gegen Trockenle-
gung durch die Sonne wehrt, doch bald, wenn diese zur
Zeit der Weltvernichtung ihre Strahlen nähert, die Syrte
Land sein wird; schon jetzt steht ja nur flaches Geriesel auf

innatat et late periturum deficit aequor.
　　ut primum remis actum mare propulit omne
classis onus, densis fremuit niger imbribus auster.　　　320
in sua regna furens temptatum classibus aequor
turbine defendit longeque a Syrtibus undas
egit et illato confregit litore pontum.
tum, quarum recto deprendit carbasa malo,
eripuit nautis frustraque rudentibus ausi　　　　　　　325
vela negare noto: spatium vicere carinae
atque ultra proram tumuit sinus. omnia siquis
providus antemnae suffixit lintea summae,
vincitur et nudis averritur armamentis.
sors melior classi, quae fluctibus incidit altis　　　330
et certo iactata mari. quaecumque levatae
arboribus caesis flatum effudere prementem,
abstulit has liber ventis contraria volvens
aestus et obnixum victor detrusit in austrum.
has vada destituunt atque interrupta profundo　　　335
terra ferit puppes dubioque obnoxia fato
pars sedet una ratis, pars altera pendet in undis.
tum magis impactis brevius mare terraque saepe
obvia consurgens: quamvis elisus ab austro,
saepe tamen cumulos fluctus non vincit harenae.　　340
eminet in tergo pelagi procul omnibus arvis
inviolatus aqua sicci iam pulveris agger:
stant miseri nautae terraeque haerente carina
litora nulla vident. sic partem intercipit aequor;
pars ratium maior regimen clavumque secuta est　　345
tuta fuga nautasque loci sortita peritos
torpentem Tritonos adit illaesa paludem.

325/6　ausi *scripsi post* noto *distinguens*: -is
332　prementem Z^2x: frem-
338　impactis brevius *vel* -um -i(b)us

ihrer Oberfläche und sind die Fluten, die einmal verschwinden sollen, ringsum spärlich.

Kaum daß die See, gepeitscht von Rudern, all die
schweren Schiffe vorwärtsstieß, erhob sich mit schwarzem
Regenvorhang ein brausender Südsturm. Rasend fiel er
über sein eigenes Reich her, verteidigte sein Meer mit
einem Orkan gegen die Schiffe, die es zu befahren wagten,
trieb fern von den Syrten her Wogen heran und sprengte
den Wasserspiegel mit eingeschobenen Stränden. Dann riß
er die Schiffe, deren Segel er am aufrechten Mastbaum
packen konnte, der Besatzung aus den Händen, und vergeblich unterfing sie sich, dem Sturm mit Tauen die Tuche
zu entziehen: diese flogen über Kiellänge hinaus, und ihr
Bausch blähte sich jenseits des Bugs. Hatte aber jemand
vorsorglich jede Leinwand an ihrer Rahe oben festgemacht,
so wurde er überspielt und mit leerer Takelung davongefegt.
Doch trafen es die Schiffe, die in hohen Wellengang geraten
waren und einem richtigen Meer als Spielball dienten,
im Vergleich noch gut. All die anderen, die zur Erleichterung ihre Mastbäume gefällt hatten und so den Wind-
druck verpuffen ließen, wurden von der Flut abgetrieben,
die unabhängig in umgekehrter Richtung zu den Brisen
strömte und die Schiffe triumphierend dem Südsturm
entgegenstieß, so sehr er sich auch widersetzte. Diese
Fahrzeuge strandeten auf Sandbänken, prallten auf den
von tiefen Stellen nur unterbrochenen Boden und wußten
nicht, welchem Verhängnis sie verfallen waren, da eine
Seite ihres Rumpfes festsaß, die andere aber im Wasser
hing. Je mehr sie sich dann einbohrten, umso flacheres Meer
stand ihnen zur Verfügung, ja, oft schien das Land vor ihnen noch zu steigen: mochte auch die Strömung vom Südwind vorgetrieben werden, so gelangte sie doch oft über
die Sandberge nicht hinaus. Nein, es hob sich fern von allem
Festland, auf dem Meeresrücken und doch von keinem
Wasser angetastet, ein Damm von nunmehr trockenem
Staub empor: Seefahrer standen jämmerlich still, und
hatte ihr Kiel auch Land gewonnen, erblickten sie doch
keine Reede. So fing das Meer einen Teil der Schiffe weg;
der größere Teil hielt seinen Steuerkurs, nachdem er sich
durch Flucht gerettet hatte, gewann ortskundige Seeleute
und erreichte unversehrt den reglosen Tritonsumpf.

426 LIBER NONUS

hanc, ut fama, deus, quem toto litore pontus
audit ventosa perflantem marmora concha,
hanc et Pallas amat, patrio quae vertice nata   350
terrarum primam Libyen (nam proxima caelo est,
ut probat ipse calor) tetigit stagnique quieta
voltus vidit aqua posuitque in margine plantas
et se dilecta Tritonida dixit ab unda.
quam iuxta Lethon tacitus praelabitur amnis   355
infernis, ut fama, trahens oblivia venis
atque, insopiti quondam tutela draconis,
Hesperidum pauper spoliatis frondibus hortus.
invidus, annoso qui famam derogat aevo,
qui vates ad vera vocat. fuit aurea silva   360
divitiisque graves et fulvo germine rami
virgineusque chorus, nitidi custodia luci,
et numquam somno damnatus lumina serpens
robora complexus rutilo curvata metallo.
abstulit arboribus pretium nemorique laborem   365
Alcides passusque inopes sine pondere ramos
rettulit Argolico fulgentia poma tyranno.
  his igitur depulsa locis eiectaque classis
Syrtibus haud ultra Garamantidas attigit undas,
sed duce Pompeio Libyae melioris in oris   370
mansit. at impatiens virtus haerere Catonis
audet in ignotas agmen committere gentes
armorum fidens et terra cingere Syrtim.
hoc eadem suadebat hiems, quae clauserat aequor,
et spes imber erat nimios metuentibus ignes,   375
ut neque sole viam nec duro frigore saevam
inde polo Libyes, hinc bruma temperet annus.
atque ingressurus steriles sic fatur harenas:
'o quibus una salus placuit mea castra secutis
indomita cervice mori, componite mentes   380
ad magnum virtutis opus summosque labores.

349 marmora *Franciscus Iunius*: murmura *vel* litora

Diesen liebt — so geht die Sage — jener Gott, den jede
Meeresküste auf tönender Muschel über die Fluten dahin-
blasen hört; ihn liebt auch Pallas, die nach ihrer Geburt
aus dem väterlichen Haupt Libyen als erstes Land betrat
(denn es ist dem Himmel am nächsten, wie schon seine
Hitze beweist), im stillen Wasserspiegel ihr Antlitz sah,
auf seinen Saum ihre Füße setzte und sich nach dem
geliebten See Tritonis nannte. In seiner Nähe gleitet
lautlos der Lethonfluß vorüber, der — so geht die Sage —
aus dem Hadesstrom Vergessenskraft empfängt. Auch liegt
dort, einst in Obhut eines immerwachen Drachens, jetzt
mit leergepflücktem Laub und arm, der Hesperidengarten.
Hämisch, wer uralten Tagen ihren Sagenruhm abspricht,
wer Dichter zur Wirklichkeit aufruft! Es gab tatsächlich
eine güldene Waldung, ein mit gleißendem Obstschatz
beladenes Gezweig und als Wache des schimmernden
Hains eine Mädchenschar mit einer Schlange, die sich, ohne
daß ihre Augen je dem Schlaf verfielen, um die von rötlichem
Metall herabgebogenen Äste wand. Doch der Alkide nahm
den Bäumen ihren Hort, nahm dem Laubwerk seine Last,
ließ es zu, daß die Zweige ihres schweren Reichtums ledig
waren, und brachte die glitzernden Äpfel dem argivischen
Tyrannen.
    In diese Gegend also von den Syrten verschlagen und
ausgesetzt, befuhr die Flotte nicht weiter garamantische
Gewässer, sondern blieb unter dem Kommando von
Pompejus' Erstgeborenem dort im Küstenland, wo Libyen
leichter zu ertragen ist. Doch Cato, dessen Heldenmut
Saumseligkeit nicht litt, erkühnte sich, im Vertrauen auf
seine Schlagkraft einen Zug zu unbekannten Stämmen zu
unternehmen und die Syrte auf der Landseite zu umgehen.
Dies empfahl ihm eben der Winter, der ihm das Meer
verschlossen hatte, und in Angst vor ungeheuren Gluten
setzte man auf Regen Hoffnung: so mußte die Jahreszeit
dem Marsch, statt ihn durch Hitze oder bittere Kälte zur
Qual zu machen, einerseits mit Libyens Wärme, anderseits
mit der Wintersonnenwende mildes Klima schaffen. Und
entschlossen, die dürre Wüste zu beschreiten, hielt er diese
Rede: „Ihr Männer, denen es der einzige Ausweg schien,
meiner Fahne zu folgen und mit ungebeugtem Nacken zu
sterben, bereitet eure Herzen jetzt zu einer großen Heldentat

vadimus in campos steriles exustaque mundi,
qua nimius Titan et rarae in fontibus undae
siccaque letiferis squalent serpentibus arva.
durum iter ad leges patriaeque ruentis amore   385
per mediam Libyen veniant atque invia temptent,
siquibus in nullo positum est evadere voto,
siquibus ire sat est; neque enim mihi fallere quemquam
est animus tectoque metu perducere volgus.
hi mihi sint comites, quos ipsa pericula ducent,   390
qui me teste pati vel quae tristissima pulchrum
Romanumque putant; at qui sponsore salutis
miles eget capiturque animae dulcedine, vadat
ad dominum meliore via. dum primus harenas
ingrediar primusque gradus in pulvere ponam,   395
me calor aetherius feriat, mihi plena veneno
occurrat serpens fatoque pericula vestra
praetemptate meo. sitiat, quicumque bibentem
viderit, aut umbras nemorum quicumque petentem,
aestuet, aut equitem peditum praecedere turmas,   400
deficiat, si quo fuerit discrimine notum,
dux an miles eam. serpens, sitis, ardor harenae
dulcia virtuti, gaudet patientia duris,
laetius est, quotiens magno sibi constat, honestum:
sola potest Libye turba praestare malorum,   405
ut deceat fugisse viros.' sic ille calentes
incendit virtute animos et amore laborum
irreducemque viam deserto limite carpit
et sacrum parvo nomen clausura sepulchro
invasit Libye securi fata Catonis.   410
     tertia pars rerum Libye, si credere famae
cuncta velis; at si ventos caelumque sequaris,

385 amore *c*: -em
406 calentes *vel* pav-

und zu gewaltigen Plagen! Wir betreten Wüstenstriche,
betreten den versengten Teil der Welt, wo es überreichlich
Sonne und wenig Quellwasser gibt, wo auch giftige Schlan-
gen das trockene Land verseuchen. Hart ist der Weg zum
Rechtsstaat, und wem das Vaterland in seinem Sturz am
Herzen liegt, der muß selbst mitten durch Libyen ziehen
und sich in unzugängliche Gebiete wagen, sofern sich seine
Wünsche nicht auf ein Entkommen richten, sofern er am
Marschieren sein Genüge hat; denn ich bin nicht gesinnt,
auch nur einen einzigen zu täuschen und die Mannschaft
damit zu gewinnen, daß ich Schrecknisse verheimliche. Als
Gefährten wünsche ich mir Leute, die sich die Gefahren
selbst zu Führern nehmen wollen, die es als Köstlichkeit
und Römerart ansehen, unter meinen Augen sogar das
denkbar Schlimmste zu ertragen; braucht hingegen ein
Soldat einen Bürgen für Erhaltung und schlägt die Seligkeit des Lebens ihn in Bann, so mag er auf leichterem Weg
zu einem Zwingherrn gehen. Laßt mich nur als ersten die
Wüstenei betreten, als ersten meine Füße in Staubsand setzen: zuerst will ich es sein, den Sonnenhitze peinigt, will
ich es sein, vor dem eine giftgeschwollene Natter auftaucht,
und ihr sollt eure Gefahren zuvor an meinem eigenen Los ermessen. Durst verspüren soll nur, wer mich trinken sieht,
Hitze, wer mich unter Bäumen Schatten suchen, Schwäche,
wer mich an der Spitze von marschierenden Schwadronen
reiten sieht; seht, ob sich überhaupt an einem Unterschied
erkennen läßt, daß ich als Führer statt als Soldat wie jeder
andere unterwegs bin! Schlangen, Durst und Wüstenglut
bedeuten Männerherzen eine Lust, an hartem Los hat
Duldersinn Gefallen, immer dann freut Tugend umso mehr,
wenn sie teuer zu stehen kommt: nur Libyen kann es mit
der Fülle seiner Widrigkeiten dahin bringen, daß Flucht
vom Schlachtfeld Männern ansteht." So entflammte er die
Herzen, und sie glühten jetzt vor Heldenmut und Leidens-
lust. Dann trat er durch die Öde jenen Marsch an, von dem
ihm Wiederkehr versagt war; denn Libyen wollte den hehren
Mann in einem bescheidenen Grab bestatten und riß Catos Ende an sich, ohne daß es ihn bekümmerte.

Libyen ist ein dritter Weltteil, wenn man dem Hörensagen alles glauben will; doch wenn man nach den Himmelsrichtungen und ihren Winden geht, erkennt man es als Teil

pars erit Europae. nec enim plus litora Nili
quam Scythicus Tanais primis a Gadibus absunt,
unde Europa fugit Libyen et litora flexu   415
Oceano fecere locum. sed maior in unam
orbis abit Asiam; nam cum communiter istae
effundant zephyrum, boreae latus illa sinistrum
contingens dextrumque noti discedit in ortus
eurum sola tenens. Libycae quod fertile terrae est,   420
vergit in occasus, sed et haec non fontibus ullis
solvitur: Arctoos raris aquilonibus imbres
accipit et nostris reficit sua rura serenis.
in nullas vitiatur opes; non aere nec auro
excoquitur, nullo glaebarum crimine pura   425
et penitus terra est. tantum Maurusia genti
robora divitiae, quarum non noverat usum,
sed citri contenta comis vivebat et umbra;
in nemus ignotum nostrae venere secures
extremoque epulas mensasque petimus ab orbe.   430
at quaecumque vagam Syrtim complectitur ora
sub nimio proiecta die, vicina perusti
aetheris, exurit messes et pulvere Bacchum
enecat et nulla putris radice tenetur.
temperies vitalis abest et nulla sub illa   435
cura Iovis terra est; natura deside torpet
orbis et immotis annum non sentit harenis.
hoc tam segne solum raras tamen exserit herbas,
quas Nasamon, gens dura, legit, qui proxima ponto
nudus rura tenet. quem mundi barbara damnis   440
Syrtis alit; nam litoreis populator harenis
imminet et nulla portus tangente carina
novit opes: sic cum toto commercia mundo
naufragiis Nasamones habent.
                               hac ire Catonem
dura iubet virtus. illic secura iuventus   445

425 pura *vel* dives (diu, dira)

Europas. Die Ufer des Nils sind ja nicht weiter als Skythiens
Tanaïs von Gades ganz im Westen entfernt, wo Europa sich
von Libyen absetzt und ihre Küsten sich ausgebuchtet haben,
um den Ozean einzulassen. Dagegen ist ein größeres Stück
der Welt zu Asien allein geworden; denn während jene
beiden gemeinsam den Westwind blasen lassen, hat Asien
an der linken Seite des Nordwinds ebenso wie an der rechten
des Südwinds teil und besitzt in voller Breite gegen Sonnenaufgang den Ostwind ganz für sich. Der fruchtbare Teil
des Libyerlands erstreckt sich gegen Westen, doch auch hier
wird es von keinen Quellen aufgebrochen: nur im Winter
erhält es manchmal durch Nordwinde Regen, und wenn
diese unseren Himmel heiter lassen, erquickt es seine Fluren.
Nach Schätzen wird es nicht durchwühlt; weder Kupfer
noch Gold schmilzt man ihm aus, mit makellosen Schollen
ist es lauter und bis zum Grund nur Erde. Einzig Mauretaniens Wälder bilden einen Reichtum für die Menschen
dort, die ihn aber nicht zu nutzen wußten, sondern daran
Genüge hatten, unter dem Blätterschatten des Zitrusbaums
zu leben; erst unsere Äxte drangen in den unbekannten
Forst, wir erst holten uns vom Rand der Welt neben Lecker-
bissen auch noch Tische. Jedoch die ganze Küste, die sich
um die wechselhafte Syrte legt, ist unerträglicher Sonne
ausgesetzt und einem von Glut verzehrten Himmel nahe:
so verbrennt das Korn, ersticken Reben unter Staub und
hält kein Wurzelwerk die Krume zusammen. Eine leben-
spendende Klimamitte gibt es nicht, und im Erdreich dort
steckt keine Spur von Jupiters Fürsorge; die Natur ist
müßig, und so bleibt die Zone ausgestorben, den Sand
bewegt kein Pflug, und so merkt sie nichts von Jahreszeiten.
Doch bringt der Boden hier trotz solcher Trägheit spärliche
Stauden hervor, die von den Nasamonen gesammelt werden, einem rohen Stamm, der nackt das dicht am Strand
gelegene Gebiet bewohnt. Sie leben von den Opfern, die
die Welt der wilden Syrte darbringt; denn als Strandguträu-
ber lauern sie im Ufersand, und ohne daß ein Kiel in einem
Hafen landen könnte, sind sie vertraut mit Kostbarkeiten —
durch Schiffbrüche haben so die Nasamonen Verbindung
mit der ganzen Welt.

Hier seinen Weg zu nehmen, wurde Cato von unerschüt-
terlichem Heldenmut geheißen. In jener Öde mußte seine

ventorum nullasque timens tellure procellas
aequoreos est passa metus; nam litore sicco
quam pelago Syrtis violentius excipit austrum
et terrae magis ille nocens. non montibus ortum
adversis frangit Libye scopulisque repulsum   450
dissipat et liquidas e turbine solvit in auras
nec ruit in silvas annosaque robora torquens
lassatur: patet omne solum liberque meatu
Aeoliam rabiem totis exercet habenis
et non imbriferam contorto pulvere nubem   455
in flexum violentus agit. pars plurima terrae
tollitur et numquam resoluto vertice pendet:
regna videt pauper Nasamon errantia vento
discussasque domos volitantque a culmine raptae
detecto Garamante casae; non altius ignis   460
rapta vehit quantumque licet consurgere fumo
et violare diem, tantus tenet aera pulvis.
tum quoque Romanum solito violentior agmen
aggreditur nullisque potest consistere miles
instabilis raptis etiam, quas calcat, harenis.   465
concuteret terras orbemque a sede moveret,
si solida Libye compage et pondere duro
clauderet exesis austrum scopulosa cavernis;
sed quia mobilibus facilis turbatur harenis,
nusquam luctando stabilis manet imaque tellus   470
stat, quia summa fugit. galeas et scuta virorum
pilaque contorsit violento spiritus actu
intentusque tulit magni per inania caeli.
illud in extrema forsan longeque remota
prodigium tellure fuit delapsaque caelo   475
arma timent gentes hominumque erepta lacertis
a superis demissa putant. sic illa profecto
sacrifico cecidere Numae, quae lecta iuventus

---

451 liquidas e *Grotius*: -as se (-o se *V*, -a se e *Z*)
454 habenis *Ga*ᵛ: har-

Mannschaft, die doch vor Stürmen unbesorgt sein konnte
und zu Lande keinen Orkan befürchtete, Schrecken wie
zur See ertragen; denn am trockenen Gestade greift die
Syrte den Südwind noch heftiger als im Meer auf, und dem
Land ist er noch schädlicher. Erhebt er sich, dann hat ihm
Libyen keine Berge entgegenzustellen, an denen er erlahmen
müßte, dann läßt es ihn nicht auf Felsen prallen, sodaß er
zerstieben und sich, eben noch Tornado, in klare Luft
auflösen könnte, auch überfällt er keine Wälder, wo er beim
Abdrehen bejahrter Eichen seine Kraft verbrauchen würde:
überall ist offenes Land, und in Bewegungsfreiheit läßt er
seiner bei Aiolos gelernten Wut mit langen Zügeln ihren
Lauf, wirbelt Staub zusammen und macht eine Wolke, die
nicht Regen bringt, gewaltsam kreiseln. Der größte Teil des
Bodens wird hochgerissen und schwebt in der Luft, ohne
daß die Spiralenspitze je zerfällt: sein Alles sieht der bettel-
arme Nasamone mit den Trümmern seines Heims im Winde
treiben, Hütten schwirren dahin, die von ihren Dächern
über Garamantenköpfen losgerissen wurden — höher trägt
kein Feuer seinen Raub empor, ja, so weit oben, wie Rauch
aufsteigen und das Licht verdüstern darf, füllt Staub die
Luft. Jetzt fiel der Wind mit ungewohnter Heftigkeit auch
über die römischen Kolonnen her, und die Soldaten fanden
weder Halt noch Stand, da ihnen der Sand gar unter den
Sohlen fortgeblasen wurde. Ein solcher Sturm würde selbst
den Erdkreis zum Einsturz bringen und die Welt aus ihrer
Lage heben, wenn Libyen als ein festgefügtes Land mit
schweren, harten Felsen ihn in hohle Schlüfte sperren
könnte; weil es aber mürben Flugsand hat und sich leicht
verwehen läßt, leistet es nirgends Widerstand und bleibt
dadurch am Platz — das untere Erdreich steht, weil das
obere davonfliegt. Helme, Schilde und Spieße der Soldaten
wirbelte der Wind in heftigem Ansturm durcheinander,
spannte sich und trug alles durch den hohen Himmelsraum.
Es kann wohl sein, daß dies in einem abgelegenen und weit
entfernten Land zum Wunderzeichen wurde, daß fremde
Völker über Waffen, die vom Himmel sanken, erschraken
und glaubten, Götter hätten sie aus Menschenarmen
gerissen und hinabgeworfen. So war es sicher damals, als vor
dem opferbeflissenen Numa Schilde niederfielen, die seither
eine Männerkaste aus patrizischem Geschlecht auf ihren

patricia cervice movet: spoliaverat auster
aut boreas populos ancilia nostra ferentes.   480
sic orbem torquente noto Romana iuventus
procubuit timuitque rapi; constrinxit amictus
inseruitque manus terrae nec pondere solo,
sed nisu iacuit, vix sic immobilis austro.
qui super ingentes cumulos involvit harenae   485
atque operit tellure viros: vix tollere miles
membra valet multo congestu pulveris haerens.
alligat et stantes affusae magnus harenae
agger et immoti terra surgente tenentur.
{saxa tulit penitus discussis proruta muris   490
effuditque procul: miranda sorte malorum,
qui nullas videre domos, videre ruinas.}
iamque iter omne latet nec sunt discrimina terrae:
[ulla nisi aetheriae medio velut aequore flammae]
sideribus novere viam nec sidera tota   495
ostendit Libycae finitor circulus orae
multaque devexo terrarum margine celat.
    utque calor solvit, quem torserat aera ventus,
incensusque dies, manant sudoribus artus,
arent ora siti. conspecta est parva maligna   500
unda procul vena, quam vix e pulvere miles
corripiens patulum galeae confudit in orbem
porrexitque duci. squalebant pulvere fauces
cunctorum minimumque tenens dux ipse liquoris
invidiosus erat. 'mene' inquit 'degener unum   505
miles in hac turba vacuum virtute putasti?
usque adeo mollis primisque caloribus impar
sum visus? quanto poena tu dignior ista es,
qui populo sitiente bibas!' sic concitus ira
excussit galeam suffecitque omnibus unda.   510
    ventum erat ad templum, Libycis quod gentibus unum

490/2   v. Fraenkel 300 sq.
494   om. codd. plerique

Schultern durch die Straßen führt: ein Sturm aus Süden oder
Norden hatte sie dort einer Völkerschaft entführt, die die
jetzigen Salierzeichen trug. — Als der Südsturm das Gebiet
so schwer heimsuchte, warfen sich die Römermannen nieder,
weil sie davongefegt zu werden fürchteten; sie wickelten
sich fest in ihre Mäntel, krallten ihre Hände in den Boden
und verließen sich, um liegenzubleiben, nicht allein auf ihr
Gewicht, sondern preßten sich noch an, selbst so kaum sicher,
daß der Südwind sie nicht wegblies. Dieser wälzte riesige
Sandhaufen über sie her und begrub die Leute unter Erde:
kaum vermochten die Soldaten ihre Glieder zu erheben,
nein, die geballte Staubmasse hielt sie fest. Auch wenn sie
standen, legte sie ein mächtiger Damm von angewehtem
Sand in Fesseln; stieg dann die Erde höher, waren sie gefangen und konnten sich nicht regen. {Über große Strecken
trug der Sturmwind Steine aus gesprengten Mauern daher
und schleuderte sie weit hinaus: es war ein seltsamer Fall
von Katastrophe, daß man keine Häuser sah und dennoch
Trümmer sah.} So lag der ganze Weg bereits verdeckt, und
auf der Erde ließ sich nichts mehr unterscheiden: nur an
den Sternen erkannte man die Richtung — freilich erscheinen unsere Sterne über dem Horizont des Libyerlands nicht insgesamt, sondern bleiben viele unter dem
abwärts gekrümmten Erdrand unsichtbar.

Jetzt löste Wärme die Luft auf, die der Tornado zusam-
mengeballt hatte, und es wurde heißer Tag: die Glieder
waren naß von Schweiß, die Lippen trocken vor Durst. Da
erspähte man in der Ferne ein kleines, von karger Ader
gespeistes Rinnsal, das ein Soldat mühsam im Sand einfing,
im weiten Helmrund sammelte und seinem Heerführer
reichte. Jedem hatte der Staub die Kehle ausgedörrt, und
hätte der Führer nur einen Tropfen für sich selbst genommen, wäre er scheel angesehen worden. „Bist du," sprach er,
„ein so ehrvergessener Soldat, daß du meintest, mir allein
gebreche es in dieser Schar an Tapferkeit? Schien ich dir
so ganz verzärtelt und den ersten heißen Stunden nicht
gewachsen? Weit mehr verdienst du selber dies zu deiner
Strafe, daß du trinkst, wenn alle anderen dürsten." In solcher zornigen Erregung schüttete er den Helm aus, und niemand bekam zu wenig Wasser.

Man war zu jenem Tempel gelangt, der bei Libyens

inculti Garamantes habent. stat sortiger illic
Iuppiter, ut memorant, sed non aut fulmina vibrans
aut similis nostro, sed tortis cornibus Hammon.
non illic Libycae posuerunt ditia gentes   515
templa nec Eois splendent donaria gemmis:
quamvis Aethiopum populis Arabumque beatis
gentibus atque Indis unus sit Iuppiter Hammon,
pauper adhuc deus est, nullis violata per aevum
divitiis delubra tenens, morumque priorum   520
numen Romano templum defendit ab auro.
esse locis superos testatur silva per omnem
sola virens Libyen; nam quidquid pulvere sicco
separat ardentem tepida Berenicida Lepti,
ignorat frondes: solus nemus abstulit Hammon.   525
silvarum fons causa loco, qui putria terrae
alligat et domitas unda conectit harenas.
hic quoque nil obstat Phoebo, cum cardine summo
stat librata dies; truncum vix protegit arbor,
tam brevis in medium radiis compellitur umbra.   530
deprensum est hunc esse locum, qua circulus alti
solstitii medium signorum percutit orbem.
at tibi, quaecumque es Libyco gens igne dirempta,   538
in noton umbra cadit, quae nobis exit in Arcton.
te segnis Cynosura subit, tu sicca profundo
mergi Plaustra putas nullumque in vertice semper
sidus habes immune mari; procul axis uterque est
et fuga signorum medio rapit omnia caelo.   543
non obliqua meant nec Tauro Scorpios exit   533
rectior aut Aries donat sua tempora Librae
aut Astraea iubet lentos descendere Pisces;
par Geminis Chiron et idem, quod Carcinus ardens,

533/7 *transposuit Petrus Iacobus*

Stämmen der einzige ist und den rohen Garamanten gehört. Als Orakelgott steht dort, wie sie behaupten, Jupiter; doch schleudert er nicht Blitze oder ist dem unsrigen ähnlich, sondern trägt gewundene Hörner und nennt sich Ammon. Der dort von Libyerstämmen gebaute Tempel ist nicht reich, und die Schatzkammern blitzen nicht von morgenländischen Edelsteinen: wenngleich die Völker Äthiopiens, Arabiens gesegnete Stämme und die Inder keinen anderen Jupiter als Ammon kennen, ist er noch immer ein armer Gott mit einem Heiligtum, das Jahrhunderte hindurch kein Prunk geschändet hat, und als ein Himmelswesen von alter Strenge schirmt er seinen Tempel vor dem in Rom gewohnten Gold. Daß an dieser Stelle Überirdische wohnen, bezeugt eine Waldung, die als einzige in ganz Libyen hier grünt; denn die gesamte Strecke trockenen Staubsands, die die heiße Gegend Berenikes vom milden Leptis trennt, kennt kein Laubwerk — einen Hain bekam nur Ammon. Für Bäume sorgt hier eine Quelle, die die mürbe Erde bindet, den Sand mit Wasser bändigt und verklammert. Selbst in dieser Waldung findet Helios kein Hindernis, wenn er zur Mittagsstunde im Zenit steht; kaum den Stämmen bieten die Kronen Schutz, so sehr wird der Schatten von den Strahlen zur Mitte gezwungen und verkürzt. Man hat herausgefunden, daß dies die Stelle ist, wo der Wendekreis des Zeichens, in dem die Sonne ihren höchsten Stand erreicht, inmitten beider Pole den Tierkreis schneidet. Jedoch bei allen Stämmen, die durch Libyens Glut von uns geschieden sind, fällt der Schatten südwärts, während er bei uns nach Norden geht. Sie sehen den langsam kreisenden Bootes am Horizont aufsteigen, ihnen scheinen die hierzulande stets trockenen Wagen in den Ozean zu tauchen, und in ihrem Scheitelpunkt befindet sich kein Stern, der immer außerhalb des Meeres bliebe; die Pole sind gleich weit entfernt, und der Tierkreis wandert so, daß er alle Zeichen mitten zwischen ihnen über den Himmel zieht. Diese bewegen sich nicht schräg, nein, der Skorpion taucht nicht senkrechter aus dem Ozean als der Stier, weder gibt der Widder Teile seiner Aufgangszeit der Waage ab noch fordert die Jungfrau von den Fischen, daß sie langsam untergehen; der Schütze bildet eine Linie mit den Zwillingen, der sommerliche Krebs erklimmt die gleiche Höhe wie

438 · LIBER NONUS

umidus Aegoceros nec plus Leo tollitur Urna.   537
    stabant ante fores populi, quos miserat Eos,
cornigerique Iovis monitu nova fata petebant;   545
sed Latio cessere duci comitesque Catonem
orant, exploret Libycum memorata per orbem
numina, de fama tam longi iudicet aevi.
maximus hortator scrutandi voce deorum
eventus Labienus erat: 'sors obtulit' inquit   550
'et fortuna viae tam magni numinis ora
consiliumque dei: tanto duce possumus uti
per Syrtes bellisque datos cognoscere casus.
nam cui crediderim superos arcana daturos
dicturosque magis quam sancto vera Catoni?   555
certe vita tibi semper derecta supernas
ad leges sequerisque deum. datur ecce loquendi
cum Iove libertas; inquire in fata nefandi
Caesaris et patriae venturos excute mores:
iure suo populis uti legumque licebit   560
an bellum civile perit? tua pectora sacra
voce reple; durae saltem virtutis amator
quaere, quid est virtus, et posce exemplar honesti.'
    ille deo plenus, tacita quem mente gerebat,
effudit dignas adytis e pectore voces: 565
'quid quaeri, Labiene, iubes? an liber in armis
occubuisse velim potius quam regna videre,
†an sit vita nihil sed longa an differat aetas†,
an noceat vis nulla bono fortunaque perdat
opposita virtute minas laudandaque velle   570
sit satis et numquam successu crescat honestum?
scimus et hoc nobis non altius inseret Hammon.
haeremus cuncti superis temploque tacente
nil facimus non sponte dei; nec vocibus ullis
numen eget dixitque semel nascentibus auctor,   575

556 directa *vel* secreta
568 *versus nondum emendatus*; an, sit vita brevis, nil, longane, dif-
     ferat, aetas *Madvig verbis vix idoneis, sententia apta*
569 nulla *x*: ulla

der winterliche Steinbock und der Löwe keine größere als
der Wassermann.

Vor der Tempelpforte standen Leute, die aus Morgenland gekommen waren und durch Weisung des widderköpfigen Jupiter ihr ferneres Geschick erfahren wollten;
doch machten sie dem Römerfeldherrn Platz, und die
Begleiter baten Cato, den im Libyerland berühmten Gott
zu prüfen und über seinen so uralten Ruf ein Urteil abzu-
geben. Vor allem drängte Labienus, durch Götterspruch
den Ausgang zu erforschen: „Eine Fügung," sprach
er, „eine gute Wendung unseres Marsches brachte uns
Gelegenheit, die Stimme einer so erhabenen Himmels-
macht, eines Gottes Rat zu hören: solch ein hohes Wesen
können wir zum Führer durch die Syrten nehmen, können
die dem Krieg bestimmten Schicksalsfälle kennenlernen.
Denn keinen könnte ich mir denken, dem die Götter so gern
Geheimnisse enthüllen und wahrsagen würden wie dem
frommen Cato. Jeder weiß, daß sich dein Leben stets nach
den Gesetzen droben richtet und du ein Gefolgsmann
Gottes bist. Da, dir bietet sich eine Möglichkeit, mit Jupiter
zu sprechen; erkundige dich nach dem Ende des Unholds
Caesar und erforsche den künftigen Charakter unseres
Vaterlands — werden die Römer unter Gültigkeit von
Freiheit und Verfassung leben dürfen oder war der Bürgerkrieg umsonst? Erfülle dein Herz mit heiliger Verkündung; als ein Mann, der strenge Tugend liebt, frag wenigstens, was Tugend ist, und fordere ein Sittenmuster!"

Doch Cato war des Gottes voll, den er im stillen Herzen
trug, und seiner Brust entströmten Worte, wie sie dem Orakel selber angestanden hätten: „Welche Frage, Labienus,
heißest du mich stellen? Ob ich lieber frei in Waffen fallen
als Tyrannei erleben möchte, ob auf kurze oder lange
Lebenszeit nichts ankommt, ob Gewalt einem Wert nicht
schadet, Schicksalsdräuen am Trotz der Tugend scheitert,
Bereitschaft zu preiswürdigem Tun genügt und Sittlichkeit
nie durch Erfolg gewinnt? Das weiß ich, und Ammon kann
es mir nicht tiefer in die Seele pflanzen. Wir alle hängen
von den Überirdischen ab und tun nichts ohne Gottes
Willen, auch wenn Tempel schweigen; das Himmelswesen
bedarf ja keiner Äußerung, vielmehr hat uns der Schöpfer
einmal für immer bei unserer Geburt all das gesagt, was wir

quidquid scire licet. sterilesne elegit harenas,
ut caneret paucis, mersitque hoc pulvere verum
estque dei sedes nisi terra et pontus et aer
et caelum et virtus? superos quid quaerimus ultra?
Iuppiter est, quodcumque vides, quodcumque moveris.
sortilegis egeant dubii semperque futuris   581
casibus ancipites: me non oracula certum,
sed mors certa facit. pavido fortique cadendum est:
hoc satis est dixisse Iovem.' sic ille profatus
servataque fide templi discedit ab aris   585
non exploratum populis Hammona relinquens.
     ipse manu sua pila gerit, praecedit anheli
militis ora pedes, monstrat tolerare labores,
non iubet, et nulla vehitur cervice supinus
carpentoque sedens; somni parcissimus ipse est;   590
ultimus haustor aquae, cum tandem fonte reperto
indiga cogatur laticis potare iuventus,
stat, dum lixa bibat. si veris magna paratur
fama bonis et si successu nuda remoto
inspicitur virtus, quidquid laudamus in ullo   595
maiorum, fortuna fuit: quis Marte secundo,
quis tantum meruit populorum sanguine nomen?
hunc ego per Syrtes Libyaeque extrema triumphum
ducere maluerim quam ter Capitolia curru
scandere Pompei, quam frangere colla Iugurthae.   600
ecce parens verus patriae, dignissimus aris,
Roma, tuis, per quem numquam iurare pudebit
et quem, si steteris umquam cervice soluta,
nunc olim, factura deum es.
                         iam spissior ignis
et plaga, quam nullam superi mortalibus ultra   605
a medio fecere die, calcatur et unda
rarior. inventus mediis fons unus harenis

---

576 -ne elegit (necel- *c*) *vel* nec legit (negl- *Z*)
591/2 cum ... iuventus *fort. corrupta*   potare (port- *G*) *vel* cert-

wissen dürfen. Hat er denn Wüstensand gewählt, um nur
wenigen Bescheid zu geben, hat er die Wahrheit hier im
Staub versteckt, und gibt es einen anderen Gottesthron als
Erde, Meer, Luft, Himmel und die Tugend? Warum fragen
wir die Überirdischen noch weiter? Alles, was wir sehen,
jede unserer Regungen ist Jupiter. Schicksalskünder be-
nötige, wer in Zweifeln und vor künftigem Geschehen unentschieden ist: mich macht nicht erst ein Orakel sicher,
nein, die Sicherheit des Todes. Ob ängstlich oder tapfer,
fallen muß ein jeder: das hat Jupiter gesagt, und das genügt.'' So kündete er und wandte sich vom Heiligtum
hinweg, ließ die Verläßlichkeit des Orakels auf sich beruhen
und Ammon eine Sache fremder Völker sein, ohne ihn
auch selber zu erproben.

Eigenhändig trug er seinen Legionsspeer, schritt im
Angesicht seiner keuchenden Soldaten zu Fuß voran, zeigte,
wie man Plagen trägt, statt daß er es befohlen hätte,
streckte sich nicht in geschulterter Sänfte aus oder saß auf
einem Wagen; selbst war er am sparsamsten mit Schlaf;
als letzter nahm er Wasser zu sich, zwang er doch, wenn
man endlich eine Quelle fand, die verschmachtenden Soldaten, sich zu laben — er blieb stehen und wartete, bis
auch der Troß getrunken hatte. Wenn hoher Ruhm durch
echte Werte gewonnen wird, wenn man Erfolg beiseitesetzt
und bloße Tugend in Betracht zieht, dann war alles, was
wir an irgendeinem Früheren preisen, nichts als Glück: wer
hat sich jemals mit gewonnener Schlacht, wer mit dem
Blut von Völkermassen einen Namen von solcher Größe
verdient? Ich möchte lieber diesen Triumphzug durch die
Syrten und die fernsten Teile Libyens führen als dreimal
wie Pompejus zum Kapitol hinauffahren oder Jugurtha
erdrosseln lassen. Hier hast du, Rom, den echten Vater des
Vaterlands, den Mann, der eines Heiligtums in deinen
Mauern wie kein anderer wert ist, bei dem zu schwören
nie als schmählich gelten wird und den du, wenn du je —
in meinen Tagen oder später — mit befreitem Nacken aufrecht stehst, zum Gott erheben wirst.

Jetzt nahm die Sonnenhitze zu; man zog durch eine
Zone, hinter der im Süden die Götter keine andere mehr
für Menschen schufen, und Rinnsale wurden seltener. Eine
einzige Quelle fand sich mitten in der Wüste, wasserreich,

largus aquae, sed quem serpentum turba tenebat
vix capiente loco: stabant in margine siccae
aspides, in mediis sitiebant dipsades undis.   610
ductor ut aspexit perituros fonte relicto,
alloquitur: 'vana specie conterrite leti,
ne dubita, miles, tutos haurire liquores.
noxia serpentum est admixto sanguine pestis:
morsu virus habent et fatum dente minantur,   615
pocula morte carent.' dixit dubiumque venenum
hausit et in tota Libyae fons unus harena
ille fuit, de quo primus sibi posceret undam.
    cur Libycus tantis exundet pestibus aer
fertilis in mortes aut quid secreta nocenti   620
miscuerit natura solo, non cura laborque
noster scire valet, nisi quod volgata per orbem
fabula pro vera decepit saecula causa.
finibus extremis Libyes, ubi fervida tellus
accipit Oceanum demisso sole calentem,   625
squalebant late Phorcynidos arva Medusae
non nemorum protecta coma, non mollia sulco,
sed dominae voltu conspectis aspera saxis.
hoc primum natura nocens in corpore saevas
eduxit pestes: illic e faucibus angues   630
stridula fuderunt vibratis sibila linguis,
femineae qui more comae per terga soluti
ipsa flagellabant gaudentis colla Medusae;
surgunt adversa subrectae fronte colubrae
vipereumque fluit depexo crine venenum.   635
hoc habet infelix, cunctis impune, Medusa,
quod spectare licet; nam rictus oraque monstri
quis timuit, quem, qui recto se lumine vidit,
passa Medusa mori est? rapuit dubitantia fata
praevenitque metus; anima periere retenta   640
membra nec emissae riguere sub ossibus umbrae.
Eumenidum crines solos movere furores,

---

615 om. pars codd.   dente V: in dente   minatur *in additamento* M
619 exundet *vel* ex(s)udet
627 suco V
630 illic Burmannus: -is
632 qui MP: cui   soluti (solvit M¹P) *vel* -(a)e

doch von Reptilien so bevölkert, daß der Platz kaum alle
faßte: Schildvipern, die auf dem Trockenen leben, bildeten
am Ufer eine Phalanx, Durstschlangen lechzten in Teiches-
mitte. Als der Heerführer einsah, daß seine Leute sterben
würden, wenn sie der Quelle ihren Rücken kehrten, richtete
er das Wort an sie: „Euch Soldaten schreckt ein nichtiges
Todesgespenst: das Naß ist harmlos, und ihr könnt es
unbedenklich zu euch nehmen! Schlangengeifer schadet
nur, wenn Blut hinzutritt: der Biß ist es, mit dem die Tiere
Gift verspritzen, ihre Zähne sind es, mit denen sie Verderben
drohen — vom Trinken sterbt ihr nicht." Nach diesen
Worten nahm er einen Schluck von dem scheinbaren Gift:
dies war denn in der ganzen Wüste Libyens die einzige
Quelle, aus der er den ersten Trunk für sich beanspruchte.
    Warum das Klima Libyens so von Gifthauch strotzt und
Tod um Tod darin gedeiht, oder was die Natur dem Boden
heimlich beigemischt hat, um ihn zu verseuchen, kann ich
trotz beflissener Mühe nicht erkennen, weiß nur soviel,
daß eine in aller Welt verbreitete Sage Generationen über
den wahren Grund hinweggetäuscht hat. Ganz an der
Grenze Libyens, wo sein glühendes Erdreich das bei Sonnenuntergang erwärmte Ozeanwasser aufsaugt, dehnte
sich das öde Reich der Phorkystochter Medusa, nicht
von Waldeslaub beschattet, nicht durch Pflugarbeit
gelockert, sondern rauh von Felsgestein, auf das der Blick
der Herrscherin gefallen war. An ihrem Leib hat die Natur
zum erstenmal in schlimmer Absicht grauenhafte Scheusale
gezüchtet: bei ihr drang schrilles Gezisch aus den Rachen
züngelnder Schlangen, die wie Frauenhaar über Medusas
Rücken fielen und zu deren Lust sogar den Hals bepeitsch-
ten, bei ihr reckten sich Nattern gegen die Stirn empor,
und strählte sie ihr Haar, floß Viperngift. Dies Gezücht war
an der unglückseligen Medusa nicht das Schlimmste, da es
jeder ungestraft betrachten durfte; wem blieb denn aber
vor dem aufgesperrten Mund des Ungeheuers Zeit zur
Angst, wem gönnte es Medusa, hinzusterben, wenn er ihr
gerade ins Gesicht sah? Sie führte den Tod, statt ihm
Verzug zu erlauben, auf der Stelle herbei und kam aller
Angst zuvor; der Leib verging, während die Seele noch
darinblieb, und ehe der Geist hinausgelangte, wurde er in
seiner Knochenschale Stein. Eumenidenhaare versetzten nur

Cerberos Orpheo lenivit sibila cantu,
Amphitryoniades vidit, cum vinceret, hydram:
hoc monstrum timuit genitor numenque secundum　　645
Phorcys aquis Cetoque parens ipsaeque sorores
Gorgones, hoc potuit caelo pelagoque minari
torporem insolitum mundoque obducere terram.
e caelo volucres subito cum pondere lapsae,
in scopulis haesere ferae, vicina colentes　　　　650
Aethiopum totae riguerunt marmore gentes.
nullum animal visus patiens ipsique retrorsum
effusi faciem vitabant Gorgonos angues.
illa sub Hesperiis stantem Titana columnis
in cautes Atlanta dedit caeloque timente　　　　655
olim Phlegraeo stantes serpente gigantas
erexit montes bellumque immane deorum
Pallados e medio confecit pectore Gorgon.

　quo postquam partu Danaes et divite nimbo
ortum Parrhasiae vexerunt Persea pinnae　　　　660
[Arcados auctoris citharae liquidaeque palaestrae]
et subitus praepes Cyllenida sustulit harpen,
harpen alterius monstri iam caede rubentem,
[a Iove dilectae fuso custode iuvencae]
auxilium voluci Pallas tulit innuba fratri　　　665
pacta caput monstri terraeque in fine Libyssae
Persea Phoebeos converti iussit ad ortus
Gorgonos averso sulcantem regna volatu
et clipeum laevae fulvo dedit aere nitentem,
in quo saxificam iussit spectare Medusam.　　　670
quam sopor aeternam tracturus morte quietem
obruit haud totam: vigilat pars magna comarum
defenduntque caput protenti crinibus hydri,
pars iacet in medios voltus oculisque tenebras
⟨. . . . .⟩.
ipsa regit trepidum Pallas dextraque trementem　675
Perseos aversi Cyllenida derigit harpen

648　obducere *c*: ab- (*ex* ad- *V*)
661　*del. Fraenkel 292 sq., cf. Luck, Rhein. Mus. 112,1969,281*
664　*om. codd. plerique*
674　oculis G^1M^1P, *quo recepto Housman* offundit clausis et somni
　　　duplicat umbras *supplevit*: -i

in Wahnsinn, Zerberus beschwichtigte bei Orpheus' Sang
das Gezisch in seinen Zotteln, Amphitryons Sohn durfte
auf die Hydra schauen, als er sie bezwang: dies Ungeheuer
aber schreckte seinen Vater, den die See behütenden
Dämon Phorkys, schreckte seine Mutter Keto und sogar die
schwesterlichen Gorgonen, es war imstande, Himmel und
Meer mit nie erfahrener Todesstarre zu bedrohen und eine
Erdkruste über die Welt zu ziehen. Am Himmel wurden
Vögel plötzlich schwer und sanken herab, auf ihren Felsen
blieben wilde Tiere haften, benachbarte Äthiopierstämme
erstarrten ganz zu Marmor. Kein Lebewesen hielt Gorgos
Augen stand, ja, ihre eigenen Schlangen drängten sich
hinweg und mieden ihren Blick. Sie machte den Titanen
Atlas, der die Säulen im Westen stützte, zum Gebirge, und
als einst der Himmel die schlangenfüßigen Giganten
Phlegras fürchtete, türmte sie diese zu Bergen auf — Gorgo
war es, die den ungeheuren Kampf der Götter mitten von
der Brust Athenas aus beendete.

Als Perseus, von Danae aus goldenem Regen geboren,
auf den Flügelschuhen des arkadischen Gottes dorthin
gelangt war und der unvermutete Wundervogel Hermes'
Sichel gepackt hatte, jene Sichel, die bereits von eines
anderen Ungeheuers Blut gerötet war, da leistete die
jungfräuliche Pallas ihrem geflügelten Bruder Hilfe,
nachdem sie sich das Haupt des Scheusals ausbedungen
hatte: am Rand des Libyerlandes wies sie Perseus an,
sich gegen Sonnenaufgang zu kehren und abgewandt durch
Gorgos Reich zu fliegen, gab ihm ihren blanken Schild
von goldener Bronze in die Linke und wies ihn an, nur
darin die versteinernde Medusa anzusehen. Der Schlaf,
der sich für diese durch Ermordung zu ewiger Ruhe verlängern sollte, betäubte sie nicht ganz: ein großer Teil der
Haare wachte, und Schlangen reckten sich zum Schutz
des Hauptes aus den Locken, ein Teil lag mitten zum Antlitz hin und ⟨verdoppelte⟩ das Dunkel der ⟨geschlossenen⟩
Augen. Eigenhändig lenkte Pallas den zagen Helden,
richtete mit ihrer Rechten Hermes' Sichel — sie zitterte in
Perseus' Hand, wenngleich er abgewandt war — auf das
Ziel und schlug die Stelle, wo der natternschwere Hals am
Rumpf saß, in ganzer Breite auseinander. Wie furchtbar
blickte Gorgo, als der Hieb des Krummschwerts sie enthaup-

lata colubriferi rumpens confinia colli.
quos habuit voltus hamati volnere ferri
caesa caput Gorgon! quanto spirare veneno
ora rear quantumque oculos effundere mortis!   680
nec Pallas spectare potest voltusque gelassent
Perseos aversi, si non Tritonia densos
sparsisset crines texissetque ora colubris.
aliger in caelum sic rapta Gorgone fugit.
ille quidem pensabat iter propiusque secabat   685
aera, si medias Europae scinderet urbes:
Pallas frugiferas iussit non laedere terras
et parci populis; quis enim non praepete tanto
aethera respiceret? zephyro convertitur ales
itque super Libyen, quae nullo consita cultu   690
sideribus Phoeboque vacat: premit orbita solis
exuritque solum nec terra celsior ulla
nox cadit in caelum lunaeque meatibus obstat,
si flexus oblita vagi per recta cucurrit
signa nec in borean aut in noton effugit umbram.   695
illa tamen sterilis tellus fecundaque nulli
arva bono virus stillantis tabe Medusae
concipiunt dirosque fero de sanguine rores,
quos calor adiuvit putrique incoxit harenae.

    hic quae prima caput movit de pulvere tabes,   700
aspida somniferam tumida cervice levavit.
plenior huc sanguis et crassi gutta veneni
decidit: in nulla plus est serpente coactum.
ipsa caloris egens gelidum non transit in orbem
sponte sua Niloque tenus metitur harenas;   705
sed — quis erit nobis lucri pudor? — inde petuntur
huc Libycae mortes et fecimus aspida mercem.
at non stare suum miseris passura cruorem
squamiferos ingens haemorrhois explicat orbes
natus et, ambiguae coleret qui Syrtidos arva,   710

---

695 umbram *Arn.*ᵛx: -a (-as *in ras. G*)
702 huc *vel* huic

tete! Unvorstellbar, wieviel Gift ihr Mund verströmte,
wieviel Tod aus ihren Augen sprühte! Nicht einmal Pallas
durfte darauf schauen, und wandte Perseus sich auch ab,
so hätten sie doch seine Züge versteinert, wenn nicht Athena
Medusas Haar dicht ausgebreitet und ihr Gesicht unter
Nattern verborgen hätte. So konnte er das Gorgohaupt
packen und auf seinen Flügelschuhen gen Himmel entweichen. Er hätte wohl seinen Heimflug verkürzen und die
Luft auf näherem Weg zerteilen können, wenn er quer
durch Europas Städte dahingeschossen wäre; aber Pallas
wies ihn an, Kornfelder nicht zu schädigen und Siedlungen
zu schonen — wer nämlich würde nicht bei diesem Wundervogel in die Lüfte schauen? So flog er unter Westwind in anderer Richtung und nahm seinen Weg über
Libyen hinweg, das weder Bebauung noch Bepflanzung
kennt, weil es Glutgestirnen und Helios ausgesetzt ist:
senkrecht kreist die Sonne über ihm und dörrt seinen Boden aus, steiler als in jedem anderen Land fällt nachts der
Erdschatten auf den Himmel und verfinstert den Mond
auf seiner Bahn, wenn er, statt seitwärts abzubiegen, seinen
Weg geradeaus durch die Tierkreiszeichen genommen
hat und nicht vor dem Schatten nach Norden oder Süden
ausweicht. So dürr in jenem Land das Erdreich ist, so wenig
sein Gefilde irgendetwas Nützliches hervorbringt, wurde
es dennoch vom Gallert des faulig tropfenden Medusen-
haupts, von grausem Tau aus Ungeheuerblut befruchtet —
die Hitze hegte diesen Tau und kochte ihn im mürben
Sande fest.
Als die Fäulnis hier zum ersten Mal einen Kopf vom
Staub emportrieb, führte sie die Schildviper herauf, die mit
geblähtem Nacken in Schlaf versetzt. Auf diese Stelle war
reichlich Blut und ein dicker Tropfen Gift herabgefallen:
in keiner Schlange ist ein stärkeres gehäuft. Sie selbst
sucht Hitze und wandert nicht aus eigenem Antrieb in eine
kühle Zone, sondern durchmißt die Wüste bis zum Nil; wir
aber — werden wir uns jemals unserer Gewinnsucht schämen? — holen libyschen Tod aus jenem Land zu uns,
machten ja die Schildviper zur Handelsware. — Damit
nicht genug: die riesige Hämorrhoïs, die bei ihren Opfern
das Blut stets fließen sehen will, entrollte ihre Schuppen-
ringe; der Chersydros trat ins Leben, um im zwitterhaften

chersydros tractique via fumante chelydri
et semper recto lapsurus limite cenchris;
pluribus ille notis variatam tinguitur alvum
quam parvis pictus maculis Thebanus ophites.
concolor exustis atque indiscretus harenis   715
hammodytes spinaque vagi torquente cerastae
et scytale sparsis etiamnunc sola pruinis
exuvias positura suas et torrida dipsas
et gravis in geminum vergens caput amphisbaena
et natrix violator aquae iaculique volucres   720
et contentus iter cauda sulcare parias
oraque distendens avidus fumantia prester
ossaque dissolvens cum corpore tabificus seps,
sibilaque effundens cunctas terrentia pestes,
ante venena nocens, late sibi summovet omne   725
volgus et in vacua regnat basiliscus harena.
vos quoque, qui cunctis innoxia numina terris
serpitis, aurato nitidi fulgore dracones,
letiferos ardens facit Africa: ducitis altum
aera cum pinnis armentaque tota secuti   730
rumpitis ingentes amplexi verbere tauros
nec tutus spatio est elephans; datis omnia leto
nec vobis opus est ad noxia fata veneno.
   has inter pestes duro Cato milite siccum
emetitur iter tot tristia fata suorum   735
insolitasque videns parvo cum volnere mortes.
signiferum iuvenem Tyrrheni sanguinis Aulum
torta caput retro dipsas calcata momordit.
vix dolor aut sensus dentis fuit ipsaque leti
frons caret invidia nec quicquam plaga minatur.   740
ecce subit virus tacitum carpitque medullas
ignis edax calidaque incendit viscera tabe.
ebibit umorem circum vitalia fusum

---

714 pictus *Isid. orig. 12,4,30 Gloss. V 227,30*: punctus M^1P: tinctus
        (*ex* 713) ω
729 letiferos *vel* pesti-

Syrtenland zu hausen, der Chelydros, der auf seiner Gleit-
spur Rauch zurückläßt, und der Kenchris, der stets geraden
Weges huschen kann; dieser zeigt am scheckigen Bauch eine
dichtere Fleckenzeichnung als Ägyptens nur mit kleinen
Tupfen gesprenkelter Ophitstein. Da enstand, von gleicher
Farbe wie der ausgedörrte Sand und nicht von ihm zu unter-
scheiden, der Hammodytes; der Kerastes, der wegen seines
Rückgrats zu Verrenkungen gezwungen ist und keine
Richtung hält; die Skytale, die als einzige ihre Haut
ablegen kann, wenn alles noch bereift ist; die Durstschlange
Dipsas; die plumpe Amphisbaena, die an beiden Enden
in einen Kopf ausläuft; die wasserverseuchende Natter;
Speerottern, die sich durch die Lüfte schnellen; der Parias,
der seine Spur nur mit dem Schwanz furcht; mit Rauch
im gierig aufgesperrten Maul der Prester; mit der Gabe,
Knochen zu zersetzen, wenn er Fleisch verwesen macht,
der Seps; mit rings verbreitetem Gezischel das ganze
Gezücht in Schrecken setzend, mit Vernichtungskraft auch
ohne Gift der Basilisk, der sich alle Untertanen weit und
breit vom Leib hält und in leergefegter Wüste König ist.
Auch jene überall als harmlos und heilig angesehenen
Reptilien, die in Goldglanz funkelnden Riesenschlangen,
macht Afrikas Hitze lebensgefährlich: tief Luft einziehend,
fangen sie sich Vögel, verfolgen ganze Herden, winden
sich um ungeheure Büffel und peitschen sie mit ihrem
Schwanz entzwei, ja, nicht einmal den Elefanten sichert
seine Größe — alles schicken sie in Tod und brauchen zum
Vernichtungswerk kein Gift.
Inmitten dieser Scheusale legte Cato mit seinen zähen
Soldaten den Wüstenmarsch zurück, auf dem er jammervolles Sterben ungezählter Leute und Tod um Tod wie
nie aus Anlaß kleiner Wunden sah. Den jungen Aulus,
einen Standartenträger aus etruskischem Geschlecht, biß
eine Dipsas, die mit ihrem Kopf rückwärts herumfuhr, als
er auf sie trat. Er empfand kaum Schmerz und spürte kaum
den Zahn, ja, ihrem bloßen Schein nach wirkte die gefährliche Verletzung harmlos, und die Wunde sah gar nicht
bedrohlich aus. Aber da geschah es, daß das Gift unmerklich
eindrang, daß fressendes Feuer das Mark verzehrte und
in den Eingeweiden Schmelzglut entfachte. Verheerung
sog die Feuchtigkeit im Umkreis der Organe auf und

pestis et in sicco linguam torrere palato
coepit; defessos iret qui sudor in artus,   745
non fuit atque oculos lacrimarum vena refugit.
non decus imperii, non maesti iura Catonis
ardentem tenuere virum, ne spargere signa
auderet totisque furens exquireret arvis,
quas poscebat aquas sitiens in corde venenum.   750
ille vel in Tanain missus Rhodanumque Padumque
arderet Nilumque bibens per rura vagantem.
accessit morti Libye fatique minorem
famam dipsas habet terris adiuta perustis.
scrutatur venas penitus squalentis harenae,   755
nunc redit ad Syrtes et fluctus accipit ore
aequoreusque placet, sed non et sufficit, umor.
nec sentit fatique genus mortemque veneni,
sed putat esse sitim ferroque aperire tumentes
sustinuit venas atque os implere cruore.   760
    iussit signa rapi propere Cato: discere nulli
permissum est hoc posse sitim. sed tristior illo
mors erat ante oculos miserique in crure Sabelli
seps stetit exiguus, quem flexo dente tenacem
avolsitque manu piloque affixit harenis.   765
parva modo serpens, sed qua non ulla cruentae
tantum mortis habet. nam plagae proxima circum
fugit rupta cutis pallentiaque ossa retexit
iamque sinu laxo nudum sine corpore volnus.
membra natant sanie: surae fluxere, sine ullo   770
tegmine poples erat, femorum quoque musculus omnis
liquitur et nigra destillant inguina tabe.
dissiluit stringens uterum membrana fluuntque
{viscera nec quantus toto de corpore debet,
effluit in terras, saevum sed membra venenum   775
decoquit, in minimum mors contrahit omnia virus}

748 ne(c) *vel* quin
753 minorem (*antea* fatis Z^1a) *vel* -is
760 cruore *vel* veneno
774/6 *v. comm.*   quantus *vel* -um

begann am trockenen Gaumen die Zunge auszudörren;
kein Schweiß war mehr vorhanden, der in die matten
Glieder hätte strömen können, und in den Augen versiegte
der Tränenborn. Nicht die Würde des Römerreichs, nicht
die Betrübnis seines Feldherrn Cato konnten den glühenden Mann davon abhalten, seine Standarte unbedenklich in den Staub zu werfen und im ganzen Gelände
rasend Wasser zu suchen, nach dem das lechzende Gift in
seinem Inneren verlangte. Er hätte selbst dann noch
geglüht, wenn er in den Tanaïs, in Rhone oder Po ge-
sprungen wäre oder den Nil auf überfluteten Feldern
ausgetrunken hätte. Mitschuld an seinem Tod trug Libyens
Art, ist die der Dipsas nachgesagte Tödlichkeit doch im
Vergleich gering, wenn Landesdürre nachhilft. Tief hinunter durchwühlte er den Wüstensand nach Wasseradern,
lief jetzt an die Syrtenküste zurück und schlürfte Brandung
ein; das Meerwasser tat ihm wohl, war ihm dabei aber nicht
genug. Er merkte nicht einmal, woran er krankte, merkte
nicht, daß er an Gift starb, sondern meinte, es sei Durst:
ja, er enthielt sich nicht, seine aufgedunsenen Adern mit dem
Schwert zu öffnen und seinen Mund mit Blut zu füllen.
Cato hieß rasch weitermarschieren: niemand durfte
lernen, daß Durst soviel vermochte. Doch noch jammer-
voller als bei jenem Mann trat Tod vor aller Augen ein, als
sich ein winziger Seps dem unglückseligen Sabellus ans
Schienbein heftete und mit seinen Widerhakenzähnen
festsaß, bis der Soldat ihn mit einem Griff herausriß und
mit seinem Speer im Sand aufspießte. Diese Schlange ist
nur klein von Ausmaß, aber keine andere führt so grausam
Tod herbei wie sie. Denn rings in Nähe der verletzten Stelle
sprang die Haut, verschwand und legte bleiche Knochen
bloß, ja, schon sah man nur noch eine Wunde mit weiter
Tasche ohne Fleisch. Die Glieder schwammen von Eiter:
die Waden zerflossen, die Knie verloren jeden Schutz, auch
an den Schenkeln lösten sich alle Muskeln auf, und schwarze
Fäulnis tropfte von den Leisten. Das Bauchfell platzte, es
zerflossen {die Eingeweide; dabei floß er nicht in solcher
Fülle, wie er aus einem ganzen Körper hätte kommen
müssen, auf den Boden, sondern kochte das fürchterliche
Gift die Glieder ein und zog der Tod das Ganze in eine
Winzigkeit von eklem Saft zusammen} Sehnenstränge,

vincula nervorum et laterum textura cavumque
pectus et abstrusum fibris vitalibus omne;
quidquid homo est, aperit pestis, natura profana
morte patet. manant umeri fortesque lacerti,   780
colla caputque fluunt. calido non ocius austro
nix resoluta cadit nec solem cera sequetur.
parva loquor, corpus sanie stillasse perustum:
hoc et flamma potest; sed quis rogus abstulit ossa?
haec quoque discedunt putresque secuta medullas   785
nulla manere sinunt rapidi vestigia fati.
Cinyphias inter pestes tibi palma nocendi est:
eripiunt omnes animam, tu sola cadaver.
    ecce subit facies leto diversa fluenti.
Nasidium Marsi cultorem torridus agri   790
percussit prester. illi rubor igneus ora
succendit tenditque cutem pereunte figura
miscens cuncta tumor; toto iam corpore maior
humanumque egressa modum super omnia membra
efflatur sanies late pollente veneno;   795
ipse latet penitus congesto corpore mersus
nec lorica tenet distenti pectoris auctum.
spumeus accenso non sic exsultat aeno
undarum cumulus nec tantos carbasa coro
curvavere sinus. tumidos iam non capit artus   800
informis globus et confuso pondere truncus.
intactum volucrum rostris epulasque daturum
haud impune feris non ausi tradere busto
nondum stante modo crescens fugere cadaver.
    sed maiora parant Libycae spectacula pestes.   805
impressit dentes haemorrhois aspera Tullo,
magnanimo iuveni miratorique Catonis.
utque solet pariter totis se fundere signis
Corycii pressura croci, sic omnia membra
emisere simul rutilum pro sanguine virus.   810

797 pectoris *Bentley*: corporis (*ex* 796)
798 exultat Z^2x: exundat

Flankennähte, der Brustkorb und jedes in den Lebensorganen verborgene Teilchen; alles, was den Menschen ausmacht, deckte die Verseuchung auf, und die Natur lag, da der Tod die Hülle nahm, zutage. Schultern und feste Arme wurden schwammig, Hals und Kopf zerflossen. So schnell fällt kein Schnee zusammen, wenn er im warmen Südwind taut, und so schnell wird sich niemals Wachs der Sonne fügen. Wenig ist damit gesagt, daß das Fleisch zerschmolz und in Schleim vertropfte: dies vermag auch Feuer — aber welcher Scheiterhaufen zehrte jemals Knochen auf? Auch sie zerfielen, faulten wie das Mark und ließen keine Spuren vom Zerstörungswerk des Todes übrig. Unter den Scheusalen des Syrtenlands gebührt dem Seps der Preis im Unheilstiften: das Leben tilgen alle, er allein die Leiche.

Da, jetzt rollte sich ein Bild auf, das den Schmelztod in sein Gegenteil verkehrte. Einen Bauern aus dem Marserland, Nasidius, biß ein zundergleicher Prester. Dem Mann entflammte Feuerröte das Gesicht, Schwellung spannte die Haut und verwischte alles bis zur Unkenntlichkeit; schon zog sich, größer als der ganze Leib und Menschenmaß verlassend, über alle Glieder unter unbeschränkter Macht des Giftes eine Blasenpest; der eigentliche Mann versank ganz unter dem geblähten Fleisch ins Unsichtbare, und sein Harnisch wurde der hoch aufgetriebenen Brust zu eng. So brodeln keine Wellen im erhitzten Topf zu einem Schaumberg hoch, zu so gewaltigen Beuteln bauschte sich im Nordsturm noch kein Segel. Schon bot die ungestalte Kugel, die verworrene Masse seines Rumpfs den aufgedunsenen Gliedmaßen nicht mehr Platz. Einen Leichnam, der sogar von Geierschnäbeln unberührt bliebe und wilden Tieren nicht ungestraft zur Atzung dienen würde, wagten die Männer nicht auf einen Holzstoß zu betten, sondern flohen vor ihm hinweg, während er noch immer weiterwuchs.

Aber Libyens Scheusale sorgten für noch schlimmere Schreckensszenen. Eine Hämorrhoïs schlug ihre Zähne scharf in Tullus, einen jungen Helden und Verehrer Catos. Und wie sich ein Schub kilikischen Safrans gleichzeitig aus sämtlichen Figuren zu ergießen pflegt, so gaben alle Glieder miteinander statt Blut eine rötliche Jauche her. Blut waren die Tränen, und aus jeder von Körpersäften benützten Öffnung quoll in Strömen dunkles Naß: Mund

sanguis erant lacrimae; quaecumque foramina novit
umor, ab his largus manat cruor: ora redundant
et patulae nares, sudor rubet; omnia plenis
membra fluunt venis, totum est pro volnere corpus.
at tibi, Laeve miser, fixus praecordia pressit   815
Niliaca serpente cruor nulloque dolore
testatus morsus subita caligine mortem
accipis et socias somno descendis ad umbras.
non tam veloci corrumpunt pocula leto,
stipite quae diro virgas mentita Sabaeas   820
toxica fatilegi carpunt matura Saitae.
ecce procul saevus sterili se robore trunci
torsit et immisit — iaculum vocat Africa — serpens
perque caput Pauli transactaque tempora fugit.
nil ibi virus agit: rapuit cum volnere fatum.   825
deprensum est, quae funda rotat, quam lenta volarent,
quam segnis Scythicae strideret harundinis aer.
quid prodest miseri basiliscus cuspide Murri
transactus? velox currit per tela venenum
invaditque manum; quam protinus ille retecto   830
ense ferit totoque semel demittit ab armo
exemplarque sui spectans miserabile leti
stat tutus pereunte manu.
                         quis fata putarit
scorpion aut vires maturae mortis habere?
ille minax nodis et recto verbere saevus   835
teste tulit caelo victi decus Orionis.
quis calcare tuas metuat, salpuga, latebras?
et tibi dant Stygiae ius in sua fila sorores.
   sic nec clara dies nec nox dabat atra quietem
suspecta miseris in qua tellure iacebant.   840
nam neque congestae struxere cubilia frondes
nec culmis crevere tori, sed corpora fatis
expositi volvuntur humo calidoque vapore
alliciunt gelidas nocturno frigore pestes

---

818   socias *vel* Stygias
823   immisit *vel* e-
831   semel Z^1: simul
833   putarit *Bentley*: -ret *vel* -vit

und Nasenlöcher liefen davon über, der Schweiß war rot,
ja, alle Glieder wurden aus vollen Adern überflutet, das ganze Fleisch war einer Wunde gleich. — Dich aber, unglückseliger Laevus, brachte eine Nilviper dahin, daß dir das
Blut erstarrte und die Brust beklommen wurde: ohne daß
du von dem Biß durch Schmerzen Zeugnis gabst, erlittest
du unter plötzlicher Ohnmacht Tod und gingst in Schlaf-
sucht zu den Geistern deiner Kameraden. So rasch und
mörderisch verseuchen jene giftigen Kräuter keinen Trank,
die mit tückischem Stengel Weihrauchruten täuschend
ähneln und von Sammlern tödlicher Säfte in Saïs reif
geerntet werden. — Da, von dürrem Eichenstumpf schoß
aus der Ferne eine fürchterliche Schlange — Speerotter
nennt man sie in Afrika — wirbelnd heran, fuhr dem
Paulus in die Schläfe und sauste durch seinen Kopf davon.
Hier war kein Gift im Spiel: bei der Verwundung raffte ihn
der Tod hinweg. Damals entdeckte man, wie langsam
Geschosse fliegen, die eine Schleuder dahinwirbelt, wie
gemächlich die Luft bei Skythenpfeilen zischt. — Was
nützte es, daß der unglückselige Murrus mit seinem Speer
einen Basilisk durchbohrte? Schnell lief das Gift die Waffe
hinauf und drang ihm in die Hand; sofort zog er sein
Schwert, schlug zu und hieb sie mit einem einzigen Streich
ganz bis zur Achsel ab, schaute dann das jammervolle
Vorbild des ihm selbst bestimmten Todes an und stand
gerettet, während seine Hand verendete.
    Wer hätte gemeint, daß der Skorpion Verderben bringt
und Kraft besitzt, sofort zu töten? Er ist mit seinen Knoten
so gefährlich und führt seinen Stoß so fürchterlich geradeaus, daß er sogar — der Sternenhimmel zeugt davon —
Orion ruhmreich überwand. Wer hätte Angst, auf das
Schlupfloch einer Salpuge zu treten? Auch diesem Tier
verleihen die Todesschwestern Bestimmungsrecht über die
ihnen anvertrauten Lebensfäden.
    So gab es keine Ruhe, nicht am hellen Tag und nicht in
finsterer Nacht, da die Unglückseligen auch der Erde, wo
sie lagerten, mißtrauen mußten. Denn weder bildeten Laub-
haufen Betten noch war Stroh zu Polstern aufgeschüttet, nein,
sie rollten sich am Boden hin und setzten ihre Leiber so dem
Tod aus: mit ihrer warmen Ausdünstung lockten sie die von
der Nachtkälte ausgefrorenen Scheusale an, und taten deren

innocuosque diu rictus torpente veneno   845
inter membra fovent. nec, quae mensura viarum
quisve modus, norunt caelo duce. saepe querentes
'reddite, di,' clamant 'miseris, quae fugimus, arma,
reddite Thessaliam. patimur cur segnia fata
in gladios iurata manus? pro Caesare pugnant   850
dipsades et peragunt civilia bella cerastae.
ire libet, qua zona rubens atque axis inustus
solis equis, iuvat aetheriis ascribere causis,
quod peream, caeloque mori; nil, Africa, de te
nec de te, natura, queror: tot monstra ferentem   855
gentibus ablatum dederas serpentibus orbem
impatiensque solum Cereris cultore negato
damnasti atque homines voluisti desse venenis.
in loca serpentum nos venimus: accipe poenas
tu, quisquis superum commercia nostra perosus   860
hinc torrente plaga, dubiis hinc Syrtibus orbem
abrumpens medio posuisti limite mortes;
per secreta tui bellum civile recessus
vadit et arcani miles tibi conscius orbis
claustra ferit mundi. forsan maiora supersunt   865
ingressis: coeunt ignes stridentibus undis
et premitur natura poli, sed longius istinc
nulla iacet tellus quam fama cognita nobis
tristia regna Iubae. quaeremus forsitan istas
serpentum terras; habet hoc solacia caelum: 870
vivit adhuc aliquid. patriae non arva requiro
Europamque alios soles Asiamque videntem:
qua te parte poli, qua te tellure reliqui,
Africa! Cyrenis etiamnum bruma rigebat:
exiguane via legem convertimus anni?   875

867   poli sed *vel* poli(s) et   istinc *vel* -a (-e *P*) Ωa: -ac *Housman*

Kiefer ihnen lange nichts zuleide, weil das Gift noch klamm
war, so wärmten sie sie zwischen ihren Gliedern. Auch konnten sie an keinen Richtsternen erkennen, welchen Weg sie
schon durchmessen hatten und wie weit sein Ende lag. Oft
tönte ihre Klage: „Laßt uns Geplagte wieder in die Schlacht,
aus der wir flohen, Götter, laßt uns wieder nach Thessalien!
Warum müssen wir langsam sterben, als Soldaten, die den
Fahneneid für Schwerterkämpfe schworen? Statt Caesar
stehen Durstschlangen im Gefecht, und Hornvipern tragen
den Bürgerkrieg aus. Wir ziehen gern durch die heiße
Zone, wo der Himmel unter dem Sonnenwagen glüht, mit
Freuden schreiben wir dem Klima unseren Untergang zur
Last und sterben, weil das Firmament es will — wir richten
keinen Vorwurf gegen Afrika und keinen gegen die Natur:
sie hatte einen Weltteil, in dem zahllose Scheusale gedeihen, Bewohnern vorenthalten und Schlangen überlassen,
sie sprach über den für Kornfrucht untauglichen Boden ein
Verdammungsurteil durch Verweigerung von Bauern und
wünschte keine Menschen für das Gift. Erst wir sind Ein-
dringlinge in einem Schlangenreich: empfange unsere
Sühne, unbekanntes Himmelswesen du, das aus Widerwillen
gegen menschliche Gesellschaft mit der Tropenzone einerseits, den zwitterhaften Syrten anderseits einen Bezirk
absprengte und im Zwischenstreifen Tod um Tod auslegte
— es ist dein abgeschiedenes Versteck, durch das der
Bürgerkrieg dahinzieht, in dein Wissen um ein geheimnis-
volles Gebiet werden Soldaten eingeweiht, die die Schranken
der Welt berühren. Vielleicht erwartet uns noch Schlimmeres, wenn wir eingetreten sind: dort trifft das Sonnenfeuer
mit dem Ozean zusammen, daß er zischt, dort ist der
Himmel von Natur gesenkt, noch weiter draußen aber
liegt auf dieser Seite der Welt kein Land als Jubas ödes
Reich, das wir nur vom Hörensagen kennen. Wer weiß, ob
wir nicht diese Schlangenregion dereinst vermissen, bietet
doch das Klima hier den einen Trost, daß es noch Lebewesen
gibt. Wir fragen nicht nach Heimatgefilden, nicht nach
Europa oder Asien, denen die Sonne in anderem Stand
erscheint: wie freundlich war der Himmelsabschnitt, wie
freundlich war das Land, das wir in Afrika verließen! In
Kyrene herrschte noch Winterkälte: hat sich auf unserem
kurzen Weg die Jahreszeit verkehrt? Wir marschieren

imus in adversos axes, evolvimur orbe,
terga damus ferienda noto; nunc forsitan ipsa est
sub pedibus iam Roma meis. solacia fati
haec petimus: veniant hostes Caesarque sequatur,
qua fugimus.' sic dura suos patientia questus   880
exonerat. cogit tantos tolerare labores
summa ducis virtus, qui nuda fusus harena
excubat atque omni fortunam provocat hora.
omnibus unus adest fatis: quocumque vocatus,
advolat atque ingens meritum maiusque salute   885
contulit, in letum vires, puduitque gementem
illo teste mori. quod ius habuisset in ipsum
ulla lues? casus alieno in pectore vincit
spectatorque docet magnos nil posse dolores.
    vix miseris serum tanto lassata periclo   890
auxilium Fortuna dedit. gens unica terras
incolit a saevo serpentum innoxia morsu,
Marmaridae Psylli. par lingua potentibus herbis,
ipse cruor tutus nullumque admittere virus
vel cantu cessante potens. natura locorum   895
iussit, ut immunes mixtis serpentibus essent;
profuit in mediis sedem posuisse venenis:
pax illis cum morte data est. fiducia tanta est
sanguinis: in terras parvus cum decidit infans,
nequa sit externae Veneris mixtura, timentes   900
letifica dubios explorant aspide partus
utque Iovis volucer, calido cum protulit ovo
implumes natos, solis convertit ad ortus,
qui potuere pati radios et lumine recto
sustinuere diem, caeli servantur in usus,   905
qui Phoebo cessere, iacent, sic pignora gentis
Psyllus habet, siquis tactos non horruit angues,
siquis donatis lusit serpentibus infans.
nec solum gens illa sua contenta salute

auf den Gegenpol zu, gleiten aus der uns vertrauten Welt
hinweg, lassen Tropenwind bereits von hinten blasen; mag
sein, daß sogar Rom schon unser Antipode ist. Zur Linderung unseres Unglücks beten wir darum, daß Feinde
kommen, ja, daß Caesar uns auf unserem Fluchtweg folgt."
So machten sich die zähen Dulder mit Klagen Luft. Was
sie so gewaltige Leiden auszuhalten zwang, war der
Heldensinn ihres Führers, der ausgestreckt im nackten
Sand auf Posten lag und das Geschick zu jeder Stunde in
die Schranken forderte. Er war, der eine Mann, bei jedem
Schicksalsschlag zur Stelle: überall, wo man ihn rief, flog
er herbei und spendete unabsehbare Wohltat, eine größere
noch als Leben, nämlich Kraft zum Tod, schämte man sich
doch, in seinem Beisein mit Geseufz zu sterben. Was hätte
irgendeine Plage ihm selbst anhaben können? Er trium-
phierte über Leid in fremden Herzen und bewies als bloßer
Augenzeuge, daß heftige Schmerzen nichts vermögen.
    Schließlich wurde Fortuna doch noch all der Gefährdung
müde und brachte den Geplagten späte Hilfe. Ein einziger
Stamm wohnt dortzulande, dem fürchterlicher Schlangenbiß
nicht schaden kann, die Psyller der Marmarica. Ihre Stimme
wirkt wie Zauberkräuter, sogar ihr Blut ist gesichert und
stark genug, keine bösen Säfte einzulassen, selbst wenn
Besprechung ruht. Die Natur der Örtlichkeit verfügte, daß
sie in Schlangengesellschaft gefeit sein sollten; es nützte,
mitten unter Giften Wohnsitz aufzuschlagen, wurde ihnen
doch ein Schutzabkommen mit dem Tod gegönnt. Wie sehr
sie ihrem Blut vertrauen, zeigt das Folgende: sank aus dem
Mutterschoß ein kleines Kind zu Boden und befürchten sie
etwa Blutvermischung durch stammesfremde Vaterschaft, so
stellen sie das verdächtige Neugeborene mit tödlichen
Schildvipern auf die Probe, und wie Zeus' Adler seine
Jungen, wenn sie noch federlos sind und eben aus warmen
Eiern ausgebrütet wurden, gegen Sonnenaufgang wendet
und dann jene, die den Strahlen trotzen konnten und
geraden Blicks dem Licht standhielten, zum Himmelsdienst
erhalten bleiben, aber die vor Helios Zurückgewichenen
verworfen werden, so gilt den Psyllern das als echtgeborenes
Kind, das sich nicht fürchtete, die Nattern zu berühren,
das mit Schlangen wie mit Spielzeug umging. Dabei läßt
es dieser Stamm bei eigener Erhaltung nicht bewenden,

excubat hospitibus contraque nocentia monstra 910
Psyllus adest populis. qui tum Romana secutus
signa, simul iussit statui tentoria ductor,
primum, quas valli spatium comprendit, harenas
expurgat cantu verbisque fugantibus angues.
ultima castrorum medicatus circumit ignis: 915
hic ebulum stridet peregrinaque galbana sudant
et tamarix non laeta comas Eoaque costos
et panacea potens et Thessala centaurea
peucedanonque sonant flammis Erycinaque thapsos
et larices fumoque gravem serpentibus urunt 920
habrotonum et longe nascentis cornua cervi.
sic nox tuta viris. at siquis peste diurna
fata trahit, tunc sunt magicae miracula gentis
Psyllorumque ingens et rapti pugna veneni.
nam primum tacta designat membra saliva, 925
quae cohibet virus retinetque in volnere pestem;
plurima tunc volvit spumanti carmina lingua
murmure continuo nec dat suspiria cursus
volneris aut minimum patiuntur fata tacere.
saepe quidem pestis nigris inserta medullis 930
excantata fugit. sed siquod tardius audit
virus et elicitum iussumque exire repugnat,
tum super incumbens pallentia volnera lambit
ore venena trahens et siccat dentibus artus
extractamque potens gelido de corpore mortem 935
exspuit et, cuius morsus superaverit anguis,
iam promptum Psyllis vel gustu nosse veneni.
    hoc igitur tandem levior Romana iuventus
auxilio late squalentibus errat in arvis.
bis positis Phoebe flammis, bis luce recepta 940
vidit harenivagum surgens fugiensque Catonem.
iamque illi magis atque magis durescere pulvis

924 *om. codd. plerique*
942 illi (-a *Z²*) *vel* -ic

nein, er ist für Fremde auf der Hut, und der Menschheit
bieten Psyller gegen schlimme Ungeheuer Hilfe. Sie folgten
jetzt den römischen Standarten, und kaum daß der Feldherr
Biwaks errichten hieß, säuberten sie zunächst die Fläche,
die der Wallbereich umfaßte, mit Beschwörungssprüchen,
um die Schlangen zu verscheuchen. Dann zog sich um die
Lagergrenze ein Ring von Räucherwerk: da zischte Attich,
schwitzte syrisches Galbanum sein Harz aus, knisterte im
Feuer Trauerlaub der Tamariske, Kostwurz aus dem
Morgenland, heilkräftige Panazee, thessalisches Zentau-
renkraut, Haarstrang und Siziliens Thapsie, da verbrannten
sie Lärchenzweige, Beifuß, dessen Rauch für Schlangen eine
Qual ist, und Horn von Hirschen aus ferner Heimat. So
waren die Soldaten nachts geschützt. Doch wenn Vergiftung
jemanden tagsüber in Gefahr bringt, dann gibt es Heilungs-
wunder bei dem zauberkundigen Stamm, einen heftigen
Wettstreit nämlich zwischen Psyllern und dem Gift, das
sie herauszuziehen suchen. Denn zunächst bezeichnen sie
die Körperstelle mit aufgenommenem Speichel, der den
bösen Saft zum Stehen bringt und die Verseuchung auf
die Wunde beschränkt; dann sprudeln sie in unablässigem
Gemurmel Spruch um Spruch von schaumbenetzter Zunge,
und weil die Wunde um sich greifen kann, ist ihnen kein
Atemholen vergönnt, ja, die Gefahr läßt keinen Augenblick des Schweigens zu. Oft nun wird die Verseuchung,
hat sie auch bereits das Mark erfaßt und schwarz gefärbt,
durch die Besprechung ausgetrieben. Wenn aber ein böser
Saft nicht gleich gehorcht, vielmehr der Lockung oder Nöti-
gung zum Austritt widerstrebt, dann beugt sich ein Psyller
über die fahle Wunde, leckt und saugt das Gift mit seinem
Mund heraus, beißt die Glieder trocken, und hat er dem
schon kalten Leib den Todesstoff siegreich entzogen, speit
er ihn aus; und wie die Schlange heißt, deren Biß er meister-
te, kann ein Psyller bereits beim bloßen Kosten des Giftes
rasch erkennen.

Durch diese Hilfe also endlich erleichtert, schweiften
Roms Soldaten weit im öden Land dahin. Als Selene zweimal ihre Strahlen einzog und zweimal ihr Licht erneuerte,
sah sie ebenso im Kommen wie im Schwinden Cato noch als
Wüstenwanderer. Da begann der Staub sich endlich unter
seinen Füßen mehr und mehr zu festigen, Libyens Boden

coepit et in terram Libye spissata redire
iamque procul rarae nemorum se tollere frondes,
surgere congesto non culta mapalia culmo.   945
quanta dedit miseris melioris gaudia terrae,
cum primum saevos contra videre leones!
proxima Leptis erat, cuius statione quieta
exegere hiemem nimbis flammisque carentem.

    Caesar ut Emathia satiatus clade recessit,   950
cetera curarum proiecit pondera soli
intentus genero. cuius vestigia frustra
terris sparsa legens fama duce tendit in undas
Threiciasque legit fauces et amore notatum
aequor et Heroas lacrimoso litore turres,   955
qua pelago nomen Nepheleias abstulit Helle
(non Asiam brevioris aquae disterminat usquam
fluctus ab Europa, quamvis Byzantion arto
pontus et ostriferam dirimat Calchedona cursu
Euxinumque ferens parvo ruat ore Propontis)   960
Sigeasque petit famae mirator harenas
et Simoentis aquas et Graio nobile busto
Rhoetion et multum debentes vatibus umbras.
circumit exustae nomen memorabile Troiae
magnaque Phoebei quaerit vestigia muri.   965
iam silvae steriles et putres robore trunci
Assaraci pressere domos et templa deorum
iam lassa radice tenent ac tota teguntur
Pergama dumetis: etiam periere ruinae.
aspicit Hesiones scopulos silvaque latentes   970
Anchisae thalamos, quo iudex sederit antro,
unde puer raptus caelo, quo vertice Nais
luxerit Oenone: nullum est sine nomine saxum.
inscius in sicco serpentem pulvere rivum
transierat, qui Xanthus erat. securus in alto   975
gramine ponebat gressus: Phryx incola manes
Hectoreos calcare vetat. discussa iacebant

945 non culta (tecta *a*) *vel* nunc (tunc *V*) visa
948 quieta *vel* -am
956 pelago (*cf.* 4,23) *vel* -i
970 silva *G²x*: -as
973 luxerit *c^V*: lus-

sich erneut zu Erdreich zu verdichten, da begannen endlich
in der Ferne hier und da belaubte Bäume emporzusteigen,
anspruchslos aus Stroh gebaute Krale aufzutauchen. Welch
mächtige Freude über einen besseren Landstrich schuf den
Heimgesuchten der Augenblick, da sie zum ersten Mal
nur fürchterliche Löwen vor sich sahen! Leptis war ganz
nah: dort verbrachten sie in ruhigem Quartier Wintertage
ohne Regen ebenso wie ohne Gluten.

Als Caesar sich am Blutbad in Emathia ersättigt hatte
und abgerückt war, warf er seine übrigen Sorgenlasten von
sich und wandte seine Aufmerksamkeit allein dem Eidam zu.
Da die Verfolgung von dessen Spuren auf dem Festland
überall umsonst war, schlug er auf Gerüchte hin den Seeweg ein: an Thrakiens Küste fuhr er den durch ein Liebes-
paar berühmten Meeressund mit Heros und Leanders Turm
an tränenreichen Ufern entlang, fuhr durch jene Fluten,
deren Benennung Nepheles Tochter Helle sich zu eigen
machte (nirgends scheidet eine schmalere Wasserstraße
Asien von Europa, mag auch der Kanal, mit dem der
Pontos Byzanz vom austernreichen Kalchedon trennt, nur
eng, die Öffnung nur gering sein, aus der mit Schwarzmeer-
wasser die Propontis strömt); dann suchte er als Bewunderer
von Heldenruhm Sigeions Strand auf, den Fluß Simoeis,
das durch sein Aiasgrab berühmte Rhoition und die Ruhe-
stätten anderer Männer, die der Dichtung viel verdanken.
Er umwanderte das ausgebrannte Troja, das nur mehr
ein denkwürdiger Name war, und forschte nach den
mächtigen Spuren von Apollons Mauer. Abgestorbene
Bäume, vermoderte Eichenstümpfe überwucherten jetzt As-
sarakos' Palast und legten sich mit jetzt schon schlaffem
Wurzelwerk um Göttertempel, ja, ganz Ilion war von
Gestrüpp bedeckt: selbst seine Ruinen gingen unter. Er
besichtigte Hesiones Klippe, das im Wald versteckte Liebes-
lager des Anchises, die Grotte, wo ein Schiedsrichter saß,
den Platz, von dem ein Knabe zum Himmel entführt wurde,
und den Gipfel, auf welchem die Najade Oinone trauerte:
kein Stein war ohne großen Namen. Gedankenlos hatte er
einen Bach überschritten, der sich in trockenem Staub
dahinwand: es war der Xanthos. Unbekümmert setzte er
seinen Fuß in hohes Gras: ein einheimischer Phryger
verwies es ihm, auf Hektors Grab zu treten. Steinblöcke

saxa nec ullius faciem servantia sacri:
'Herceas' monstrator ait 'non respicis aras?'
o sacer et magnus vatum labor, omnia fato   980
eripis et populis donas mortalibus aevum.
invidia sacrae, Caesar, ne tangere famae;
nam siquid Latiis fas est promittere Musis,
quantum Zmyrnaei durabunt vatis honores,
venturi me teque legent: Pharsalia nostra   985
vivet et a nullo tenebris damnabimur aevo.
ut ducis implevit visus veneranda vetustas,
erexit subitas congestu caespitis aras
votaque turicremos non irrita fudit in ignes:
'di cinerum, Phrygias colitis quicumque ruinas,   990
Aeneaeque mei, quos nunc Lavinia sedes
servat et Alba, lares, et quorum lucet in aris
ignis adhuc Phrygius, nullique aspecta virorum
Pallas, in abstruso pignus memorabile templo,
gentis Iuleae vestris clarissimus aris   995
dat pia tura nepos et vos in sede priore
rite vocat. date felices in cetera cursus,
restituam populos: grata vice moenia reddent
Ausonidae Phrygibus Romanaque Pergama surgent.'
    sic fatus repetit classes et tota secundis   1000
vela dedit coris avidusque urguente procella
Iliacas pensare moras Asiamque potentem
praevehitur pelagoque Rhodon spumante relinquit.
septima nox zephyro numquam laxante rudentes
ostendit Phariis Aegyptia litora flammis.   1005
sed prius orta dies nocturnam lampada texit
quam tutas intraret aquas. ibi plena tumultu
litora et incerto turbatas murmure voces
accipit ac dubiis veritus se credere regnis
abstinuit tellure rates. sed dira satelles   1010

lagen versprengt herum und wahrten keinen Anschein
mehr von einem Heiligtum: „Gilt dir," sprach der Fremdenführer, „der Altar des Zeus Herkeios nichts?" Wahrlich, heilige und große Dichtermühe rettet alles vor Untergang, verleiht sterblichen Menschen Ewigkeit! Caesar,
laß dich nicht von Neid auf heiligen Heldenruhm erfassen!
Denn wenn Latiums Musen ein Versprechen geben dürfen,
werden auf so lange Dauer, wie man Symrnas Dichter ehrt,
künftige Geschlechter meine Verse und so deine Taten
lesen: die Schlacht von Pharsalus wird als Leistung von uns
beiden lebendig bleiben, und keine Nachwelt wird uns zu
Vergessenheit verdammen. — Als der Feldherr seine Augen
an ehrwürdiger Vorzeit geweidet hatte, ließ er aus auf-
gehäuften Rasenstücken einen flüchtigen Altar errichten
und beschüttete die Flammen, in denen Weihrauch brannte,
mit nicht umsonst geleisteten Gelübden: „All ihr Aschen-
geister, die ihr in Trojas Ruinen wohnt! Hausgötter meines
Ahns Aeneas, die jetzt Laviniums Heimstatt birgt und
Alba, ihr, auf deren Altären bis heute Ilions Feuer leuchtet!
Von keinem Mann geschaute Herrin des Palladions,
unvergängliches Unterpfand im Allerheiligsten des Tempels!
Der ruhmreichste Nachfahr aus Julus' Stamm bringt euren
Altären fromme Weihrauchgaben dar und ruft euch
feierlich auf eurer einstigen Heimstatt an. Gewährt mir nur
für das, was noch zu tun bleibt, glücklichen Verlauf, und ich
will euch eine neue Gemeinde schaffen: zum Dank für
eure Gunst werden Ausoniens Söhne Phrygern wieder Stadt-
mauern geben, und von Römerhand wird Troja auferstehen."
Nach diesen Worten kehrte er zu seinen Schiffen zurück
und überließ sich mit allen Segeln günstigen Winden aus
Nordwest; begierig, unter Sturmdruck den Verzug in Ilion
wettzumachen, fuhr er am reichen Kleinasien vorbei und
ließ Rhodos in schäumenden Fluten seitwärts liegen. Als
Westwind unentwegt die Taue straffte, kündigte die siebente
Nacht mit dem Licht von Pharos Ägyptens Küste an. Aber
die nächtliche Leuchte verblaßte im Tagesanbruch, bevor
er Hafengewässer erreichte. Wie er dort wahrnahm, drängte
sich erregtes Volk am Strand und schwirrten Stimmen
in verworrenem Gemurmel durcheinander; da wagte er
nicht, sich dem wetterwendischen Reich anzuvertrauen,
sondern hielt seine Schiffe dem Lande fern. Doch der

regis dona ferens medium provectus in aequor
colla gerit Magni Phario velamine tecta
ac prius infanda commendat crimina voce:
'terrarum domitor, Romanae maxime gentis
et, quod adhuc nescis, genero secure perempto,   1015
rex tibi Pellaeus belli pelagique labores
donat et, Emathiis quod solum defuit armis,
exhibet; absenti bellum civile peractum est:
Thessalicas quaerens Magnus reparare ruinas
ense iacet nostro. tanto te pignore, Caesar,   1020
emimus, hoc tecum percussum est sanguine foedus.
accipe regna Phari nullo quaesita cruore,
accipe Niliaci ius gurgitis, accipe, quidquid
pro Magni cervice dares, dignumque clientem
castris crede tuis, cui tantum fata licere   1025
in generum voluere tuum. nec vile putaris
hoc meritum, facili nobis quod caede peractum est:
hospes avitus erat, depulso sceptra parenti
reddiderat. quid plura feram? tu nomina tanto
invenies operi vel famam consule mundi.   1030
si scelus est, plus te nobis debere fateris,
quod scelus hoc non ipse facis.' sic fatus opertum
detexit tenuitque caput. iam languida morte
effigies habitum noti mutaverat oris.
non primo Caesar damnavit munera visu   1035
avertitque oculos: voltus, dum crederet, haesit.
utque fidem vidit sceleris tutumque putavit
iam bonus esse socer, lacrimas non sponte cadentes
effudit gemitusque expressit pectore laeto
non aliter manifesta potens abscondere mentis   1040
gaudia quam lacrimis meritumque immane tyranni
destruit et generi mavolt lugere revolsum

Trabant des Königs fuhr mit dessen gräßlicher Gabe auf
hohe See hinaus, trug das in ein Leintuch eingehüllte
Haupt des großen Feldherrn und beschönigte zuvor die
Schandtat mit unerhörter Rede: „Weltbezwinger, größter
Sohn des Römervolks und, was du noch nicht weißt, nach
Ermordung deines Eidams ein sorgenfreier Mann! Alexandrias König erspart dir Mühen im Kampf wie auf dem
Meer und bietet dir, was dir zum Sieg in Emathia allein
noch fehlte; in deiner Abwesenheit wurde der Krieg für
dich beendet — als Pompejus die Verluste von Thessalien
aufzufüllen suchte, streckte unser Schwert ihn nieder. Mit
diesem hohen Unterpfand haben wir dich, Caesar, erkauft,
durch dieses Opfer wurde ein Vertrag mit dir besiegelt.
Nimm Ägyptens Reich geschenkt, statt es erst mit Blut zu
holen, geschenkt die Macht am Nilstrom, geschenkt die
ganze Summe, die du für Pompejus' Kopf gegeben haben
würdest, und glaube, deiner Fahne wert sei ein Vasall, dem
das Geschick so große Vollmacht über deinen Eidam gönnte.
Du darfst nicht etwa das als billiges Verdienst ansehen,
was wir bequem durch Mord vollbrachten: Pompejus war
seit alten Zeiten unser Gastfreund, hatte er doch dem
vertriebenen Vater unseres Königs sein Zepter zurückge-
geben. Wozu soll ich noch mehr vorbringen? Du wirst
das rechte Wort für eine Tat von dieser Größe finden, frag
sonst die allgemeine Meinung in der Welt! Wenn ein
Verbrechen vorliegt, so bekennst du dich gewiß umso mehr
als unseren Schuldner, als du dies Verbrechen nicht selbst
ausführen mußt." Nach diesen Worten enthüllte er das
verdeckte Haupt und hielt es hin. Die Schlaffheit der vom
Tod befallenen Züge hatte jetzt den Ausdruck des vertrauten Angesichts verändert. Caesar verwarf nicht gleich beim
ersten Hinsehen die Gefälligkeit und wandte seine Augen
noch nicht ab: sein Blick war festgebannt, bis er es glauben
könnte. Doch als er dann die Freveltat bestätigt sah und
es für ungefährlich hielt, endlich als guter Schwiegervater
dazustehen, vergoß er Tränen, die ihm nicht von Herzen
kamen, und preßte Seufzer aus froher Brust, vermochte
ja die offenbare Freude seiner Gedanken nicht anders als
mit Tränen zu verbergen und machte also des Despoten
gräßliches Verdienst zuschanden, zog es vor, seines Eidams
abgeschnittenes Haupt zu betrauern, statt sich dafür als

quam debere caput. qui duro membra senatus
calcarat voltu, qui sicco lumine campos
viderat Emathios, uni tibi, Magne, negare   1045
non audet gemitus. o sors durissima fati!
huncine tu, Caesar, scelerato Marte petisti,
qui tibi flendus erat? non mixti foedera tangunt
te generis nec nata iubet maerere neposque:
credis apud populos Pompei nomen amantes   1050
hoc castris prodesse tuis. fortasse tyranni
tangeris invidia captique in viscera Magni
hoc alii licuisse doles quererisque perisse
vindictam belli raptumque e iure superbi
victoris generum. quisquis te flere coegit   1055
impetus, a vera longe pietate recessit:
scilicet hoc animo terras atque aequora lustras,
necubi suppressus pereat gener. o bene rapta
arbitrio mors ista tuo: quam magna remisit
crimina Romano tristis fortuna pudori,   1060
quod te non passa est misereri, perfide, Magni
viventis! nec non his fallere vocibus audet
adquiritque fidem simulati fronte doloris:
'aufer ab aspectu nostro funesta, satelles,
regis dona tui. peius de Caesare vestrum   1065
quam de Pompeio meruit scelus: unica belli
praemia civilis, victis donare salutem,
perdidimus. quod si Phario germana tyranno
non invisa foret, potuissem reddere regi,
quod meruit, fratrique tuum pro munere tali   1070
misissem, Cleopatra, caput. secreta quid arma
movit et inseruit nostro sua tela labori?
ergo in Thessalicis Pellaeo fecimus arvis
ius gladio, vestris quaesita licentia regnis?
non tuleram Magnum mecum Romana regentem: 1075
te, Ptolemaee, feram? frustra civilibus armis
miscuimus gentes, siqua est hoc orbe potestas

1052 tangeris (cf. 982) vel ang-

Schuldner zu fühlen. Er, der seinen Fuß mit unbewegter
Miene auf Senatorenleichen gesetzt, der trockenen Auges
die Walstatt von Emathia betrachtet hatte, wagte einzig
dir, Pompejus, Seufzer nicht zu verweigern. Ach, welch
furchtbar harte Schicksalsfügung! Hast du, Caesar, diesen
Mann mit frevelhaftem Krieg befehdet, um ihn zu beweinen? Dich bewegt nicht Verschwägerung durch Hochzeits-
bund, nicht Tochter und nicht Enkelkind ruft dich zur
Trauer, nein, du glaubst, bei Völkern, die Pompejus'
Namen lieben, nütze diese Geste deiner Sache. Vielleicht
bewegt dich Neid auf den Despoten, schmerzt es dich, daß
dieser Anschlag auf das Leben des gefangenen großen
Feldherrn einem anderen erlaubt war, und beklagst du es,
daß die Gelegenheit zur Kriegsvergeltung vertan ist, daß
dein Eidam der Gewalt des stolzen Siegers entzogen wurde.
Gleich, welche Regung dich zum Weinen trieb — von
echter Liebe war sie weit entfernt: ja freilich, du durch-
musterst jedes Land und Meer nur in der Sorge, dein
Eidam könnte irgendwo im Unterschlupf sein Ende finden!
Ach, zum Glück war dieser Tod deinem Spruch entzogen:
welch schwere Schande ersparte das traurige Verhängnis
ehrbewußten Römern, wenn es nicht duldete, daß du
Verräter mit dem großen Feldherrn Mitleid hättest, solange
er noch lebte! — Caesar erdreistete sich schließlich gar
zum Trug mit diesen Worten, um den von seiner Maske
vorgetäuschten Schmerz glaubhaft zu machen: „Schaff
du Trabant mir deines Königs fürchterliche Gabe aus den
Augen! Noch schlechter diente euer Frevel Caesar als
Pompejus: der einzige Gewinn im Bürgerkrieg, Besiegten
das Leben zu schenken, ist mir entgangen. Ja, wenn Ägyptens Despot nicht seine Schwester hassen würde, hätte ich
ihm nach Verdienst vergelten können, hätte ihm, dem
Bruder, als Gegenleistung für solch eine Gabe das Haupt
Kleopatras gesandt. Warum bot er unberufene Waffen auf
und mischte sich mit seinem Stahl in Roms Geschäft?
Besorgte ich also in Thessaliens Gefilden dem Richtschwert
Alexandrias Befugnis, ging es mir um Handlungsfreiheit
für euren König? Ich hatte nicht geduldet, daß Pompejus
neben mir den Römerstaat regiere: soll ich einen Ptolemaios
neben mir dulden? Nutzlos habe ich die Völker in Bürgerkrieg verwickelt, wenn es auf dieser Welt noch einen anderen

altera quam Caesar, si tellus ulla duorum est.
vertissem Latias a vestro litore proras:
famae cura vetat, ne non damnasse cruentam,   1080
sed videar timuisse Pharon. nec fallere vosmet
credite victorem: nobis quoque tale paratum
litoris hospitium; ne sic mea colla gerantur,
Thessaliae fortuna facit. maiore profecto
quam metui poterat discrimine gessimus arma: 1085
exilium generique minas Romamque timebam,
poena fugae Ptolemaeus erat. sed parcimus annis
donamusque nefas; sciat hac pro caede tyrannus
nil venia plus posse dari. vos condite busto
tanti colla ducis, sed non ut crimina solum   1090
vestra tegat tellus: iusto date tura sepulchro
et placate caput cineresque in litore fusos
colligite atque unam sparsis date manibus urnam.
sentiat adventum soceri vocesque querentis
audiat umbra pias. dum nobis omnia praefert,   1095
dum vitam Phario mavolt debere clienti,
laeta dies rapta est populis, concordia mundo
nostra perit. caruere deis mea vota secundis,
ut te complexus positis felicibus armis
affectus a te veteres vitamque rogarem,   1100
Magne, tuam dignaque satis mercede laborum
contentus par esse tibi. tunc pace fideli
fecissem, ut victus posses ignoscere divis,
fecisses, ut Roma mihi.' nec talia fatus
invenit fletus comitem nec turba querenti   1105
credidit: abscondunt gemitus et pectora laeta
fronte tegunt hilaresque nefas spectare cruentum
— o bona libertas! — , cum Caesar lugeat, audent.

Gebieter gibt als Caesar, wenn irgendein Land zwei Herren
gehört. Ich hätte Römerkiele von eurer Küste fortgewandt:
aber Sorge, was man raunen würde, verbot es mir, Sorge
vor dem Anschein, ich hätte das blutbesudelte Alexandria gefürchtet statt es zu verdammen. Glaubt doch nicht,
daß Leute euren Schlags den Sieger täuschen können: auch
mir war solch Empfang an eurem Strand bereitet, und daß es
nicht mein Kopf ist, der so in der Hand getragen wird, macht
mein Kampfglück in Thessalien. Bei meinem Waffengang
stand offenbar mehr auf dem Spiel als zu befürchten war:
ich bangte vor Verbannung, vor meines Eidams Dräuen
und vor Rom — bei Flucht war Ptolemaios meine Strafe.
Doch halte ich ihm seine Jugend zugute und erlasse ihm
die Schuld; der Despot muß freilich wissen, daß für diesen
Mord nichts weiter als Verzeihung gewährt werden kann.
Ihr aber legt das Haupt des wahrhaft großen Feldherrn
in ein Grab, jedoch nicht nur, um eure Freveltat mit Erde
zuzudecken: spendet an feierlichem Scheiterhaufen Weihrauch und versöhnt das Haupt, sammelt dann die Aschenreste ein, die hier und da am Ufer liegen, und gebt den
versprengten Überbleibseln eine gemeinsame Urne! Der
Tote soll die Ankunft seines Schwiegervaters spüren und
dessen liebevolle Klagelaute hören. Da ihm alles besser
schien als ich, da er sein Leben lieber einem Vasallen in
Alexandria verdanken wollte, wurde der Menschheit ein
Freudentag genommen, ist die Welt um unsere Versöhnung
betrogen. Ungehört im Himmel blieb mein Wunsch, ich
möchte, wenn ich nach dem Sieg die Waffen niederlege,
dich umarmen dürfen, dich um deine alte Neigung bitten
können, um dein Weiterleben, Magnus, und um gleichen
Rang mit dir, zufrieden mit einem Lohn, der mich für
Kampfesmühen genug entschädigt hätte. In aufrichtiger
Versöhnung hätte ich selber dann erreicht, daß du den
Göttern deine Niederlage vergeben kannst, hättest du
erreicht, daß Rom mir selbst vergibt." Trotz so bewegter
Worte fand er keinen, der sich seinen Tränen angeschlossen
hätte, glaubten doch all seine Männer seiner Klage nicht:
sie verbargen ihre Seufzer, tarnten ihr Gefühl mit heiterer
Maske, und während Caesar trauerte, erdreisteten sie sich
— ach, welch ein Glück ist Freiheit! —, den blutigen
Greuel fröhlich zu betrachten.

LIBER DECIMUS

Ut primum terras Pompei colla secutus
attigit et diras calcavit Caesar harenas,
pugnavit fortuna ducis fatumque nocentis
Aegypti, regnum Lagi Romana sub arma
iret an eriperet mundo Memphiticus ensis   5
victoris victique caput. tua profuit umbra,
Magne, tui socerum rapuere a sanguine manes.
[nec populus post te Nilum Romanus habebit]
inde Paraetoniam fertur securus in urbem
pignore tam saevi sceleris sua signa secutam;   10
sed fremitu volgi fasces et iura querentis
inferri Romana suis discordia sensit
pectora et ancipites animos Magnumque perisse
non sibi. tum voltu semper celante pavorem
intrepidus superum sedes et templa vetusti   15
numinis antiquas Macetum testantia vires
circumit et nulla captus dulcedine rerum,
non auro cultuque deum, non moenibus urbis,
effossum tumulis cupide descendit in antrum.
illic Pellaei proles vaesana Philippi,   20
felix praedo, iacet, terrarum vindice fato
raptus: sacratis totum spargenda per orbem
membra viri posuere adytis. Fortuna pepercit
manibus et regni duravit ad ultima fatum;
nam sibi libertas umquam si redderet orbem,   25
ludibrio servatus erat, non utile mundo
editus exemplum terras tot posse sub uno
esse viro. Macetum fines latebrasque suorum

8 *habent* Z^a *et* (*var. l.* amaret, *cf.* 389) *x, del. Guietus al., cf.*
Fraenkel 298

ZEHNTES BUCH

Kaum hatte Caesar im Gefolge von Pompejus' Kopf das
Festland erreicht und den Unheilsstrand betreten, so be-
gannen sein Feldherrnglück und der Fluch des schändlichen
Ägypten auszufechten, ob das Lagidenreich unter Roms
Kommando kommen oder Ptolemaios' Schwert der Welt das
Haupt des Siegers ebenso wie des Besiegten nehmen sollte.
Da war dein Gang zu den Totenschatten nützlich, Magnus,
da bewahrte dein Aufenthalt im Geisterland deinen Schwiegervater vor Verblutung. Infolgedessen begab er sich
sorglos in Alexanders Stadt, die sich mit solch gräßlichem
Verbrechen als Unterpfand seinen Fahnen angeschlossen
hatte; aber am Murren der Leute — sie klagten, weil mit
den Rutenbündeln römische Befehlsgewalt in ihre eigene eindrang — merkte er, daß ihre Herzen ihm abgeneigt
und ihre Empfindungen zweideutig waren, daß Pompejus
nicht ihm zuliebe seinen Tod gefunden hatte. Dann machte
er mit jener Miene, die immer Angst vertuschte, ohne Zagen die Runde bei Götterburgen und bei Tempeln von
ehrwürdiger Heiligkeit, die die Mazedoniermacht von
einst bezeugten. Doch von keinen Sehenswürdigkeiten wurde
er gefesselt, nicht von goldener Götterpracht, nicht vom
Mauerring der Stadt, bis er voll Neugier in eine als Begräbnisstätte ausgehobene Gruft hinabstieg. Dort ruht der
größenwahnsinnige Sohn des Mazedonierkönigs Philipp,
der glückhafte Räuber, den das Verhängnis dahinraffte, um
die Welt zu rächen: statt seinen Leib über den ganzen
Erdkreis hinzustreuen, bettete man ihn in geweihtem
Allerheiligsten. Fortuna schonte seine Leiche, und so
dauerte Tyrannenfluch bis in die fernsten Zeiten; denn
für den Fall, daß jemals Freiheit den Erdkreis wieder zu
seinem eigenen Herren machen würde, war er zum Hohn
erhalten, der Welt als warnendes Beispiel dafür geschenkt,
daß so viele Länder einem einzigen Mann unterstehen
können. Er verließ die Winkel seines Mazedonierreichs,

deseruit victasque patri despexit Athenas
perque Asiae populos fatis urguentibus actus   30
humana cum strage ruit gladiumque per omnes
exegit gentes, ignotos miscuit amnes
Persarum Euphraten, Indorum sanguine Gangen,
terrarum fatale malum fulmenque, quod omnes
percuteret pariter populos, et sidus iniquum   35
gentibus. Oceano classes inferre parabat
exteriore mari; non illi flamma nec undae
nec sterilis Libye nec Syrticus obstitit Hammon;
isset in occasus mundi devexa secutus
ambissetque polos Nilumque a fonte bibisset: 40
occurrit suprema dies naturaque solum
hunc potuit finem vaesano ponere regi.
qui secum invidia, qua totum ceperat orbem,
abstulit imperium nulloque herede relicto
totius fati lacerandas praebuit urbes.   45
sed cecidit Babylone sua Parthoque verendus:
pro pudor, Eoi propius timuere sarisas
quam nunc pila timent populi. licet usque sub Arcton
regnemus zephyrique domos terrasque premamus
flagrantis post terga noti, cedemus in ortus   50
Arsacidum domino. non felix Parthia Crassis
exiguae secura fuit provincia Pellae.
    iam Pelusiaco veniens a gurgite Nili
rex puer imbellis populi sedaverat iras,
obside quo pacis Pellaea tutus in aula   55
Caesar erat, cum se parva Cleopatra biremi
corrupto custode Phari laxare catenas
intulit Emathiis ignaro Caesare tectis,
dedecus Aegypti, Latii feralis Erinys,
Romano non casta malo. quantum impulit Argos   60
Iliacasque domos facie Spartana nocenti,
Hesperios auxit tantum Cleopatra furores.

48 A(r)cton *U*: -o

verachtete das von seinem Vater unterworfene Athen,
stürzte vielmehr, von einem drängenden Dämon getrieben,
menschenmordend durch Asiens Völker dahin, stieß allen
Nationen sein Schwert ins Herz und mischte Blut in unver-
traute Ströme, persisches in den Euphrat, indisches in den
Ganges, eine Schicksalsplage für die Länder und ein Blitz,
der alle Völker miteinander erschlagen sollte, ja, ein böser
Stern für die Nationen. Er gedachte, über das Meer im
fernen Osten seine Schiffe zum Ozean zu steuern; ihn hielten
weder Sonnenglut noch Wogen auf, nicht Libyens Wüste
und nicht Ammons Syrte; der Wölbung der Welt folgend,
wäre er bis Sonnenuntergang gezogen, hätte die Pole
besucht und Nilwasser vom Quell getrunken: da gebot der
Todestag ihm Halt, vermochte die Natur doch einzig so
dem Größenwahn des Königs ein Ende zu bereiten. In der
gleichen Selbstsucht, mit der er den ganzen Erdkreis erobert
hatte, nahm er mit sich das Reich hinweg, hinterließ keinen
Erben für seinen ganzen Gewinn und lieferte den Staat der
Zerstücklung aus. Doch Babylon war sein, als er dort
starb, und Parther zitterten vor ihm: pfui der Schande, daß
aus größerer Nähe Mazedonierlanzen die Menschen im
Morgenland bedrohten als jetzt Römerspeere sie bedrohen!
Mögen wir auch bis zum Großen Bären und bis zu Zephyrs
Behausung herrschen, mögen uns die Länder im Rücken
des heißen Südwinds Frondienst leisten: wo es gen Osten
geht, sollen wir dem Mann nachstehen, der Arsakiden
knechtete. Den beiden Crassus brachte Parthien kein
Glück, doch für die winzige Residenz in Mazedonien war
es ein sicherer Vasallenstaat.

Jetzt hatte, von der Nilmündung bei Pelusion kommend,
der kriegsuntüchtige Königsknabe den Zorn seiner Unter-
tanen beschwichtigt, und mit ihm als Friedensgeisel befand
sich Caesar am Lagidenhof in Sicherheit. Da begab sich
Kleopatra in einem kleinen Zweiruderer — sie hatte den
Hafenwächter bestochen, die Sperrketten bei Pharos aufzu-
machen — ohne Caesars Wissen in die Ptolemäerburg,
sie, Ägyptens Schande, Latiums Todesfurie, Buhlerin zu
Roms Verderben. So fürchterlich, wie Spartas Königin
Griechenland und Ilions Häuser mit ihrer unheilvollen
Schönheit zum Einsturz brachte, mehrte Kleopatra in
Hesperien den Wahn des Bürgerkriegs. Sie schreckte, als ob

terruit illa suo, si fas, Capitolia sistro
et Romana petit imbelli signa Canopo
Caesare captivo Pharios ductura triumphos   65
Leucadioque fuit dubius sub gurgite casus,
an mundum ne nostra quidem matrona teneret.
hoc animi nox illa dedit, quae prima cubili
miscuit incestam ducibus Ptolemaida nostris.
quis tibi vaesani veniam non donet amoris,   70
Antoni, durum cum Caesaris hauserit ignes
pectus? et in media rabie medioque furore
et Pompeianis habitata manibus aula
sanguine Thessalicae cladis perfusus adulter
admisit Venerem curis et miscuit armis   75
illicitosque toros et non ex coniuge partus.
pro pudor, oblitus Magni tibi, Iulia, fratres
obscena de matre dedit partesque fugatas
passus in extremis Libyae coalescere regnis
tempora Niliaco turpis dependit amori,   80
dum donare Pharon, dum non sibi vincere mavolt.
quem formae confisa suae Cleopatra sine ullis
tristis adit lacrimis, simulatum compta dolorem,
qua decuit, veluti laceros dispersa capillos,
et sic orsa loqui: 'siqua est, o maxime Caesar,   85
nobilitas, Pharii proles clarissima Lagi,
exul in aeternum sceptris depulsa paternis,
ni tua restituit veteri me dextera fato,
complector regina pedes. tu gentibus aequum
sidus ades nostris. non urbes prima tenebo   90
femina Niliacas: nullo discrimine sexus
reginam scit ferre Pharos. lege summa perempti
verba patris, qui iura mihi communia regni
et thalamos cum fratre dedit. puer ipse sororem,
sit modo liber, amat; sed habet sub iure Pothini   95
affectus ensesque suos. nil ipsa paterni
iuris inire peto: culpa tantoque pudore

das geschehen dürfte, das Kapitol mit ihren Isisklappern,
zog mit kriegsuntüchtigen Ägyptern gegen Roms Standarten, um mit einem Caesar als Gefangenem im Triumph
durch Alexandria zu ziehen; so hing von dem Meer bei
Actium die Entscheidung ab, ob eine Frau, und nicht
einmal aus Rom, die Welt regieren werde. Solche Kühnheit
gab ihr jene Nacht, die zum ersten Mal die schamlose
Ptolemäerin mit einem Römerführer im Bett vereinte.
Wer möchte dir, Antonius, für deine rasende Leidenschaft
nicht Nachsicht gewähren, wenn Caesars fühllose Brust
Flammen fing? Ja, mitten im Wüten und mitten im Wahn
des Bürgerkriegs, als Pompejus' Geist noch im Palast
verweilte, räumte er, vom Blut der Katastrophe in Thessalien
triefend und zugleich Galan, Liebesfreuden einen Platz
neben seinen Geschäften ein, verband mit seinem Waffengang unerlaubte Beilager und Kinderzeugung ohne Ehe.
Pfui der Schande, er vergaß den großen Feldherrn und gab
dir, Julia, Brüder von einer sittenlosen Mutter, ließ es
geschehen, daß seine verjagten Gegner sich im Königreich am Rande Libyens zusammenschlossen, und wandte
seine Zeit schmählich an eine Liebschaft im Nilland, wollte
ja lieber Ägypten verschenken als zu eigenem Vorteil Sieger sein! Kleopatra baute auf ihre Schönheit und suchte ihn
mit Trauermiene, doch ohne die geringsten Tränen auf,
mit kokett geheucheltem Kummer, soweit er sie kleidete,
mit losen und scheinbar zerrauften Haaren. Dann nahm
sie so das Wort: ,,Wenn Adel etwas gilt, großmächtiger
Caesar, hör mich an! Ich, ein hochedler Sproß aus dem
Geschlecht des Ägypterkönigs Lagos, bin verbannt und auf
alle Zeit vom Thron meiner Väter verstoßen, wenn deine
starke Hand mich nicht in hergebrachten Rang einsetzt;
ich, eine Königin, umfasse deine Füße. Du leuchte unserem
Volk als guter Stern! Ich werde nicht die erste Frau sein,
die die Städte am Nil beherrscht: Alexandria fragt nicht
nach dem Geschlecht und weiß eine Königin hinzunehmen.
Lies die letzten Worte meines verstorbenen Vaters, der mir
zugestand, Thronrecht und Ehebett mit meinem Bruder zu
teilen! Der Knabe selbst liebt seine Schwester: hätte er nur
freie Hand! Aber seine Gefühle und Schwerter stehen in
Pothinus' Macht. Nichts von dem Recht, das mir mein
Vater gab, suche ich selber wahrzunehmen: befreie unser

solve domum, remove funesta satellitis arma
et regem regnare iube. quantosne tumores
mente gerit famulus! Magni cervice revolsa   100
iam tibi — sed procul hoc avertant fata — minatur.
sat fuit indignum, Caesar, mundoque tibique
Pompeium facinus meritumque fuisse Pothini.'
     nequiquam duras temptasset Caesaris aures:
voltus adest precibus faciesque incesta perorat.   105
exigit infandam corrupto iudice noctem.
pax ubi parta ducis donisque ingentibus empta est,
excepere epulae tantarum gaudia rerum
explicuitque suos magno Cleopatra tumultu
nondum translatos Romana in saecula luxus.   110
ipse locus templi, quod vix corruptior aetas
exstruat, instar erat laqueataque tecta ferebant   ˌ
divitias crassumque trabes absconderat aurum
nec summis crustata domus sectisque nitebat
marmoribus stabatque sibi non segnis achates   115
purpureusque lapis totaque effusus in aula
calcabatur onyx. hebenus Meroitica vastos
non operit postes, sed stat pro robore vili
auxilium, non forma domus; ebur atria vestit
et suffecta manu foribus testudinis Indae   120
terga sedent, crebro maculas distincta zmaragdo;
fulget gemma toris et iaspide fulva supellex.
strata micant, Tyrio quorum pars maxima fuco
cocta diu virus non uno duxit aeno,
pars auro plumata nitet, pars ignea cocco,   125
ut mos est Phariis miscendi licia telis.
tum famulae numerus turbae populusque minister.

---

106   iudice *vel* Caesare
107   ducis *Dorvillius*: -i
108   tantarum *vel* positarum
112   exstruat *x*: -it *vel* -et
117   Meroitica *Salmasius* (*cf. c* 'in Meroe insula'): Mareotica
122   fulget g. toris *vel* fulcit g. toros
123   *vestigia lectiomum* hic torus Assyrio cuius (*item Schol. Stat. Theb.* 6,541) *et* lentum (-o) *pro* fuco *vel* suco *apparent in codd. plerisque; antea versum excidisse censet Housman*

Haus von Schuld und schwerer Schande, entwaffne den
mordlüsternen Trabanten und heiß den Herrscher herrschen! Wie mächtig bläht sich doch die Sklavenseele auf!
Nachdem er Magnus' Haupt vom Rumpf hat trennen
lassen, führt er nunmehr gegen dich — jedoch die Fügung
wende die Gefahr weit von dir ab! — Feindseliges im
Schilde. Unwürdig genug, Caesar, war es vor der Welt
sowohl wie auch vor dir, daß eines Pompejus Tod Tat
und Verdienst eines Pothinus war."
Ihre Versuche wären vergeblich, Caesars Ohren ver-
stockt geblieben, hätte nicht ihr Blick die Bitten unterstützt
und ihr Buhlerinnenantlitz nicht das letzte Wort gesprochen.
Sie wandte eine unerhörte Nacht auf, um ihren Richter zu
bestechen. Als so gegen ein ungeheuerliches Geschenk die
Gunst des Feldherrn eingehandelt war, folgte der Freude
über solchen Erfolg ein Gelage, und Kleopatra entfaltete
mit großer Geschäftigkeit einen Aufwand, der ihr geläufig,
aber von Roms Söhnen noch nicht übernommen war. Schon
der Raum glich einem Tempel, wie ihn freilich selbst eine
noch tiefer verdorbene Epoche kaum errichten würde: da
waren die Kassettendecken mit einem Vermögen besetzt
und die Balken unter massivem Gold versteckt, glänzte
Marmor an den Wänden nicht nur oberflächlich und in
Platten als Verkleidung, waren Achat und Porphyr selber Säulen und nicht müßiger Schmuck, trat man überall im
ganzen Saal auf Onyx. Ebenholz aus Meroë diente nicht allein zum Decken breiter Pfosten, nein, es stand wie gewöhn-
liche Eiche als Stütze statt als Zierde im Palast; Elfenbein
verkleidete die Eingangshalle, und an den Türen haftete
indisches Schildpatt, noch dazu von Menschenhand gefärbt
und mit Smaragden tupfenartig reich verziert; Edelsteine
glitzerten an den Speisesofas, und das Gerät warf gelben
Jaspisschein. Es schimmerten Decken, deren größter Teil
lange in tyrischem Purpur gekocht war und den Farbstoff
aus mehr als einem Kessel aufgesogen hatte, während ein
anderer Teil in Goldflaum blinkte und wieder ein anderer
in Scharlach flammte, wie es beim Mischen von Zettel und
Einschlag Ägypterart ist. Und nun die Zahl der Sklaven-
schar, das Volk von Dienern! Die einen unterschieden sich
je nach Farbe ihrer Rasse, die anderen nach Alter: ein
Teil trug libysches, ein anderer so blondes Haar, daß Caesar

discolor hos sanguis, alios distinxerat aetas:
haec Libycos, pars tam flavos gerit altera crines,
ut nullis Caesar Rheni se dicat in arvis   130
tam rutilas vidisse comas, pars sanguinis usti
torta caput refugosque gerens a fronte capillos;
nec non infelix ferro mollita iuventus
atque exsecta virum, stat contra fortior aetas
vix ulla fuscante tamen lanugine malas.   135
   discubuere illic reges maiorque potestas
Caesar. et immodice formam fucata nocentem,
nec sceptris contenta suis nec fratre marito,
plena maris rubri spoliis colloque comisque
divitias Cleopatra gerit cultuque laborat;   140
candida Sidonio perlucent pectora filo,
quod Nilotis acus compressum pectine Serum
solvit et extenso laxavit stamina velo.
dentibus hic niveis sectos Atlantide silva
imposuere orbes, quales ad Caesaris ora   145
nec capto venere Iuba. pro caecus et amens
ambitione furor, civilia bella gerenti
divitias aperire suas, incendere mentem
hospitis armati. non sit licet ille nefando
Marte paratus opes mundi quaesisse ruina: 150
pone duces priscos et nomina pauperis aevi
Fabricios Curiosque graves, hic ille recumbat
sordidus Etruscis abductus consul aratris,
optabit patriae talem duxisse triumphum.
   infudere epulas auro, quod terra, quod aer,   155
quod pelagus Nilusque dedit, quod luxus inani
ambitione furens toto quaesivit in orbe
non mandante fame. multas volucresque ferasque
Aegypti posuere deos manibusque ministrat
Niliacas crystallos aquas gemmaeque capaces   160
excepere merum, sed non Mareotidos uvae,
nobile sed paucis senium cui contulit annis
indomitum Meroe cogens spumare Falernum;

---

136 illic ω: toris *MU*

nirgendwo im Rheintal so helle Locken gesehen zu haben
angab, ein Teil von sonnverbrannter Rasse hatte Krausköpfe
und trug von der Stirn nach hinten fliehende Frisuren; es
fehlte nicht an unglückseligen Knaben, denen das Messer
die Mannheit weggeschnitten und weiche Züge gegeben
hatte, gegenüber aber standen Menschen festeren Alters,
deren Wangen dennoch kaum ein Flaum beschattete.

In diesem Saal legte sich das Königspaar und, als mäch-
tigerer Mann, Caesar zu Tisch. Da hatte Kleopatra ihre
unheilvolle Schönheit maßlos aufgeputzt: weder mit eigenem Zepter zufrieden noch mit ihrem Bruder als Gemahl,
strotzte sie von Beute aus dem Roten Meer, trug am Hals
wie im Haar ein Vermögen und war von Schmuck erdrückt;
ihre weißen Brüste schimmerten unter Purpurfäden durch,
die ein Weberkamm aus China angeschlagen und eine
ägyptische Nadel gelöst hatte, sodaß der Stoff gelockert
wurde und das Tuch sich dehnte. Jetzt setzte man auf
schneeige Elfenbeinfüße runde Platten, die aus Bäumen
vom Atlas geschnitten waren und in solcher Güte Caesar
nicht einmal nach Jubas Niederlage vor Augen kamen.
Pfui, welch blinder, hirnlos-eitler Wahnwitz, sein Vermögen vor einem Mann, der Bürgerkrieg führt, auszubreiten,
die Sinne eines Gasts in Waffen zu entflammen! Gesetzt, er
wäre nicht entschlossen, mit unerhörtem Krieg, und mochte
auch die Welt zusammenstürzen, auf Reichtum Jagd zu
machen: man könnte die Helden von ehedem Platz nehmen
lassen, Heroen aus karger Vorzeit, Charaktere wie Fabricius
und Curius, hier könnte der schlichte Mann zu Tische
liegen, den man vom Pflug in Etrurien als Konsul wegholte —
Caesar würde es sich trotzdem wünschen, seiner Heimat
solche Schätze im Triumph zu zeigen.

In goldene Schüsseln schüttete man Speisen, die Land
und Luft und Meer und Nil geliefert hatten, die ein wahn-
witziger Aufwand in nichtiger Eitelkeit auf dem ganzen
Erdkreis zusammengesucht hatte, ohne daß Hunger trieb.
Viele Vögel und Vierbeiner wurden aufgetischt, die in
Ägypten als Götter gelten; in Kristallkrügen reichte man
Nilwasser für die Hände; Pokale aus Edelstein füllten sich
mit Wein, aber nicht aus Trauben vom Mareotidare,
sondern mit Falerner, dem die Insel Meroë in wenig Jahren
Alterswert verliehen hatte, indem sie den sonst spröden

accipiunt sertas nardo florente coronas
et numquam fugiente rosa multumque madenti   165
infudere comae quod nondum evanuit aura
cinnamon externa nec perdidit aera terrae
advectumque recens vicinae messis amomon.
discit opes Caesar spoliati perdere mundi
et gessisse pudet genero cum paupere bellum   170
et causas Martis Phariis cum gentibus optat.
    Postquam epulis Bacchoque modum lassata voluptas
imposuit, longis Caesar producere noctem
inchoat alloquiis summaque in sede iacentem
linigerum placidis compellat Acorea dictis: 175
'o sacris devote senex quodque arguit aetas,
non neglecte deis, Phariae primordia gentis
terrarumque situs volgique edissere mores
et ritus formasque deum; quodcumque vetustis
insculptum est adytis, profer noscique volentes   180
prode deos. si Cecropium sua sacra Platona
maiores docuere tui, quis dignior umquam
hoc fuit auditu mundique capacior hospes?
fama quidem generi Pharias me duxit ad urbes,
sed tamen et vestri. media inter proelia semper   185
stellarum caelique plagis superisque vacavi
nec meus Eudoxi vincetur fastibus annus.
sed cum tanta meo vivat sub pectore virtus,
tantus amor veri, nihil est quod noscere malim
quam fluvii causas per saecula tanta latentes   190
ignotumque caput: spes sit mihi certa videndi
Niliacos fontes, bellum civile relinquam.'
    finierat contraque sacer sic orsus Acoreus:
'fas mihi magnorum, Caesar, secreta parentum
edere ad hoc aevi populis ignota profanis.   195

167 externa ... terrae a^V: -a ... -a *vel* -ae ... -ae

Saft zum Gären zwang; man setzte sich Kränze auf, die
aus Nardenblüten und haltbaren Rosen geflochten waren;
man netzte das Haar mit reichlichen Güssen von Zimtöl,
das noch nicht in fremdem Klima schal geworden war, seinen heimatlichen Duft noch nicht verloren hatte, und mit
Güssen von Amomum, das im Nachbarland geerntet und
frisch eingeführt war. Caesar lernte es, die Reichtümer
einer geplünderten Welt zu vergeuden, schämte sich der
Kriegführung mit einem mittellosen Eidam und wünschte
sich Vorwände für einen Waffengang mit der Bevölkerung
Ägyptens.

Als der Appetit nachließ und dies dem Schmausen wie
dem Bechern Grenzen setzte, begann Caesar, mit langen
Gesprächen den Abend bis in die Nacht hinein zu dehnen,
und wandte sich mit verbindlichen Worten an Akoreus,
der im Leinengewand zuoberst lag: „Hör, würdiger Mann,
der sich dem Gottesdienst geweiht hat und nach Zeugnis
seines Alters den Göttern nicht gleichgültig ist: setz mir die
Anfänge des Ägyptervolks auseinander, die Lage der
Landesteile, Sitten der Leute, Riten und göttliche Erschei-
nungsformen; eröffne alles, was in alten Heiligtümern
eingeritzt ist, und erschließe Götter, die nicht geheimzublei-
ben wünschen! Wenn deine Ahnen den Athener Platon
über ihren Gottesdienst belehrten — war ein Gast je dieser
Kenntnis würdiger und aufgeschlossener für die Welt als
ich? Wohl führte mich Kunde von meinem Eidam zum
Ptolemäerreich, aber doch Kunde auch von euch. Mitten
zwischen Kämpfen fand ich immer Zeit für Sternen- und
Himmelsräume mit überirdischen Wesen, und meine
Jahresordnung wird dem Kalender des Eudoxos nicht
unterlegen sein. Wenn aber ein so starker Drang, solch
tiefe Liebe zur Wirklichkeit in meinem Herzen lebt, so
gibt es doch nichts, was ich lieber kennenlernen möchte
als die in so vielen Jahrhunderten nicht erhellten Gründe
für das Steigen eures Flusses und das Rätsel seines
Ursprungs: wenn ich mit Sicherheit erwarten dürfte, die
Nilquellen zu erblicken, würde ich den Bürgerkrieg
beiseitelassen.“

Er war zu Ende, und der Gottesdiener Akoreus hob zu
folgender Entgegnung an: „Ich darf dir, Caesar, die Geheimnisse unserer großen Vorfahren erschließen, die bis heute

sit pietas aliis miracula tanta silere:
ast ego caelicolis gratum reor, ire per omnes
hoc opus et sacras populis notescere leges.
sideribus, quae sola fugam moderantur Olympi
occurruntque polo, diversa potentia prima   200
mundi lege data est. sol tempora dividit aevi,
mutat nocte diem radiisque potentibus astra
ire vetat cursusque vagos statione moratur;
luna suis vicibus Tethyn terrenaque miscet;
frigida Saturno glacies et zona nivalis   205
cessit; habet ventos incertaque fulmina Mavors;
sub Iove temperies et numquam turbidus aer;
at fecunda Venus cunctarum semina rerum
possidet; immensae Cyllenius arbiter undae est.
hunc ubi pars caeli tenuit, qua mixta Leonis   210
sidera sunt Cancro, rapidos qua Sirius ignes
exserit et varii mutator circulus anni
Aegoceron Cancrumque tenet, cui subdita Nili
ora latent, quae cum dominus percussit aquarum
igne superiecto, tunc Nilus fonte soluto,   215
exit ut Oceanus lunaribus incrementis,
iussus adest auctusque suos non ante coartat
quam nox aestivas a sole receperit horas.
    'vana fides veterum Nilo, quod crescat in arva,
Aethiopum prodesse nives. non Arctos in illis   220
montibus aut boreas: testis tibi sole perusti
ipse color populi calidique vaporibus austri.
adde, quod omne caput fluvii, quodcumque soluta
praecipitat glacies, ingresso vere tumescit
prima tabe nivis: Nilus neque suscitat undas   225
ante Canis radios nec ripis alligat amnem
ante parem nocti Libra sub iudice Phoebum.

der unbefugten Masse nicht bekannt sind. Mag es anderen fromme Scheu bedeuten, von so herrlichen Wundern zu schweigen: ich jedenfalls glaube, es sei den Göttern lieb, wenn diese Schöpfung allen vertraut wird und die Masse ihre heiligen Ordnungen kennenlernt. Denjenigen Gestirnen, die als einzige die Fortbewegung des Himmels bremsen, weil sie dem Firmament zuwiderlaufen, wurde bei der ersten Ordnung der Welt verschiedene Macht gegeben. Die Sonne teilt die Zeit in Perioden, läßt Tage mit Nächten wechseln und hindert kraft ihrer Strahlen Planeten am Wandern, hemmt ja deren Bewegungsfreiheit durch Wartezeiten; der Mond vermischt mit seinen Phasen Meer und Land; Saturn erhielt die Herrschaft über kalte Arktis und Winterzone; Mars gebietet über Winde und unberechenbare Blitze; unter Jupiters Einfluß stehen gemäßigtes Klima und eine niemals aufgewühlte Luft; Venus aber sorgt für Fruchtbarkeit und besitzt die Samen aller Dinge; Merkur hat über ungeheure Fluten zu bestimmen. Dieser muß den Himmelsteil erreichen, wo die Sternbilder von Löwe und Krebs zusammentreffen, wo der Hundsstern vernichtende Hitze entsendet und sich der das Jahr vielfältig wandelnde Kolur mit Steinbock und Krebs befindet: dem Krebs untersteht der geheimnisvolle Ursprungsort des Nils, und wenn jener Herrscher der Gewässer hierher seinen Schein wirft, dann tut der Nil seine Schleusen auf, ist wie der Ozean, der bei zunehmendem Mond sein Bett verläßt, auf Geheiß zur Stelle und dämmt sein Hochwasser nicht eher ein, als bis die Nacht von der Sonne die zur Sommerszeit entführten Stunden zurückerhalten hat.

„Unsinnig ist der alte Glaube, Schneefällen bei den Äthiopiern sei es zu verdanken, daß der Nil die Felder überschwemmt. Dort steht ja kein Großer Bär über dem Gebirge und bläst kein Nordwind: das bezeugen dir schon die Farbe der Bewohner — denn sie sind sonnverbrannt — und die Südwinde mit ihrem heißen Hauch. Bedenk auch weiter, daß jedweder Flußlauf, den Eisschmelze reißend macht, bei Frühlingsanfang schwillt, wenn der Schnee zu tauen anfängt: der Nil jedoch kennt kein erregtes Wogen, bevor der Hundsstern strahlt, und bindet seine Flut erst dann an seine Ufer, wenn unter Herrschaft der Waage Tag und Nacht die gleiche Länge haben. So kommt es auch,

inde etiam leges aliarum nescit aquarum
nec tumet hibernus, cum longe sole remoto
officiis caret unda suis: dare iussus iniquo 230
temperiem caelo mediis aestatibus exit
sub torrente plaga neu terras dissipet ignis,
Nilus adest mundo contraque incensa Leonis
ora tumet Cancroque suam torrente Syenen
imploratus adest nec campos liberat undis, 235
donec in autumnum declinet Phoebus et umbras
extendat Meroe. quis causas reddere possit?
sic iussit natura parens discurrere Nilum,
sic opus est mundo. zephyros quoque vana vetustas
his ascripsit aquis, quorum stata tempora flatus 240
continuique dies et in aera longa potestas,
vel quod ab occiduo depellunt nubila caelo
trans noton et fluvio cogunt incumbere nimbos
vel quod aquas totiens rumpentis litora Nili
assiduo feriunt coguntque resistere fluctu: 245
ille mora cursus adversique obice ponti
aestuat in campos. sunt, qui spiramina terris
esse putent magnosque cavae compagis hiatus:
commeat hac penitus tacitis discursibus unda
frigore ab Arctoo medium revocata sub axem, 250
cum Phoebus pressit Meroen tellusque perusta
illuc duxit aquas; trahitur Gangesque Padusque
per tacitum mundi: tunc omnia flumina Nilus
uno fonte vomens non uno gurgite perfert.
rumor ab Oceano, qui terras alligat omnes, 255
exundante procul violentum erumpere Nilum
aequoreosque sales longo mitescere tractu.
nec non Oceano pasci Phoebumque polosque
credimus: hunc, calidi tetigit cum bracchia Cancri,

---

241 aera M^3V: -e *sim.*
245 fluctu (*var. l.* flatu M^3V^3 *ex* 240) *vel* -us

daß er von den Regeln anderer Gewässer nichts wissen will,
nämlich zur Winterszeit nicht anschwillt, wenn die Sonne
weit entfernt ist und seine Flut keine Pflichten zu erfüllen
hat: weil sein Auftrag dahin lautet, einem unerträglichen
Klima Mäßigung zu schaffen, tritt er erst mitten im Sommer
nahe der Tropenzone über seine Ufer, ja, damit die Glut
das Erdreich nicht in Staub auflöst, kommt der Nil der
Menschheit zu Hilfe, bietet dem heißen Atem des Löwen
durch sein Steigen Widerstand, ist auf Bittgebete hin zur
Stelle, wenn Syene dem Krebs ausgeliefert ist und von ihm
versengt wird, und befreit die Felder nicht von seiner Flut,
ehe Helios sich herbstlich senkt und in Meroë Schatten fallen.
Wer könnte die Gründe nennen? Solche Ausbreitung des
Nils hat Mutter Natur befohlen, so hat es die Menschheit
nötig. — Unsinnig ist es auch, wenn man in alter Zeit diese
Überschwemmung auf Westwinde zurückgeführt hat, die zu
festgesetzten Zeiten wehen und lange Tag für Tag die Luft
beherrschen; als Anlaß vermutet man entweder, daß diese
das Gewölk vom Abendhimmel weit nach Süden treiben
und Regengüsse zwingen, über unserem Fluß niederzugehen,
oder daß sie dort, wo der Nil in vielen Mündungen den
Strand durchbricht, seine Wasser unablässig peitschen und
mit Hilfe der Brandung zwingen, Halt zu machen, daß er
also darum, weil sein Lauf gehemmt wird und die See ihm
einen Riegel vorschiebt, auf die Felder flutet. — Manche
glauben, die Erde habe Luftwege und mächtige Schlünde
in ihrem höhlenreichen Gefüge: auf diesen Pfaden drunten,
heißt es, wandert Wasser heimlich hin und her, das dann
aus der kalten Arktis gegen den Äquator hin gelockt wird,
wenn Helios sich drückend auf Meroë legt und verbranntes
Erdreich Feuchtigkeit nach dort lockt; da zögen sich Ganges
und Po auf heimlichen Wegen durch die Erde, und so speie
nun der Nil die Wasserläufe insgesamt aus einer einzigen
Quelle, ohne daß er sie in einem einzigen Bett ans Ziel
zu tragen vermöchte. — Auch das Folgende hört man sagen:
weil der Ozean, der die ganze Erde umfaßt hält, in der
Ferne überlaufe, breche der Nil mit Macht hervor, und das
salzige Meerwasser werde auf der langen Reise süß. —
Ferner nehmen wir ja an, Helios und der Himmelsraum
zögen Nahrung aus dem Ozean: da heißt es, ihn beute die
Sonne gierig aus, wenn sie die Scheren des heißen Krebses

sol rapit atque undae plus quam quod digerat aer   260
tollitur; hoc noctes referunt Niloque profundunt.
ast ego, si tantam ius est mihi solvere litem,
quasdam, Caesar, aquas post mundi sera peracti
saecula concussis terrarum erumpere venis
non id agente deo, quasdam compage sub ipsa   265
cum toto coepisse reor, quas ille creator
atque opifex rerum certo sub iure coercet.
     'quae tibi noscendi Nilum, Romane, cupido est,
et Phariis Persisque fuit Macetumque tyrannis
nullaque non aetas voluit conferre futuris   270
notitiam; sed vincit adhuc natura latendi.
summus Alexander regum, quem Memphis adorat,
invidit Nilo misitque per ultima terrae
Aethiopum lectos; illos rubicunda perusti
zona poli tenuit, Nilum videre calentem.   275
venit ad occasus mundique extrema Sesostris
et Pharios currus regum cervicibus egit;
ante tamen vestros amnes, Rhodanumque Padumque,
quam Nilum de fonte bibit. vaesanus in ortus
Cambyses longi populos pervenit ad aevi   280
defectusque epulis et pastus caede suorum
ignoto te, Nile, redit. non fabula mendax
ausa loqui de fonte tuo est. ubicumque videris,
quaereris et nulli contingit gloria genti,
ut Nilo sit laeta suo.   285
                    'tua flumina prodam,
qua deus undarum celator, Nile, tuarum
te mihi nosse dedit. medio consurgis ab axe,
ausus in ardentem ripas attollere Cancrum
in borean is rectus aquis mediumque Booten;
cursus in occasus flexu torquetur et ortus   290
nunc Arabum populis, Libycis nunc aequus harenis.
teque vident primi, quaerunt tamen hi quoque, Seres
Aethiopumque feris alieno gurgite campos

---

261 profundunt M^1U: re-
272 quem *vel* quos

berührt, und dabei steige mehr Wasser auf, als die Luft verwenden kann, dies aber kehre nachts zurück und falle in den Nil. — Jedoch ich selber meine, Caesar, sofern ich diesen heftigen Streit entscheiden darf, daß wohl manche Wasserläufe viele Jahrhunderte nach Vollendung der Welt hervorbrechen, wenn ein Beben die Erdadern erfaßt, ohne daß die Gottheit dies betreibt, daß manche aber bei der Schöpfung selbst mit dem Ganzen zugleich entstanden sind und daß der droben, der das All erschaffen und gestaltet hat, diese Gewässer nach besonderen Gesetzen lenkt.

„Wie du Römer waren auch Despoten von Ägypten, Persien und Mazedonien begierig, den Nil kennenzulernen, und es gab keine Epoche, die nicht der Nachwelt Kunde hinterlassen wollte; aber seine Gabe, sich zu verstecken, triumphiert bis heute. Der Erztyrann Alexander war eifersüchtig auf den Nil, zu dem Ägypten betet, und schickte ausgewählte Männer durch die letzten Winkel des Äthiopierlands; die Glut der Zone unter versengtem Himmel brachte sie zum Stehen, und sie sahen den Nil nur dort, wo er schon warm ist. Bis Sonnenuntergang, ja, bis ans Ende der Welt gelangte Sesostris und ließ seinen Wagen in Ägypten von Königen mit ihren Nacken ziehen; aber leichter konnte er bei euch das Naß von Rhone und Po als den Nil aus seiner Quelle trinken. Größenwahnsinnig drang Kambyses gen Sonnenaufgang bis zu den langlebigen Menschen vor, kehrte aber aus Lebensmittelnot, sich von erschlagenen eigenen Leuten nährend, ohne Kenntnis vom Nil zurück. Nicht einmal verlogene Fabeln wagten über seine Quelle etwas auszusagen. Überall, wo man ihn sieht, forscht man ihm nach; doch keinem Volk gelingt es, sich froh zu rühmen, es habe ihn gemeistert.

„Doch deinen Lauf, geheimnisvoller Nil, will ich erschließen, soweit der Gott, der das Rätsel deiner Wasser hütet, mir Kenntnis von dir gab. Du tauchst im Bereich des Äquators auf, wagst dem glühenden Krebs zum Trotz ein Bett zu bilden und fließt geradeaus nach Norden unmittelbar zum Ochsentreiber; später schlängelt sich dein Lauf in Windungen nach West und Ost, schlägt bald den Völkern von Arabien, bald der Wüste Libyens Land zu. Jedoch als erste bekommen, auch selber freilich ratlos, die Serer dich zu sehen; danach bespülst du Äthiopiens Felder als ein fremder

et te terrarum nescit cui debeat orbis.
arcanum natura caput non prodidit ulli   295
nec licuit populis parvum te, Nile, videre
amovitque sinus et gentes maluit ortus
mirari quam nosse tuos. consurgere in ipsis
ius tibi solstitiis, aliena crescere bruma
atque hiemes afferre tuas solique vagari   300
concessum per utrosque polos: hic quaeritur ortus,
illic finis aquae. late tibi gurgite rupto
ambitur nigris Meroe fecunda colonis,
laeta comis hebeni, quae quamvis arbore multa
frondeat, aestatem nulla sibi mitigat umbra: 305
linea tam rectum mundi ferit illa Leonem.
inde plagas Phoebi damnum non passus aquarum
praeveheris sterilesque diu metiris harenas,
nunc omnes unum vires collectus in amnem,
nunc vagus et spargens facilem tibi cedere ripam.   310
rursus multifidas revocat piger alveus undas,
qua dirimunt Arabum populis Aegyptia rura
regni claustra Philae; mox te deserta secantem,
qua iungunt nostrum rubro commercia ponto,
mollis lapsus agit. quis te tam lene fluentem   315
moturum totas violenti gurgitis iras,
Nile, putet? sed cum lapsus abrupta viarum
excepere tuos et praecipites cataractae
ac nusquam vetitis ullas obsistere cautes
indignaris aquis, spuma tunc astra lacessis: 320
cuncta fremunt undis ac multo murmure montis
spumeus invitis canescit fluctibus amnis.
hinc, Abaton quam nostra vocat veneranda vetustas,
terra potens primos sentit percussa tumultus
et scopuli, placuit fluvii quos dicere venas,   325
quod manifesta novi primum dant signa tumoris.

296   om. G^1Z
314   iungunt *Oudendorp*: dirimunt (*ex* 312)
324   petra patens *Salmasius*

Fluß, weiß doch der Erdkreis nicht, welchem Land er dich verdankt. Niemandem hat die Natur das Geheimnis deiner Quelle verraten, und den Menschen war es nicht verstattet, dich, den großen Nil, als Bach zu sehen: sie gab dir ein abgelegenes Versteck und wollte lieber, daß die Völker über deinen Ursprung staunen, als daß sie ihn kennen sollten. Du hast das Vorrecht, genau zur Sommersonnenwende zu steigen, anzuschwellen, als schneite es außerhalb der Zeit, und eigentümliche Winterfluten daherzuführen; dir als einzigem wurde zugestanden, durch beide Hemisphären deinen Weg zu nehmen, wobei man hier nach dem Anfang deines Laufs, dort nach seinem Ende forscht. — In weitem Bogen legst du dich mit geteilten Wasserarmen um die Insel Meroë, die, mit schwarzen Bauern gesegnet und voll üppiger Ebenholzwälder, trotz dichten Laubwerks in der Sommerhitze keine Linderung durch Schatten findet: so senkrecht führt dort eine Linie himmelwärts zum Löwen. Danach ziehst du am Rand der heißen Zone hin, ohne von deiner Wasserfülle etwas einzubüßen, und lange durchmißt du Wüstenstrecken, bald alle Kräfte zu einem einzigen Strom vereinend, bald ungebunden und das Ufer überspülend, das dir willig Platz macht. Von neuem sammeln sich die verzweigten Wasserläufe an jener Stelle in einem trägen Flußbett, wo Philae Ägyptens Fluren von Arabiens Völkern scheidet und zu unserem Reich die Pforte bildet; durchteilst du dann die Öde, wo Handelsstraßen das Rote Meer mit unserem verbinden, kommst du in sachtem Lauf daher. Wer möchte glauben, daß du so gemächlich fließt und doch die ganze Leidenschaft eines wilden Strudels — du, unser Nil — entfesseln kannst? Aber wenn dein Lauf in abschüssige Bahnen, in reißende Katarakte gerät und du dich empörst, daß es Riffe gibt, die sich deinen nirgendwo sonst aufgehaltenen Wassern widersetzen, dann jagst du deinen Schaum den Sternen entgegen: alles donnert unter deinen Wogen, mächtig dröhnt das Bergland, und weil deine Wasser trotzen, wird die Strömung weiß vor Schaum. Weiter abwärts liegt ein heiliges Eiland, das bei uns ehrwürdiger Überlieferung zufolge Abatos heißt: es bekommt die ersten brodelnden Stöße zu spüren, mit ihm auch jene Klippen, die man Adern des Stroms zu nennen gutgeheißen hat, weil sie zum ersten Mal sichtbare Zeichen dafür geben, daß du

hinc montes natura vagis circumdedit undis,
qui Libyae te, Nile, negent; quos inter in alta
it convalle tacens iam moribus unda receptis.
prima tibi campos permittit apertaque Memphis   330
rura modumque vetat crescendi ponere ripas.'
     sic velut in tuta securi pace trahebant
noctis iter mediae. sed non vaesana Pothini
mens imbuta semel sacra iam caede vacabat
a scelerum motu: Magno nihil ille perempto   335
iam putat esse nefas, habitant sub pectore manes
ultricesque deae dant in nova monstra furorem.
dignatur viles isto quoque sanguine dextras,
quo Fortuna parat victos perfundere patres,
poenaque civilis belli, vindicta senatus   340
paene data est famulo. procul hoc avertite, fata,
crimen, ut haec Bruto cervix absente secetur.
in scelus it Pharium Romani poena tyranni
exemplumque perit? struit audax irrita fatis
nec parat occultae caedem committere fraudi   345
invictumque ducem detecto Marte lacessit.
tantum animi delicta dabant, ut colla ferire
Caesaris et socerum iungi tibi, Magne, iuberet.
atque haec dicta monet famulos perferre fideles
ad Pompeianae socium sibi caedis Achillam,   350
quem puer imbellis cunctis praefecerat armis
et dederat ferrum nullo sibi iure retento
in cunctos in seque simul. 'tu mollibus' inquit
'nunc incumbe toris et pingues exige somnos:
invasit Cleopatra domum nec prodita tantum est,   355
sed donata Pharos. cessas accurrere solus

wieder schwillst. Noch weiter abwärts hat die Natur deine wanderlustigen Wasser in Berge eingekeilt, damit du, unser Nil, den Libyern versagt bleibst; zwischen jenen zieht dein Wasser in tiefer Senke still mit endlich neugewonnener Sanftmut hin. Memphis ist die erste Stelle, die dir ihre Felder überläßt und ihre Fluren freigibt, die nicht will, daß deine Ufer deine Flut eindämmen."

So verbrachten sie, als herrschten Sicherheit und Frieden, sorglos die Zeit, obwohl die Nacht schon bis zur Mitte vorgeschritten war. Jedoch Pothinus ließ im Wahnwitz seines Hirns, nachdem er sich schon einmal mit verfluchtem Mord besudelt hatte, nicht davon ab, Verbrechen anzuzetteln: nach der Bluttat an Pompejus hielt er nichts mehr für unerlaubt, wohnte doch der Geist des Toten tief in seinem Herzen, hetzten ihn doch die Rachefurien zum Irrsinn neuer Schändlichkeiten. Seine Untergebenenhand hielt er für würdig, auch jenes Blut zu vergießen, mit dem sich nach dem Schicksalsplan geschlagene Senatoren benetzen sollten, und den Bürgerkrieg zu sühnen, den Senat zu rächen, wurde beinahe einer Schranze überlassen. Möchte die Fügung solch Verbrechen nie geschehen lassen, daß Brutus fehlt, wenn dieses Mannes Kopf vom Rumpf getrennt wird! Verwandelt sich die Sühne für Tyrannenherrschaft eines Römers in eine Schurkerei Ägyptens, und werden wir um eine beispielhafte Tat betrogen? — Verwegen schmiedete er einen Plan, den freilich die Bestimmung scheitern ließ: er gedachte sich zum Morden nicht auf eine heimliche Falle zu verlassen, sondern griff in offenem Kampf einen Feldherrn an, den doch noch niemand hatte schlagen können. Seine Missetaten verliehen ihm solche Vermessenheit, daß er drängte, einem Caesar das Haupt abzuschlagen und ihn seinem Eidam Magnus nachzuschicken. Er ließ nämlich durch treue Sklaven folgende Botschaft an Achillas überbringen, der beim Mord an Pompejus sein Spießgesell gewesen war, an den Mann, dem der kriegsuntüchtige Knabe alle Truppen unterstellt und, ohne die geringste Vollmacht zu behalten, Schwertrecht über alle und zugleich über sich verliehen hatte: „Du," so ließ er sagen, „lieg jetzt nur auf weichen Polstern und verbring behäbigen Schlaf! Kleopatra hat den Palast besetzt, und Alexandria ist nicht nur verraten, nein, verschenkt. Bist du der einzige,

ad dominae thalamos? nubit soror impia fratri,
nam Latio iam nupta duci est, interque maritos
discurrens Aegypton habet Romamque meretur.
expugnare senem potuit Cleopatra venenis: 360
crede, miser, puero. quem nox si iunxerit una
et semel amplexus incesto pectore passus
hauserit obscenum titulo pietatis amorem,
meque tuumque caput per singula forsitan illi
oscula donabit; crucibus flammisque luemus,   365
si fuerit formosa soror. nil undique restat
auxilii: rex hinc coniunx, hinc Caesar adulter.
et sumus, ut fatear, tam saeva iudice sontes:
quem non e nobis credit Cleopatra nocentem,
a quo casta fuit? per te quod fecimus una   370
perdidimusque nefas, perque ictum sanguine Magni
foedus, ades, subito bellum molire tumultu,
irrue. nocturnas rumpamus funere taedas
crudelemque toris dominam mactemus in ipsis
cum quocumque viro. nec nos deterreat ausis   375
Hesperii fortuna ducis, quae sustulit illum
imposuitque orbi: communis gloria nobis,
nos quoque sublimes Magnus facit. aspice litus,
spem nostri sceleris, pollutos consule fluctus,
quid liceat nobis, tumulumque e pulvere parvo   380
aspice Pompei non omnia membra tegentem:
quem metuis, par huius erat. non sanguine clari
(quid refert?) nec opes populorum et regna movemus:
ad scelus ingentis fati sumus, attrahit illos
in nostras fortuna manus. en altera venit   385
victima nobilior: placemus caede secunda

---

369   credit *vel* -et

der zum Schlafgemach der neuen Herrin hinzueilen zögert?
Schamlos nimmt sie sich den eigenen Bruder zum Mann, hat
ja bereits den Feldherrn aus Latium zum Mann genommen;
nun läuft sie zwischen ihren Bettgenossen hin und her, hat
Ägypten in der Hand und ersteht sich Rom. Vermochte
Kleopatra den Alten durch Hexenkünste zu erobern, dann
vertrau dem Knaben, und du bist verloren. Wenn ihn eine
einzige Nacht mit ihr vereint hat, wenn er nur einmal seine
Brust blutschänderisch von ihr umarmen ließ und von
sittenloser Leidenschaft, die sich als Geschwisterliebe ausgibt,
ergriffen wurde, wird er meinen Kopf wie deinen, jeden
vielleicht bei einem Kuß, an sie verschenken; mit Kreuzigung oder Verbrennung werden wir es büßen, wenn seine
Schwester ihm gefällt. Nirgends bleibt uns Beistand: hier
steht Ägyptens König als Gemahl, dort Caesar als Galan.
Wahrhaftig sind wir, daß ich es gestehe, vor dem Tribunal
einer solchen Unholdin schuldig: wen von uns hält Kleopatra
nicht für einen Schurken, von zwei Männern, die ihr ihre
Keuschheit ließen? Ich beschwöre dich bei dem Verbrechen,
das wir gemeinsam und umsonst begingen, bei der Bluttat
an Pompejus, die einen Vertrag besiegeln sollte: komm zu
Hilfe, schaff durch unversehenen Aufruhr Krieg, brich los!
Mit Mord wollen wie die nächtlichen Liebesfeste sprengen, unsere grausame Herrin in dem Augenblick hin-
schlachten, wo sie mit dem einen oder anderen Mann
im Bett liegt. Von diesem Unterfangen darf uns nicht das
Glück abschrecken, das den Feldherrn aus Hesperien em-
porgetragen und über den Erdkreis gesetzt hat: er teilt
seinen Ruhm mit uns, auch uns macht eines Magnus Ende
groß. Halt dir den Strand vor Augen, der uns Zuversicht
für unseren Frevel gibt; frag die besudelten Fluten, was
wir dürfen; halt dir auch den Grabhügel vor Augen, der
aus einer Handvoll Staub errichtet ist und nicht einmal
Pompejus' ganze Leiche deckt: der Mann, vor dem du
Furcht hast, stand einmal in gleichem Rang wie jener. Wir
sind nicht von adligem Geschlecht — was tut es? —, setzen
auch nicht Völkerheere und Monarchen in Bewegung: zum
Verbrechen aber sind wir unerhört berufen, die Bestimmung
spielt uns jene Großen in die Hände. Sieh nur, ein zweites
und noch herrlicheres Opfer ist gekommen: mit erneuter
Bluttat wollen wir die Menschen in Hesperien beschwichti-

Hesperias gentes; iugulus mihi Caesaris haustus
hoc praestare potest, Pompei caede nocentes
ut populus Romanus amet. quid nomina tanta
horremus viresque ducis, quibus ille relictis   390
miles erit? nox haec peraget civilia bella
inferiasque dabit populis et mittet ad umbras,
quod debetur adhuc mundo, caput. ite feroces
Caesaris in iugulum: praestet Lagea iuventus
hoc regi, Romana sibi. tu parce morari: 395
plenum epulis madidumque mero Venerique paratum
invenies; aude, superi tot vota Catonum
Brutorumque tibi tribuent.'
                              non lentus Achillas
suadenti parere nefas haud clara movendis,
ut mos, signa dedit castris nec prodidit arma   400
ullius clangore tubae: temere omnia saevi
instrumenta rapit belli. pars maxima turbae
plebis erat Latiae; sed tanta oblivio mentes
cepit in externos corrupto milite mores,
ut duce sub famulo iussuque satellitis irent,   405
quos erat indignum Phario parere tyranno.
nulla fides pietasque viris, qui castra secuntur,
venalesque manus: ibi fas, ubi proxima merces;
aere merent parvo iugulumque in Caesaris ire
non sibi dant. pro fas, ubi non civilia bella   410
invenit imperii fatum miserabile nostri?
Thessaliae subducta acies in litore Nili
more furit patrio. quid plus te, Magne, recepto
ausa foret Lagea domus? dat scilicet omnis
dextera, quod debet superis, nullique vacare   415
fas est Romano: Latium sic scindere corpus
dis placitum. non in soceri generique favorem
discedunt populi: civilia bella satelles

408 proxima *vel* (*ex* 402) maxima

gen, kann uns doch ein Stoß in Caesars Kehle den Gewinn
eintragen, daß uns jeder Römer trotz unserer Mordschuld
an Pompejus liebt. Warum sollen wir vor einem mächtigen
Namen zittern, vor der Streitmacht eines Feldherrn, der sich
ohne sie als einfacher Soldat erweist? Die heutige Nacht wird
den Bürgerkrieg beenden, all den Toten ein Versöhnungsopfer leisten und den Mann zu den Schatten schicken,
dessen Kopf der Welt noch immer vorenthalten wird. Fahrt
trutzig Caesar an die Gurgel: Ägyptens Mannen sollen dies
für ihren König, Römermannen für sich selber tun. Du handle
ohne Säumen, wirst ihn ja mit Speisen überladen, von
Wein berauscht und erpicht auf Wollust finden; faß dir ein
Herz, und die Götter droben werden das, wofür ein Cato
und ein Brutus unablässig beten, dir gewähren."
  Unverzüglich folgte Achillas seinem bösen Rat, gab
nicht, wie üblich, ein lautes Signal zum Truppenabmarsch
und verriet den Waffengang mit keinem einzigen Trompe-
tenstoß: unauffällig zog er alles, was zu grimmigem Kampf
geeignet war, mit sich voran. Der größte Teil des Aufgebots
gehörte zum Latinervolk: doch waren die Hirne von so
tiefer Vergeßlichkeit erfaßt, waren die Soldaten fremden
Sitten so verfallen, daß sie unter dem Kommando eines
Dieners, auf Geheiß eines Trabanten marschierten, sie, denen
Gehorsam selbst gegen Alexandrias Despoten übel anstand.
Nicht Pflichtgefühl und Gefolgschaftssinn galten bei den
Männern, die dem Kampfruf folgten, hatte man doch ihre
Schlagkraft nur erkauft: ihr Handeln war dort gottgefällig,
wo sich Sold am schnellsten greifen ließ — sie hatten sich
um ein paar Heller verdingt und unternahmen einen An-
schlag auf Caesars Leben nicht sich selber zu Gefallen.
Gerechte Götter, wo findet das unselige Verhängnis unseres
Reiches nicht Gelegenheit zum Bürgerkrieg? Soldaten, die
vor Thessalien bewahrt geblieben waren, wollten am
Nilstrand nach Väterart Landsleute morden. Was hätte das
Ptolemäerhaus mit einem Asyl für Pompejus Schlimmeres
gewagt? Ja freilich, jede Hand zahlt an die Überirdischen,
was sie ihnen schuldig ist, und kein Römer darf nach ihrem
Willen unbeteiligt bleiben: Latiums Leib so zu zerfetzen,
ist bei den Göttern beschlossene Sache. Nicht mehr nach
Gunst für Schwiegervater oder Eidam scheiden sich die
Menschen in zwei Lager: ein Trabant setzte Bürgerkrieg

movit et in partem Romani venit Achillas
et nisi fata manus a sanguine Caesaris arcent,　　　　420
hae vincent partes.
　　　　　　　　　　aderat maturus uterque
et districta epulis ad cunctas aula patebat
insidias poteratque cruor per regia fundi
pocula Caesareus mensaeque incumbere cervix.
sed metuunt belli trepidos in nocte tumultus,　　　　425
ne caedes confusa manu permissaque fatis
te, Ptolemaee, trahat. tanta est fiducia ferri:
non rapuere nefas, summi contempta facultas
est operis, visum famulis reparabile damnum
illam mactandi dimittere Caesaris horam.　　　　430
servatur poenas in aperta luce daturus;
donata est nox una duci vixitque Pothini
munere Phoebeos Caesar dilatus in ortus.
　　Lucifer a Casia prospexit rupe diemque
misit in Aegypton primo quoque sole calentem,　　　　435
cum procul a muris acies non sparsa maniplis
nec vaga conspicitur, sed iustos qualis ad hostes
recta fronte venit: passuri comminus arma
laturique ruunt. at Caesar moenibus urbis
diffisus foribus clausae se protegit aulae　　　　440
degeneres passus latebras. nec tota vacabat
regia compresso: minima collegerat arma
parte domus. tangunt animos iraeque metusque:
et timet incursus indignaturque timere.
sic fremit in parvis fera nobilis abdita claustris　　　　445
et frangit rabidos praemorso carcere dentes;
nec secus in Siculis fureret tua flamma cavernis,
obstrueret summam siquis tibi, Mulciber, Aetnam.
audax Thessalici nuper qui rupe sub Haemi
Hesperiae cunctos proceres aciemque senatus　　　　450

419　*ut supra* ωac: instaurat primus Magno succedit A. *MU*
446　rabidos *vel* rap-

in Gang, Achillas übernahm ein römisches Geschäft, und wenn die Vorsehung nicht Caesars Leben gegen Mörderhände abschirmt, werden solche Gegner siegen.

Beide waren zeitig zur Stelle, und weil der Hof durch Festgelage abgelenkt war, stand er jedem Anschlag offen, konnte Caesars Blut über Königspokale strömen und sein Kopf auf eine königliche Tafel fallen. Doch schreckten sie vor wirrem Kampftumult bei Nacht zurück, um nicht bei blindlings ausgeführtem und dem Zufall überlassenem Mord Ptolemaios in Mitleidenschaft zu ziehen. So stark war ihr Vertrauen auf ihr Schwert, daß sie die Schurkentat nicht überstürzten, die Gelegenheit zur Krönung ihres Tuns verschmähten und in ihren Dienerhirnen meinten, der Schaden lasse sich beheben, wenn sie diese günstige Stunde, in der Caesar hingeschlachtet werden konnte, fahren ließen. Er wurde zur Exekution bei hellem Tage aufgespart; eine Nacht noch gönnte man dem Feldherrn, und Caesar blieb, nachdem sein Tod bis Sonnenaufgang verschoben war, so dank Pothinus leben.

Der Morgenstern lugte hinter dem Kasiosberg hervor und brachte das Tageslicht nach Ägypten, wo schon die ersten Sonnenstrahlen Hitze schaffen. Da wurden von den Mauern aus in der Ferne Truppen erspäht, nicht in lockeren Abteilungen und planloser Bewegung, sondern von der Art, wie sie in gerader Linie gegen richtige Landesfeinde ziehen: man stürmte in der Absicht vor, Nahkampf anzunehmen und heranzutragen. Caesar seinerseits mißtraute dem Mauerring der Stadt, schloß den Palast und verschanzte sich hinter dessen Toren, nahm entwürdigenden Unterschlupf auf sich. Dabei stand ihm nicht einmal das ganze Schloß zur Verfügung, nein, er war beengt und hatte seine Mannschaft in einem winzigen Gebäudeteil versammelt. Anfälle von Zorn und Angst zugleich beschäftigten seine Gedanken: bald fürchtete er Angriffe, bald war er über seine Furcht entrüstet. Es war, wie wenn ein edles, in einen engen Käfig eingesperrtes Raubtier knirscht, am Gitter nagt und seine mordwütigen Zähne daran zerbeißt; nicht anders auch würde das Feuer Vulkans in Siziliens Schlüften toben, wenn jemand diesem den Ätnakrater verstopfte. Der Mann, der kürzlich in Vermessenheit unter Thessaliens Balkanfelsen den ganzen Adel von Hesperien, eine Front von Senatoren

Pompeiumque ducem causa sperare vetante
non timuit fatumque sibi promisit iniquum,
expavit servile nefas intraque penates
obruitur telis. quem non violasset Alanus,
non Scytha, non fixo qui ludit in hospite Maurus,   455
hic, cui Romani spatium non sufficit orbis
parvaque regna putet Tyriis cum Gadibus Indos,
ceu puer imbellis, ceu captis femina muris
quaerit tuta domus; spem vitae in limine clauso
ponit et incerto lustrat vagus atria cursu,   460
non sine rege tamen, quem ducit in omnia secum
sumpturus poenas et grata piacula morti
missurusque tuum, si non sint tela nec ignes,
in famulos, Ptolemaee, caput. sic barbara Colchis
creditur ultorem metuens regnique fugaeque   465
ense suo fratrisque simul cervice parata
exspectasse patrem. cogunt tamen ultima rerum
spem pacis temptare ducem missusque satelles
regius, ut saevos absentis voce tyranni
corriperet famulos, quo bellum auctore moverent.   470
sed neque ius mundi valuit nec foedera sancta
gentibus, orator regis pacisque sequester
⟨. . . . . ⟩
aestimat in numero scelerum ponenda tuorum,
tot monstris Aegypte nocens. non Thessala tellus
vastaque regna Iubae, non Pontus et impia signa   475
Pharnacis et gelido circumfluus orbis Hibero
tantum ausus scelerum, non Syrtis barbara, quantum
deliciae fecere tuae.
                        premit undique bellum
inque domum iam tela cadunt quassantque penates.
non aries uno moturus limina pulsu   480
fracturusque domum, non ulla est machina belli
nec flammis mandatur opus, sed caeca iuventus

---

457 putet M^1U: -at
458 ceu captis G^vV: seu c. *vel* vel c.
past **472** *lacunam indicavit Grotius,* ⟨quin caderet ferro, quamquam
     quis talia facta⟩ . . . nocens? *Housman*

mit Pompejus an der Spitze trotz aussichtsloser Lage nicht gefürchtet und sich vielmehr unverdientes Glück versprochen hatte, bangte jetzt vor einer Schurkentat von Sklaven und ließ im Inneren eines Hauses Geschosse auf sich hageln. Er, den kein Alane angetastet hätte, kein Skythe und kein Schütze aus Mauretanien, wo man doch zu frecher Übung Fremde als Ziel postiert, er, dem das weite römische Imperium nicht genügte, der ein Königreich von Indien bis zu den Phöniziern in Gades für zu klein gehalten hätte, suchte wie ein kriegsuntüchtiger Knabe, wie ein Weib nach der Eroberung ihrer Stadt im Haus ein sicheres Plätzchen; er setzte seine Hoffnung, zu überleben, auf verschlossene Tore und schritt in ziellosem Hin und Her die Räume ab, jedoch nicht ohne König — überall nahm er ihn mit sich, um durch ein willkommenes Sühneopfer eigenen Tod zu rächen, um, wenn Waffen oder Fackeln fehlen sollten, den Dienern Ptolemaios' Herrscherhaupt entgegenzuschleudern. So soll die kolchische Barbarin in Angst vor dem Rächer für Landesverrat und Flucht ihr Schwert mit ihres Bruders Kopf bereitgehalten und damit ihren Vater erwartet haben. Aber die verzweifelte Lage zwang den Feldherrn, eine Friedensaussicht zu erkunden; so wurde ein Trabant des Königs abgeschickt, der die blutgierigen Diener durch eine Botschaft des abwesenden Despoten zur Rede stellen sollte, wer sie zum Kampfbeginn ermächtigt habe. Doch weder Menschenrechte noch heilige Völkerverträge vermochten den königlichen Parlamentär und Friedensvermittler davor zu bewahren, ⟨daß er durch Schwertstreich fiel. Wen freilich dünkt eine solche Tat⟩ in die Sündenliste von Ägypten gehörig, das sich zahlloser Ungeheuerlichkeiten schuldig machte? Nicht die Flur Thessaliens oder Jubas Wüstenreich, nicht Pontus, wo Pharnakes seinen Vater angriff, nicht das vom kühlen Ebro umströmte Land oder auch die wilde Syrte vermaßen sich einer solchen Reihe von Verbrechen, wie sie dies entnervte Land beging.

Überall war Caesar von Kampf bedrängt, ja, schon fielen Geschosse auf das Gebäude und ließen dessen Räume beben. Doch kein Sturmbock war zur Stelle, der mit einem einzigen Stoß die Tore hätte sprengen und den Bau aufbrechen können, es fehlte jede Kriegsmaschine, und man hieß nicht Brände ihr Werk verrichten, sondern die Soldaten zogen,

consilii vastos ambit divisa penates
et nusquam totis incursat viribus agmen:
fata vetant murique vicem Fortuna tuetur.   485
     nec non et ratibus temptatur regia, qua se
protulit in medios audaci margine fluctus
luxuriosa domus. sed adest defensor ubique
Caesar et hos aditus gladiis, hos ignibus arcet
obsessusque gerit — tanta est constantia mentis —   490
expugnantis opus. piceo iubet unguine tinctas
lampadas immitti iunctis in vela carinis;
nec piger ignis erat per stuppea vincula perque
manantes cera tabulas et tempore eodem
transtraque nautarum summique arsere ceruchi.   495
iam prope semustae merguntur in aequora classes
iamque hostes et tela natant. nec puppibus ignis
incubuit solis, sed quae vicina fuere
tecta mari, longis rapuere vaporibus ignem
et cladem fovere noti percussaque flamma   500
turbine non alio motu per tecta cucurrit
quam solet aetherio lampas decurrere sulco
materiaque carens atque ardens aere solo.
illa lues paulum clausa revocavit ab aula
urbis in auxilium populos. nec tempora cladis   505
perdidit in somnos, sed caeca nocte carinis
insiluit Caesar semper feliciter usus
praecipiti cursu bellorum et tempore rapto
nunc claustrum pelagi cepit Pharon. insula quondam
in medio stetit illa mari sub tempore vatis   510
Proteos, at nunc est Pellaeis proxima muris.
illa duci geminos bellorum praestitit usus:
abstulit excursus et fauces aequoris hosti
Caesar et auxiliis ut vidit libera ponti
ostia, non fatum meriti poenasque Pothini   515
distulit ulterius. sed non qua debuit ira,
non cruce, non flammis rapuit, non dente ferarum,

482   vela *vel* bella
509   nunc *vel* tunc (tum *a*)
514/5 ut vidit (*item c*) ... non fatum meriti poenasque ω: aditus
ac ... permisit nec poenas inde *GZ²*

ohne daß sie einen Plan vor Augen hatten, gruppenweise einen Kreis um die endlosen Räume, und nirgends griff das Heer mit allen Kräften an: die Fügung sagte Nein, Fortuna bot wie eine Mauer Schutz.

Man ließ es sich nicht nehmen, sogar zu Schiff die Königsburg dort anzugreifen, wo sie wie ein Lustschloß unvorsichtig mit dem Rand bis mitten in die Fluten vorsprang. Aber überall war Caesar als Verteidiger zur Stelle, wies den Zutritt hier mit Schwertern, dort mit Bränden ab und handelte — so viel vermag beherzte Zähigkeit — als Belagerter wie ein Erstürmer. Fackeln, die er in fettes Pech hatte tauchen lassen, hieß er den dicht aufgeschlossenen Booten in die Segel schleudern; da lief Feuer ohne Säumen über Hanftaue und wachstriefende Bretter hin, da begannen gleichzeitig Ruderbänke und Rahenspitzen zu brennen. Schon sanken Fahrzeuge fast halbverkohlt zur Tiefe, und schon lagen Feinde ebenso wie Waffen im Wasser. Dabei befiel das Feuer nicht nur Schiffe, sondern die dem Meer zunächst gelegenen Häuser fingen in der um sich greifenden Hitze Feuer; auch schürten Windstöße die Flammenpest, ja, ein Wirbelsturm fuhr in die Lohe, die nun mit dem gleichen Ungestüm von einem Dach zum anderen sauste, wie ein Wetterstrahl in seiner Furche am Himmel herabzusausen pflegt, ohne Zunder und allein von Luft geschürt. Dies Zerstörungswerk rief die Soldaten auf kurze Zeit von dem versperrten Palast zur Hilfeleistung für die Stadt hinweg. Caesar aber vertat die von der Flammenpest gewährte Pause nicht mit Schlafen, sondern hieß bei undurchdringlich dunkler Nacht in Boote springen: immer hatte er mit raschem Wagemut im Krieg sein Glück gemacht, und so ergriff er jetzt die Gelegenheit, den Meeresriegel zu besetzen, Pharos. Dies war einst zur Zeit des Sehers Proteus eine ringsum von der See umgebene Insel, reicht jetzt jedoch an Alexandrias Mauern. Es bot dem Feldherrn zwiefachen Vorteil für die Kämpfe: Caesar schnitt dem Feind den Ausweg durch den Korridor zum offenen Wasser ab, sah anderseits den Zugang von der See frei für Verstärkungen und schob jetzt die verdiente Todesstrafe für Pothinus nicht länger auf. Doch riß er ihn nicht mit gebührendem Zornausbruch in sein Verderben, nicht mit Kreuzigung, nicht mit Verbrennung, nicht mit Bissen wilder Tiere — pfui

heu facinus, gladio (cervix male caesa pependit):
Magni morte perit.
                nec non subrepta paratis
a famulo Ganymede dolis pervenit ad hostes   520
Caesaris Arsinoe; quae castra carentia rege
ut proles Lagea tenet famulumque tyranni
terribilem iusto transegit Achillea ferro.
altera, Magne, tuis iam victima mittitur umbris;
nec satis hoc Fortuna putat. procul absit, ut ista   525
vindictae sit summa tuae. non ipse tyrannus
sufficit in poenas, non omnis regia Lagi:
dum patrii veniant in viscera Caesaris enses,
Magnus inultus erit. sed non auctore furoris
sublato cecidit rabies; nam rursus in arma   530
auspiciis Ganymedis eunt ac multa secundo
proelia Marte gerunt. potuit discrimine summo
Caesaris una dies in famam et saecula mitti.
   molis in exiguae spatio stipantibus armis
dum parat in vacuas Martem transferre carinas,   535
dux Latius tota subitus formidine belli
cingitur: hinc densae praetexunt litora classes,
hinc tergo insultant pedites. via nulla salutis,
non fuga, non virtus, vix spes quoque mortis honestae;
non acie fusa nec magnae stragis acervis   540
vincendus tum Caesar erat, sed sanguine nullo:
captus sorte loci pendet. dubiusque, timeret
optaretne mori, respexit in agmine denso
Scaevam perpetuae meritum iam nomina famae
ad campos, Epidamne, tuos, ubi solus apertis   545
obsedit muris calcantem moenia Magnum.

518   *del. Heinsius; notavi parenthesin*
536   subitus *V*: -o
542   -que *Grotius*: -ne

der Schandtat, mit dem Schwert (der schlecht getroffene Hals blieb hangen): er starb in gleicher Todesart wie ein Pompejus.

Fernerhin gelangte, durch eine von dem Diener Ganymedes ins Werk gesetzte List entführt, Arsinoë zu Caesars Gegnern; als Tochter des Ptolemäerhauses gebot sie — denn der König fehlte — über die Soldaten, und so ließ sie den entsetzlichen Tyrannenknecht Achillas, wie es billig war, erstechen. Schon ein zweites Opfer wurde deinem Schatten, Magnus, dargebracht; doch Fortuna hielt selbst dies noch nicht für genug. Fort mit dem Gedanken, derlei setze der Rache für dich ein Ende! Nicht einmal der Herrscher selber reicht zur Sühne aus, nicht einmal das ganze Königshaus von Alexandria: ehe nicht Schwerter von eigenen Landsleuten in Caesars Leib eindringen, bleibt Pompejus ungerächt. — Doch die Beseitigung des Mannes, der den Bruderkampf veranlaßt hatte, schlug den Mordrausch noch nicht nieder; denn von neuem griff man unter Ganymedes' Führung zu den Waffen und lieferte viele Kämpfe mit glücklichem Erfolg. Ein Tag war für Caesar so gefährlich, daß er zu ewigem Ruhm gelangen konnte.

Auf dem engen Raum der schmalen Mole von Waffengefährten umdrängt, wollte Latiums Feldherr den Kampf auf seine leere Flotte hinüberspielen. Da sah er sich plötzlich von der ganzen Heimtücke des Kriegs umgeben: hier säumte Schiff um Schiff das Ufer, dort setzten ihm Fußsoldaten im Rücken zu. Kein Weg bot Rettung, weder Flucht noch Heldentum, ja, kaum auf ehrenvollen Tod war noch zu hoffen; um einen Caesar zu besiegen, mußte man jetzt keine Kampffront werfen und nicht Gefallene zu Haufen türmen, nein, kein Tropfen Bluts war nötig: die Natur des Platzes hatte ihn gefangen und in Verlegenheit versetzt. Als er nun schwankte, ob er das Sterben fürchten oder wünschen solle, sah er hinter sich im dichten Kampftrupp Scaeva, der sich bereits einen dauernden Ruhmestitel auf der Walstatt von Epidamnos verdient hatte, wo er, auf sich allein gestellt, dem großen Feldherrn den Weg verlegte, als jener nach Öffnung seiner Schanze seinen Fuß auf die Umfassungsmauer setzen wollte.

Erläuterungen

1, 1-182 Das Proömium bezeichnet das Thema und geht
nach Reflexionen des Dichters, die in einen Ersatz für die
übliche Musenanrufung ausklingen (63 ff.), auf die Hinter-
gründe der darzustellenden Ereignisse ein. Die Schlacht
von Pharsalus (über *Emathia* s. zu 673 ff.) ist Gegenstand
nur des 7. Buchs, bildet aber für Lucan den Inbegriff des
Kriegs zwischen Caesar und Pompejus und den Superlativ
eines Bürgerkampfes überhaupt. In ihr waren nicht nur
,,alle Streitkräfte einer erschütterten Welt" aufgeboten,
sondern traten Schwiegervater und Eidam gegeneinander
an (vgl. Sen. Phoen. 354 f. *non satis est adhuc civile bellum:
frater in fratrem ruat*). Pompejus hatte bald nach dem ,,Des-
potenbund", d.h. dem ersten Triumvirat mit Caesar und
Crassus im J. 60 v. Chr., Caesars Tochter Julia geheiratet;
diese war schon im J. 54 gestorben, aber für Lucan bleibt
die einstige Verschwägerung der Rivalen Gegenwart und
dauernder Vorwurf, ja, Julias Geist sieht in Pompejus'
nunmehriger Frau Cornelia eine ,,Kebse" (3,23, vgl. 8,104).
— Die Verse 1-7 schließen sich formal dem Beginn der
Aeneis (1, 1-7) und damit einer durch die Ilias bestimmten
Tradition an. Während zahlreiche Zitate, von Fronto
(p. 151 van den Hout) angefangen bis ins frühe Mittelalter,
keinen Zweifel an ihrer Echtheit zeigen, taucht in der
Biographie des Codex Vossianus II (p. 337 Hosius) und
vorsichtiger in den Commenta Bernensia z. St. (*dicitur*,
ebenso Arnulf p. 4,10) die Nachricht auf, sie seien von
Seneca dem Werk vorangestellt worden. Worauf diese
Behauptung beruht (vgl. Sidon. epist. 2,10,6 über eine
Mitarbeit von Lucans Frau und Ähnliches), wissen wir

nicht; ihre Unsinnigkeit haben E. Malcovati (Athenaeum
N.S. 29, 1951, 100 ff. = W. d. F. 299 ff.) und G.-B. Conte
(Maia 18, 1966, 42 ff.) erwiesen. — Statt der sofortigen Frage
nach den Kriegsgründen (Aeneis 1,8 *Musa, mihi causas
memora*) folgt zunächst in Lucans Weise eine leidenschaft-
liche Betrachtung (8 ff.): die Rivalen hätten nicht oder
noch nicht in einen Bürgerkrieg ziehen sollen, nach dem ein
Triumph ohnehin unzulässig war (vgl. 286 f.), sondern
hätten besser getan, die schimpfliche Niederlage von
Carrhae zu rächen; dort, in Parthien, war Crassus mit
seinem Sohn, Cornelias damaligem Mann, im J. 53 gefallen
und unbestattet geblieben. Die Rache war im Vorjahr
angeblich geplant gewesen (2,475) und wurde später von
Caesar erwogen. 19 f. nennen noch andere Aufgaben und
spielen vielleicht auf entsprechende Pläne Neros an. Zur
Huldigung für diesen (33 ff.) vgl. S. 570 ff. — 67 ff. schildern
im Anschluß an Livius (perioch. 109, vgl. M. Pohlenz,
Kl. Schr. II 139 ff.) die für die beiden Rivalen gegebenen
Kriegsanlässe und die tieferen Ursachen. Nach einer mythologischen Deutung aus Fortunas Neid führt der Dichter
die eingangs berührten Punkte aus: das Unglück begann
mit dem ersten Triumvirat, dem Untergang des Crassus
und dem Tod Julias; die folgende Kontrastierung der
Charaktere verheimlicht weder Pompejus' Schwächen noch
die Faszination, die von dem furchtbaren Gegner ausging.
Der zweite Teil (158 ff.) bietet einen Sittenspiegel, in dem
altrömische Einfachheit (Camillus und Curius Dentatus
als Typen auch 2,544. 6,785 ff. 7,358. 10,151 ff.) und
moderne Profitsucht als Kriegsgrund (*bellum* 182 greift auf
belli 158 zurück) einander gegenübergestellt werden; Petron
führt dies in seinem Konkurrenzgedicht breiter und vor
Erwähnung des Triumvirats aus (119 V. 1 ff.).
1, 183-222 Den Kriegsbeginn (10./11. Januar 49 v. Chr.)
scheint Lucan zur dramaturgischen Vereinfachung so
hinzustellen, als käme Caesar in einem Eilmarsch über die
Alpen (Petron 122 V. 144 ff. macht ihn zum zweiten Hannibal) unmittelbar aus Gallien, während er in Wirklichkeit
schon seit einigen Wochen mit der 13. Legion in Ravenna
stand. Das Traumbild oder Phantom, das er vor Überschreitung des Rubicon gesehen haben soll (Plut. Caes. 32, 9.
Suet. Iul. 32), gestaltet der Dichter in eine Vision der

Göttin Roma um. Wirkungsvoll berührt Caesar die Haussage seines Geschlechts, das sich auf Aeneas' Sohn Julus zurückführte und damit an den Etappen Troja — Lavinium — Alba Longa — Rom teilhaben wollte (vgl. 9,990 ff.), sodaß Caesar von „seinem" Rom sprechen konnte (3,90, vgl. Petron 122 V. 160. 166). Im Heiligtum des Jupiter Latiaris auf dem Albanerberg feierten Latiums Städte alljährlich ein Bundesfest mit anschließendem Feuer (vgl. 535. 550. 5,400 ff. 7,394 ff.). Der römische Vestatempel zeigte eine angeblich aus Troja mitgebrachte Pallasstatue (vgl. 598. 9,993 f. und Verg. Aen. 2,163 ff.). — Der Rubicon, damals die Grenze zwischen Italien und Gallia Cisalpina, war ein unbedeutendes Flüßchen nördlich von Ariminum (Rimini) und ist nicht einmal sicher identifiziert. Dem großen Ereignis zuliebe wertet Lucan ihn zum reißenden Alpenstrom auf, ebenso unbefangen, wie er 2,408 ff. umgekehrt den Po unter die Apenninflüsse einreiht. Der Übergang wird 204 f. kurz konstatiert und als Kriegsbeginn bezeichnet; nach einem Gleichnis folgen die Einzelheiten erst 213 ff., und der Leser erfährt dabei, warum der Fluß angestiegen war.

1, 261-391 Während Caesar selbst (civ. 1,8,1) lediglich die Volkstribunen erwähnt (zu ihnen gehörte der spätere Triumvir M. Antonius, hier 5,478 ff.), stellt Lucan C. Curio in den Vordergrund, um dessen Untergang am Schluß des 4. Buchs vorzubereiten (vgl. vorher 3,59); die erste Charakteristik wird dort durch einen Nachruf ergänzt (4,799 ff.). Curio, ursprünglich ein scharfer Gegner Caesars, wurde von diesem bestochen, zeigte sich aber zunächst unparteiisch genug, um von beiden Rivalen die Niederlegung ihres Kommandos zu verlangen. — Caesars Rede 299 ff. erweitert sich zu einer ersten Invektive gegen Pompejus und seine Parteigänger, von denen er außer Cato einen Marcellus nennt, wohl den vorjährigen Konsul C. Claudius M., der Pompejus zum Schutz des Vaterlandes aufgerufen hatte. Die Kritik an Pompejus richtet sich u.a. gegen den ersten Triumph des damals etwa 25jährigen Mannes, sein illegales Eingreifen in den Miloprozeß (vgl. 2,480) und seine früheren Waffentaten unter dem Kommando Sullas (vgl. 7,307. 8,25). Am schärfsten charakterisiert Lucan den Sprecher dann bei Behandlung der großen

Erfolge in Kilikien und Pontus (vgl. 2,576 ff.); hier bespöt-
telt Caesar die vergleichsweise lange Kriegsdauer (der alte
Mithridates ließ sich in Wirklichkeit nach verlorener Sache
von einem Untergebenen erstechen, da das genommene
Gift nicht wirkte), dort stellt er fest, den besiegten Piraten
sei es besser gegangen als es vielleicht seinen eigenen Veteranen gehen werde. — Laelius (357) ist sonst nicht bekannt.
1, 392-465 In diesem Katalog römischer Besatzungstrup-
pen in Gallien wird die geographische Folge nicht nur
vernachlässigt, sondern immer wieder so auffällig durch-
kreuzt, daß Lucan bei der Ordnung seines Materials andere
Ziele verfolgt haben muß. Daß die traditionelle Aufteilung
in geographische und ethnographische Angaben durch-
scheint, hat Eckardt 18 ff. beobachtet (den Gewaltsam-
keiten von R. Samse, Rhein. Mus. 88, 1939, 164 ff. wider-
spricht mit Recht R. Helm, Lustrum 1, 1956, 187 f.); aber
das Schema ist nicht durchgeführt und die Naht hinter
Biturix 423 verwischt. Deutlicher treten Einschnitte nach
den Exkursen 419 und 463 hervor; sie ergeben zwei parallele,
einander ergänzende Teile und einen Anhang. Der erste
Abschnitt (396-419) führt vom Genfer See zunächst in
die Vogesen hinauf (Verbindung mit den Lingonen nach
Caes. Gall. 4,10,1 *ex monte Vosego, qui est in finibus Lingonum*),
dann nach Süden über die Isère bis zu den Flüssen Aude
und Var an der Mittelmeerküste; vom Var, der noch in
jenem Jahr 49 zur Grenze zwischen Gallia Narbonensis
und Italien bestimmt wurde, geht es ostwärts weiter nach
Monaco, wo außer dem Herakleskult der Mistral (wenn
circius diesen meint) ein interessantes Phänomen darstellt;
schließlich wird die Anfangslinie his zur Nordsee fortgesetzt,
deren Gezeiten den Dichter festhalten. Ein größerer zweiter
Abschnitt (419-462) markiert zunächst wiederum einen
Punkt am Oberrhein, behandelt dann den Südwesten und
die Westküste, erfaßt von jener Naht an in Motivgruppen
Völker zwischen Belgien und den Niederlanden einerseits,
Auvergne und Cevennen anderseits (problematisch der
Cinga 432, nicht identisch mit dem spanischen Fluß 4,21),
läuft 441 in neuem Ansatz hinauf nach Trier sowie hinunter
zur ligurischen Küste und schließt mit überlokalen Gruppen,
die den Dichter besonders reizen mußten: den Verehrern
barbarischer Götter mit ihren Menschenopfern, den Barden

und vor allem den Druiden, deren Lehre Todesbereitschaft fordert. Einen bedeutungsvollen Anhang bilden 463-465 mit einem rechtsrheinischen Germanenstamm; er bezeichnet die Hauptgefahr, die dem Reich nach wie vor von Norden droht (vgl. 8,424 f.). So drängen sich Lucans Interessen, Ideale und Sorgen in den Vordergrund. Wie weit er von Ambitionen als Ethnograph und Historiker entfernt war, erhellt auch daraus, daß er gelegentlich spätere Situationen für die Zeit Caesars vorwegnimmt und öfters allgemeine Züge gallischer Völker zur Charakteristik einzelner Stämme verwendet (R. Nierhaus, Bonner Jahrb. 153, 1953, 46 ff.); zudem scheint er die Arverner anstelle der Haeduer als Brüder Roms zu bezeichnen (427) und legt das Verbrechen an Cotta den Nerviern zur Last (429), statt vor allem die Eburonen zu nennen.

1, 466-522 Der Dichter (ihm folgt Petron 123 V. 209 ff.) schildert die Panik, die Caesars beginnender Vormarsch in Rom auslöste, und verweilt bis 2,391 bei den Ereignissen in der Stadt. Pompejus' Flucht nach Capua wird nur angedeutet (522) und erst 2,392 ff. ausgeführt. In Umbrien, das hier durch das Städtchen Mevania und einen Nebenfluß des Tiber bezeichnet ist (473 ff.), sollen jetzt einem Gerücht zufolge Caesars schnelle Reiter bereits angekommen sein; wirklich und persönlich erreicht er diese Landschaft erst 2,463. Ausführliche Würdigung der Partie bei J. Seitz, Hermes 93, 1965, 222 ff.

1, 522-583 Die Historiker kennen Prodigien insbesondere vor der Schlacht von Pharsalus, vor Caesars Ermordung und nach dem zweiten Triumvirat, anscheinend aber nicht im Januar 49 wie hier. Lucan schildert die erstgenannten Zeichen im Pharsalusbuch (7,151 ff.) und nimmt hier so offensichtlich die zweite Gruppe vorweg, daß man schon daraus schließen muß, er habe Caesars Ende nie behandeln wollen. Seiner Darstellung (danach Petron 122 V. 126 ff.) entspricht weitgehend das, was Appian civ. 4,14 f. als Folge des zweiten Triumvirats berichtet (teilweise anders Cass. Dio 47,2,3); benützt ist jedenfalls Vergils Schilderung der Zeichen nach Caesars Tod (georg. 1,466 ff., danach Tib. 2,5,71 ff. Ov. met. 15,782 ff.; die uns erhaltenen Historiker weichen auch inhaltlich ab). Während diese Berichte sich auf allgemeine Phänomene beschränken (vgl. schon Apoll.

Rhod. 4,1284 ff.), hat Lucan einzelnes aktualisiert (Ätnaaus-
bruch „auf Hesperiens Küste" u.a.) und aktuelle oder doch
spezifisch römische Züge wie Albanerberg und Latinerfest
(zu 183 ff.), Vestatempel, Sibylle hineingetragen. Neu ist
auch die die Stadt umkreisende Erinye, ein Abbild der
Allecto Vergils; sie erregt dionysischen Wahnsinn, und so
werden die Römer wie Pentheus' Mutter Agaue (vgl. 6,356
ff. 7,780), der Thrakerkönig Lykurg und Herakles ihre
eigenen Lieben töten. Schließlich stellen die Erscheinungen
von Sulla und Marius eine unmittelbare Verbindung zur
Zeitgeschichte her (vgl. 2,68 ff.).

1, 584-672 Die Abwehrriten läßt der Dichter durch einen
Vertreter der etruskischen Disziplin durchführen, die der
Sage nach ein gewisser Tages begründet hatte (637); der
Name *Arruns* ist für einen Etrusker typisch und wird auch
von Vergil so verwendet (Aen. 11,759 ff.). Nahe steht Appian
a.O. 15, wonach man Opferpriester und Zeichendeuter
aus Etrurien zusammenzog, von denen der älteste eine neue
Monarchie und allgemeine Knechtung ankündigte, sich
aber dann den Mund zuhielt, bis er erstickte. — Der Verbrennung der 562 f. erwähnten Mißgeburten folgt eine
Prozession der Priesterschaften (über das Palladium im
Vestatempel s. zu 183 ff.; zum Bad des Kybelefetisches im
Almo, einem Nebenflüßchen des Tiber, vgl. Ov. fast. 4,337
ff.), die Errichtung von Blitzgräbern und vor allem ein Opfer
mit Eingeweideschau (nach Sen. Oed. 334 ff.). Die Deutung legt Lucan einem berühmten Fachmann jener Zeit
in den Mund, dem in Astronomie und vielen verwandten
Disziplinen bewanderten P. Nigidius Figulus, der ihm
vielleicht aus eigener Lektüre bekannt war (F. Boll, Sphaera
362 f.). Abschließend formuliert dieser eine Befürchtung
der Pompejaner (Cic. Att. 7,5,4 *ex victoria ... certe tyrannus
exsistet* u.a.) mit lucanischer Paradoxie: eine möglichst
lange Kriegsdauer ist erwünscht, weil mit dem Frieden die
Knechtung beginnt.

1, 673-695 steigern die vorangegangene Prophezeiung
(*maiora*), indem sie sie verdeutlichen; so werden die Trau-
erzeremonien (2,16 ff.) vorbereitet. Die Sprecherin vereint
bacchantische Raserei (als eine zweite Amata, wie die
Erinye 572 eine zweite Allecto ist) mit apollinischer Seher-
gabe, die der Anfang des 5. Buchs schildern wird. Beginn

und Ende ihrer Vision beruhen auf einer Gleichsetzung der Schlachtfelder von Pharsalus und Philippi, wie sie zuerst Vergil am Schluß jener Vorzeichenpartie vollzogen hatte (georg. 1,489 ff., danach Ov. met. 15,823 f.). Pharsalus lag in Thessalien, Philippi über 250 km entfernt in Mazedonien; zu letzterem gehören der Landschafts- oder Landesname *Emathia* ebenso wie das Pangaion- und Haimosgebirge. Die Gleichung mag dadurch begünstigt worden sein, daß die römische Provinz Macedonia Thessalien einbezog. Aber entscheidend scheint der poetisch-patriotische Wunsch, die Vorgänge der Jahre 48 und 42 sinnfällig zu parallelisieren. Hatte schon Vergil die Wiederholung des Frevels betont (*iterum, bis*), so bezeichnet vollends Lucans Prophetin Pharsalus durch Philippi (680) und glaubt in Philippi die frühere Walstatt wiederzuerkennen (694); die gleiche Vorstellung durchzieht das ganze Werk (vgl. besonders 7,591 f. 847 ff.), und ebenso wie Petron, der eine ähnliche Vision dem Höllenfürsten in den Mund legt (121 V. 111 ff.), schließt sich ihr auch Statius in seinem Gedicht auf Lucan an (silv. 2,7,65 f.). — Zwischen den beiden Schlachten werden in chronologischer Folge vier markante Ereignisse bezeichnet: die auch am Ende des nächsten Buchs berührte und nach weiteren Vorgriffen schließlich im 8. Buch geschilderte Ermordung des Pompejus vor der Küste Ägyptens, dann die Kämpfe der Jahre 46 (Thapsus in Afrika; Catos Ende ist durch Hinweis auf seine 9,30 ff. beschriebene Aktion angedeutet) und 45 (Munda in Spanien), endlich die Ermordung Caesars in Rom, nach der dann die Mörder auf der einen, Antonius und Octavian auf der anderen Seite in Philippi zusammenstießen.

2, 67-233 Die Angst vor den drohenden Wirren äußert sich gesteigert in der Rede eines alten Mannes, der im ersten Bürgerkrieg einen Bruder verloren hat (169): die Rivalen werden den schlimmen Beispielen jener Zeit folgen und sie überbieten (223 ff.). Die Schilderung konzentriert sich auf die damaligen Rivalen Marius und Sulla; jener vertrat die Popularpartei wie Caesar, dieser die Aristokraten wie Pompejus (vgl. 6,787. 794), aber als Sieger waren sie einander gleich, und entsprechende Besorgnisse äußern nach Nigidius (1,670) und der trauernden Frau (41) Brutus und Cato anschließend für die gegenwärtige Situation (284.

320 ff.). So tritt der Terror der Sieger in den Vordergrund, bei Marius mehr mit Einzelmorden, bei Sulla mehr mit Bildern des Massenmords; die Auswahl der Fakten bestimmt sich nach der affektischen Wirkung, die Reihenfolge nach dichterischem Ordnungswillen. Um das Schreckensregiment des damals mindestens 70jährigen Marius zu motivieren (als Motiv für Sulla genügte Marius' Regiment selbst), schickt der Dichter Daten der Vorgeschichte voraus. Ungeachtet seiner ehemaligen Triumphe über Jugurtha in Numidien und über die bis zur Provence vorgerückten Teutonen (im folgenden ist auch der Sieg vorausgesetzt, den er wenig später zusammen mit Q. Lutatius Catulus in Oberitalien über die gleichfalls germanischen Kimbern errang) wurde Marius durch einen Senatsbeschluß zum Staatsfeind erklärt. Auf der Flucht in den Sümpfen von Minturnae an der latinisch-campanischen Grenze gestellt und in einem Privathaus festgesetzt (die schmähliche Kerkerhaft ist anscheinend Lucans Erfindung), wurde er nach einer Vision des gedungenen Mörders, eines wohl gefangenen Kimbern, abgeschoben und erreichte Karthago (vgl. 8,269); später gelangte er über Etrurien mit einem Aufgebot von Sklavenhorden dank der Hilfe Cinnas (vgl. 546. 4,822) nach Rom zurück. Von den zahlreichen Aristokraten, die seiner Rache zum Opfer fielen, werden ein gewisser M. Baebius, der Redner M. Antonius (über seine Zukunftsahnungen vgl. Cic. de orat. 1,26. fam. 6,2,2) sowie Vater und Bruder des späteren Triumvirn Crassus genannt; es folgt ein Hinweis darauf, daß Marius bei Antritt seines 7. Konsulats am 1.1.86 den vorjährigen Volkstribun S. Lucilius (oder Licinius) vom Tarpejischen Felsen auf den dort angeschmiedeten Auffangbalken stürzen ließ. Die Ermordung des damals etwa 60jährigen Pontifex Q. Mucius Scaevola im Vestatempel veranlaßte erst Marius' Sohn im J. 82; ihre Vorwegnahme wird dadurch erleichtert, daß bereits der vorher genannte C. Flavius Fimbria bei der Leichenfeier für den großen Marius im Januar 86 einen Anschlag auf Scaevola ins Werk gesetzt hatte. — Auch die Verluste in den von Sulla gewonnenen Schlachten (134 ff.) rechnet der Dichter noch dem Marius an; der Abschnitt über Sulla selbst beginnt erst 139 und ist von vornherein auf seine Rache abgestellt, sodaß die Massaker nach

jenen Schlachten 193 ff. nachgetragen werden. Aus Kleinasien zurückgekehrt, schlug er im J. 82 die Marianer bei
Sacriportus, begann das nahe Praeneste (mit berühmtem
Fortunatempel, heute Palestrina) zu belagern und richtete
nach dessen späterer Kapitulation ein Blutbad an. Nach
seinem Sieg am Collinischen Tor im Nordosten Roms ließ
er Tausende von Samniten und Lucanern, die dem Gegner
Beistand geleistet hatten, in einer Einhegung am Marsfeld
niedermachen (vgl. 7,306). Der Tod der Samniten bedeutete
das Ende ihres Volks (196); im Kontrast dazu unterstreicht
Lucan die Wucht ihres Angriffs auf die Stadt durch Erinnerung an den zweiten Samnitenkrieg, der den Römern in
einem Engpaß der Apenninen eine schwere Niederlage
gebracht hatte, und durch die Angabe, man habe Rom
verlegen wollen wie einst nach dem Galliersturm (5,27 ff.).
Die Schilderung von Sullas Mordgier führt zu Vergleichen
mit Unholden aus den Sagen von Herakles (zu Antaios
vgl. 4,589 ff.) und Pelops (Oinomaos, König von Olympia,
verfolgte und tötete die Freier seiner Tochter in Wettfahrten).
Mit Namen wird nur ein einziges Opfer genannt, und
diese Szene steht wieder in Zusammenhang mit dem ersten
Teil: M. Marius Gratidianus, ein Neffe des großen Marius,
hatte als Volkstribun den einst am Kimbernsieg beteiligten
Catulus auf Anstiften seines eifersüchtigen Onkels öffent-
lich angeklagt und zum Selbstmord getrieben.

2, 234-391 Brutus, der spätere Caesarmörder, und Cato
teilen die Sorge der anderen: ihr eigentlicher Gegner ist
der künftige Sieger, gleich ob Caesar oder Pompejus
(*victoris* 284, *vicisse* 323 jeweils am Ende der Rede wie
vicerit 41). Wirklich gewann Cato den Sohn seiner Stief-
schwester für Pompejus, obwohl dieser einst Brutus' Vater,
einen Marianer, hatte töten lassen. Hier gibt Brutus das
Stichwort für eine erste programmatische Rede Catos, die
auf das 9. Buch (im einzelnen vgl. etwa 2,285 mit 9,565)
und auf das vermutlich geplante Ende des Werks voraus-
weist: wie P. Decius Mus und sein Sohn durch ihren Opfertod den Römern zu Siegen über italische Gegner verholfen
haben sollen (vgl. 6,785. 7,359), so wird sein Ende den Weg
für Tyrannen freigeben (317 ff.). — Cato hatte früher seine
Frau Marcia im Einvernehmen mit ihrem Vater seinem
Freund Hortensius, dem durch Cicero bekannten Redner,

überlassen. Dieser Schritt rief damals Gegner und Verteidiger auf den Plan; die Version, daß Cato Marcia verstieß, lehnt Lucan ab (345). Hortensius' Tod, nach dem Marcia zu ihrem früheren oder legitimen Mann zurückkehrte, fiel in den Juni 50; wie auch sonst arbeitet der Dichter mit dramaturgischer Zeitraffung, indem er die Beisetzung unmittelbar vor unserer Szene annimmt. Bei der Wiedervermählung schildert er zunächst das Fehlen konventioneller Riten (zur Gedankenführung 365-367 vgl. 6,122 ff. 10,295 ff.; Fescennium, der Ursprungsort der Hochzeitsneckereien, wird sonst statt bei den Sabinern im südlichen Etrurien gesucht), konzentriert sich aber dann auf eine Würdigung Catos, der die ganze Partie beherrscht. **2, 392-438** nehmen 1,522 auf: Pompejus flieht nach Campaniens Hauptstadt Capua, das angeblich von dem Troer Kapys, dem Großvater (Ilias 20,239) oder Gefährten des Aeneas, gegründet war (Verg. Aen. 10,145 u.a.). Doch geht es vorläufig nur um das Aufmarschgebiet und wird die Handlung erst 526 fortgesetzt. Der Exkurs über den Apennin behandelt zunächst, mit einer uns ungewohnten Orientierung von Norden her, seine 'links' in die Adria und 'rechts' ins Tyrrhenische Meer mündenden Flüsse, dann seine Ausläufer im Norden und Süden. Wie wenig es dem Dichter auf das eigentlich Geographische ankommt, wird insbesondere durch die Einbeziehung des Po verdeutlicht. Lucan denkt gewiß nicht an dessen Nebenflüsse aus dem Apennin, läßt diese vielmehr außer acht (418 ff.). Es geht ihm um poetische Wirkung; er erreicht sie, wenn er das Hauptgebirge und den größten Strom des Landes parallelisiert (397. 408, wo nach dem Zusammenhang andere Berge bzw. Flüsse Italiens, nicht der Welt, den Gegensatz bilden), Nil wie Donau vergleicht und an Phaëthon mit seinen in Pappeln verwandelten Schwestern erinnert. Die Behandlung der Partie durch R. Samse (Rhein. Mus. 89, 1940, 293 ff.) ist mit Vorsicht zu benützen (vgl. R. Helm, Lustrum 1, 1956, 188 ff.). **2, 439-525** setzen 1,466 ff. fort, wo der Beginn von Caesars Vormarsch skizziert und seine Wirkung auf Rom geschildert war. Vor der dramatischen Hauptszene im mittelitalischen Corfinium werden Städte Etruriens, Umbriens (vgl. 1,473 ff.) und der Picener mit ihren Stadtkommandanten genannt, unter diesen der später in Afrika tätige (4,666 ff., vgl. 8,287) P. Attius Varus, ohne Ortsangabe auch Faustus Cornelius Sulla, der Sohn des Diktators und Pompejus' Eidam. Der Schwiegervater Q. Caecilius Metellus Pius Scipio (*Metellus* 8,410. 9,277) taucht später wieder in Pharsalus auf und wird nach der Schlacht von Thapsus durch Selbstmord enden (6,311. 788. 7,223); hier untersteht ihm das umbrische Nuceria mit einer Legion, die Pompejus im J. 54 nach Gallien ausgeliehen, der Senat aber im April 50 von Caesar zurückgefordert hatte, angeblich für den Partherkrieg. Neros Vorfahr L. Domitius Ahenobarbus war als Caesars Nachfolger in der Verwaltung Galliens nominiert worden (7,607). Er erscheint schon in unserer Partie statt als der feige Verräter, der er wirklich war, als ein heldenhafter „Kämpe", wie ihn auch das 7. Buch schildert (*pugnax* 2,479. 7,219. 600, vgl. W. Menz, W. d. F. 360 ff.). Lucan zufolge standen ihm die früher im Miloprozeß (1,319 ff.) von Pompejus aufgebotenen Truppen zur Verfügung. Daß er für diesen nach seiner Begnadigung zunächst in Massilia weiterkämpfte, übergeht der Dichter im 3. Buch, spielt jedoch 7,600 ff. auf seinen wiederholten Einsatz an.

2, 526-609 Anscheinend rüstet Pompejus hier zur Hilfe für Corfinium, die er in Wirklichkeit verweigerte, und wird erst durch die Furcht seiner Truppen nach Brundisium getrieben. Schonungslos zeichnet der Dichter den Feigling, der nicht nur die gleiche Furcht empfindet (598), sondern die allgemeine Vorstellung teilt, Caesar habe nordländische Barbaren aufgeboten (535, vgl. 1,481 ff.). Die Rede bildet ein Pendant zu Caesars Ansprache 1,299 ff.; damit stellt nun auch der Dichter selber die Rivalen in eine gewisse Parallele bzw. in gemeinsamen Gegensatz zu Cato, dem echten Vater Roms (388). Pompejus distanziert sich von Catilina und dessen Spießgesellen P. Cornelius Lentulus Sura und C. Cornelius Cethegus (die Cetheger bewahrten die altrömische Sitte, die Toga ohne Tunica zu tragen), vergleicht Caesar ausdrücklicher mit Cinna und Marius (dieser ist 6,793 f. mit den Catilinariern im Tartarus vereint) und stellt ihn gar sozusagen als Spartakisten hin. Als Vorbild nennt er neben dem Nationalhelden Camillus *Metelli*, d. h. nach dem Zusammenhang einen bestimmten Metellus, doch wohl

den Sullaner Q. Caecilius Metellus Pius, mit dem zusammen
Pompejus nach dem Sertoriuskrieg (549) über Spanien
triumphiert hatte; großzügig (vielleicht unter dem Deck-
mantel des Plurals nicht ohne Ironie) gibt er dem Älteren
das Beiwort *magnus*, obwohl er ihm übergeordnet worden
war (8,809 wird sogar eine Abberufung des Konsulars
angenommen) und sich seither selber Magnus nannte
(Plut. Pomp. 13,9). Neben Sertorius treten als bezwungene
Aufrührer M. Aemilius Lepidus, den der Sohn des oben
genannten Catulus (174) besiegt hatte, und (im Sinne des
Dichters zur Schande des Sprechers) der unter unrühmlichen
Umständen in Lilybaeum hingerichtete Cn. Papirius Carbo.
Die Naivität von 556 ff. ermißt der Leser am eigenen Urteil Lucans (1,129 ff.), die Unglaubwürdigkeit von 562 ff.
vor allem am Urteil Catos (320 ff.). Es folgt eine Art Re-
vanche für Caesars Spott über die lange Dauer des Mithri-
dateskriegs (1,336 f.): Pompejus vervielfacht die *gemina
lustra* (1,283, vgl. 374) des gallischen Kriegs, fingiert Rück-
züge vom Rhein ebenso wie aus Britannien und rechnet
kleinlicher als billig (3,77) dessen Meer nicht zum Ozean.
Den Beschluß bildet ein Katalog der von ihm selbst mehr
oder weniger unterworfenen Völker, mit den von seinem Triumph im J. 61 bekannten Übertreibungen, die zu Vergleichen mit Alexander, Herakles oder Dionysos führten.
Pompejus beginnt und schließt mit dem Seeräuberkrieg,
den Caesar nur beiläufig berührt hatte (1,336. 346; Ver-
kürzung auf 40 Tage nach Livius, perioch. 99), und kommt
auf Mithridates zurück; zweimal gibt er zu verstehen, daß
er den Spuren der Argonauten nachgegangen sei (585. 591,
vgl. Appian. Mithr. 478), und behauptet, mit Syene (vgl.
8,851. 10,234) die Südgrenze Ägyptens erreicht zu haben
(vorsichtiger 633 f.), ebenso den Guadalquivir und Arabien;
weiterhin nennt er Armenien mit der zugehörigen Landschaft Sophene und andere klangvolle Namen, deutet
auch an, daß er das Allerheiligste in Jerusalem zu betreten
gewagt hat.

2, 610–627 Mit anderen Städten Kalabriens galt Brundisium
(Brindisi) als kretische Siedlung. Man knüpfte an die Sage
von Theseus an, der bei der Heimkehr von Kreta vergessen
hatte, seine schwarzen Segel auszuwechseln und so seinem
Vater die glückliche Überwindung des Minotauros anzu-

zeigen; kretische Flüchtlinge sollten sich ihm angeschlossen haben und weitergefahren sein. Im folgenden bereitet der Dichter darauf vor, daß Pompejus nach Epidamnos-Dyrrhachium streben (zu 3,1 ff.) und Flottenteile bei Korkyra stationieren wird (5,420. 8,37. 9,32). Die Sandbänke der illyrischen Insel Sason, eines Haltepunkts in der kurzen Straße von Otranto, und die gewitterreiche Steilküste von Epirus bezeichnen die Tücke der Adria, die Caesar kennenlernen wird (5,457. 650 ff.).

2, 628-649 Pompejus beauftragt seinen älteren Sohn Gnaeus und die (in Wirklichkeit damals schon nach Dyrrhachium vorausgeeilten) Konsuln mit Truppenwerbungen, deren Erfolg 3,169 ff. geschildert wird; dem Konsul L. Cornelius Lentulus Crus begegnen wir wieder in Illyrien und Kilikien (5,16. 8,328), dem Sohn erst in Afrika (9,121). Die Rede ergänzt den früheren Katalog (576 ff.) und konzentriert sich mehr auf die Herrscher, von denen Hilfe zu erwarten ist. Die Ströme Armeniens und Ägyptens (hier modifiziert Pompejus das, was er 586 f. vor den Soldaten behauptet hatte) weisen auf Tigranes und Ptolemaios; neben ihnen ist dann Pharnakes genannt, Mithridates' abtrünniger Sohn (10,476), für dessen Reich am Asowschen Meer Klein-Armenien als Südgrenze und ein sagenhaftes Gebirge (vgl. 3,273. 4,118) als Nordgrenze angenommen wird.

2, 661-679 Die zum Zuschütten verwendeten Steinmassen vergleicht Lucan mit dem Eryx an der Westküste Siziliens und dem Gaurus nördlich des Avernersees in Campanien, den Damm selbst mit Xerxes' Hellespontbrücke; hierbei erinnert er an den gegenteiligen Effekt, den der Perserkönig zugleich mit einem Durchstich der vom Athos gekrönten Landzunge erreichte. Die Nennung des *mare Aegaeum* am Eryx hat viel Verlegenheit bereitet. Die Ägäis liegt fern, eine Ausdehnung dieses Begriffs auf das gesamte Mittelmeer läßt sich nicht erkennen, und so kann nur das Meer bei den Ägatischen Inseln gemeint sein; da *Aegatum* (Cortius) und *Aegati* (Roßbach) 'parum Latine' gebildet wären (Housman z. St., dessen Vermutung *Aeolii* die Geographie nicht verbessert), wird man annehmen müssen, Lucan habe eine eigenwillige Verschlüsselung gesucht. Offenbar ist 5,613 ebenso zu beurteilen.

3, 1-45 weisen in Fortsetzung des 2. Buchs vor und
zurück: wie eine Erscheinung der Göttin Roma Caesar
in seiner Gewalttätigkeit nur bestärkt hatte (1,186 ff.), so
trotzt Pompejus einer Erscheinung Julias (zu 1,1 ff.) und
ermannt sich zu stoischer Todesbereitschaft. Natürlich
färbt die 'Furie' die Tatsachen tendenziös um: Pompejus'
Triumphe lagen vor seiner Ehe mit Julia, und erst zwei
Jahre nach deren Tod nahm er Cornelia zur Frau. Den
Gedanken, Cornelia habe als Crassus' Witwe Unglück
gebracht, führt Lucan aus ihrer späteren Selbstanklage
im Anschluß an Livius ein und steigert diese umgekehrt
durch Julias Stichwort ,,Kebse" (zu 8,1 ff.). — Pompejus
setzte nach Dyrrhachium in Illyrien über (Durrës im
heutigen Albanien). Lucan scheint dies dadurch anzudeuten,
daß die Flotte unter Südwind segelt; ausdrücklich nennt
er Dyrrhachium erst und nur zu Beginn des 6. Buchs, wo der
Kampf einsetzt, gibt der Stadt sonst ihren alten, ominö-
sen Namen Epidamnos (2,624. 10,545) und unterscheidet
vielleicht zwei Siedlungen (vgl. Appian. civ. 2,153. Paus.
6,10,8. Cass. Dio 41,49,2). Wenn es 2,646 heißt, die Konsuln
seien ,,nach Epirus" vorausgeschickt worden, so ist damit
offenbar gleichfalls Epidamnos-Dyrrhachium gemeint und
wird die Stadt statt zu Illyrien (2,624) diesmal zu Epirus
gerechnet (so auch Appian a.O. 152; Orosius denkt sie
sich nach Livius in ,,Griechenland", hist. 6,15,4). Da die
Konsuln unter Nordwind abreisen und Caesar (5,417)
ebenso wie Antonius (5,705) zu nur wenig südlicheren
Zielen Brundisium gleichfalls bei Nordwind verlassen, hat
man gemeint, *auster* bezeichne an unserer Stelle eben
diesen (*pro aquilone, usus poetica licentia* Comm. Bern.) oder
'Wind' schlechthin (*species pro genere* Arnulf, vgl. Housman
zu 7,871). Aber erklärungsbedürftig ist nicht der Süd-, sondern der Nordwind. Der Dichter scheint sich vorzustellen,
dieser beherrsche in den Wintermonaten die Adria (noch
heute ist der Bora für sie charakteristisch), und er löst damit
einen Affekt des Lesers aus: beim *primus boreas*, d.h. selbst
bei widrigem Wind, der ja wie 5,721 umschlagen kann,
müssen die Konsuln abfahren; auch die beiden anderen
unternehmen ein Wagnis und empfinden es schon als
Vorteil, daß der Wind ,,bloß" oder ,,klar" aus Norden
bläst statt wie 5,598 ff. aus allen Richtungen. Welches

Glück Pompejus hat, sollen wir auch bei seiner Landung
spüren: als Sturm war Südwind hier gefährlich (6,27 f.).
3, 59-70 Curio (zu 1,261 ff.) ist auf dem Weg nach Afrika,
das hier neben Sizilien und Sardinien als Kornkammer
genannt wird. Die dortige Regenzeit kommt ähnlich in
einem späteren Exkurs (9,422 f.), die Meerenge von
Messina in einem früheren (2,435 ff.) zur Sprache.
3, 84-168 Von dem Marsch auf der Via Appia beschreibt
Lucan nur das letzte, durch Latium führende Stück.
Bedeutsam nennt er bei den Pomptinischen Sümpfen das
ehrwürdige Anxur (Terracina), wo Jupiter Anxur einen
Tempel hatte, Aricia mit dem Heiligtum Dianas, deren
Kultbild Orest aus Tauris herübergebracht haben soll (vgl.
6,74 f.), und den Bündnerberg von Alba (zu 1,183 ff.), sodaß Caesars Worte an „sein" Rom zur Farce werden. Die
Senatssitzung, die Caesar nicht einberufen durfte und in
Wirklichkeit vor den Toren abhielt, verlegt der Dichter mit
wirkungsvollem Anachronismus in den erst von Augustus
gestifteten Apollotempel auf dem Palatin. Vollends erhält
die Szene am Saturntempel dramatisches Gepräge. Caesar
hatte dem Volkstribun L. Caecilius Metellus, der ihm den
Zutritt verwehrte, ungeachtet der durch das Amt gegebenen
Unverletzlichkeit den Tod angedroht; hier zeigt er seine
Absichten, leugnet sie aber zugleich. Ein Cotta wird in
diesem Zusammenhang sonst nicht erwähnt und ist vielleicht
eine Erfindung Lucans, den man selber sprechen zu hören
meint. Der Tempel barg die Staatskasse und einen Reser-
veschatz; *exhaustae* 132 nimmt, wie der Dichter es liebt, den
Effekt vorweg (von Fraenkel 286 verteidigt, aber kaum
richtig auf politische Ohnmacht bezogen; bei *pacis* scheint
eine durch den Gegensatz *bellum* ausgelöste Metonymie
denkbar, anders 7,94). Was Lucan über die Bestände sagt,
wird zum Teil durch Parallelüberlieferungen bestätigt; aber
er hat wohl manches hinzugetan und die Gelegenheit
benützt, Roms Vergangenheit zu feiern. Er nennt die Beute
aus den Kriegen mit Karthago, mit den mazedonischen
Königen und mit Pyrrhus, der den Gesandten C. Fabricius
Luscinus bestechen wollte (vgl. 10,152), erinnert an asia-
tische Tribute, den Seeräuberkrieg des Q. Caecilius Metellus
Creticus, die Einziehung der Reichtümer Zyperns durch
unseren Cato und die Spenden, die Pompejus nach seinem

Triumph im J. 61 (zu 2,526 ff.) der Staatskasse gemacht
hatte. Am berühmtesten war das Gold, das Jahrhunderte
hindurch im Jupitertempel auf dem Kapitol lag, angeblich
nach der Alliaschlacht (7,409) von Camillus den Galliern
abgenommen war und bis zu einem neuen Gallierkrieg für
unantastbar galt; da Caesar gerade diesen Hort damals als
Besieger Galliens gefordert und dem Saturntempel entführt
haben soll (Appian. civ. 2,164), ist ein Hinweis unent-
behrlich, also 159 treffend emendiert.

3, 169-297 zeigen das Ergebnis der angeordneten Trup-
penwerbung (2,632 ff.). Anfang und Ende der von Eckardt
1 ff. behandelten Partie deuten auf die bevorstehende
Katastrophe: die aufgezählten Völker werden Pompejus in
seinem Sturz begleiten und seinen Leichenzug bilden. Der
düstere Schluß enthält einen Nachtrag, der die Nordküste
Afrikas erfaßt und mit Paraitonion an der ägyptischen
Grenze (vgl. 10,9) dort abbricht, wo wir endlich die Nennung von Ägypten selbst erwarten. Dies stellte tatsächlich ein
Geschwader und Proviant zur Verfügung. Aber bei Lucan
wird die erhoffte Hilfe (2,633. 636) anscheinend verweigert;
der Leser wird dies hier mit den Prognosen am Ende der
ersten beiden Bücher kombinieren und findet schließlich
bestätigt, daß Ägypten Pompejus' Verdiensten zum Trotz
neutral geblieben ist (8,531). Umso glanzvoller entfaltet
sich eine Völkerschau, die die sonstigen Erwartungen weit
übertrifft und die Wirklichkeit (vgl. die glaubhaftere
Übersicht Caes. civ. 3,3 ff.) ins Phantastische steigert. Die
Darstellungstechnik entspricht vielfach den bei Caesars
Truppenkatalog 1,392 ff. beobachteten Prinzipien: der
Dichter folgt keinem streng geographischen Kurs, sondern
bildet Motivgruppen und Haltepunkte, nach denen er
neue Linien verfolgt. — Ein erster Hauptteil behandelt
Griechenland bis Illyrien und Thrakien sowie das östliche
Mittelmeer, ein zweiter (229 ff.) den fernen Orient. Zunächst
erscheinen Namen aus der „Nähe", abschließend Athen, das
einst mit seiner Flotte ein gewaltiges Aufgebot des Perser-
königs (285 f.) geschlagen hatte, aber jetzt so ohnmächtig
ist, daß es nur drei Schiffe nach Apollonia abstellen kann
(bei gleicher Kontrastierung nannte Livius *vix duas naves*,
frg. 37). Bevor die Kontingente aus dem Adriabereich
selbst aufgezählt werden (Orikos lag südlich von Apollonia

und wurde zu dem vorher genannten Chaonien gerechnet;
zur Gründungssage vgl. Ps. Skymn. 441 ff., wogegen Comm.
Bern. und Adnot. bloße Kombinationen aus *Dardaniam*
bieten), ist Kreta aufgeführt. Nachher geht es weiter nach
Thessalien (noch deutlicher als hier erscheint die Argo als
Kriegsstifterin 6,400 f.) und nach Thrakien mit dem auf
Pharsalus weisenden Haimos (zu 1,673 ff., vgl. auch die
Kraniche 7,832 ff.; das Pholoëplateau denkt sich Lucan
stets statt in Arkadien im thessalisch-thrakischen Bereich,
weil die Zentauren hier wie dort sitzen), zur Donaumün-
dung und zum westlichen Kleinasien. Hier verweilt der
Dichter ausführlicher, u.a. in Kelainai (Marsyas wollte mit
Athenas Flöte die Leier Apollons übertrumpfen und wurde
nach dessen Sieg geschunden), vor allem aber, außerhalb
der Reihe und abschließend, in Troja, das hier im Gegensatz
zu 9,964 ff. besiedelt zu sein scheint: durch Familientra-
dition mit Caesar verbunden (zu 1,183 ff.), kann es mit
seinem Kontingent Pompejus nur Unglück bringen. Die
letzte Gruppe des ersten Hauptteils behandelt den Kü-
stenbereich des Nahen Ostens, nennt u.a. Ninos-Hierapolis
in Kontamination mit dem versunkenen Ninive, benützt
die Erwähnung von Phönizien zu einem Exkurs über die
Erfindung der Schrift, strebt dann in den Nordwinkel
zurück und schließt mit Kilikien, wo Pompejus die Seeräuber
angesiedelt hatte und jetzt Hilfe erwarten konnte (2,635 f.).
— Der zweite Hauptteil führt zunächst auf Alexanders
Spuren (vgl. zu 2,526 ff.) nach Indien; wie in Caesars
Truppenkatalog bei den Druiden (1,450 ff.) widmet sich
der Dichter hier gern dem Thema der Bereitschaft zum
Freitod. Wohl im Kontrast zu den weibischen Gewohnhei-
ten des Volkes (237 ff.) ist eine kleinasiatisch-armenische
Gruppe angehängt, abgeschlossen durch ein nur noch ein-
mal erwähntes Volk am Asowschen Meer (Val. Fl. 6,151
diros magico terrore Choatras). In neuem Ansatz geht es von
Arabien hinüber zu westlichen Nachbarn der Inder, den
Karmanen und 'Oresten', d.h. den durch Alexander be-
kanntgewordenen 'Ωρεῖται, *Ōrītae* (vgl. Dionys. periheg.
1096, danach Avien. orb. terr. 1296. Prisc. periheg. 1003).
Von diesen Gebieten weiß der Dichter astronomische
Phänomene zu berichten, und das Motiv führt ihn nach
Äthiopien, dem fernen Land schlechthin (9,517 f. neben

Arabien und Indien genannt). Einen neuen Übergangspunkt
bilden Euphrat und Tigris, nach deren Schilderung die
Neutralität der Parther (vgl. zu 8,256 ff.) und der Tod des
dritten Triumvirn Crassus berührt werden. Mit Baktrien
hat der Dichter wieder einen extremen Punkt im Osten
erreicht, geht nun westwärts bis zur Grenze Lydiens, wo
König Kroisos gescheitert war, von da hinauf zum kurven-
reichen Don als der Grenze zwischen Europa und Asien,
zum Asowschen und Kaspischen Meer, bis sich der Kreis,
nochmals die Sarmaten streifend (282, vgl. 270), mit Aria
geschlossen hat. Die Völkermassen insgesamt übersteigen
nach Zahl und Art die Aufgebote eines Kyros, Xerxes und
Agamemnon: ein stolzes Fazit vor dem Ausblick auf ihren
Untergang.

3, 298-374 Der vorangestellte Truppenkatalog hat nicht
nur an seinem Ende mit dem Stichwort 'Caesar' zur Handlung zurückgelenkt, sondern für Caesars nächste Aktion
einen Kontrast geschaffen: eine verbündete Stadt lehnt es
ab, sich wie andere zahllose Völker (321) an einem Bürgerkrieg zu beteiligen, will vielmehr die Rivalen sich selbst
überlassen, als kämpften Götter mit Giganten. Massilia
(Marseille), eine Tochterstadt des von Phokern gegründeten
Phokaia in Kleinasien (Lucan nennt dies 340. 5,53 *Phocis*
und unterscheidet nicht zwischen ,,phokisch" und ,,pho-
käisch"), bildete eine wichtige Brücke nach Spanien wie
hier und nach Gallien; so hatte es den Römern gegen
Hannibal und gegen die Teutonen gute Dienste geleistet.
Der Dichter zeichnet die Patrioten, die für ihre Freiheit
leiden wollen wie seinerzeit Sagunt bei der Belagerung
durch Hannibal (349 f.), und stellt der Gesandtenrede eine
zynische Antwort Caesars gegenüber.

3, 375-762 Die noch von Caesar selbst geleiteten Bela-
gerungsmaßnahmen stellt der Dichter nur kurz dar und
erfindet eine Szene hinzu, die wieder der Charakteristik
des Mannes selbst dient: die Fällung eines heiligen Hains
(zu den Eichen von Dodona vgl. 179 f. 6,426 f., zur Verwandlung des Telephossohns Kyparissos in eine Zypresse Ov.
met. 10,106 ff.). Die Kämpfe zu Land und Meer setzen erst
ein, wenn Caesar nach Spanien weitermarschiert ist (453 ff.).
Von den Kommandeuren nennt Lucan nur Caesars Admiral
D. Junius Brutus Albinus, der ihm offensichtlich bemerkens-

werter schien (761 f.) als der Verteidiger Domitius (zu
2,439 ff.) und andere uns bekannte Führer auf beiden
Seiten einschließlich zweier Griechen. Für die Schiffs-
kämpfe erfindet er verschiedene Namen, vor allem griechische, überträgt aber eine Heldentat des Caesarianers C.
Acilius (Val. Max. 3,2,22. Suet. Iul. 68,4. Plut. Caes. 16,2)
auf einen von zwei ungenannten griechischen Zwillings-
brüdern (609 ff.), in Erinnerung an Aischylos' Bruder
Kynegeiros (Herod. 6,114), den man als Vorbild verglich.
Schon diese Äußerlichkeiten zeigen, wie wenig er Historiker
sein will. Die dichterische Darstellungsweise hat I. Opelt
(Hermes 85, 1957, 435 ff., vgl. zu 603 ff. auch W. Metger,
W. d. F. 423 ff.) besonders für 509 ff. aufgezeigt, wo die
auch von Livius (perioch. 110) unterschiedenen zwei
Seegefechte zu einer großen Seeschlacht zusammengezogen
werden. Bei diesem neuartigen oder jedenfalls doch weniger
geläufigen epischen Sujet mußte es Lucan reizen, seine
Phantasie in Einzelszenen spielen zu lassen; ebenso verfährt
er bei der afrikanischen Schlangenplage (9,734 ff.), lehnt
dagegen für die Schlacht von Pharsalus die herkömmliche
Technik ab, weil sie ihm dort unangemessen und wohl
abgegriffen schien (7,617 ff.). Massilias Kapitulation, die
Caesar nach seiner Rückkehr aus Spanien entgegennahm,
bleibt unerwähnt; Lucan hätte hier vorgreifen oder sich
im 4. Buch nach ähnlichem Ausgang der spanischen
Kämpfe (337-401) wiederholen müssen.

4, 1-401 Die Bedeutung des spanischen Feldzugs liegt
darin, daß Caesar als Sieger freie Hand für den Osten
gewinnt (352 f.). Der Dichter beschränkt sich auf die Kämpfe
nördlich des Ebro, wo L. Afranius und M. Petrejus den Feind
aufzuhalten suchten, und übergeht die folgende Auseinan-
dersetzung mit einem dritten Legaten des Pompejus im
Süden, seiner eigenen Heimat. Auch in dem geschilderten
Teilabschnitt sind die Ereignisse vor dem Eintreffen Caesars
(sein Vorkommando hatte u.a. zwei Brücken gebaut, die
das im folgenden beschriebene Hochwasser zerstörte)
übergangen und treten die weiteren Fakten gegenüber
affektbetonten Szenen oder Gefühlsäußerungen des Dichters
selbst zurück. Drei Teile (anders W. Rutz, W. d. F. 176 ff.)
setzen jeweils mit knappen Kampfskizzen ein, schaffen das
erste Mal ein Ritardando und dann zwei Haltepunkte bei

Caesars Erfolgen. So ergibt sich ein lehrreicher Unterschied
zu dessen eigener Darstellung (civ. 1,37 ff.). — Den ersten
Schauplatz bildet die Ebene zwischen zwei Pyrenäenflüssen,
die dann vereint in den Ebro münden, dem Sikoris (Segre)
im Osten und dem Cinga (Cinca) im Westen. Hoch über
dem rechten Sikorisufer lag Ilerda (Lérida) und erschloß
mit seiner Steinbrücke das jenseitige Gelände zur Versor-
gung; südwestlich der Stadt hatten sich Afranius und
Petrejus mit ihren Legionen und Hilfstruppen (Keltiberern
u.a., 8 ff.) auf einem Berg verschanzt. Eine andere Höhe
wird jetzt von Caesar besetzt; sie ist nach Lucan von jenem
Berg durch ein unbestimmtes Gewässer getrennt (18), aus
dem wir uns vielleicht nachher Caesars Graben (28 ff.)
abgeleitet denken sollen. Die Kampfhandlungen beginnen
mit Caesars Versuch, einen weiteren, zwischen Ilerda und
dem Pompejanerlager gelegenen Hügel zu nehmen und so
dem Feind die Verbindungen abzuschneiden (32 ff.). Aber
dies mißlingt, und weitere Rückschläge bringt ein schweres
Unwetter, das Lucan als ein vom Mond bestimmtes Früh-
jahrsereignis schildert und vielleicht aus eigener Erfindung
vom Ende Juni auf die erste Mondphase nach Eintritt
der Sonne in den Widder, d.h. nach der Tag- und Nachtgleiche vordatiert (56 ff.). — Nach Rückgang der Über-
schwemmungen gewinnt Caesar militärisch und moralisch
die Oberhand (121 ff.). Er kann mit Behelfsbooten nach
britannischem Muster (Caes. civ. 1,54,1, poetisch erweiternd
Lucan 134 ff.) auf das linke Ufer übersetzen, eine Brücke
schlagen und den Sikoris durch Kanalisierung bändigen;
als der Feind sich an den Ebro zurückziehen will, um
jenseits weitere Verstärkungen aufzubieten, schickt er ihm
seine Soldaten auf dem kürzesten Weg durch den Sikoris
nach. Bei den Bergpässen drüben beziehen die beiden
Gegner (wie 5,461 ff. die Rivalen selbst) unfern voneinander
Lager und sind einer Verbrüderung nahe, bis Petrejus
eingreift. Der Dichter, der von vornherein den Greuel eines
Bruderkampfes herausstellt (26 ff. 120), hat sich sofort mit
einem leidenschaftlichen Appell eingeschaltet (182 ff.),
nimmt jetzt einen gegen Pompejus gerichteten Vorwurf
Caesars auf (237 ff., vgl. 1,330 ff.) und wagt die Paradoxie,
statt Pompejus (2,531. 7,349. 8,94) vertrete nunmehr Caesar
die bessere Sache (259). — Die Pompejaner streben nach

llerda zurück, werden aber zwischen Sikoris und Ebro
eingeschlossen. Ihr Ausbruchsversuch bestätigt Caesars
taktische Überlegenheit; wie dieser vorher unter Futtermangel und Hunger, so leiden sie jetzt trotz der Nähe
zweier Flüsse unter Wassernot (vgl. die ähnliche Kontrastierung 6,80 ff.). Noch gnädiger als vor Corfinium (vgl. 340
mit 2,509) nimmt Caesar die Kapitulation entgegen, und
der Dichter schwelgt in neuen Paradoxien (382 ff.).

4, 402-581   In Dalmatien wirkt als pompejanischer Flot-
tenkommandant mit fremden Hilfstruppen (449. 529 f.)
M. Octavius (neben ihm war u.a. der 2,462 genannte Libo
beteiligt), als Caesarianer der Legat C. Antonius, Bruder
des späteren Triumvirn, weiterhin auch L. Minucius Basilus (vgl. 6,126) und, hier ins Licht gerückt, C. Vultejus Capito. Nördlich von Salonae (Split) und Jader (Zadar) wurde Antonius auf der Insel Kurikta (Krk; gegen die sonstige
Überlieferung bieten die Handschriften bei Caes. civ. 3,10,5
Corcyram, sodaß manche Gelehrte die Aktion nach Korčula
verlegen) eingeschlossen und ausgehungert. Seine spätere
Kapitulation und eine vorangegangene Niederlage der Flotte
erzählt Lucan nicht, sieht vielmehr den Rückschlag für
Caesar (403) im bewegenden Untergang einer Einzelgruppe
beschlossen (513 f.): dem Freitod des Vultejus und seiner
aus Opitergium (Oderzo) stammenden Leute, die bei
einem Durchbruchsversuch von drei Flößen in eine Falle
gerieten, nach 526 f. kurz vor Sommeranfang. Ihr Vergleich
mit den thebanischen Sparten (als Prototyp für Eteokles
und Polyneikes) und den Geharnischten der Argonauten-
sage, die wie jene aus gesäten Drachenzähnen hervorgingen
und einander erschlugen (549 ff.), bleibt mehr konventionell.
Entscheidend ist dem Dichter, daß hier Caesarianer ein
Vorbild dafür geben, wie man einem entarteten Cäsarentum
der Gegenwart entgegentreten soll (496 f. 575 ff.).

4, 581-824   Von Sizilien kommend, erreichte Curio (zu
1,261 ff.) im August einen etwa 30 km von Clipea oder
Clupea entfernten, „in der warmen Jahreszeit nicht ungünstigen Ankerplatz" (Caes. civ. 2,23,2), der nach Lucan
wohl am Ostrand der karthagischen Bucht selbst lag, und
drang von dort im westlichen Küstenbogen zur Mündung
des Bagrada südlich von Utica vor. Auf einem Plateau des
Hinterlands hatte der ältere Scipio Africanus im Winter

204/3 Hannibal erwartet, und dort richtete sich auch Curio
ein. Sein vorangegangener Erkundungszug erhält hier
einen romantischen Anlaß: der Platz ist mit einem Fabelland
gleichgesetzt, und Curio wendet sich an eine Art Fremdenführer wie Caesar in Troja (9,976 ff.). Den Schauplatz
der Antaiossage suchte man seit hellenistischer Zeit bei den
sogenannten Säulen des Herakles in Tingis (Tanger) oder
in dessen Nähe, und eine spätere Tradition macht die als
Antaios' Frau gedachte Eponyme Tinge und Herakles zu
Stammeltern des numidischen Königshauses (Plut. Sert.
9,8 ff. = Juba 275 T 10 Jacoby); aber Lucan läßt einen
aktuellen Bezug der Sage nicht erkennen und steht mit
deren Lokalisierung allein. Die Reminiszenz an Scipio
benützt er, um Curios vertrauensselige Keckheit (*audax*
wie hier schon 1,269) zu motivieren. Diesem standen nur
wenige und unzuverlässige Truppen zur Verfügung, ehema-
lige Pompejaner aus Corfinium (697, vgl. 2,478 ff.). Sein
Gegner P. Attius Varus war aus Mittelitalien geflüchtet
(2,466) und behauptete in der Provinz Africa eine illegale
Statthalterschaft; ihm kam Juba I. zu Hilfe, nachdem Curio
im Vorjahr als Volkstribun versucht hatte, sein Reich dem
römischen einzuverleiben (688 ff.). Dem Herrschaftsgebiet
des Königs gibt Lucan eine phantastische Ausdehnung
(670 ff.), schwerlich in Erinnerung daran, daß Jubas Sohn
später wenigstens Mauretanien hinzubekam und seine
Vorfahren angeblich über viele Völker Libyens geboten
hatten (Plut. a.O.), sondern in poetischer Steigerung, die
mit allerlei exotischen Namen Furcht erregen soll. — Die
Kampfhandlungen selbst sind auch diesmal stark vereinfacht. Varus' anfängliche Niederlage wird kurz berührt,
weil sie Curio vollends verblendet (711 ff.) und für die
folgende Tragödie reif macht; dann konzentriert sich der
Dichter auf diese selbst. Juba und Sabbura (*Sabbora* Frontin.
strat. 2,5,40; sonst *Saburra, Saborra*) erinnern ihn an Hannibal
(736 f.) und gelten ihm als Rächer Karthagos (788 ff., vgl.
6,310); seine Entrüstung über die Schmach, daß Libyer
für Pompejus und den Senat von Nutzen waren, ist später
mitzuhören, wenn der pompejanische Senat Juba honoriert
(5,56 f.). Anderseits zeigt der die frühere Charakteristik
erweiternde Nachruf auf den Caesarianer wieder eine
bemerkenswerte Wärme; der einst bewährte und schließlich

todbereite Ehrenmann erscheint hier als Opfer des allgemeinen Sittenverfalls, der den Bürgerkrieg überhaupt verursacht hatte (1,158 ff.).
5, 1-64 kehren zu Pompejus zurück, der in Dyrrhachium
gelandet war (3,45). Seine Truppenmasse (3,169 ff.) läßt
der Dichter im eigenen Fazit aus den seitherigen Ereignissen
unberücksichtigt; wenn sie einem Pompejaner als Ausgleich
für den Verlust des Westens gilt (37 f.), so sollen wir auch
hier tragische Selbsttäuschung erkennen. — Pompejus
befand sich zu jener Zeit mit Konsuln und Senatoren in
Thessalonike (Saloniki); aber Lucan beläßt sie der Einheit
des Orts zuliebe in 'Epirus', d.h. wohl eben in Epidamnos-
Dyrrhachium (zu 3,1 ff.). Die Einberufung des Senats steht
im Kontrast zu Caesars Unkorrektheit (3,103 ff.). Lentulus
(zu 2,628 ff.) unterstreicht die Würde an unwürdigem Ort,
unter Berufung auf Camillus, der Roms Übersiedlung nach
Veji verhinderte, aber nach Lucans Annahme dort vor-
übergehend wohnte; anderseits klingt des Konsuls Zuversicht
vor der gedrückten Versammlung, gemessen an dem paral-
lelen Appell Caesars (1,347 ff.), kleinlaut. — Die Ehrungen
für Phokaia und Juba sind durch das bisher Erzählte
begründet und aus der Parallelüberlieferung bekannt; dagegen passen Dejotarus, Kotys mit seinem Sohn Sadala und
Rhaskypolis eher in den vorweggenommenen Truppenkatalog (vgl. Caes. civ. 3,4,3). Ptolemaios hatte nach Lucans
Darstellung eine Hilfe verweigert (zu 3,169 ff.), galt ihm aber
als Pompejus' Mündel (8,449, vgl. Liv. perioch. 112. Sen.
epist. 4,7. Ampel. 35,6. Eutr. 6,21,3), während das väterliche
Testament vielmehr beide Königskinder dem Schutz des
römischen Volkes anbefohlen hatte; Ptolemaios' Anerkennung (vgl. 8,448. 518 f. u.ö.) löst Gedanken an das Ende
in Ägypten aus, die sich im Verlauf des Buchs erneuern.
5, 64-236 Appius Claudius Pulcher, damals Verwalter
der Provinz Griechenland, stellt dem Orakel die gleiche
Frage (68. 122 f.) wie später Sextus Pompejus der Erichtho
(6,592 f.); die Szenen sind scharf kontrastiert, und es
spricht für sich, daß Nekromantie enthüllt, was das Orakel
verschweigt (200 f.) und auch der Dichter eher verschwiegen
wissen möchte (2,4 f.). Apollons Spruch 'Der Krieg berührt
dich nicht, *Euboeae coela obtinebis*' bezeichnet den Südteil
der Insel zwischen Karystos und der dem attischen Rhamnus

(mit Nemesistempel) gegenüberliegenden Stelle; Appius will sich weiter nördlich in Chalkis gegenüber dem Unglückshafen Aulis ansiedeln, stirbt aber in jenem anderen Bezirk (vgl. Val. Max. 1,8,10. Oros. hist. 6,15,11; Fraenkel 300 sieht 232 f. und 234/6 zu Unrecht als Dublette an). — Lucans Annahme, das Orakel sei seit langem stumm gewesen, übertreibt vielleicht den tatsächlichen Niedergang (*iam abolitam Pythici oraculi fidem* Oros. a.O. nach Livius), macht aber die Szene in dieser Form erst möglich. Die Unterbrechung führt er zunächst darauf zurück, daß argwöhnische Tyrannen eine Befragung untersagten (113 f., wo antike Erklärer an Xerxes, Alexander oder Nero dachten); doch nennt die Seherin (Phemonoë hieß die erste Pythia) andere mögliche Gründe, darunter die Zerstörungen, die schon 279 v. Chr. von Galliern angerichtet wurden (134 ff.). Einst hatte Delphi u.a. die Gründung von Theben und den Schiffsbau für die Schlacht von Salamis veranlaßt (106 ff.).

5, 237-373 Die Szene spielt in Placentia (Piacenza), das Caesar auf dem Weg von Spanien nach Rom erreichte. Lucan nennt die Stadt nicht und übernimmt die Bezeichnung der Soldaten als *Quirites* (358) aus einer Rede, die Caesar bei der späteren Meuterei vor Rom hielt (Suet. Iul. 70 u.a.), will also weniger den konkreten Fall als ein typisches Exempel schildern wie später auch auf der Gegenseite (9,217 ff.). Caesars langjähriger Legat T. Labienus (346), der bereits bei Beginn des Bürgerkriegs zu Pompejus übergegangen war, erscheint erst wieder in Afrika (9,550); vgl. zu 403 ff. 9,217 ff.

5, 374-402 Zu der angeordneten Marschzeit stimmt Caesars elftägiger Aufenthalt in Rom (Caes. civ. 3,2,1) wohl nicht zufällig: Caesar selbst ist so rasch (403 ff., vgl. schon 1,228 ff.), daß seine Reisezeit kaum ins Gewicht fällt. Die Küsten von Apulien und Kalabrien hatte er längst abgesichert, die Städte auch beauftragt, Schiffe nach Brundisium zu stellen (Caes. civ. 1,30,1), wo er vor allem Transporter brauchte. — Unterwegs hatte er erfahren, daß er in Abwesenheit zum Diktator ernannt worden sei, und konnte als solcher seine Wahl zum Konsul für das J. 48 betreiben. Lucan erfindet üble Vorzeichen, die unbeachtet bleiben (der Uhu kommt von links, der an sich günstigen

Seite, vgl. 7,437), und kritisiert die Feier eines Latinerfestes
(zu 1,183 ff.), läßt dagegen den Namen des zweiten
Konsuls und weitere Maßnahmen beiseite.

5, 403-475 Mit Caesars erneutem Eintreffen in Brundisium
(zur Gründung und Lage vgl. 2,610 ff.) ist das zu Beginn
des Buches (5 f. 44) angekündigte Jahr 48, das Schicksalsjahr
von Pharsalus (391), erreicht. Jetzt, Anfang Januar, herrscht
in der Adria Nordwind (zu 3,1 ff.), doch mit südöstlichem
Kurs erreicht man schließlich Palaiste am Fuß der Keraunischen Berge unweit Korkyra (Korfu). Der Dichter schildert
nur die erste Etappe dieses Truppentransports, übernimmt
jedoch Motive aus einer zweiten Aktion, bei der nachts
Windstille eintrat und das pompejanische Geschwader von
Korfu aus dreißig Schiffe vernichtete (Caes. civ. 3,8,1 ff.);
die Windstille wird in ausführlichem Vergleich der Wasserfläche mit dem zugefrorenen Asowschen Meer (436-446)
geschildert, der Überfall in entsprechende Besorgnisse
umgesetzt (420 f. 448 f.). — Den Landeplatz identifiziert
Lucan mit einem Gelände, das etwa auf halbem Wege nach
Dyrrhachium liegt und erst in der Folgezeit erreicht wurde:
dort, zwischen den Flüssen Genysos (Shkumbi) im Norden
und Apsos (Seman) im Süden, kam es zu einem Stellungs-
krieg. Dabei ergab sich ein ähnlicher Verkehr zwischen
den Lagern wie in Spanien (4,168 ff.), bis Labienus (346)
alles verdarb; der Dichter vermeidet eine Dublette und
betont das Neue, daß diesmal die Rivalen selbst einander
nahe waren, nicht ohne wieder auf Pompejus' Ende in
Ägypten vorauszudeuten.

5, 476-721 M. Antonius (zu 1,261 ff.) hielt den Nachschub
so lange in Brundisium zurück, daß Caesar Verrat argwöhnte
(Cass. Dio 41, 46,1) und Lucan an die spätere Fahnenflucht
bei Actium erinnert. Die schließliche Landung in einem
Hafen nördlich von Lissos (Lesh) wird 717 ff. skizziert,
die folgende Vereinigung mit Caesar vorausgesetzt. —
Caesars Unternehmen, berühmt durch die dem Steuermann
zugerufenen Worte 'Mut, denn du fährst Caesar!' (oder
ähnlich), ist mit bezeichnender Dramaturgie gestrafft oder
erweitert und in jedem Fall pathetisiert. Als sein eigener
Beauftragter verkleidet (vgl. 538), bestieg er im Fluß Aoos
oder Aias (Vijosë, südlich des Seman) ein mit zwölf Riemen
ausgerüstetes Patrouillenboot, mußte jedoch im offenen

Meer vor der Mündung bald umkehren. Der Dichter macht
daraus eine Fahrt zu zweit in einem kleinen Kahn, und nach
idyllisch-gelehrtem Ritardando (Wetterprognosen nach
Verg. georg. 1,351 ff.) zeigt das Seestück den „glühenden
Eifer Lucans, aus den überkommenen Motiven das buch-
stäblich Letzte herauszuholen" (W. H. Friedrich, Festschrift
B. Snell, 1956, 84): besonders wenn die Konkurrenz der
vier Winde zum Austausch von Meeresteilen auch außerhalb der Adria führt, jedoch den Gesamtbestand gewähr-
leistet (610 ff.; über das 'Ägäermeer' s. zu 2,661 ff.), oder
wenn kein Schiff ringsum kentern kann, weil auch die
Wellen miteinander streiten (646 ff.). Gerade das Mißlingen
des Abenteuers beweist dem Dichter Caesars Glück (677);
die gutgemeinten Vorwürfe der Soldaten (vgl. Plut. Caes.
38,7. Appian. civ. 2,238) hört Caesar gern (681), und
so spürt der Leser, welcher Front Pompejus gegenüber-
steht. — Schwierigkeiten bereitet die Nennung Thessaliens
651, wo die Interpolation eines Schnitzers so wenig glaubhaft scheint wie eine Textverderbnis. Ich möchte unter
curva Thessalia die Bai von Aulon (Vlonës) bei der Insel
Sason (Sazan) verstehen und annehmen, der Ausdruck
beziehe sich auf den Aoos, der von der thessalischen Wasserscheide kommt (6,361 f., vgl. Ov. met. 1,580), das
Hinterland jener Bai durchfließt und wenig nördlich von
ihr mündet; die Gefährlichkeit seines Mündungsgebiets
erhellt aus Caesars Abenteuer selbst, und eine Reminiszenz
an dessen wirklichen Schauplatz scheint nicht undenkbar.
5, 722-815 greifen über den Buchanfang hinaus auf 3,36 ff.
zurück: gegenüber der inzwischen geschilderten Aktivität
Caesars tritt nun die stoische Gefaßtheit seines Rivalen in
Erscheinung. Die Szene ist ganz auf Affekt gestellt und
spielt eher in einem Niemandsland als an der Adria oder in
Thessalonike (zu 1 ff.). Pompejus schickte seinen jüngeren
Sohn Sextus mit nach Lesbos; aber Lucan braucht diesen
zur Befragung Erichthos (zu 6,419 ff.) und läßt ihn nach der
Schlacht, in der er nicht auftaucht, mit dem Vater zusammentreffen, wenn dieser Cornelia in Lesbos abgeholt hat
(8,204 f.). — Mit dem letzten Vers weist der Dichter zum
dritten Mal in diesem Buch (vgl. 63. 475) auf die Tragödie
voraus, die er im 8. Buch schildern wird.
6, 1-117 setzen die 5,461 ff. geschilderte Situation voraus

und ziehen aus 5,722 die Folgerung nun auch für Caesar:
er hat inzwischen eine Reihe illyrischer Küstenstädte in seine
Gewalt gebracht (3 f.) und sucht jetzt die Entscheidungs-
schlacht. Statt den komplizierten Kampfhandlungen vor
Dyrrhachium (G. Veith, Der Feldzug von D. zwischen
Caesar und Pompejus, 1920) zu folgen, beschränkt sich
Lucan im folgenden wieder auf wenige eindrucksvolle
Ausschnitte. — Caesar rückt „in weiter Umgehung auf
schwierigem, engem Weg" (Caes. civ. 3,41,3) gegen die
Stadt heran, Pompejus besetzt weiter südlich am Meer
die Höhe Petra und schneidet so dem Gegner den Zugang
ab (15, umgekehrt Caes. 3,42,1 *Pompeius interclusus Dyrrachio*).
Caesar umzingelt den Gegner mit einem Kastellring, der
als ein Werk von phantastischen Ausmaßen beschrieben
wird; Pompejus bemerkt dies anfangs so wenig, wie man
die Brandung von Messina bis zum inneren Sizilien oder
eine Sturmflut in Kent (Rutupiae, Richborough) bis nach
Schottland spürt, verschanzt sich aber dann mit einem ähnlichen Ring, dessen Umkreis nach der Entfernung Rom —
Aricia auf der Via Appia (3,86) oder nach der Luftlinie
Rom — Ostia bemessen wird. — Es folgt eine Darstellung
der durch Futtermangel ausgelösten Pest auf Pompejus' Seite
(81 ff. nach Verg. georg. 3,478 ff., vgl. Lucr. 6,1090 ff. Ov.
met. 7,523 ff.) und der Hungersnot bei den Caesarianern
(106 ff.), die sich damals an die ähnliche Situation in Spanien (4,90 ff.) selbst erinnerten (Caes. 3,47,5). Die letztere
Versgruppe deutet in dichterischer Umschreibung an, daß
man aus einer einheimischen Wurzelart Brot buk und den
Vergleich mit Tieren hinnehmen mußte (Suet. Iul. 68,2.
Appian. civ. 2,252).

6, 118-313 An die Pestschilderung schließt sich Pompejus'
Durchbruch an, der tatsächlich durch den für seine Reiterei
bedenklichen Futtermangel gefordert wurde (Caes. civ.
3,58,5. 3,65,3). Die früheren Gefechte übergeht der Dichter,
schaltet hier aber eine Episode daraus ein. Cassius Scaeva
gehörte zu den Centurionen einer Kohorte, die ein Kastell
gegen überlegene Pompejaner Stunden hindurch verteidigte,
bis Caesars Kommandeur P. Cornelius Sulla Hilfe brachte.
Nach der Überlieferung unterstand das Kastell dem 4,416
erwähnten L. Minucius Basilus (Appian. civ. 2,249) oder
Scaeva selbst (Val. Max. 3,2,23 *castello ..., cui praepositus*

erat. Suet. Iul. 68,4 *custodiam portae commissi castelli retinuit*).
Lucan unterscheidet offenbar einen von Minucius geleiteten
Stützpunkt, der nahe zum Gegner vorgeschoben ist, in
zwei Teilen beiderseits eines unwegsamen Geländes liegt und
so Pompejus bis zur Mauer durchläßt (125 ff.), von einem
an der Mauer selbst gelegenen, mit Türmen (136. 171, vgl.
39) und Tor (200) versehenen Fort Scaevas; er folgt also
der zweiten Version und setzt, wie auch 129 ff. zeigen,
Minucius für Marcellinus ein, dessen Stützpunkt Caesar
ähnlich schildert (3,63,1 ff.). Minucius in eine Schattenrolle
zu verweisen, lag umso näher, als er ein lästiger Konkurrent
war: wie Scaeva und noch zwei weitere Centurionen seiner
Kohorte (Caes. 3,35,3) verlor er ein Auge, und auch die
oft erwähnten 120 Einschüsse in Scaevas Schild werden
für ihn in Anspruch genommen (Appian a.O., wo Scaevas
Tat vorausgeht, also eine bloße Verwechslung ausgeschlossen
ist). Scaevas Beförderung zum ersten Centurio der Legion,
eine Belohnung für die hier geschilderte Heldentat (Caes.
3,53,5), wird entsprechend seiner erhöhten Funktion jetzt
vorweggenommen (145 f.); auch ist Sulla durch Caesar
selbst ersetzt, der hier anscheinend nach Dyrrhachium
vorstoßen will (162 ff. 247), und für zwei anonyme Opfer
von Scaevas List (Plut. Caes. 16,4. Appian. a.O. 248) tritt
ein gewisser Aulus ein (236). Daß Scaeva am Leben blieb
(vgl. 10,544), soll der Leser wissen. Die allgemeinen Kunst-
prinzipien der Partie untersucht B. M. Marti, The Classical
Tradition (Literary and Historical Studies in honor of
H. Caplan, 1966) 239 ff. — Ein Hinweis auf Pompejus'
Unerschütterlichkeit bildet die Brücke zur Schilderung des
eigentlichen Ausfalls (263 ff.). Die ersten Szenen sind von
Vergleichen beherrscht (294 f. liegt der Gigant Enkelados
unter dem Ätna wie 92 und 5,101 Typhon oder Typhöeus
unter Ischia), während u.a. die Rolle des L. Torquatus
gegenüber Livius (Oros. hist. 6,15,19 f.) verkürzt ist. Caesars
gefährliche Schlappe gibt dem Dichter Anlaß zu einem
Gefühlsausbruch über Pompejus' schonendes Vorgehen (daß
er nicht zu siegen wisse, äußerte Caesar selbst) und zur
Aufzählung der ersten bösen Folgen: vor Pharsalus selbst
erscheint als Anfang und Abschluß Catos Tod in Utica,
dazwischen die Schlacht von Munda, der Mord an Pompejus
(der Mörder Ptolemaios ertrank wenig später im Nil) sowie

das mit Catos Tod gleichzeitige Ende Jubas und Scipios
(zu 2,439 ff.). Der Leser wird an diese Partie zurückdenken,
wenn Lucans Caesar später behauptet, Pompejus habe ihm
vor Dyrrhachium ein Blutbad bereitet (7,315 ff.), und wenn
Pompejus selbst aus dem Geschehen Siegeszuversicht ableitet
(ebd. 98 ff.).

6, 314-332 Pompejus' Rede vor dem Kriegsrat stellt
erneut den Kontrast zu Caesar heraus. Dieser benützt, um
'Emathia' (zu 1,673 ff.) zu erreichen, von Apollonia aus
einen Umweg, während Pompejus auf der Heerstraße
durch das Kandavische Gebirge zog (vgl. Caes. civ. 3,79,2).

6, 333-412 Der Exkurs über Thessalien (R. Samse, Rhein.
Mus. 91, 1942, 250 ff. fordert vielfach zum Widerspruch
heraus, vgl. R. Helm, Lustrum 1, 1956, 190 ff.) beginnt als
geographische Abschweifung und spart nicht mit gelehrtem
Material, steht aber in sinnvoller Beziehung zu Pharsalus
(350) und klingt bedeutsam in die These aus, diese Landschaft sei für Krieg und Verbrechen prädestiniert; ergänzend
folgt 438-506 (*Thessala* 438 nimmt *Thessaliam* 333 auf) eine
Schilderung des thessalischen Hexenwesens, die unmittelbar
zur folgenden Handlung überleitet. Nach Bezeichnung der
Grenzgebirge in den vier Himmelsrichtungen — im Osten
sind anscheinend, wie es oft geschieht, Ossa (nördlich, vgl.
348) und Pelion (südlich) verwechselt — bietet der Dichter,
ausgehend von der Öffnung des Tempetals durch Herakles
(vgl. 8,1), Kataloge von Städten, Flüssen und Stämmen.
Die erste dieser Partien berührt u.a. die Heimatorte bekann-
ter Sagengestalten (Protesilaos, der vor Troja als erster an
Land sprang und fiel; der von den Musen geblendete
Sänger Thamyris; Philoktet, der Herakles bei der Selbst-
verbrennung half und dafür dessen Bogen und Pfeile erhielt)
und verbindet versunkene Städte mit der thebanischen Sage,
wonach Echions Frau Agaue als Mänade ihrem Sohn Pentheus den Kopf abriß (vgl. 1,574. 7,780). Der zweite Katalog,
der sich an Ovid met. 1,568 ff. orientiert und erst gegen
Ende jenen selbstgewählten Ausgangspunkt berücksichtigt,
nennt zunächst die ins Jonische Meer mündenden Flüsse
bzw. die zugehörigen Götter (Inachos, hier Oberlauf des
Acheloos, als Vater der Io = Isis; Acheloos selbst als
abgewiesener Freier von Oineus' Tochter Dejaneira;
Euenos, in dem der Zentaur Nessos Dejaneira beim Hin-

übertragen vergewaltigen wollte und von Herakles getötet
wurde, vgl. 391 f.); es folgen die in die Malische Bucht und
den Golf von Pagasai mündenden Flüsse (mit Hinweis auf
Apollons Hirtendienst bei Admetos) und endlich der das
Tempetal durchlaufende Peneios mit seinen Nebenflüssen
(Ovids *irrequietus Enipeus* erfährt eine leichte Korrektur).
Der Völkerkatalog schließt die Zentauren ein, die Ixion mit
einer Wolke zeugte. Das wichtige Schlußstück 395 ff. macht
Thessalien für Pferdedressur, Schiffahrt (zu den Argonauten
vgl. 385. 3,193 ff.) und Geldprägung als Anlaß zu Kriegen
verantwortlich; Erinnerungen an die Pythonschlange und
die riesenhaften Söhne des Alōeus, die den Himmel zu
ersteigen suchten, runden das Bild einer verworfenen
Landschaft ab.

6, 419-434 Der ,,unwürdige'' (420), ,,untüchtige'' (589)
jüngere Sohn seines tragischen Helden schien dem Dichter
offenbar besonders geeignet, eine Hexe nach dem Kriegsende
und dem Schicksal der Pompejaner zu befragen (590 ff.).
So läßt er ihn in Thessalien (zu 5,722 ff.) und stellt ihn als
Kenner okkulter Künste hin (430 ff.), eine gewiß zweckbe-
dingte Erfindung, die sich aus dem ungünstigen Gesamtbild
ergab. Daß der Vater über die kilikischen Seeräuber triumphiert hatte und Sextus nach seiner Ächtung durch Octavian
im J. 43 als Pirat bei Messina kreuzte (Liv. perioch. 123 u.a.),
war eine viel kritisierte Paradoxie (vgl. Vell. 2,73,3. Flor.
epit. 4,8,2).

6, 507-588 ergänzen und überbieten das Vorangehende
durch die Praktiken der ,,ruhmreichsten Zauberin Thessaliens'' (590). Der Name Erichtho, wohl Kurzform für
Erichthonia, weist auf ein chthonisches Wesen hin. Er
begegnet später als Reminiszenz an Lucan bei Dracontius
(Romul. 5,130). Für eine Furie ist im sogenannten Sappho-
brief (Ov. epist. 15,139) die Variante *Enyo* vorzuziehen,
und A. Furtwänglers Lesung einer Beischrift auf der Würz-
burger Phineusschale (A. F. und K. Reichhold, Griech.
Vasenmalerei 41, vgl. C. Robert, Griech. Heldensage
812 f.) wird nicht anerkannt (A. Rumpf, Chalkidische
Vasen 48 Nr. 20) oder läßt sich doch nur durch ein noch
kenntliches O nach entsprechend langer Lücke, die mit
einem unbestimmbaren Buchstaben beginnt (G. Beckel
brieflich), wahrscheinlich machen. — Über die Gleichset-

zung von Pharsalus und Philippi (582, vgl. Haimos- und Rhodopegebirge 576. 618) s. zu 1,673 ff.

6, 619-641 Der Dichter brauchte für die Wahrsageszene einen toten Römer und deutet daher ein Vorgefecht zwischen Pompejanern und Caesarianern an (vgl. Caes. civ. 3,84,5). 7,473 sieht er davon ab, um das Verbrechen des Crastinus zu steigern: stets steht ihm der Eigenwert der jeweiligen Situation höher als ein 'Widerspruch'.

6, 642-830 beruhen auf zahlreichen poetischen Mustern von Homer bis Seneca (Oed. 530 ff.; Ovids Medea war schon vorher kenntlich, vgl. besonders 441 f. mit Ov. met. 7,224 ff.), scheinen aber ohne Fachkenntnisse kaum denkbar und sind jedenfalls eine Leistung Lucans. — 667 ff.: Wie Erichthos Praktiken das Tun anderer Hexen in den Schatten stellen (507 ff.), so geht auch ihr Zubehör über „allbekannte Scheußlichkeiten" (681) hinaus, die sie freilich als Beigabe nicht verschmäht (auch der Mondschleim gehört dazu, vgl. 506). In Umschreibung erscheinen der Fisch Echenaïs, der Stein Aëtites und eine Muräne vom Roten Meer (W. Morel, Philologus 83, 1928, 377 f.). — 730 ff.: Die Hexe bezieht sich auf Zunftgeheimnisse, deren bloße Andeutung magischen Zwang ausübt; nach Lucan Stat. Theb. 4,504 ff., wo sich Tiresias auf eine „Thessalierin" und Medea beruft (vgl. bereits ebd. 3,140 ff. nach Lucan 624 ff.). Natürlich kennen wir weder den „wahren Namen" der Furien noch Proserpinas Perversitäten oder den Gewalthaber im tiefsten Tartarus. Hekate ist zugleich Diana und Luna (vgl. 700). — 777 ff.: Der auferweckte Tote spricht nicht eigentlich über *omnia Pompeiana*, wie es Erichtho von den Höllendämonen verlangt hat (716 f.), oder von Personen und Orten des Geschehens, wie sie es von ihm selber forderte (773 f.), sondern beantwortet Sextus' genauere Frage nach Kriegsausgang und Verlusten der Pompejaner (592 f. 601). Die Trauer der großen Aristokraten im Elysium und der Jubel der Volkspartei im Tartarus (über Decier, Camillus und Curius s. zu 1,1 ff. 2,234 ff., über Cethegus zu 2,526 ff.; erstmals genannt sind die Volkstribunen M. Livius Drusus, Vater und Sohn) besagen, daß Caesar siegen wird; von den Führern auf der Gegenseite werden Cato und Scipio in Afrika (Utica bzw. Thapsus) sterben, zur Sühne für die Vernichtung Karthagos durch ihre Vorfahren (vgl. 310 f.); sterben wird bald nach Pompejus auch Caesar (der Vorfahr des Mörders Brutus zeigt 792 seine Freude darüber); jener soll mit den Seinen im Elysium aufgenommen, dieser ebenso wie spätere vergöttlichte Cäsaren in den Tartarus hinabgestoßen werden. Für Sextus verweist der Soldat auf eine spätere Erscheinung des Vaters selbst, deutet aber an (817), daß er in Milet, sein Bruder Gnaeus in Spanien (Munda) und sein Vater, dessen Todesort zunächst offenblieb (810 f.), in Ägypten ihr Ende finden werden. So wird sich die Familie auf die drei Bereiche verteilen, über die Pompejus triumphiert hatte: Afrika (im J. 79 oder früher), Spanien (71) und Asien (61).

7, 7-44 Daß Pompejus in der Nacht vor der Entscheidungsschlacht träumte, er würde in seinem Theater mit Beifall begrüßt, wie er es liebte (1,133), ist der Überlieferung geläufig. In offenbar selbständiger Ausgestaltung (W. Rutz, Hermes 91, 1963, 334 ff. = W. d. F. 509 ff.) gibt Lucan diesem Traum die Funktion, dem tragischen Helden höchstes Glück vorzugaukeln und ihn so zu verblenden: in dem Theater, das erst im J. 55 erbaut werden sollte, applaudiert man anläßlich des Triumphs vom J. 61 über Sertorius, womit ein Modell für einen Sieg über Caesar gegeben ist (2,549), und der „nichtige" Traum steigert das so ausgelöste Hochgefühl durch eine Vermengung mit dem ersten Triumph, den Pompejus zu Caesars Neid „in noch unzulässigem Alter" (1,316) über Afrika gefeiert hatte. Der Dichter erwägt bei seinen Deutungsversuchen auch die Möglichkeit, das Beifallklatschen könne ein böses Omen für das Brüsteschlagen einer trauernden Menge gewesen sein (22 *planctus*, vgl. Flor. epit. 4,2,45 *plausu theatri sui in modum planctus circumsonatus*), und kommt in seiner Klage über das Verhängnis (36 *sic*, 40 *nunc*) auf das Motiv zurück: eine solche Trauerszene hätte im Theater stattgefunden, wenn es Pompejus vergönnt gewesen wäre, in Rom zu sterben (37 ff. mit abschließendem *planxere* 44). Er erinnert an den ersten Konsul (vgl. 440. 6,791 f.), um den die Matronen ein Jahr lang getrauert hatten (Liv. 2,7,4). Den Kontrast hierzu bildet ein erfundenes Dankfest Caesars für die Götter, bei dem man sich fügt und nur still weint (vgl. 1,257 ff. 2,40 ff. 9,1106 ff.).

7, 45-127 Pompejus' Scheu vor einem Kampf wurde von

einem Teil seiner Kommandeure so gerügt, wie es hier anonym geschieht (52 ff.); z. B. nannte ihn der im folgenden wieder aktive „Kämpe" Domitius (zu 2,439 ff.) spöttisch einen Agamemnon und König der Könige (Plut. Pomp. 67,5 u.a.). Sein Nachgeben war so unbegreiflich, daß Lucan den „größten Meister römischer Beredsamkeit" bemüht, obwohl dieser, wie auch Livius mit ähnlicher Charakteristik berichtete (perioch. 111, vgl. frg. 44), in Dyrrhachium zurückgeblieben war und übrigens Caesars Urteil über Pompejus' Soldaten bestätigte (fam. 7,3,2 *tirone et collecticio exercitu*). Cicero spricht auch im Namen des Senats, der Pompejus zum Oberbefehlshaber berufen hat (5,45 ff.), und gibt sich den Anschein, als wolle er an der Schlacht teilnehmen (79 f.); am Schluß seiner Rede ist wieder ein Vorwurf der Feldherren verwertet (84 f., vgl. Plut. 67,4). Pompejus übertreibt seine bisherigen Erfolge (97) und beruft sich in tragischer Ironie auf Caesars Schlappe bei Dyrrhachium, die er doch nicht zu nützen wußte (98 ff., s. zu 6,118 ff.); ebenso blind glaubt er jene Unerfahrenheit seiner Soldaten durch ihre Kampflust aufgewogen (101 ff., wo Fraenkel 294 f. nach Heinsius den Vers 103 gewiß mit Recht verwirft, aber die Gedankenführung wohl verkennt, die G. Luck, Rhein. Mus. 112, 1969, 257. 275 bei erneuter Verteidigung der Echtheit offenläßt).

7, 151-213 bilden eine Einlage (152 f. *Thessala rura cum peterent* werden 214 fortgeführt), deren Verständnis Wuensch 17 ff. gefördert hat. Die erste Vorzeichengruppe tritt beim Aufbruch und Anmarsch der Pompejaner ein, verselbständigt sich aber in der Opferszene 165 ff. und vielleicht schon 159, wo die Schwerter beim Schärfen im Lager (139 ff.) zu schmelzen scheinen (A. Ollfors, Textkrit. u. interpret. Beiträge zu Lucan, 1967, 34 ff.). 154 stammt wohl von Lucan selbst, sollte aber durch die ausführlichere, zum Teil an Senecas *Naturales Quaestiones* orientierte Schilderung 155-160 ersetzt werden (Wuensch). 161 ff. bieten eine kühne Kombination von drei oder vier Prodigien: die Standarten sind entweder mit Bienenschwärmen besetzt oder rätselhaft schwer, wie man beim Aufnehmen und Tragen spürt, und alle Standarten weinen. Während die Pompejaner nur ihre düsteren Ahnungen (131 ff.) bestätigt sehen können, wird der Gegner durch eine zweite Gruppe von Vorzeichen,

die Caesar wie ein Hexenmeister durch ein Gebet an die
Unterwelt (vgl. 6,695 ff.) erwirkt haben könnte, in seinem
Vorhaben bestärkt (168-184). In einer dritten, außerhalb
Thessaliens erscheinenden Gruppe konzentriert sich der
Dichter auf eine Szene bei Patavium (Padova), die Livius
als Sohn dieser Stadt schilderte (frg. 43): ein gewisser C.
Cornelius soll am Tag der Schlacht Worte wie 195 f. geäußert
haben, auf Grund einer Vision, die Lucan auf die Beobachtung von Blitzen, Sternen oder der Sonne zurückführt. —
207-210 berühren sich mit 9,983 ff., bereiten aber nicht
nur durch die Sperrung *haec ... bella* Anstoß, sondern mehr
noch durch die Tatsache, daß von der Alternative zwischen
mündlicher und schriftlicher Überlieferung (*sive ... sive*)
nachher nur das zweite Glied berücksichtigt wird, und
zwar in auffälliger Abundanz (*cum bella legentur, ... omnes ...
legent*). Vielleicht wollte Lucan 208-210 oder den Passus
populosque bis *potest* nachträglich einschieben, konnte aber
nicht mehr letzte Hand anlegen.

7, 214-384 Lentulus, eher P. Cornelius L. Spinther (2,469)
als der Konsul des Vorjahrs (zu 2,628 ff.), steht sonst rechts,
Domitius (zu 2,439 ff., ebd. über Scipio) links, und auch
andere Angaben über die Aufstellung weichen von der
Parallelüberlieferung ab, die in sich nicht geringere Wider-
sprüche aufweist. Daß Pompejus seine Reiter auf dem linken
Flügel konzentrierte, wird auch hier deutlich; seine Front
blickte in der Ebene südlich des Enipeus nach Westen. —
235 ff. schildern in Entsprechung zum Vorhergehenden
(*descendens* 215, *descendere* 237) den Augenblick, da Caesar
wegen Versorgungsschwierigkeiten abrücken will und unvermutet den Gegner aufmarschieren sieht; seine Schlachtordnung wird beiläufig und ohne Nennung der Kommandeure als Improvisation hingestellt (332 f., anders Plut.
Pomp. 68, 7), sodaß sich 521 ff. ein Überraschungseffekt
ergibt. Militärischem und historiographischem Brauch
folgend (vgl. besonders Caes. civ. 3,86,2 ff. Appian. civ.
2,299 ff.), rückt Lucan ein Redepaar in den Vordergrund
und stellt dabei nochmals den Kontrast der Charaktere
heraus. Caesar gewinnt seine Leute durch Selbstvertrauen
(249) und argumentiert unbedenklich mit dem Massaker
auf dem Marsfeld, das nicht Pompejus, sondern sein 'Lehrer'
Sulla veranlaßt hatte (306, s. zu 2,67 ff.), gegen besse-

res Wissen auch mit Pompejus' angeblichem Blutdurst bei
Dyrrhachium (315 ff., s. zu 6,118 ff.); 322 spielt auf eine
damals wirklich gegebene Weisung an, den Feinden ins
Gesicht zu zielen (vgl. 575; mit 628 ff. scheint Lucan diesen
eigenartigen und umstrittenen Befehl zu begründen).
Pompejus weckt durch kummervolle Worte Todesbereitschaft (382 ff.). Er fühlt sich von den Helden der Vorzeit
(358 ff., s. zu 1,1 ff. 2,234 ff.) und von gegenwärtigen Reprä-
sentanten der Heimat getragen, verkennt aber den Unwert
seines gewaltigen Aufgebots; daß er damit in tragische
Nähe zu Xerxes rückt, weiß der Leser seit dem Truppenkatalog (3,169 ff.).

7, 385-646 Die Schlachtschilderung erhält zu Beginn ein
Ritardando durch Betrachtungen des Dichters, wie sie
bereits das Werk einleiteten (1,9 ff.) und wieder aufgenommen werden, wenn die Katastrophe besiegelt ist (638 ff.
849 f.): das Blutbad von Pharsalus wird die Menschheit
dezimieren und Italien mit seinen ehrwürdigen Stätten
(über das Latinerfest in Alba s. zu 1,183 ff.) empfindlicher
entvölkern als es auswärtige Erzfeinde an der Allia (zu
3,84 ff.) und bei Cannae erreichten; Rom wird künftig zu
schwach sein, um die Parther zu strafen (423. 431) und
weiter nach Osten oder Norden vorzudringen. In seinem
Hang zu Paradoxien wünscht Lucan, die Stadt hätte
Freiheit nie kennengelernt (über Brutus s. zu 7 ff.), und die
berühmte Gründungsgeschichte scheint ihm Sklaverei zu
inaugurieren (437 ff., wo von der Glücksseite Unglücksvögel
kommen wie 5,396); er sieht in der Schlacht von Pharsalus
ein Argument gegen den traditionellen Götterglauben
(445 ff.) und fügt als neues Paradoxon den Gedanken hinzu,
die Götter würden damit gestraft, daß sie künftig in den
vergöttlichten Cäsaren menschliche Gesellschaft erhalten. — Daß beide Parteien aus Gewissensbissen zögern
(460 ff., vgl. Appian. civ. 2,320 ff. Cass. Dio 41,58,1 f.) und
die Pompejaner auch im folgenden eher passiv bleiben,
ist wohl eine Umdeutung taktischer Vorgänge: Pompejus
wollte den Gegner in starrer Phalanx auffangen, wie es auch
Lucan 492 ff. darstellt, und die Caesarianer legten beim
Anlauf eine kurze Pause ein, um mit frischen Kräften an den
Feind zu kommen (Caes. civ. 3,93,1). C. Crastinus tut hier
als ein römischer Pandaros (Ilias 4,88 ff., vgl. Verg. Aen.

12,258 ff.) den ersten Schuß; so erzählte Livius (frg. 41 f.)
und modifizierte damit die sonstige Überlieferung, in der
er nach dem Kampfsignal mit einer kleinen Gruppe einen
ersten Angriff durchführt, übrigens auf Caesars rechtem
Flügel, wo später die Entscheidung fällt. Vgl. zu dieser
Szene K. Seitz, Hermes 93, 1965, 216 ff. — 504 ff. schildern
den Angriff der Reiter, Pfeilschützen und Schleuderer
auf Pompejus' linkem Flügel (226 ff.) und den entschei-
denden Einsatz der Kohorten, die Caesar wohlweislich
quer hinter seinem rechten Flügel bereitgestellt hatte. —
514-520 werden von manchen Herausgebern nach 488
umgestellt, stehen aber im Widerspruch ebenso zu 510 f.,
wo alle Fremdvölker schonungslosen Kampf suchen, wie zu
486 f., wo Pompejus' Speerwerfer die gleiche schonungsvolle
Taktik anwenden wie die hier genannten Völker. Die
gewiß echten Verse gehören wohl einer anderen Konzeption an, die den Kontrast zwischen Passivität und Aktivität
nicht, wie es in der übrigen Schlachtschilderung geschieht,
an Pompejanern und Caesarianern, sondern an Ausländern
und Römern (vgl. 535 ff.) aufzeigen wollte. Wuensch 25 ff.
möchte die Partie als Doppelfassung zu 510-513 erweisen,
muß aber dem Wortlaut wiederholt Gewalt antun. — 545 ff.:
Caesars Parole, die Mitbürger zu schonen (Suet. Iul. 75,2
u.a.), wurde bereits 318 ff. dahin abgewandelt, daß flüchtige
Feinde unangetastet bleiben sollen, als wären sie Mitbürger,
daß aber kämpfende Mitbürger rücksichtslos anzugreifen
sind. Dies paßt zu Caesars Weisung, den Feinden ins Gesicht
zu zielen (zu 214 ff.), und zu einer Version, die jene Parole
auf Pompejus überträgt: Oros. hist. 6,15,26 *cum ... ex alia
parte Pompeius inter hortandum diceret 'parce civibus' nec tamen
faceret, ex alia vero Caesar hoc faceret, quod urgeret dicens 'miles,
faciem feri'* (einen Widerspruch der beiden Äußerungen
Caesars empfindet auch Florus epit. 4,2,50 und nennt die
erstere *ad iactationem composita*). Wenn hier kein bloßer
Irrtum vorliegt, so möchte man auf Livius als gemeinsamen
Gewährsmann schließen. Mit unnachsichtiger Konsequenz
zeichnet Lucan von jetzt an ein Scheusal, das mit dem historischen Caesar nichts mehr gemein hat und eher einen
Prototyp entarteter Cäsaren bildet. Einem Kriegsdämon
gleich (568 ff., vgl. Verg. Aen. 12,331 ff.), arrangiert Caesar
das Massaker unter seinen Mitbürgern bis in groteske Ein-

zelheiten selber, und sein Haß gilt den Patriziern als den
„Organen des Staatswesens" (579, vgl. 293), sodaß die
Gefallenenberge wirklich nur aus diesen bestehen (598.
722. 730 f. 748 f. 9,1043). Lucan führt typische Namen an
(583 f.), lehnt es aber diesmal ab, in herkömmlicher Weise
Einzelschicksale darzustellen, zählt freilich dabei typische
Motive auf (617 ff., vgl. zu 3,375 ff.). Jedoch gedenkt
er eines Überlebenden und eines Gefallenen, beidemal
in souveräner Umgestaltung der historischen Vorgänge.
Brutus, der spätere Caesarmörder, der sich nach der
Schlacht bei Philippi (zu 1,673 ff.) das Leben nahm,
erscheint hier in Verkleidung auf der Suche nach Caesar,
den er schon jetzt umbringen will (586 ff.); Lucans Wunsch,
Brutus möchte in Pharsalus am Leben bleiben, war in
Wirklichkeit der ausdrückliche Wunsch von Caesar selbst
(Appian. civ. 2,468 u.a.). Domitius (599 ff., wo 604 auf
2,507 ff. zurückverweist) war als Caesars Nachfolger in der
Verwaltung Galliens nominiert worden; Lucan bietet einen
feindseligen Wortwechsel der beiden in der Schlacht,
während Domitius in Wirklichkeit auf der Flucht den Tod
fand (Caes. civ. 3,99,5).

7, 647-727 übergehen die Tatsache, daß Pompejus sich
sofort nach dem mißglückten Vorstoß seiner Kavallerie in
sein Zelt zurückzog und bei Caesars Angriff auf das Lager
(731 ff.) in Verkleidung das Weite suchte; mit der gleichen
Zuspitzung, wie Caesar hier als Unhold geschildert wird,
verfolgt der Dichter bei Pompejus eine betont apologetische
Tendenz. Die zuletzt genannten Fluchtgründe (673 ff.)
weisen auf sein Ende in Ägypten, wo Caesar den abgeschlagenen Kopf zu sehen bekommt, aber auch Pompejus' Sorge
hinfällt, in Cornelias Abwesenheit sterben zu müssen; in
seinem früheren Entschluß, sie in Lesbos zurückzulassen und
seinem etwaigen Tod fernzuhalten, hatte er eine Schicksalsfügung gesehen (5,733), und diese Fügung war bis zu neuen
Entschlüssen gültig. Gegen alle denkbaren Vorwürfe abgeschirmt, zieht er in der Haltung ab, die der Leser seit
der Überfahrt nach Dyrrhachium beobachtet und bewundert hat (677 ff., vgl. 3,36 ff.). Wer nach seinem Weggang
in Pharsalus oder in späteren Schlachten fällt, stirbt nicht
für ihn (690 ff., vgl. 668 f.), sondern für die Freiheit selber,
die sich in Cato und Brutus verkörpert (9,17 f.). Eine Art

Trostrede des Dichters (698 ff.) spielt nach der Paradoxie,
daß diesmal Sieg das größere Übel sei, ermutigend auf die
Beratungen in Kilikien (8,261 ff.) und das Ende an. Auch die
Szene in Larissa klingt in einen beschönigenden Trost aus.
In ihr folgt der Dichter der Tradition, daß Pompejus die
Stadt betrat (Val. Max. 4,5,5). Nach anderen schlug
dieser eine Einladung aus, wollte die Bürgerschaft nicht
dem Verdacht einer Begünstigung aussetzen und empfahl
ihr, sich dem Sieger zu unterwerfen (Cass. Dio 42,2,3); eine
entsprechende Einladung und jene Weisung werden auch
für Mytilene berichtet (Plut. Pomp. 75,3), und Lucan
verteilt die Motive (vgl. 8,109 ff.).

7, 728-786 Die Kämpfe setzten sich im Lager fort, und
Caesar verfolgte mit einem Teil seiner Truppen den fliehen-
den Feind, bis dieser bei Morgengrauen wegen Wassermangel kapitulierte und eine allgemeine Amnestie erging,
von der auch Livius berichtete (perioch. 111). Lucan
ersetzt diese Vorgänge, deren Ausgang den Ereignissen in
Spanien (4,337 ff.) ähnelte, durch eindrucksvolle Stimmungs-
bilder. Der wirkliche Caesar mutete seinen müden Soldaten
(*magno aestu fatigati* Caes. civ. 3,95,2) zu, das Lager zu
stürmen, und drängte vom Beutemachen weiter; bei Lucan
ermuntert er sie vielmehr zu dieser Plünderung, die ihren
Ansprüchen nicht einmal genügt (758 f., vgl. 5,270 f. 305
ff.). — 747 hängt an der Lesung *nec plura locutus* 746 (vgl.
2,490 und mit folgendem *impulit* 8,453 f.), und die dortige
Lesung *sic milite iusso* setzt, wie die Überlieferung zum Teil
noch erkennen läßt, den Ausfall von 747 voraus. Trotz
Housmans scharfer Kritik scheint zumindest die vollstän-
digere Fassung Lucan zumutbar, während die verkürzte
eine harte Syntax ergibt; statt an Interpolation zu glauben,
möchte ich ähnlich wie G. Luck (Rhein. Mus. 112, 1969,
280) annehmen, auch hier habe der Dichter selbst eine
Änderung versucht, jedoch nicht mehr letzte Hand angelegt.
— Caesars Träume gleichen mythischen Wahnvorstellun-
gen (über Pentheus und Agaue s. zu 1,522 ff.) und verbinden
Gewissensbisse mit einer Vision der Iden des März.

7, 786-846 Während Caesar selbst angibt, bereits am Tage
nach der Schlacht Larissa erreicht zu haben (civ. 3,98,3),
berichten Livius (perioch. 112) und Appian (civ. 2,368 f.),
er sei zwei oder drei Tage in Pharsalus geblieben. Nach dem

letzteren benützte er diese Zeit, um zu opfern und seinem Heer Erholung zu gönnen. Lucan bietet statt dessen eine grausige Szenenfolge, mit der die Charakteristik Caesars als eines mythischen Scheusals und Erztyrannen ihren Höhepunkt gewinnt. Sozusagen ein übersteigerter Kreon, läßt Caesar die Leichen unbestattet liegen und verletzt damit bei seinen Mitbürgern menschliche Gebote, die selbst ein Hannibal bei dem Landesfeind achtete (Liv. 22,52,6). Er tafelt statt im Lager der Gegner (Appian a.O. 344) inmitten ihrer Leichen, und das Blutbad, in dem Pompejus sein Ende erkannt hatte (653), zeigt ihm sein Glück (796 ist schlecht bezeugt, wird aber kaum zu Recht beanstandet). — Nach seiner Weise schaltet Lucan einen eigenen Appell ein (803 ff.). Hier argumentiert er mit der stoischen Lehre von einem dereinstigen Weltbrand und hält Caesar vor, er werde im Tartarus (vgl. 6,799 ff.) allen anderen gleich sein. — 820 ff. führen die Handlung fort und skizzieren Caesars Abzug, den das Folgende vorauszusetzen scheint (838 ff.). Caesar verfolgte den Gegner, doch erweckt Lucans bissige Darstellung eher den Eindruck, als habe er wegen Pestgefahr den Platz gewechselt. 820-822 sind gleichfalls schlecht beglaubigt, stehen und fallen aber mit 823 f., was G. Luck, Rhein. Mus. 112, 1969, 278 f. nicht genügend beachtet; Fraenkel 297 verwirft den ganzen Kontext. — Die Schilderung der Leichenfresser (825 ff.) erweitert sich zu einem Katalog der für Thrakien, d.h. Pharsalus-Philippi (zu 1,673 ff., vgl. über Pholoë zu 3,169 ff.), charakteristischen Tiere. Dabei durften die Kraniche vom Strymon (vgl. 3,199 f. 5,711 ff.) kaum fehlen, obwohl auch das Datum der Schlacht zu Zugvögeln wenig paßt; der Passus wurde schon in alter Zeit kritisiert (*multi in hoc detrahunt Lucano* Comm. Bern.). Die Haushunde sind gleichfalls eher Füllsel.

7, 847-872 bilden ein Pendant zum Fluch auf Ägypten am Schluß des nächsten Buchs. In erneuter Gleichsetzung von Pharsalus und Philippi deutet der Dichter auf die angeblich zweite Schlacht am gleichen Ort voraus und schließt den Hinweis an, der Bürgerkrieg werde sich nicht auf dies eine Land beschränken. Der Schlachtenkatalog 871 f. bringt wie 1,38 ff. und sonst nur eine Auswahl, diesmal mit den Stationen in Spanien (Munda), Sizilien

(Agrippas Seesieg über Sextus Pompejus bei Naulochus),
Oberitalien (Mutina) und abschließend mit Actium.

8, 1-158 Von Larissa aus reitet Pompejus mit wenigen
Gefährten am Peneios, wohl auf dem Hochufer (anders
Housman), das Tempetal (6,345 ff.) hinunter zum Meer.
Nach der Parallelüberlieferung bestieg er hier ein Flußboot
(ποταμίου πλοίου Plut. Pomp. 73,4), wurde bald von einem
Kornfrachter aufgenommen und fuhr nach Amphipolis in
Mazedonien, verließ aber auf die Nachricht von Caesars
Nahen die Stadt und wandte sich nach Lesbos, wo er
Cornelia und seinen Sohn Sextus an Bord kommen ließ.
Bei Lucan sind diese Vorgänge verkürzt und pathetisiert.
Pompejus strebt unmittelbar nach Lesbos (vgl. 7,675 ff.)
und erreicht es mit jenem Boot (so vielleicht auch Flor.
epit. 4,2,51 *ut una navicula Lesbon applicaret*). Statt vor der
Küste findet das Wiedersehen an Land statt, mit Cornelia
allein, die wie Ariadne Ausschau gehalten hat (vgl. 5,780 f.);
Sextus ist in Thessalien geblieben (zu 5,722 ff.) und stößt
erst später zu seinem Vater (204 f.). In Cornelias Selbstanklage stammt das Motiv, ihre frühere Ehe mit Crassus
(zu 1,1 ff.) sei für Pompejus ein böses Omen gewesen, aus
Livius (frg. 46, vgl. Plut. a.O. 74,6); das Stichwort „Kebse"
hat Julia selbst geliefert (3,23). Was Pompejus auf die
Einladung nach Mytilene (vgl. Plut. 75,3) erwidert, deckt
sich mit Gedanken, die ihn nach anderer Tradition von
Larissa fernhielten (zu 7,647 ff.).

8, 159-255 Pompejus gelangt über Chios (195; „Asines
Klippe" ist sonst unbekannt und der Name nicht gesichert)
entlang der West- und Südküste Kleinasiens nach Kilikien;
ohne sonst irgendwo anzulegen, betritt er Pamphylien
in Phaselis (Plutarch Pomp. 76,1 nennt Attaleia), dessen
Männer wohl für ihn in den Krieg gezogen sind. In die
Fahrtschilderung ist die Trennung von Dejotarus eingeschaltet. Dieser „treue Waffengefährte" (5,54 f.) hatte sich
mit anderen Führern unterwegs angeschlossen (Plut. a.O.
73,9), kehrte dann aber nach Galatien heim, um mit Caesar
Kontakt aufzunehmen. Daß Pompejus damals eine Botschaft
an den Partherkönig Orodes (Arsakes XIII.) vorausschickte,
scheint sonst nicht bezeugt, und man fragt sich, ob hier
eine Reminiszenz an die bei Kriegsbeginn erfolgte Entsen-
dung des C. Lucilius Hirrus vorliegt; jedenfalls ist die Kom-

bination mit Dejotarus' Weggang offenbar ein Kunstgriff des Dichters. Die Botschaft selbst enthält diplomatische Verfälschungen und selbstgefällige Übertreibungen: es entsteht der Anschein, als sei das jetzt angestrebte Bündnis (435) längst Tatsache (vgl. 311 f.) und als habe Pompejus Caesars Legionen (vgl. 2,473 ff.) darum in Italien zurückbehalten, weil er die Parther zu schonen wünschte, gegen die sie angeblich eingesetzt werden sollten; daß er Indien erreicht haben will, ist dem Leser schon vertraut (zu 2,526 ff. 3,169 ff.). Zeugma (237) war Alexanders Brückenkopf am Euphrat, der herkömmlichen Grenze des Partherreichs.

8, 256–455 In Kilikien, wo Pompejus einst die Piraten bezwungen hatte, bildet Syedra (vgl. Flor. epit. 4,2,51) den Schauplatz eines Kriegsrats. Pompejus beruft sich auf Marius als Beispiel eines Wiederaufstiegs nach tiefem Fall (zu 2,67 ff.) und auf die Erhaltung seiner Flotte; diese hätte sein Ziel sein müssen (Appian. civ. 2,349. 366), und Hörer wie Leser empfinden einen tragischen Selbstbetrug, zumal jetzt nur eine Wahl zwischen drei gleich schlechten Möglichkeiten übrigbleibt (454 f.). Ägypten, für das dann die Entscheidung fällt, steht nach dramaturgischem Gesetz am Anfang und wird kurz verworfen, ebenso Numidien; die Rückführung von Jubas Dynastie auf Hannibal ist sonst nicht bezeugt und gehörte vielleicht zu den genealogischen Spekulationen Jubas II. (zu 4,581 ff., ebd. über Varus). Daß Pompejus zu Orodes strebte, der doch sein durch Hirrus überbrachtes Hilfegesuch (zu 159 ff.) abgelehnt hatte und neutral geblieben war (359 f., vgl. 3,265), ist gut beglaubigt, wurde freilich bezweifelt (Cass. Dio 42,2,5) oder durch die Version ersetzt, er habe sich vielmehr selber für Ägypten ausgesprochen (Vell. 2,53,1). Das Plädoyer erweitert sich zu einem Exkurs über die Parther, den die Gegenrede ergänzt; der Optimismus ist ein neuer Selbstbetrug, und der Trost, auch eine etwaige Niederlage zusammen mit dem Erzfeind sei ein Gewinn, klingt vollends paradox. — Gegen Parthien und für Ägypten sprach sich Pompejus' langjähriger Ratgeber Theophanes von Mytilene aus (Plut. Pomp. 76,7 ff. = Theophanes 188 T 8d Jacoby); Lucan ersetzt ihn durch Lentulus, den Konsul des Vorjahrs (zu 2,628 ff.), und greift damit ausdrücklich auf den Beginn des 5. Buchs zurück (vgl. 352 mit 5,45 ff.). Die Sorge um

Cornelia, die einen Metellus Scipio (zu 2,439 ff.) zum Vater
hatte und mit dem jüngeren Crassus verheiratet gewesen
war, findet auch in den Parallelberichten Ausdruck (Plut.
a.O. 76,9. Appian. civ. 2,350), wird aber hier durch eine
Schilderung des orientalischen Haremswesens gesteigert;
den Schatten des alten Crassus hatte in einem ähnlichen
Appell bereits das Proömium vor Augen gestellt (1,11), den
unterirdischen Lauf des Tigris der Truppenkatalog geschildert (3,261 f.). Die Argumente für Ägypten enstprechen
wieder den Parallelberichten (über Ptolemaios' Anerkennung durch Pompejus und dessen Vormundschaft s. zu
5,1 ff.); Lucan schließt auch hier mit einer typischen
Paradoxie.

8, 456-560 Auf Zypern, wo die 'schaumgeborene' Aphrodite
an Land gestiegen sein soll, macht Pompejus an der Westküste in Paphos Station und steuert mit nochmals vergrö-
ßerter Begleitung (vgl. 716 f.) den Leuchtturm von Alexandria an, wird aber weiter ostwärts abgetrieben; das strittige
Ankunftsdatum ist hier durch das Herbst-Äquinoctium
bezeichnet. In der Nähe von Pelusion lag Ptolemaios am
Kasionberg in Stellung; damals etwa dreizehnjährig, hatte
er kurz vorher seine ältere Schwester Kleopatra, die ihm
durch Testament seines Vaters zur Mitregentin und nach
ägyptischer Sitte zur Frau bestimmt worden war (10,92 ff.),
vertrieben und erwartete ihren Angriff von Syrien her.
Lucan verzichtet auf solches Beiwerk und deutet die Situation nur mit einer Küstenwache an, die dem Hof Meldung
macht (472 f.). Dort steht ohne weiteres fest, wem das
Geschwader gehört und was dessen Anliegen ist; daß Pompejus Unterhändler schickte, bleibt unerwähnt. — Zunächst spricht ein sonst unbekannter Priester aus Memphis;
in diesem Zentrum ägyptischer Kulte (*barbara* 542) setzte die
Nilflut ein, und so wird Akoreus später hierüber berichten
(10,172 ff.). Jetzt deutet er an, daß Pompejus den entthronten
Vater des Königs durch A. Gabinius hatte wiedereinsetzen
lassen (vgl. 9,131 f. 1028 f.). Er hätte auch die Anerkennung
des Königs selbst durch Pompejus als dessen Vormund
(zu 5,1 ff.) geltend machen können; aber der Dichter
konzentriert sich auf die Gegenrede. — Den Mordplan
trug der griechische Rhetor Theodotos vor, der neben dem
Finanzminister Pothinus und dem Truppenkommandeur

Achillas den jungen Monarchen als Lehrer beherrschte;
auch Livius stellte ihn anscheinend in den Vordergrund
(perioch. 112 *auctore Theodoto praeceptore, cuius magna apud
regem auctoritas erat, et Pothino*). Lucan hat diese Figur hier
und später ausgeschaltet; er läßt Pothinus sprechen, aber
in der abgefeimten Spitzfindigkeit des Eunuchen jenen
Rhetor durchscheinen, der sich auf seine damalige Suada
etwas zugute tat (Plut. Brut. 33,5). Wem der Sprecher
seine Kenntnisse über die Schlacht und die folgenden
Geschehnisse verdankt (507 weiß er auch, daß Caesar die
Gefallenen nicht bestattet hat; *bustum cineresque* 529 ist
Metapher, vgl. Flor. epit. 4,2,53 *Thessalici incendii cineres
recaluerunt*), soll der Leser nicht fragen. In der fingierten
Beschwerde 513 ff. scheint zunächst die Bevölkerung, dann
der König selbst zu sprechen; die Übergänge sind fließend
und Abgrenzungen im Text nur versuchsweise möglich. —
Achillas' engsten „Spießgesellen" lernen wir 597 kennen.
Der Dichter bricht vor der Schilderung der Tat in eine
Klage über Ägypten aus, die er mehrfach wiederholen und
am Schluß des Buches steigern wird; den Menschenschlag charakterisieren Memphis (s.o.) und das dekadente
Kanopos.

8, 560-711 Nach Plutarch (Pomp. 78,4 f.) wurde Pompejus
zunächst von dem Kriegstribun L. Septimius, der unter ihm
im Seeräuberkrieg gedient hatte, mit Gabinius (zu 456 ff.)
nach Ägypten gekommen war und dort der römischen
Palastwache angehörte, als Imperator angesprochen; dann
lud ihn der Ägypter Achillas auf griechisch zum Übersteigen
ein und bemäntelte den formlosen Empfang mit Tücken der
Küste (die Reihenfolge bleibt bei anderen offen, und Appian
civ. 2,356 kennt nur einen römischen Sprecher). Ohne den
Wortführer der „Verbrecherbande" ausdrücklich zu nennen,
schließt sich Lucan dieser Tradition in der Hauptsache an,
weicht aber im folgenden von der üblichen Rollenvertei-
lung ab. Hier führt Achillas seinen Mordauftrag auch selber
aus (für Livius ist perioch. 112 *occisus est ab Achilla* nicht
eindeutig genug), während sonst Septimius den ersten Stoß
tut. Dieser verräterische Gefolgsmann (*desertor* Flor. epit.
4,2,52) wird von Lucan als besonderer Rohling vorgestellt
und erhält eine sekundäre (676), aber umso scheußlichere
Rolle, die sonst anonym bleibt oder den Leuten des Pothinus

zufällt (Appian a.O. 361). Den Kopf nimmt der Mörder Achillas an sich, um ihn dem König auszuhändigen; er ist es auch, der ihn anstelle des Theodotos später Caesar überbringt (zu 9,950 ff.). — Pompejus schöpft sofort Verdacht, ahnt aber nicht das Schlimmste (sein überliefertes Abschiedswort „Denn wer zu einem Tyrannen geht, ist dessen Knecht, auch wenn er als ein freier Mann kommt" Sophokles frg. 789 Nauck² klingt 594 f. an) und unterwirft sich wie ein rechter Stoiker seinem Schicksal (*cedit fatis* 575; die Verse 568-570 finden mit 571 keine ansprechende Fortsetzung und gehören wohl zu einem anderen Entwurf, der jene Wendung näher ausführen sollte). Er stieg mit einigen Begleitern über, und das Boot fuhr auf die Küste zu, sodaß Cornelia die Vorgänge nur von fern beobachten konnte (μακρόθεν Appian a.O. 360); unterwegs herrschte Schweigen; Pompejus wandte sich kurz an seinen Kriegstribun, memorierte eine griechische Ansprache an Ptolemaios und erhob sich zur bevorstehenden Begrüßung des Königs; dieser wartete am Ufer, während Truppen aufmarschierten und Kriegsschiffe bemannt wurden. Lucan bietet statt dessen eine geschlossene Szene, vereinheitlicht Ort wie Zeit und konzentriert sich auf die Hauptakteure. Daß Pompejus sein Gesicht verhüllte und stumm blieb, wird allgemein bezeugt; hier erscheint er vollends als stoischer Dulder, und zu seinem Selbstgespräch bildet ein Verzweiflungsausbruch Cornelias einen bezeichnenden Gegensatz. Der Dichter stellt auch Details über Cornelias Flucht zurück (vgl. 9,51 ff.), läßt das Schicksal der Begleiter offen und führt nicht aus, was zunächst mit dem abgeschlagenen Kopf geschah (vgl. 9,137 ff.). Dessen Mumifizierung hat er wohl hinzuerfunden, als eine Greulichkeit Ägyptens, das er in immer neuer Entrüstung apostrophiert. Zum Folgenden überleitend, deutet er an, daß der Rumpf über Bord geworfen wurde und im Wasser treibt; dies setzt er in Parallele zu Ptolemaios' baldigem Tod im Nil (692, vgl. 6,307 f.) und in Kontrast zu dem Totenkult, den der „glückhafte Räuber" Alexander (10,19 ff.) sowie Ptolemäer und Pharaonen in Ägypten genossen.

8, 712-822 Die Einäscherung des Rumpfes besorgt hier ein gewisser Cordus, der in einer zweifelhaften Nebenüberlieferung (Zusatz zu Vir. ill. 77) den Gentilnamen Servius

trägt und jedenfalls Römer ist (767); er hat Pompejus von
Paphos an begleitet (vgl. 456 ff.), wo das Priestergeschlecht
der Kinyraden wirkte, dessen Eponym als sagenhafter König
von Zypern galt. Eine andere Tradition (Plut. Pomp.
80,3 ff.) nennt an seiner Stelle einen Freigelassenen des
Pompejus namens Philippus, der seinen Herrn in das Boot
der Mörder begleitet hatte, und gibt ihm einen nach
Ägypten verschlagenen früheren Soldaten zum Helfer,
offenbar einen Gabinianer (zu 456 ff.). Der Scheiterhaufen
aus einem Schiffswrack ist auch sonst überliefert; doch
verrät die eindrucksvolle Ausführung der Szene mit ihren
Reden wieder die Gestaltungskraft Lucans, der sich auch
hier mit einer Apostrophe an seinen Akteur einschaltet. —
Eine Inschrift *hic positus est Magnus* kennt auch die angeführte
Nebenüberlieferung, während Appian (civ. 2,361) die Be-
schriftung auf später datiert und dafür einen griechischen
Hexameter verwendet, den Hadrian bei seinem Besuch
der Gedenkstätte gesprochen haben soll (Cass. Dio 69,11,1.
Anth. gr. 9,402; die Pointe, daß Pompejus jetzt an Tempeln
reich ist und doch nicht einmal ein rechtes Grab gefunden
hat, wird von Lucan 859 f. gewissermaßen vorweggenommen). Der Dichter benützt den Anlaß, um an Pompejus'
Taten zu erinnern. Aus der langen Reihe werden im einzelnen außer dem beispielhaften Seeräuberkrieg zwei Erfolge
gegen eigene Landsleute hervorgehoben, nämlich gegen
Lepidus und Sertorius, deren Bezwingung als gutes Omen
für einen Sieg über Caesar gelten konnte (zu 2,526 ff. 7,7 ff.;
,,Alpenkämpfe'' waren wohl beim Übergang nach Spanien
vor dem Sertoriuskrieg zu bestehen). Mit der ,,stolzen
Ämterreihe'' sind die drei Konsulate in den Jahren 70, 55
und 52 bezeichnet. — Die Asche gelangte später in Cornelias
Besitz (Plut. a.O. 10). Lucan setzt dies in ein Wunschbild
um (769 f.) und stellt sich entrüstet vor, daß sie sich noch
zu seiner Zeit in Ägypten befand oder gar verweht wurde
(804 f. 834 ff. 856; anders 9,1092 f., s. dort).

8, 823-872 Nachdem der Dichter die ägyptischen Ereignisse schon wiederholt kommentiert hat, schließt er das
Buch mit einem Fluch auf das Land, vor dem ein Sibyl-
lenorakel gewarnt hatte (Cic. fam. 1,7,4. Cass. Dio 39,
15,2). 851 ff. sind mit *nam* unklar angeschlossen und stehen
zum Vorhergehenden in Widerspruch: ist die Würdelosig-

keit des Grabes kein Nachteil, sondern ein Gewinn, weil sein absehbarer Verfall dem Glauben an Pompejus' Entrückung Vorschub leisten wird, so kann eine Überführung nach Rom dem Toten nicht dienen. Anscheinend liegt eine Doppelfassung zu 823-850 vor: das eine Mal schleudert der Dichter seinen Fluch auf Ägypten und beklagt Roms Passivität, das andere Mal weiß er der Fügung vielmehr Dank. Die zweite Version sollte wohl die endgültige sein; sie leitet zum nächsten Buch über, das mit Pompejus' Apotheose beginnt und mit Cornelias Bekenntnis, Ägypten sei ihr wegen seiner Schandtat lieb (9,78 ff.), jene Paradoxie wiederholt.

9, 19-217 Ein Nachtrag zum 8. Buch hat zu Cato übergeleitet, der vor Brutus nunmehr die Sache der Freiheit vertritt (30. 97, vgl. 7,696). Er sammelte das Restheer und 300 Schiffe (Appian. civ. 2,364; bei Lucan 32 ,,tausend", d.h. zahllose wie 8, 272 f.) in Korkyra (vgl. 5,420. 8,37), setzte dann nach Kyrene in Nordafrika über, weil er Pompejus in Ägypten oder Numidien vermutete, erfuhr aber dort (Cass. Dio 42,13,3) oder vor der Küste (Plut. Cato min. 56,2) von dessen Ende; die Nachricht überbrachte Sextus Pompejus (Plut. a.O.), der sich in Afrika seinem mit Cato vereinigten älteren Bruder Gnaeus anschloß, während Cornelia anscheinend gleichzeitig nach Rom heimkehrte (Cass. Dio 42,5,7). Nach einer uns unbekannten Überlieferung oder aus eigener Erfindung führt Lucan Cato und Gnaeus mit Cornelia und Sextus in Paliuros zusammen, einem Küstenort der Kyrenaika; den Namen verbindet er mit Palinurus, dem Eponym des Capo Palinuro in Lucanien (Verg. Aen. 6,337 ff.), und folgt damit wohl einer unbedenklich kombinierenden Gründungstradition. Catos Flotte hatte vorher Phykus am gleichnamigen Vorgebirge nördlich von Kyrene berührt, diese Stadt selbst aber noch nicht erreicht (vgl. 297 ff.). — 51 ff. knüpfen an 8,662 an, legen jedoch zunächst einen Haltepunkt ein. Cornelia sucht die Flucht zu verzögern und beobachtet die nächtliche Einäscherung am Strand, als wären Verfolger nicht zu fürchten. Sextus war ihr zur Seite, ist aber nicht so sicher wie sie, daß das Feuer seinem Vater galt, rechnet vielmehr damit, daß der Rumpf von Tieren zerrissen wurde (141 f.), wie es ohne Cordus hätte geschehen können (8,764 f.);

anderseits will er gesehen haben, wie man den Kopf in der
Stadt umhertrug, und hat angeblich gehört, man hebe ihn
für Caesar auf (137 ff.). Dies macht vollends deutlich, daß
dem Dichter die jeweilige poetische Wirkung höher steht
als eine Wahrscheinlichkeit der äußeren Vorgänge; eine
feine Unterscheidung zwischen der affektisch kombinierenden Frau und dem bedächtigeren Mann kommt hinzu.
Für Sextus steht auch fest, daß sein Vater Ptolemaios' Opfer
ist, obwohl er den früheren König wiedereingesetzt hat und
Gast des jetzigen war (vgl. 1028 f. und zu 8,456 ff.; „Vorfahren" ist eine verallgemeinernde Übertreibung). Nur um das
Unglaubhafte der Tat zu unterstreichen, erwägt er, ob
Caesar bereits Ägypten erreicht hat (135), wovon Cornelia
überzeugt war (8,641). — Cornelia beginnt ihren Monolog
mit Klagen und Paradoxien, zeigt aber dann, daß sie von
ihrem Mann endlich Gefaßtheit gelernt (vgl. 5,776 ff.) und
die Selbstmordgedanken des Vortags (8,654 ff.) überwunden
hat. Wie es 8,662 angedeutet war, läßt sie sich jetzt fortbrin-
gen, nachdem sie zunächst die Küste nicht verlassen wollte
(81 f.; den in einem Teil der Überlieferung fehlenden oder
umgestellten Vers 83 tilgt auch Fraenkel 295 wohl mit
Recht, doch scheint *siqua fides* im Vergleich mit 2,550
nicht anstößig genug, um die Möglichkeit einer echten
Doppelfassung auszuschließen). Die Fahrt geht über
Zypern (vgl. Liv. perioch. 112) zur Kyrenaika, weil man
dort anscheinend Freunde vorzufinden rechnet (174). —
Wie Sextus' Bericht sich gegen Cornelias Monolog abhebt,
so wird seine Trauer durch einen leidenschaftlichen Aus-
bruch des Bruders kontrastiert; dieser empfindet wie der
Dichter selbst (8,694 ff.) den Widerspruch zu ägyptischer
Totenverehrung und will geheiligte Mumien im Mareotissee,
dem Südhafen Alexandrias, versenken. Der teils vor, teils
nach 159 überlieferte Vers über den Apisstier (160, vgl.
8,479) stört hier wie dort; dies spricht gegen eine Interpolation, und so könnte er aus einer anderen Fassung Lucans
stammen. — Bereits 19 ff. hatten sich auf das 2. Buch bezogen, wo Cato nach dem Rückblick auf Marius und Sulla
es als offenes Geheimnis bezeichnet, daß Pompejus nicht
weniger als Caesar die Alleinherrschaft anstrebte (2,320 ff.);
deutlicher als dort hatte es nun geheißen, daß er ihn bis
zur Niederlage „haßte" und selber „kein Despot zu werden

wünschte" (21. 27). Vollends zeigt sein Nachruf, der
doch dem Dichter als hohe Ehrung für den Toten gilt, eine
bemerkenswerte Reserve: trotz allem war Pompejus nur
ein scheinbarer Republikaner. Zu den Vorbehalten gehört
der Gedanke, daß er im Gegensatz zu Cato (28) vielleicht
bereit gewesen wäre, unter einem Despoten zu leben; aber
210 stört den Zusammenhang und ist wohl ein nicht eingear-
beiteter Entwurf.

9, 217-302 bilden ein Pendant zu der früheren Meuterei
von Caesars Truppen (5,240 ff.). Den Anstoß gibt hier
einer der verbündeten Monarchen, der König von Kilikien,
nach Pompejus' Seeräuberkrieg ein besonders undankbarer
Gefolgsmann. Ein Sprecher der Aufrührer gibt Cato Gelegenheit, das im Nachruf auf Pompejus Gesagte fortzuführen:
der Mord an diesem zweiten Triumvirn erscheint jetzt
vollends als „Gefälligkeit" nicht nur für Caesar (1035), die
Entschlossenheit, nicht unter dem dritten und letzten
Triumvirn in Knechtschaft zu leben, als höchste Maxime.
Cato setzt die gute Sache durch (293), aber der Leser
wird bald auf dessen Tod vorbereitet (408 ff.). — Nach
Plutarch (Cato min. 56,4) nahm Kyrene Cato auf, nachdem
es vorher Labienus abgewiesen hatte; Lucan schaltet diesen
auch hier aus (zu 5,237 ff.) und kombiniert die Vorgänge.
Übereinstimmend mit ihm berichtet Plutarch weiter, Cato
habe in Kyrene erfahren, daß Scipio in Numidien eingetrof-
fen sei, und habe dies nun auch selbst zum Ziel gewählt.

9, 303-367 Nach einem Exkurs über die Entstehung der
gefürchteten Watten an der größeren oder eigentlichen
Syrte, dem Golf von Sidra, und der kleineren Syrte in
Tunesien schildert Lucan eine erste Etappe zu Schiff, die
bei Berenike (Benghasi) endet. In der Nähe sind Tritonsee
und Hesperidengarten gedacht. Der Dichter berührt die
Verbindung des Sees mit dem Meergott Triton oder Athena
Tritonis (Tritogeneia) und das von Eurystheus verlangte
Heraklesabenteuer; der Lethonfluß, den er vom Lethe-
strom der Unterwelt herleitet, scheint ursprünglich mit dem
Hesperidendrachen Ladon zusammenzuhängen.

9, 368-949 Den Wüstenmarsch nach Leptis (524. 948),
der tunesischen Schwester der gleichnamigen Stadt in
Tripolitanien, schildert Lucan im Anschluß an Livius
(perioch. 112 *laboriosum M. Catonis in Africa per deserta cum*

legionibus iter); aber die Nebentradition ist so dürftig, daß
sich schwer erkennen läßt, was der Dichter übernommen
und was er geneuert hat (vgl. Wuensch 33 ff.). Ein Exkurs
über Libyen kontrastiert nach einer Lageskizze das fruchtbare Westgebiet, dem man nahekommen wird (300,
vgl. 942 ff.), mit der zu überwindenden Wüstenstrecke;
hier gedeihen nur „Stauden" (438), d.h. das Silphion
(Strab. 2,2,3, vgl. Wuensch 48 f.), das einst Kyrene reich
gemacht hatte, aber bereits um die Zeitenwende eine
Seltenheit war und gerade noch in einem einzelnen Exemplar an Neros Hof gelangte (Plin. nat. 19,39). Die Schilderung eines Sandsturms ergänzt den Exkurs und steigert die Schrecken der Syrte; der Dichter benützt die
Gelegenheit, die Herkunft der Salierschilde (1,603) gegen
die an König Numa anknüpfende Sage rationalistisch zu
erklären. — Die Szene, in der Cato einen Vorzugstrunk
wegschüttet (500 ff.), verwendet ein Motiv der Alexander-
sage (Arrian. anab. 6,26,2 f., vgl. W. Rutz, Entretiens
236 ff.), und an diese erinnert ebenso der hier freilich
zufällige Besuch des Ammonorakels in der Oase Siwa,
einer weit von der Marschroute südostwärts im Landesin-
neren gelegenen, jedoch auch 10,38 zur Syrtengegend
gerechneten Station. Offenbar hat Lucan einen solchen
Besuch Catos erfunden, um nach jener Parallelisierung
nun den Gegensatz zwischen seinem Helden und dem
„Erztyrann" (10, 272) als einem Prototyp Caesars darzu-
tun (vgl. Rutz a.0. 244 ff.): Cato wird von Labienus (zu
5,237 ff.) aufgefordert, in Alexanders Weise eine Bestätigung einzuholen, aber er trägt den Gott in seiner Brust
(564 f., vgl. 2,285). Eine Schilderung seines Verhaltens
auf dem Marsch (587 ff., vgl. 398 ff. und z.B. Plut. Cato
min. 56,7) lenkt zu 500 ff. zurück und veranlaßt den
Dichter, das Thema der Szene am Ammoneion weiterzu-
führen: versteckt nimmt er zunächst die Vorbehalte gegen
Pompejus auf, deutet mit Jugurthas Erdrosselung erneut
auf die Despotie eines Marius (vgl. 204) und kritisiert im
Wunschbild einer dereinstigen Vergöttlichung Catos den
Cäsarenkult. — Die erste Begegnung mit Giftschlangen
führt zu einem mythologischen Aition, das seit hellenistischer Zeit „verbreitet" war und den Erzähler reizt,
freilich als Erklärung nicht befriedigt (619 ff.). Medusa

oder Gorgo ist mit ihren Schwestern wie meist im äußersten Westen gedacht, doch reicht ihr Herrschaftsgebiet bis zu den Äthiopiern, einem typischen Randvolk (651, vgl. 517 und zu 3,169 ff.); Hermes' Krummschwert hat sich schon gegen den hundertäugigen Riesen Argos bewährt, als dieser Io bewachte (663); Medusas Kopf erhält später als Gorgoneion seinen Platz auf Athenas Schild (655 ff. 666, vgl. 6,746. 7,149; die Verse 630-635 sind von Housman kaum richtig behandelt). — Sein Material über die Schlangen entnimmt Lucan einem nicht erhaltenen Lehrgedicht des Aemilius Macer, das auf Nikanders 'Heilmitteln gegen giftige Tiere' fußte (Comm. Bern. zu 701, vgl. W. Morel, Philologus 83, 1928, 345 ff.). Ein Katalog beginnt mit der Schild- oder Nilviper (Uräusschlange), die den Soldaten gleich bei Beginn neben der 'Durstschlange' Dipsas begegnet war (609 f., vgl. schon 4,724 ff.) und 815 ff. tätig wird; die weitere Liste stellt alle später angreifenden Tiere vor, erfüllt aber einen Selbstzweck als umfassender Exkurs. Die Handlung zeigt das Schicksal einzelner Soldaten mit erfundenen Namen (zu 3,375 ff.) in drei großen und vier kürzeren Szenen. Die erste Gruppe führt zunächst jene Dipsas vor (vgl. 851), bringt eine Steigerung durch den Seps (762 *tristior*; 774-776 lassen, wenn *quantus* richtig ist, den Eiter als Subjekt zu *effluit* unbezeichnet und führen wenig passend ein für alle Glieder gültiges Motiv ein, sodaß ein versprengtes Stück aus einer anderen Konzeption des Dichters vorzuliegen scheint) und kontrastiert hiermit den Prester (789 *diversa*). Die zweite Gruppe ergibt eine neue Steigerung (805 *maiora*), zunächst durch einen Effekt, der an den Seps erinnert (vgl. 814 *pro volnere corpus* mit 769 *sine corpore volnus*) und durch den makabren Vergleich mit Parfümfontänen im Theater (808 f., wo die sonst unbekannten *signa* wohl eine Art Wasserspeier bezeichnen) noch an Scheußlichkeit gewinnt. — Ein Anhang über den Skorpion, dessen Stich einer Sternsage zufolge den riesenhaften Jäger Orion tötete, und über eine sagenhafte, angeblich giftige Ameisenart (833 ff.) mag „unkünstlerisch genug" erscheinen (Morel 359); aber die Immunität gegen solche Tiere gehört zur Tradition über die Psyller (Agatharchides 86 F 21b Jacoby nennt Schlangen, stechende Spinnen und Skorpione).

Diese sind ein angeblich früh untergegangenes Wüstenvolk,
das in hellenistischer Zeit als schlangenfeste Nation oder
Kaste wieder auftaucht. Der Dichter scheint Livius und
Macer zu folgen, aber auch Eigenes hinzuzutun (Morel
347 ff.); während Plutarch berichtet, Cato habe Psyller
auf den Marsch mitgenommen (Cato min. 56,6), führt
Lucan sie der Spannung zuliebe erst ein, nachdem er die
Not beschrieben und den Soldaten, die bei schwieriger
Orientierung (846 f., vgl. 493 ff.) dem Südpol entgegenzu-
gehen meinen, Catos Heldensinn gegenübergestellt hat. —
Der Marsch dauert hier zwei Monate (940 f.), in einer
Parallelüberlieferung 30 Tage (Strab. 17,3,20; Plut. a.O.
7 scheint korrupt). Vermutlich hat ein anderer Expeditions-
bericht eingewirkt, der auch sonst Berührungen zeigt:
Alexanders einstiger Gefährte Ophellas soll von Kyrene
aus ,,mehr als zwei Monate" durch die Wüste gezogen sein,
um sich zum Kampf gegen Karthago mit dem sizilischen
Herrscher Agathokles zu vereinigen (Diod. 20,42,2 nach
Duris).

9, 950-1108 Caesar zog über Amphipolis durch Thrakien
und setzte über den Hellespont, wo sich ihm ein ent-
gegenkommendes Geschwader von Pompejanern ergab;
solange über Pompejus selbst nichts zu erfahren war, nahm
er sich in Kleinasien für Kampfvorbereitungen und andere
Geschäfte Zeit, brach aber bei der ersten Nachricht mit
den verfügbaren Streitkräften rasch nach Ägypten auf und
erreichte es ohne Halt von Rhodos aus in drei Tagen.
Lucan ersetzt diese Vorgänge durch eine poetische und
zugleich hintergründige Erfindung (wohl nach ihm Sidon.
epist. 3,12,6): nachdem Caesar den Hellespont in Erinnerung an Hero und Leander durchfahren hat, verweilt er
gemächlich in Troja, dem er sich genealogisch verbunden
glaubte (zu 1,183 ff.). Hier ist seine erste Station das Vorgebirge Sigeion, wo man Achills Grab zeigte: der Leser
denkt an den Besuch dieses Grabes durch Alexander und
hört eine Gleichsetzung der beiden Männer heraus (vgl.
W. Rutz, Entretiens 249), die er im 10. Buch bestätigt
finden wird (zu 10,1 ff. 172 ff.). Weiter besichtigt Caesar
u.a. die Klippe, an der Herakles die Tochter des Königs
Laomedon von einem Seeungeheuer erlöste, die Schau-
plätze des Beilagers von Anchises und Aphrodite, des Pa-

risurteils und der Entführung Ganymeds sowie die Warte,
von der aus Oinone ihren Liebhaber Paris mit Helena
landen sah (vgl. Ov. epist. 5,61 ff.). Im Vordergrund aber
stehen Reminiszenzen an die Kämpfe der Ilias, und der
Dichter fühlt sich als neuer Homer, dessen Kunst selbst dem
Scheusal von Pharsalus dient. Während Caesars angeblicher
Plan, die Hauptstadt nach Troja zu verlegen (Nikolaos
von Damaskos 90 F 130,68 Jacoby. Suet. Iul. 79,3), bei den
Zeitgenossen Bestürzung auslöste und ein regulärer Wieder-
aufbau Trojas nie erfolgte, erscheint hier (anders 3,211 ff.)
ein solches Gelübde ohne Zusammenhang mit Rom als
romantischer Dankesbeweis und gilt als später erfüllt. Zur
ganzen Partie vgl. B. Biliński, Eos 42, 1947,1,90 ff. — Wohl
von Troja aus dauert die Fahrt hier sechs bis sieben Tage
(1004). Daß Caesar erst an Land zu gehen wagte, als er
über Pompejus' Tod Gewißheit hatte, bestätigt Cass. Dio
42,7,2. Den Kopf überbrachte, wie auch Livius berichtete
(perioch. 112), Theodotos (zu 8,456 ff.) zugleich mit dem
später als Beweis nach Rom gesandten Siegelring. Ohne
den Ring zu erwähnen, schaltet Lucan den Rhetor erneut
aus und ersetzt ihn diesmal offensichtlich durch Achillas,
dessen Rolle er schon im 8. Buch erweitert hatte (zu 8,560
ff.; ebenso Vir. ill. 77 in dem oben erwähnten Anhang,
wo auch 1012 *Phario velamine tecta* eine Entsprechung
findet). Als früherer Ersatzmann für Theodotos hatte sich
Pothinus über Pompejus' Verdienste hinweggesetzt; nicht
weniger abgefeimt täuscht der jetzige ihretwegen Skrupel
vor, um die Tat zu beschönigen. Caesars Reaktion entspricht
in der Hauptsache der sonstigen Überlieferung, und Lucans
spöttische Glossen berühren sich mit Cass. Dio 42,8,2 f.;
aber den Zug, daß der siegreiche Schwiegervater sich
abwandte, hat der Dichter boshaft modifiziert (1035 ff.)
und auch sonst wohl manches zugespitzt. Den Kopf ließ
Caesar bei Pelusion würdig beisetzen; um dessen selbstgefällige Pietät zu unterstreichen, erfindet Lucan eine Weisung
hinzu, die Asche des Rumpfes beizufügen (1092 f.), obwohl
diese nach seiner früheren Konzeption am Strand verblieb
(zu 8,712 ff.) und Caesar von der Einäscherung noch nichts
wissen konnte.
10, 1-52 Caesar zog in Alexandria mit Lictoren, die die
üblichen Rutenbündel vorauftrugen, d.h. als Imperator

ein und steigerte damit die Unruhe unter der Bevölkerung
(vgl. 9,1007 ff.); dies veranlaßte ihn, zunächst den unbefan-
genen Besucher zu spielen, also Stadt und Befestigungswerke
zu besichtigen oder zwanglose Geselligkeit zu pflegen
(Frontin. strat. 1,1,5). Lucan läßt ihn auch das Grab
Alexanders (vgl. 8,694. 9,153 f.) aufsuchen, wie es für
Octavian bezeugt ist (Suet. Aug. 18,1). Offenbar will er
wie schon beim Besuch Trojas (zu 9,950 ff.) die beiden
verhaßten Despoten in Parallele setzen: *fulmen* 34 erinnert
an die Charakteristik Caesars 1,151 ff., und 40 deutet auf
dessen gleiches Interesse an den Nilquellen voraus (zu 172
ff.). Dabei ergibt sich Gelegenheit, die Bändigung der
Parther durch das kleine Mazedonien (vgl. 8,236 f.) mit der
dortigen Niederlage und Ohnmacht Roms zu kontrastieren.

10, 53-171 Nach der historischen Überlieferung beschied
Caesar einerseits Ptolemaios aus seiner Stellung am Kasionberg, anderseits Kleopatra aus ihrem Exil zu sich und
gelangte diese ohne Wissen ihres Konkurrenten in den
Palast (λάθρᾳ τοῦ Πτολεμαίου Cass. Dio 42,34,6). Bei Lucan wird vielmehr Caesar selbst von der Königin über-
listet (*ignaro Caesare* 58), erscheint also als willenloses Opfer
von „Latiums Todesfurie", die später Antonius einfing und
bei Actium Octavian zu überwinden hoffte (63 ff. 70 ff.);
ein maliziös verallgemeinernder Plural (77) erweckt den
Anschein, als habe sie auch Caesar mehrere Kinder geboren,
nicht Caesarion allein. Natürlich ist ihre Uneigennüt-
zigkeit (96 f.) gespielt und soll das Testament ihr Recht
als Mitregentin erweisen. Auf die erste Liebesnacht folgt unmittelbar das Bankett, das die Versöhnung der Geschwi-
ster feiern sollte und sie tatsächlich vereinigt zeigt (136).
Caesars vorausgegangene Vermittlung bleibt unerwähnt.
Umso ausgiebiger schildert der Dichter den Aufwand
als schlimmes Vorbild für die Folgezeit (110) und insbesondere für Caesar selbst, der sich nicht einmal in Gegenwart
von Roms Sittenmustern Fabricius und Curius (zu 1,1 ff.
3,84 ff.) oder Cincinnatus geschämt hätte (151 ff.).

10, 172-331 Die Schilderung von Caesars zunächst ge-
spielter, dann echter Selbstverlorenheit findet ihren Höhepunkt in einem Tischgespräch, das vor dem folgenden
Aufruhr ein Ritardando schafft. Die Situation entspricht
dem zweiten Aeneisbuch, aber das Thema dient einer

lucanischen Tendenz. Wie bereits eingangs angedeutet war (40), unternahm nach anderen Despoten angeblich auch Alexander in seinem „Größenwahn" einen Versuch, zu den Nilquellen vorzudringen (272 ff.), und wenn Caesar den gleichen Wunsch ausspricht (191 f.), so heißt das, daß der Dichter ihn vollends mit dem „Erztyrann" gleichstellen will. Sollte zugleich eine Anspielung auf Neros Expedition (Sen. nat. 6,8,3) beabsichtigt sein, so läge darin nach dem Zusammenhang keinesfalls eine Huldigung, sondern ein Seitenhieb (nicht überzeugend A. Eichberger, Untersuchungen zu Lucan: Der Nilabschnitt ..., Diss. Tübingen 1935; vgl. dagegen R. Helm, Lustrum 1, 1956, 200 ff. G. Pfligersdorffer, Hermes 87, 1959, 373 ff.). — Über den Nil berichtet Lucan in engem Anschluß an Senecas *Naturales Quaestiones* (H. Diels, Seneca und Lucan, Abh. Berlin 1885; Eichbergers Gegenargumente hat Pfligersdorffer endgültig widerlegt). Der Oheim schrieb außerdem ein nicht erhaltenes Werk *De situ et sacris Aegyptiorum* (Serv. Aen. 6,154), und wirklich zeigt Caesar auch für solche Themen Interesse. Aber sein Gesprächspartner kommt aus Memphis, und nicht umsonst wurde diese Kultzentrale bei Akoreus' Einführung zugleich als Warte für die Nilflut bezeichnet (8,475 ff.): er läßt jene Dinge beiseite und geht im Grunde nur auf Caesars letzte und dringendste Frage nach den *causae* und *fontes* des Nils ein, freilich mit einer Erweiterung. — Zunächst wird das allezeit erregende Problem der Nilflut behandelt (im einzelnen vgl. Diels a.O.); sie dauert etwa von der Sommersonnenwende bis zur Tag- und Nachtgleiche im Herbst und wird nach Lucan von dem Planeten Merkur ausgelöst, der als Herr der Gewässer gedacht ist (210 ff., vgl. dazu Housman 334 ff.). Anschließend geht Akoreus auf das Rätsel der Quelle ein (268 ff.). — Mit 285 beginnt eine Beschreibung des Flußverlaufs. Sie scheint an Caesars Frage nach der „Lage der Landesteile" (178) anzuknüpfen; aber es geht nur um den Nil, und außer 294 ff. (s. unten) schlägt auch der letzte Vers der Rede deutlich eine Brücke zu den Hauptproblemen. In dieser Partie wird wieder deutlich, daß dem Dichter, soweit er selbständig vorgeht, poetische Überlegungen höher stehen als die Geographie selbst: er arbeitet mit Vor- und Rückgriffen, aber nicht ohne Plan. Eine Digression bilden vor allem 294-302, wo nochmals

Ursprung und Flut zur Sprache kommen; dabei erhält *consurgere* 298 einen anderen Sinn als 287. Vorher schließen 290 f. antithetisch gut an 289 an, nehmen aber eine spätere Station (312) vorweg. Nachher folgt auf Meroë (303) über Wüstenzonen bereits Philae an der ägyptischen Grenze (313), „bald" auch das Gebiet der Straßen, die bei Koptos zum Roten Meer führten und dies mit dem Mittelmeer verbanden (313-315). Erst jetzt wird, in Antithese zu dieser ruhigen Strecke (nach Sen. nat. 4a,2,4), wenigstens des untersten Katarakts gedacht, als befände er sich weiter flußabwärts (*moturum* 316), nicht bereits bei Philae oberhalb (*hinc* 323) der kleinen, nur Priestern zugänglichen Insel Abatos und der „Adern"; dann (*hinc* 327) geht es durch eine Klamm rasch nach Memphis, wo die Flut einsetzt.

10, 332-519 Pothinus rief den noch am Kasionberg stationierten Truppenkommandeur Achillas durch Briefe und Boten in die Stadt, um Caesar zunächst mit „heimlicher Falle", dann in „offenem Kampf" anzugreifen (345 f.); mit Entrüstung sieht der Dichter die Möglichkeit gegeben, daß ägyptische Trabanten zusammen mit entarteten Gabinianern (zu 8,456 ff.) der Bestimmung vorgreifen könnten (338 ff. 420 f., vgl. 528 und 7,586 ff.). Achillas setzt hier sein Heer sofort unauffällig in Marsch (398 ff.), rückt aber erst am folgenden Morgen vor die Stadt (434 ff.). Zum Komplott beim nächtlichen Bankett befindet er selber sich anscheinend im Palast (421); so wenigstens berichtet Plutarch (Caes. 49, 4 f.), freilich mit dem Unterschied, daß der Anschlag von Caesars Barbier entdeckt und vereitelt wird, statt daß die Spießgesellen ihn aus Vorsicht selber fallen lassen. — Gegen den offenen Angriff mußte sich Caesar im Palast verschanzen, und der Dichter kommentiert ausgiebig die unwürdige Situation, in der Ptolemaios als Geisel dient wie Apsyrtos in der Medeasage (464 ff.). Die Rüge für Achillas überbrachten, nach Caesar civ. 3,109,3 ff. noch vor Festnahme des Königs, zwei Parlamentäre namens Dioskorides und Serapion, von denen einer getötet wurde; dies stand auch bei Livius (frg. 50), doch scheint Lucan nur den so empörend ermordeten Mann ohne Namen einzuführen (467 ff.). Die eigentlichen Kämpfe sind lediglich skizziert. Auch wenn jetzt bei einem Annex des Schlosses (486 ff., vgl. Strab. 17,1,9) feindliche Schiffe angreifen,

steht eine Schilderung der Feuersbrunst im Vordergrund;
daß ihr die berühmte Bibliothek zum Opfer fiel, bleibt trotz
Livius (frg. 52) unerwähnt. — Auf die wichtige Besetzung
der Insel Pharos, die der Stadt vorgelagert ist und mit
ihr durch eine Mole verbunden war, läßt Lucan die Exekution an Pothinus folgen (513 ff.), scheint also zu unterstellen,
daß Caesar sich bis dahin nicht stark genug fühlte, den
einflußreichen Mann zu beseitigen. Die Parallelberichte
nehmen einen anderen Zeitpunkt an und motivieren den
Schritt mit einem aktuellen Anlaß: Pothinus soll entweder
bereits nach dem Attentatsversuch beim Bankett (Plut. a.O.)
oder erst nach Arsinoës Flucht hingerichtet worden sein, als
er auch selber mit Achillas Verbindung aufnahm (Caes.
civ. 3,112,12) oder befürchtet werden mußte, daß er
seinerseits den König entführen könnte (Cass. Dio 42,39,2).
Die Art der Exekution ist sonst anscheinend nicht überliefert.

10, 519-546 Mit dem Auftreten von Ganymedes und
Arsinoë beginnt ein neuer Kampfabschnitt. Ganymedes,
ein Eunuch wie Pothinus, verhalf Kleopatras jüngerer
Schwester zur Flucht aus dem Palast, stiftete sie zur Ermordung des Achillas an und führte an dessen Stelle den Widerstand weiter. Wer Lucans Neigung bedenkt, den Kreis
der historischen Akteure eng zu halten und eher zu verrin-
gern, wird für die beiden neuen Figuren eine Funktion
erwarten, die ihrer tatsächlichen Rolle annähernd entspricht.
Die scheinbare Übereinstimmung mit dem Schluß von
Caesars parallelem Werk darf nicht irremachen. Der
Überhang bei Lucan ist äußerlich gering, aber gewichtig
genug: bei dem für Caesar bedrohlichen Kampf auf der
Mole (Bell. Alex. 20,1 ff.) wird eine Heldentat Scaevas
angedeutet, und wenn der Dichter mit ,,bereits" (*iam* 544)
auf die frühere (6,144 ff.) zurückverweist, so wird der
unbefangene, auf die versprochene Peripetie (532 f.)
gespannte Leser mit einer Ausführung rechnen. Schon
diese dramaturgischen Gesichtspunkte sprechen dafür, daß
die Kürze des 10. Buchs nicht zufällig, sondern das Werk
unvollendet ist; andere Gründe für eine solche Annahme
sollen weiter unten zur Sprache kommen.

Dichter und Werk

„Zum Schauderfeste dieser Nacht, wie öfter schon, tret'
ich einher, Erichtho, ich die düstere; nicht so abscheulich
wie die leidigen Dichter mich im Übermaß verlästern" —
der Beginn der Klassischen Walpurgisnacht erweist in
pluralischer Verschlüsselung einem antiken Dichter die
Reverenz, den Goethe noch las, aber heute ein weiteres
Publikum kaum mehr anders kennt als aus Kommentaren
zu dieser Szene: die „abscheuliche" Hexe Erichtho ist eine
Erfindung Lucans (6,507 ff.). Der eine oder andere mag sich
auch erinnern, daß vordem Hölderlin den größten Teil des
1. Buchs der 'Pharsalia' übersetzt hatte. Aber dann ist
unser Epos über die Schlacht von Pharsalus („Hier träumte
Magnus früher Größe Blüthentag, dem schwanken Zünglein
lauschend wachte Cäsar dort") in Vergessenheit geraten,
zunächst auch bei den meisten Klassischen Philologen, die
sich mehr zum Hellenentum zurückwandten und ihre
Vorstellung vom antiken Epos an Homer bildeten. War damit der Weg selbst zur Aeneis verschüttet, so blieb vollends
ein nachklassischer Römer außer Betracht. Erst nachdem
um die Jahrhundertwende Vergil wiederentdeckt und in
der Folgezeit unserem geistigen Besitz zurückgewonnen
wurde, hat es die Forschung der letzten Dezennien mit
wachsender Energie unternommen, auch Lucan erneut
in seine verdienten und einst unbestrittenen Rechte einzusetzen.

M. Annaeus Lucanus entstammte einer spanischen
Familie und wurde wie sein bekannterer Oheim, der
Philosoph und Tragiker L. Annaeus Seneca, in Corduba
geboren (3.11.39 n. Chr.). Daß der Sohn eines gebildeten
Provinzialen in Rom aufwuchs und sich in Griechenland
vervollkommnete, galt als selbstverständlich. Lucan war noch
nicht ein Jahr alt, als man ihn in die Hauptstadt brachte,
wo später der Stoiker Cornutus sein Lehrer und der Dichter
Persius sein Freund wurde. Dann finden wir ihn in Athen,
bis ihn Nero an seinen Hof rief; war doch der Kaiser ein
Zögling Senecas und das Haupt eines Dichterkreises, dem
u.a. auch Petron angehörte. Der junge Mann vom Guadalquivir hatte sich als Dichter und Deklamator hervorgetan
(Fragmenta poet. Lat. ed. W. Morel 128 ff.). Jetzt brachte

ihm ein Preislied auf den kaum 23jährigen Kaiser, dessen
Regierung bisher allen Sturmzeichen zum Trotz eine
glückliche Zeit gewesen war, bei den Neronia im J.
60 öffentlichen Beifall und erste Lorbeeren ein. Aber er teilte
das Los Senecas, Petrons und vieler anderer.
Nero, der selber als Verseschmied dilettierte, pflegte nach zuver-
lässigen Zeugnissen in seiner Eitelkeit den Ruhm von
Lucans Gedichten herabzusetzen und hatte dem Konkurrenten verwehrt, damit hervorzutreten (Tac. ann. 15,49,3
*famam carminum eius premebat Nero prohibueratque ostentare,
vanus adsimulatione*. Cass. Dio 62,29,4 ἐκωλύθη ποιεῖν, ἐπειδὴ
ἰσχυρῶς ἐπὶ τῇ ποιήσει ἐπῃνεῖτο). Lucan nahm schließlich in
maßgeblicher Rolle an der von C. Calpurnius Piso ange-
zettelten Verschwörung teil. Nach langem Leugnen ließ
er sich durch listige Zusicherung von Straffreiheit verführen, seine Mutter anzuzeigen (Tac. a.O. 56,4), was wir
ungern genug glauben müssen, ohne uns damit trösten zu
können, daß die Beschuldigte davonkam (ebd. 71,5). An
den Dichter erging Selbstmordbefehl. Als ihm das Blut
allmählich aus Füßen und Händen wich, aber die geistige
Kraft noch lebendig blieb, sprach er als letzte Worte eine
Versfolge, mit der er ein ähnliches Erlöschen geschildert
hatte (ebd. 70,1); es waren offenbar die Verse über das
Ende eines Freiheitskämpfers aus Massilia (3,635 ff.), und
so ahnt man, was der einstige Anhänger des Kaisers an
diesem 30. April 65 empfand.

In domitianischer Zeit widmete der Epiker Statius der
Witwe auf deren Wunsch ein *Genethliacon Lucani* (silv. 2,7),
wohl zum 50. Geburtstag des Toten, und drei Epigramme
Martials scheinen dem gleichen Anlaß zu gelten (7,21-23,
vgl. V. Buchheit, Philologus 105, 1961, 90 ff.). Diese beiden
Dichter (vgl. auch Mart. 10,64. 14,194) sind beredte Zeugen
für Lucans Leben, Schaffen und erste Wirkung. Dagegen
ist bei den antiken oder doch zum Teil auf antikem
Material beruhenden Biographien (sogenannte Sueton-
und Vacca-Vita sowie Vita des Codex Vossianus II,
abgedruckt bei Hosius 332 ff. Bourgery XXI ff.) zunächst
Vorsicht geboten, da man in solchen Schriften mit Kolpor-
tage zu rechnen hat. Neuere Versuche, den Lebenslauf
ohne Bindung an die Tradition oder sogar gegen sie zu
rekonstruieren, machen gleichfalls Vorbehalte nötig. Wir

müssen uns dem Gedicht selber zuwenden, um Anhalts-
punkte zu gewinnen.

Die verbreitete Annahme, das Epos über den Bürgerkrieg habe den Titel *Pharsalia* „Die Walstatt von Pharsalus"
getragen, beruht auf einem Mißverständnis von 9,985: dort
bezeichnet der Dichter in Wirklichkeit die von Caesar
gewonnene und von ihm selbst besungene Schlacht als
gemeinsame Leistung ('proelium a te gestum, a me scrip-
tum' Housman z. St.). Die Handschriften, Biographien
und Zitate bieten *De bello civili* oder *Bellum civile*, und dieser
Titel wird auch durch die gleiche Bezeichnung der zugrunde liegenden Bücher 109-116 des Livius, durch Petrons
Kritik (118,6 *belli civilis*) sowie durch Caesars paralleles
Werk empfohlen.

Lucans gewaltsamer Tod und der abrupte Schluß des
ohnehin kurzen 10. Buchs (s. zu 10,519 ff.) legen die Ver-
mutung nahe, das Epos sei unvollendet hinterlassen. Vereinzelte Zweifel (zuletzt vor allem bei H. Haffter, Mus. Helv.
14, 1957, 118 ff. = W. d. F. 264 ff.) hat V. Buchheit (Rhein.
Mus. 104, 1961, 362 ff., vgl. E. Mensching, Hermes 97,
1969, 254 f.) durch den Hinweis auf jenes Statiusgedicht
entkräftet, demzufolge Lucan „während" der Arbeit an
seinem Bürgerkriegsgedicht starb (*dum* Stat. silv. 2,7,102).
Wohl haben manche Gelehrte diese Nachricht darauf
bezogen, daß dem hinterlassenen Werk oder jedenfalls
seinen späteren Büchern die letzte Hand zu fehlen scheint.
Aber gemessen etwa an der Aeneis mit ihren vielen unvollständigen Versen fallen die hier zu vermutenden Unfertigkeiten zu wenig ins Gewicht, als daß Statius darüber
hätte klagen dürfen, statt der Trauernden vor Augen zu
stellen, welche anderen Werke von dem hochbegabten
Mann noch zu erwarten waren. Daß das erhaltene Epos
in der Tat ein Torso ist, läßt sich genügend sichern, wenn
wir in Zusammenfassung und Ergänzung bisheriger Erkenntnisse über seinen Aufbau und Plan Klarheit zu gewinnen suchen.

Wie schon wiederholt beobachtet wurde, bilden die
Bücher 6 und 7 zu den gleichen Büchern der Aeneis insofern
eine Parallele, als Erichthos Nekromantie (Lucan 6) der
Hadesfahrt unter Führung der Sibylle (Aeneis 6) entspricht

und die in den Proömien der beiden Epen angekündigten
Kriegshandlungen jeweils im 7. Buch beginnen; denn mag
die Schlacht „im Gefilde von Emathia" in Wirklichkeit
nur Fortsetzung und Höhepunkt des am Rubicon einset-
zenden Bürgerkriegs gewesen sein, so bildet sie doch nach
der Konzeption, die Lucan vom ersten Vers an vertritt,
den eigentlichen Anfang allen Unglücks. Hat also der
„Gegen-Vergil" (A. Thierfelder, Arch. f. Kulturgesch.
25, 1935, 14 = W. d. F. 63) nach dem Vorgang Vergils
zwischen dem 6. und 7. Buch einen Einschnitt markiert,
so läßt sich der Schluß kaum umgehen, daß er wie Vergil
zwölf Bücher plante und den Beginn einer 'iliadischen'
Hälfte so gut sichtbar machte als es der historische Stoff
erlaubte. Vergils Zweiteilungssystem hat später auch
Statius in den zwölf Büchern seiner Thebais übernommen.
Für Lucan ergibt sich eine wichtige Stütze durch eine von
W. Rutz (W. d. F. 160 ff.) zur Evidenz erhobene Beobachtung: die ersten acht Bücher ordnen sich paarweise zu zwei
Tetraden, und so müssen die Bücher 9 und 10 eine dritte
Tetrade eingeleitet haben, die vermutlich in Responsion
zu den Ausgängen der anderen (Tod Curios im 4., Ermordung des Pompejus im 8. Buch) mit Catos Selbstmord
nach der Schlacht von Thapsus schloß.

Dieser Endpunkt folgt mit hinreichender Wahrscheinlichkeit wieder aus dem Verhältnis zu Vergil. Die Aeneis
schildert im Spiegel der Sage die Entstehung des augu-
steischen Friedensreiches; dessen mythische Geburtsstunde
ist, wie das Proömium andeutet, die Gründung von Lavinium; den Endpunkt des Werkes aber bildet nicht diese
selbst, sondern der Tod des Widersachers Turnus. Für
Lucan führt der Bürgerkrieg zum Untergang des Freiheits-
staates; wie anstelle der Einleitung der Handlungsbe-
ginn erkennen läßt (1,670 ff.), fallen Freiheitsverlust
und Ende des Bürgerkriegs zusammen; das Werk aber
sollte — so legt es die Parallele nahe — nicht mit Caesars
Sieg, sondern mit dem Tod seines Gegenspielers enden.
Dieser Gegenspieler war im Sinne Lucans nicht Pompejus,
geht doch das Werk nun einmal über dessen Tod hinaus.
Vielmehr kommen nur Cato oder Brutus in Frage, in denen
Pompejus weiterlebt (9,17 f.). Brutus aber scheidet aus, da
eine Verlängerung des Werks bis zur Schlacht von Philippi,

in der er sich tötete (42 v. Chr.), durchaus unglaubhaft
erscheint und denn auch wohl von niemandem mehr
ernsthaft erwogen wird. Die Annahme, Lucan habe im
Anschluß an jene *libri belli civilis* des Livius die Ereignisse in
immerhin 16 Büchern bis zu Caesars Tod schildern wollen
(so zuletzt B. M. Marti, Entretiens 3 ff.), überspielt den
doch unverkennbaren Halbierungsschnitt nach Buch 6 und
verkennt, wie wenig auf den Tod des ersten Tyrannen
ankam, wenn die Tyrannei für die Folgezeit bestimmend
blieb. Auch hat sich der Dichter dem Historiker gegenüber
stets zu viel Freiheit gewahrt, als daß dessen Endpunkt ihn
hätte binden können. Schließlich und vor allem aber hat er
Motive aus späteren Ereignissen so vorweggenommen, daß
man folgern muß, er habe die Ereignisse selbst nicht mehr
schildern wollen: nicht nur die Anrede *Quirites* aus der
Meuterei von Caesars Soldaten vor Rom (s. zu 5,237 ff.),
sondern auch die berühmten Vorzeichen bei Caesars Tod
(s. zu 1,522 ff.).

Mit dramaturgischem Geschick hat Lucan jene näher-
liegende und anziehendere, von den Historikern aller Richtungen (vgl. Tac. ann. 4,34,1 ff.) gefeierte Figur des Brutus
aus dem Zentrum verdrängt; Cassius, den Brutus selbst
(Plut. Brut. 44,2. Appian. civ. 4,476) und ihm folgend Cre-
mutius Cordus in seinen Annalen (Tac. a.O., vgl. Suet.
Tib. 61,3) als „letzten Römer" bezeichnete, wird überhaupt nur einmal erwähnt (7,451). Alles Licht fällt auf
Cato: in seinem Dialog mit Brutus (2,234 ff.) liefert dieser
als schwankender Adept dem überlegenen Oheim nur das
Stichwort für eine orakelgleiche Rede (eine zweite folgt
9,564 ff.), und anschließend stellt Lucan selber Cato als das
Ideal eines Republikaners vor (2,380 ff.). Cato spricht es
aus, daß nach seinem Tod „keinen Krieg mehr braucht,
wer Tyrann sein will" (2,318 f.), und bestätigt so, was Lucan gleich zu Anfang angedeutet hat: „Der Sieger hatte die
Götter auf seiner Seite, doch der Verlierer einen Cato"
(1,128) — ein erstaunliches Wort, wird doch Brutus schon
damit sozusagen in die Kulisse verwiesen. Wiederholte
Hinweise tragen der historischen Rolle des Tyrannen-
mörders die gebührende Rechnung. Aber in Lucans Konzeption bilden offensichtlich die Iden des März nur eine
Episode und ist Brutus' Tod ein bloßes Nachspiel: die

Tyrannis hat schon seit Catos Untergang freien Weg —
Mommsen hat nicht anders geurteilt, als er den III. Band
seiner Römischen Geschichte mit der Schlacht von Thapsus als dem Ende des Freistaates beschloß. Den letzten
großen Republikaner hatten nach dessen Tod Cicero,
Brutus und andere gewürdigt, später Munatius Rufus und
in Lucans Zeit Clodius Thrasea, besonders aber Seneca,
der ihn ganz im Sinne des Neffen den letzten Hort der
Freiheit nennt (dial. 2,2,2 *neque enim Cato post libertatem
vixit nec libertas post Catonem*, vgl. Val. Max. 6,2,5). Zum
geistigen Gegner Caesars war er umso eher prädestiniert,
als dieser sich mit einem *Anticato* gegen Cicero gewendet
und vermutlich auch die parallele Gegenschrift des Hirtius
ausgelöst hatte, insbesondere aber Sallusts Konfrontation der
beiden Charaktere vorlag (Catil. 53,6 ff.): all dem entspricht
es, wenn Lucans Caesar seinen gefährlichsten Feind als
„einen Namen und nichts weiter" abzufertigen sucht (1,313).
    Sollten Caesar und Cato die eigentlichen Antipoden
darstellen, so ergaben sich zwangsläufig Konsequenzen auch
für Pompejus, der doch in der zentralen Schlacht, ohne daß
Cato auch nur teilgenommen hätte, Caesar gegenüberstand
und daher im Proömium als sein Rivale charakterisiert
wird. Wir müssen die Kunst bewundern, mit der Lucan
es erreicht hat, seine Konzeption und den historischen Stoff
aufeinander abzustimmen, d.h. Pompejus' Rolle voll aus-
zuführen und den gleichen Pompejus, der tatsächlich „nur
mehr als Schatten seines großen Namens dastand" (1,135),
lediglich als eine Art Schrittmacher für den Größeren
hinzustellen. Was bereits im 2. Buch angeklungen war
(320 ff.), wird später in Reminiszenz an wirkliche Vorwürfe
pompejanischer Heerführer wiederholt (7,53 ff.) und im
9. Buch mit ganzer Schärfe betont: allem persönlichen
Edelmut zum Trotz strebt Pompejus nicht weniger als
Caesar eine Despotie an, und Cato ist seiner Fahne nicht
nur schweren Herzens gefolgt, sondern hat ihn bis Pharsalus
„gehaßt" (9,21) und spart selbst in seiner Gedächtnisrede
nicht mit Vorbehalten (9,190 ff.). Livius hatte Pompejus
so mit Lob bedacht, daß Augustus ihn einen Pompejaner
nannte (Tac. ann. 4,34.3). Lucan scheint dies Lob zu modi-
fizieren und ein Urteil weiterzuentwickeln, das uns auch
aus Ciceros Briefen vertraut ist und noch bei Tacitus weiter-

lebt (hist. 2,38,1): daß Pompejus' Republikanertum nur
ein schöner Schein war (9,205 f.). Catos, des Stoikers,
moralischer Vorrang steht ohnehin von vornherein fest,
ungeachtet des stoischen Duldersinns, den Pompejus wohl
nicht erst in langsamem Reifeprozeß gewinnt, sondern
wenigstens seit seinem Abschied von Italien (3,36 ff.) ohne
erhebliches Schwanken bis zum Tod beweist. Daß er die
mittlere Tetrade zeitweise beherrscht, ergibt sich aus den
Ereignissen; aber auch die erste läßt seine historische Rolle
ungeschmälert, und in der dritten wirkt er, während sein
Schatten am ägyptischen Hof gegenwärtig bleibt (10,73.
336), in Catos Seele weiter (9,18) — nicht weniger, aber
auch nicht mehr, weiß doch der Leser seit dem 2. Buch,
wie überlegen ihm der Erbe ist.

Auf der gegnerischen Seite bleibt Caesar immer gefährlich präsent. Lucan porträtiert ihn von Anfang an in grellen
Farben, aber eine Steigerung scheint auch hier unverkennbar. Die Skizze im Proömium (1,143 ff.) verrät eine Art
grimmiger Bewunderung für das skrupellose Genie („eine
lockende Schreckgestalt, keine Fratze des Hasses" F.
Gundolf, Caesar 34 = W. d. F. 12), und im folgenden wahrt
die Darstellung, ungeachtet aller Lust an pointierter Polemik, zunächst eine beachtenswerte Objektivität: hier kann
von jener „im Grunde primitiven Schwarzweißtechnik",
mit der nach Thierfelder (a.O. 19 = W. d. F. 69) Lucan
seine Personen überhaupt gezeichnet haben soll, schwerlich die Rede sein. Wenn sich der Dichter im Zorn über
verbrecherische Pompejaner dazu versteigt, Caesar als „künftigen Führer der besseren Sache" zu bezeichnen (4,259),
so mag dies wie vieles andere nur eine rhetorische Paradoxie
sein; aber im gleichen Buch folgen Würdigungen caesaria-
nischer Parteigänger, die Lucans Unvoreingenommenheit
auch für die Gegenseite bestätigen. Entscheidend ist die
Frage, wie weit Lucan in seiner Schilderung von Caesars
Taten die historische Überlieferung befolgt oder doch nur
als Künstler modifiziert und wie weit er sie durch tendenziöse
Erfindung verändert. Von einem Bruch zu sprechen, wäre
abwegig. Aber anders als bis dahin löst sich der Dichter
im 7. Buch von der Tradition und wagt ungeheuerliche
Übersteigerungen: bei den regulären Kämpfen ebenso wie
bei dem folgenden Blutbad und vollends auf dem Totenfeld

erscheint Caesar als ein wahrhaftiges Scheusal, während
Pompejus statt in feiger Flucht als tragischer Dulder die
Bühne verläßt (s. zu 7,385 ff. 647 ff. 786 ff.). Der erfundene
Trojabesuch (9,961 ff.) assoziiert Caesar mit Alexander dem
Großen, in dem der Dichter wie viele andere (auch Seneca)
einen Erztyrannen sieht, und das 10. Buch führt mit dem
gleichfalls erfundenen Besuch an Alexanders Grab ebenso
wie mit dem Nilexkurs (10, 19 ff. 188 ff.) diese Linie fort,
während wir anderseits in Cato am Ammoneion (9,511 ff.)
Alexanders Gegenbild erkennen. Boshafte Einzelheiten
kommen hinzu: etwa 9,1035 ff., wo Caesar zwar die Augen
von Pompejus' abgeschlagenem Kopf fortwendet, wie es
allgemein bezeugt ist, hier aber „nicht auf den ersten Blick",
sondern erst nach gebanntem Hinsehen.

Daß „im Gegensatz zu den ersten drei Büchern ... und
namentlich dem in der Gesinnung geradezu widerwärtigen
Hymnus auf Nero im Prooemium des ganzen Werks spä-
terhin die Tonart gegen Caesar und die Monarchie immer
schneidender ... wurde", hat schon der junge Eduard
Fraenkel vor einem halben Jahrhundert erkannt (241 =
W. d. F. 23). Dasselbe hat nach H. Dahlmann (Kl. Schr.
230) kürzlich O. A. W. Dilke (Neronians and Flavians /
Silver Latin I ed. D. R. Dudley, 1972, 62 ff.) energisch
unterstrichen. Aber im allgemeinen neigt die neuere
Forschung eher dazu, die Verschärfung des Caesarbildes zu
übersehen und anzunehmen, das Werk sei von Anfang an
gegen Nero gerichtet, dem Hymnus zum Trotz. Wie haben wir diesen zu beurteilen?

In der betreffenden Partie (1,33 ff.) fragt sich der
Dichter, ob nicht die Schlacht von Pharsalus und die
weiteren Bürgerkämpfe bis Actium vielleicht nötig waren,
um ebenso, wie einst die Gigantenkämpfe den Göttern zum
Durchbruch verhalfen, Nero den Weg zu bereiten; Lucan
glaubt, die Zeit werde für Völkerverbrüderung und Frieden
reif sein, wenn der Herrscher dereinst seine irdische Wächterpflicht erfüllt habe; schon jetzt, vor Neros Aufnahme in
den Götterkreis, fühlt er sich von ihm wie von einem Apollon
oder Dionysos zu seinem römischen Nationalepos (1,66
Romana in carmina, vgl. Stat. silv. 2,7,53 *carmen ... togatum*)
inspiriert. Diese barocke Huldigung scheint nicht nur
Fraenkel „widerwärtig" und bedarf in der Tat einer

Erklärung. Schon alte Kommentatoren haben hier oder
da spöttische Töne herausgehört, und vollends ist bei
modernen Gelehrten der Verdacht aufget?cht, das Ganze
sei ironisch gemeint. Eine solche Annahme kommt denen
entgegen, die glauben möchten, das Werk sei von der
ersten Zeile an gegen Nero konzipiert. Aber sie muß als
durchaus abwegig gelten, wie kürzlich etwa P. Grimal
dargetan hat (Rev. des Et. Lat. 38, 1960, 296 ff. = W. d. F.
326 ff.). Wenn der Dichter unverkennbar Vergils Huldigung
für den jungen Octavian (georg. 1,24 ff.) nachbildet und
seine Schlußverse den traditionellen Musenanruf ersetzen,
so spricht er in dem gleichen Ernst, den er früher mit dem
erwähnten Preislied bekundet hatte. Die Verehrung für
den jungen, dank trefflicher Ratgeber bewährten Herrscher
und die Hoffnungen auf ihn teilte er mit seinem Oheim:
Seneca hatte als Neros Erzieher dessen erste Senatsrede
konzipiert (Tac. ann. 13,3,1), hatte ihn in Versen gefeiert
(apocol. 4,1) und hatte wenig später in der damals üblichen
Art regierungstreuer Moralisten (vgl. O. S. Due, Entretiens
206 f.) seine Schrift über die Milde als einen Fürstenspie-
gel an den Kaiser gerichtet (clem. 1,1,1 *ut quodam modo
speculi vice fungerer*). Die hohen Erwartungen der Zeitgenossen
finden auch in einigen Gedichten des Calpurnius Siculus,
in den sogenannten Bucolica Einsidlensia und in weiteren
Zeugnissen Ausdruck, deren höfische Formensprache O.
Weinreich behandelt hat (Senecas Apocolocyntosis 40 ff.).
Seine Ausführungen, geschrieben 1923, kommen zu dem
Ergebnis: „Wir, die nicht in dem Zeremoniell des antiken
Kaiserkultes wie in gewohnter Luft atmen, die Bilderspra-
che für vollwertige Münze nehmen, uns in die Psyche eines
Menschen wie Seneca nicht hineindenken können, sollten
uns des moralischen Aburteilens um so eher enthalten, als
die Zeit des 'Gottesgnadentums' mit ihrem wenn auch an-
dersartigen Zeremoniell nicht allzu weit zurückliegt" (46).
Zehn Jahre später begann sich auch in Deutschland ein Zeremoniell zu entwickeln, das nur mehr insofern als anders-
artig gelten konnte, als es eine vollends widerwärtige Karika-
tur darstellte. Was uns bei den Neronianern als 'Byzantinis-
mus' erscheint, ist keineswegs wunderlicher als Äußerungen,
die von Gutgläubigen in neuerer Zeit Diktatoren entge-
gengebracht wurden, wenn diese sich als Volksfreunde

und Friedensapostel aufzuspielen wußten: führt doch vom
kaiserzeitlichen Rom über Byzanz eine direkte Linie zum
Zarenreich und von dort zu modernen Diktaturen weiter.
Lucans guter Glaube war nach Neros ersten fünf Regierungs-
jahren, die später noch einem Trajan als vorbildlich galten
(Aur. Vict. Caes. 5,2), keine Leichtfertigkeit. Daß nicht
jedermann bei späterer Einsicht solche Ergebenheitsadressen
unterdrücken kann oder will, hat gleichfalls die nahe
Vergangenheit gelehrt.

Als Lucan sein Proömium schrieb, muß also seine
Verehrung für Nero noch ungebrochen gewesen sein; wer
die Verse ernst nimmt und zugleich die Abkehr von dem
Kaiser für vollzogen hält, ist zu bedenklichen Hypothe-
sen gezwungen (so etwa G. Pfligersdorffer, Hermes 87,
1959, 370 ff.), falls er nicht in einer Sackgasse resignieren
will. Die Abkehr kann sich erst während der Weiterarbeit
an dem Epos vollzogen haben, vielleicht nicht ohne Zusammenhang mit Seneca, der im J. 62 zurücktrat. Nun gab Lucan nach unbestrittener Überlieferung drei Bücher, zweifellos
die drei ersten, in der vorliegenden Fassung selbst heraus
(*ediderat ... tres libros, quales videmus* Vita Vaccae). Wie wir
sahen und nicht bestreiten sollten, war Konkurrenzneid
auf sein dichterisches Können der Grund für Neros Haß;
die Charakteristik Caesars konnte den Kaiser umso weniger
argwöhnisch machen, als er nicht ihn, sondern Augustus
zum Vorbild nahm (Suet. Nero 10,1). Es erscheint durchaus
glaubhaft, daß jener Neid besonders durch die veröffent-
lichte Probe unseres Epos ausgelöst wurde (Vita Vaccae),
und damit läßt sich die Nachricht kombinieren, Nero sei bei
einer Vorlesung des Dichters unvermittelt aufgebrochen
(Vita Suet.). Lucan soll nicht nur mit einem gelegentlichen
Witzwort, sondern auch mit einem Schmähgedicht auf den
Kaiser und dessen Freunde repliziert haben, bevor er sich
„als eine Art Bannerträger" (*paene signifer* ebd.) an der Verschwörung beteiligte.

Wendet Lucan sich mit seinem Epos als „Dichter des
geistigen Widerstandes" (Pfligersdorffer) gegen Nero, so
jedenfalls nicht in den ersten drei Büchern: hier zeichnet
er vielmehr einen Herrschertyp, den Nero als Friedens-
fürst überwinden sollte, hält diesem also nach Art seines
Oheims einen Sittenspiegel vor Augen, um ihn mit einem

üblen Beispiel zu warnen. Daraus sprechen die „ehrlich geglaubten Ideale" (Gundolf a.O.) eines Mannes, der bis zum Grund seiner Seele eine pessimistische Natur ist, ein leidenschaftlicher Anwalt des Selbstmords wie der junge Werther und, wenngleich in stoischer Lehre herangewachsen, „un stoïcien qui a perdu la foi" (Due a.O. 214). Bereits im 3. Buch geißelt er ein entartetes Cäsarentum, wenn sich Metellus einer Plünderung des Staatsschatzes widersetzt, aber durch Cottas resignierte 'Mitläufer'-Rede zurückgehalten wird, sodaß nun „zum ersten Mal Rom ärmer als ein Caesar" wird (3,168). Dieses „zum ersten Mal" wiederholt sich später dort, wo es um unterwürfige Redeweise oder den Verfall des Konsulats geht (5,386. 397), und neben offener Kritik am Kaiserkult (7,457 ff., vgl. 6,809) häufen sich jetzt die Ausfälle gegen Knechtung und Gewalt in gleichem Maße, wie Caesar zum mythischen Unhold emporwächst. Aber Lucan verzichtet auf alle ephemere Polemik gegen den ihm nun verhaßten Kaiser und bleibt in seinem ganzen Tenor ein Verkünder gültiger Werte (Dahlmann a.O. 229). Vor uns liegt kein politisches Manifest gegen Nero: es ist, mit patriotisch-moralischer Leidenschaft *in tyrannos* gerichtet, ein zeitloses Kunstwerk.

Aber, so könnte man fragen, wurde nicht eben dieser Dichterrang Lucans — Neros Neid nicht gerechnet — schon von den Zeitgenossen bezweifelt? Petron, gleichfalls dem Künstlerkreis um den Kaiser zugehörig, legt seinem Poeten Eumolp Ausführungen darüber in den Mund, welche Fehler bei einem Gedicht über den Bürgerkrieg zu meiden seien, und läßt ihn ein eigenes Epyllion vortragen, das den Kampf zwischen Caesar und Pompejus nach anderen Prinzipien behandelt als Lucan: daß sich der Angriff gegen diesen richtet, ist auch ohne Namensnennung evident. „Denn nicht Tatsachen," so heißt es (118,6), „sind in Verse zu fassen — darin sind die Historiker weit voran —, sondern über Umwege mit eingreifenden Göttern und unwirklich aufgeputzten Einfällen muß die Phantasie frei vorwärtsstürmen, so daß eher eine Vision irrer Sinne in Erscheinung tritt als die beglaubigte Gewähr eines gewissenhaften Vortrags". Eine Generation später hören wir Lucan in einem Epigramm Martials sagen: „Es gibt Leute, die

ANHANG

behaupten, ich sei kein Dichter; aber wenn der Buchhändler mich verkauft, so glaubt er, ich sei es doch" (14, 194), und jenes Urteil wiederholt sich auch in der Folgezeit (Serv. Aen. 1,382 *Lucanus ... ideo in numero poetarum esse non meruit, quia videtur historiam composuisse, non poema* u.a.), bei Quintilian mit verschobener Antithese (inst. 10,1,90 *ut dicam, quod sentio, magis oratoribus quam poetis imitandus*). Es ging also um die Frage, ob eine Geschichtsschreibung in Versen, die bestimmte poetische Forderungen außer acht läßt, als Dichtung gelten könne: nicht Lucans poetische Kunst stand zur Debatte (kein antiker Leser konnte sie verkennen), sondern seine Klassifizierung. Denn seit Homer war insbesondere jene Mitwirkung von Göttern ein unabdingbares Kennzeichen des Epos und wurde auch kunsttheoretisch legalisiert, wohl durch Theophrast (S. Koster, Antike Epostheorien, 1970, 86 ff.). Lucans Verzicht auf diese ehrwürdige Technik mußte ähnliche Bestürzung auslösen wie Wieland Wagners erster Karfreitagszauber ohne Kulisse: in Bayreuth brachen alte Wagnerianer in Tränen aus, in Rom protestierte die Zunft. Ob dem Dichter die traditionelle Götterwelt ,,nachgerade langweilig" geworden war (Fraenkel 254 = W. d. F. 37), ob die ,,empörende Ungerechtigkeit" der Vorgänge eine ,,Betrachtung des Weltgeschehens von höherer Warte" nicht zuließ (W. H. Friedrich, Hermes 73, 1938, 391 ff. = W. d. F. 70 ff.) oder andere Erwägungen zugrunde liegen, wird offenbleiben müssen: es ist der einsame Entschluß eines Genies und ebenso wenig analysierbar wie die Entschlüsse aller großen Neuerer im Bereich der Kunst. Die Lösung war tiefgreifend und radikal. Denn Spukwesen oder Fortuna treiben die Handlung kaum voran, und mit der Konstruktion, die Götter seien aus der Ferne doch heimlich wirksam (O. Schönberger, Unters. z. Wiederholungstechnik Lucans, 2. Aufl. 1968, 92 ff.), läßt sich das Vermißte nicht erzwingen; Petron jedenfalls hat keinen Ersatz für das herkömmliche Requisit bemerkt und in seinem Konkurrenzgedicht erst gezeigt, wie man ihn durch aktiv wirkende Höllengeister erreichen kann.

Aber wenn Lucan sich mit diesem Novum und einer wirklichkeitsnahen Darstellung überhaupt den Anspruch verscherzte, als echter Epiker zu gelten, war er dann unter die Historiker einzureihen? Das erscheint uns nachgerade

als ungeheuerlich, da sich seine Freiheit in der Behandlung
historischer Ereignisse mit Händen greifen läßt und schon
Petron gesehen hat, daß ihm die Historiker darin „weit
voran" sind. Ungeheuerlich aber erscheint es nur, solange
wir den klassischen Begriff der Geschichtsschreibung als
einer Wissenschaft zugrundelegen. Neben einer verantwor-
tungsvollen Berichterstattung hatte sich seit hellenistischer
Zeit, besonders durch einige Alexanderhistoriker, ein
anderer Typ entwickelt, eine Art historischer Roman:
anknüpfend an die Tragödie, vor allem die euripideische,
suchte man mit rhetorischem Pathos in Rede und Gegenrede,
mit abwechslungsreicher Form und moralisierender Betrachtungsweise die Affekte eines breiten Leserkreises an-
zusprechen und in erster Linie eine spannende Lektüre zu
bieten. Die römischen Annalisten hatten diese Praxis bis
zum Exzeß gepflegt, und wenn Livius das Verfahren seiner
Vorgänger überwand, so erweist doch die Fülle der sein
Werk durchziehenden Reden schon äußerlich, daß er aus
der gleichen Tradition herkam. Dies ist offenbar der Kreis,
dem die Kritiker — vielleicht im besonderen Hinblick auf
die „gewissenhafte" Art eines Livius selbst — Lucan zu-
rechneten und wegen der Versform unterlegen glaubten.
Wir gehen durchaus fehl, wenn wir die Alternative 'Dichter
oder Geschichtsschreiber?' an unseren Vorstellungen statt
an den antiken Rubriken messen: für uns verschieben sich
die Gewichte.
    Wie man längst erkannt hat, greift Lucan für das histo-
rische Material in erster Linie auf die Darstellung des
Livius zurück, die uns nicht erhalten, jedoch durch Inhalts-
angaben (*periochae*), Zitate und antike Benützung zum Teil
greifbar ist. Das Verhältnis zu Livius und anderen historischen, aber auch philosophischen und literarischen
Quellen hat R. Pichon grundlegend untersucht (Les sources
de Lucain, 1912). Nach vereinzelten Ansätzen anderer hat
er zum ersten Mal einen ernsthaften und systematischen
Versuch gemacht, den zahlreichen Abweichungen von der
historischen Tradition nachzugehen, mit dem Ergebnis,
daß sie teils absichtslos eingedrungen sind, teils künstlerische
oder politisch-tendenziöse Gründe haben (107 ff.). Aber
der Ton bleibt auch in diesem Werk noch vorwiegend
apologetisch: 'Irrtümer' oder 'Ungenauigkeiten' sollen

verteidigt werden, so gut es geht. Der Versuch etwa von
H. P. Syndikus, diesen Standpunkt zu überwinden (s. unten), hat die Betrachtungsweise im Prinzip wenig beeinflußt,
und vielfach scheint es noch heute vordringlicher, den
'Historiker' zu retten, als primär den Dichter zu verstehen
(s. zuletzt P. Grimal, Entretiens 53 ff. und die Diskussion
ebd. 107 ff.). Aber wer würde auf den Gedanken kommen,
historische Dramen oder Romane nach ihrem Wahrheits-
gehalt zu beurteilen? Wäre es nicht geradezu unnatürlich,
wenn Lucan nicht so verführe, wie jeder Dichter in alter und
neuer Zeit mit einem historischen Stoff verfahren ist? Daß
und wie er das Faktenmaterial mit einer persönlichen
Konzeption modifiziert und durchdringt, wurde oben schon
deutlich; jetzt gilt es, seiner Dramaturgie im ganzen
nachzuspüren und einige Hauptpunkte zusammenzufassen,
die sich bei den Erläuterungen ergeben haben.

Greift man zunächst als beliebige Beispiele die Kämpfe
in Spanien (4,1 ff.), Afrika (4,581 ff.) und an der Adria
(4,404 ff. 5,461 ff. 6,1 ff.) heraus, so fällt dem Leser bereits
bei flüchtigem Vergleich mit Caesars Darstellung (civ.
1,37 ff. 2,23 ff. 3,7 ff.; lat.-dt. in der gleichen Reihe des
Heimeran-Verlags, 3. Aufl. 1970) ein erstaunlicher Unterschied auf: die eigentlichen Ereignisse sind bei Lucan
keineswegs nur 'ungenau' geschildert, sondern lediglich
skizziert, ja, bisweilen scheint es, ihre Kenntnis sei kurzerhand
vorausgesetzt und solle nicht erst vermittelt werden. Welches
„Lager" 4,33 gemeint ist, läßt der Kontext unklar; daß Caesar 5,672 ff. nicht in Italien landet, lehrt erst das Folgende,
und daß Scaeva 6,251 ff. nicht stirbt, zeigt sich erst ganz am
Schluß des vorliegenden Werks. Vorspiel und Fortsetzung
der spanischen Kämpfe fehlen überhaupt; die Geschehnisse
in Afrika und an der Adria werden nur ausschnittweise
vorgeführt, im zweiten Fall auch topographisch vereinfacht.
Dafür sind hier drei Szenen ausgeführt, die Caesar übergeht
oder nur streift, nämlich der Freitod der Leute aus Opitergium (4,462 ff.), das Seeabenteuer Caesars (5,500 ff.) und
Scaevas Heldentat (6,144 ff.), die letzteren mit erheblichen
Abweichungen von der Tradition; in Afrika erkundet
Curio weniger das militärische Gelände als den Schauplatz
einer Sage, die ein Fremdenführer dann ausführlich erzählt (4,589 ff.); in Spanien nehmen Unwetter, Hungersnot

und Wassermangel, vor allem aber Verbrüderungsversuch
und Kapitulation einen breiten Raum ein. Dafür hören wir
nichts von den Kapitulationen in Corduba, Massilia und
Pharsalus; anderseits werden im Zusammenhang mit
Massilia die erfundene Fällung eines heiligen Hains (3,399
ff.) und eine große Seeschlacht (3,509 ff.; die Paralleltra-
dition, auch Livius, kennt statt dessen zwei Seegefechte)
eingehend geschildert, in Pharsalus die Gefallenen vor
Augen gestellt (7,768 ff.). Die an den Kämpfen von Massilia
beteiligten Kommandeure bleiben mit einer Ausnahme
ungenannt; dagegen sind für einzelne Kämpfe zur See
zahlreiche Namen neu eingeführt, ebenso bei der afrikanischen Schlangenplage (9,734 ff.), nicht aber auch bei
dem konventionelleren Sujet der Feldschlacht von Pharsalus
(7,617 ff.). Die Heldentat eines Caesarianers bei jenen
Seekämpfen wird auf einen ungenannten Griechen übertragen (3,609 ff.); ähnlich tritt 10,472 in freilich lückenhaftem
Kontext für ein auch aus Livius namentlich bekanntes Paar
ein einzelner Anonymus ein, umgekehrt Aulus 6,236 für
anonyme Figuren (ein anderer Aulus erscheint bei der
Schlangenplage 9,737). Statt Theophanes agiert 8,328 ff.
Lentulus, statt Theodotos 8,482 ff. Pothinus und 9,1010 ff.
offensichtlich Achillas, d.h. Nebenrollen gehen in wichti-
geren Akteuren auf. Labienus findet nur 5,345 ff. eine
beiläufige Erwähnung, tritt 9,298 seine Funktion an Cato
ab, taucht aber in der erfundenen Szene am Ammoneion
auf (9,549 ff.). Wenn Cicero in Pharsalus mit einer Rede
eingreift (7,62 ff.), so kann dies kein 'Irrtum' sein, da auch
Lucans Hauptgewährsmann Livius bezeugt, daß er in
Dyrrhachium zurückblieb; im Auftritt des größten Überre-
dungskünstlers liegt vielmehr eine bewußte und wirkungs-
volle Neuerung des Dichters, der auch Sextus Pompejus
statt auf Lesbos in Pharsalus zeigt, weil er ihm offenbar als
Gesprächspartner für Erichtho, seine großartigste Erfindung,
geeignet schien (6,419 ff. 589 ff.). Pompejus fährt 8,333 ff.
von der Peneiosmündung statt über Amphipolis unmittelbar
nach Lesbos, und zwar auf dem anfangs benützten Flußkahn,
und Caesar versucht 5,513 ff. statt auf einem bemannten
Patrouillenboot in einem kleinen Nachen allein mit einem
armen Seemann die Adria zu überqueren; das ergibt
beidemal einen sentimentalen Effekt. Caesars militärische

und organisatorische Geschäfte vor der Fahrt nach Ägypten bleiben beiseite und werden 9,950 ff. durch einen ebenso romantischen wie beziehungsvollen Besuch Trojas ersetzt.

Schon dieser knappe, leicht zu ergänzende Katalog von Änderungen gegenüber der Tradition, selbst gegenüber Livius, zeigt so deutliche Tendenzen, daß ein planvoller Gestaltungswille des Dichters außer Frage steht. Die kriegerischen Fakten treten zurück und bilden lediglich den Rahmen für Einzelbilder, die Effekt machen und bei dem Leser Affekte aulösen (vgl. H. P. Syndikus, Lucans Gedicht vom Bürgerkrieg, Diss. München 1958, 17 ff. und über das Verhältnis zur 'tragic history' B. M. Marti, Studies in honor of B. L. Ullman I, 1964, 165 ff.); dieses 'rhetorische' Pathos, d. h. die mit dramatischem Impuls auf Rührung und Erschütterung ausgerichtete Darstellungsweise, zuerst von Fraenkel und Thierfelder gewürdigt, spricht aus jeder Zeile (zur Theorie und Praxis vgl. K. Seitz, Hermes 93, 1965, 204 ff. M. P. O. Morford, The poet Lucan / Studies in Rhetorical Epic, 1967. E. Burck, Vom römischen Manierismus / Von der Dichtung der frühen römischen Kaiserzeit, 1971). Zeit und Ort werden, wo es angezeigt scheint, dramaturgisch gerafft, Wiederholungen vermieden. Wie bei jedem Theaterstück bleibt die Zahl der Mitwirkenden begrenzt, ohne daß in Massenszenen auf eine bunte Schar von Akteuren (man denke etwa an Wallensteins Lager) verzichtet werden müßte. Das ist großenteils die Praxis, die wir bei dichterischer Behandlung eines historischen Stoffes ohnehin zu erwarten haben. Mir scheint, Lucans allgemeine Intentionen lassen sich unschwer erkennen und müßten im einzelnen noch intensiver verfolgt werden, als es bisher geschehen ist.

Mit der besonders von Rutz beobachteten Konzentration auf Einzelszenen und 'Blöcke' gehört Lucans Neigung zu Exkursen zusammen, einem durchaus herkömmlichen Stilelement, das hier aber ungewöhnlich stark hervortritt und im 9. Buch so wuchert, daß man vermuten konnte, der Dichter habe dies als ganzes nicht mehr abschließend redigiert. Bei unseren Erläuterungen ergab sich wiederholt, daß die Exkurse auch in sich blockartige Ruhepunkte suchen und daß dies ihre oft überraschende Linienführung erklärt. Den geographischen Partien ist viel Unrecht

geschehen, weil meist verkannt wurde, daß Lucan auch in
ihnen poetische, nicht wissenschaftliche Anliegen verfolgt.
Ist dies einmal grundsätzlich zugestanden, so wird man auch
außerhalb der Exkurse bei geographischen 'Schnitzern' nach
Erklärungen suchen. Daß einerseits der Rubicon in den
Alpen (1,219), anderseits der Po im Apennin zu entspringen scheint (2,408 ff.), ist zu absurd und in sich zu
widersprüchlich, als daß beidemal ein Irrtum Wahrscheinlichkeit hätte; poetische Absicht und poetischer Effekt
liegen, wie oben gezeigt, nahe. Auch für das „thessalische
Gestade" an der Adria (5,650 f., 'foedo in Thessaliae posi-
tione errore' Housman) ist eine Deutung versucht, und
sollte das „ägäische" Meer für das ägatische stehen können
(2,665. 5,613), so werden vielleicht die „Oresten" (3,249)
statt der Oriten als ähnliche Angleichung an einen geläufigen Namen verständlich.

Aber all diese Hinweise können nur als Wegweiser
gelten. Von genauen Einblicken in Lucans Werkstatt sind
wir noch weit entfernt, solange nicht sein Vorgehen insbesondere auch an den poetischen Mustern über bloße Samm-
lungen hinaus geprüft und beleuchtet ist. Hier liegt noch
ein weites Feld vor uns, dessen Bestellung von Einzelun-
tersuchungen und von dem wissenschaftlichen Kommentar
zu erhoffen ist, den Rutz versprochen hat. Erst nach harter
Kleinarbeit kann sich zeigen, wo und wie Lucan eigene
Wege geht; voreilige Tiefenlotungen nützen wenig, und
der von Fraenkel geleugnete „symbolische Gehalt" (266
= W. d. F. 49) bleibt noch immer problematisch.

Lucans Hoffnung, mit seinem in der Schlacht von
Pharsalus kulminierenden Epos die gleiche Unsterblichkeit
zu erlangen wie Caesar mit seinem dortigen Sieg (9,983
ff., vgl. 7,207 ff.), hat sich erfüllt, und es scheint, daß sie
sich nach zeitweiliger Vergessenheit von neuem bewähren
soll. Allen Vorbehalten zum Trotz, auf die seine kühne
Neuerung der epischen Technik stieß, war das Werk ein
nicht nur buchhändlerischer Erfolg. In domitianischer Zeit
findet es bei Statius und Martial Bewunderung, und im
Sinne Quintilians, der Lucan seinem persönlichen Ge-
schmack nach eher Rednern als Dichtern zur Nachahmung
empfehlen möchte (s. oben), stellt Tacitus ihn als Muster

für poetische Färbung rhetorischer Sprache neben Horaz
und Vergil (dial. 20,5 *exigitur* ... *ab oratore etiam poeticus de-
cor* ... *ex Horatii et Vergilii et Lucani sacrario prolatus*). Wirklich
wurde das Gedicht viel gelesen, zitiert und bald auch kommentiert, wovon besonders die erhaltenen Adnotationes
und Commenta Bernensia mit den darin genannten Gram-
matikern, später auch die Glossen Arnulfs von Orléans (12.
Jahrh.) eine Vorstellung geben.

Drei Palimpsestfragmente, von denen zwei einer Hand-
schrift aus dem Kloster Bobbio entstammen, und ein winziger
Papyrusrest (R. Cavenaile, Corp. Pap. Lat. 36) bilden
unsere ältesten Überlieferungszeugen; jene gehören noch
dem 4. oder 5., dieser dem 6. Jahrhundert an, während die
mehr oder weniger vollständigen Haupthandschriften im
9. bis 11. Jahrhundert geschrieben wurden. Die Konstitution
des Textes wird wie gewöhnlich durch zahlreiche Varianten
erschwert, und wo in einzelnen Handschriften Verse fehlen,
kann sich die Frage erheben, ob dies bloßer Zufall ist.
Natürlich haben sich Interpolationen eingeschlichen; aber
der Herausgeber muß auch berücksichtigen, daß in den nicht
mehr von Lucan selbst publizierten Büchern, jedenfalls
vom 6. und besonders vom 7. Buch an, ohne Zweifel echte
Doppelfassungen vorliegen, so umstritten und unsicher
ihr Ausmaß auch sein mag. Somit muß eine Urhand-
schrift erschlossen werden, die auf das noch unredigierte
Exemplar aus dem Nachlaß des Dichters zurückgeht. Man
sollte erwarten, daß ein Gelehrter die Redaktion nachholte
und sich die Handschriften danach scheiden lassen, ob sie auf
jenem Urexemplar oder der kritischen Ausgabe fußen oder
auch beide vermischen. Aber die Pionierarbeit von Fraenkel 289 ff. (vgl. auch G. Pasquali, Storia della tradizione e
critica del testo, 2. Aufl. 1952, 431 ff.) hat ergeben, daß
weder äußeren Spuren allein noch ihrem Fehlen Beweiskraft
zukommt, und ein Versuch, der Auslassung von Versen in
einzelnen Handschriften ein System von Randmaterialien
abzugewinnen (G. Luck, Rhein. Mus. 112, 1969, 254 ff.),
bedarf umsichtiger Prüfung. Solange Gruppierung und
Stammbaum der Handschriften nicht durch eine ein-
dringende Recensio geklärt sind, müssen wir uns von Fall
zu Fall noch immer vorwiegend von inneren Kriterien
leiten lassen und vorläufige Entscheidungen suchen.

Cicero sagte den Dichtern aus Corduba einen „gewissen strotzenden und fremdartigen Ton" nach (Arch. 26 *Cordubae natis poetis pingue quiddam sonantibus atque peregrinum*). Lucans Großvater, der Rhetor Seneca, griff diese Charakteristik auf (suas. 6,27), und so wenig auch mit einem solchen Schlagwort getan scheint, hält es doch wie für die Tragödien des Oheims auch für Lucan selber etwas Richtiges fest: „glühend und erregt" heißt er bei Quintilian (inst. 10,1, 90 *ardens et concitatus*). Als „Mittler des antiken Pathos" (Fraenkel) hat er auf Dante und Petrarca gewirkt, später besonders in England und Frankreich Verehrung gefunden. In Deutschland wurde er 1695 von dem Hallenser Universitätskanzler Veit Ludwig von Seckendorff, einem seinerzeit namhaften Rechtsgelehrten und Kirchenhistoriker, in nicht gereimte Alexandriner übersetzt (vgl. F. Gundolf, Seckendorffs Lucan, Sitz. - Ber. Heidelberg 1930); nach Hölderlin las ihn Goethe (O. Schönberger, Gymnasium 65, 1958, 450 ff.), und noch C. F. Meyer ließ sich durch Lucan 3,399 ff. zu der Ballade „Der Druidenhain" anregen, die als „Das Heiligtum" ihre endgültige Form erhielt (M. v. Albrecht, Antike und Abendland 11, 1962, 135 ff.). Der durch achtzehn Jahrhunderte andauernde Ruhm unseres Dichters (vgl. W. Fischli, Studien zum Fortleben der Pharsalia des M. Annaeus Lucanus, o. J., Vorabdruck 1943/44) ist heute außerhalb der Fachwelt den wenigsten bewußt. Aber unverändert wirkt eine Reihe von Lucans Sentenzen nach, deren Glanz schon Quintilian bewundert hat (a.O. *sententiis clarissimus*). Die Wendung *furor Teutonicus* (1,255 f.), von Claudian (26,292) und als *tedesco furor* von Petrarca aufgenommen (vgl. noch E. Dümmler, Sitz.-Ber. Berlin 1897, 112 ff.), ist durch Bismarcks Übertragung auf die innerdeutsche Zwietracht (Reichstagsrede vom 10.3. 1877) Gemeingut geworden und hat in den Weltkriegen noch einmal fatale Aktualität gewonnen (E. Malcovati, Lucano, 2. Aufl. 1947, 128 f.). Der Satz „Man weiß nicht, daß uns Schwerter eingehändigt sind, damit es keine Knechte gebe" (4,579) stand nicht nur als lateinischer Wahlspruch in der französischen Revolution auf den Säbeln der Nationalgarde, sondern gab den Anstoß zu E. M. Arndts Vaterlandslied „Der Gott, der Eisen wachsen ließ, der wollte keine Knechte, d'rum gab er Säbel, Schwert und Spieß dem Mann in seine Rechte ..." (E. Bickel, Rhein. Mus. 82, 1933, 285 ff.). 1,128 „Der Sieger hatte die Götter auf seiner Seite" klingt über Kleist und Heine bis zu Thomas Mann weiter (O. Schönberger, German.-roman. Monatsschrift 43, 1962, 318 ff.). Dagegen geht Schillers Vers „Ein Schlachten war's, nicht eine Schlacht zu nennen" kaum auf Lucan zurück (7,532 f.), sondern greift eine auch aus Livius, Curtius und Tacitus geläufige Pointe auf.

Daß der nachklassische und bewußt antiklassische Dichter über die philologische Zunft hinaus den ihm gebührenden Platz im deutschen Bildungsbewußtsein wiedergewinnt, dazu möchte die hier vorgelegte Übersetzung beitragen. Das pathetische Espressivo seiner Tonsprache dürfte in einer Zeit, die sich barocker Kunst und insbesondere auch barocker Musik wieder tief verbunden weiß, offene Ohren finden.

Bibliographische Hinweise

Einzelne Arbeiten zu Lucan wurden bereits oben angeführt, die folgenden in abgekürzter Form:

Bourgery = Lucain, La guerre civile (La Pharsale), texte établi et traduit par A. B. I. II (zusammen mit M. Ponchont), 4. Aufl. 1967.

Eckardt = Liselotte E., Exkurse und Ekphraseis bei Lucan, Diss. Heidelberg 1936.

Entretiens = E. sur l'Antiquité Classique, publiés par Olivier Reverdin XV: Lucain (Fondation Hardt, Vandœuvres - Genève 1968).

Fraenkel = Eduard F., Kleine Beiträge zur klassischen Philologie II 233 ff. (Lucan als Mittler des antiken Pathos, Vorträge der Bibliothek Warburg 4,1924, 229 ff. = W. d. F. 15 ff.). 267 ff. (Anzeige von Housmans Ausgabe, Gnomon 2, 1926, 497 ff.).

Hosius = M. Annaei Lucani belli civilis libri decem ed. Carolus H., 3. Aufl. 1913.

Housman = M. Annaei Lucani belli civilis libri decem ed. A. E. H. 1926 (letzter Nachdruck 1970). Ergänzend tritt hinzu die englische Lucan-Übersetzung von J. D. Duff (The Loeb Classical Library 1928, letzter Nachdruck 1969), die auf Housmans Vorlesungen beruht und in Einzelheiten mit ihm abgesprochen wurde.

W. d. F. = Wege der Forschung 235: Lucan, hrsg. von Werner Rutz (Wissenschaftliche Buchgesellschaft Darmstadt 1970).

Wuensch = Marie W., Lucan-Interpretationen, Diss. Kiel 1930.

Weitere Literatur bei M. Schanz - C. Hosius, Geschichte der römischen Literatur II, 4. Aufl. 1935, 492 ff. Seitherige Forschungsberichte: R. Helm, Lustrum 1, 1956, 163 ff. W. Rutz, ebd. 9, 1964, 243 ff. 10, 1965, 246 ff.

Eine neue Ausgabe mit Übersetzung und wissenschaftlichem Kommentar von W. Rutz hat der Verlag C. Winter in Heidelberg angekündigt. Eine Monographie über den Dichter ist von Berthe M. Marti zu erwarten.

Nachtrag: Die grundlegenden Erkenntnisse von W. D. Lebek, Lucans Pharsalia / Dichtungsstruktur und Zeitbezug (1976; mit Interpretationen zu den Büchern 1—3 und 7) konnten in diesem Nachdruck aus technischen Gründen nur vereinzelt berücksichtigt werden. Vgl. zuletzt auch F. M. Ahl, Lucan / An Introduction. Cornell Studies in Class. Phil. XXXIX, 1976.

Register

585

Crastinus (C., Caesarianer) 7,471
Curio (C., desgl.) 1,269 ff. 3,59. 4,583 ff. 5,40
Dejotarus (König von Galatien) 5,55. 8,209 ff.
Domitius (L. D. Ahenobarbus, Pompejaner) 2,478 ff. 7,220.
599 ff.
Erichtho (Hexe) 6,507 ff.
Figulus (P. Nigidius F., Opferdeuter) 1,639 ff.
Ganymedes (ägyptischer Höfling) 10,519 ff.
Gyareus (griechischer Freiheitskämpfer vor Massilia) 3,600
Juba (I., König von Numidien) 4,670 ff. 5,57. 6,309. 8,283 ff.
443. 9,213. 301. 869. 10,79. 146. 475
Kleopatra (VII., Schwester und Frau des Ptolemaios, später
Königin) 5,63. 8,500. 693. 9,1068 ff. 10,56 ff.
Kotys (Thrakerfürst) 5,54
Labienus (T., einstiger Legat Caesars, jetzt Pompejaner) 5,346.
9,549 ff.
Laelius (Caesarianer) 1,356 ff.
Laevus (Gefolgsmann Catos) 9,815
Lentulus (L. Cornelius Lentulus Crus, zusammen mit C. Clau-
dius Marcellus Konsul d. J. 49, Pompejaner) 5,16. 8,328 ff.;
vgl. 1,489. 2,278. 565. 645. 5,8
— (P. Cornelius L. Spinther, Pompejaner) 2,469. 7,218 (s. S. 540)
Lepidi (Pompejaner) 7,583
Libo (A. Scribonius L., desgl.) 2,462
Lygdamos (griechischer Freiheitskämpfer vor Massilia) 3,710
Lykidas (desgl.) 3,636
Magnus s. Pompejus (Cn., Vater und Sohn)
Marcia (Catos Frau, s. S. 515 f.) 2,326 ff.
Metelli (Pompejaner) 7,583
Metellus (L. Caecilius M., Volkstribun) 3,114 ff.
— s. Scipio
Minucius s. Basilus
Murrus (Gefolgsmann Catos) 9,828
Nasidius (desgl.) 9,790
Octavius (M., Pompejaner) 4,433
Paulus (Gefolgsmann Catos) 9,824
Petrejus (M., Pompejaner) 4,5 ff.
Pharnakes (II., Sohn Mithridates' VI., König von Bosporus)
2,637. 10,476
Phemonoe (Priesterin in Delphi) 5,123 ff.
Pompei 6,805. 9,278; vgl. 2,631. 729. 6,802 ff. 7,377. 662. 9,87 ff.

Kilikier 4,449. 7,222. 542. 9,219 ff. (unter Cato)
Kreter 6,214. 7,229
Meder 7,514
Numider 7,229
Pontiker 7,226. 636
Spanier 7,232. 541
Syrer 7,540

2. Rückblicke auf die Vergangenheit (insbesondere Roms)

Personennamen:
Aeneas 9,991
Alexander d. Gr. 3,233. 8,694. 9,154. 10,20 ff. 269 ff.
Antonius (M., Großvater des Triumvirn, Opfer des Marius)
2,122
Baebius (M., Opfer des Marius) 2,119
Brutus (L. Iunius B., Begründer der römischen Republik) 5,207.
6,792. 7,39. 440
Caesar: Gallischer Krieg 1,122. 283. 374. 392 ff. 2,474 ff. 568 ff.
(ebd. Expedition nach Britannien, vgl. 3,73 ff.) u. ö.
Camillus (M. Furius C., Eroberer von Veji) 1,168. 2,544. 5,28.
6,786. 7,358
Capito (C. Atejus Capito, Volkstribun) 3,127
Carbo (Cn. Papirius C., Anhänger Cinnas) 2,548
Catilina (L. Sergius C.) 2,541. 6,793. 7,64
Cato (M. Porcius C. Censorius, Befürworter der Zerstörung
Karthagos) 6,790
Catulus (Q. Lutatius C., Mitkämpfer und Rivale des Marius,
von Marius Gratidianus zum Selbstmord getrieben) 2,174
— (Q. Lutatius C., sein Sohn, Sullaner) 2,547
Cethegus (C. Cornelius Cethegus, Catilinarier) 2,543. 6,794
Cincinnatus (L. Quinctius C., altrömischer Konsul) 10,153
Cinna (L. Cornelius C., Marianer) 2,546. 4,822
Cotta (L. Aurunculejus C., Legat Caesars) 1,429
Crassi (Vater und Bruder des Triumvirn, Opfer des Marius)
2,124
— (Triumvir und Sohn) 8,91. 327. 358. 422. 9,65. 10,51
Crassus (M. Licinius C., Triumvir) 1,11. 100. 104. 2,553. 3,126.
266. 8,302. 394
— (P. Licinius C., sein Sohn, Cornelias erster Mann) 3,22.
8,89 ff. 415

588

Curius (M.' C. Dentatus, Besieger des Pyrrhos, von beispiel-
hafter Anspruchslosigkeit) 1,169. 6,787. 7,358. 10,152
Decii (P. Decius Mus, Vater und Sohn, in altitalischen Kriegen
durch rituelle Selbstaufopferung siegreich) 6,785. 7,359;
Decius 2,308
Drusi (M. Livius Drusus, Vater und Sohn, Volkstribunen) 6,795
Fabricius (C. F. Luscinus, unbestechlicher Gesandter bei
Pyrrhos) 3,160. 10,152
Fimbria (C. Flavius F., Marianer) 2,124
Gracchi (Ti. und C. Sempronius Gracchus, Reformpolitiker)
1,267. 6,796
Hannibal 1,31. 305. 4,790. 7,799. 8,286
Hortensius (Q. H. Hortalus) 2,328
Jugurtha (König von Numidien) 2,90. 9,600; vgl. 2,69
Julia (Caesars Tochter, frühere Frau des Pompejus) 1,113. 3,9 ff.
5,473. 8,104. 9,1049. 10,77
Julus (Sohn des Aeneas) 3,213; vgl. 1,197. 9,995
Lagos (Mazedonier, Ahnherr der Ptolemäer) 8,692. 10,86. 522;
vgl. 5,62. 10,4. 414. 527
Lentulus (P. Cornelius L. Sura, Catilinarier) 2,543
Lepidus (M. Aemilius L., umstürzlerischer Gegner des jüngeren
Catulus) 2,547. 8,808
Lucilius oder Licinius (S., Volkstribun, Opfer des Marius) 2,125
Marcellus (C. Claudius M., Konsul d. J. 50? s. S. 509) 1,313
Marius (C.) 1,583. 2,68 ff. 546. 4,822. 6,794. 8,269. 9,204
— (M. Marius Gratidianus, sein Neffe, Opfer Sullas) 2,174 ff.
Metellus (Q. Caecilius M. Pius, s. S. 517 f.) 2,545. 8,809
— (Q. Caecilius M. Creticus, Eroberer Kretas) 3,163
Milo (T. Annius M., Mörder des Clodius, Schützling des Pom-
pejus) 1,323. 2,480
Mithridates (VI., König von Pontus) 1,336. 2,581; vgl. 8,26
Numa (Roms zweiter König, Ordner des Sakralwesens) 7,396.
9,478
Paullus (L. Aemilius P., als Konsul bei Cannae gefallen) 7,800
Perseus (König von Mazedonien) 3,158
Philippos (II., desgl.) 10,20. 29
— (V., desgl.) 3,158
Pompejus: Seeräuberkrieg und andere Taten 1,336 f. 2,576 ff.
633 ff. 8,25 f. 222 ff. 807 ff. u. ö.
Ptolemaios (XII. Auletes, König von Ägypten) 8,481. 9,132.
1028. 10,92 ff.

Wolfgang Buchwald danke ich für die Selbstlosigkeit, mit der er das vorliegende Buch von den ersten Versuchen an bis zur Korrektur durch Rat und Hilfe gefördert hat.   W. E.

www.ingramcontent.com/pod-product-compliance
Lightning Source LLC
Chambersburg PA
CBHW070930150426
42814CB00025B/135